Veröffentlichungen des
Historischen Vereins für Geldern und Umgegend

101

Juden in der Geschichte des Gelderlandes

Herausgegeben von Bernhard Keuck und Gerd Halmanns
im Auftrag des Arbeitskreises Jüdisches Bethaus Issum
und des Historischen Vereins für Geldern und Umgegend

Geldern 2002

Umschlagbilder:
Vorderseite: Die Gelderner Synagoge am Nordwall (Ansichtskarte um 1910).
Rückseite: Rückwärtige Ansicht der Issumer Synagoge (Aufnahme von 1987); die Synagoge in Hoerstgen kurz vor dem Abbruch 1931.
Frontispiz: Der Tempel in Jerusalem aus der Haggada des Simon „Chevalier" von Geldern (s. S. 22 f). Eine Haggada enthielt in Psalmen und Gedichten die Erzählung von der Vertreibung des Volkes Israel aus Ägypten, aus der zu Ostern im häuslichen Kreis vorgelesen und -gesungen wurde. Geschaffen hat diese „schönste" Haggada des 18. Jahrhunderts Arje ben Juda Leib aus Trebitsch 1723.

Gedruckt mit großzügiger Unterstützung durch:
Landschaftsverband Rheinland, Köln
Gemeinde Issum
Beterams Baumschulen GmbH, Geldern
Druckerei Rudolph, Issum
RWE Net, Netzregion Nord, Wesel
Sparkasse Geldern
Stadtwerke Geldern
Volksbank Gelderland

ISBN 3-921760-32-1

© bei den Autoren

Verlag des Historischen Vereins für Geldern und Umgegend
Boeckelter Weg 2 · 47608 Geldern
Telefon: 0 28 31/39 11 11 · Telefax: 0 28 31/39 12 50 · www.hv-geldern.de

Redaktion: Gerd Halmanns/Bernhard Keuck
Umschlagentwurf und Layout: Hans Terlinden
Korrektur: Maria Groothusen

Gesamtherstellung: B.o.s.s Druck und Medien, Kleve

Inhalt

Vorwort

Viele Besucher der Gedenkstätte „Ehemalige Synagoge in Issum" sind von der Dichte der jüdischen Gemeinden am unteren Niederrhein überrascht, wie sie auf der Übersichtskarte im Ausstellungsraum der Gedenkstätte „verewigt" ist. Im Verlauf einer fast 900-jährigen Geschichte folgte nach Jahrhunderten des Wechsels von Verfolgung und Duldung vom Ende des 18. Jahrhunderts bis zum Anfang des 20. Jahrhunderts eine Phase, in der die Juden ihre größte Verbreitung und eine (relativ) glückliche Zeit hatten.

Auch im Alt-Kreis Geldern finden wir dabei in enger Nachbarschaft das dörfliche, meist vom Viehhandel lebende Landjudentum mit der mehr städtisch gefärbten jüdischen Mittelschicht, deren Tüchtigkeit z. B. der Geschäftswelt in der Stadt Geldern wesentliche Impulse gab.

Nur wenige Jahre brauchten die Nationalsozialisten, um in ihrer verbrecherischen Vernichtungspolitik das jüdische Leben, die Menschen und ihre Kultur auszulöschen. Obwohl die Sho'ah [hebräisch: Vernichtung] inzwischen mehr als ein halbes Jahrhundert zurückliegt, gilt noch immer, dass „in der Stadt Geldern ... keine Juden mehr wohnen", wie der Gelderner Bürgermeister im März 1942 in einer Akte vermerkte. Doch ist nach mehr als vier Jahrzehnten des Verdrängens aus den Ruinen wenigstens eine Kultur des Gedenkens gewachsen, die es wach zu halten gilt. Diesem Ziel fühlt sich auch dieser Band verpflichtet, doch möchte er darüber hinaus das gesicherte Wissen über die Rolle, die der jüdischen Minderheit im Gelderland zugewachsen ist, übersichtlich zusammenfassen.

Dass es bei der Minderheit der Juden allerdings kein objektives Wissen sein kann, mag hier noch einmal erwähnt werden; dafür nur ein Anhaltspunkt: Bis auf Heinrich Kempenichs lebendige Beschreibung des Lebens in der Stadt Geldern im 19. Jahrhundert stammen alle Quellen der älteren Zeit aus nichtjüdischer Herkunft – ein Faktum, das zusammen mit der immer wieder beklagten Quellenarmut zur Geschichte der Juden allgemein den Schwierigkeitsgrad dieser Publikation markiert.

Ausgewertet wurden neben den Personenstandsunterlagen (17.–20. Jahrhundert) und den bruchstückhaften Aktenüberlieferungen in den Kommunalarchiven auch die einschlägigen Bestände im Hauptstaatsarchiv Düsseldorf, hier vor allem der Bestand der Gestapo-Leitstelle Düsseldorf. Für die Zeit des Holocaust konnte auf Interviews Überlebender und anderer Zeitzeugen nicht verzichtet werden, so problematisch mündliche bzw. erinnerte Geschichte auch immer sein mag.

Es darf also nicht verwundern, dass viele Autoren an dem Band mitgewirkt haben und viele Jahre dazu nötig waren.

Mitte der achtziger Jahre des 20. Jahrhunderts wurde im Gelderland und darüber hinaus geradezu schlagartig das Interesse am Judentum geweckt: Auslösender Faktor war die (Wieder-)Entdeckung der Synagoge in Issum, des einzigen steinernen Zeugen des Judentums am Niederrhein, der den Nationalsozialismus überstanden hat. Ein erstes Ergebnis der daraufhin einsetzenden Orientierungsversuche über die verschüttete Welt der Juden legte 1986 Ruth Benger (Eykmann) in ihrer Examensarbeit über die Juden in Issum und Geldern vor. Dass Ruth Benger ihre Dokumentationen für diese Publikation zur Verfügung stellte, sei ihr hoch angerechnet und mit Dankbarkeit vermerkt. Ihr folgte in den neunziger Jahren Thekla Keuck, die sich in ihrer Magisterarbeit ebenfalls den Juden in Issum und Geldern widmete. Ihr hier abgedruckter Beitrag über die Emanzipationsphase (bis 1870) ist ein Konzentrat dieser Magisterarbeit. Der von ihr benannte Zeitabschnitt leitet in die Blütephase (seit 1871) über, die Dr. Christoph Nonn einfühlsam beschreibt.

Dass wir darüber hinaus für die anderen Epochen und Gemeinden kompetente Bearbeiter vor allem unter den Archivaren und Archivarinnen gefunden haben, sehen wir mit Befriedigung und Dankbarkeit. Nach Möglichkeit sollte eine chronologisch und topographisch geschlossene Darstellung vorgelegt werden. Dafür haben wir den Alt-Kreis Geldern gewählt, den heutigen Süden des Kreises Kleve. In ihm ist zum großen Teil der 1853/54 geschaffene und 1941/42 erloschene Synagogenbezirk Geldern aufgegangen; nicht behandelt davon sind Sonsbeck, Labbeck und Xanten, die – zum ehemaligen Herzogtum Kleve gehörend – 1815 nicht zum Kreis Geldern geschlagen wurden. Ebenfalls unberücksichtigt blieben Hinsbeck und Leuth, die 1929 vom Kreis Geldern abgetrennt und dem damaligen Landkreis Kempen-Krefeld (heute Kreis Viersen) angegliedert wurden. Ihre ehemaligen jüdischen Gemeinden sind in dem 1991 erschienenen Sammelband „Geschichte der Juden im Kreis Viersen" behandelt worden.

Bleibt zum Schluss ein Hinweis auf Hoerstgen, heute Ortsteil der Stadt Kamp-Lintfort im Kreis Wesel. Für die Aufnahme der Geschichte der Hoerstgener Juden sprach zum einen, dass die ehemalige „reichsunmittelbare Freiherrlichkeit Frohnenbruck-Hoerstgen" im Mittelalter aus einem Lehen des Herzogtums Geldern hervorgegangen ist, und zum anderen die enge verwandtschaftliche und wirtschaftliche Verflechtung der Hoerstgener Juden mit den Glaubensgenossen in Sevelen, Issum, Rheurdt und Geldern. Von den adeligen Familien von Mylendonk und von dem Knesebeck war den Juden in der Zeit des 17. und 18. Jahrhunderts, in der sie kaum irgendwo offiziell geduldet wurden und nur verarmt und versteckt existieren konnten, in Hoerstgen eine legale Existenz gestattet, aus der im 19. Jahrhundert für den ganzen Niederrhein eine Art Vorreiterrolle resultierte.

Für ihre gewissenhafte Schlusskorrektur danken wir Maria Groothusen sehr, Hans Terlinden für sein Engagement bei der Erstellung des Layouts und der Gestaltung des Umschlages.

Gerd Halmanns / Bernhard Keuck

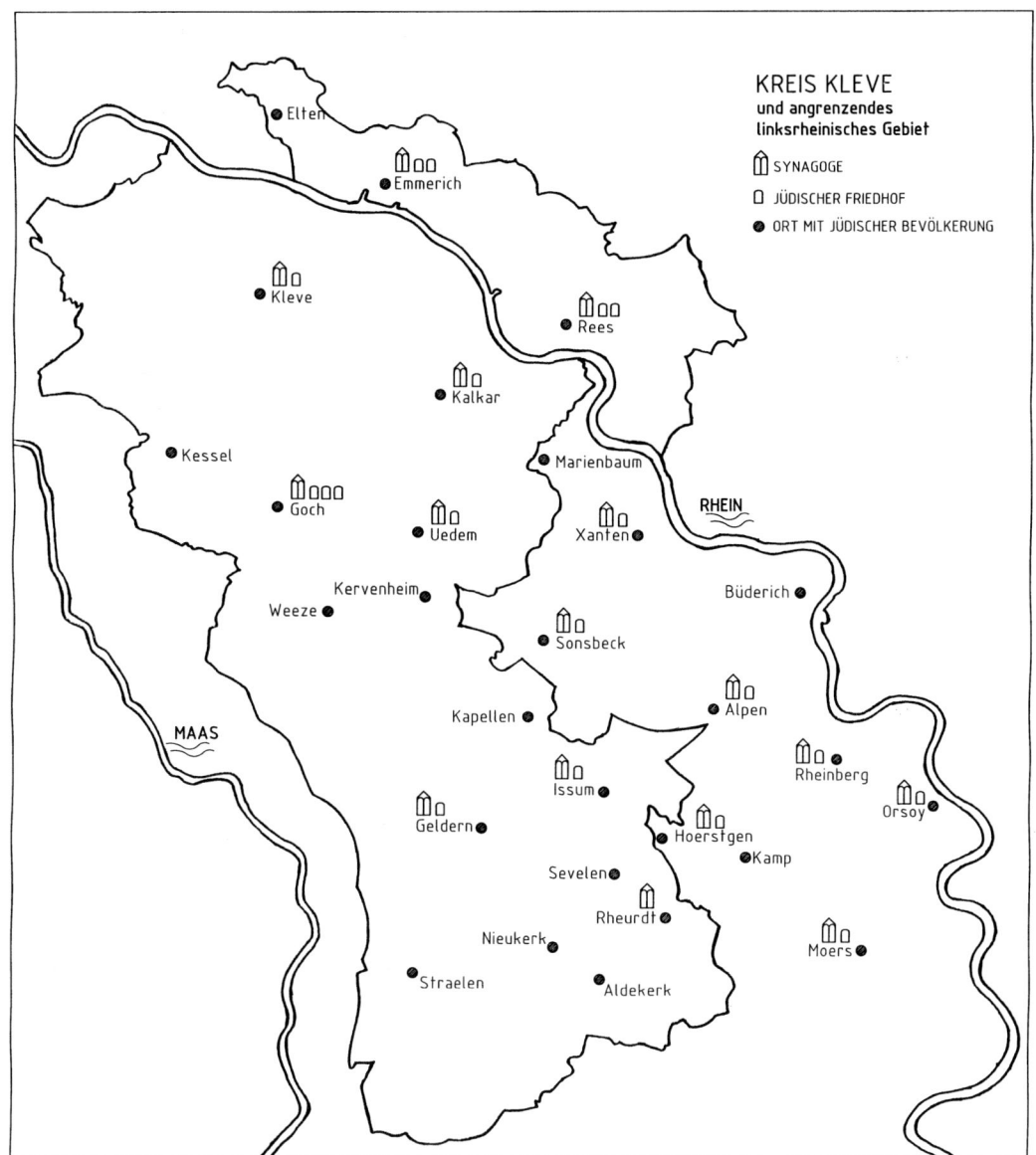

KREIS KLEVE
und angrenzendes
linksrheinisches Gebiet

⌂ SYNAGOGE
◻ JÜDISCHER FRIEDHOF
● ORT MIT JÜDISCHER BEVÖLKERUNG

RHEIN

MAAS

● Elten

⌂◻◻ ● Emmerich

⌂◻ Kleve

⌂◻◻ Rees

⌂◻ Kalkar

● Kessel

● Marienbaum

⌂◻◻◻ Goch

⌂◻ Uedem

⌂◻ Xanten ●

● Büderich

Kervenheim ●

Weeze ●

⌂◻ Sonsbeck

Kapellen ●

⌂◻ ● Alpen

⌂◻ ● Rheinberg

⌂◻ Issum ●

⌂◻ Orsoy ●

⌂ Geldern ●

⌂ Hoerstgen ●

● Kamp

Sevelen ●

⌂ Rheurdt ●

⌂◻ Moers ●

Nieukerk ●

● Straelen

● Aldekerk

Entwurf: Arbeitskreis Jüdisches Bethaus Issum
Kartographie: Guido Mirbach, Geldern

Vielfältig ist das Bild der Juden am Niederrhein. Als Landjuden in den Dörfern und als städtische Bürger prägten sie das Leben in der Region maßgeblich mit. Allein 16 Synagogen und 19 Friedhöfe zeigt diese Übersichtskarte vom Kreis Kleve und dem linksrheinischen Teil des Kreises Wesel. Von der ehemals reichen Kultur der Juden sind heute nur noch die „Haus der Weltzeit" oder „Haus des Lebens" genannten Begräbnisorte sowie die Issumer Synagoge erhalten.

Die Juden im Gelderland bis zum Ende des Ancien Régime

BERNHARD KEUCK

Einleitung

Der ihnen überall entgegengebrachten Antipathie trachteten die Juden durch Tüchtigkeit zu begegnen. Von großer Mobilitätsbereitschaft und „flexibel im Knüpfen ökonomischer Netze", wie man heute sagen würde, waren sie erfolgreich in Handel und Geldgeschäft und sponnen an „ihrer" Existenzsicherung. In „normalen" Zeiten wurden sie mitunter geduldet, dafür sorgten Kaiser und Fürsten, die an ihrem Schutz Interesse hatten – Schutz allerdings, für den sie von den Juden einen Tribut verlangten. Doch das Odium des Außenseiters wurden sie gleichwohl nie los. „Sie sind das Urbild des ‚Anderen‘, des Fremden, der unverständlicherweise auf seiner Religion, seinen Verhaltensweisen und seinem Lebensstil beharrt, die so ganz anders sind als die der Gesellschaft, die ihn beherbergt."[1]

In Krisenzeiten konnten daher auch ihre Fürsprecher sie nur bedingt, wenn überhaupt schützen. Zu oft zerstob dann der Juden menschliche Immunität in Neid und Hetze und kulminierte in Totschlag und Vernichtung.

Einen folgenreichen Wandel finden wir am Ende des Mittelalters. Die frühere Abhängigkeit der Städte von den Juden, die die Ware, den Kontakt und meist auch das Geld hatten, verkehrte sich in ihr Gegenteil. Im Zeitalter der aufstrebenden Kaufmannsschichten schüttelten viele Städte die Abhängigkeit von den Juden ab, die Bürger hatten von ihnen gelernt, nun wurden sie als lästige Konkurrenten aus vielen Städten und Territorien hinausgeworfen.

Nahezu 400 Jahre mussten sie „abtauchen", manche fanden bei Reichsrittern, in Kleinstädten und „reichsunmittelbaren Freiherrlichkeiten" Aufnahme, wo sie als Landjuden in mehr oder weniger großer Armut ihr Dasein fristeten, bis ihnen 1789 von Frankreich aus „eine neue Sonne aufging". Darauf folgten anderthalb Jahrhunderte wachsender Liberalität und Blüte der jüdischen Gemeinden, die unter Adolf Hitler innerhalb weniger Jahre fast vollständig ausgelöscht wurden. Dementsprechend wird die europäische Geschichte der Juden in vier Abschnitte eingeteilt, eine Einteilung, die zur Orientierung nützlich ist. Die vier Abschnitte sind:

1. die mittelalterliche Geschichte bis zu den Pogromen 1349/50,
2. die Epoche der Wanderschaft und individuellen Schutzbriefe nach der Vertreibung aus den meisten Territorien und Städten (jüdische Historiker nennen sie auch die Zeit des Ghettos, womit sie die Abkapselung der Juden durch äußeren Druck und innere Bereitschaft meinen); sie geht 1789 zu Ende,
3. die Zeit der Befreiung oder Emanzipation, die von der Französischen Revolution bis 1933 reicht, und
4. die Vernichtung der europäischen Juden im Nationalsozialismus 1933 bis 1945.

Frühes Mittelalter

Der lokale Blickwinkel lenkt unsere Aufmerksamkeit zuerst auf Köln, das als eine Art „Muttergemeinde" der Juden im nördlichen Rheinland angesehen werden muss.

Schon im römischen Militärtross sollen Juden als Handwerker, Handelsleute und Ärzte ins Rheinland gekommen sein, davon künden römische Inschriften.[2] Die älteste Nachricht über eine Siedlung in Köln geht auf einen Erlass des Kaisers Konstantin von 321 n. Chr. an die Stadtverwaltung von Köln zurück, in dem die Erlaubnis erteilt wird, die Juden zur Kurie zu berufen.[3] Die Übernahme eines Kurienamtes setzte Wohlhabenheit voraus, so dass die jüdische Gemeinde schon einige Grundbesitzer gestellt haben muss.

Der erste Kreuzzug

1075 ist in Köln wieder von Juden die Rede. Beim Tod Erzbischof Annos II. „stimmen sie Klagen an"[4]. Man geht deshalb vom guten Verhältnis zwischen Juden, der Kirche und den Bürgern aus. Rabbi Elieser aus Bonn berichtet, dass in den Häusern und Wohnungen der Juden „ständig Nichtjuden Mägde und Nichtjüdinnen" verkehrten[5], und aus dem „Baal Haitur" hören wir, dass manchen Juden zum Pessachfest von Nichtjuden Mazzen (koscheres, ungesäuertes Brot) geschenkt wurden[6]. „Darum waren sie auch nicht auf die Ereignisse gefasst, die durch die Kreuzzüge über sie kamen."[7] Der zur Rettung des Heiligen Landes vor den Ungläubigen von Papst Gregor VII. in Gang gesetzte erste Kreuzzug ergießt sich im Mai 1096 von Frankreich aus ins Rheinland, denn es „tauchte der nun allzu willkommene Gedanke auf, dass man mit dem Kampfe gegen die Ungläubigen bereits im eigenen Lande beginnen müsse"[8].

So fallen die Kreuzzügler über die jüdischen Gemeinden von Speyer, Worms und Mainz her. Auch an Köln geht das Unheil nicht vorüber. Der Kölner Erzbischof lässt zwar „seine" Juden auf sieben vermeintlich sichere Plätze verbringen: nach Neuß, Xanten, Moers, Kerpen, Wevelinghoven, Altenahr und Geldern.[9] „Aber alle Juden werden im Laufe der letzten Junitage, sofern sie sich nicht durch die Annahme der Taufe retten oder sich selbst töten, von der Landbevölkerung im Verein mit Kreuzfahrern grausam umgebracht. Lediglich die Juden in Kerpen … entgehen dem Tod."[10] Man kann also davon ausgehen, dass auch in Geldern die Juden, die zu ihrem Schutz hierher gebracht worden waren, ermordet wurden. Genaueres wissen wir aber nicht.

Wenn es heißt: „sofern sie sich nicht durch die Annahme der Taufe retten", haben wir darin einen Hinweis auf den theologisch-ideologischen Wettbewerb zwischen Judentum und Christentum der Zeit, wie er in den Figuren der *Ecclesia* und der augenverbundenen *Synagoga* im ikonografischen Programm vieler Kathedralen erkennbar ist. Dass die Kirche in ihrem Sieg über die Synagoge den Juden die Hintertür einer (Zwangs-)Taufe und damit einer „Rettung" öffnete, blieb als Toleranz[11] doppelbödig und hatte (meist) vor den Gläubigen im Volk keinen Bestand. Gerade die Kirche – darin sind sich die Historiker einig – hatte den Hauptanteil daran, dass der Antijudaismus latent immer vorhanden blieb, dass der Zorn Gottes über „die", die Christus ermordeten, nie abkühlte.

So sieht I. Elbogen als Motive der Kreuzzügler „Bekehrungseifer, Rache an den

Mördern Christi, in seltsamer Weise verknüpft mit Hoffnung auf das Heil der eigenen Seele, heißt es [doch] bald im Volke, wer einen Juden tötet, erhält Vergebung seiner Sünden"[12].

Ob es sich übrigens bei der Nennung Gelderns 1096 um den Ort Geldern handelt, ist fraglich; ein städtisches Anwesen dürfte er erst 150 Jahre später repräsentiert haben. Entweder ist eine Burg in Geldern Ort der Zuflucht oder, auch denkbar, ist hier das „Land" Geldern gemeint, das spätere Herzogtum, in dem der Kölner Erzbischof „seine" Juden auf eine vermeintlich sichere Burg verbracht hat.

Die Juden in der Grafschaft und im Herzogtum Geldern

Nach den Ereignissen von 1096 vermelden die Quellen über mehrere Generationen nichts, bis wir Ende des 13. Jahrhunderts wieder von Juden in Geldern erfahren.

Die Quelle, der wir diese Information verdanken, ist das Schreinsbuch der Kölner St.-Laurenzpfarre[13]. Im Kölner Laurenzviertel war die Siedlung der Juden konzentriert, weshalb das Buch auch Judenschreinsbuch genannt wird. Alle Übertragungen der hier gelegenen Häuser und Grundstücke wurden genau vermerkt. Da sie meist mit Herkunftsbezeichnungen der Erwerber versehen sind, liest sich das Schreinsbuch wie ein Spiegel des rheinischen Judentums, was einmal mehr die Bedeutung Kölns für die rheinischen Juden betont. So hören wir im Schreinsbuch 1282 von einem Eljakim aus Geldern, zwischen 1235 und 1282 dreimal von Juden aus Roermond und je einmal von Juden aus Goch und Arnheim.

In der ersten Hälfte des 14. Jahrhunderts ist eine Verdichtung der Belege jüdischen Lebens festzustellen[14], so dass das Urteil van Veens gerechtfertigt erscheint, das Mittelalter sei für die Juden in den Niederlanden das schlechteste Zeitalter nicht gewesen.[15] Speet stellte unlängst sogar fest, das Herzogtum Geldern sei in den nördlichen Niederlanden im Mittelalter die einzige Landesherrschaft mit einer relativ großen jüdischen Bevölkerung gewesen.[16]

Die Bedeutung der Juden in Geldern kommt nicht zuletzt in der frühen Verleihung des Judenregals an den Landesherren zum Ausdruck. Sie erfolgte knapp 20 Jahre vor der Verleihung des Judenregals in der Goldenen Bulle 1356 durch Kaiser Karl IV. an die Kurfürsten.[17]

In der am Palmsonntag, dem 15. März 1339, in Frankfurt von Kaiser Ludwig dem Bayern erlassenen Urkunde teilt der Kaiser Herzog Reinald mit, dass er ihm erlaube, in seinen Burgen (castra), Städten (oppida) und Dörfern (villae) Juden zu haben, sie zu schützen und die üblichen Dienste von ihnen zu nehmen.[18]

Vor allem der Nutzen des Herzogs aus diesem Hoheitsrecht hat sich in den Quellen niedergeschlagen, wenn wir erfahren, dass 1339 seine Einnahmen 132 Pfund betragen[19] und sieben Jahre später 136 Pfund 19 Schilling und 4 Pfennige einkommen, wie es die Liste des Verwalters der herzoglichen Steuern Matthias von Kessel vermerkt.[20] Er hat auch die Namen der Juden notiert, danach haben 26 Juden ihre Steuern bezahlt: vier aus Erkelenz (Vivus, Naemguet, Salomon und Simon von Rödingen), zehn aus Roermond (Ysac von Luxemburg, Vivus de Wessem, Baroec, Ysaak und seine Tochter, Simon, Menken und seine Mutter Alede, Johannes und Vallen), sechs aus Venlo (Moyses, Baroec, Pusella, Bendich von Stralen,

Kaiser Ludwig IV. der Bayer verleiht Herzog Reinald von Geldern das Judenregal, Urkunde vom 15. März 1339. (Rijksarchief Gelderland in Arnheim)

Saulus und die Witwe von Joseph van Nieuwstadt), fünf aus Geldern (Nattan, Menken von Jülich, Nattan von Recklinghausen, Myman und Umelmann von Bork) und ein Jude aus Goch (Salomon, Davids Sohn von Köln).

Neben diesen 26 erhalten 1346 noch weitere acht Juden Wohnrecht im Herzogtum: Nathan Zelichman, Jacob und Koelman von Nijmegen, Bonnom und Saul aus Speyer in Emmerich, Saul von Zutphen und Joseph in Doesburg.[21]

Die Herkunftsbezeichnungen des „Vivus von Wessem" in Roermond, des „Bendich von Stralen" und der Witwe des „Joseph van Nieuwstadt" in Venlo verraten indirekt eine Ansiedlung von Juden in Wessem, Nieuwstad und Straelen, da die Personennamen, die auf eine

Herkunft verweisen, jüdisches Leben dort entweder vorher oder zu gleicher Zeit voraussetzen.

Wenn die Mehrzahl der Belege über die Tätigkeiten der Juden im Herzogtum Geldern zu dieser Zeit Geld- und Handelsgeschäfte zum Inhalt haben, entspricht das dem allgemeinen Bild, das Battenberg folgendermaßen beschreibt: „Bis zu diesem Zeitpunkt (bis zur ersten Hälfte des 14. Jahrhunderts, d.V.) hatten die Juden am allgemeinen Aufstieg der Städte partizipieren können. Sie waren als urbane Bevölkerungsgruppe willkommene Motoren innovativer Aktivitäten und erwiesen sich als nützlich, als es darum ging, den Nah- und Fernhandel auszubauen, neue Märkte zu erschließen und die gewerbliche Produktion den neuen Erfordernissen der Zeit anzupassen. Man benötigte ihre Kredite, die sie dank ihrer weitgespannten Beziehungen leichter als andere beschaffen konnten.“[22]

Speet hat unlängst in einem geldrischen Beispiel auf den nicht geringen Umfang hingewiesen, den der Anteil der Juden am Wirtschaftskreislauf gehabt hat.[23] In den Schöffenprotokollen Nimwegens hat er für den Zeitraum zwischen 1410 und 1465, in denen er 43 Juden mit einem längeren oder auch kürzeren Aufenthalt in Nimwegen nachweisen kann, etwa 200 Kredite von Juden gefunden. Ihre Beträge variierten zwischen anderthalb und 450 Rheinische Gulden bzw. von vier bis 250 Arnheimer Gulden. Neben den Bürgern, die die wichtigsten Kunden stellten, lieh sich auch mehrfach der herzogliche Hof Geld bei den Juden, so 1396, 1401, 1418, 1429 und 1458. Dass die Laufzeit der Kredite meist nur einige Wochen betrug und bis zu 40% Zinsen erhoben werden konnten, muss u. a. auf die sehr geringe Menge Münzgeldes zurückgeführt werden, die im Mittelalter im Verkehr war.

Um ein inneres Leben der Gemeinden im Herzogtum Geldern transparent zu machen, reichen die Quellen kaum aus. Lässt für Erkelenz der Terminus *episcopo judaeorum*[24] (Judenbischof), der von den Christen für den gesetzlichen Vertreter einer Judenschaft gebraucht wurde, auf eine geschlossene jüdische Gemeinde schließen, so können wir dasselbe auch für Roermond, Venlo und Geldern als wahrscheinlich annehmen. Dafür sprechen die Zahlen zehn, sechs und fünf jüdischer Familien, die in diesen Orten Steuern zahlen.

In Venlo lässt sich seit 1364 eine Judenstraße nachweisen[25], was zu der Vermutung führte, die dortige Judengemeinde sei sogar größer als die in Roermond ge-

wesen. Anfang des 15. Jahrhunderts finden wir den jüdischen Arzt Simon von Köln einige Male in Venlo, er trinkt nicht nur *roetbier*, sondern benötigt jeweils drei Pferde, eins für *Meyster Simon*, eins für seinen Knecht und eines für einen Boten. 1455 werden die Juden ein letztes Mal für fast ein Jahrhundert genannt.

1544 bekommen drei Juden eine Aufenthaltsgenehmigung für 10 Jahre. *Jacob, Wendell und Leuwen, sampt wieberen, kinderen und broitgesinde,* dürfen in der Stadt wohnen, kaufen und verkaufen, Geld verleihen, und zwar *voor eenen goudgulden of daalder twee lupsen,* aber nicht gegen Pfand.[26] Jährlich müssen sie dafür 50 Taler Tribut zahlen und zusätzlich nach Verlauf der ersten fünf Jahre noch einmal 100 Taler. Sie dürfen zu Hause schlachten, was sie selbst brauchen und sogar verkaufen, was sie nach ihren jüdischen Sitten nicht essen dürfen. Selbst das Sabbatgebot nicht zu verletzen wird ihnen zugestanden, wenn es heißt, dass sie zu Rechtsgeschäften am Sabbat nicht aufgefordert werden dürften. Im selben freundlichen Licht müssen wir schließlich das Versprechen sehen, ihnen einen Begräbnisplatz zur Verfügung zu stellen. Doch zur Verwirklichung dieses Plans ist es wohl kaum gekommen. Dazu später mehr.

Für die innere Struktur auf territorialer Ebene haben wir nur einen einzigen Hinweis. Fritz Baer spricht „von deutlichen Spuren … einer gemeinsamen Organisation der Juden in Köln, Jülich und Geldern“[27]. Er führt jedoch nur einen einzigen Beleg an: den Versuch, Seligman Oppenheims von Bingen 1457, das Instrument der Rabbinersynoden zu benutzen, um eine oberste Vertretung der Judenschaft im Rheinland zu installieren. Gegen ihn hatte für die jüdischen Gemeinden in Köln, Jülich und Geldern der Rabbiner Webes energischen Widerstand erhoben.[28] Welcher Aussagewert diesem einzigen diesbezüglichen Beleg beizumessen ist, ist unsicher, immerhin könnte er eine institutionalisierte Abhängigkeit in inneren Fragen der geldrischen (und jülischen) Judenschaft von der „Muttergemeinde" Köln signalisieren.

Der Pogrom von 1349

Wenn van Veen, wie wir bereits gehört haben, von einer glücklichen Zeit für die Juden im Mittelalter gesprochen hat, dann kann er damit nicht die Mitte des 14. Jahrhunderts gemeint haben. Denn 1349 brach über Nacht eine der größten Katastrophen über die Juden herein. Über den Orient und Südfrankreich gelangte die Schwarze Pest nach Zentraleuropa und forderte in kurzer Zeit einen hohen Tribut an Menschenleben. Aberglauben, Unwissenheit und Judenhass verdichteten sich schnell zur „Gewissheit", die Juden hätten vorsätzlich die Brunnen vergiftet, „um die gesamte Christenheit zu töten und die ganze Welt zu beherrschen".

Die in allen Landesteilen einsetzenden Verfolgungen führten fast überall zum Untergang der jüdischen Gemeinden. Dass eine erschreckende Gesetzlosigkeit schon den Zeitgenossen auffiel, darüber lässt der Xantener *Liber albus* keinen Zweifel übrig: „In diesem Jahr wurden die Juden getötet, fast in ganz Deutschland ohne richterlichen Spruch, und zwar von den Geißlern, durch die sie ins Wasser geworfen und ertränkt und auf andere verschiedene Weise ermordet wurden."[29] Zu Verblendung und Judenhass trat ein weiteres, entscheidendes Moment hinzu. Hundert Jahre nach den Ereignissen hielt Gert van der Schuren in seiner Klevischen Chronik Folgendes

fest: *... ind vile joeden worden als doe hijrumb veryaegt, gedoed ind gebrant ind die Heren der lande verkregen groitn guet van den Joeden*[30]. Viele Christen nutzten also den Aufruhr, um sich lästiger Schulden bei den Juden zu entledigen. Für den Erzdiakon von Utrecht J. B. Graye konnte noch mehrere Generationen später der Pogrom nur *als gevolg van de goddeloosheid der christenen* geschehen.[31]

Was genau im Herzogtum Geldern vorging, ist aus den Quellen nicht zu ersehen. Man kann nur indirekte Schlüsse ziehen, daraus drängt sich der Eindruck auf, dass z. B. die Juden in Geldern unter Verfolgung gelitten haben müssen. Denn in seiner Rechnung vom Jahre 1350 notiert der herzogliche Rentmeister mit Namensnennung der Schuldner die Annullierung von 29 Schuldverschreibungen.[32] Die Pfandsachen selbst, wie Tischtücher, Handtücher, Mäntel, Pelze und Juwelen, werden von der herzoglichen Kasse im Wert von 48 Mark vereinnahmt. Festzuhalten bleibt jedenfalls, dass der Herzog seinem gesetzlichen Auftrag aus dem Judenregal von 1339, die Juden zu schützen, nicht nachgekommen ist. Dabei ist zu beachten, dass Herzog Reinald II. 1343 verstirbt und sofort nach seinem Tod ein Streit um das politische Erbe zwischen seinen Söhnen Reinald III. und Eduard ausbricht. Ob der Hof also überhaupt handlungsfähig gewesen ist, muss unbeantwortet bleiben.

Ein alter steinerner Grenzpfahl ist möglicherweise ein indirekter Zeuge dieser finsteren Zeit.[33] 1731 zur Beilegung Jahrhunderte währender Grenzstreitigkeiten bei den Anwohnern des torfreichen Straelener Veens zwischen Venlo und Straelen aufgestellt, sind es vor allem die nur 13,5 cm mal 8 cm messende eingemeißelte Darstellung eines Balkenkreuzes nebst dem darüber ange-

Das Kindskreuz aus dem Straelener Veen steht heute im Stadtarchiv.

brachten Schriftzug *Kinskruyz*, die auf dem zentnerschweren Stein unsere Aufmerksamkeit erregen. Sie stellen, aus Gründen der Rechtskontinuität angebracht, die Verbindung zu einem mehrere Jahrhunderte zurückliegenden Vorfall her. Über ihn berichtet uns ein Brief der Stadt Venlo an den Gelderner Herzog Reinald IV. aus dem Jahre 1408. Darin ist von der Aussage älterer Bürger die Rede, „dass zu Zeiten des Krickenbecker Amtmannes Arnold Spede ein Mann ein junges Kind im Wald zwischen Venlo und Straelen Juden übergeben habe, die es töteten. Noch heute (das heißt 1408) erinnere *eyn crutz* an diesen Vorfall", so Stefan Frankewitz in einem Aufsatz über das Kindskreuz im

Veen.[34] Was es mit dem Kindsmord, den Juden begangen haben sollen, im Einzelnen auf sich hat, ist aber weder dem schon zitierten Brief noch anderen Quellen zu entnehmen. Ob dieses Schweigen auf Zufall oder Quellenmangel beruht, wird sich nicht klären lassen.

Ein weiterer Grund dieses Schweigens könnte sein, dass in dieser Aussage ein den Juden angelasteter Ritualmordvorwurf durchschimmert. Im Frühmittelalter ursprünglich gegen die Christen erhoben (Tertullian: Wir gelten als die gemeinsten Verbrecher, da wir angeblich für das Altarsakrament Kindermord begehen[35]), übertrugen ihn diese ab dem 12. Jahrhundert aus polemischen Gründen auf die Juden. „Jeweils zu Pessach erreichten die Angriffe gegen die Juden ihren Höhepunkt, und man ging sogar so weit, ein totes Kind ins Ghetto zu schmuggeln, um zu beweisen, dass Juden sein Blut zum Mazzebacken bräuchten." Dabei war dieser Vorwurf den Juden gegenüber besonders unsinnig: Keiner anderen Religionsgemeinschaft war der Genuss von Blut strenger verboten. Kaiser Friedrich II. sprach denn auch 1236 auf dem Hoftag von Hagenau die Juden vom Vorwurf des Ritualmords frei: „Weder im Alten noch im Neuen Testament ist zu finden, dass die Juden nach Menschenblut begierig wären. Im Gegenteil, sie hüten sich vor der Befleckung durch jegliches Blut … Es spricht gegen diesen Vorwurf seine Scheußlichkeit, seine Unnatürlichkeit und das natürliche menschliche Gefühl, das die Juden auch den Christen entgegenbringen."[36] Es bleibt der unappetitliche Aspekt, dass sich solche humane Haltung kaum Gehör verschaffen konnte, allzu scharf sticht davon allein die Zahl der bekannt gewordenen Ritualmordvorwürfe ab. Peuckert zählt, 1148 beginnend, 190 Fälle auf[37], jeder

17

mit Pogrom, Mord oder Vertreibung verbunden.

Ein Zusammenhang zwischen dem Kindskreuz im Straelener Veen und möglichen Pogromen 1349/50 in der Region ist jedenfalls denkbar, aus den Quellen können Fakten dafür gleichwohl nicht herangezogen werden.

Die Vertreibung aus Geldern

Dass in der Stadt Geldern Verfolgungen stattgefunden haben, geht indirekt auch daraus hervor, dass die Quellen von 1350 bis 1414 keine Juden in Geldern erwähnen. Nach dem langen Intervall von 64 Jahren tauchen sie erst wieder zwischen 1414 und 1440 sporadisch in den Gelderner Stadtrechnungen auf.[38] Man kann also vermuten, dass die Juden vertrieben oder sogar ermordet wurden. Da die letztgenannten Eintragungen meist im Zusammenhang mit militärischen Geldtransaktionen stehen, ist die Neuentstehung einer jüdischen Gemeinde für diesen Zeitraum wohl unwahrscheinlich.

Es scheint eher, dass diese Eintragungen in den neuen Zeitabschnitt gehören, in dem die Juden aus vielen Städten und Territorien vertrieben werden, so aus Trier 1418, Mainz 1420, Köln 1424. Auch in der Stadt Geldern haben sie sich offensichtlich nicht mehr dauerhaft aufhalten dürfen. Nicht nur die erstarkenden Kaufmannsschichten, sondern auch die meist kirchlich geprägten Zünfte und Gilden waren an ihrer Verdrängung interessiert. Viele Juden sahen als Lösung nur noch eine Flucht ins Ausland. Viele Möglichkeiten standen ihnen auch da gar nicht mehr offen. Denn 1290 waren sie schon aus England, 1390 aus Frankreich vertrieben worden, 1492 mussten die Juden Spanien und 1496 Portugal verlassen. Die meisten von ihnen richteten sich nach Osten, nach Polen und Russland. Einige gingen auch nach Oberitalien.

Die oftmals von den Juden unter Beweis gestellte Flexibilität machte nun einem allmählichen Zurückweichen Platz – ein Zurückweichen aufs Land, ins Ausland, in die Wanderschaft, fast immer in die Isolation und Armut. Ein gutes Beispiel für diese Misere gibt *Schiltgen*, über den der Drost von Geldern J. von Arendael 1455 Auskunft erteilt: „Ein Mann in Wetten, *Schiltgen* geheißen, der war viele Jahre nicht zum heiligen Sakrament gegangen, als er starb, wollte der Pastor ihn nicht auf dem Friedhof begraben lassen, da sagte ich, dass der Mann ein Jude gewesen sei und dass sein Gut meinem lieben Herrn gehöre. Er erhielt es vor Gericht zugesprochen, davon wurden mir meine 75 Gulden zuerst zugeteilt."[39] Diesem Schicksal eines entweder durch Zwangstaufe oder freie Wahl verborgen lebenden Juden sehen wir deutlich den Niedergang an; noch in seinem Tod kommt *Schiltgen* nicht zur Ruhe.

Ein anderes Beispiel stammt aus Roermond. Hier leben 1545 Abraham Clebergh und Moses van den Bruell, beide schon alt, in zwei Häusern.[40] Sie müssen die Schutzsteuer von 50 *ryder* und den immensen Preis von 250 Talern für ihre Einkünfte pro Jahr bezahlen. Der Hof zu Brüssel verlangt vom Magistrat von Roermond die Ausweisung der alten Leute, ein Ansinnen, dem sich der Magistrat eine Zeitlang widersetzt. Doch lange wird er den Widerstand nicht durchgehalten haben. Denn im Herzogtum Geldern ist ein Kurswechsel eingetreten: Karl V. hat mit seinem Sieg über den gemäßigt reformierten Wilhelm von Kleve, der 1538 von den Ständen als Erbfolger in Geldern auserkoren war, im Frieden von Venlo 1543 einen entscheidenden Erfolg im Konflikt um die konfessionelle und damit politische Herrschaft in Nordwesteuropa errungen. Mit der strikten Einhaltung des katholischen Glaubens, die er in dem nun zu „seinen" habsburgisch-spanischen Erblanden zählenden Geldern durchsetzte, gerieten auch die Juden in den Sog konfessioneller Verhärtung. Die neue Landesherrschaft ist entschlossen, Juden im Herzogtum Geldern nicht mehr zu dulden.

Nur drei Jahre nach dem Frieden von Venlo, 1546, fordert in Geldern ein Plakat alle Juden auf, binnen eines Monats das Herzogtum zu verlassen.[41] Dieser landesherrliche Wille ist vermutlich auch der Grund, dass von den Venloer Judenfamilien, von denen schon die Rede war, keine Spuren mehr festzustellen sind.

Nachdem 1556 das Plakat noch einmal erneuert worden war, lässt 1570 Generalstatthalter Herzog Alba ein letztes Mal ein solches Verbot verkünden, da ihm zugetragen worden ist, dass sich in Zutphen ein Jude aufhält.[42] Unnachgiebig macht er den Städten klar, dass sich Juden im Herzogtum Geldern nicht mehr aufhalten dürfen. Aufgrund dieser Verschlechterung des Klimas kann man davon ausgehen, dass die Juden aus den geldrischen Städten tatsächlich verschwunden sind.

Wohin wendeten sich nun die von der Ausweisung in Geldern betroffenen Juden? Wenn aus anderen Regionen bekannt ist, dass sich manche Juden im Umkreis der Städte niederließen – das bekannteste Beispiel sind die Stadt-Kölner Juden, die sich im rechtsrheinischen Deutz niederließen –, so können für Geldern keine Aussagen gemacht werden, da hier keine Quellen existieren, die Migrationsbewegungen spiegeln.

17. und 18. Jahrhundert

Nach der Umwälzung des Dreißigjährigen Krieges befindet sich Deutschland in einer schwierigen Lage. Die Landbevölkerung ist dezimiert, die ehemals reichen deutschen Städte und der Adel, besonders der niedere Adel, sind verarmt. Ein großer Teil davon kämpft um eine neue soziale Stellung, was nicht zuletzt mit dem Anschluss an die Reformation einhergeht. Viele dieser reichsritterschaftlichen oder „reichsunmittelbaren" Herrlichkeiten sehen in der Niederlassung von Juden eine Möglichkeit, ihre in Mitleidenschaft gezogenen Einkünfte aufzubessern. Auch am Niederrhein finden sich Landesherrschaften, die bereit sind, Juden gegen Entgelt Aufenthalt und Ansiedlung zu gewähren.

Hier ist zum einen die Herrschaft Alpen[43] der Grafen von Bentheim zu nennen und zum anderen die „Reichsunmittelbare Freiherrlichkeit Frohnenbruch-Hoerstgen" der Freiherren von Mylendonk, die wahrscheinlich schon im 17. Jahrhundert Juden in ihrer Herrlichkeit aufnahmen (siehe hierzu den Beitrag über Hoerstgen-Frohnenbruch).

Für das angrenzende Oberquartier Geldern zeichnet sich auf Grund sich widersprechender Fakten und der schlechten Quellenlage kein einheitliches Bild ab. Solange das Oberquartier zum Herrschaftsraum der spanischen Habsburger mit seinem „imperativen" Katholizismus gehört, ist hier Juden kein offizielles Leben möglich. Die Eintragung im ältesten Taufbuch Straelens[44] vom 29.6.1641: „Arnoldus jüdischer Nation, durch Taufe Christ geworden, meldet seinen Sohn Jakob zur Taufe an", beweist da keineswegs das Gegenteil, kann man doch ohne Zweifel von einer Zwangstaufe ausgehen.

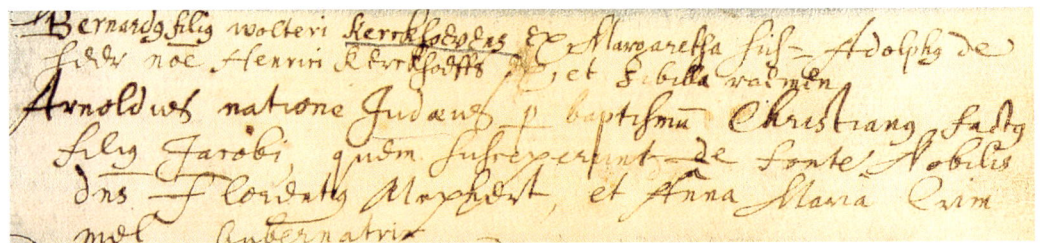

Der getaufte Jude Arnold meldet auch seinen Sohn Jakob zur Taufe an.
Eintragung von 1641 im ersten Taufbuch der Straelener Pfarre Sankt Peter und Paul.

Ein anderes Beispiel scheint eher zu bestätigen, dass auch hier jüdisches Leben in Nischen zu keimen vermochte. 1717 hält der preußische König Friedrich Wilhelm dem Gelderner Administrations-Kollegium vor, die Gelderner hätten früher den „Zugang von einigen Judenfamilien in Nieukerk und Aldekerk zugelassen"[45], ein Hinweis, der von einem Ortsplan des Jahres 1675, der in der Mitte Nieukerks eine „Judenstraat" nennt[46], erhärtet wird. Doch muss bedacht werden, dass dieses Beispiel ein Einzelfall ist. Auch nach dem Herrschaftswechsel von 1713 ändert sich im preußisch gewordenen Obergeldern an der judenfeindlichen Politik nichts Wesentliches. Wenn die Geldrische Kommission 1730 formuliert: „In Geldern wohnten bisher keine Juden, nur in der halb Geldrischen halb Klevischen Herrlichkeit Capellen lebten einige wenige. Da sie aber keine Schutzbriefe besaßen, hatten sie schon vor geraumer Zeit die Provinz verlassen müssen"[47], kann man darin den politischen Willen sehen, einer Judenansiedlung keinen Vorschub zu leisten. Zum Teil dürfen wir in dieser das 18. Jahrhundert in Obergeldern gültigen offiziellen Linie die „Nachwirkung" einer immerhin anderthalb Jahrhunderte lang wirksam gewesen spanisch-katholischen Prägung, zum Teil eine den Juden gegenüber gar nicht

toleranten Haltung Preußens zu sehen haben. Auffällig bleibt aber, dass im benachbarten Landesteil Kleve die Preußen zur selben Zeit den Juden gegenüber offener sind als in Obergeldern. Wie dem immer sei, beeinflusst hat die Judenpolitik in jedem Fall die weitreichende Verarmung der jüdischen Bevölkerung im 18. Jahrhundert, die auch im Gelderland spezifische Spuren hinterlassen hat.

Da ist zum einen ein Heer mitteloser und bindungsloser Existenzen, unter ihnen viele Juden, die auf Grund sozialer Missstände, spezieller Abgaben oder Steuern ihren Unterhalt nicht mehr selbst bestreiten können und kein Geleit erhalten und daher gezwungen sind, schutzlos umherzuziehen und sich mit Betteln über Wasser zu halten. Da ist zum andern, noch weiter unten am Ende der sozialen Schichtung, eine Grauzone zum Banditentum. Während die einen sich als Betteljuden durchs Land quälen, wählt eine Minderzahl den Anschluss an die rheinischen Räuberbanden wie „die Brabanter", „Neußer" oder die „Holländische Bande", in denen sich prozentual etwa die Hälfte Juden befinden.[48] Damian Hessel und Matthias Weber – genannt der Fetzer – und seine Truppen begehen u.a. von einer im Bruch bei Straelen liegenden Spelunke aus einige Raubzüge in die nähere und weitere Umgebung.[49] Sie alle entgehen allerdings nicht dem Schafott oder Galgen, wie z. B. die sieben Juden, die 1770 wochenlang im Keller des Schlosses Krickenbeck gefangen gehalten werden.[50] Am Galgen auf der Hinsbecker Höhe werden sie gehängt. Ihnen werden nicht nur Einbrüche bei reicheren Bürgern, Pastören, Anwälten oder Apothekern zur Last gelegt, sondern auch bei Bauern.

Doch nicht nur gegen die Räuberbanden, sondern auch gegen die Ärmsten der Armen, die Betteljuden, mobilisiert der Obrigkeitsstaat Polizei und andere Ordnungskräfte. So erhält für die Nacht vom 22. zum 23. Oktober 1774 der Schöffe Schürmans in Sevelen den Befehl, in Begleitung eines Soldaten sowie einiger standfester Männer eine Jagd auf Vagabunden und Juden zu machen, was sich nur auf „unvergleidete" Juden (d. h.: Juden ohne Schutz- bzw. Geleitbrief) und Betteljuden beziehen kann.[51] Auch im Stadtarchiv Straelen sind ein Dutzend Vordrucke aus der zweiten Hälfte des 18. Jahrhunderts erhalten, in denen der Drost von Varo zur *generalen Visitation, ganz unvermutet zur Aufhebung des in hiesiger Provinz sich etwa eingeschlichenen Raub- und Diebes-Gesindels, Vagabondes unvergleideter Juden und anderer verdächtiger Personen* angehalten wird.[52] Leider ist den Vordrucken nicht zu entnehmen, mit welchen „Erfolgen" diese Vagabundenjagden durchgeführt wurden.

Wollte man resümierend einen mikrostrukturellen Blick aufs jüdische Leben dieser Epoche werfen, müsste man, wie schon angedeutet, beachten, dass zu einer tiefer reichenden regionalen Differenzierung die Quellen zu spärlich und aussagearm sind. Wohl aber kann in Geltung gebracht werden, „dass das Judentum in unterschiedlichen Ländern zu verschiedenen Epochen unter eigentümlichen politischen Bedingungen die gleichen Grundformen hervorgebracht hat"[53]. Diese Grundform ist das Landjudentum gewesen, das sich entwickelte, als die Juden aus den Städten als den ökonomischen Zentren und vielen Territorien vertrieben wurden. Auch am Niederrhein kam es dazu, dass das „ländliche Milieu für die jüdische Bevölkerung zu einem wichtigen Rückzugsraum wurde"[54]. Zu unterscheiden sind da allerdings deutlich die Gebiete, in denen Juden offiziell erlaubt waren, wie Issum (siehe den Exkurs über Issum am Schluss dieses Beitrages), Alpen und Hoerstgen, und das Gebiet Obergelderns mit den Städten Geldern und Straelen und seinen Dörfern, zu dem Juden offiziell keinen Zutritt hatten, wenngleich sich auch hier mit Ausnahme der Stadt Geldern ambulantes jüdisches Auftreten vereinzelt feststellen lässt. Da eine organisierte Judenschaft wie im benachbarten Kleve in unserem Gebiet nicht existierte, heißt Landjudentum hier „ein Leben in Vereinzelung und Isolation, losgelöst von oder doch nur unzureichend verbunden mit den Regeln und Strukturen, die eine Gesetz und Brauch gemäße Existenz ermöglichten und bestimmten"[55]. Das bedeutete kaum überwindbare Schwierigkeiten in der religiösen Lebensführung und erzwungene Vernachlässigung der Bildung, die das Judentum als Religion des Buches bzw. der Schriftlichkeit in der Diaspora besonders treffen musste. So dürfte das Hauptaugenmerk der Juden dem nackten Überleben gegolten haben: Sei es als Betteljuden oder Diebe, sei es als Tagelöhner, Kleinhändler, Metzger und Viehhändler, wie die Berufsbezeichnung der Juden in den älteren Bevölkerungslisten monoton lauten, dürfte dieses Leben schwierig genug gewesen sein.

Simon van Geldern:
An der Wende der Zeiten

Geradezu als soziale Antithese zur jüdischen Armutsschicht des 17. und 18. Jahrhunderts sind die Hoffaktoren anzusehen, Juden, die zu Ansehen und Reichtum gelangten, da sie ihr Wirkungsfeld in der Nähe der Fürstenhäuser suchten. Ihren Einfluss machten sie meist auch für die ihnen anvertrauten Judenschaften geltend; bekanntes Beispiel dafür ist die klevische Familie Gompertz[56], deren Mitglieder vom Rabbiner in Emmerich zum Hoffinanzier und „Oberrezeptor" für Kleve und Mark in Berlin aufstiegen.

Hier soll jedoch die Familie „van Geldern" vorgestellt werden. Urahn war der Jude Jacob[57], der 1628 aus dem Gebiet der heutigen niederländischen Provinz Gelderland nach Düsseldorf einwanderte. In dieser altgeldrischen Provinz ist der Name van Geldern in den Mitgliedslisten der jüdischen Gemeinden häufig anzutreffen. Jacob gehörte nicht nur zu den ersten Juden, denen in Düsseldorf ein Geleit ausgestellt wurde, sondern er brachte seine privilegierte Stellung auch darin zum Ausdruck, dass er die Tradition der mosaischen Namensvergabe durchbrach und sich einen von der Herkunft abgeleiteten Familiennamen zulegte.

1653 wurde Joseph Jacob van Geldern geboren, der als Hoffaktor für Kurfürst Johann Wilhelm tätig und *Obervorgänger sämtlicher in Jülich-Bergischen Landen vergleiteter Judenschaft* war. Er führte ein großes Haus und baute direkt daran eine Synagoge für die Düsseldorfer Juden. Auch Sohn Lazarus van Geldern übte das Amt des Obervorgängers aus.

1720 wurde Simon van Geldern geboren, „der Ruhelose, dem die rollende Postkutsche ein Leben lang Haus und Heimat war"[58]. Im Talmud ebenso geschult wie in weltlichen Dingen, hielt es ihn nicht lange im Kreis der Familie und Gemeinde. Es zog ihn in die Welt hinaus. Sein Tätigkeits- und Berufsfeld schillert in allen Tönen eines orientalisch eingefärbten Gemäldes des Barockzeitalters: Lotterieeinnehmer, Buchverkäufer, Gelehrter, Kabbalist, Freimaurer, Asket, Wallfahrer, Dolmetscher. Sein Hang zur „Scharlatanerie" und Mystifikation kommt in einem seiner Titel zum Ausdruck: „Hof-Kabbalist, Geheimer Magischer Rat, öffentlich accreditierter Hoffaktor und Agent Seiner Hochfürstlichen Durchlaucht des Landgrafen und Erbprinzen von Hessen-Darmstadt", den er immerhin offiziell verliehen bekam. Von London über Paris, Rom, Wien, Konstantinopel bis nach Ägypten und Palästina war er auf Reisen zu finden.

Sein Großneffe Heinrich Heine verehrte die „rätselhafte Erscheinung" und bedachte seinen Großonkel mit den Worten: „Er war halb Schwärmer, der für kommunalpolitische, weltbeglückende Utopien Propaganda machte, halb Glücksritter, der im Gefühl seiner individuellen Kraft die morschen Schranken einer morschen Gesellschaft durchbricht ..."[59] – ein Satz, den Heine darauf gemünzt haben wird, was man das Testament Simon van Gelderns nennen könnte: seinen Gedankenaustausch mit dem Abbé Grégoire im lothringischen Emberménil. Dieser beteiligte sich 1787 an einem Wettbewerb der Königlichen Akademie der Wissenschaften und Künste zu Metz. Unter dem Eindruck der Aufsehen erregenden Toleranzpatente Kaiser Josephs II., die in der Donaumonarchie erste staatliche Maßnahmen der Juden-Emanzipation einleiteten, hatte sie das Thema gewählt: „Gibt es Mittel, die Juden in Frankreich nützlicher und glücklicher zu machen?". In Simon van

Geldern, der 1778 im nahen Buxweiler eine Bleibe gefunden hatte, fand der katholische Geistliche einen wichtigen Informanten über die Lage der Juden, in die ihm selbst ein profunder Einblick fehlte.

Abbé Grégoires Schrift „Essai sur la régénération physique, morale et politique des juifs" wurde von der Jury mit einem ersten Preis ausgezeichnet und erschien 1789 im Druck. Im Vorwort gedachte der Abbé seines Gewährsmannes mit den Worten: „Ich habe als Bürger einen wohlunterrichteten Mann, dessen Autorität unverdächtig ist, das ist der Doctor de Gueldres, bekannt durch seinen langen Aufenthalt in Jerusalem, durch seine Reisen in den drei Teilen der alten Welt ..."[60]

Erlebt hat Simon van Geldern die Veröffentlichung nicht mehr, er starb 1788 auf einer Wanderung nach Straßburg[61], doch dass eine neue Zeit in der Luft lag, wird er gespürt haben. Dass sie die Lage der Juden in Frankreich und damit auch im linksrheinischen Rheinland verändern würde, geht durch seinen Anteil an Abbé Grégoires Schrift auch auf ihn zurück. „Als Diener einer Religion, die alle Menschen als Brüder betrachtet, forderte er das Einschreiten der Nationalversammlung zu Gunsten des geächteten und unglücklichen jüdischen Volkes."[62]

Die ersten Issumer Juden

Mit Joseph Hirtz, der 1733 in den kurkölnischen Prozessakten genannt wird, erfahren wir erstmals von einem Juden in Issum.[63] Entweder hält er sich illegal in Issum auf oder er hat einen von einem nicht befugten Beamten ausgestellten Geleitbrief. In der offiziellen „Liste der im hiesigen Erzstift vergleideten Juden" wird sein Name jedenfalls nicht geführt. Nach der von Kurfürst Josef Clemens im Jahre 1700 erlassenen Judenordnung für Kurköln, zu dem auch Issum gehörte, durften sich ohne Geleit keine Juden im Erzstift aufhalten. Auch mussten sie für eine Niederlassung in einer Stadt Vermögen im Wert von mindestens 1000 Reichstalern und in einem Dorf von 600 Talern nachweisen[64] – Bestimmungen, die den Zuzug von bettelnden und hausierenden Juden verhindern sollten. Selbst bei diesen nicht geringen Summen war der Druck auf die wenigen überhaupt Juden aufnehmenden Territorien groß. Auf ein Geleit kam meist eine Vielzahl von Bewerbern. So kann es nicht verwundern, wenn die Klagen der Hofkammer in Bonn, die neben dem Kurfürsten selbst und dem „Kölner Domkapitel einzige Instanz war, die Judengeleite ausstellen durfte, über eigenmächtige Amtmänner, Vögte und Schultheißen" nicht abrissen.[65]

Auch 1744 muss die Hofkammer eigenmächtiges Handeln konstatieren. Die vom Besitzer des Hauses Issum Freiherrn von Leerodt an Hirtz Meyer, Behr, Natan Prinsen und Simon Laser für Issum gegebenen Judengeleite werden beanstandet.[66] Hirtz Meyer, Beer Mendel und Laser Simon erhalten schließlich Geleit.

Da Laser Simon 1753 wegen eines Deliktes nach Münster ausgeliefert wird[67], von Beer Mendel 1749 nur eine Heiratserlaubnis nach Issum festgehalten ist[68] und die anderen Namen gar nicht mehr genannt werden, muss davon ausgegangen werden, dass sie verstorben oder nach Ablauf der Geleitsfrist verzogen sind. Ob fiskalische Gründe oder die von der Judenordnung eingeschränkte Berufsqualifikation in Betracht kommen, wissen wir nicht. So waren die von den Zünften kontrollierten Handwerke den Juden verschlossen, erlaubt waren nur

Handel mit Kleinodien, Gold, Silber, Geschirr, Wein, anderen Früchten, allem Vieh, mit Textilien, Fellen und Häuten und Kramwaren, „jedoch ohne Haltung offener Läden"[69].

Diejenigen Personen, die den Grundstein für die im 19. Jahrhundert aufblühende jüdische Gemeinde in Issum legten, müssen wir wohl in folgenden Namen suchen:

1745 erhält ein Abraham Moyses Geleit[70], der mit Elchen Meyer getraut wird. Er ist der Ahnherr des späteren Familienverbandes Bouscher/Buscher. Seine Kinder sind Abram Abram (1764 vergleidet), Isack Abram (er nennt sich 1808 Isack Bouscher) und Mosis Abram. Ein weiterer wichtiger Name ist Salomon Assur[71], der mit den (vermuteten) Namensvarianten Salomon Aschos, Salomon Andries bis 1801 in den Listen auftaucht.

1775 schließlich erhält Baruch Moyses ein Geleit für Issum, er wird auch Borg Moses genannt; im gleichen Jahr wird ihm für Issum eine Eheerlaubnis ausgestellt.[72] Amalie Feys Deutz nimmt er zur Frau. Vier Kinder werden ihnen geboren: Judel Borg 1780, Moses Borg 1784, Baille Borg 1788 und Emanuel Borg 1791. Nach dem frühen Tod des Ehemannes 1793 heiratet seine Frau erneut, und zwar: Abraham Nathan; ihn muss man als Begründer der Familie Franken ansprechen, da er diesen Namen 1808 annimmt. Zu Beginn des 19. Jahrhunderts siedelt sie nach Geldern über, wo sie bis 1939 lebt (s. Halmanns: Verzeichnis der jüdischen Familien in Geldern, in diesem Band).

Während sich 1794 die Schuldensumme für die gesamte kurkölnische Judenschaft auf 25.806 Reichstaler beläuft, entfallen auf die Issumer 237 Reichstaler, auf Salomon Assur 112, auf die Witwe Baruch Moyses 96 und Moyses Abraham 29 Reichstaler[73]. Zusammenfassend lässt sich sagen, dass sich in Issum auf dem (relativ) sicheren Fundament der Geleitbriefe im 18. Jahrhundert bereits ein bescheidenes jüdisches Leben entwickeln kann.

Aus ihm ist übrigens eine Gebets- und Lehrstätte kaum wegzudenken, so dass es nicht verwunderlich ist, wenn 1791 schon von einer Synagoge die Rede ist[74]. Vermutlich (s. d. Beitrag von H. Fischer) müssen wir an Stelle der heutigen Synagoge auch diesen Vorgänger suchen. Auch die Mikwe im Keller des Schulhauses dürfte ins 18. Jahrhundert zurückweisen, die niedrige Decke über dem Ritualbad könnte durch den Neuaufbau des Schulhauses 1869 entstanden sein, während das Ritualbad und die Treppe nicht angetastet wurden.

Abgekürzt zitierte Titel:

MJ = Monumenta Judaica. 2000 Jahre Geschichte und Kultur der Juden am Rhein. Handbuch, hrsg. von Konrad SCHILLING, Köln 1963.
KOBER = Adolf KOBER: Aus der Geschichte der Juden im Rheinland. Jüdische Kult- und Kunstdenkmäler (Rh. Verein für Heimatpflege und Denkmalschutz 1931 H. 1), Düsseldorf 1931.
GJ 1 = Germania Judaica, hrsg. von I. ELBOGEN/A. FREIMANN, Bd. 1: Von den ältesten Zeiten bis 1238, Tübingen 1963.
GJ 2 = Germania Judaica, Bd. 2: Von 1238 bis zur Mitte des 14. Jahrhunderts, 2 Bde., Tübingen 1968.
VENNER = Gerard VENNER: Die Juden im Geldrischen Oberquartier im Jahre 1346, in: GHK 1987; S. 61–63.
Scholae judaeorum = Scholae judaeorum. De joden in Limburg en hun synagogen, Maastricht 1967.
VAN HASSELT = G. van HASSELT: Geldersche Oudheden, Eerste deel, Arnhem 1806.
GHK = Geldrischer Heimatkalender.

Anmerkungen

[1] Jean DELUMEAU: Angst im Abendland. Die Geschichte kollektiver Ängste im Europa des 14. bis 18. Jahrhunderts, Hamburg 1985, S. 413.

[2] KOBER, S. 11.

[3] Ebd.

[4] Ebd., S. 14.

[5] MJ, S. 101.

[6] Ebd.

[7] KOBER, S. 14.

[8] KOBER, S. 15.

[9] MJ, S. 61 und GJ 1, S. 114; s. auch: „Regesten der Erzbischöfe von Köln im Mittelalter", Bd. 1, Nr. 1216, Bonn 1954.

[10] MJ, S. 61/62.

[11] Man muss hierbei bedenken, dass ein modernes Verständnis des Begriffs „Toleranz" dem Mittelalter unbekannt ist.

[12] Ismar ELBOGEN/Eleonore STERLING: Die Geschichte der Juden in Deutschland, Frankfurt 1988, S. 7.

[13] Historisches Archiv der Stadt Köln. Schreinsbuch 107; s. auch: Robert HOENIGER/Moritz STERN (Hrsg.): Das Judenschreinsbuch der Laurenzpfarre zu Köln, Berlin 1888.

[14] VENNER, GJ 2, VAN HASSELT.

[15] J. S. VAN VEEN: Bijdragen tot de geschiedenis der joden in Gelderland, in: Gelre, Bijdragen en mededelingen, X, Arnheim 1907, S. 47–66, hier S. 47.

[16] B. M. J. SPEET: Juden im Herzogtum Geldern, in: Johannes STINNER/Karl-Heinz TEKATH (Hrsg.): Gelre, Geldern, Gelderland. Geschichte und Kultur des Herzogtums Geldern (VHVG 100), Geldern 2001, S. 337.

[17] Friedrich BATTENBERG: Das Europäische Zeitalter der Juden, Darmstadt 1990, Bd. 1, S. 137.

[18] Niederländisches Regest der Urkunde, in: PJ. MEY, D. P. M. GRASWINCKEL: Gelderse charters uit München teruggekeerd, s'Gravenhage 1953, Nr. 67, S. 84.

[19] VENNER, S. 61.

[20] Das Original der Rechnung befindet sich unter der Signatur „Hertoglijk archief, anwinst 1953 II, 2" im Rijksarchief Gelderland in Arnheim. Der genaue Titel lautet: Computatio mei Mathie de Kessele militis receptoris reddituum excellentis principis ducis Gelrie comitis Zutphanie de omnibus bonis et redditibus suis sitis in partibus superioribus ducatus Gelrie a Novo Opido versus Gogh a festo beate Margarete virginis anno Domini 1340 sexto usque ad idem festum anno Domini 1340 septimo. Hier zitiert nach VENNER, danach auch das Folgende.

[21] Wie Anm. 13 und Jutta PRIEUR: Wesel und die Juden im Herzogtum Kleve, in: Auf den Spuren der Juden in Wesel. Aufsätze zur Geschichte der jüdischen Gemeinde Wesel seit dem Mittelalter, Wesel 1988, S. 11.

[22] BATTENBERG (Anm. 17), hier Bd. 1, S. 99.

[23] SPEET (Anm. 16).

[24] So wird Vivus bezeichnet, siehe den Auszug der Rechnung bei VENNER.

[25] Scholae judaeorum, S. 10.

[26] H. HANSEN: Inventaris van het oud Archief der Stad, Municipaliteit en Gemeente Venlo 1919, Nr. 117, S. 43.

[27] Fritz BAER: Das Protokollbuch der Landjudenschaft des Herzogtums Kleve, Berlin 1922, S. 7.

[28] Heinrich GRAETZ: Geschichte der Juden von den ältesten Zeiten bis auf die Gegenwart, 11 Bde. Berlin 1998, Bd. VIII (Reprint), Note 5, Anm. 5, S. 427 ff.

[29] Sechzehnhundert Jahre Xantener Dom (Xantener Domblätter 6), Köln 1964, S. 141 ff., hier S. 145 und 155.

[30] Zitiert nach PRIEUR (Anm. 21).

[31] Jean Baptiste GRAMAYE: Kroniek Gallo-Brabantica ad Limitem Namurcaeum, Bruxelles 1606, hier zitiert nach: Jakob BECKER: Besneden en begraven … Vijf eeuwen Joden in Tiel en het gelderse rivieren gebied, Tiel 1992, S. 342.

[32] VENNER, S. 63 und VAN HASSELT, S. 527.

[33] Er befindet sich heute im Stadtarchiv Straelen.

[34] Stefan FRANKEWITZ: Das Kindskreuz im Straelener Veen, in: GHK 1992, S. 174–180.

[35] A. und E. FRIEDLANDER: Und ich sage zu dir: „In deinem Blut sollst du leben", in: MAPPOT … blessed be who comes to the band of Jewish Tradition / Mappot … gesegnet der da kommt. Das Band jüdischer Tradition, Osnabrück 1997, S. 121, danach auch das folgende Zitat.

[36] BATTENBERG (Anm. 17), S. 118.

[37] Handwörterbuch des deutschen Aberglaubens, hrsg. von H. BÄCHTOLD-STÄUBLI, Bd. VII, Berlin/ Leipzig 1935/36, Artikel „Ritualmord".

[38] Juden in Geldern. Eine Ausstellung zur Erinnerung an die Zerstörung der Synagoge in Geldern, Geldern 1988, S. 10.

[39] VAN HASSELT, S. 553.

[40] Scholae judaeorum, S. 9 und VAN VEEN (Anm. 15), S. 48 f.

[41] VAN VEEN, S. 53.

[42] Ebd.

[43] Peter SCHMITTER: Geschichte der Alpener Juden, Alpen 1986, S. 18.

[44] StA Straelen, L 5.

[45] Gregor HÖVELMANN: Geldern – Preußens Maasprovinz (1713–1794), in: ders., Zur Landesgeschichte am unteren Niederrhein. Gesammelte Beiträge (VHVG 88), Geldern 1987, S. 226.

[46] Karl DICKS/Ernst GEENEN/Wilhelm SOMMER: Kerken gestern und heute, Kerken 1990, S. 23.

[47] Selma STERN: Der Preußische Staat und die Juden, Bd. II, Abt. 2, Tübingen 1962, Nr. 400, S. 530.

[48] Die deutschen Räuberbanden, Bd. II: Die rheinischen Räuberbanden, Frankfurt 1991, S. 167–275.

[49] Ebd., S. 253; u. hier S. 122, Stefan ROHRBACHER: Räuberbanden, Gaunertum und Bettelwesen, in: Köln und das rheinische Judentum. Festschrift Germania Judaica 1959–1984, hrsg. von J. BOHNKE-KOLLWITZ u. a., Köln 1984, S. 117–124.

[50] Hermann-Josef LINGEN: Um Krickenbecks „Judenkeller". In: Rheinische Post vom 21. Juli 1956.

[51] Paul UEHLENBRUCK (Bearb.): Festschrift 550 Jahre St. Antonius-St. Hubertus-Bruderschaft Sevelen. Pastor Hubert Große-Osterholt. Notizen zu einer Chronik von Sevelen, Sevelen 2001, S. 221.

[52] StA Straelen, B 90.

[53] Klaus GUTH (Hrsg.): Jüdische Landgemeinden in Oberfranken (1800–1942). Ein historisch-topografisches Handbuch, Bamberg 1988, S. 13.

[54] A. und E. FRIEDLANDER (Anm. 35), S. 121.

[55] Stephan ROHRBACHER: Stadt und Land: Zur „inneren" Situation der süd- und westdeutschen Juden in der Frühneuzeit, in: Monika RICHARZ/Reinhard RÜRUP (Hrsg.): Jüdisches Leben auf dem Lande. Studien zur deutsch-jüdischen Geschichte, Tübingen 1997, S. 38.

[56] BAER (Anm. 27), D. KAUFMANN: Die Familie Gomperts, Frankfurt a. M. 1907, und Ruth BENGER: Kleve, in: Wegweiser durch das jüdische Rheinland, hrsg. von Ludwig HEID/Julius H. SCHOEPS/ Marina SASSENBERG, Berlin 1992, S. 142.

[57] Das Folgende nach: Fritz HEYMANN: Der Chevalier von Geldern. Eine Chronik der Abenteuer der Juden, Köln 1963, S. 245 ff., ausführlich dazu: Ludwig ROSENTHAL: Heinrich Heines Großoheim

Simon von Geldern. Ein historischer Bericht mit dem bisher meist unveröffentlichten Quellenmaterial, Kastellaun 1978.

[58] HEYMANN (Anm. 57), S. 255.

[59] MJ, S. 275.

[60] Ebd.

[61] Ebd.

[62] Willehad Paul ECKERT: Katholizismus zwischen 1580 und 1848. In: Karl-Heinrich REGSTORF/Siegfried VON KORTZFLEISCH (Hrsg.): Kirche und Synagoge. Handbuch zur Geschichte von Christen und Juden. Darstellung mit Quellen, Bd. 2, München 1988, S. 22–279, hier S. 261.

[63] HStAD Kurköln III 118 A.

[64] Ebd.

[65] HStAD Kurköln IV 4607, Bl. 217 Rs., Bl. 461 Rs., Bl. 461 Rs. Ich danke Herrn Klaus H. S. Schulte, Enkirch a.d. Mosel, für diese Hinweise (Brief an John Francken, London, 14. 5. 1994).

[66] HStAD Kurköln III. 138 a, Bl. 70, 102, 138, Bl. 87, 95.

[67] HStAD Kurköln III 4612 B. 173 Rs.

[68] Wie Anm. 63.

[69] HStAD Kurköln IV 44608.

[70] HStAD Kurköln IV 4619 und HstAD Kurköln II 572 Bl. 1121 Rs.

[71] HStAD Kurköln II 5900 Bl. 48.

[72] HStAD Kurköln IV 4655 Bl. 42 Rs.

[73] KOBER, S. 51 und HStAD Roerdepartement 1800 II, Bl. 26 Rs.

[74] HStAD Kurköln III 178 A IV.

Zwischen Tradition und Emanzipation: Die Juden in Geldern und Issum 1794–1871

THEKLA KEUCK

I. Vorgeschichte: Die Situation der Juden im 18. Jahrhundert

Im Heiligen Römischen Reich Deutscher Nation lebten die Juden „als besondere Glaubens-, Rechts-, Kultur- und Volksgemeinschaft"[1]. Die ständisch gegliederte Gesellschaft kannte weder Freizügigkeit noch Niederlassungsfreiheit oder freie Berufswahl; die persönliche Freiheit der Juden, rechtlich gesehen Geduldete und Fremde, war besonders begrenzt. Sie unterstanden als „Schutzjuden" direkt dem jeweiligen Landesherrn und den von ihm erlassenen Judenordnungen. Der Territorialherr gewährte in Schutzbriefen gegen einen jährlich zu zahlenden Betrag einem einzelnen Juden oder einer jüdischen Gemeinde eine zeitlich befristete Aufenthaltsgenehmigung. Je nach Finanzbedarf wurden die Schutzgelder erhöht und Sonderabgaben erhoben. Das „Schutzjudensystem" entwickelte sich für die Landesherren zu einer zuverlässigen Einnahmequelle, es belebte das außerdem durch Kapital- und Handelskontakte die Wirtschaft. Seinen wirtschaftlichen und fiskalischen Interessen folgend wollte jeder Herrscher nur kapitalkräftige Juden in sein Land aufnehmen, mittellose wurden ausgewiesen und zogen als „Betteljuden" von Gemeinde zu Gemeinde. Von Landbesitz, Ackerbau und zünftigen Handwerken ausgeschlossen, beschränkten sich die Berufsmöglichkeiten der Juden fast ausschließlich auf den Handel. Durch Ausnahmebestimmungen hatte man sie in Handelszweige gedrängt, die von Christen nur selten betrieben wurden, wie Hausier-, Trödel-, Altwaren-, Vieh- und Produktenhandel auf dem Land, Geld- und Kreditgeschäfte. Traten Juden als Handwerker auf, waren sie Schlachter, Bäcker oder Schneider, die den unmittelbaren Bedarf der eigenen Sozialgruppe deckten, oder unzünftige Handwerker wie Goldsticker und Siegelstecher.

In der Agrargesellschaft waren Juden oft die einzigen Vertreter mobilen Kapitals, bei denen Christen Kredit erhalten konnten: bei Hof ein jüdischer Bankier, auf dem Dorf ein jüdischer Viehhändler. Der kapitalkräftige Jude bestimmte das Bild, das sich die christliche Gesellschaft von den Juden machte, und ließ ihre Zahl im Vergleich zur Gesamtheit der Juden größer erscheinen, als sie war. Nur etwa 2% gehörten zur Oberschicht der Hofjuden, die von den Fürsten als Instrumente ihrer Wirtschaftspolitik benutzt wurden. Daneben gab es eine schmale Mittelschicht, bestehend aus Kaufleuten mit einigem Handelskapital. Die Mehrheit der Juden aber lebte bis Ende des 18. Jahrhunderts in Armut. Viele waren Kleinsthändler und besaßen keinen eigenen Schutzbrief, sondern standen als Handelsgehilfen ohne Heiratserlaubnis unter dem „Schutz" eines Glaubensgenossen.

Außerhalb der allgemeinen Sozialordnung stehend, lebten die Juden in ihren eigenen Gemeindekorporationen. Als „Zugeständnis" für die zu entrichtenden Tribute gewährte der Landesherr das Recht auf Religionsausübung, die Errichtung von Synagogen und Friedhöfen und eine weitgehende autonome Selbstorganisation. Gemäß den Geboten der Tora, die das Leben des Einzelnen wie das der Gemeinde bestimmten, regelte der gewählte Vorstand die religiösen und sozialen Aufgaben. An erster Stelle stand, vor Armen- und Krankenfürsorge, das Schulwesen. Bildung und Erziehung haben im Judentum eine zentrale und identitätsstiftende Bedeutung. Der traditionelle Erziehungsbegriff beinhaltet die Überlieferung der hebräischen Sprache, der Tora und des Talmuds sowie die Weitergabe der Riten und Gebräuche, die sich aus den Gesetzen der Tora, deren Auslegungen und der Geschichte des jüdischen Volkes entwickelt haben. Nur durch die Tradition konnten die Juden ihre eigene Identität in der Diaspora bewahren. Dementsprechend lebte die Masse der Juden kulturell bis zum Ende des 18. Jahrhunderts in starker Abgeschlossenheit. Tora und Talmud bestimmten das Leben. Sprache und Kleidung, an denen ein Jude sofort als solcher erkannt werden konnte, verstärkten die Trennung zwischen Juden und Christen. Meistens war es nur der Handel, der beide Bevölkerungsgruppen in Kontakt brachte.

Auf Landesebene hatten sich die Juden bereits gegen Ende des 15. Jahrhunderts zu Landjudenschaften zusammengeschlossen, um der zunehmenden Zerstreuung und drohenden Vereinzelung zu begegnen. Die Territorialherren genehmigten diese Organisationsform aus Interesse an einem eindeutig definierten Ansprechpartner zum Zweck der Zentralisierung der Steuererhebung. An der Spitze einer Landjudenschaft stand als Führer der religiösen Gemeinschaft und als Vorsitzender des jüdischen Gerichts der Landesrabbiner. Eine wichtige Institution war der alle drei bis vier Jahre zusammentretende Judenlandtag. Mit Erlaubnis der Regierung versammelten sich die steuerpflichtigen Familienhäupter des Landes, um über die Neuwahl der Vorsteher und Beamten, die Kassenrevision und die Steuerveranlagung zu beraten. Im Herzogtum Kleve, das 1614 nach dem Ende des Jülich-Klevischen Erbfolgestreits an Preußen gefallen war, fanden die Judenlandtage[2] alle drei Jahre statt. Orte der Zusammenkunft waren seit 1690 entweder die Hauptstadt Kleve oder die zentraler gelegenen Ortschaften Kalkar, Xanten oder Wesel. Die klevische Landjudenschaft bestand bis zum Inkrafttreten der napoleonischen Konsistorialverfassung 1808.

Juden in der Provinz Preußisch-Geldern

Die ältesten Quellen, die auf das Vorhandensein von Juden im ehemaligen Herzogtum Geldern schließen lassen, stammen aus dem 11. Jahrhundert. Erzbischof Hermann III. ließ die Kölner Juden 1096, um sie vor den Kreuzfahrern zu schützen, an sieben Orte bringen, darunter Geldern.[3] 1339 verlieh Ludwig IV. (reg. 1328–1347) das Judenregal an Herzog Reinald II. (reg. 1318–1343).[4] Die Stadtrechnungen belegen, dass Juden in zahlreichen Städten des Herzogtums ansässig waren[5], bis Karl V. sie Anfang 1546 des Landes verwies[6].

1713 waren weite Teile des ehemaligen Herzogtums Geldern Friedrich Wilhelm I. von Preußen (reg. 1713–1740) im Vertrag von Utrecht zugesprochen worden. Ob es in der Provinz Preußisch-Geldern oder in der Stadt Geldern im 18. Jahrhundert Juden gab, ist nicht eindeutig zu klären. Nach einem Bericht der Geldrischen Kommission vom 1. Dezember 1730[7] lebten in Geldern keine Juden. Ein ähnlicher Vermerk findet sich in den 1782 erschienenen „Historischen politisch-geographisch-statistisch und militärischen Beyträgen"[8]. Auch die Tatsache, dass Preußisch-Geldern, im Gegensatz zu den beiden anderen westlichen preußischen Besitzungen Kleve und Moers, nicht im Generalreglement von 1750[9] erwähnt wurde, spricht gegen eine jüdische Einwohnerschaft. Andererseits bat die Geldrische Kommission die Berliner Regierung „um Zusendung der Edikte gegen das Hausieren, damit sie gegen die hier herumhausierenden fremden Juden angewandt werden können"[10]. Außerdem gibt es im Atlas „CATAS-TRUM ofte LEEGER BOECK" von 1735 den Eintrag „Judencamp"[11]. Womöglich handelte es sich dabei um ein Stück Land, wo Juden aus dem Kurfürstentum Köln lagerten, wenn sie in Geschäften nach Geldern kamen. Wahrscheinlich lebten auch „Betteljuden" in Preußisch-Geldern. Ohne Schutzbriefe hielten sie sich illegal im Land auf. Daher wurden sie nicht in den Akten vermerkt.

II. Die rechtlichen Rahmenbedingungen

Um die lokalen Verhältnisse[12] bewerten zu können, muss man die Gesetze kennen, mit denen der Staat und die staatlichen Behörden die Juden zu reglementieren bzw. zu emanzipieren versuchten, auch wenn auf der unteren Verwaltungsebene manches anders aussah als in generellen und ministeriellen Verfügungen.

Die französische Gesetzgebung

Auf Grund der Erklärung der Menschen- und Bürgerrechte 1789 beschloss die französische Nationalversammlung nach langen Debatten am 28. September 1791 die rechtliche Gleichstellung der Juden. Nach der Besetzung der linksrheinischen Gebiete durch Frankreich im Herbst 1794 und der Übernahme der französischen Gesetze kam es auch hier zur gesetzlichen Gleichberechtigung der Juden.[13]

Hermann Francken alias Emanuel Borg alias Menachem ben Rabbi Baruch mi Geldern (1791–1870). Sein Stiefvater Joseph und er sind die Ahnherren des angesehenen Gelderner Zweiges der Familie Francken.

Für Geldern sind die ersten Juden seit 1800 nachweisbar. Joseph Francken, Alexander Gompertz, Leonhard Janssen, Philipp Kaufmann und Matthias Rath ließen sich in Geldern nieder. Sie kamen überwiegend aus der näheren Umgebung, aus Issum[14] oder aus dem ehemaligen Herzogtum Kleve.[15] Die rechtliche Gleichstellung von Juden und Christen war allerdings nicht von langer Dauer. Das am 17. März 1808 von Napoleon I. erlassene „décret infâme" verbot den Juden die Betätigung im Handel ohne besondere Bewilligung. Jeder gewerbetreibende Jude benötigte seit dem 1. Juli 1808 ein vom Präfekten des jeweiligen Departements ausgestelltes Patent, in dem ihm bescheinigt wurde, dass er nicht Wucher und unerlaubten Handel trieb. Das Recht auf freie Niederlassung wurde ebenfalls zurückgenommen. Die Einschränkungen trafen die Juden in Geldern und Issum hart. Da sie alle Händler, Hausierer oder Metzger waren, musste sich jeder um ein Gewerbepatent bemühen, um den Beruf weiterhin ausüben zu dürfen. Jedes Jahr beim Antrag des Patents konnte ihre Existenz in Frage gestellt werden. Die negativen Auswirkungen des Gesetzes lassen sich auch daran erkennen, dass nach Inkrafttreten des „décret infâme" Juden keine Aufenthaltsgenehmigungen mehr für Geldern beantragten.[16]

Das Gesetz zeigt die Angriffspunkte gegen die Juden deutlich. Handel- und Niederlassungsrecht hatten bereits die Judenordnungen des 18. Jahrhunderts zu regeln versucht. Indem das „décret infâme" die gesetzliche Gleichberechtigung der Juden aufhob, um das unerklärte Ziel, die Eingrenzung der Konkurrenzfähigkeit, zu erreichen, wurde das postulierte Ziel, die gesellschaftliche Integration der Juden in den französischen Staat, ad absurdum geführt.

Die Judenpolitik Preußens

Als die Rheinlande auf dem Wiener Kongress Preußen zugesprochen wurden, erhofften sich die dortigen Juden von dem Machtwechsel eine Verbesserung ihrer Rechtsverhältnisse. Diese Hoffnung war insofern begründet, als das „Edikt betreffend die bürgerlichen Verhältnisse der Juden in dem Preußischen Staate" vom 11. März 1812[17] auf dem Grundsatz der Emanzipation – gleiche Pflichten, gleiche Rechte – beruhte.[18] Allerdings spiegelte das Edikt die zu Beginn des 19. Jahrhunderts gängige Unterscheidung zwischen den bürgerlichen und politischen Rechten wider. Es gewährte den Juden das Staatsbürgerrecht, versperrte ihnen aber weiterhin den Zugang zu Staatsämtern. Die Bedeutung des „Emanzipationsedikts" lag demnach weniger im politischen als im ökonomischen Bereich, denn alle wirtschaftlichen Einschränkungen entfielen für Juden. Hierin war die preußische Gesetzgebung fortschrittlicher als die französische. Hinsichtlich der politischen Rechte war man in Frankreich weiter gegangen: Für Juden bestand die Möglichkeit, öffentliche Ämter zu bekleiden und im Staatsdienst aufzusteigen. Die linksrheinischen Juden strebten eine Kombination der positiven Bestimmungen beider Gesetze an, um das Ziel der rechtlichen Gleichstellung zu erreichen. Diese Hoffnung wurde auf dem Wiener Kongress zunichte gemacht. Der Versuch, die bürgerliche Gleichberechtigung der Juden durch einen besonderen Artikel in der Deutschen Bundesakte für alle deutschen Staaten verbindlich zu machen, scheiterte. Die Chance auf eine einheitliche Regelung der jüdischen Rechtsverhältnisse war vertan. In Preußen wurde das „Emanzipationsedikt" nicht auf die wiedergewonnenen oder neu erworbenen Landesteile ausgedehnt. Das „décret infâme" blieb in Kraft. Es sollte seine Gültigkeit bis 1847 behalten.

Das „Gesetz über die Verhältnisse der Juden" vom 23. Juli 1847

Das am 23. Juli 1847 publizierte „Gesetz über die Verhältnisse der Juden"[19] berief sich zwar auf den Gleichheitsgrundsatz, zahlreiche Rechtsbeschränkungen für die Juden blieben dennoch bestehen. Der erste Teil des Gesetzes beschäftigte sich mit den bürgerlichen Verhältnissen der Juden.[20] Es wurde ihnen gestattet, staatliche oder städtische Ämter zu bekleiden, „wenn mit einem solchen Amte die Ausübung einer rechtlichen, polizeilichen oder exekutiven Gewalt nicht verbunden ist". Sie durften als Lehrer und an den Universitäten als Professoren für Medizin und Naturwissenschaften tätig sein, blieben aber von den Geisteswissenschaften ausgeschlossen. Die Beschränkungen der Bewegungs- und Gewerbefreiheit wurden aufgehoben.

Während die Bestimmungen über die bürgerlichen Verhältnisse der Juden durch die unter dem Eindruck der Revolution erlassene preußische Verfassung von 1848 überholt wurden, bildeten die unter Titel II aufgeführten Regelungen zum Kultus- und Schulwesen[21] die Grundlage des jüdischen Gemeindelebens bis 1933. Das Gesetz bestimmte die Bildung von Synagogengemeinden, die die „Rechte juristischer Personen" erhielten. Die Verwaltung der Gemeinden, auch die Wahlen der Vorsteher und Repräsentanten, standen unter Regierungsaufsicht.

Die neue Regelung der Kultusangelegenheiten bedeutete für die rheinischen Juden die Aufhebung der napoleonischen Konsistorialverfassung. Anders als die übrigen Kultusgemeinden in Preußen, die bisher lediglich „erlaubte Privatgesellschaften" gewesen waren, hatten sie bereits „anerkannte gesetzlich constituierte Religionsgemeinden"[22] gebildet. Die rheinischen Juden lehnten die neue Kultusordnung ab, die die kleineren und ärmeren Landgemeinden benachteiligte. Auf sich gestellt, würden diese nicht mehr in der Lage sein, die Anforderungen eines geordneten Gemeindewesens mit seinen Kultus- und Unterrichtsbedürfnissen zu erfüllen. Trotz des Widerstandes hielt die Regierung an der Umsetzung der gesetzlichen Bestimmungen auch im Rheinland fest.

Neben der neuen Kultus-, Unterrichts- und Synagogenordnung war das wichtigste Ergebnis des Gesetzes vom 23. Juli 1847 für die rheinischen Juden die Aufhebung des „décret infâme". Die Gewerbefreiheit und die Gewährung der Freizügigkeit waren eine ihrer wichtigsten Forderungen gewesen. Damit waren alle wirtschaftlichen Einschränkungen aufgehoben. Die rechtliche Gleichstellung der Juden stand aber nach wie vor aus. Sie war nur zu erreichen, wenn die bisherigen Grundlagen des preußischen Staates, die enge Verflechtung christlicher und staatlicher Institutionen und Ideologien, durch einen tiefgreifenden Wandel der Herrschaftsverhältnisse aufgegeben würden.

Die rechtliche Emanzipation der Juden

Die Revolution von 1848 hatte eine starke Wirkung auf den Gleichberechtigungsprozess der Juden, wenn sie auch nicht den erhofften Abschluss der Emanzipationsgesetzgebung brachte. Die Erklärung der Grundrechte durch die Frankfurter Nationalversammlung war nur der vorläufige Sieg der Idee der Gleichheit aller Bürger vor dem Gesetz und der Trennung von Staat und Kirche über das ständisch-korporative Denken.

Es folgte noch einmal eine zehnjährige Phase der Reaktion. Erst mit der Bildung liberaler Regierungen und dem wirtschaftlichen Aufschwung in den sechziger Jahre und nach Gründung des Norddeutschen Bundes kam es zur gesetzlichen Gleichberechtigung der Juden. Der einzige Artikel des Bundesgesetzes vom 3. Juli 1869 lautete:

„Alle noch bestehenden, aus der Verschiedenheit des religiösen Bekenntnisses hergeleiteten Beschränkungen der bürgerlichen und staatsbürgerlichen Rechte werden hierdurch aufgehoben. Insbesondere soll die Befähigung zur Theilnahme an der Gemeinde- und Landesvertretung und zur Bekleidung öffentlicher Ämter vom religiösen Bekenntniß unabhängig sein."[23]

Das Gesetz wurde mit Gründung des Deutschen Reiches 1871 als Reichsgesetz übernommen. Die rechtliche Emanzipation der Juden in Deutschland war erreicht. Allerdings resultierte sie nicht aus der seit Beginn des 19. Jahrhunderts von Preußen verfolgten „Erziehungspolitik", wonach die volle Gleichstellung der Juden am Ende des vollendeten Integrationsprozesses stehen sollte. Sie erfolgte vielmehr auf Grund der gesamtgesellschaftlichen Entwicklung der sechziger Jahre. Insofern galt die Emanzipation „als eine Ermessensangelegenheit des Staates, die allgemeinen politischen Überlegungen unterworfen war" und grundsätzlich widerrufen werden konnte, falls die Umstände sich änderten. Es bleibt auch zu bedenken, dass die Emanzipation den Juden nicht als soziale Gruppe mit einer bestimmten Tradition und Kultur galt, sondern den Juden als Individuen, was für sie den Verlust ihrer bisherigen Gruppenidentität bedeuten musste. Das beinhaltete Chance und Krise zugleich. Gegen die Widerstände der traditionellen jüdischen Welt musste die jüdische Identität neu definiert werden. Um eine Zukunft zu haben, konnten die Juden nicht länger in der eigenen abgeschlossenen Ordnung verharren; sie mussten versuchen, sich in die Gesellschaft zu integrieren. Allerdings erwarteten die meisten Christen von der Emanzipation als Ergebnis die Selbstaufgabe der Juden, ihre Assimilation. Die Einordnung der Juden in die Gesellschaft hing vor allem von der Bereitschaft der Umwelt ab, sie als solche zu akzeptieren.

III. Die Entwicklung der jüdischen Bevölkerung

Die Emanzipationsgesetzgebung führte zu wichtigen demographischen Veränderungen.[24] Die wichtigsten Folgen waren die verstärkte Vermehrung und die beginnende Verstädterung.

Im Zeitraum 1825 bis 1861 erhöhte sich die jüdische Bevölkerung in der Rheinprovinz um 62%. Im Regierungsbezirk Düsseldorf lag die Zuwachsrate bei 68%. Die Vermehrung der Juden führte aber nur zu einer prozentualen Erhöhung ihres Anteils an der Gesamtbevölkerung. 1846 machten die Juden im Regierungsbezirk Düsseldorf 0,8% der Gesamtbevölkerung aus. 1866 war ihr Anteil um 0,1% auf 0,9% gestiegen.[25] In Geldern erhöhte sich die jüdische Bevölkerung in den Jahren 1825 bis 1861 um 158%. Im selben Zeitraum betrug die Zuwachsrate bei Christen 32%. 1843 lag der Anteil der Juden an der Gesamtbevölkerung in Geldern bei 1,4%. 1862 hatte er sich auf 2,8% verdoppelt. In der französischen Zeit blieb die Zahl der Juden relativ konstant. Anfang der zwanziger Jahre des 19. Jahrhunderts ist ein erster Zuwachs erkennbar. Seit Mitte der vierziger Jahre stieg die Zahl der jüdischen Einwohner kontinuierlich bis 1861, als die Gemeinde mit 150 Personen ihren Höchststand erreichte. Allein in den Jahren 1855 bis 1861 stieg die Zahl der Juden um 38 Personen. Das entspricht einer Zuwachsrate von 72%. Die überdurchschnittliche Bevölkerungsvermehrung der Juden ist weniger auf Zuwanderung als auf natürliche Vermehrung zurückzuführen. 1855 bis 1861 lebten in Geldern dreizehn jüdische Familien. In diesen sechs Jahren wurden 39 jüdische Kinder geboren, das heißt, jede Frau brachte im Durchschnitt alle zwei Jahre ein Kind zur Welt. Nach 1861 setzte ein langsamer Rückgang der jüdischen Bevölkerung ein. 1911 lebten noch 90 Juden in Geldern.[26]

Tabelle 1: Die jüdische Bevölkerung in Geldern

Jahr	Juden[28]	Gesamtbevölkerung[29]	Anteil der Juden an der Gesamtbevölkerung (in %)
1808	41		
1812	41		
1825	58		
1832	58	3639	1,6
1843	56	3885	1,4
1847	70		
1855	87	4377	2,0
1860	125	4603	2,7
1861	150		
1862	134	4723	2,8
1863	146		
1866	128	4838	2,6

Tabelle 2: Die jüdische Bevölkerung in Issum

Jahr	Juden[30]	Gesamtbevölkerung[31]	Anteil der Juden an der Gesamtbevölkerung (in %)
1808	20		
1812	25		
1828	25	2208	1,1
1843	32	2454	1,3
1847	31	2555	1,2
1855	36		
1860	45		
1861	46	3014	1,5
1862	50		
1863	50		
1866	49		

Ihr Anteil an der Gesamtbevölkerung war mit 1,4% stärker als im Rheinland. Dort lag der jüdische Bevölkerungsanteil 1910 bei 0,8%.[27]

In Issum stieg die jüdische Bevölkerung in den Jahren 1828 bis 1861 um 84%. Im selben Zeitraum betrug die Zuwachsrate bei Christen 36%. Damit erhöhte sich der Anteil der Juden an der Gesamtbevölkerung von 1,1% um 0,4% auf 1,5%. Bis in die dreißiger Jahre des 19. Jahrhunderts blieb die Zahl der Juden relativ konstant, danach stieg sie kontinuierlich bis 1862, als die Gemeinde mit 50 Personen ihren Höchststand erreichte. Wie in Geldern war die natürliche Vermehrung der Juden der Grund für ihren überdurchschnittlichen Bevölkerungsanstieg. Nach 1863 ging die Zahl der jüdischen Einwohner langsam zurück. 1906 lebten noch 28 Juden in Issum.

Die Entwicklung der jüdischen Bevölkerung in Geldern und Issum weist Gemeinsamkeiten auf: Sowohl die Zuwachsrate als auch der Anteil der Juden an der Gesamtbevölkerung lagen über den Durchschnittswerten für den Regierungsbezirk Düsseldorf. Bis Anfang der sechziger Jahre nahm die jüdische Bevölkerung zu. Das ist vor allem auf den sozialen Aufstieg und die dadurch verbesserten Lebensbedingungen zurückzuführen. Danach waren die Zahlen rückläufig. Ein Grund dafür liegt in der beginnenden Verstädterung der deutschen Juden. Sie wurde erst durch die in der Emanzipationsgesetzgebung gewährte Freizügigkeit ermöglicht. Vor allem die Erfolgreichen wanderten in die Städte ab. Hier bot sich ihnen eine Perspektive für den weiteren sozialen und wirtschaftlichen Aufstieg. 1863 teilte der Kaufmann Gustav Schönholz aus Geldern dem Bürgermeister mit, dass er seinen Wohnplatz nach Köln

David Nordheim nutzte Beziehungen zu seinem Geburtsort Werl, um in Geldern ein Lager für Koch-, Butter-, Vieh- und Gewerbesalze einzurichten. Geschäftsanzeige aus dem Geldernschen Wochenblatt vom 5. September 1871

verlegen werde.[32] Wie aus dem „Verzeichnis der Gemeindewähler der Synagogen Gemeinde Geldern" von 1860 hervorgeht, war er nach Hermann Cain und Salomon Elias der wohlhabendste Jude in Geldern.[33] Im selben Jahr wurde die von der Rheinischen Eisenbahn gebaute Strecke Köln–Kleve fertiggestellt. Der Eisenbahnanschluss bedeutete eine Erhöhung der Mobilität. Man konnte in der Stadt leben und trotzdem die Geschäfte auf dem Land weiterführen. Andererseits war durch den Eisenbahnanschluss nicht unbedingt die Notwendigkeit gegeben, sofort in eine größere Stadt zu ziehen, da man sie jetzt mit der Eisenbahn gut erreichen konnte. Gustav Schönholz entschied sich für die erste Möglichkeit. Dadurch konnte er seinen Kindern auch eine bessere Ausbildung geben, worauf in jüdischen Familien traditionell großer Wert gelegt wurde.

Die demographische Entwicklung der Juden in Geldern und Issum entspricht der in der Gesamtentwicklung der jüdischen Bevölkerung zu beobachtenden Tendenz. Für das „Emanzipationszeitalter" ist die größte zahlenmäßige Zunahme des deutschen Judentums zu verzeichnen.

IV. Die Berufsstruktur und der soziale Aufstieg der Juden

Aus allgemeineren Untersuchungen zur Sozialgeschichte der Juden in Preußen[34] geht hervor, daß 90% der Juden zu Beginn des 19. Jahrhunderts im Klein- und Hausierhandel tätig waren. Die „restlichen zehn Prozent der Juden arbeiteten entweder als Schlachter und unzünftige Handwerker oder als Bedienstete der jüdischen Gemeinden, wozu auch Rabbiner, Lehrer und Ärzte zählten"[35]. Während des 19. Jahrhunderts änderten sich Art und Umfang des jüdischen Handels. „Der Weg führte vom Hausier- und Trödeljuden zum bürgerlichen jüdischen Kaufmann."[36]

Von den in Geldern 1808 patentierten Juden waren vier Metzger.[37] Das heißt, 66% aller Juden verdienten ihren Lebensunterhalt als Fleischer. 1840 waren es 60%[38], 1865 nur noch 27%[39]. Auf dem Handelssektor verlief die Entwicklung umgekehrt. 1808 erhielt jeweils ein Jude als Pferdehändler bzw. Kurzwarenhändler ein Patent. Das entspricht einem Prozentsatz von 33%. 1840 lebten 40% von Handelsgeschäften, 1865 waren es bereits 72%.

1808 waren in Issum 75% der Juden im Fleischergewerbe tätig.[40] Aber anders als in Geldern änderte sich das Berufsbild der Juden in Issum nicht. 1840 arbeiteten nach wie vor 75% aller Juden als Metzger.[41] 1865 waren es sogar 80%.[42] Die übrigen Juden waren Kleinhändler.

Die Prozentwerte zeigen die berufliche Entwicklung der Juden. Allerdings zeichnen sie ein Berufsbild, das nicht ganz der sozialen Realität entsprach. Die Berufsangaben der Juden schwankten. Viele übten mehrere Berufe gleichzeitig aus. Hermann Cain und Philipp Kaufmann waren zum Beispiel Krämer und Metzger, ebenso die Witwen Frederica Gompertz und Johanna Rath.[43] Außerdem wechselten Juden oft ihre Berufe, je nachdem, welcher mehr Chancen bot.

Die Berufsstruktur der Juden in Geldern und Issum zu Beginn des 19. Jahrhunderts war ähnlich. Die meisten Juden arbeiteten als Metzger. Im Laufe des 19. Jahrhunderts entwickelte sich ihre Berufssituation unterschiedlich. In Geldern gaben viele Juden den Metzgerberuf zugunsten des Handelsberufs auf. In Issum blieben die Juden dem Handwerk verhaftet. Der Grund dafür ist folgender: Geldern verfügte im 19. Jahrhundert mit einer Vielzahl kleiner Geschäfte, Handwerksbetriebe und einer aufsteigenden Textil-, Tabak-, Schuh- und Metallwarenfabrikation über eine vielseitige Wirtschaftsstruktur, hinzu kamen die zahlreichen Jahr- und Viehmärkte. Als Einkaufszentrum der umliegenden Ort- und Bauerschaften entwickelte Geldern sich im 19. Jahrhundert zu einer relativ wohlhabenden Kleinstadt. Issum hingegen war eine Landgemeinde mit einer überwiegend bäuerlichen Bevölkerung. Die dortigen Juden blieben Landjuden[44].

Der Niederrhein war eine von der Landwirtschaft geprägte Region. Die Funktion der Juden in der Agrarökonomie war

Gottfried Gompertz eröffnete in Geldern eine Nebenstelle der Elberfelder „Feuerversicherungs-Gesellschaft". Anzeige aus dem Geldernschen Wochenblatt vom 1. März 1845

eine doppelte. Die Juden handelten mit Agrarprodukten, die sie bei den Bauern aufkauften und auf regionalen Märkten absetzten. Andererseits brachten die jüdischen Hausierer Manufakturwaren aus den Städten zu den Bauern auf das Land. Ob die Juden in Geldern und Issum auch als Kreditgeber tätig waren, lässt sich anhand der Akten nicht beurteilen.

Festzuhalten bleibt, dass sich die Berufsstruktur der Juden in Geldern und Issum grundlegend von der ihrer Umwelt unterschied. Die Juden waren Händler und Metzger, die Masse der christlichen Bevölkerung arbeitete in der Landwirtschaft und im Handwerk.

Die Konzentration im Fleischerhandwerk erklärt sich aus der traditionellen Verbindung der Juden mit Schlachten und Viehkauf durch das religiöse Gebot des Schächtens. Überall, wo Juden lebten, kauften und schlachteten sie selbst Vieh. Da gewisse Teile jedes geschlachteten Tieres von Juden nicht verzehrt werden dürfen, verkauften sie dieses Fleisch billig an christliche Kunden, an „die Land Leute, [die] ihr frisches Fleisch aus der Stadt mitnehmen [, an die] unbegüterten Bürger und Handwerker"[45]. Die Juden verbanden das Fleischerhandwerk mit dem Viehhandel. Dieser Erwerbszweig war nicht professionalisiert. Er wurde nur teilweise von Bauern, Schlachtern oder Gastwirten im Nebenerwerb ausgeübt. In Geldern und Issum hatten die Juden im Viehhandel ein Monopol.[46] Viehmärkte wurden verlegt, wenn sie auf den Sabbat oder einen jüdischen Feiertag fielen. Unterscheiden muss man zwischen den Viehhändlern, die mit Rindern, Schafen und Ziegen handelten, und den Pferdehändlern. Während Rinder in erster Linie zum Verzehr bestimmt waren, wurden Pferde für das Militär und im zivilen Leben als Reit- und Arbeitstiere benutzt. Pferde waren wertvoller als Rinder. Da für den Pferdehandel entsprechendes Kapital nötig war, gab es wenig Pferdehändler. 1861 werden für die Bürgermeisterei Geldern ein Pferdehändler (Levy Heymann), aber vier Viehhändler (Abraham Cain, Emanuel Goldstein, Bernhard Francken, Abraham Gompertz) genannt.[47]

Einige Juden, die mit Vieh handelten, besaßen hierfür auch Ställe, Scheunen, Weiden und Äcker. 1816 gehörten in Geldern drei Juden Grundstücke im Wert von insgesamt 2205 Rtlr.[48] In Issum war es ein Jude. Sein Grundstück hatte einen Wert von 312 Rtlr. Die Namen der Grundbesitzer sind nicht überliefert. 1846 sind für Geldern Hermann Cain und Philipp Kaufmann als Hausbesitzer aufgeführt.[49] Hermann Francken besaß ein Haus und zwei Gartengrundstücke. Außerdem hatten Hermann Cain, Gottfried Gompertz und Hermann Francken

Grundbesitz in den umliegenden Dörfern Vernum, Sevelen und Walbeck. Der Kaufmann Salomon Elias verfügte über „Antheil in einem Wohnhause und einer Schleifmühle zu Neheim".[50] Interessant im Zusammenhang mit jüdischem Grundbesitz ist eine Anzeige im „Geldrischen Wochenblatt" (GW), die für den 7. Juni 1852 die öffentliche Versteigerung für das „dem Hrn. Moses Goldstein und der Familie Gompertz gemeinschaftlich zugehörige, auf Camperbrücke belegene Wohnhaus mit Garten" ankündigte.[51]

Für die Bauern war der jüdische Viehhändler wichtig, so wie der Kurzwarenhändler und Hausierer für die Versorgung im ländlichen Raum entscheidend war. Die Landjuden kauften die Agrarprodukte der Bauern gegen Bargeld und verkauften sie auf Märkten oder an Großhändler. Immer war mit dem Handel auch der Transport verbunden, „der zunächst auf dem Rücken oder mit Fuhrwerken erfolgte, in der zweiten Jahrhunderthälfte dann zunehmend auch mit der Eisenbahn, die die Handelsräume entscheidend vergrößerte"[52]. Die Juden brachten in die Dörfer neben Vieh vor allem Stoffe, Kleidung und Eisenwaren. Zu Beginn des 19. Jahrhunderts zogen sie als Hausierer über Land, später wurden viele Ladenbesitzer.

In den Akten aus der französischen Zeit werden Albert Cahn[53] und die Witwe Clara Simon[54], beide aus Issum, als Hausierer genannt. Für die Juden in Geldern ist Hausierhandel nicht nachweisbar. Anfang des 19. Jahrhunderts waren die meisten Juden in Geldern Metzger und Viehhändler. Philipp Kaufmann ist der einzige Jude in Geldern, der seit der französischen Zeit in den Akten als Kaufmann geführt wurde. Es ist anzunehmen, dass er zunächst als fahrender Händler über Land zog. 1834 war er

Einem geehrten hiesigen und auswärtigen Publicum mache ich hiermit die ergebene Anzeige, dass ich hier in dem Hause des Herrn Zingedonk auf der Hartstrasse ein

in allen Gattungen wohl assortirtes

Manufactur – Geschäft

etablirt habe, und zu ganz billigen Preisen verkaufe. Durch langjähriges Conditioniren mit den ersten Fabricken des In- und Auslandes bekannt, bin ich in den Stand gesetzt, meinen geehrten Abnehmern viele Vortheile einzuräumen, und ich werde mich immer bestreben, meiner Gönner ganzes Zutrauen zu gewinnen.
Um recht zahlreichen Zuspruch bittet
Samuel Kaufmann.
Geldern, Mai 1839.

Bereits im Mai 1839 eröffnete Samuel Kaufmann auf der Hartstraße ein „Manufactur-Geschäft". Anzeige aus dem Geldernschen Wochenblatt vom 11. Mai 1839

Besitzer einer „Ellenwaarenhandlung", ebenso Hermann Francken und die Witwe Rachel Gompertz.[55] Die Juden in Geldern verfügten bereits Anfang der dreißiger Jahre über feste Ladenlokale. Ein Grund dafür ist, dass es in Geldern viele Märkte gab und die Bauern häufig in die Stadt kamen. Außerdem existierte in Geldern bereits in der ersten Hälfte des 19. Jahrhunderts eine relativ bedeutende Textilindustrie. 1834 handelten neben den drei genannten Juden 25 Christen mit „Ellenwaaren und Spezereien".[56] Der Anteil der Juden lag bei 12%. 1861 waren es 27%, von den elf „Manufacturwaarenhandlungen" waren drei im Besitz von Juden.[57] Im Textilgewerbe spielten die Juden in Geldern also eine wichtige Rolle.

Im Gegensatz zu den Christen betrieben die jüdischen Kaufleute seit Ende der vierziger Jahre gezielt Werbung. Salomon Elias und Gustav Schönholz annoncierten in fast jeder Ausgabe des GW. Beide unterboten sich gegenseitig in billigen Preisen. Sie kauften auf der Leipziger Messe ein, um ihren Kun-

Werbung im Geldernschen Wochenblatt
vom 10. November 1869

Aus dem Geldernschen Wochenblatt
vom 2. Oktober 1858

den „Waaren nach dem neuesten Geschmacke"[58] anbieten zu können. In einer Anzeige Gustav Schönholz' vom Mai 1852 heißt es: „Durch das Eintreffen der von mir auf der Leipziger Messe gekauften Waaren ist mein Lager in sämmtlichen Frühjahrs- und Sommer-Artikel auf das Vollständigste sortirt, und bin ich im Stande, in Folge billiger Einkäufe, recht niedrige Preise zu stellen."[59] Salomon Elias warb auf derselben Seite für seine „zur Leipziger-Messe gekauften Waaren, die sich durch Preiswürdigkeit auszeichnen". Salomon Elias und Gustav Schönholz waren bis Ende der fünfziger Jahre die einzigen Juden in Geldern, die ihren Lebensunterhalt ausschließlich als Kaufleute verdienten. Aus den Steuerlisten geht hervor, dass sie zu den wohlhabendsten Juden in Geldern gehörten.[60] Interessant ist, dass sie, die erst Ende der vierziger Jahre nach Geldern kamen, als Erste den neuen Typ des jüdischen bürgerlichen Kaufmanns verkörperten. Wahrscheinlich verfügten sie bereits über kaufmännische Erfahrungen und konnten alte Handelsverbindungen nutzen. Salomon Elias und Gustav Schönholz hatten sich früher als die seit der französischen Zeit in Geldern lebenden Juden an die gewandelten Strukturen des Handels angepasst.

1858 eröffneten Bernhard Francken und Selig Kempenich das „Manufacturwaarengeschäft Francken und Kempenich".[61] Bernhard Francken war in Geldern geboren und aufgewachsen. Selig Kempenich stammte wie Salomon Elias aus Neheim in Westfalen. 1865 trennten sich die Geschäftspartner. Bernhard Francken übernahm „das bis heran unter der Firma Francken und Kempenich bestandene Manufakturwaaren-Geschäft" mit seinem Bruder David „unter der Firma B. & D. Francken".[62] Selig Kempenich eröffnete im März 1865

Aus dem Geldernschen Wochenblatt
vom 4. Januar 1865

sein eigenes „Manufacturwaaren-Geschäft"[63], das seine Frau Hala Windmüller nach seinem Tod 1868 weiterführte. Der Werdegang ihres Sohnes Heinrich – Besuch eines humanistischen Gymnasiums, Studium der Rechtswis-

Grabstein des Ehepaars Bernhard und Emilie Francken auf dem jüdischen Friedhof von Geldern. Die Familie Francken war eine der ältesten jüdischen Familien Gelderns, die dort seit der Französischen Zeit bis 1939 lebte.

senschaft in Berlin, Anwaltspraxis in Dortmund – ist ein Beispiel für den Übergang vieler Juden in die akademischen Berufe in der zweiten Hälfte des 19. Jahrhunderts. „Für viele Kaufmannsfamilien, deren Söhne Ärzte oder Rechtsanwälte wurden, symbolisierte dies den Aufstieg ins Bildungsbürgertum."[64]

Der Familie Francken hingegen gelang der soziale Aufstieg innerhalb eines traditionellen jüdischen Berufs. Bernhard Francken wurde als Kaufmann in das Bürgertum aufgenommen. Sein Großvater Baruch Moyses hatte noch als Gelegenheitshändler am unteren Rand der Gesellschaft gestanden.

Die Familien Francken und Kempenich sind zwei Beispiele für den sozialen Aufstieg der Juden in Geldern im 19. Jahrhundert. Die Steuerverzeichnisse belegen, dass 1869 die Mehrheit der Juden in Geldern zum Mittelstand gehörte.

Der „Verein für Westfalen und die Rheinprovinz zur Bildung von Elementar-Lehrern und Beförderung von Handwerken und Künsten unter den Juden"

Die Emanzipationsbefürworter hatten sich den Wandel der jüdischen Erwerbsstruktur anders vorgestellt. Das Ziel Christian Wilhelm Dohms war, die Juden vom Handel als einem für unproduktiv gehaltenen Gewerbe abzuziehen, sie durch Hinführung zu Ackerbau und Handwerk zu „produktivieren", moralisch zu „verbessern" und so zu Bürgern zu erziehen. Die geringe Zahl der in Handwerk und Landwirtschaft beschäftigten Juden war auch ein wichtiges Argument der Emanzipationsgegner. Deswegen versuchten Juden selbst, das Erlernen von Handwerksberufen unter ihren Glaubensgenossen zu fördern. 1825 gründete Alexander Haindorf (1782 bis 1862) in Münster den „Verein für die Provinz Westfalen zur Bildung von Elementar-Lehrern und Beförderung von Handwerken und Künsten unter den Juden".[65] Im November 1834 nahm der Verein in der Rheinprovinz seine Tätigkeit auf.[66] Landrat von Eerde beauftragte die Bürgermeister seines Kreises, „die sämmtlichen israelitischen Familien Häupter" zu versammeln, „sie mit dem Zwecke des sich zu Münster zu ihrem Wohle gebildet habenden Vereins bekannt" zu machen und für jede Bürgermeisterei einen Geschäftsführer zu wählen.[67] Dessen Aufgabe war es, Meister zu ermitteln, „bei denen Lehrlinge untergebracht werden können". Außerdem hatte er „auf dazu bestimmten Listen die Subscriptionen zu sammeln, deren Betraege […] jaehrlich an die Haupt-Geschaeftsfuehrer" abzuliefern waren und dem Verein zugeführt wurden.[68] 1835 wurden in Geldern Hermann Francken[69] und in Issum Abraham Bouscher[70] zu Geschäftsführern gewählt. Die Hauptgeschäftsführung für den Kreis Geldern übernahm Landrat von Eerde selbst.[71]

Da die meisten Juden in Geldern und Issum den Beruf des Metzgers und Händlers ausübten, war es schwer, geeignete Meister zu finden, „bei welchen israelitische Knaben in die Lehre gegeben werden können".[72] Im März 1837 wandte sich der Verein mit der Bitte an den Landrat von Geldern, „mit dem Drechslermeister Selig Simon, dem wir

Der Gelderner Kaufmann Salomon Elias präsentierte seiner Gelderländer Kundschaft in seinem Kaufhaus am Großen Markt Textilien aus aller Welt. Anzeige aus dem Geldernschen Wochenblatt vom 29. Mai 1850

gegen den 1. May einen 15-jährigen Knaben aus Kaiserswerth übergeben wollen, über möglichst billige Bedingungen zu unterhandeln".[73] Simon verlangte „bei dreijähriger Lehrzeit für Kost, Logis, Wäsche und Lehrgeld eine Summe von 31 Thlr. jährlich". Der Verein fand die

Forderung übertrieben. „Wir wollen ihm nur dann einen Lehrling überweisen, wenn der Meister das Lehrgeld im Ganzen auf 36 Thlr. ermäßigt, wogegen wir ihm den Lehrling 4 Jahre belassen wollen."[74] Simon antwortete, auf die „Bedingungen des Vorschlags nicht eingehen zu können"[75]. Der Verein erhöhte sein Angebot. Er war bereit, für eine vierjährige Lehrzeit 50 Taler in jährlichen Raten zu zahlen.[76] Auf welches Lehrgehalt man sich schließlich einigte, ist nicht bekannt. Fest steht, dass Jacob Marcus aus Kaiserswerth Lehrling bei Selig Simon wurde, denn im März 1838 schickte der Verein dem Meister „sechs Berliner Ellen Tuch" mit dem Auftrag, „daraus Kleidungsstücke für seinen Lehrling Jacob Marcus auf unsere Kosten anfertigen zu lassen"[77].

Das Beispiel des Drechslermeisters Selig Simon und seines Lehrlings zeigt die Schwierigkeiten, auf die der Verein stieß. Trotz behördlicher Unterstützung waren die Erfolge bei der Ausbildung von Juden zu Handwerkern gering. Mit der voranschreitenden Industrialisierung und der Rationalisierung der Landwirtschaft im 19. Jahrhundert sank die Zahl der in Handwerk und Ackerbau Beschäftigten. Während sich ihre wirtschaftliche Situation verschlechterte, nahm die Erwerbstätigkeit im Handel durch die Steigerung von Produktion und Konsum zu. Es bestand für die Juden keine Notwendigkeit, sich ihnen unbekannten und im Rückgang befindlichen Berufsgruppen zuzuwenden. Der Handel bot bessere Möglichkeiten als je zuvor.

V. Das Kultuswesen

Bis zum Beginn des „Emanzipationszeitalters" umfasste die jüdische Gemeinde das religiöse, kulturelle, soziale und politische Leben ihrer Mitglieder. Die Beziehungen zwischen Juden und Christen waren auf wirtschaftliche Kontakte beschränkt. Im Verlauf des Emanzipationsprozesses wuchs das Interesse vieler Juden für die Umweltkultur. Für die jüdische Gemeinde bedeutete das eine Schwächung ihres bisherigen Einflusses. Die Einheit der religiösen Lebensordnung zerbrach. Das traditionelle Judentum geriet in eine Krise. Die innerhalb der jüdischen Gemeinschaft unternommenen Reformversuche führten schließlich zur Konfessionalisierung des Judentums. Die Reform verlief parallel zum Emanzipationsprozess. Beide Entwicklungen beeinflussten sich gegenseitig.

In dem hier behandelten Zeitraum waren soziales und religiöses Leben der Juden in Geldern und Issum noch weitgehend identisch. Auch als die Juden in Geldern seit Mitte des 19. Jahrhunderts einen sozialen Aufstieg erlebten, blieben sie den traditionellen Lehren und Glaubensformen treu.

Das jüdische Kultuswesen wurde bis 1847 durch die 1808 von Napoleon I. erlassene Konsistorialverfassung geregelt.[78] Für Geldern und Issum galt seit 1836 die „Synagogen-, Trauungs- und Begräbnis-Ordnung für die Israelitischen Gemeinden des Consistorialsprengels Crefeld"[79]. In der Einleitung heißt es:

„Damit nun die Synagoge wieder in ihr Recht eingesetzt und der Gottesdienst in seiner früheren Würde hergestellt werde, müssen vorerst die Hemmungen und Störungen desselben hinweggeräumt und den Gesetzen des Anstandes und der Ordnung Eingang verschafft, und Alles, was Unordnung, Zwietracht und Unfrieden veranlassen kann, beseitigt werden."

Kinder unter vier Jahren durften nicht mehr in den Gottesdienst mitgebracht

Eine jüdische Hochzeit als geselliges Ereignis für die Gelderner Bevölkerung. Anzeige des Gastwirtes Deveer im Geldernschen Wochenblatt vom 15. Juni 1861

werden. Jede Mitteilung weltlicher Angelegenheiten war aus dem Gottesdienst verbannt. Das Lärmen während der Lesung der Esterrolle zum Purimfest wurde verboten. Teile der Liturgie, die vorher eine Mitwirkung der Gemeinde vorsahen, wurden ausschließlich dem Kantor zugewiesen. Die Neuordnung des jüdischen Kultuswesens hatte wenig mit Theologie zu tun. Es ging vielmehr darum, Ordnung und Feierlichkeit in den Gottesdienst zu bringen. Man legte großen Wert auf den äußeren Rahmen. Jeder, der zum Gottesdienst kam, musste „anständig gekleidet seyn". Die Trauungs- und die Begräbnisordnung verboten traditionelle Bräuche, bei denen die Straße zum Schauplatz des Ritus wurde. Das Zerbrechen des Glases nach der Trauung durfte nicht mehr stattfinden. „Das bisher bei einem Leichenbegräbniße üblich gewesene Almosensammeln auf öffentlicher Straße" wurde untersagt. Die Bestimmungen bedeuteten eine Annäherung an die äußeren Formen des religiösen Lebens der christlichen Umwelt. Aber das „innere" Gemeindeleben der Juden in Geldern und Issum blieb davon unbeeinflusst.

Im April 1843 forderte die Regierung Düsseldorf von den Landräten Berichte über „die factischen Zustände des jüdischen Cultus- und Schulwesens [...], um danach prüfen und beurtheilen zu können, ob und in wie weit die Juden eines Ortes, eines Bezirkes, einer Provinz pp. in Gemeinden und weiter aufsteigend in größern Corporationen zu vereinigen [...] seien."[80] Der Bericht des Bürgermeisters von Geldern[81] gibt Aufschluss über die Organisation der jüdischen Gemeinde in Geldern in der ersten Hälfte des 19. Jahrhunderts. Die Mitgliedschaft in der Gemeinde war freiwillig. Aufgenommen wurde man durch die einmalige Zahlung von zehn Talern in die Synagogenkasse.[82] „Schlechtes Betragen während des Gottesdienstes und Störung desselben" konnten zum Ausschluss aus der Gemeinde führen. Statuten existierten nicht. Die Gemeinde wurde durch Vorsteher repräsentiert, die der Krefelder Oberrabbiner auf unbestimmte Zeit ernannte. Zu ihren Aufgaben gehörte es, „auf Ordnung und Recht beim Gottesdienst zu halten", Streitigkeiten innerhalb der Gemeinde zu entscheiden und „Rechnung über Einnahmen und Ausgaben der Synagogenkasse zu führen". Die Gemeinde hatte weder eigene Kultusbeamte noch einen Rabbiner. Sie gehörte „unter den Sprengel des Ober Rabbiners zu Crefeld", zu dessen Gehalt sie Beiträge „an die hiesige Steuerkasse" zahlen musste. Die Gemeinde war arm, besondere Fonds oder Stiftungen für Kranken- und Armenpflege waren nicht vorhanden. Die Kultuskosten bezahlten die Gemeindemitglieder „nach dem Maßstabe der Vermögensumstände". Die religiöse Reformbewegung spielte in Geldern offenbar keine Rolle. In den Gottesdienst wurden weder die deutsche Sprache noch die Predigt eingeführt. Auch „eine der Confirmation nachgebildete Aufnahme der Kinder in die Gemeinde" fand nicht statt. Die Juden in Geldern lebten weiterhin orthodox und bewahrten die traditionelle jüdische Lebensform.

Die Organisation der Synagogengemeinde Geldern

Das Gesetz vom 23. Juli 1847, das alle preußischen Judengemeinden zu einer einheitlichen Organisation verpflichtete, hob die Konsistorialverfassung auf. Das bedeutete einen tiefen Einschnitt in das Kultuswesen der rheinischen Juden. Das Gesetz bestimmte die Bildung von Synagogenbezirken, die „nach Maaßgabe der Orts- und Bevölkerungs-Verhältnisse" zu Synagogengemeinden zusammengefasst werden sollten. Die Einteilung war Aufgabe der Regierungen; allerdings hatte man den Juden ein Mitspracherecht eingeräumt.

Am 15. Juli 1848 trafen sich die Juden der Bürgermeisterei Geldern und „erklärten einstimmig, daß sie in hiesiger Gemeinde einen Synagogenbezirk bilden wollen"[83]. Auch die Issumer Juden beantragten einen eigenen Synagogenbezirk.[84] Bevor es zu einer Regelung kommen konnte, erhielt die Regierung Düsseldorf die Anweisung, „vorläufig mit der Bildung der Synagogen-Gemeinden nicht weiter vorzugehen"[85]. Erst eine Verfügung vom 6. Februar 1853 bestimmte, die Durchführung des Gesetzes vom 23. Juli 1847 wieder aufzunehmen.[86] Der Grund für die Verzögerung war die Revolution von 1848 oder, wie es in einem Schreiben des Ministers der geistlichen Unterrichts- und Medizinal-Angelegenheiten an die Regierung Düsseldorf vom 16. Februar 1853 heißt, „das damalige Provisorium in den allgemeinen Zuständen des Staats"[87].

Im November 1853 nahm man die Verhandlungen über die Bildung der Synagogengemeinden wieder auf. Landrat von Loe schlug vor, die bereits im Kreis Geldern bestehenden Synagogenbezirke zu den drei Synagogengemeinden Geldern, Xanten und Moers zusammenzufassen.[88] Während die Juden in Geldern seinem Vorschlag zustimmten[89], lehnten es die Issumer Juden ab, der Synagogengemeinde Geldern zugewiesen zu werden. Sie wollten „der Synagogen-Gemeinde Xanten einverleibt werden"[90]. Die Regierung Düsseldorf berücksichtigte den Vorschlag des Landrats von Geldern nicht. Sie teilte den Kreis in die Synagogengemeinden Moers, Rheinberg und Xanten.[91] Allerdings zog sie die Einteilung „auf Grund einer Beschwerde der Israeliten zu Geldern" zurück. Diese bemängelten, dass „die vorgeschlagenen drei Bezirks-Orte für die Synagogengemeinden sämmtlich in dem östlichen Theil des Kreises liegen"[92]. Stattdessen schlugen sie vor, den Kreis in zwei Synagogengemeinden: „einen östlichen mit dem Mittelpunkte Rheinberg und einen westlichen mit dem Mittelpunkte Geldern einzutheilen". Der Vorschlag fand den Zuspruch der Regierung Düsseldorf. Sie verfügte am 6. Oktober 1854 die Bildung der Synagogengemeinden Geldern und Rheinberg[93] und setzte den Termin für die Wahlen der Repräsentanten und ihrer Stellvertreter fest. In Geldern hatten sich die wahlberechtigten Juden am „Montag den 27ten November, Vormittags 10 Uhr im Saal des Paul Deveer" einzufinden.[94]

Nach den Bestimmungen des Gesetzes vom 23. Juli 1847 musste jede Synagogengemeinde Vorsteher und Repräsentanten wählen. Die Wahl fand unter Regierungsaufsicht statt. Der Vorstand regelte die Verwaltungsangelegenheiten der Gemeinde und vertrat sie in Rechtsgeschäften „gegen dritte Personen". Die

„Repräsentanten-Versammlung" kontrollierte die Verwaltung des Vorstands und entschied Haushalts- und Vermögensfragen. Die Beschlüsse der Repräsentanten waren für alle Gemeindemitglieder bindend.

Die Zahl der Vorsteher und Repräsentanten richtete sich nach der Größe der Gemeinde. Für die Synagogengemeinde Geldern wurden in der ersten Wahl am 27. November 1854 zwölf Repräsentanten, sechs Stellvertreter und fünf Vorstandsmitglieder gewählt. Für Letztere konnten in Ermangelung genügend „qualifizierter Personen" keine Stellvertreter gewählt werden. Die Wahlkommission bat die Regierung Düsseldorf, von der Wahl der Stellvertreter abzusehen.[95] Allerdings war das nach den gesetzlichen Bestimmungen vom 23. Juli 1847 nicht möglich. Die Regierung Düsseldorf konnte die Vorstandswahlen nicht genehmigen. Sie bemerkte aber, dass die Zahl von drei Vorstandsmitgliedern genüge. „Sind daher das gewählte vierte und fünfte Mitglied damit einverstanden, dass sie nur als Stellvertreter bestätigt werden, [...] so würde eine Wahl von Stellvertretern nicht erforderlich sein."[96] Der Vorschlag wurde angenommen.[97] Für die folgenden Wahlen reduzierte man die Zahl der Gemeindevertreter. Die Statuten der Synagogengemeinde Geldern[98] schrieben die Wahl von zehn Repräsentanten, sechs stellvertretenden Repräsentanten, drei Vorstandsmitgliedern sowie zwei Stellvertretern vor. Nach Ablauf der ersten drei Jahre schied die Hälfte der Vorstandsmitglieder und der Repräsentanten nach dem Los aus, danach jedesmal die ältere Hälfte.

Gemäß § 50 des Gesetzes vom 23. Juli 1847 sollten Vorstandsmitglieder und Repräsentanten zunächst Statuten für die Synagogengemeinde erarbeiten. Am

Tabelle 3: Die Vorsteher, Repräsentanten und Stellvertreter der Synagogengemeinde Geldern 1854–1867[99]

Tag der Wahl	Vorsteher	Stellvertreter	Repräsentanten	Stellvertreter
27. November 1854[100]	Hermann Francken (G) Abraham Gompertz (G) August Stern (X)	Daniel Bouscher (I) Selig Loebschen (S)	Emanuel Marcks (G) Moses Kaufmann (G) Samuel Kaufmann (G) Isaac Rath (G) Gustav Schönholz (G) Philipp Isaac (X) Benjamin Moses (X) Moses Oster (X) Jakob Passmann (X) Levi Portmann (X) Abraham Bouscher (I) Koppal Loebschen (S)	Carl Cain (G) Salomon Elias (G) Meyer Claessen (X) Selig Stern (X) Hermann Bouscher (I) Jakob Heymann (S)
18. Oktober 1858[101]	Salomon Elias (G) Hermann Francken (G) Moses Oster (X)	Abraham Gompertz (G) Salomon Oster (X)	Carl Cain (G) Emanuel Marcks (G) Moses Kaufmann (G) Isaac Rath (G) Philipp Isaac (X) Salomon Oster (X) Jakob Passmann (X) Selig Stern (X) Abraham Bouscher (I) Koppal Loebschen (S)	Levy Heymann (G) Meyer Claessen (X) Selig Stern (X) Isaac Passmann (I) Benedict Wolff (S)
21. November 1860[102]			Emanuel Goldstein (G) Selig Kempenich (G) Isaac Rath (G) Abraham Bouscher (I) Koppal Loebschen (S)	
24. Februar 1862[103]	Abraham Gompertz (G)	Abraham Cain (G) Gustav Schönholz (G)		
23. März 1865[104]	Gottfried Gompertz (G) Isaac Rath (G) Moses Oster (X)	Bernhard Francken (G)	Levy Heymann (G) Philipp Isaac (X) Alexander Oster (X) Jakob Passmann (X) Selig Stern (X)	Emanuel Marcks (G) Jacob Spiro (G) Meyer Claessen (X) Benjamin Moses (X) Levi Portmann (X)
6. Februar 1867[105]			Carl Cain (G) Salomon Elias (G) David Francken (G) Calman Hertz (I) Koppal Loebschen (S)	Selig Kempenich (G) Jacob Spiro (G) Isaac Passmann (I) Abraham Loebschen (S)

27. November 1854 waren die Vertreter der Synagogengemeinde Geldern gewählt worden. Sie trafen sich aber erst am 30. April 1856, um über die Statuten zu beraten.[106] Der Grund für die Verzögerung war folgender: Landrat von Ernsthausen, der die entsprechenden Anordnungen der Regierung Düsseldorf erhielt und an die zuständigen Stellen weiterzuleiten hatte, weigerte sich, das Gesetz vom 23. Juli 1847 im Kreis Geldern durchzuführen.[107] Er war der Meinung, dass die Synagogengemeinden räumlich zu weit gefasst seien, weswegen eine gemeinsame Verwaltung unmöglich sei. Etats könnten nicht aufgestellt werden, denn die Gemeinden seien völlig unvermögend. Als die Regierung Düsseldorf ihm ein Normalstatut zusandte, das den Vertretern der Synagogengemeinde Geldern bei der Aufstellung ihrer Statuten als Vorlage dienen sollte, folgte der Landrat der Anweisung nicht, die Gemeindevertreter zu einer konstituierenden Sitzung zusammenzurufen. Stattdessen schrieb er an den Oberpräsidenten der Rheinprovinz und teilte ihm seine Bedenken mit.[108] Dieser hielt die Einwände für unbegründet.[109] Es sei die Aufgabe der Behörden, „den Beginn und die Ausbildung des jüdischen Gemeinde-Lebens im größeren Verbande der Synagogen-Gemeinde möglichst zu fördern und die Verschmelzung der einzelnen – lediglich als geduldete Privatvereine bestehenden – Judenschaften zu einem gesetzlich organisierten, corporativen Ganzen in jeder Art zu erleichtern". „Wegen vorsätzlicher Mißachtung der Anordnungen der Königlichen Regierung" erhielt von Ernsthausen eine Rüge und eine Ordnungsstrafe.[110] Diese Maßnahme erfüllte ihren Zweck. Der Landrat wies den Bürgermeister von Geldern an, die Vorstandsmitglieder und die Repräsentan-ten der Synagogengemeinde Geldern zusammenzurufen, um über die Statuten zu beraten.[111] Wie schon erwähnt, fand die Sitzung am 30. April 1856 statt. Die Vertreter der Synagogengemeinde Geldern legten ihrem Statut das bereits von dem Oberpräsidenten der Rheinprovinz genehmigte „Statut für die Synagogengemeinde Cleve"[112] zugrunde, trotzdem wurde ihr Entwurf abgelehnt.[113] Insgesamt enthalten die Akten vier Entwürfe eines Statuts für die Synagogengemeinde Geldern.[114] Die vierte Fassung vom 22. Februar 1858 wurde am 30. April 1858 – zwei Jahre nachdem die Vorstandsmitglieder und Repräsentanten ihre Beratungen aufgenommen hatten – vom Oberpräsidenten der Rheinprovinz bestätigt.[115]

Die „Statuten der Synagogen-Gemeinde Geldern" konkretisierten unter „Berücksichtigung der örtlichen Verhältnisse"[116] die Bestimmungen des Gesetzes vom 23. Juli 1847 zu den „Kultus- und Unterrichts-Angelegenheiten der Juden". Abschnitt I regelte die Mitgliedschaft in der Synagogengemeinde (§§ 1–16). Die Abschnitte II–VI legten die Modalitäten für die Wahlen der Vorstandsmitglieder und der Repräsentanten sowie ihre Aufgaben fest. In Abschnitt VII ging es um das Unterrichtswesen (§§ 76–78). Die Abschnitte VIII, IX und XIII handelten von Kultusangelegenheiten, und zwar „Von den Begräbnisplätzen der Gemeinde" (§ 79, § 80), „Von der Armen- und Krankenpflege" (§§ 81–84) und von den Kultusbeamten der Synagogengemeinde (§§ 99–104). Die Abschnitte X–XII enthielten Ausführungen zu den Vermögensverhältnissen und zur Haushaltsplanung.

Die Synagogengemeinde Geldern, die bis 1847 zum Konsistorium Krefeld gehört hatte, war weiterhin verpflichtet, ihren Anteil zum Gehalt des Oberrabbiners Bodenheimer und zur Pension der Witwe des Oberrabbiners Ullmann zu zahlen. Er lag „pro I Semester" bei „17 Thlr. 12 Sgr. 2 Pf".[117] Die Beiträge der Gemeindemitglieder errechneten sich wie die übrigen Gemeindebeiträge nach dem Einkommen jedes Einzelnen. Alle zwei Jahre erstellte der Vorstand seinen Etat. In „Heberollen" wurde jedes Mitglied und die von ihm zu zahlende Gemeindesteuer aufgeführt. Der Etat und die „Heberollen" mussten der Regierung zur Bestätigung eingereicht werden. Durch die Genehmigung wurden Letztere für vollstreckbar erklärt.

Die Realisierung des Gesetzes vom 23. Juli 1847 war auf lokaler Ebene mit großen Verzögerungen verbunden. 1854 wurde die Synagogengemeinde Geldern gebildet, 1858 traten ihre Statuten in Kraft. Sie blieben bis 1886 gültig. Allerdings enthielt die neue Satzung nur geringfügige Änderungen.

Die Gemeindeeinrichtungen der Juden in Geldern und Issum

Die Synagoge ist seit der Zerstörung des Tempels in Jerusalem der Versammlungsort einer jüdischen Gemeinde. Zur Grundausstattung gehören die Tora, der Aron ha-Kodesch (Toraschrein) und die Bima (Lesepult für die Toralesung). Die Lesung der Tora ist neben dem gemeinsamen Gebet wesentlicher Bestandteil des Gottesdienstes. Sie ist Ausdruck der engen Verbindung von Glauben und Lehre im Judentum. Oft diente die Synagoge als Bet ha-Midrasch (Lehrhaus), weswegen sie im Jiddischen auch „Schul" genannt wird. Die Synagoge war nicht nur religiöses, sondern immer auch kulturelles und gesellschaftliches Zentrum der Gemeinde, wenn auch die Reformer des 19. Jahrhunderts versuch-

ten, sie zu einem ausschließlich liturgischen Ort zu machen.

In Geldern existierte eine Synagoge, seitdem es die jüdische Gemeinde gab. 1843 berichtete der Bürgermeister von Geldern: „Es besteht hier eine Synagoge seit circa vierzig Jahren. Sie ist gemiethet."[118] Bei der Synagoge handelte es sich aber nur um einen Betraum, nicht etwa um ein Synagogengebäude. In den „Erinnerungen" Heinrich Kempenichs heißt es: „Bis zur Erlangung von Synagoge und Schule behalf man sich in ganz und gar nicht geeigneten Räumen. Ein kleiner Betraum befand sich in einem Hintergebäude an der Gelderstraße, zu dem man über einen schlecht gepflasterten Torweg gelangte."[119] Ende der sechziger Jahre begannen die Juden in Geldern mit der Planung eines Synagogenbaus. Die am 27. August 1875 eingeweihte Synagoge[120] unterschied sich durch die Verwendung maurischer und romanischer Stilformen deutlich von der landesüblichen Bauweise. Über die inneren Räumlichkeiten können nur Vermutungen angestellt werden. Da die jüdische Gemeinde inzwischen einiges Vermögen besaß, war die Ausstattung wahrscheinlich relativ prachtvoll.

Gleichzeitig mit der Synagoge errichtete man neben ihr ein Schulhaus. Bisher war, wenn es einen jüdischen Lehrer gegeben hatte, ein Unterrichtsraum angemietet worden. Wegen der steigenden Schülerzahlen – in den sechziger Jahren gab es über dreißig jüdische schulpflichtige Kinder in Geldern – war dieser Zustand nicht länger haltbar.

Während die Schule und die Synagoge im „Dritten Reich" zerstört wurden, blieb der jüdische Friedhof erhalten.[121] Um die Beerdigung der Toten und die Friedhofserhaltung kümmerte sich die „Chewra Kaddischa", die „Beerdigungsbrüdergemeinschaft". Die hebräische Bezeich-

Der Gelderner Friedhof wurde 1856 eingerichtet.
Das Foto zeigt die Grabstellen der Familien Sternefeld und Cain im Jahre 1938.

nung Bet Olam („Haus der Ewigkeit")
drückt den besonderen Stellenwert aus,
den der Friedhof als Ort der Erinnerung und des Gedenkens an die Toten
im Judentum besitzt. Jede jüdische Gemeinde bemühte sich, allein oder zusammen mit Nachbargemeinden, um
einen eigenen Begräbnisplatz, der den
religiösen Erfordernissen entsprach und
vor allem auf Dauer die Totenruhe der
Bestatteten sicherte.

Nach den bis 1847 gültigen französischen Verordnungen waren „die Civil-
gemeinden zur Beschaffung auch der
jüdischen Begräbnisplätze gesetzlich verpflichtet"[122] gewesen. Paragraph 58 des
Gesetzes vom 23. Juli 1847 bezeichnete
„die Einrichtung und Unterhaltung der
Begräbnisplätze ausdrücklich als eine
von den Synagogen-Gemeinden zu tra-

gende Last". Die jüdische Gemeinde in
Geldern verfügte seit 1854 über eine
eigene Begräbnisstätte. Vorher beerdigte
sie ihre Toten auf dem jüdischen Friedhof in der Nähe von Issum. „Es war bisher eine große Unbequemlichkeit der
hier wohnenden Juden, ihre Leichen
Behufs des Begräbnißes bis jenseits
Issum bringen zu müßen."[123] Als letzte
der Gelderner Juden wurde wahrscheinlich Carolina Marx, die Frau Hermann
Franckens, 1854 auf dem Issumer Friedhof beerdigt. Die Entstehung des Begräbnisplatzes in Geldern hing mit der
Bildung der Synagogengemeinden zusammen. Wenn die jüdische Gemeinde
darauf drängte, dass Geldern Hauptort
einer Synagogengemeinde wurde, mussten zumindest die wichtigsten Kultuseinrichtungen vorhanden sein.

Grabstein der Caroline Francken geborene Marx, die 1856 in Geldern verstarb und als letzte Gelderner Jüdin in Issum beerdigt wurde. Der hebräische Text und seine Übersetzung haben den Wortlaut:

Frau Caroline Francken
  geborene Marx
geboren in Weissweiler
  im März 1801
gestorben
  am 18. Juni 1854

פ׳׳נ	1
אשת חיל תפארת בעלה	2
ובניה תמימה וישרה	3
ונעימה במעשיה לעני	4
ולאביון פרשה כפיה	5
לגמול חסד ואמת כל ימיה	6
ה׳ה׳ מרת אליג בת מרדכי	7
הכהן	8
אשת מנחם ב׳ר ברוך מגעלדערן	9
נפטרה ביום א׳ כ׳ב סיון ונקבר	10
ביום ג׳ כד סיון תריד	11
תנצבה	12

1 Hier ist begraben
2 die tüchtige Gattin, Zierde ihres Gatten
3 und ihrer Kinder, lauter und aufrecht
4 und mild in ihrem Tun, dem Armen
5 und dem Bedürftigen breitete sie ihre Hände aus,
6 zu wirken Güte und Wahrheit ihr Lebtag lang,
7 das ist Frau Olig, Tochter des Mordechai
8   Hakohen
9 Gattin des Menachem, Sohn des
  Herrn Baruch aus Geldern.
10 Sie starb am Tag 1, 22. Ssiwan, und
  wurde begraben
11 am Tag 3, 24. Ssiwan 614.
12 Ihre Seele sei eingebunden in das
  Bündel des Lebens.

In Issum existierte die jüdische Privatschule 1869 bis 1879. Den Unterricht in diesen Jahren erteilte der Lehrer Jakob Meyerson. Er wurde 1905 auf dem jüdischen Friedhof von Issum beerdigt. Sein Grabstein ist noch heute erhalten. Darauf ist zu lesen:

Lehrer Jak. Meyerson
geb. 2. Dez. 1823,
gest. 12. Febr. 1905

	1
איש ...	2
ירא אלהים כל ימיו	3
ה׳ה יעקב בר נתן	4
מת ביום ז אדר א	5
שנת תרסה לפק	6
ת׳נ׳צ׳ב׳ה	7

1
2 ein Mann ...
3 gottesfürchtig sein Leben lang,
4 das ist Jakob, Sohn des Natan,
5 er starb am Tag 7. Adar Eins
6 des Jahres 665 nach kleiner Zählung.
7 Seine Seele sei eingebunden in das Bündel
  des Lebens.

In Issum ist mehr als der Friedhof[124] erhalten geblieben. Hier konnte 1989 das jüdische Gemeindezentrum restauriert werden.[125] Im Gegensatz zu Geldern handelte es sich bei der Synagoge in Issum nicht um einen Repräsentativbau.[126] Bis auf zwei hohe Rundbogenfenster unterschied sich das Gebäude nach außen durch nichts von den umliegenden Wohnhäusern. Von der Innenraumgestaltung blieben das blaue Flachtonnengewölbe, eine von zwei Säulen getragene hölzerne Frauenempore und Reste einer Lederprägetapete erhalten. Die Synagoge, die am 15. Dezember 1865 eingeweiht wurde[127], war kein Neubau. Das bisher an dieser Stelle stehende Bethaus hatte einige Umbauten erfahren, um der wachsenden Zahl der Gläubigen Platz zu bieten. Wann die erste Synagoge in Issum eingeweiht wurde, ist nicht überliefert. Für das Jahr 1791 ist ein Tumult in der Issumer Synagoge belegt, den der Jude Salomon und der Jude Bähr verursachten.[128] Ob sich diese Synagoge bereits an der Kapellener Straße befand, ist nicht bekannt. Als Abraham Bouscher 1855 das Grundstück „für die israelitische Kirchengemeinde zu Issum" kaufte, existierte das Bethaus bereits.[129] Gleichzeitig erwarb die jüdische Gemeinde das danebenliegende Wohnhaus. 1869 wurde es abgerissen. Der Bürgermeister von Issum berichtete dem Landrat von Eerde: „Wie ich so eben in Erfahrung bringe ist heute eine an der israelitischen Kirche, etwas von der Straße zurück angebaute bisher zu anderem Zwecke benutzte, der israelitischen Gemeinde gehörige Wohnung abgebrochen und wird beabsichtigt, an deren Stelle ein neues Gebäude aufzurichten, welches zur israelitischen Schule und Lehrer-Wohnung dienen soll."[130] Um das Bauvorhaben finanzieren zu können,

nahmen Hermann Bouscher, Cosmann Lebenstein und Isaac Passmann ein Darlehen von 400 Talern bei den „zu Issum wohnenden Geschwistern L. Bieron" auf.[131] Die jüdische Schule existierte nur zehn Jahre. 1879 musste sie wegen Schülermangels geschlossen werden.

Im Keller des Schulhauses befand sich eine Mikwe, das Ritualbad der Juden. Sie bestand aus einer Vertiefung im Boden. Es ist anzunehmen, dass es sich um eine Regenwassermikwe handelte. Natürliches Regenwasser wurde durch einen Kanal oder ein Rohr hineingeleitet. Für das rituelle Bad, durch das man seelische und körperliche Reinheit erlangt, gibt es viele Anlässe, zum Beispiel die Beendigung der Menstruation, die Berührung eines Toten, bestimmte Hautkrankheiten. Auch Metallgeräte wurden durch Tauchen „gereinigt".

Da auch die Juden in Geldern auf die Einhaltung der religiösen Formen und Pflichten Wert legten, die Gemeinde außerdem größer und wohlhabender war als die in Issum, ist anzunehmen, dass es auch dort eine Mikwe gab.

Synagoge, Mikwe, Friedhof und Schule sind die institutionellen Voraussetzungen für ein geregeltes Gemeindeleben nach den religiösen Gesetzen. Ende der sechziger Jahre waren die jüdischen Gemeinden in Geldern und Issum groß und wohlhabend genug, dass sich jede ihre eigenen Kultuseinrichtungen leisten konnte.

VI. Das jüdische Schulwesen in Geldern

Bildung hatte als religiöses Element von jeher einen hohen Stellenwert in der jüdischen Gesellschaft. Das Studium der

Heiligen Schriften galt als „mizwe", eine von Gott befohlene Handlung. Die religiöse Pflicht zum Lernen der Tora führte zur sozialen Hochschätzung des Lernens und der Talmudgelehrten. Seit Ende des 18. Jahrhunderts wurde mit Beginn der jüdischen Aufklärungsbewegung das soziale Prestige religiöser Bildung zunehmend auf eine säkulare übertragen, die zuvor fast keine Rolle im jüdischen Erziehungswesen gespielt hatte. Die 1778 von David Friedländer (1750–1834) in Berlin gegründete „Jüdische Freischule" legte das Hauptgewicht des Unterrichts nicht mehr auf die Religion, sondern auf die allgemeine Bildung. Da die Aufklärer innerhalb der jüdischen Gemeinschaft in der Minderheit waren, blieb die Zahl dieser modernen jüdischen Schulen relativ klein. Aber die unter staatlicher Aufsicht im 19. Jahrhundert entstehenden jüdischen Elementarschulen knüpften an das Vorbild der aufklärerischen Schulen an und vereinten jüdische und allgemeine Bildung.

Obwohl das „Lernen" im Judentum eine große Rolle spielte, war das Bildungsniveau der rheinischen Landjuden zu Beginn des 19. Jahrhunderts niedrig. Die Gemeinden waren zu klein und zu arm, um sich Rabbiner zu leisten. Konnte ein Lehrer eingestellt werden, dauerte seine Tätigkeit in der Regel nur wenige Monate. Wegen der schlechten Bezahlung kam es oft zum Streit mit den Eltern oder dem Gemeindevorstand. Außerdem befanden sich unter den jüdischen Lehrern viele Ostjuden, die keine Aufenthaltsgenehmigung besaßen und von den Behörden ausgewiesen wurden. 1822 berichtete der Bürgermeister von Geldern: „Ein ordentlicher Judenlehrer ist nicht vorhanden, jedoch sind dann und wann auf kurze Zeit Juden hier, welche in den Privathäusern jedesmal aber auch nur bei einer Familie Unterricht geben, der sich hauptsächlich auf Religion beziehen mag."[132]

Die am 13. September 1824 erlassene Verordnung[133] des Oberpräsidenten von Ingersleben regelte das jüdische Schulwesen in der Rheinprovinz. Kinder vom vollendeten sechsten bis zum vollendeten fünfzehnten Lebensjahr wurden schulpflichtig. Besucht werden musste entweder eine der am Ort bestehenden christlichen Elementarschulen oder die eigene „jüdische Gemeine-Schule". Möglich war auch der Unterricht bei Privatlehrern. Wegen des Mangels an jüdischen Schulen gingen die Kinder zunächst in die christlichen Elementarklassen. Der Errichtung eigener Schulen standen nicht nur finanzielle Schwierigkeiten im Wege, es fehlte auch an hinreichend ausgebildeten jüdischen Lehrern. Die Schulverordnung bestimmte, dass jüdische Elementarlehrer eine staatliche Prüfung abzulegen hatten, bevor sie die erforderliche Unterrichtskonzession der Regierung erhielten. Ältere Lehrer mussten die Eignungsprüfung nachholen, während die jüngeren in Lehrerseminaren ausgebildet wurden. Manche besuchten die staatlichen Lehrerseminare, andere die wenigen speziell jüdischen Ausbildungsstätten für Volksschullehrer. Für Westfalen und die Rheinprovinz erzielte vor allem die Lehrerbildungsanstalt der „Marks-Haindorf-Stiftung" in Münster Erfolge bei der Ausbildung jüdischer Lehrer.

Wenn die Juden ihre Kinder in die christliche Schule schickten, mussten sie „zur Unterhaltung derselben und ihrer Lehrer das übliche Schulgeld geben". Von der Teilnahme am christlichen Religionsunterricht waren die jüdischen Schüler befreit. Ihre religiöse Erziehung blieb in der ersten Hälfte des 19. Jahrhunderts häufig den Eltern überlassen.

Tabelle 4: Die jüdischen Kinder schulpflichtigen Alters in Geldern 1822–1866

Jahr	Zahl der Schulpflichtigen	Hiervon besuchen die christliche Schule	die jüdische Schule
1822	9	8	
1826	10	9	
1830	10	8	
1832	9	8	
1838	9	9	
1840	10	10	
1847	10	10	
1850	15	1	14
1851	19	1	18
1852	13	13	
1854	14		14
1855	12	1	11
1856	13	2	11
1857	15	7	8
1858	21	8	13
1859	20		20
1860	24		24
1861	24	12	12
1862	24	24	
1863	30	4	26
1864	32	5	27
1865	34	6	28
1866	36		36

Erst das Gesetz vom 23. Juli 1847 führte die jüdische Religionsschulpflicht ein. Die übrigen Bestimmungen zum jüdischen Unterrichtswesen, die das „Gesetz über die Verhältnisse der Juden" enthielt, brachten für die rheinischen Juden keine grundlegenden Veränderungen mehr, da bereits die Schulverfassung vom 13. September 1824 regulierend in ihr Bildungswesen eingegriffen hatte.

In einem Schreiben vom 5. Dezember 1825 teilte die Regierung Düsseldorf dem Landrat von Geldern mit, dass sie „vom Schlusse eines jeden Jahres" ein Verzeichnis verlange, das über den Bestand des jüdischen Schulwesens Aufschluss gebe.[134] Angegeben werden musste die Zahl der jüdischen Kinder schulfähigen Alters, wer von ihnen die christliche bzw. die jüdische Schule besuchte, der Name des jüdischen Lehrers, wann, von wem und wo er geprüft worden war und wer den jüdischen Kindern den Religionsunterricht erteilte. Die Regelung blieb bis 1866 bestehen. Sie ermöglichte der Regierung Düsseldorf, die Einhaltung der Vorschriften vom 13. September 1824 zu überprüfen. Da die Verzeichnisse für die Bürgermeisterei Geldern fast vollständig überliefert sind, lässt sich die Entwicklung des jüdischen Schulwesens in Geldern relativ gut rekonstruieren.

Mangels einer Alternative schickten die Juden in Geldern ihre Kinder bereits vor 1824 auf die christliche Schule. Deswegen blieb für sie die Einführung der Schulpflicht ohne Konsequenz. Folgenschwerer waren die Bestimmungen der Verordnung vom 13. September 1824, die die Konzessionierung der jüdischen Lehrer vorschrieben. Die Regierung Düsseldorf wies immer wieder darauf hin, dass keinem jüdischen Lehrer gestattet sein solle, weder den Religions- noch den gewöhnlichen Schulunterricht zu erteilen, wenn er nicht hierzu von der Landesbehörde konzessioniert sei. Der Bürgermeister von Geldern hielt sich nicht an die Anordnungen. Er erlaubte 1824 Jeremias Deutz, die Kinder von Alexander Gompertz zu unterrichten, obwohl dieser nur ein von dem Krefelder Oberrabbiner Carlburg ausgestelltes Qualifikations-Zeugnis vorlegen konnte.[135] Es bescheinigte Jeremias Deutz zwar die Fähigkeit, „die Kinder der Israeliten in Schreiben und Lesen der hebräischen Sprache und in der väterlichen Religion unterrichten zu können", aber staatlich beglaubigte Prüfungszeugnisse fehlten. Auch Lambert Schweitzer, der den übrigen jüdischen Kindern den Religionsunterricht erteilte, verfügte nur über ein Qualifikationsattest des Krefelder Konsistoriums.[136] Für seine „Pflichtwidrigkeit" musste der Bürgermeister „zwei Thaler Ordnungsstrafe zum Besten der Armen Kasse" zahlen.[137] Außerdem wurde er gewarnt, „daß eine fernere Nichtbeachtung der höheren Vorschriften auf das strengste bestraft" werde.

Bis Ende der dreißiger Jahre sandte die Regierung Düsseldorf immer wieder Schreiben an den Landrat von Geldern, in denen er aufgefordert wurde, „mit

voller Strenge" auf die Einhaltung der Schulverordnung zu achten. In Geldern selbst kam es zu keinen weiteren Verstößen gegen die Bestimmungen. Als 1839 Lion Mayer um Erlaubnis bat, „hier jüdischen Religions Unterricht ertheilen" zu dürfen, und nur das Qualifikationsattest des Krefelder Oberrabbiners Ullmann vorlegen konnte, wandte sich der Bürgermeister an den Landrat mit der Frage, ob das Zeugnis ausreichend sei.[138] Dieser leitete das Schreiben nach Düsseldorf weiter. Von dort kam die Antwort, dass das Zeugnis zur Erteilung des Religionsunterrichts genüge, nicht aber für den Elementarunterricht.[139] Lion Mayer war bis 1843 jüdischer Religionslehrer in Geldern. Im März 1843 zog er nach Krefeld.[140]

Der Nachfolger Lion Mayers wurde Isaac Braunschweig. Um sein Gehalt ein wenig aufzubessern, bemühte er sich um weitere Schüler. Jacob Kaufmann engagierte ihn als Privatlehrer.[141] Außerdem erteilte er seit dem 14. Juni 1843 den „beiden schulpflichtigen Knaben des Herrn Eisink täglich sechs Stunden Privatunterricht in den gewöhnlichen Elementar-Gegenständen"[142]. Dagegen protestierten die „christlichen Lehrer Gelderns"[143]. Sie machten dem Bürgermeister Mitteilung, dass „der Judenlehrer Herr Braunschweig" sich das Recht anmaße, „Christenkinder in und außer dem Hause zu unterrichten". Dies sei „ein unerlaubter Eingriff gegen die bestehende Schulordnung". Braunschweig müsse gesetzlich bestraft werden. Sie baten, ihnen und ihren Schulen „den nöthigen und gesetzmäßigen Schutz huldreichst angedeihen lassen zu wollen". Anscheinend fürchteten sie, weitere Schüler an Isaac Braunschweig zu verlieren. Da die Eltern zur Zahlung von Schulgeld verpflichtet waren, bedeutete jeder Schüler weniger ein geringeres Einkommen für den Lehrer. Die christlichen Lehrer beriefen sich auf Paragraph 15 der Schulverordnung vom 13. September 1824, der es jüdischen Schulen nicht gestattete, christliche Kinder in den Unterricht aufzunehmen. Die Frage war, ob sich die Bestimmung auch auf den „Privat-Unterricht eines geprüften conceßionirten jüdischen Lehrers" bezog.[144] Die Regierung Düsseldorf beschloss, dass sich „der Lehrer Braunschweig auf Kinder jüdischen Glaubens zu beschränken" habe.[145] Dieser legte gegen die Entscheidung Beschwerde ein.[146] Die Schulverordnung verbiete zwar den jüdischen Schulen und Privatschulen, christliche Kinder in den Unterricht aufzunehmen, den jüdischen Lehrern sei es aber nicht untersagt, „christliche Kinder, welche die Ortsschule besuchen, außer den Schulstunden, in den Häusern der Eltern, noch Privatstunden in den Elementar Gegenständen zu ertheilen". Die Regierung Düsseldorf musste ihm Recht geben.[147] Niemand könne behindert werden, „Privatunterricht bei einem jüdischen Lehrer zu nehmen, wenn derselbe zur Sache qualifiziert und als Lehrer conceßionirt sei". Isaac Braunschweig hatte die staatliche Prüfung am 8. August 1833 vor der Prüfungskommission zu Soest abgelegt.[148]

1850 war die Zahl der schulpflichtigen jüdischen Kinder auf fünfzehn gestiegen. Die jüdische Gemeinde eröffnete eine eigene Schule. 1860 gab es vierundzwanzig schulpflichtige jüdische Kinder[149], so dass bereits zwei Klassen gebildet werden konnten.[150] Die Lehrfächer waren Religion, Gesang, Geschichte, Lesen, Sprachlehre, Aufsatz, Schönschreiben, Kopfrechnen, Tafelrechnen, Geographie und Zeichnen. Mit fünf Stunden Religion in der Woche lag der Schwerpunkt der Erziehung im religiösen Bereich. Unterrichtet wurde sonntags bis freitags, morgens von acht bis elf Uhr und mittags von zwei bis vier Uhr. Mittwoch- und Freitagnachmittag waren frei. Samstagmittags traf man sich zum Gesang und „Declamieren".

Finanziert wurde die Schule von den Geldern, die die Eltern zuvor zur Unterhaltung der christlichen Schulen gezahlt hatten. Das Lehrergehalt war gering. Wegen der schlechten Bezahlung wechselten die Lehrer häufig. Falk Goldberg, der erste Lehrer der jüdischen Schule, blieb wie die meisten seiner Kollegen nicht lange im Amt. Bereits 1851 zog er nach Berlin.[151] Ihm folgte 1853 Marcus Rosenberg, der ein Jahr später von Immanuel Weinzweig abgelöst wurde.[152] Auch die Lehrtätigkeit von Konrad Pollitz, Jonas Cosmann, Karl Herzfeld und Jacob Falkenstein dauerte jeweils nur ein Jahr. Samuel Roos und Salomon Rose blieben zwei Jahre in Geldern. Eine gewisse Kontinuität in das jüdische Schulwesen brachte Meyer Sachs, der 1855 bis 1858 als jüdischer Lehrer angestellt war.

Der ständige Lehrerwechsel wirkte sich nachteilig auf den Unterricht aus. Hinzu kam, dass nach dem Weggang eines Lehrers nicht immer sofort ein Nachfolger gefunden werden konnte. 1853 wandte sich Salomon Elias mit der Bitte an den Landrat von Geldern, „veranlassen zu wollen, daß die hiesige jüdische Gemeinde angehalten werde, einen geprüften Lehrer zu halten, und daß deren Gehalt nach den Steueransätzen [...] getragen werden" müsse.[153] Der Landrat leitete das Schreiben an Alexander Haindorf weiter. Dieser erwiderte, dass er auf dem Verwaltungswege nichts für Elias tun könne, bedauerte aber auch die geringe „religiöse Bildung der Jugend"[154]. Wenn die jüdische Schule geschlossen werden musste, wechselten

Die jüdischen Lehrer in Geldern 1808–1867

Jahr	Name des Lehrers	Prüfungsberechtigung
1808	Salomon	
1824	Jeremias Deutz	Qualifikationsattest des Krefelder Konsistoriums vom 2. November 1824
1824, 1825	Lambert Schweitzer	Qualifikationsattest des Krefelder Konsistoriums
1839–1843	Lion Mayer	Qualifikationsattest des Krefelder Konsistoriums vom 26. Juli 1836, Konzession der Regierung Düsseldorf vom 15. November 1839
1843	Isaac Braunschweig	Zeugnis No. 2 der Prüfungskommission zu Soest vom 8. August 1833
1850, 1851	Falk Goldberg	Zeugnis No. 2 der Prüfungskommission zu Soest vom 13. August 1840
1853	Marcus Rosenberg	Zeugnis No. 2 der Prüfungskommission zu Soest vom 8. August 1839, Konzession der Regierung Düsseldorf vom 16. Dezember 1853
1854	Immanuel Weinzweig	Konzession der Regierung Düsseldorf vom 29. Oktober 1852
1855–1858	Meyer Sachs	Zeugnis der Prüfungskommission zu Moers vom 31. Oktober 1851, Konzession der Regierung Düsseldorf vom 20. September 1855
1859, 1860	Samuel Roos	Zeugnis No. 3 der Prüfungskommission zu Büren vom 13. Juli 1859, Konzession der Regierung Düsseldorf vom 25. August 1859
1861	Konrad Pollitz	
Februar bis September 1862	Jonas Cosmann	Konzession der Regierung Düsseldorf vom 12. Juli 1862
1863	Karl Herzfeld	Konzession der Regierung Düsseldorf vom 20. März 1863
1864, 1865	Salomon Rose	konzessioniert in Berlin am 23. Oktober 1862
1866	Jacob Falkenstein	konzessioniert in Neuwied am 26. April 1864
1867	Levi Spier	Konzession der Regierung Düsseldorf vom 10. August 1867

die Kinder auf eine der christlichen Schulen. 1853 besuchten sie entweder die Elementarschule des Herrn Real, Lehrer an der katholischen Knabenschule, die des Herrn Spicker, Lehrer „an der katholischen Abtheilung für die kleineren Kinder"[155], oder die höhere Töchterschule.[156]

Der jüdische Lehrer wurde in Geldern immer auch als Kantor und damit als Kultusbeamter eingestellt. Seit Inkrafttreten der Statuten war es die Aufgabe der Repräsentantenversammlung, den Lehrer zu wählen. Als 1862 der Vorstand den Lehrer Löwenstein ohne Einwilligung der Repräsentantenversammlung einstellte, beschwerte diese sich bei der Regierung Düsseldorf über den Verstoß des Vorstands gegen Paragraph 100 der Statuten.[157] In Düsseldorf gab man den Repräsentanten zwar Recht, merkte aber an, dass bei den guten Zeugnissen des Lehrers Löwenstein die Weigerung, denselben zu wählen, größtenteils formeller Natur sein dürfte.[158] Anscheinend waren die Gründe tieferliegend, denn die Repräsentantenversammlung wählte Löwenstein nicht. Als im September 1862 das neue Schuljahr begann, gab es in der Gemeinde keinen jüdischen Lehrer.[159]

Selbst wenn die jüdische Lehrerstelle besetzt war, zogen es seit Mitte der fünfziger Jahre einige Juden vor, ihre Kinder auf die christlichen Schulen zu schicken. Möglicherweise erhofften sie sich davon die Beschleunigung der „kulturellen Integration"[160]. Auf jeden Fall entdeckten die Juden die Bildung als Mittel zum sozialen Aufstieg. Zunehmend erstrebten sie Gymnasialbildung für ihre Kinder. Da es in Geldern erst seit 1886 ein Gymnasium gab, musste entweder die ganze Familie oder der Schüler in die Stadt übersiedeln. Bildung wurde zu einem wichtigen Motor der Urbanisierung. In diesem Zusammenhang wurde bereits Gustav Schönholz erwähnt.

Die säkularen Bildungselemente drangen nicht nur über die Schulen in die Familien. Eine wichtige Vermittlerrolle spielten auch die jüdischen Frauen. Mädchen erhielten traditionellerweise eine nur elementare Bildung und blieben von den religiösen Studien ausgeschlossen. „Es ist daher nicht verwunderlich, daß zuerst die Frauen begannen, die zeitgenössische schöne Literatur zu lesen und in die Familien einzuführen."[161] Hala Windmüller zum Beispiel, die Mutter Heinrich Kempenichs, abonnierte die „Kölnische Zeitung" und die „Gartenlaube". Obwohl sie auf dem Land lebte, pflegte sie städtische Lebensformen. Ihr Drang zur Bildung äußerte sich auch in dem Willen zur besseren Ausbildung der Kinder. Heinrich Kempenich schrieb: „Ihr Leseeifer war auf ein dringendes Bedürfnis zur Bildung, zur Vermehrung ihres Wissens begründet, das sie auch auf uns Kinder zu übertragen wußte."[162]

Die Kehrseite dieser allgemein zu beobachtenden Entwicklung war der Rückgang des jüdischen Schulwesens. Kleinstädtische Gemeinden wie Geldern (und dörfliche Gemeinden wie Issum) verfügten durch die Abwanderung nicht mehr über genügend Mittel zur Erhaltung der jüdischen Elementarschulen für eine schwindende Schülerzahl. Andererseits bedeutete der gemeinsame Schulbesuch von jüdischen und christlichen Kindern einen wichtigen Schritt in Richtung sozialer Integration der Juden.

VII. Das Verhältnis der Juden zur christlichen Umwelt

„Die Beziehung zwischen Juden und Gesamtgesellschaft ist nicht auf eine einfache Formel zu bringen. Anders erscheint sie aus der Perspektive der Juden, anders aus der ihrer Umwelt und ganz anders aus der Sicht des heutigen Betrachters, der niemals das furchtbare Ende dieser Beziehung ausblenden kann."[163] Zu Beginn des 19. Jahrhunderts, als sich die ersten Juden in Geldern niederließen, hatten sie den Status einer verachteten Minderheit außerhalb der katholischen Gesellschaft. Am Ende des hier behandelten Zeitraums scheinen sie in das kleinstädtische Leben integriert gewesen zu sein.

Zunächst war das Verhältnis zwischen Juden und Christen auf das Berufliche beschränkt. In der zweiten Hälfte des 19. Jahrhunderts verkehrte zumindest die jüdische Oberschicht gleichberechtigt mit den übrigen Honoratioren. Man unterhielt gesellige Vereinigungen und politisierte zusammen. Zum Beispiel nahmen Hermann van der Moolen und Selig Kempenich 1865 gemeinsam am liberalen Abgeordnetenfest in Köln teil.[164] Gottfried Gompertz war 1868 bis 1870 Mitglied der Gelderner Stadtverordnetenversammlung.[165]

Ein Gradmesser für die Qualität der christlich-jüdischen Sozialbeziehungen war das Vereinsleben, das im Rheinland eine große gesellschaftliche Bedeutung hatte. In dem hier behandelten Zeitraum gab es in Geldern mehr als fünfundzwanzig Vereine. Zu den wichtigsten gehörten die „Friedrich-Wilhelm-Gesellschaft", der „Schützenverein Eintracht" und der „Gelderner Turnverein 1862". Aus keinem der Vereine wurden Juden durch entsprechende Bestimmungen in den Statuten ausgeschlossen. Eigene jüdische Vereinsgründungen waren nicht nötig, abgesehen davon, dass die jüdische Gemeinde dafür auch nicht groß genug war.

Heinrich Kempenich berichtete, dass sein Vater Selig Kempenich in den Vereinen Gelderns eine wichtige Rolle spielte:

Er „wurde in den Vorstand der verschiedensten bürgerlichen Gesellschaften gewählt, für einen Juden in der rein katholischen Bevölkerung ein noch nicht dagewesenes Vorkommnis, [...]. Die alte Bürgerschützengesellschaft wählte ihn in ihren Vorstand, und ich habe lange Jahre nach seinem Hinscheiden immer mit einer gewissen Genugtuung im Schützenhause auf der großen Tafel, die alle Namen der besonders hervorragenden Mitglieder enthielt, auch den meines Vaters gelesen."[166]

Die Rabbiner erlauben den Juden, am Sabbat zur Wahl zu gehen. Darüber informiert das Geldernsche Wochenblatt seine „israelitischen Leser" am 31. August 1867.

Im „Gelderner Turnverein 1862", dessen Mitglieder 1862 zu 22% Juden waren, gehörten Selig Kempenich und Daniel Elias zu den führenden Persönlichkeiten. Selig Kempenich wurde 1865 zum Vizepräsidenten gewählt. Zusammen mit Hermann van der Moolen kaufte er ein Grundstück für den Bau einer vereinseigenen Turnhalle. Daniel Elias hatte den „Gelderner Turnverein 1862" mitgegründet. 1862, 1868 und 1874 wurde er in den Vorstand gewählt.

Das Zusammenleben von Juden und Christen in Geldern kann in der zweiten Hälfte des 19. Jahrhunderts als gut bezeichnet werden. Die Kluft zwischen Katholiken und Protestanten war größer als die zwischen Katholiken und Juden. Möglicherweise war das gespannte Verhältnis der christlichen Konfessionen untereinander einer der Gründe für das relativ konfliktfreie Zusammenleben von Juden und Christen. Die Katholiken sahen in der protestantischen Staatsreligion eine größere Gefahr als im Judentum; immerhin wollte die Obrigkeit die katholische Dominanz und die katholischen Traditionen einschränken. Die wenigen Protestanten in Geldern ihrerseits kamen gut mit den Juden aus, weil beide Religionsgruppen gegenüber der katholischen Bevölkerungsmehrheit eine Minderheit darstellten.

Dennoch ist die Aussage über ein positives Zusammenleben von Juden und Christen einzuschränken. In Krisenzeiten kam es auch im Rheinland zum Ausbruch von Unmutsäußerungen, Unruhen und Aktionen gegen die Juden, obgleich man sie als Nachbarn kannte und jahrelang scheinbar gut mit ihnen zusammengelebt hatte. Unbildung, religiöse Vorurteile, Aberglaube und Legenden wie die Ritualmordbeschuldigungen waren auf dem Land und in der Stadt verbreitet und konnten schnell zu pogromartiger Verfolgung der Juden führen wie 1834 in Neuenhoven im Kreis Grevenbroich. In Geldern scheint es in dem hier behandelten Zeitraum nicht zu Ausschreitungen gegen Juden gekommen zu sein. Allerdings sind vor allem in ländlichen Gegenden Tätlichkeiten nicht immer aktenkundig geworden. Am Ort des Geschehens hatte niemand ein Interesse daran, dass der Exzess weiter verfolgt wurde. Die Geschädigten erstatteten keine Anzeige; die Ortsbehörde blieb untätig. Selbst wenn es zu Konflikten kam, wurden die Beziehungen zwischen Juden und Christen im gegenseitigen Wirtschaftsinteresse kontinuierlich fortgesetzt.

Dass Christen wie Juden an der Aufrechterhaltung der Wirtschaftsbeziehungen interessiert waren, zeigt folgendes Beispiel: In Twisteden, einem Dorf in der Nähe von Geldern, gab es zwei Gasthöfe, die eigene „Jöddekämerkes" für die Unterbringung über Land ziehender Juden hatten. Die koscheren Speisen wurden in besonderen Töpfen gekocht, die für nichts anderes benutzt werden durften. Damit dieses Verbot nicht umgangen werden konnte, schrieb derjenige jüdische Gast, der beim Aufbruch als Letzter das Quartier verließ, seinen Namen mit Kreide auf den Boden der Töpfe.[167] Den Bauern war daran gelegen, dass die Juden in ihren Ort kamen. Deswegen versuchten sie, ihnen die Einhaltung der religiösen Vorschriften zu ermöglichen, die sie teilweise gut kannten. Sicherlich war es auch Ausdruck des Respektes, den die Frömmigkeit der Juden den Bauern abverlangte.

Eine wichtige Veränderung, die der Emanzipationsprozess bewirkte, war die Zunahme der Kontakte zwischen Juden und Christen. Auch in Geldern bestanden zwischen beiden Bevölkerungsgruppen in der zweiten Hälfte des 19. Jahrhunderts wirtschaftliche *und* gesellschaftliche Beziehungen. Trotzdem blieben Juden und Christen zwei getrennt lebende Sozialgruppen. Es gab zum Beispiel keine Heiratsbeziehungen. Man heiratete ausschließlich Partner der eigenen Religion. Juden und Christen waren religiös konservativ. Die Juden erlebten zwar einen sozialen Aufstieg, da sie in wirtschaftlicher Hinsicht die Chancen der Zeit zu nutzen wussten, sie bewahrten aber die traditionellen Lebensformen. Familie und Gemeinde bestimmten weiterhin das religiöse und soziale Leben.

Die Juden in Geldern bildeten „weiterhin eine durch Religion, Abstammung,

Tradition, Zusammenhalt und Berufsstruktur deutlich unterscheidbare Minorität"[168]. Die Bewahrung ihrer Identität wurde in dem hier behandelten Zeitraum von den meisten Christen toleriert. 1869 scheinen die Juden in das kleinstädtische Leben Gelderns integriert gewesen zu sein.

Anmerkungen

[1] Thomas NIPPERDEY: Deutsche Geschichte 1800–1866. Bürgerwelt und starker Staat, München 1983, S. 248.

[2] Vgl. Fritz BAER: Das Protokollbuch der Landjudenschaft des Herzogtums Kleve. Erster Teil: Die Geschichte der Landjudenschaft des Herzogtums Kleve, Berlin 1922 (Veröffentlichungen der Akademie für die Wissenschaft des Judentums. Historische Sektion).

[3] Vgl. Friedrich Wilhelm OEDIGER (Bearb.): Die Regesten der Erzbischöfe von Köln im Mittelalter, Bd. 1, Bonn 1954 (Publikationen der Gesellschaft für Rheinische Geschichtskunde XXI), No. 1216.

[4] „Keizer Lodewijk vergunt aan hertog Reinald, om in zijne burgen en steden Joden te mogen ontvagen en houden, en van hen de gewone diensten te eischen. 15 Maart 1339", abgedr. in: Is. An. NIJHOFF (Hrsg.): Gedenkwaardigheden uit de Geschiedenis van Gelderland, Eerste Deel: De Toestand van Gelderland in de eerste Helft der veertiende Eeuw, Arnhem 1830, No. 349, S. 397/398.

[5] Vgl. Gerard VENNER: Die Juden im geldrischen Oberquartier im Jahre 1346, in: GHK 1989, S. 61–63.

[6] Vgl. Paul VAN PETEGHEM: Geld, Glaube und frühmoderner Staat in den Niederlanden. Die Neuchristen in Antwerpen und die Juden in Geldern, in: Aschkenas 2 (1992), S. 73–93.

[7] Abgedr. in: Selma STERN: Der preußische Staat und die Juden, 4 Teile (8 Bde.), Tübingen 1962–1975 (Schriftenreihe wissenschaftlicher Abhandlungen des LBI 7, 8, 24, 32), Bd. 2/2, No. 400, S. 530.

[8] Johann Friedrich UNGER: Historische politisch-geographisch-statistisch und militärische Beyträge, die Königlich-Preußische und benachbarte Staaten betreffend, Bd. 2/1: Das Herzogthum Geldern, Königl. Preußischen Antheils, Berlin 1782, S. 252 (Nachdruck, hrsg. von Gregor HÖVELMANN, Geldern 1980, VHVG 81, S. 74).

[9] „Revidirtes General-Privilegium und Reglement, vor die Judenschaft im Königreiche, Preussen, der Chur- und Marck, Brandenburg, den Hertzogthümern und Fürstenthümern, Magdeburg, Cleve, Hinter-Pommern, Crossen, Halberstadt, Minden, Camin und Mörs; insgleichen den Graf- und Herrschaften Marck, Ravensberg, Hohenstein, Tecklenburg, Lingen, Lauenburg und Bütau vom 17. April 1750", abgedr. in: Ismar FREUND: Die Emanzipation der Juden in Preußen unter besonderer Berücksichtigung des Gesetzes vom 11. März 1812. Ein Beitrag zur Rechtsgeschichte der Juden in Preußen, 2 Bde., Berlin 1912, Bd. 2, No. 4, S. 22–60.

[10] STERN, Der preußische Staat (Anm. 7), Bd. 2/2, No. 400, S. 530.

[11] StA Geldern, Akten A, B 6, Karte 2, Parzelle 24; vgl. Stefan FRANKEWITZ: Das Stadtgebiet und die Festung Geldern 1735, in: GHK 1995, S. 56–70. In dem Aufsatz findet sich u. a. eine genaue Beschreibung der Atlas-Karten.

[12] Zur Geschichte der Juden in Geldern im 19. Jahrhundert: Ruth EYKMANN: Zur Geschichte der Juden in Geldern und Issum, Duisburg 1985 (Staatsexamensarbeit); John A. FRANCKEN: The Early History of the Francken Family 1775 to 1875, London o. J. (Masch.Ms.); Bernhard KEUCK: Issum, Geldern und das Landjudentum am Niederrhein, in: Wegweiser durch das jüdische Rheinland, hrsg. von Ludger HEID/Julius H. SCHOEPS, Berlin 1992.

[13] Zur Geschichte der Juden im Rheinland allgemein: Jutta BOHNKE-KOLLWITZ/Willehad Paul ECKERT/Frank GOLCZEWSKI (Hrsg.): Köln und das rheinische Judentum. Festschrift Germania Judaica 1959–1984, Köln 1984; Adolf KOBER: Aus der Geschichte der Juden im Rheinland, in: Aus der Geschichte der Juden im Rheinland. Jüdische Kult- und Kunstdenkmäler, hrsg. vom Rheinischen Verein für Denkmalpflege und Heimatschutz, Heft 1, Düsseldorf 1931 (Nachdruck, hrsg. von Falk WIESEMANN, Düsseldorf 1985), S. 11–98; Alwin MÜLLER: Die Geschichte der Juden in Köln von der Wiederzulassung 1798 bis um 1850. Ein Beitrag zur Sozialgeschichte einer Minderheit, Köln 1984 (Kölner Schriften zu Geschichte und Kultur 6); Konrad SCHILLING (Hrsg.): Monumenta Judaica. 2000

Jahre Geschichte und Kultur der Juden am Rhein. Eine Ausstellung im Kölnischen Stadtmuseum. Handbuch, Köln 1963; Michael ZIMMERMANN (Hrsg.): Die Geschichte der Juden im Rheinland und in Westfalen, Köln/Stuttgart/Berlin 1998.

[14] Vgl. meinen Aufsatz „Die Rechtsverhältnisse der Juden im Kurfürstentum Köln im 18. Jahrhundert am Beispiel Issum", in: GHK 1998, S. 49/50.

[15] StA Geldern, Akten B, 602.

[16] Vgl. dazu ausführlich meinen Aufsatz „Das *décret infâme* 1808–1847. Seine Bedeutung für die Juden in Geldern und Issum", in: GHK 1997, S. 176–188.

[17] Abgedr. in: Ernst Rudolf HUBER (Hrsg.): Dokumente zur deutschen Verfassungsgeschichte, Bd. 1: 1803–1850, Stuttgart 1961, S. 45–47.

[18] Zu den grundlegenden Arbeiten über die Emanzipation der Juden in Preußen zählen: Annegret H. BRAMMER: Judenpolitik und Judengesetzgebung in Preußen 1812–1847 (mit einem Ausblick auf das Gleichberechtigungsgesetz des Norddeutschen Bundes von 1869), Berlin 1987 (Diss.); Albert A. BRUER: Geschichte der Juden in Preußen (1750–1820), Frankfurt a. M./New York 1991; Stefi JERSCH-WENZEL: Juden in Preußen – Preußische Juden?, in: TAJB 20 (1991), S. 437–448; Juden in Preußen. Ein Kapitel deutscher Geschichte, hrsg. vom Bildarchiv Preußischer Kulturbesitz, Dortmund 1981 (Ausstellungskatalog); Michael A. MEYER (Hrsg.): Deutsch-jüdische Geschichte in der Neuzeit, Bd. 2: Emanzipation und Akkulturation 1780–1871, München 1996; Shulamit VOLKOV: Die Juden in Deutschland 1780–1918, München 1994 (EDG 16).

[19] Abgedr. in: Gesetz-Sammlung für die Königlichen Preußischen Staaten 1847, S. 263–278.

[20] „Titel I. Bürgerliche Verhältnisse der Juden", §§ 1–34.

[21] „Titel II. Kultus- und Unterrichts-Angelegenheiten der Juden", §§ 35–70.

[22] HStAD, Landratsamt Geldern, 158, fol. 66r, 10. Mai 1843, Schreiben des Vorstehers der israelitischen Gemeinde Rheinberg an die Regierung Düsseldorf.

[23] „Gesetz betreffend die Gleichberechtigung der Konfessionen in bürgerlicher und staatsbürgerlicher Beziehung vom 3. Juli 1869", abgedr. in: HUBER (Hrsg.): Dokumente (Anm. 17), Bd. 2: 1851–1900, Stuttgart 1986³, S. 312.

[24] Zur demographischen Entwicklung: Avraham BARKAI: The German Jews at the start of Industrialization – Structural Change and Mobility 1835–60, in: Revolution and Evoltution: 1848 in German-Jewish History, hrsg. von Werner E. MOSSE/Arnold PAUCKER/Reinhard RÜRUP, Tübingen 1981 (Schriftenreihe wissenschaftlicher Abhandlungen des LBI 39), S. 123–149; ders.: Jüdische Minderheit und Industrialisierung. Demographie, Berufe und Einkommen der Juden in Westdeutschland 1850–1914, Tübingen 1988 (Schriftenreihe wissenschaftlicher Abhandlungen des LBI 46); Peter HONIGMANN: Die Entwicklung der jüdischen Bevölkerung in der Rheinprovinz. Ein demographischer Überblick, in: Wegweiser durch das jüdische Rheinland, S. 314–323; Jakob LESTSCHINSKY: Das wirtschaftliche Schicksal des deutschen Judentums. Aufstieg, Wandlung, Krise, Ausblick, Berlin 1932 (Schriften der Zentralwohlfahrtsstelle der deutschen Juden und der Hauptstelle für jüdische Wanderfürsorge 7); Usiel O. SCHMELZ: Die demographische Entwicklung der Juden in Deutschland von der Mitte des 19. Jahrhunderts bis 1933, in: Zeitschrift für Bevölkerungswissenschaft 8 (1982), S. 31–72.

[25] Jacob TOURY: Soziale und politische Geschichte der Juden in Deutschland 1847–1871. Zwischen Revolution, Reaktion und Emanzipation, Düsseldorf 1977 (Schriftenreihe des Instituts für Deutsche Geschichte, Universität Tel Aviv 2), S. 11.

[26] Heinz BOSCH: Illustrierte Geschichte der Stadt Geldern 1848–1969, Bd. 1: Von den revolutionären Ereignissen 1848 bis zum Ausbruch des ersten Weltkriegs 1914, Geldern 1994, S. 157.

[27] BARKAI: Jüdische Minderheit (Anm. 24), S. 18, Tabelle 1: Die jüdische Bevölkerung in Rheinland-Westfalen 1852 und 1910.

[28] Die Angaben zur jüdischen Bevölkerung in Geldern finden sich in den „Nachweisen über den Bestand des jüdischen Schulwesens im Verwaltungs Bezirk Geldern" 1822–1866 (StA Geldern, Akten B, 603), bis auf die Angaben zu den Jahren 1808 (HStAD, Roerdepartement, 1789, fol. 186r) und 1812 (HStAD, Regierung Kleve, 61, fol. 43v/44r).

[29] BOSCH: Geschichte der Stadt Geldern (Anm. 26), S. 26.

[30] Die Quellen zur jüdischen Bevölkerung in Issum sind folgende: 1808: HStAD, Roerdepartement, 1789, fol. 186r; 1812: HStAD, Regierung Kleve, 61, fol. 43v/44r; 1828: F. VON RESTORFF: Topographisch-Statistische Beschreibung der Königlich Preußischen Rheinprovinzen, Berlin/Stettin, S. 533; 1843, 1847:

HStAD, Landratsamt Geldern, 160, „Uebersicht der persönlichen und gewerblichen Verhältnisse der Juden im Kreise Geldern" 1843–1861; 1855–1866: GemAI, Bestand A, 1217, „Nachweise über den Bestand des jüdischen Schulwesens im Verwaltungs Bezirk Issum" 1853–1866.

31 Günter VOELZ: Issum. Zweihundert Jahre deutsche Geschichte. Von der französischen Revolution bis zur kommunalen Neuordnung, Geldern 1988, S. 154/155.

32 StA Geldern, Akten B, 599, S. 271, 22. Mai 1863, Schreiben des Selig Gustav Schönholz an den Bürgermeister von Geldern.

33 StA Geldern, Akten B, 599, S. 205–210, „Verzeichnis der Gemeindewähler der Synagogen Gemeinde Geldern zum Zwecke der Repräsentanten Wahl. Angefertigt zu Geldern den 2ten November 1860. Der Vorstand". Gustav Schönholz bezahlte eine Synagogensteuer von 25 Talern und eine Klassensteuer von 12 Talern (Hermann Cain, Synagogensteuer 34 Taler, Klassensteuer 20 Taler; Salomon Elias, Synagogensteuer 30 Taler, Klassensteuer 16 Taler). Zum Vergleich: Der Viehhändlergehilfe Jonas Kaufmann bezahlte eine Synagogensteuer von 1 Taler und eine Klassensteuer von 2 Talern.

34 Vgl. Avraham BARKAI: Sozialgeschichtliche Aspekte der deutschen Judenheit in der Zeit der Industrialisierung, in: JbIDG 11 (1982), S. 237–260; vgl. ders.: Die sozio-ökonomische Entwicklung in Rheinland-Westfalen in der Industrialisierung (1850–1910), in: BLBI 66 (1983), S. 53–81; vgl. Werner E. MOSE: Jews in the German Economy. The German Jewish Economic Elite 1820–1935, Oxford 1987; vgl. Arthur PRINZ: Juden im Deutschen Wirtschaftsleben. Soziale und wirtschaftliche Struktur im Wandel 1850–1914, Tübingen 1984 (Schriftenreihe wissenschaftlicher Abhandlungen des LBI 43).

35 Monika RICHARZ (Hrsg.): Bürger auf Widerruf. Lebenszeugnisse deutscher Juden 1780–1945, München 1989, S. 21.

36 Ebd., S. 26.

37 HStAD, Roerdepartement, 1792, fol. 8r.

38 HStAD, Landratsamt Geldern, 161, fol. 47r–48r, „Verzeichnis der in der Bürgermeisterei Geldern vorhandenen Israeliten, welche pro 1840 ein Gewerbe betreiben wollen", ausgestellt zu Geldern am 10. Oktober 1839.

39 StA Geldern, Akten B, 599, S. 303–308, „Verzeichnis der Gemeindewähler der Synagogen Gemeinde Geldern zum Zwecke der Repräsentanten Wahl", ausgestellt zu Geldern am 14. Februar 1865.

40 HStAD, Roerdepartement, 1792, fol. 14r.

41 GA Issum, Bestand A, 1216, „Nachweise derjenigen Juden der Bürgermeisterei Issum welche würdig befunden wurden pro 1840 mit einem Gewerbeschein versehen zu werden", ausgestellt zu Issum am 5. Oktober 1839.

42 StA Geldern, Akten B, 599, S. 303–308, „Verzeichnis der Gemeindewähler der Synagogen Gemeinde Geldern zum Zwecke der Repräsentanten Wahl", ausgestellt zu Geldern am 14. Februar 1865.

43 StA Geldern, Akten B, 602, S. 66–69, 31. Mai 1831, Schreiben des Bürgermeisters von Geldern an den Landrat: „Nachweise der im Verwaltungsbezirk Geldern sich aufhaltenden Juden".

44 Zu Landjuden im Allgemeinen: Werner Jacob CAHNMANN: Der Dorfjude und Kleinstadtjude als Typus, in: Zeitschrift für Volkskunde 70 (1974), S. 169–193; Steven M. LOWENSTEIN: The Rural Community and the Urbanization of German Jewry, in: Central European History 13 (1980), S. 218–236; Monika RICHARZ: Emancipation and Continuity. German Jews in the Rural Economy, in: Revolution and Evolution, S. 95–115; dies.: Landjuden – ein bürgerliches Element im Dorf?, in: Idylle oder Aufbruch? Das Dorf im bürgerlichen 19. Jahrhundert, Berlin 1990, S. 181–189; dies.: Viehhandel und Landjuden im 19. Jahrhundert. Eine symbiotische Wirtschaftsbeziehung in Südwestdeutschland, in: Menora. Jahrbuch für deutsch-jüdische Geschichte 1990, S. 66–88; Monika RICHARZ/Reinhard RÜRUP (Hrsg.): Jüdisches Leben auf dem Lande. Studien zur deutsch-jüdischen Geschichte, Tübingen 1997 (Schriftenreihe wissenschaftlicher Abhandlungen des LBI 56); Michael SCHMIDT: Handel und Wandel. Über jüdische Hausierer und die Verbreitung der Taschenuhr im frühen 19. Jahrhundert, in: Zeitschrift für Volkskunde 83 (1987), S. 229–250.

45 StA Geldern, Akten B, 601, S. 6/7, 17. Februar 1807, „Die Deputierten der Hiesigen Judenschaft Levi Abraham und Abraham Natan An Den Herrn Maire Poell Von Geldern".

46 Die „Vereinigte merkantilische Adress-Sammlung vom Grossherzogthum Niederrhein und der Provinz Westphalen", hrsg. von Friedrich Wilhelm DICKE, Schwelm 1834, S. 177–181, und das „Adreßbuch Regierungs-Bezirk Düsseldorf 1861" (Bürgermeisterei Geldern, S. 417–419; Bürgermeisterei Issum, S. 435) geben keine christlichen Viehhändler für Geldern und Issum an.

[47] Adreßbuch Regierungs-Bezirk Düsseldorf 1861, S. 417–419.

[48] HStAD, Regierung Kleve, 61, fol. 43r–44r.

[49] Verzeichnis der Güterbesitzer, der Grundgüter, ihres Flächen-Inhalts, ihrer Klasse und ihres Rein-Ertrages, Kataster 1846.

[50] HStAD, Landratsamt Geldern, 222, fol. 42r–44r, 15. November 1852, Schreiben des Bürgermeisters von Geldern an den Landrat, „Klassensteuer Veranlagung der Juden betr.".

[51] GW, 10. April 1852.

[52] RICHARZ: Viehhandel (Anm. 44), S. 77.

[53] HStAD, Roerdepartement, 1796, fol. 38r.

[54] HStAD, Roerdepartement, 1792, fol. 14r.

[55] Vereinigte merkantilische Adress-Sammlung vom Grossherzogthum Niederrhein und der Provinz Westphalen 1834, S. 178. Die Adressen der jüdischen „Ellenwaarenhandlungen" waren: Hermann Francken, Gelderstrasse; Rachel Gompertz, am Markt; Philipp Kaufmann, Hartstrasse.

[56] Ebd., S. 177 -179.

[57] Adreßbuch Regierungs-Bezirk Düsseldorf 1861, S. 417–419. Die Adressen der jüdischen „Manufactur-waarenhandlungen" waren: Salomon Elias, großer Markt 329; Francken & Kempenich, großer Markt 333; Gustav Schönholz, Hartstraße 496.

[58] GW, 6. Oktober 1849.

[59] GW, 15. Mai 1852.

[60] StA Geldern, Akten B, 599, S. 134, „Liste der jüdischen Steuerzahler 1856"; StA Geldern, Akten B, 599, S. 193, „Communalsteuer der Juden 1857".

[61] GW, 2. Oktober 1858.

[62] GW, 4. Januar 1865.

[63] GW, 12. März 1865.

[64] Monika RICHARZ (Hrsg.): Jüdisches Leben in Deutschland. Selbstzeugnisse zur Sozialgeschichte, 3 Bde., Stuttgart 1976–1982, Bd. 1, S. 41.

[65] Vgl. Susanne FREUND: Jüdische Bildungsgeschichte zwischen Emanzipation und Ausgrenzung. Das Beispiel der Marks-Haindorf-Stiftung in Münster (1825–1942), Paderborn 1997 (Forschungen zur Regionalgeschichte 23). – Die „Marks-Haindorf-Stiftung" war seit 1866 die Nachfolgeorganisation des „Vereins für Westfalen und die Rheinprovinz zur Bildung von Elementar-Lehrern und Beförderung von Handwerken und Künsten unter den Juden".

[66] StA Geldern, Akten B, 606, S. 9/10, November 1834, Rundschreiben Alexander Haindorfs an die Land-räte der Rheinprovinz.

[67] StA Geldern, Akten B, 606, S. 1/2, 21. November 1834, Schreiben des Landrats an den Bürgermeister von Geldern.

[68] StA Geldern, Akten B, 606, S. 11. November 1834, „Instruktion fuer die Geschaeftsfuehrer in der Rhein-provinz".

[69] StA Geldern, Akten B, 606, S. 13/14, 31. August 1835, Schreiben des Bürgermeisters von Geldern an den Landrat.

[70] HStAD, Landratsamt Geldern, 313, fol. 26r, 24. September 1835, Schreiben des Bürgermeisters von Issum an den Landrat.

[71] StA Geldern, Akten B, 606, S. 2, 21. November 1834, Schreiben des Landrats an den Bürgermeister von Geldern.

[72] StA Geldern, Akten B, 606, S. 17/18, 26. November 1836, Schreiben des Landrats an den Bürgermeister von Geldern.

[73] .A Geldern, Akten B, 606, S. 19/20, 24. März 1837, Schreiben des „Vereins für Westfalen und die Rheinprovinz zur Bildung von Elementar-Lehrern und zur Beförderung von Handwerken und Künsten unter den Juden" an den Landrat von Geldern.

[74] StA Geldern, Akten B, 606, S. 21, 28. März 1837, Schreiben des „Vereins für Westfalen und die Rhein-provinz zur Bildung von Elementar-Lehrern und zur Beförderung von Handwerken und Künsten unter den Juden" an den Landrat von Geldern.

[75] StA Geldern, Akten B, 606, S. 22, 3. Mai 1837, Schreiben des Bürgermeisters von Geldern an den Land-rat.

[76] StA Geldern, Akten B, 606, S. 23, 8. Mai 1837, Schreiben des „Vereins für Westfalen und die Rheinprovinz zur Bildung von Elementar-Lehrern und zur Beförderung von Handwerken und Künsten unter den Juden" an den Landrat von Geldern.

[77] HStAD, Landratsamt Geldern, 313, fol. 57r, 20. März 1838, Schreiben des „Vereins für Westfalen und die Rheinprovinz zur Bildung von Elementar-Lehrern und zur Beförderung von Handwerken und Künsten unter den Juden" an den Landrat von Geldern.

[78] Vgl. Cilly KASPER-HOLTKOTTE: Jüdischer Kultus in napoleonischer Zeit. Aufbau und Organisation der Konsistorialbezirke Krefeld, Koblenz/Bonn, Trier und Mainz, Wien, Köln, Weimar 1997 (Aschkenas Beiheft 2).

[79] HStAD, Landratsamt Geldern, 158, fol. 58r–65v.

[80] HStAD, Landratsamt Geldern, 158, fol. 37r–38r, 6. April 1843, Schreiben der Regierung Düsseldorf an den Landrat von Geldern.

[81] HStAD, Landratsamt Geldern, 158, fol. 50r–52v, 8. Juni 1843, Schreiben des Bürgermeisters von Geldern an den Landrat.

[82] HStAD, Landratsamt Geldern, 222, fol. 65r.

[83] StA Geldern, Akten B, 599, S. 19, 15. Juli 1848, Schreiben des Bürgermeisters von Geldern an den Landrat.

[84] GA Issum, Bestand A, 1217, 6. April 1848, Schreiben des Bürgermeisters von Issum an den Landrat.

[85] HStAD, Landratsamt Geldern, 158, fol. 92r, „Circular-Verfügungen des Ministers der geistlichen Unterrichts- und Medizinal-Angelegenheiten vom 15. Juny und 24. August 1848".

[86] HStAD, Landratsamt Geldern, 158, fol. 92.

[87] HStAD, Landratsamt Geldern, 158, fol. 92r.

[88] StA Geldern, Akten B, 599, S. 32, 6. Februar 1854, Schreiben des Landrats an den Bürgermeister von Geldern.

[89] StA Geldern, Akten B, 599, S. 28/29, 23. Februar 1854, Schreiben des Bürgermeisters von Geldern an den Landrat.

[90] GA Issum, Bestand A, 1217, 24. Februar 1854, Schreiben des Bürgermeisters von Issum an den Landrat.

[91] StA Geldern, Akten B, 599, S. 33, 4. Juli 1854, Schreiben des Ersten Kreis-Deputierten an den Bürgermeister von Geldern. Geldern und Issum wurden der Synagogengemeinde Rheinberg zugewiesen.

[92] HStAD, Landratsamt Geldern, 156, fol. 192, 25. Juli 1854, Schreiben der Regierung Düsseldorf an den Landrat von Geldern.

[93] StA Geldern, Akten B, 599, S. 41, 6. Oktober 1854, Schreiben der Regierung Düsseldorf an den Landrat von Geldern. Die Synagogengemeinde Geldern umfasste die Orte Geldern, Pont, Issum, Sevelen, Kapellen, Nieukerk, Aldekerk, Xanten, Veen, Wardt, Marienbaum, Sonsbeck, Labbeck, Kervenheim, Weeze, Straelen, Kevelaer, Walbeck, Hinsbeck, Leuth, Wachtendonk und Wankum. Die Synagogengemeinde Rheinberg umfasste die Orte Rheinberg, Moers, Homberg, Emmerich, Baerl, Repelen, Neukirchen, Vluyn, Kapellen, Rheurdt, Schaephuysen, Hoerstgen, Camp, Vierquartieren, Budberg, Orsoy, Ossenberg, Alpen und Büderich.

[94] StA Geldern, Akten B, 599, S. 42, 10. November 1854, Schreiben des Landrats an den Bürgermeister von Geldern.

[95] HStAD, Landratsamt Geldern, 156, fol. 200, 13. Januar 1855, Schreiben des Bürgermeisters von Geldern an den Landrat.

[96] HStAD, Landratsamt Geldern, 156, fol. 208, 26. Januar 1855, Schreiben der Regierung Düsseldorf an den Landrat von Geldern.

[97] StA Geldern, Akten B, 599, S. 57, 5. April 1855, Schreiben des Bürgermeisters von Geldern an den Landrat.

[98] HStAD, Landratsamt Geldern, 156, fol. 331r, 30. April 1858, Schreiben des Oberpräsidenten der Rheinprovinz an die Regierung Düsseldorf, in dem er die Statuten der Synagogengemeinde Geldern genehmigte. Dem Schreiben ist als Anhang ein Druckexemplar des Statuts beigelegt.

[99] G = Geldern, X = Xanten, I = Issum, S = Sonsbeck.

[100] HStAD, Landratsamt Geldern, 156, fol. 201r, 13. Januar 1855, „Verzeichnis der gewählten Repräsentanten und der Stellvertreter für die Synagogen-Gemeinde-Geldern"; HStAD, Landratsamt Geldern, 156, fol. 202r, 13. Januar 1855, „Verzeichnis der gewählten Vorstandsmitglieder für die Synagogen-Gemeinde-Geldern".

101 StA Geldern, Akten B, 599, S. 201–203, 3. Januar 1860, „Namentliches Verzeichnis des Vorstandes, der Repräsentanten und Stellvertreter der Synagogen Gemeinde Geldern".

102 StA Geldern, Akten B, 599, S. 219, 21. November 1860, Schreiben des Bürgermeisters von Geldern an den Landrat. Diese Wahl und die folgenden waren Ersatzwahlen für ausscheidende Vorstandsmitglieder oder Repräsentanten. Deswegen sind in der Tabelle nur noch die jeweils neu gewählten Gemeindevertreter aufgeführt.

103 StA Geldern, Akten B, 599, S. 247, 28. Februar 1862, Schreiben der Regierung Düsseldorf an den Landrat von Geldern.

104 StA Geldern, Akten B, 599, S. 311/312, 27. Mai 1865, „Verzeichnis der Vorsteher, Repräsentanten und Stellvertreter der Synagogen Gemeinde Geldern".

105 StA Geldern, Akten B, 599, S. 349–351, 6. Februar 1867, Schreiben des Bürgermeisters von Geldern an den Landrat.

106 StAG, Akten B, 599, S. 85/86, 30. April 1856, Schreiben des Bürgermeisters von Geldern an den Landrat.

107 HStAD, Landratsamt Geldern, 156, fol. 213r–216r, 16. Mai 1855; fol. 218r–220r, 20. Juli 1855, Schreiben des Landrats von Geldern an die Regierung Düsseldorf.

108 HStAD, Landratsamt Geldern, 156, fol. 223r–227v, 27. Oktober 1855, Schreiben des Landrats von Geldern an den Oberpräsidenten der Rheinprovinz.

109 HStAD, Landratsamt Geldern, 156, fol. 237r–238v, 3. März 1856, Schreiben des Oberpräsidenten der Rheinprovinz an den Landrat von Geldern.

110 HStAD, Landratsamt Geldern, 156, fol. 228, 3. November 1855, Schreiben der Regierung Düsseldorf an den Landrat von Geldern.

111 StA Geldern, Akten B, 599, S. 59/60, 3. April 1856, Schreiben des Landrats an den Bürgermeister von Geldern.

112 HStAD, Landratsamt Geldern, 156, fol. 266r–272r, „Statut für die Synagogengemeinde Cleve".

113 StA Geldern, Akten B, 599, S. 113, 27. Mai 1856, Schreiben des Bürgermeisters von Geldern an August Stern.

114 Der erste Entwurf eines Statuts für die Synagogengemeinde Geldern datiert vom 30. April 1856 (StA Geldern, Akten B, 599, S. 87–112), der zweite Entwurf vom 16. Juni 1856 (StA Geldern, Akten B, 599, S. 117–126), der dritte Entwurf vom 6. Juli 1857 (StA Geldern, Akten B, 599, S. 145–147) und der vierte Entwurf vom 22. Februar 1858.

115 HStAD, Landratsamt Geldern, 156, fol. 331r, 30. April 1858, Schreiben des Oberpräsidenten der Rheinprovinz an die Regierung Düsseldorf. Ein Druckexemplar des Statuts ist dem Schreiben beigefügt.

116 HStAD, Landratsamt Geldern, 156, fol. 248r, 25. September 1855, Schreiben der Regierung Düsseldorf an den Landrat von Geldern.

117 StA Geldern, Akten B, 599, S. 259–261, 29. April 1863, Schreiben der Regierung Düsseldorf an den Landrat von Geldern.

118 HStAD, Landratsamt Geldern, 158, fol. 50r, 8. Juni 1843, Schreiben des Bürgermeisters von Geldern an den Landrat.

119 Gregor HÖVELMANN (Hrsg.): Juden in Geldern. Mit weiteren Beiträgen zur geldrischen Geschichte, Geldern 1982 (VHVG 82), S. 41.

120 GW, 24. August 1875.

121 Bei dem jüdischen Friedhof in Geldern handelt es sich um das im Grundbuch von Geldern, Band 28, Blatt 0938 eingetragene Grundstück Flur A, No. 528/193. Es liegt am Boeckelter Weg. Bis 1943 war die „Israelitische Gemeinde Geldern" als Grundstückseigentümerin eingetragen. Am 8. Januar 1943 erfolgte die Umschreibung auf die „Reichsvereinigung der Juden in Deutschland". 1953 stellte die „Jewish Trust Corporation for Germany" einen Antrag auf Rückerstattung. Dem Antrag wurde stattgegeben; vgl. Friedhofsverwaltung Geldern, Az. 873–22/0.

122 HStAD, Landratsamt Geldern, 156, fol. 262r, 19. März 1856, Schreiben des Oberpräsidenten der Rheinprovinz an den Landrat von Geldern.

123 StA Geldern, Akten B, 1000, 24. August 1854, Schreiben des Bürgermeisters von Geldern an den Landrat.

124 Der jüdische Friedhof liegt zwei Kilometer nordöstlich von Issum am Südhang der Bönninghardt. Wann er angelegt wurde, ist nicht bekannt. Der älteste heute noch erhaltene Grabstein stammt aus

dem Jahr 1830; vgl. Michael BROCKE/Hartmut MIRBACH: Grenzsteine des Lebens. Auf jüdischen Friedhöfen am Niederrhein, Duisburg 1988, S. 90.

[125] Die jüdischen Gemeindeeinrichtungen in Issum waren seit 1900 im Besitz der jüdischen Gemeinde in Geldern. Durch die Abwanderung vieler Juden aus Issum in die Städte war es der dortigen Gemeinde seit Anfang des 20. Jahrhunderts nicht mehr möglich, den Gottesdienst in der Synagoge zu feiern. Dafür mussten nach den religiösen Geboten mindestens zehn Männer anwesend sein, die die Bar Mizwa gefeiert hatten. Am 25. Januar 1935 wurde das Synagogengrundstück von den Vorstandsmitgliedern der Synagogengemeinde Geldern, Jacob Heymann und Adolf Passmann, an Bernhard Kliewe verkauft (Grundbuch von Geldern, Band 23, Blatt 905). Die Gebäude wurden als Abstellraum benutzt, bis sich 1984 der „Verein der Heimat- und Naturfreunde für Sevelen und Issum" ihrer erinnerte.

[126] Zur Synagoge in Issum: Ruth BENGER: Die ehemalige Synagoge in Issum, in: GHK 1990, S. 35–39; Bernhard KEUCK: Juden in Issum. Dokumentation zur Übergabe der restaurierten Synagoge in Issum am 6.5.1990, Issum 1990.

[127] GW, 13. Dezember 1865.

[128] HStAD, Kurköln III, Protokollbuch 178 A IV, fol. 436.

[129] GA Issum, Bestand A, 2259. Am 30. November 1855 erwarb die „israelitische Kirchengemeinde zu Issum" von der Familie Aenstoots zu Issum für einen Kaufpreis von „315 Thalern preußisch Courant und eilf Groschen acht Pfennigen [...] in der Capellenschenstraße das Wohnhaus mit der Nummer 39 nebst Sinagoge, Um- und Unterlage und dahinter befindlichem Garten".

[130] GA Issum, Bestand A, 1089, 30. Juli 1869, Schreiben des Bürgermeisters von Issum an den Landrat.

[131] GA Issum, Bestand A, 2259, 12. August 1869, Darlehensvertrag zwischen Hermann Bouscher, Cosmann Lebenstein, Isaac Passmann und den Geschwistern L. Bieron.

[132] StA Geldern, Akten B, 603, S. 3, 30. Dezember 1822, Schreiben des Bürgermeisters von Geldern an den Landrat.

[133] Abgedr. in: Dieter KASTNER (Hrsg.): Der Rheinische Provinziallandtag und die Emanzipation der Juden im Rheinland 1825–1845. Eine Dokumentation, 2 Teile, Köln 1989 (Dokumente und Darstellungen zur Geschichte der Rheinischen Provinzialverwaltung und des Landschaftsverbandes Rheinland 2/1, 2/2), S. 107–109.

[134] StA Geldern, Akten B, 603, S. 13, 5. Dezember 1825, Schreiben der Regierung Düsseldorf an den Landrat von Geldern.

[135] StA Geldern, Akten B, 603, S. 11, 22. September 1825, Schreiben des Bürgermeisters von Geldern an den Landrat.

[136] StA Geldern, Akten B, 603, S. 14, 1. Februar 1825, Schreiben des Bürgermeisters von Geldern an den Landrat.

[137] StA Geldern, Akten B, 603, S. 19, 8. April 1826, Schreiben der Regierung Düsseldorf an den Landrat von Geldern.

[138] StA Geldern, Akten B, 603, S. 47, 3. Oktober 1839, Schreiben des Bürgermeisters von Geldern an den Landrat.

[139] StA Geldern, Akten B, 603, S. 49, 15. November 1839, Schreiben der Regierung Düsseldorf an den Landrat von Geldern.

[140] GW, 25. März 1843.

[141] StA Geldern, Akten B, 603, S. 63, 22. April 1843, Schreiben des Bürgermeisters von Geldern an den Landrat.

[142] StA Geldern, Akten B, 603, S. 73, 31. Juli 1843, Schreiben Isaac Braunschweigs an den Bürgermeister von Geldern.

[143] StA Geldern, Akten B, 603, S. 69, 7. Juli 1843, Schreiben der „christlichen Lehrer Gelderns" an den Bürgermeister von Geldern.

[144] StA Geldern, Akten B, 603, S. 71, 10. Juli 1843, Schreiben des Bürgermeisters von Geldern an den Landrat.

[145] StA Geldern, Akten B, 603, S. 75, 18. Juli 1843, Schreiben der Regierung Düsseldorf an den Landrat von Geldern.

[146] StA Geldern, Akten B, 603, S. 77, 8. August 1843, Schreiben Isaac Braunschweigs an die Regierung Düsseldorf.

[147] StA Geldern, Akten B, 603, S. 77, 15. August 1843, Schreiben der Regierung Düsseldorf an den Bürgermeister von Geldern.

[148] StA Geldern, Akten B, 603, S. 66/67, 10. März 1843, Schreiben des Bürgermeisters von Geldern an den Landrat.

[149] StA Geldern, Akten B, 603, S. 107, 24. Januar 1861, Schreiben Samuel Roos' an den Bürgermeister von Geldern.

[150] StA Geldern, Akten B, 603, S. 115, „Schulplan", aufgestellt am 4. Oktober 1860 von Samuel Roos.

[151] StA Geldern, Akten B, 603, S. 86/87, 19. Januar 1852, Schreiben des Bürgermeisters von Geldern an den Landrat.

[152] HStAD, Landratsamt Geldern, 156, fol. 195r, 18. September 1854, Schreiben des Bürgermeisters von Geldern an den Landrat.

[153] HStAD, Landratsamt Geldern, 156, fol. 102r, 14. Februar 1853, Schreiben von Salomon Elias an den Landrat von Geldern.

[154] HStAD, Landratsamt Geldern, 156, fol. 102r, 27. März 1853, Schreiben Alexander Haindorfs an den Landrat von Geldern.

[155] Adreßbuch des Landräthlichen Kreises Geldern 1843, S. 27.

[156] HStAD, Landratsamt Geldern, 156, fol. 104r, „Liste der schulpflichtigen, israelitischen Kinder der Gemeinde Geldern" 1853.

[157] StA Geldern, Akten B, 599, S. 251, 2. Juli 1862, Schreiben Selig Kempenichs an den Bürgermeister von Geldern.

[158] HStAD, Landratsamt Geldern, 156, fol. 410r, 6. August 1862, Schreiben der Regierung Düsseldorf an den Landrat von Geldern.

[159] StA Geldern, Akten B, 603, S. 124, 15. Januar 1863, Schreiben des Bürgermeisters von Geldern an den Landrat.

[160] RICHARZ: Jüdisches Leben (Anm. 64), Bd. 1, S. 52.

[161] Ebd., S. 53.

[162] HÖVELMANN: Juden in Geldern (Anm. 119), S. 47.

[163] RICHARZ: Bürger auf Widerruf (Anm. 35), S. 38.

[164] Vgl. HÖVELMANN: Juden in Geldern (Anm. 119), S. 28–34.

[165] Vgl. Lydia Maria HÜSKENS: Vereine und Politik – Politische Vereine exemplarisch untersucht für den Kreis Geldern in den Reichsgründungsjahren und während des Kulturkampfes, Münster 1990 (Diss.), S. 206.

[166] HÖVELMANN: Juden in Geldern (Anm. 119), S. 28/29.

[167] Vgl. Unsere Heimat. Zwanglose Blätter des Vereins für Heimatschutz in Kevelaer. Ausgegeben als Beilage zur Niederrheinischen Landeszeitung 1922, No. 6.

[168] RICHARZ: Jüdisches Leben (Anm. 64), Bd. 1, S. 63.

Geldernsches Wochenblatt, 18. November 1865

Geldernsches Wochenblatt, 13. Dezember 1865

Geldernsches Wochenblatt, 5. August 1867

Geldernsches Wochenblatt, 27. August 1875

Vier neue Synagogen in einem Jahrzehnt:
äußeres Zeichen des Aufschwungs der jüdischen Gemeinden

Zeit der Blüte:
Juden in Geldern und Issum 1871–1933

CHRISTOPH NONN

I. Die Gründung des Deutschen Nationalstaats

Deutsche Staatsbürger jüdischen Glaubens

Am 18. Januar 1871 wurde im Spiegelsaal von Versailles der preußische König zum deutschen Kaiser ausgerufen. Damit begann die wechselvolle, mit 74 Jahren ein ganzes Lebensalter lange Geschichte des Deutschen Reiches. In dem Zeitraum zwischen seiner Gründung und seinem Ende 1945 wurde Deutschland vom Agrar- zum Industriestaat. Es brachte mehr Nobelpreisträger hervor als jedes andere Land – und entfesselte die zwei furchtbarsten Kriege der Weltgeschichte. Am Ende des ersten wandelte das Reich sich von einer konstitutionellen Monarchie zur parlamentarischen Demokratie. Am Ende des zweiten, jetzt mutiert zur Diktatur, die die Ausrottung der europäischen Juden auf ihre Fahnen geschrieben hatte, ging es verdientermaßen selbst unter.

Nichts davon war in den Gründertagen des Frühjahrs 1871 zu ahnen. Am 15. April 1871, also kurz nach der Ausrufung König Wilhelms zum Kaiser, sandte die preußische Regierung ein Rundschreiben an alle untergeordneten Dienststellen, das Auskunft über das Verhältnis zwischen dem neuen Nationalstaat und dem jüdischen Bevölkerungsteil gibt. Über den Oberpräsidenten der Rheinprovinz in Koblenz und den Düsseldorfer Regierungspräsidenten erreichte es auch das Bürgermeisteramt in Geldern. In dem Rundschreiben hieß es, es sei „wiederholt und von verschiedenen Seiten der Wunsch ausgesprochen worden, dass bei den auf Veranlassung großer staatlicher Ereignisse angeordneten kirchlichen Feierlichkeiten nicht nur den christlichen Kirchen und den vom Staat genehmigten Religionsgesellschaften, sondern auch den jüdischen Synagogen-Vorständen davon Nachricht gegeben werden möge, damit sie sich in irgend einer Weise anzuschließen vermögen". In Berlin werde dies schon seit längerem so gehandhabt, und die dortige Praxis solle jetzt auch in den Provinzen eingebürgert werden. Von Seiten der Regierung wurde aber Wert darauf gelegt, dass den jüdischen Gemeinden solche Hinweise auf Nationalfeiertage „lediglich zur Nachricht und ohne weiteren Beisatz" gegeben werden sollten. „Einer öffentlichen Bekanntmachung wird es dazu nicht bedürfen."[1]

Was bedeutete dieses Rundschreiben? Den jüdischen Gemeinden wurde damit das Angebot gemacht, sich wie die christlichen Kirchen durch Gottesdienste und Ähnliches an der feierlichen Ausgestaltung der Nationalfeste zu beteiligen. Im Grunde wurde ihnen nahe gelegt, sich über die erfolgte rechtliche Gleichstellung hinaus auch symbolisch als Deutsche zu bekennen. Und man

Die 1875 erbaute Synagoge in Geldern am Nordwall auf einer Ansichtskarte um 1900

geht wohl nicht fehl in der Annahme, dass mit diesem Angebot auch ein Test verbunden war. Schließlich sollte der Hinweis „lediglich zur Nachricht und ohne weiteren Beisatz" und ohne öffentliche Bekanntmachung erfolgen, die jüdische Gemeinde sich scheinbar frei und ohne Druck des Staates oder der Öffentlichkeit für oder gegen eine Teilnahme an den nationalen Festlichkeiten entscheiden.

Der Test war überflüssig. In Geldern wie anderswo bekannten die Juden sich begeistert als deutsche Staatsbürger. Tatsächlich übertrafen sie mit ihrem Patriotismus zunächst die meisten christlichen Einwohner Gelderns. Zum Sedantag am 2. September, an dem der Sieg über die Franzosen im Krieg von 1870/71 gefeiert werden sollte, waren vor allem die Häuser der jüdischen wie der protestantischen Einwohner beflaggt. Die überwältigende katholische Bevölkerungsmehrheit hielt sich dagegen zumindest

in den 1870er Jahren dabei noch sehr zurück. Sie begegnete dem preußisch-protestantisch geprägten neuen Reich anfänglich mit wenig Begeisterung, ja mit Misstrauen.[2] Das änderte sich erst langsam. Als im August 1914 der Erste Weltkrieg begann, fand auch in der katholischen Pfarrkirche „ein feierliches Hochamt statt, um Gottes Schutz und Segen auf unser Vaterland und unsere Krieger herabzuflehen". Ganz selbstverständlich veranstaltete daneben die Gelderner jüdische Gemeinde einen Gottesdienst, zu dem auch „die sich in unserer Stadt aufhaltenden israelitischen Militärs" eingeladen wurden.[3] Ebenso fanden in der Synagoge regelmäßig „Gottesdienste an Kaiser-Geburtstag und bei Soldaten-Vereidigung" statt.[4]

Bezeichnend für das Selbstverständnis der Gelderner Juden als Teil der deutschen Nation ist der Ablauf der Feier zur Grundsteinlegung der Synagoge 1874. Der zu diesem Anlass „unter Be-

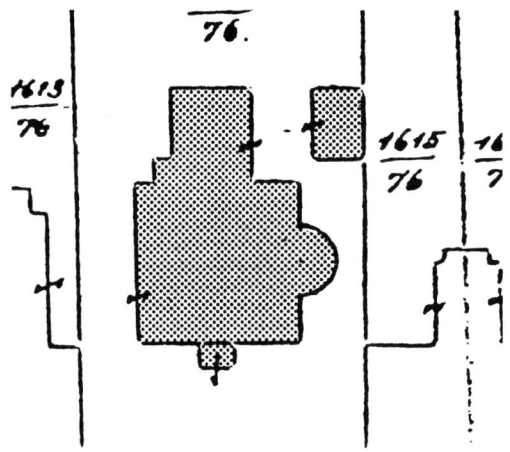

Grundriss der Synagoge mit angrenzender Schule und gegenüber liegender Remise für den Leichenwagen. Die einer Apsis nachempfundene Rundung an der Ostseite beherbergte den Toraschrein.
Ausschnitt aus einem Lageplan von 1895

theiligung der ganzen Gemeinde sowie unter großem Andrange des Publikums von nah und fern" stattfindende „feierliche Act" endete mit einem „Gebet für das Gedeihen des Baues, sowie für das Heil des Landesfürsten und des Herrscherhauses, der hohen Behörden von Staat und Stadt und der israelitischen Gemeinde insbesondere". Die Fürbitte für die Anliegen der jüdischen Gemeinschaft wurde also verbunden mit der für die Repräsentanten des Staates. Zuvor war „eine von dem Gemeindelehrer nach angeführten Quellen entworfene Geschichtsübersicht der Juden in Geldern von frühesten Zeiten bis zum heutigen Tag verlesen" worden. Damit war die historische Verwurzelung der Gemeinde in der Stadt dokumentiert. Das folgende Ritual markierte dann den Anspruch auf eine Verlängerung der Zusammengehörigkeit beider in die Zukunft und erweiterte diesen Anspruch zugleich auf die Zusammengehörigkeit von jüdischer Gemeinde und neu ge-

gründetem deutschen Reich: Gemeinsam mit „einem gedruckten Gemeinde-Statut und einer Anzahl neuer Reichsmünzen" wurde die Geschichtsübersicht in den Fundamenten des Synagogenbaus versenkt.[5]

Die von Staat und Synagogengemeinde während der Reichsgründungszeit gleichermaßen angestrebte Integration der Juden in die Nation zeigt sich auch in einem charakteristischen Detail aus der Geschichte der jüdischen Schule in Geldern. Nach 1871 bemühte der Staat sich stärker um eine Vereinheitlichung des Schulwesens im nationalen Rahmen. Durch Erlass des Kultusministers wurden deshalb 1874 die jüdischen Schulen der Aufsicht der betreffenden Kreis-

Über die feierliche Einweihung der Synagoge schreibt Heinrich Kempenich:
„In feierlichem Zuge brachten die Männer die Thorarollen von dem Betraume an der Gelderstraße zum neuen Gebäude auf dem Nordwalle ... eine große Anzahl christlicher Gäste, der Landrat, der Bezirkskommandant, die Geistlichkeit, der Bürgermeister und viele erste Bürger der Stadt waren der Einladung des Gemeindevorstandes gefolgt und saßen rechts vom Heiligtum auf einer kleinen Erhöhung..."

Schulinspektoren unterstellt. Ob die von den Synagogengemeinden im Kreis Geldern gegründeten Schulen – in Geldern gab es seit 1850, in Issum seit 1869 eine – bis zu diesem Zeitpunkt überhaupt irgendeiner staatlichen Aufsicht unterstanden, erscheint zweifelhaft. Der Landrat wusste jedenfalls 1874 nichts davon[6], und von einer Visitation der jüdischen Schulen in Geldern und Issum durch staatliche Inspektoren vor diesem Zeitpunkt berichten die Akten ebenso wenig. 1876 besuchte der Kreisschulinspektor schließlich die jüdische Privatschule in Issum und hatte einiges an ihr auszusetzen. Die recht arme Synagogengemeinde lehnte die meisten seiner Verbesserungsvorschläge aber aus finanziellen Gründen ab. An zwei Dingen sparte sie bezeichnenderweise dagegen nicht: Bereitwillig kaufte sie zum einen Landkarten, die das alttestamentarische Palästina (für den Religionsunterricht) und das neue deutsche Reich zeigten, zum anderen – ein Bild des Kaisers.[7]

Die große Bereitschaft zur Identifikation mit der deutschen Nation zeigte sich noch deutlicher etwas später in der jüdischen Schule der Stadt Geldern. Bei einer statistischen Erhebung vermerkte ihr Lehrer 1886 offenbar nicht ohne Stolz: „Die sämmtlichen Kinder sprechen in ihrer Familie nur deutsch."[8] Das war keineswegs selbstverständlich. Die aus anderen Gegenden während der Reichsgründungszeit an den Niederrhein versetzten Beamten mussten sich vorkommen wie die Vorkämpfer der „Germanisierung" einer geradezu fremdsprachigen Region. Das im Gelderland von der einheimischen Bevölkerung gesprochene Platt hatte mehr Ähnlichkeit mit „der in den holländischen Grenzorten, wie z.B. Venlo, gebräuchlichen Sprache des Volkes" als

mit dem Hochdeutschen. „Im Verkehr der Bürger untereinander, in der Familie, ... im Verkehr der Kinder war das Platt immer im Gebrauch." Dieser Befund aus den 1870er Jahren blieb für den Großteil der Bevölkerung noch mindestens bis zum Ersten Weltkrieg zutreffend. Anders die jüdischen Familien und ihre Kinder: Mit der christlichen Bevölkerung sprachen sie zwar „in der Regel so wie das Volk überhaupt", untereinander aber hochdeutsch.[9] Ihre Identifikation mit der deutschen Nation war vollkommen.

Konservativer Nationalismus – liberaler Nationalismus

Nun ist die Nation kein Begriff, der aus sich selbst heraus ohne weiteres verständlich ist. Er bedarf der Definition, der genaueren Umschreibung, der Abgrenzung. Es gibt verschiedene Möglichkeiten, die Nation zu definieren. Eine Möglichkeit ist die Definition nach dem Ausschlussverfahren: Zur Nation kann nicht gehören, wer nicht bestimmte – meist ererbte – Eigenschaften besitzt. Die Nationsangehörigkeit kommt nur demjenigen zu, dessen Eltern sie bereits besaßen. In extremen Fällen kann ein solcher geschlossener Nationsbegriff bedeuten, dass nicht dazugehört, wer eine bestimmte Hautfarbe nicht besitzt, einer bestimmten Rasse oder Religion nicht angehört.

Es liegt auf der Hand, dass die deutschen Juden sich mit einem solchen geschlossenen Nationsbegriff, der politisch in der Regel von konservativen Gruppen vertreten wurde und wird, kaum anfreunden konnten. Attraktiver für sie war das Konzept der offenen Staatsbürgernation. In diesem Konzept spielt nicht die Abstammung eine erstrangige Rolle für die Nationszugehörigkeit, sondern individuelle Leistung. Tendenziell steht danach jedem, der sich in einem Staat niederlässt und durch Bildung und Arbeit zum selbstständigen Bürger heraufarbeitet, dort die Staatsangehörigkeit offen. Das Konzept der offenen Staatsbürgernation entstand in der Aufklärung. Durch die amerikanische Unabhängigkeitserklärung und die Französische Revolution wurde es am Ende des 18. Jahrhunderts zum ersten Mal ansatzweise in Verfassungswirklichkeit umgesetzt.[10]

§ Geldern, 22. Juni. Der für die Turnsache äußerst thätige zweite Präsident und Mitbegründer des hiesigen Turnvereins Herr D. Elias wird in wenigen Tagen Geldern verlassen. Wir können nicht umhin zu bemerken, daß dies ein großer Verlust für uns sein wird; denn die Stadt verliert durch dessen Wegzug einen eifrigen Förderer der edlen Turnerei und unser Verein eine Hauptstütze. Zu dessen Abschiede wird nun nächsten Sonntag Abend in der Turnhalle ein Fest-Commers stattfinden, wozu die Mitglieder recht zahlreich erscheinen mögen.

Zum Abschied seines zweiten Präsidenten Daniel Elias gibt der Turnverein Geldern einen „Fest-Commers" (Gelderner Zeitung vom 22. Juni 1894)

In Deutschland wurde das Konzept der offenen Staatsbürgernation während des 19. Jahrhunderts von der liberalen Bewegung vertreten. Es ist kein Wunder, dass die überwältigende Mehrheit der politisch aktiven deutschen Juden sich in ihr engagierte. Das liberale Projekt, die Betonung von Bildung und Arbeit als Voraussetzung für den Aufstieg zum Bürger und Integration in die Nation, kam ihnen in doppelter Hinsicht entgegen. In der jüdischen Tradition hatte Bildung von jeher einen hohen Stellenwert. Vor allem aber bot die Betonung der Bildung und noch mehr die der Arbeit eine Chance, sich von den Fesseln der alten ständischen Gesellschaft zu befreien. In ihr galt Leistung wenig und Abstammung fast alles, weshalb

den Juden die meisten Berufe verwehrt und ihrer großen Mehrheit die Leitern des sozialen Aufstiegs versperrt blieben. Das liberale Projekt der bürgerlichen Gesellschaft und der offenen Staatsbürgernation versprach diese Wege zu öffnen. Mit dem Schicksal dieses Projekts, mit seinem Gelingen oder Misslingen, blieb das der deutschen Juden verknüpft.

In Geldern waren die politisch engagierten Juden schon vor der Reichsgründung auf der Seite der Liberalen zu finden. Mit die wichtigste liberale Organisation in der Stadt war der 1862 gegründete Turnverein. Laut Statuten nicht nur gegründet, um die Körper der Mitglieder, sondern auch ihre „Liebe zum Vaterlande" zu stärken, unterstützte der Verein im preußischen Verfassungskonflikt gegen die konservative Regierung unter Bismarck die liberale Partei. In seinem Vorstand fand sich stets ein Jude, sehr häufig sogar als Vizepräsident. Meist handelte es sich dabei um den Kaufmann Daniel Elias, zeitweise auch um den Textilwarenhausbesitzer Selig Kempenich. Bei einer der wichtigsten Kundgebungen der gesamten liberalen Bewegung während des Verfassungskonfliktes, dem Kölner Abgeordnetenfest von 1865, war der Abgesandte Gelderns ebenfalls Selig Kempenich. In der Ära der Reichsgründung und im frühen Kaiserreich gehörten dem Gelderner Turnverein mehr als acht Mal so viele Juden an, wie es gemessen an ihrem Anteil an der Gesamtbevölkerung der Stadt eigentlich hätten sein müssen. Auch im 1874 gegründeten Nationalverein, der ebenfalls die Liberalen unterstützte, waren Juden unter den Mitgliedern ähnlich klar überrepräsentiert.[11]

Das Jahr 1871 bedeutete für diese enge Verbindung von Liberalismus und Judentum also kaum einen Einschnitt –

Acht Vertreter des Turnvereins Geldern beim Deutschen Turnfest in Leipzig 1913; unter ihnen Salomon Nordheim (2. v. l.). Zum Vorstand des liberalen TV Geldern gehörte stets ein Jude.

weder in Geldern noch in ganz Deutschland. Mit der Reichsgründung war zwar ein wichtiges Teilziel der liberalen Bewegung, die Schaffung eines deutschen Nationalstaates, erreicht worden. Der Ausbau und die Festigung des Erreichten zur offenen Staatsbürgernation erforderte aber noch viel Arbeit. Um die Gründung des Reiches zu bewerkstelligen, hatte ein Teil der liberalen Bewegung mit ihrem alten Feind, mit Bismarck, zusammengearbeitet und hoffte nun, auch das nächste Ziel mit ihm gemeinsam ansteuern zu können. Ein anderer Teil der Liberalen misstraute dagegen Bismarck und ging in Opposition zu ihm.

Auch unter den Gelderner Juden scheint es einige gegeben zu haben, die dieses nur allzu gerechtfertigte Misstrauen teil-

ten. Darauf könnte jedenfalls der Wechsel der Tageszeitung hindeuten, den die Familien Kempenich und Francken vollzogen. Damals wie heute sagt der Bezug eines bestimmten überregional erscheinenden Blattes auch etwas über die politische Einstellung des Abonnenten aus. Franckens und Kempenichs bezogen lange Zeit gemeinsam die „Kölnische Zeitung", eines der wichtigsten liberalen Publikationsorgane. In der Reichsgründungszeit entschied sich die im Verlag DuMont erscheinende „Kölnische", zum Sprachrohr der mit Bismarck zusammenarbeitenden Nationalliberalen zu werden. Etwa zur selben Zeit kündigten Franckens und Kempenichs ihr gemeinsames Abonnement dort. Stattdessen bezogen sie jetzt das 1871 gegründete „Berliner Tagblatt". Es wurde von der jüdischen Verlegerfamilie Mosse herausgegeben und bezog die Position der als linksliberal oder freisinnig bezeichneten Gegner Bismarcks.[12]

Ein tieferer Riss in der liberalen Bewegung entstand durch die Reichsgründung allerdings nicht. Die Nationalliberalen entfernten sich erst in den 1880er Jahren zeitweilig von den ursprünglichen Idealen der Bewegung, und um die Jahrhundertwende näherten sich beide liberale Richtungen wieder auf der Basis des alten Programms an. Juden fanden sich in beiden Parteigruppen. Vor allem blieb die Einheit der Liberalen in den Städten, auf der lokalen Ebene der Politik, meist gewahrt.[13]

Auch sonst stellte 1871 eher eine symbolische Zäsur dar. Zumindest kurz- und mittelfristig war die Reichsgründung ein nur wenig offensichtlicher Einschnitt in der Geschichte des Gelderlands und seiner Juden. Die traditionell engen Beziehungen zu den angrenzenden Regionen der Niederlande wurden durch die Entstehung des Nationalstaats zunächst kaum berührt. Es gab weiterhin „einen regen Grenzverkehr von hüben nach drüben und umgekehrt". Für die Juden der Region, die in den 1870er Jahren noch zum größten Teil ihr Auskommen im grenzüberschreitenden Handel fanden, war das von großer Bedeutung. Wie Heinrich Kempenich sich erinnerte, kursierten bis gegen Ende des 19. Jahrhunderts noch holländische Münzen im Gelderland, daneben „auch die belgischen Cents mit dem Löwen, die etwas weniger galten als die gleich großen holländischen Stücke". Es war üblich, dass die niederländischen Münzen „überall angenommen wurden. Gang und gäbe waren bis Ende des Jahrhunderts die holländischen Guldenstücke und die Rijksdaler im Werte von $2^1/_2$ Gulden. Besonders die Metzger bekamen Ende der Woche ihre Rechnung immer damit bezahlt, da sie dieses Geld am leichtesten beim Vieheinkaufe in Holland loswurden."[14] Der „kleine Grenzverkehr" blieb den zahlreichen jüdischen Viehhändlern, die meist auch selbst schlachteten, also noch lange als Einkunftsquelle erhalten.

Gegenüber diesen Kontinuitäten im wirtschaftlichen Bereich waren die die Reichsgründung begleitenden rechtlichen Veränderungen ihrer Situation für die Gelderländer Juden von nur geringer Bedeutung. Der norddeutsche Bund hatte 1869 die „noch bestehenden, aus der Verschiedenheit des religiösen Bekenntnisses hergeleiteten Beschränkungen der bürgerlichen und staatsbürgerlichen Rechte" aufgehoben, und diese Bestimmung wurde 1871 unverändert von dem neu entstandenen Deutschen Reich als Gesetz übernommen. Bisher durften Juden nicht als Abgeordnete in Kreis- oder Provinziallandtage gewählt werden. Wichtige Berufe im Staatsdienst blieben ihnen ganz verschlossen. Sie konnten weder die Laufbahn des Offiziers noch die des Richters oder Staatsanwalts einschlagen. Auch eine Berufung auf Professuren etwa in Geschichte oder Staatswissenschaften blieb ihnen praktisch verwehrt. Alle diese Positionen galten als politisch wichtig für Funktion und Fortbestand des Staates. Dass sie Juden prinzipiell verschlossen bleiben sollten, war Ausdruck des geschlossenen Nationsbegriffs der konservativen Eliten, die in Deutschland und vor allem in Preußen regierten. Gegen sie hatten die Liberalen im preußischen Verfassungskonflikt gekämpft, bis sich ein Teil von ihnen zur Zusammenarbeit mit dem wichtigsten konservativen Führer – Bismarck – bereit fand, den deutschen Nationalstaat zu gründen. Die bis 1869/71 übliche

Verwaltungspraxis der konservativen Eliten, den jüdischen Bevölkerungsteil von allen wichtigen staatlichen Ämtern auszuschließen, wurde in Preußen abgestützt durch das Gesetz über die Verhältnisse der Juden von 1847 und die revidierte Verfassung von 1850, die beide den „christlichen Charakter" des Staates betonten. Die Gesetzgebung von 1869/71, nach der „die Befähigung zur Teilnahme an der Gemeinde- und Landesvertretung und zur Bekleidung öffentlicher Ämter vom religiösen Bekenntnis unabhängig sein" sollte, versprach hier eine Änderung zu bringen.[15]

Für die Gelderner Juden war das aber nur wenig von Belang. Zum einen strebte zumindest unter denen, die in der Heimat blieben, keiner in den Staatsdienst. Hier auf dem Land und in der Kleinstadt gab es ohnehin keine Universitätsprofessoren. Die Offiziere der Garnison und die Richter und Staatsanwälte am 1879 in Geldern eröffneten Amtsgericht kamen von außerhalb. Die hiesigen Juden waren und blieben, von dem einen oder anderen Handwerker abgesehen, vor allem Viehhändler und Kaufleute. Für sie war die schon 1847 mit dem Gesetz über die Verhältnisse der Juden gewährte Freiheit, sich ohne Beschränkungen an jedem Ort niederlassen und ein Gewerbe ausüben zu können, entscheidend. Die Öffnung des Staatsdienstes berührte sie direkt nicht weiter.

Zum anderen änderte sich selbst für die aus Geldern stammenden Juden, die wie etwa der 1866 geborene Heinrich Kempenich ihr Glück fern von der Heimatstadt suchten, mittelfristig kaum etwas. Nach dem Besuch weiterführender Schulen in Rheda und Wesel begann Kempenich 1886 mit dem Jurastudium in Berlin. Seine Examina qua-

Heinrich Kempenich. In seinen „Erinnerungen" zeichnet der in Geldern aufgewachsene Rechtsanwalt ein lebendiges Bild der Kleinstadt Geldern im Kaiserreich.

lifizierten ihn eigentlich für den Staatsdienst. Zum Abschluss seines parallel zum Studium abgeleisteten Wehrdienstes bescheinigte ihm sein Ausbilder überdies, Heinrich Kempenich verspreche „nach seinen Leistungen und seinem Auftreten als Vorgesetzter bei weiterer Ausbildung ein brauchbarer Reserveoffizier zu werden". Aus beidem wurde aber nichts.[16] In den 1870er Jahren erhielten zwar erstmals Juden in größerer Zahl Ernennungsurkunden als Richter und Offiziere. Nach einem knappen Jahrzehnt war es damit jedoch schon wieder vorbei. Der Grund war eine antiliberale Trendwende in der deutschen Politik und Gesellschaft, die mit wachsendem Antisemitismus einherging.

Diese Trendwende hatte viele Ursachen. Eine wichtige war ohne Zweifel eine in den späten 1870er Jahren die Nation erfassende Wirtschaftskrise. Am Ende des deutsch-französischen Krieges von 1870/71, in dessen Verlauf das Deutsche Reich gegründet worden war, hatte das unterlegene Frankreich dem Sieger gewaltige Reparationssummen zahlen müssen. Die so in die deutsche Volkswirtschaft gepumpten Gelder hatten zu einem kurzfristigen Boom geführt. Die künstlich überhitzte Konjunktur brach aber bald zusammen. Es kam zu einem gewaltigen Börsenkrach. Eine tiefe Krise löste den Boom ab. Allgemein suchte man nach „Schuldigen". Konservative Kreise fanden viel Gehör, als sie auf das liberale Wirtschaftssystem im Allgemeinen und die Berliner Börse im Besonderen deuteten, an der einige jüdische Bankiers eine bedeutende, wenn auch keineswegs entscheidende Rolle spielten. Das mit dem Liberalismus verbündete Judentum wurde pauschal zum Sündenbock abgestempelt. Der sich von den Liberalen abwendende populäre Geschichtsprofessor Heinrich von Treitschke verstieg sich sogar zu der Behauptung: „Die Juden sind unser Unglück!"[17]

Bismarck nutzte die Gelegenheit, um seine Verbindungen mit den geschwächten Liberalen zu lösen und sich wieder an die Spitze der vorübergehend neue Anhänger gewinnenden Konservativen zu setzen. Damit war auch eine Rückwendung zu dem vor der Reichsgründung verfolgten geschlossenen Nationsbegriff des „christlichen Staats" verbunden. Zumindest in Preußen, dessen Minister auch die entsprechenden Reichsämter ausübten, konnte seit den 1880er Jahren wie schon vor 1869 kein Jude mehr Offizier oder Staatsanwalt werden. Das blieb so bis zur Revolution von 1918, die mit der Monarchie auch das konservative Regime hinwegfegte. Erst die Weimarer Republik stellte die in den 1870ern für kurze Zeit bestehende volle staatsbürgerliche Gleichberechtigung wieder her – allerdings ohne dass der virulent gewordene Antisemitismus verschwand und auch nicht für lange. Der Hoffnung, dass ihre Integration in die Nation von der gesamten christlichen Bevölkerung akzeptiert werden würde, konnten sich die deutschen Juden nur während der ersten Jahre nach der Reichsgründung bis etwa 1878 hingeben.

Wie tief der in Büchern und Pamphleten in Deutschland seitdem verbreitete Antisemitismus reichte, ob und wie sehr er auch das Verhältnis zwischen Juden und Christen im Gelderland trübte, wird im übernächsten Abschnitt näher beleuchtet. Zunächst muss jedoch ein Blick auf die inneren Entwicklungen, Strukturen und Mentalitäten der jüdischen Gemeinden Gelderns und Issums geworfen werden, deren Kenntnis in vielfacher Hinsicht eine Voraussetzung für das tiefere Verständnis ihrer Beziehungen zur „Außenwelt" ist.

II. Die soziale Struktur der jüdischen Gemeinden

Das Zurückgehen der Bevölkerungszahl und seine Ursachen

Im Zeitalter der Emanzipation, zwischen Franzosenzeit und deutscher Reichsgründung, waren die Judengemeinden in Geldern und Issum in absoluten Zahlen wie auch relativ zur christlichen Bevölkerung stark angewachsen. Das galt besonders für die Zeit zwischen den 1840er und den 1860er Jahren. In nur knapp zwei Jahrzehnten nahm die Zahl der Juden in Geldern um fast das Dreifache zu. Auch die christliche Bevölkerung wuchs zwar an, aber bei weitem nicht so stark. 1863 betrug der jüdische Bevölkerungsanteil drei Prozent – mehr als doppelt soviel wie zwanzig Jahre zuvor. In Issum war die Entwicklung in der Tendenz ähnlich, wenn auch nicht ganz so stark ausgeprägt.

In der Reichsgründungsära kehrte sich diese Entwicklung um. Das rasante Bevölkerungswachstum der jüdischen Gemeinden wurde von einem vergleichsweise langsamen Rückgang abgelöst, und das, obwohl die Zahl der Gesamtbevölkerung weiter anstieg:

Geldern[18]

Jahr	Juden	Gesamt-bevölkerung	Anteil Juden
1863	146	4790	3,0%
1872	130		
1880	124	5619	2,2%
1885	120		
1895	113	5974	1,9%
1900	108		
1905	97		
1911	90	6550	1,4%
1925	72	6511	1,1%
1930	72		
1933	57	7066	0,8%

Issum[19]

Jahr	Juden	Gesamt-bevölkerung	Anteil Juden
1867	49	3014	1,6%
1873	62	3113	2,0%
1876	54		
1877	44		
1895	34	3432	1,0%
1905	28	3461	0,8%
1931	16		

Was waren die Gründe für diese Entwicklung? Hatte etwa das Aufkommen des Antisemitismus etwas damit zu tun? Es ist bekannt, dass unter dem Nationalsozialismus viele Juden vom Land und aus Kleinstädten in Großstädte zogen. Hier hofften sie, in der Anonymität der Masse untertauchen zu können, dem Erkanntwerden und der unvermeidlich folgenden Diskriminierung zu entgehen. Auch versprachen sie sich vom Einfluss der größeren und reicheren Stadtgemeinden Schutz. Wir wissen, dass auch schon in Kaiserreich und Weimarer Republik die Zahl der Juden in den Großstädten überproportional auf Kosten der Landgemeinden anwuchs. Gab es hier ein Element der Kontinuität? War der Umschlag der jüdischen Bevölkerungsentwicklung eine Folge des aufkommenden Antisemitismus?

Klingt diese Erklärung auf den ersten Blick vielleicht noch recht plausibel, so kommen bei näherem Hinsehen einige Zweifel an ihrem Wert auf. Erstens gab es auch vor der Reichsgründung, also gerade während der Wachstumsphase der jüdischen Gemeinden in Issum und Geldern, schon Antisemitismus, und zwar gerade auch am Niederrhein.[20] Diese frühere Judenfeindschaft scheint zwar eher religiös begründet worden zu sein, während die nach 1878 aufkommende Variante verstärkt mit rassistischen Begründungen daherkam. Beide Formen von Antisemitismus sind freilich, wenn überhaupt, nur theoretisch halbwegs voneinander zu trennen, in der Praxis dagegen kaum. Selbst die Nationalsozialisten als erklärt rassistische Antisemiten mussten in der Praxis das Religionsbekenntnis der Großeltern als Maßstab nehmen, um „Juden" von „Ariern" zu scheiden. Zudem wurden im alltäglichen Antisemitismus religiöse oder „rassische" Unterscheidungskriterien oft nur vorgeschoben und benutzt, um Konflikte auszutragen, die in realen wirtschaftlichen und persönlichen Differenzen wurzelten.

Zweitens fallen der Beginn einer verstärkten Welle von Antisemitismus in Politik und Gesellschaft Deutschlands während der späten 1870er Jahre und der Umbruch von Wachstum zu Schrumpfung der Gelderner Judengemeinden bei genauer Betrachtung nicht zusammen. In Geldern war die höchste Zahl an jüdischen Einwohnern schon Anfang der 1860er Jahre erreicht. Zum Zeitpunkt der Reichsgründung war der Höhepunkt bereits deutlich überschritten. Die Anzahl der jüdischen Bürger fiel dann recht gleichmäßig weiter zurück. In Issum lag der Höhepunkt später. Hier erreichte die Mitgliederzahl der Synagogengemeinde mit 62 Personen 1873 ihren höchsten Stand. Dann setzte der Rückgang ein: Bis 1876 war die Zahl auf 54 gefallen, ein Jahr darauf reduzierte sie sich durch den Umzug der zehnköpfigen Familie Paßmann nach Geldern noch weiter auf 44.[21] Mit dem meist erst für das Jahr 1878 angesetzten Beginn der antisemitischen Welle hatte der Umbruch demnach nichts zu tun. Natürlich lässt sich nicht mit Sicherheit ausschließen, dass Antisemitismus, den es nachweislich auch hier gegeben hat, zur Abwanderung von Juden aus Geldern und Issum beigetragen hat. Konkrete Hinweise darauf gibt es allerdings keine. Als eine der Hauptursachen des Rückgangs der jüdischen Einwohnerzahlen scheidet Antisemitismus nach dem oben Gesagten jedenfalls aus.

Welche Gründe kommen dann in Frage? Ein Hauptgrund für das schnelle Wachstum der Gelderner Gemeinde vor der Reichsgründung war offensichtlich die hohe Geburtenrate gewesen, und in Issum war es wohl kaum anders.

Von den 1864 in einer „Liste sämmtlicher Civil-Einwohner" Gelderns erfassten 124 Juden wohnten 78, fast zwei Drittel also, noch bei ihren Eltern. Davon waren 74 unter 18 Jahren. Die siebzehn Familien mit Kindern zählten im Schnitt sechs bis sieben Köpfe.[22] Für die Zeit nach 1871 sind so detaillierte Listen nicht überliefert. Wir müssen uns daher mit einigen Hilfskonstruktionen begnügen, wenn wir die Entwicklung der Geburtenrate in Geldern wenigstens andeutungsweise verfolgen wollen. Ein Weg dazu ist die Ermittlung der durchschnittlichen Haushaltsgröße. Je kinderreicher eine soziale Gruppe ist, desto höher ist im Allgemeinen die Durchschnittszahl der in einem Haushalt Wohnenden. In einer vergleichsweise kinderarmen und daher überalterten Gesellschaft hingegen, wie etwa der heutigen Bundesrepublik, ist dieser Wert gering. Die Feststellung der durchschnittlichen Haushaltsgröße ist deshalb eine sinnvolle Methode, Aufschluss über die Entwicklung der Geburtenrate zu gewinnen, wenn diese wie hier wegen mangelnder Daten nicht exakt bestimmt werden kann.[23]

Zwischen 1872 und 1907 geht die durchschnittliche Größe der jüdischen Haushalte in Geldern also stark zurück. In Issum ist diese Entwicklung noch dramatischer. Wohnen hier 1872/73 62 Juden in nur acht Haushalten, so leben 1895 die nur noch 34 Issumer Juden in 11 Wohnungen. Die durchschnittliche Haushaltsgröße hat sich also von 7,8 auf 3,1 reduziert. Dieser starke Rückgang deutet auf eine Schrumpfung auch der Geburtenrate hin.

Ein weiterer Indikator, der in dieselbe Richtung weist, ist die Entwicklung der Schülerzahlen. Leider ist die Überlieferung hier für die Zeit nach der Reichsgründung ebenfalls lückenhafter als vor

Durchschnittliche Haushaltsgröße
in der jüdischen Gemeinde Geldern 1872–1907[24]

Jahr	Zahl der jüdischen Haushalte	Zahl der jüdischen Einwohner	Durchschnittliche Haushaltsgröße
1872	18	130	7,2
1885	22	120	5,5
1895	26	113	4,3
1907[25]	33	97	3,0

1871. Die Zahl der schulpflichtigen Kinder in Geldern erreichte nach einem starken Anstieg seit den 1850er Jahren 1866 mit 36 ihren höchsten Stand.[26] Danach begann sie jedoch sehr schnell zu fallen: Auf 32 im Jahr 1867 und auf jeweils 24 in den Jahren 1868 und 1869. Möglicherweise hat unter anderem der Zuzug der kinderreichen Familie Paßmann aus Issum 1877 den weiteren Rückgang dann etwas verlangsamt. 1886 zählte eine statistische Erhebung jedenfalls noch 22 Schüler der israelitischen Schule. Vielleicht kamen damals schon einige davon aus den benachbarten Orten.[27] Danach fehlen lange Zeit jegliche Angaben, bis 1912 die jüdische Gemeinde für die unter starkem Schülermangel leidende Schule um eine Erhöhung des Staatszuschusses bat, weil sie sonst nicht mehr weiter existieren könne. Nach den Angaben des Gelderner Bürgermeisters wurde die Schule zu diesem Zeitpunkt „seit geraumer Zeit" nur noch von fünf bis sechs Volksschülern besucht. Dazu kamen im Schuljahr 1911/12 einmal die Woche zum Religionsunterricht vier jüdische Schüler, die weiterführende christliche Schulen besuchten, und gelegentlich einige „Auswärtige". Ein Inspektionsbericht zählte im nächsten Schuljahr nur sechs Schüler aus Primar- und Sekundarstufe zusammen.[28] Nach einer Schließung im

Ersten Weltkrieg wurde die Schule 1919 mit derselben Schülerzahl wieder eröffnet. 1921 kämpfte sie immer noch um ihre Existenz.[29] Danach verliert sich ihre Spur in den Akten.

Man darf dabei nicht außer Acht lassen, dass nicht immer alle jüdischen Schulkinder auch die israelitische Privatschule besuchten. Das war nachweislich schon seit ihrer Gründung 1850 so und ist offenbar auch nach der Reichsgründung gelegentlich so gewesen. Deutlich ist das in der ansonsten fragmentarischen Überlieferung 1911 zu erkennen: Die israelitische Schule war zeitweilig zur reinen Volksschule geworden, in der der Lehrer ganze fünf Kinder unterrichtete. Die vier jüdischen Schüler, die weiterführende christliche Schulen besuchten, besuchten sie nur noch einmal wöchentlich, wenn Religion auf dem Lehrplan stand. Mehr als diese neun schulpflichtigen Kinder gab es damals wohl in der Gelderner Judengemeinde nicht mehr. Auch in Issum nahm seit einem Höhepunkt in den 1860er Jahren die Zahl der schulpflichtigen Kinder stark ab. Die 1869 mit 19 Schülern eröffnete jüdische Schule dort musste bereits zehn Jahre später wieder schließen. Dazu trug zwar auch bei, dass einige Eltern ihre Kinder auf christliche Schulen schickten. Nach dem Zeugnis des Bürgermeisters von Issum war der entscheidende Grund aber das Schrumpfen und die Armut der Gemeinde.[30] 1879 bestand diese meist nur noch „aus älteren, zum größten Teil nicht mehr erwerbsfähigen Personen"[31]. Die Issumer Schüler gingen daraufhin auf die christlichen Schulen, nahmen Privatunterricht oder besuchten die jüdische Schule in Geldern. 1918 gab es in Issum schließlich nur noch zwei jüdische Volksschulkinder, in Geldern vier.[32] 1927 war auch dort, so glaubte Heinrich Kempenich, „wohl eine lebensfähige jüdische Schule gar nicht mehr vorhanden, wie es ja überall in den kleineren jüdischen Gemeinden durch Abwanderung der Familien in die Großstädte so geworden ist"[33].

Auch diese Abwanderung spielte eine wichtige Rolle, aber nicht allein. Das Schrumpfen der Zahl schulpflichtiger Kinder – ihr Anteil sank in der Stadt Geldern zwischen den 1860er Jahren und 1911 von knapp einem Viertel auf ein Zehntel der jüdischen Bevölkerung – und die Abnahme der durchschnittlichen Haushaltsgröße weisen auf dasselbe Phänomen hin. In Geldern und in Issum sank die Geburtenrate der jüdischen Bevölkerung seit etwa der Reichsgründung ab. Das war auch im übrigen Deutschland so. Auffällig ist daran, dass sich die deutschen Juden in dieser Beziehung von ihren christlichen Mitbürgern unterschieden. In der Zeit vor der Reichsgründung vermehrten sich die Juden stärker als Nichtjuden. Jüdische Frauen bekamen deutlich mehr Kinder und vor allem überlebten mehr davon. Der jüdische Bevölkerungsteil nutzte die bahnbrechenden Erkenntnisse der medizinischen Hygieneforschung des 19. Jahrhunderts bei Geburt und Säuglingspflege früher und konsequenter als andere. Die Kindersterblichkeit sank rapide ab.

Etwa seit der Reichsgründung drehte sich der Spieß um. Die jüdischen Familien hielten zwar an den erreichten hohen Hygienestandards fest. Sie begannen aber nun auch die Mittel der Geburtenkontrolle und Familienplanung zu benutzen. Ihre Kinderzahl sank ab. Der Großteil der christlichen Bevölkerung begann dagegen erst jetzt, sich die Grundlagen der Säuglingshygiene anzueignen. Seine Geburtenrate stieg deshalb stark an. Als Folge dieser gegenläufigen Bewegung nahm der jüdische Bevölkerungsanteil nun stark ab. Zwischen 1871 und 1933 sank er von 1,25 auf 0,76 Prozent. Erst nach 1900 setzten sich auch unter den Christen verstärkt Techniken der Familienplanung durch: Sie fanden damit den Anschluss an eine Entwicklung, die die Juden schon eine Generation vor ihnen durchlaufen hatten.[34]

Der Grund dafür, dass sich die Geburtenrate der deutschen Juden so sehr verschieden von der des Großteils ihrer christlichen Mitbürger unterschied, lag also darin, dass sie sich früher dem medizinischen Fortschritt öffneten. Sie waren, wenn man so will, in dieser – wie noch in manch anderer Hinsicht – „moderner". Die Wurzeln dieser Modernität sind schwer auszumachen. Möglicherweise wurde der Familie und dem Kind an sich im jüdischen Wertehorizont traditionell eine größere Bedeutung eingeräumt als in der christlichen. Tatsache ist, dass in großen Teilen der vormodernen christlich-abendländischen Welt bis weit ins 19. Jahrhundert hinein vor allem auf dem Land Kinder weniger als zu pflegende zarte Pflänzchen, sondern entweder als unnütze Esser oder willkommene Arbeitskräfte gesehen wurden.[35] Vielleicht wurde diese von den Erfordernissen des bäuerlichen Familienbetriebes geprägte Einstellung auch deshalb nicht von den Juden geteilt, weil sie statt in der Landwirtschaft ja nur im Handel tätig waren – und sein durften. Wahrscheinlich hat das frühe Aufgreifen der Säuglingshygiene auch etwas damit zu tun, dass viele Juden sich Mitte des 19. Jahrhunderts schon zu einer relativ gehobenen sozialen Stellung heraufgearbeitet hatten, die dazu eher die Möglichkeiten bot. Denn im christlichen gehobenen Bürgertum der Städte lässt sich ähnliches „modernes" Verhalten ebenfalls frühzeitig beobachten. Eventuell war ein anderes Familienverständnis auch gerade Ansporn dafür, durch sozialen Aufstieg die materiellen Voraussetzungen zu seiner Realisierung zu bilden.

Die Juden und die Geburt der modernen Welt

Neben dem „Vorsprung" in der Aneignung der modernen Hygiene, die zu einem zahlenmäßigen „Zurückfallen" gegenüber dem christlichen Bevölkerungsteil führte, spielte die Abwanderung eine wichtige Rolle für das Schrumpfen der jüdischen Gemeinde in Geldern, vor allem aber in Issum. Die Zahl der Juden sank nach der Reichsgründung in Deutschland nicht überall gleichmäßig ab. In einigen Großstädten nahm sie sogar noch stark zu. In Berlin und Köln etwa verfünffachte sich die Zahl der jüdischen Einwohner.[36] Absolut wie relativ ging sie desto weniger zurück, je größer die betreffende Gemeinde war. Das galt auch im Gelderland. In der größeren Kreisstadt sank die Zahl der jüdischen Bevölkerung von 1863 = 146 auf 1930 = 72. In den letzten Jahren der Weimarer Republik lebten also hier noch ziemlich genau halb so viele Juden wie vor der

Reichsgründung. In der Landgemeinde Issum dagegen sank die Zahl wesentlich stärker. 1867 gab es dort 49, 1931 aber nur noch 16 Juden. Gegen Ende der Weimarer Republik hatte sich ihre Zahl demnach auf nur noch ein Drittel reduziert.

Das kleinere Issum hatte also deutlich weniger Attraktivität als das größere Geldern. Aus Geldern zogen keine Juden nach Issum oder in die anderen kleineren Gemeinden im Kreis. Das Gegenteil war jedoch öfter der Fall.[37] So verlegte der jüdische Metzger und Handelsmann Jacob Rath aus Straelen in den frühen 1860er Jahren seinen Wohnsitz in die Kreisstadt. Mitte der 1890er Jahre zog Gustav Hertz von Issum nach Geldern, wo sein in der Landgemeinde stagnierendes Viehhandelsgeschäft bald aufblühte. Schon mehrfach erwähnt wurde der Fall der Familie Paßmann. Isaac Paßmann hatte sich in den 1860er Jahren aus kleinen Anfängen als Metzger und Händler in Issum zum wohlhabendsten Mann der dortigen jüdischen Gemeinde emporgearbeitet. 1877 zog er nach Geldern, wo er damals allerdings nach Ausweis der von ihm gezahlten Klassensteuer unter den Juden zunächst nur als durchschnittlich vermögend gelten konnte. Er und seine Nachkommen arbeiteten sich jedoch mit Energie weiter hoch. Nach der Jahrhundertwende konnten Paßmanns nicht nur den ertragreichsten Viehhandel in Geldern ihr Eigen nennen, sondern zählten auch zu den reichsten Familien seiner jüdischen Gemeinde, ja der ganzen Stadt.

Wer anders als Paßmann von den Issumer Juden in der Landgemeinde blieb, dem war kaum ein Aufstieg möglich. Einzig die Familie Lebenstein schaffte es in mühseliger Arbeit während fast eines halben Jahrhunderts, bis zum Ersten Weltkrieg zu einem gewissen Wohlstand zu kommen. Selbst dann ging es ihr jedoch noch kaum besser als dem durchschnittlichen Gelderner Juden. In der Kreisstadt gelang dagegen einigen ein sehr schneller wirtschaftlicher Aufstieg. Das galt in den 1860er und 1870er Jahren etwa für die drei Familien Elias, Cain und Kempenich, die die ersten großen Textilkaufhäuser in Geldern eröffnet hatten. 1872 kam das Geschäft von Isidor Kaufmann dazu, der sich bis zu seinem Tod 1903 in die Gruppe der reichsten Bürger der Stadt emporarbeitete. Sein Vater Moses war noch ein einfacher Handelsmann gewesen. Ähnliche Erfolgsgeschichten lassen sich aus den Steuerlisten für Adolph Sternefeld und Salomon Davids ablesen, die sich beide erst in den 1880er Jahren in Geldern niederließen. Sternefeld arbeitete als Bankier und hatte um 1895 bereits genug Geld verdient, um sich als „Rentier" zur Ruhe setzen zu können. Davids konnte nach der Jahrhundertwende das zweitgrößte Viehhandelsgeschäft in Geldern sein Eigen nennen.

Natürlich gab es auch in der Kreisstadt Juden, die keine solche großen Sprünge machten und deren Lebensumstände eher bescheiden blieben. Dazu zählten die langjährig ansässigen Familien Rath, Heymann und Zadick, deren Mitglieder meist vom Viehhandel lebten. Und es gab auch die, die mehr schlecht als recht sich in den verschiedensten Berufen durchschlugen wie die Familien Marx und Jesse. Dazu kamen die vielen, die hier keinen Erfolg hatten und Geldern nach wenigen Jahren wieder verließen. Insgesamt waren die Gelderner Juden aber im Schnitt deutlich wohlhabender als die in Issum. Das zeigen nicht nur die in den Wählerlisten der Synagogengemeinde vermerkten Steuersummen. Auch subjektiv machte sich der Unterschied bemerkbar. „Die meisten Fami-

lien hier sind überhaupt sozusagen unbemittelt", erklärte der Issumer Synagogenvorstand bei der Schließung der jüdischen Privatschule 1879.[38] Dagegen galt die Gelderner Gemeinde schon 1877 als „gut situiert"[39]. Es ist kein Wunder, dass die Kreisstadt eine so hohe Anziehungskraft auf die jüdische Bevölkerung besaß. Zu jedem beliebigen Zeitpunkt zwischen 1871 und 1933 lebten hier nicht nur absolut, sondern auch relativ zur Gesamtbevölkerung wesentlich mehr Juden als in Issum.

Warum bot Geldern einer so großen Zahl von Juden so große Möglichkeiten, zu Wohlstand zu gelangen? Was hatte Geldern, das Issum nicht besaß? Was machte die größere Kreisstadt so vergleichsweise attraktiv – vergleichsweise wenigstens zum kleineren Issum, denn auch aus Geldern wanderten Juden in noch größere Städte wie etwa Köln ab? Kurzgefasst lautet die Antwort, dass Geldern im Gegensatz zu Issum Anschluss an die entscheidende wirtschaftliche Entwicklung des beginnenden Industriezeitalters fand, nämlich an den Wandel von eng umgrenzten lokalen und regionalen zu nationalen und globalen Märkten. Oder mit anderen Worten: Entscheidend für die Differenz war die massive Ausweitung des Handels in den Städten, die Vermehrung von Beschäftigungs- und Verdienstmöglichkeiten in jenem Bereich der Wirtschaft, wo Juden von jeher tätig gewesen und daher aufgrund ihrer Erfahrung gegenüber möglichen Konkurrenten einen Vorsprung besaßen.

Bis zum frühen 19. Jahrhundert endete für die meisten Menschen die bekannte Welt am letzten Haus im Ort. Der Weg ins nächste Dorf schien – und war – voller Gefahren, seine Bewohner galten als seltsame Käuze, denen nicht zu trauen, aber alles zuzutrauen war. Es gab auch kaum einen Grund, sich in die fremde weite Welt zu wagen: Das Essen, das man aß, der Tisch, auf dem es stand, die Kleider, die man dabei trug – alles war meist im eigenen Ort, wenn nicht sogar auf dem selbstgebauten Hof produziert worden. Die Mobilität von Gütern und Personen war gering. Aus den ländlichen Orten des Kreises Geldern ging man selten in die Kreisstadt, nach Kleve oder Wesel möglichst gar nicht. Eine Fahrt nach Köln oder Düsseldorf war eine mehrere Tage dauernde Weltreise, die nur eine verschwindend geringe Zahl von Geldernern jemals in ihrem Leben unternahm.

All das begann sich im 19. Jahrhundert zunächst langsam und dann immer schneller zu ändern. In den ersten Jahrzehnten lösten befestigte so genannte Chausseen die im Sommer von Gestrüpp überwucherten, im Winter zu Matschlöchern verwandelten Wege ab, die bis dahin als Straßen gegolten hatten. Die Kanalisierung des Rheins, der verstärkte Bau von künstlichen Wasserstraßen und vor allem die Ablösung von Wind und Pferden durch Dampfkraft revolutionierten die Schifffahrt. Schließlich erreichte die Eisenbahn 1863 Geldern – ein Ereignis, das kaum zu überschätzen ist. Eine Reise nach Köln, für die man selbst auf den neuen Chausseestraßen noch Tage brauchte, war jetzt plötzlich hin und zurück bequem in einem Vormittag zu schaffen.

Viele machten freilich auch nur die Hinfahrt. Dem Gelderner jüdischen Kaufmann Gustav Schönholz, der 1863 seinen Wohnsitz nach Köln verlagerte, dürften viele wohlhabende und arme Juden des Kreises gefolgt sein. Denn in den Städten am Rhein und bald auch an der Ruhr entstanden durch die Industrialisierung in großem Stil Arbeitsplätze. Die Industrie zog Unternehmergeister, Handelstalente und Arbeiter gleichermaßen an. Es ist ein weitverbreiteter Irrtum, dass das Leben in den Industriestädten des 19. Jahrhunderts ein elendes war. Das galt, wenn überhaupt, nur für die Anfänge der Industrie in der ersten Jahrhunderthälfte, sicherlich aber nicht für die Zeit danach, in der die Industrialisierung erst richtig anrollte. Die Zuwanderer in den Industriestädten mochten sich sozial und mental entwurzelt vorkommen. Materiell ging es ihnen hier besser als dort, wo sie hergekommen waren. Wirklich elend waren die Verhältnisse vielfach auf dem Land, das sie in Scharen mit der Eisenbahn verließen und auf das kaum jemand zurückkehrte.[40]

Die Eisenbahn transportierte freilich nicht nur Personen. Das rapide Wachstum der Städte an Rhein und Ruhr schuf dort gewaltige Märkte. Die landwirtschaftliche Produktion des unmittelbaren Umlands reichte bald nicht mehr aus, um die explosionsartig anwachsende Zahl hungriger Mäuler zu füttern. Der Niederrhein war eine besonders für die Viehzucht von der Natur sehr begünstigte Gegend, und die kleinen Überschüsse an Vieh und Fleisch, die unter den Verbrauchern vor Ort nicht abgesetzt werden konnten, waren von jeher rheinaufwärts verkauft worden. Niederrheinische Viehhändler hatten immer schon an den großen Schlachtviehmärkten in Dortmund und Köln eine gewisse Rolle gespielt. Aber der Transport der Tiere dorthin war kostspielig. Die Rinder mussten die langen Wege meist auf den eigenen Beinen zurücklegen und magerten dabei stark ab. Dadurch sank ihr Marktwert, wenn er nicht durch teures Zufüttern am Zielort wieder erhöht wurde, was zusätzlich Einstellgebühren in fremde Ställe kostete. Anbieter am Ort konnten daher meist billiger verkaufen, und die Nachfrage war begrenzt. Das änderte sich mit der Industrialisierung jedoch, während gleichzeitig die Eisenbahn die Transportkosten radikal senkte. Seit 1863 konnte morgens im Gelderland von der Weide getriebenes Vieh mittags in Köln oder Dortmund zu konkurrenzfähigen Preisen verkauft werden. Von heute auf morgen öffneten sich für die niederrheinischen Landwirte gigantische Märkte. Sie nutzten die gebotenen Chancen. Zwischen 1861 und 1897 stieg im Kreis Geldern die Zahl der gezüchteten Rinder um 62 Prozent, die der Schweine sogar um 278 Prozent.[41]

Die Ausweitung der Märkte bedeutete einen erhöhten Bedarf an Händlern. Solange der Großteil des Viehs für den heimischen Verbrauch gezüchtet worden war, spielte Handel nur eine begrenzte Rolle. Die Tiere wurden oft von den Metzgern direkt bei benachbarten Bauern im Stall gekauft. Der Verkauf von Vieh über Dutzende, ja Hunderte von Kilometern erforderte die Einschaltung von Zwischenhändlern. Dieser Handel aber lag von jeher in den Händen von Juden. In Issum hatten jüdische Viehhändler sogar bis mindestens zum Ende des 19. Jahrhunderts ein Monopol: Christen, die diesen Beruf ausübten, gab es nicht. In Geldern galt dasselbe bis wenigstens in die 1860er Jahre. Um die Jahrhundertwende waren hier noch die Hälfte aller Viehhändler Juden.[42] Wer sein Geschäft nicht in die Großstädte verlegte, dem verschaffte seine große Erfahrung wahrscheinlich Vorteile gegenüber den neuen christlichen Kollegen. Und im Viehhandel gab es mit etwas Geschick jetzt plötzlich jede Menge Geld zu verdienen. Bernhard Francken, Carl Cain und Abraham Cain gewannen damit während der 1860er Jahre in kurzer Zeit das nötige Kapital,

um ein Kaufhaus, eine Schuhfabrik und ein Bankgeschäft aufzumachen. Salomon Davids schaffte es als Viehhändler zwischen 1885 und 1891, seine Einnahmen innerhalb von nur sechs Jahren zu vervierfachen. Zehn Jahre später war sein Vermögen noch einmal auf das Dreifache gestiegen. Schließlich gelang es Paßmann, aus beengten Verhältnissen in Issum zwischen 1860 und 1900 zu einer der reichsten Familien Gelderns aufzusteigen. Die nicht aus Issum wegziehenden jüdischen Viehhändler konnten ihre wirtschaftliche Lage dagegen kaum oder nur wenig verbessern. Offenbar gelang es ihnen nicht, über den wenig ertragreichen örtlichen Handel hinaus in das das große Geld bringende überregionale Geschäft einzusteigen.

Der starke Aufschwung des Viehgeschäfts machte natürlich nicht allein die Händler, sondern auch die viel zahlreicheren Bauern wohlhabend. Das hatte bedeutende Auswirkungen auf die gesamte Wirtschaftsstruktur im Gelderland. Denn der Agrarsektor war und blieb noch lange der wichtigste Wirtschaftsfaktor im Kreis. 1861 lebten 54 Prozent der Bevölkerung von der Landwirtschaft. 1895 waren es noch 44 Prozent. Dazu kamen 13 Prozent Nebenerwerbslandwirte, deren Anteil 1861 nur 5 Prozent betragen hatte. Außerdem gab es viele Handwerks- und Dienstleistungsbetriebe, die Zulieferdienste für die Landwirtschaft leisteten. Alle profitierten von den beständigen hohen Gewinnen, die die Gelderner Bauern aus der Viehzucht bezogen, auf die sie sich damals größtenteils spezialisiert hatten.[43] Diese Profite wollten ausgegeben werden – und nicht unbedingt nur für die einfachsten Dinge des täglichen Bedarfs, den man bisher im Dorf gedeckt und über den hinaus nur ein geringfügiger Konsumbedarf bestanden hatte, der meist durch Hausierer gedeckt worden war.

Diese Hausierer oder fliegenden Händler waren ebenfalls sehr oft Juden. Wenn Juden vor der Reichsgründung ihren Beruf angeben mussten, so nannten sie meist Metzger, Viehhändler oder Handelsmann. Oft nannten sie zwei dieser Berufe, und bei manchen Personen wechselten die Angaben nahezu beliebig von Gelegenheit zu Gelegenheit. Emanuel Marx etwa bezeichnete sich 1860 als Metzger und Viehhändler, 1865 als Handelsmann, 1872 wieder als Metzger. Isaac Paßmann taucht in den Wählerlisten der Synagogengemeinde 1865 als Metzger und Handelsmann, 1860, 1885 und 1891 als Handelsmann, 1872 als Kaufmann und 1889 und 1895 als Viehhändler auf. Die Reihe der Beispiele ließe sich fortsetzen. Erst zwischen Reichsgründung und Jahrhundertwende scheinen sich die Berufsbilder ausdifferenziert zu haben. Zumindest in Geldern waren die Juden nach 1900 entweder Viehhändler oder Metzger oder Kleinhändler. In Issum blieb es dagegen auch noch im 20. Jahrhundert bei dem alten Durcheinander. Die Mehrheit der dort ansässigen Juden kaufte Vieh (und schlachtete es) bei Bauern, denen sie gleichzeitig das Wenige verkauften, was sich auf dem Dorf nicht selbst herstellen ließ – Knöpfe etwa, Scheren, das eine oder andere Bild oder Buch. Damit ließen sich freilich nach Ausweis der Steuerverzeichnisse keine großen Reichtümer begründen. Der Sprung vom armen Viehhändler und „Handelsmann" zum wohlhabenden „Kaufmann" gelang aber wenigstens in Geldern manchem Juden in dem Maß, in dem der wachsende Reichtum der Bauern auf die Kreisstadt abfärbte.

Die seit der Reichsgründung munter sprudelnden Einnahmen aus der lukrativen Viehzucht schlugen sich direkt in einem quantitativ wie qualitativ steigenden Konsum der bäuerlichen Bevölkerung des Umlands nieder. Zur weiteren Steigerung der Rentabilität ihrer Betriebe kauften die Bauern Landmaschinen, die sie nur in der Stadt bekommen konnten, und entwickelten einen feineren Geschmack in Sachen Kleidung, der sich ebenfalls nur in den neuen Kaufhäusern der Kreisstadt befriedigen ließ. Indirekt finanzierten die wachsenden Profite aus der Landwirtschaft über Steuern auch den Ausbau städtischer und staatlicher Einrichtungen und Behörden, wie etwa die Eisenbahnstation, das 1879 eröffnete Amtsgericht und die 1886 gegründete höhere Knabenschule. Die dort Beschäftigten bildeten zusammen mit den bereits bestehenden und personell in der „Gründerzeit" verstärkten Institutionen wie Kreis- und Stadtverwaltung, Post, Polizei usw. eine schnell wachsende Gruppe beamteter Verbraucher mit zum Teil beträchtlichen Einkommen und gehobenen Konsumansprüchen. Diese Nachfrage wollte befriedigt werden. Viele Juden, die schon im Kleinhandel die nötigen Erfahrungen gesammelt hatten, nahmen die Gelegenheit wahr.

Jüdische Betriebe und Berufe

Die Jahre um die Reichsgründung sahen eine wahre Welle von Eröffnungen jüdischer Geschäfte. Nach dem aus Neheim zugezogenen Pionier Salomon Elias, der 1849 am Großen Markt ein Textilkaufhaus eröffnete, folgten zunächst 1858 Bernhard Francken und Selig Kempenich mit einem gemeinschaftlich betriebenen Manufakturwarenladen, ebenfalls am Markt. Kempenich war bei einer Bielefelder Speditions- und Bank-

Das Textilkaufhaus Kempenich am Großen Markt in Geldern um 1900

Der wirtschaftliche Aufschwung Gelderns vor dem Ersten Weltkrieg ist ohne die Impulse der jüdischen Kaufleute nicht zu denken. (Geldernsches Wochenblatt vom 6. Juli 1906)

firma in die Lehre gegangen und kannte Elias, der ihn nach Geldern holte. Bernhard Francken hatte als Viehhändler begonnen. Da der seit den 1860ern beschleunigt expandierende Markt für mehr Geschäfte Raum zu bieten versprach, trennten Francken und Kempenich sich 1865 einvernehmlich, um jeweils eigene Kaufhäuser zu gründen. Bernhard Francken, der seinen Bruder David als neuen Kompagnon nahm, blieb in dem alten Haus am Markt. Später setzte David Francken das Geschäft alleine in der Issumer Straße 1 fort. Selig Kempenich kaufte das Haus Nr. 6 auf der anderen Seite des Marktes, später erwarb die Familie die daneben stehende Nr. 8 noch dazu. 1863 hatte schon Gottfried Gompertz, der sich ursprünglich als Metzger und Lotterieeinnehmer durchschlug, eine Warenhandlung eröffnet. 1872 kam noch das Geschäft der Familie Kaufmann in der Hartstraße 2 hinzu, die größtenteils vorher auch im Viehhandel tätig gewesen war. In einer anderen wenngleich verwandten Branche betätigten sich um dieselbe Zeit Carl Cain und David Nordheim als Firmengründer: 1869 und 1871 eröffneten sie je eine Schuhfabrik in Geldern. Cains befand sich um die Jahrhundertwende in der Issumer Straße 53, Nordheims am Westwall 6.[44]

Damit sind nur die größten jüdischen Betriebe genannt. Nach 1900 kam noch das Kaufhaus Wiesenfelder in der Issumer Straße 23 dazu, das bald von Salomon Katz übernommen wurde. Die meisten dieser Geschäfte blieben bis in die NS-Zeit in jüdischem Besitz. Zunächst spielten Manufakturwaren in ihrem Sortiment noch eine größere Rolle. Seit den 1880er Jahren etwa überwogen dann Textilien. Wie ihre Glaubensgenossen in den Großstädten, die die Kaufhausketten Hertie und Wertheim gründeten,

Salomon Katz und seine Frau Bertha geb. Wiesenfelder kamen um 1905 nach Geldern und führten den „Riesen-Bazar" von Simon Wiesenfelder weiter.

bauten Elias, Kempenich, Kaufmann und Francken in Geldern die ersten modernen Kaufhäuser auf. Im Gegensatz zu den bisher üblichen, eher unauffällig-langweiligen Geschäftsinseraten kultivierten sie einen Stil von Werbung, der dem heutigen in vieler Hinsicht sehr nahe kommt: großformatige Anzeigen, optisch ansprechend und abwechslungsreich gestaltet, mit Balkenüberschriften und Bildern der Ware oder des Kaufhauses als Blickfängern.

Noch mehr als der Aufschwung des Viehhandels trug die Entstehung eines großen Marktes für Konsumgüter besonders in der Textilbranche zum sozialen Aufstieg der jüdischen Bevölkerung in Geldern bei. Vor allem aus den hier gegebenen Möglichkeiten erklärt sich die im Vergleich mit Issum größere Attraktivität der Kreisstadt für die Juden. Mit wenigen Ausnahmen waren die im Manufaktur- oder Textilgeschäft tätigen jüdischen Kaufleute immer wohlhabender als die sich mit Viehhandel beschäftigenden gewesen. 1872 zahlten sechs Gelderner Haushaltsvorstände der Synagogengemeinde mehr als acht Mark Klassensteuer. An der Spitze stand der Besitzer des ersten Kaufhauses, Salomon Elias. Dann folgten der sich als Bankier bezeichnende Abraham Cain, sein Bruder Carl, der Schuhfabrikant, die Brüder David und Bernhard Francken und schließlich David Nordheim mit seiner erst vor kurzem eröffneten Schuhfabrik.[45] Alle, die weniger zahlten, gaben dagegen als Beruf Viehhändler, Metzger oder „Handelsmann" an. Diese weniger wohlhabende Gruppe umfasste 1872 zwölf Haushaltsvorstände, also zwei Drittel, die Oberschicht der Kaufleute und Fabrikanten dagegen nur ein Drittel. 1860 hatte sie sogar erst ein Sechstel ausgemacht. Ihr Umfang nahm jedoch seitdem ständig zu. In den 1880er Jahren fiel die Zahl der vom Viehhandel lebenden Juden in Geldern erstmals unter die derjenigen, die sich von anderen Handelssparten ernährten. Nach der Jahrhundertwende hatte sich das Verhältnis gegenüber der Reichsgründungszeit vollends umgekehrt. 1907 arbeiteten von den Gelderner Juden nur noch rund ein Viertel im Viehhandel und verwandten Berufen. Dagegen lebten vom übrigen Handelsgewerbe, das heißt vor allem von den Kaufhäusern, zwei Drittel der jüdischen Haushaltsvorstände.[46]

Zwar hatte sich seit 1872 in der sozialen Zusammensetzung der beiden Gruppen auch etwas geändert. Einzelne Viehhändler, wie die Brüder Oskar und Hermann Paßmann und Salomon Davids, reichten mit ihren Einkünften fast an die der reichsten Kaufleute heran. Zudem waren die Kaufhäuser mittlerweile so groß, dass sie zahlreiche Gehilfen und Verkäuferinnen beschäftigten, die nicht der Familie angehörten, einige wenige davon auch Juden. Nichtsdestoweniger waren die durchschnittlichen Einkünfte aus dem übrigen Handel nach wie vor höher als die aus dem traditionellen Gewerbe des Viehhandels. In vielen Kaufmannsfamilien konnten die alten Inhaber es sich leisten, von einem Teil des Kapitals bequem als Rentier zu leben und dennoch ihren Kindern das Geschäft in bestem Zustand zu übergeben.

Dass den Issumer Juden ein ähnlicher Aufstieg wie ihren Glaubensbrüdern in Geldern versagt blieb, hing entscheidend mit der unterschiedlichen Einbindung der beiden Gemeinden in die modernen Handelsströme zusammen. In der Landgemeinde Issum veränderte die Sozialstruktur der jüdischen Bevölkerung sich seit der Reichsgründung kaum. Noch nach der Jahrhundertwende waren hier fast alle Juden in Vieh- und Kleinhandel tätig und konnten von einem Wohlstand, wie es ihn in Geldern gab, nur träumen. Wegen unbefriedigender Verkehrsanbindungen hatten sie nur geringe Möglichkeiten, in den lukrativen überregionalen Viehhandel einzusteigen. Es fehlte in Issum vor allem auch die Kundschaft, um die in langer Erfahrung erworbenen kaufmännischen Fähigkeiten zu klingender Münze zu machen. Der Konsum der Bevölkerung im noch bis weit ins 20. Jahrhundert landwirtschaftlich geprägten Issum blieb gering, oder er wurde in der Kreisstadt befriedigt. Es gab hier kaum gut bezahlte Beamte mit gehobenen Ansprüchen. Es gab keinen Markt für Kaufhäuser wie die von Elias, Kempenich oder Francken. Auf die Dauer blieben in Issum nur die älteren und die weniger ehrgeizigen Juden. Wer jung und dynamisch, aber erfolglos war, ging nach Geldern – oder gleich in eine der größeren Städte wie Köln. Denn was für das Verhältnis der Landgemeinde Issum zur Kleinstadt Geldern

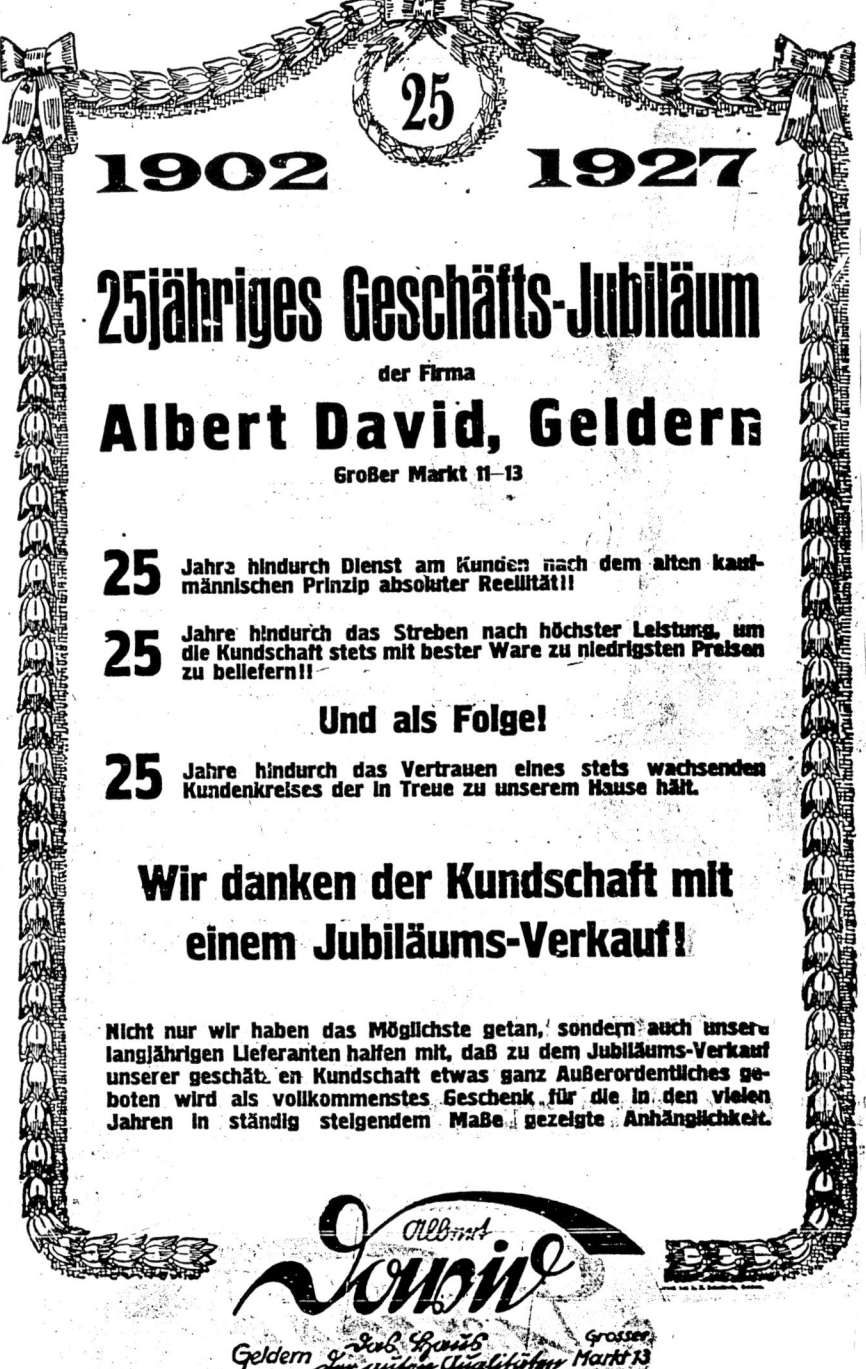

In Hunderten von Zeitungsanzeigen warben die Gelderner Kaufhäuser David, Francken, Kaufmann, Kempenich und Wiesenfelder bis zum Beginn der dreißiger Jahre um die Gunst der Kundschaft im gesamten Kreis Geldern und darüber hinaus.
(Niederrheinische Landeszeitung vom 29. September 1927)

Billige Paletotwoche.

Anerkannt

*ist die hohe Qualität
unserer Kleidung
und der Verarbeitung.
Und nun beachten Sie
die niedrigen Preise!*

Herren-Ulster
aus modernem Cheviot mit Ueberkaro, elegante 2reih.
Form mit steiligem abknöpfbarem Rundgurt, schwer
und halbschwer 45.00 39.00 26.00 **19**⁵⁰

Herren-Ulster
2reih. mit steiligem abknöpfbarem Rundgurt in moderner Musterung auf Kunstseide gesteppt, meist eigene
Anfertigung, schwer und halbschwer. Ersatz für Maß
. . . . 96.00 86.00 78.00 **63**⁰⁰

Herren-Paletots
Marengo, schwarz und schwarzgrau mit Samtkragen,
2reih. 86.00 65.00 48.00 **22**⁵⁰

Herren-Uebergangsmäntel
elegante Ausmusterung . . . 76.00 53.00 39.00 **26**⁵⁰

Jünglings-Mäntel
nur moderne, solide Stoffe mit Rundgurt
. . . . 45.00 34.90 22.00 **14**⁵⁰

Knaben-Paletots
alle modernen Stoffe sowie blaue Kivert
. . . . 22.00 14.90 8.75 **4**⁵⁰

Unsere Herrenbekleidung
ist meist eigene Anfertigung.

Größte Auswahl in
Bleßles Strickkleidung
Aelteste Verkaufsstelle am Platze.

Sonntag, den 27. Oktober
ist unser Geschäft geöffnet.

GEBR· Kaufmann
GELDERN

Niederrheinische
Landeszeitung vom
25. Oktober 1929

galt, galt ebenso auch für das Verhältnis der Kleinstadt zur Großstadt. Je größer und je zentraler gelegen der Ort, desto mehr nahm er teil an der Industrialisierung und Ausweitung von Handel und Dienstleistungen. Und desto mehr Chancen boten sich für Juden, die in Handel und Dienstleistungen lange Erfahrungen mitbrachten. Issum blieb agrarisch bestimmte Landgemeinde. Neue Handelszweige entstanden hier kaum. Geldern entwickelte sich als Kreisstadt immerhin zu einem Dienstleistungs- und Handelszentrum für die nähere Umgebung. Köln oder Düsseldorf dagegen wurden Metropolen mit internationalen Handelsverbindungen und einer pulsierenden Industrie.

Es waren vor allem, aber nicht nur die sich in Handel und Dienstleistungen bietenden Möglichkeiten, die Juden in die Großstädte zogen. In Berlin zum Beispiel, das sich als größter Magnet für den Exodus vom Land erwies, war während des Kaiserreichs ein Drittel der ansässigen jüdischen Bevölkerung als Arbeiter in der Industrie beschäftigt.[47] In Geldern konnte die Industrie nur wenig Fuß fassen. Selbst jüdische Handwerker gab es außerhalb des Metzgergewerbes hier zwischen 1871 und 1933 nur einen, den selbstständigen Gerber Bernhard Rath. Er gehörte zu den weniger wohlhabenden Mitgliedern der Synagogengemeinde. In Issum fristete zwischen den 1880er Jahren und der Jahrhundertwende der jüdische Seidenweber Adolph Fraenkel eine kärgliche Existenz. In der eigentlichen Industrie gab es Juden in Geldern nur als Arbeitgeber – nämlich Cain und Nordheim mit ihren Schuhfabriken. Jüngere Juden aus solchen Handels- und Industriellenfamilien drängten seit der Reichsgründung auch verstärkt in die expandierenden bildungsbürgerlichen Berufe. In Geldern

boten sich dafür aber kaum Möglichkeiten. Die attraktiveren Beamtenstellen am Gericht oder in der Verwaltung blieben der jüdischen Bevölkerung versperrt. Vertreter der freien akademischen Berufe gab es im kleinen Geldern kaum. Noch um die Jahrhundertwende zählte die Stadt nur drei Ärzte und einen einzigen Rechtsanwalt.[48] Wer einen solchen Beruf anstrebte, wie der zweite Sohn Heinrich des Kaufhausgründers Selig Kempenich, musste Geldern verlassen: Während sein älterer Bruder Max das väterliche Geschäft übernahm, ließ sich Heinrich nach dem Studium als Rechtsanwalt zunächst in Krefeld und dann in Dortmund nieder. Verglichen mit diesen Städten bot Geldern einem Juden nur begrenzte Möglichkeiten der Karriere und beruflichen Selbstverwirklichung. Auch das war ein wichtiger Grund dafür, weshalb die Zahl der jüdischen Bevölkerung hier immer weiter abnahm.

III. Mentalitäten

Jüdische Religion und Frömmigkeit

Wer von den Gelderner Juden wie Heinrich Kempenich seine Heimat verließ, um sich in der Großstadt niederzulassen, fand dort vieles zunächst ungewohnt, ja abstoßend. Im Allgemeinen hatte sich die jüdische Bevölkerung dort an die Christen wesentlich mehr angepasst als auf dem Land. Das betraf sogar die religiösen Rituale, die oft wenn überhaupt nur noch nachlässig praktiziert wurden. So schrieb Kempenich an einen Bekannten 1897, als er nicht ganz ein Jahr in Dortmund wohnte, über die jüdische Gemeinde dort: „Die israelitischen Mitbürger haben vieles abgestreift, was sie zu Juden stempelte, die meisten sind von einer skandalösen Unfrömmigkeit und denken ihr Heil in der Assimilation zu suchen. Ich bin der Meinung, dass dies mit zu dem hier herrschenden Antisemitismus beigetragen hat und habe mehrfach versucht, darauf hinzuarbeiten, dass diesem nicht in der bisherigen Weise, durch Fortwerfen alles jüdischen Wesens, sondern durch festes Zusammenhalten und offene Kundgebung, dass man sich als Jude fühlt, entgegen gearbeitet wird."[49]

Kempenichs Haltung scheint damals auch von der erst kurz zurückliegenden persönlichen Kränkung beeinflusst, die er erfahren musste, als ihm wegen seiner jüdischen Herkunft durch die antisemitische preußische Verwaltungspraxis Reserveoffizierspatent und Zulassung zum Richteramt verwehrt wurden. Nachdem er längere Zeit in Dortmund gelebt hatte, wandte er sich offenbar von den das offene Bekenntnis zum Judentum fordernden Gruppen ab und suchte ebenfalls sein „Heil in der Assimilation"[50]. Das bestätigt freilich nur, dass in seiner Beobachtung ein wahrer Kern steckte. In den Großstädten verlor die Religion tatsächlich seit dem späten 19. Jahrhundert an Bedeutung im Leben der Menschen. Das galt übrigens nicht nur für Juden, sondern für alle Konfessionen. Erst später erreichte dieser als Säkularisierung bezeichnete Prozess auch Kleinstädte und ländliche Gegenden. Nach Kempenichs Erinnerung hatte er um 1870 in Geldern noch nicht eingesetzt. „Die Gemeindemitglieder waren durchweg von Frömmigkeit erfüllt, es war ganz selbstverständlich, dass die religiösen Pflichten genau erfüllt und die Kinder in eben diesem Sinne erzogen wurden. Die Familien aßen streng rituell." Das bedeutete unter anderem, dass man keine „unreinen" Tiere, beson-

An hohen jüdischen Feiertagen blieben diese Geschäfte geschlossen.

ders Schweine, und generell kein Fleisch aß, das nicht „koscher" geschlachtet, das heißt vollständig ausgeblutet worden war. „Die christlichen Metzger ließen wegen der jüdischen Kundschaft nur ,koscher' schlachten, was allgemein in der Stadt als richtig und angemessen angesehen wurde."[51]

Blieb diese traditionelle Frömmigkeit Kennzeichen der Gelderländer Synagogengemeinden? Kempenichs bereits zitierte anfängliche Bestürzung über die „skandalöse Unfrömmigkeit" der Dortmunder Juden 1897 deutet darauf hin, dass sie es zumindest damals wohl noch war. Leider verraten uns die Quellen dazu nicht gerade viel, und das Wenige, was sie sagen, ist nicht einfach zu interpretieren. 1912 erklärte Salomon Nordheim als Vorsteher der Gelderner Synagogengemeinde dem Bürgermeister, dass die drohende Schließung der israelitischen Privatschule „bei den Eltern jedenfalls auf erheblichen Widerstand stoßen würde". Das klingt zunächst einmal so, als ob die Gemeinde im Interesse einer Erziehung der Kinder zu traditioneller Frömmigkeit an der jüdischen Schule festhielt. Nordheims Begründung zeigt aber, dass zumindest auch ganz andere Überlegungen eine Rolle spielten: Wenn durch die Schließung der Schule der staatliche Zuschuss zum Lehrergehalt wegfalle, könne die Gemeinde keinen Kultusbeamten mehr finanzieren, da der Lehrer beide Posten gleichzeitig ausfüllte.[52] Auf eher nach-lassende Religiosität in Teilen der Ge-meinde weist vielleicht schließlich eine Klage des Kaufmanns Salomon Katz gegenüber dem Düsseldorfer Regie-rungspräsidenten 1918 hin. Da der Leh-rer mit Beginn des Ersten Weltkriegs zur Armee eingezogen worden war, habe der Religionsunterricht seitdem nur noch sehr unregelmäßig stattfin-den können. Ein Lehrer der jüdischen Schule in Kempen habe in den ersten Kriegsjahren zunächst noch „dann und wann eine Religionsstunde abgehalten". Das reichte nach Katz' Ansicht aber kaum aus; zudem sei seit Monaten auch diese sporadische religiöse Unterwei-sung der Kinder ganz ausgefallen. Auch werde „seitens der Gemeindeeingeses-senen dem Gottesdienst wegen Fehlens eines Religionsdieners kein Interesse entgegengebracht". Der Gemeindevor-steher Nordheim kümmere sich aber nicht darum.[53]

Es mag sich dabei allerdings um eine durch die besonderen Umstände im Krieg erklärbare Ausnahmesituation ge-handelt haben. Die Familie Lebenstein in Issum hielt sich jedenfalls noch in den frühen 1930er Jahren peinlich ge-nau an die jüdische Feiertagsregelung. Sie feierten nicht nur Passahfest, Laub-hüttenfest und Sabbat. Da strengglä-bigen Juden am Sabbat jegliche Arbeit untersagt war, fachten sie noch nicht einmal ihren Kamin an. Die christlichen Nachbarn übernahmen das für sie. Auch das am Passahfest bei Lebensteins be-nutzte Geschirr spülten die Nachbarn.[54] Fü andere Juden im Kreis Geldern scheint die Beobachtung der religiösen Vorschriften zur selben Zeit aber be-trächtlich an Bedeutung verloren zu haben. Darauf deutet zumindest hin, dass es nach dem Ersten Weltkrieg in Issum wie in Geldern jeweils eine Mischehe zwischen Juden und Christen gab. In beiden Fällen traten die jüdi-schen Partner zum Christentum über und aus der Synagogengemeinde aus. Für die Zeit vor 1918 sind ähnliche Fälle nicht überliefert.[55]

Bildung als Mittel zum sozialen Aufstieg

Auf den ersten Blick könnte vielleicht auch die Tatsache, dass nachweislich viele jüdische Kinder die israelitischen Privatschulen nicht besuchten, sondern stattdessen von ihren Eltern auf christ-liche Schulen geschickt wurden, als Anzeichen für eine Erschütterung von Frömmigkeit in den Synagogengemein-den erscheinen. Das ist allerdings nicht der Fall. Denn das war schon in den 1850er Jahren und damit zu einem Zeit-punkt so, als von Säkularisierung auf dem Land sicher noch nicht gesprochen werden kann. Auch entwickelte sich der Anteil der jüdischen schulpflichti-gen Kinder auf der israelitischen Pri-vatschule sehr sprunghaft. In einem Jahr wurde sie von allen besucht, im nächsten nur noch von der Hälfte. Die Sprünge fallen auffälligerweise jeweils mit einem Lehrerwechsel zusammen. Offensichtlich entschied die Qualität des Unterrichts darüber, auf welche Schule die Juden ihre Kinder schickten, und nicht deren konfessionelles Etikett. Das verweist auf den hohen Stellenwert, den Bildung für die Gelderner wie alle deutschen Juden hatte.

Bildung galt als ein hohes Gut in jüdi-schen Gemeinden. Das hatte auch, aber nicht nur religiöse Gründe. Dem Stu-dium der Tora, des Alten Testaments, und der anderen religiösen Schriften wurde viel Bedeutung zugemessen. Orthodo-xen Juden galt zeitweilig alles Geschriebene als heilig. Beschädigte Schriftrollen durften nicht weggeworfen, sondern mussten aufgehoben werden. Innerhalb der Synagoge, im Keller oder auf dem Dachboden, befand sich ein Raum, in dem diese alten Handschriften, Dokumente und Bücher aufbewahrt wurden. Ein solcher Raum hieß Genisa, nach dem hebräischen Wort für Versteck.

Zur darin dokumentierten traditionellen Hochschätzung der Bildung aus religiösen Motiven kamen im Lauf der Zeit mehr weltliche Gründe hinzu. Lesen und schreiben zu können war in der vormodernen Welt für die meisten Menschen, deren Horizont und Verbindungen nicht über das eigene Dorf hinaus ragten, nicht nötig. Für die in der Welt verstreuten Juden waren diese elementaren Fähigkeiten dagegen unabdingbar. Wenn sie mit ihren Glaubensbrüdern und Verwandten in anderen Gemeinden in Kontakt bleiben wollten, mussten sie Briefe schreiben und lesen können. Und schließlich wurde Bildung während des 19. Jahrhunderts auch zu einer Voraussetzung für sozialen Aufstieg. Die Ausweitung des Handels und das Wachstum des bürokratisch organisierten Staates trugen gleichermaßen zu dieser Entwicklung bei. Bildung wurde mehr und mehr zu einem Schlüssel des Erfolgs. Wenn die Juden den Status einer verachteten Minderheit hinter sich lassen wollten, wenn sie die mit der Entstehung einer offenen Staatsbürgergesellschaft dafür gegebenen Möglichkeiten ausnutzen wollten, mussten sie auf Bildung setzen.

Die Juden im Gelderland taten genau das. Wenn Bildung der Schlüssel zum Erfolg ist, dann ist Gedrucktes der Schlüssel zur Bildung. In der Kreisstadt erschienen zwischen Kaiserreich und „Drittem Reich" zwei Zeitungen: Die ältere, das mehr katholisch-konservativ orientierte Geldernsche Wochenblatt, war bereits 1828 gegründet worden und wurde 1907 in Niederrheinische Landeszeitung umbenannt. Seit 1871 gab es außerdem die mehr liberale Geldernsche Zeitung. Beide Blätter kamen bis 1907 nur zweimal wöchentlich heraus. „Diese geringen Neuigkeitsquellen genügten im allgemeinen dem Lesebedürfnis der Kleinstädter", erinnerte sich Heinrich Kempenich. Nicht so in seiner eigenen Familie: Hier war der Wissensdurst so groß, dass man wie auch die Familie Francken die täglich, zeitweise mehrmals täglich erscheinende Kölnische Zeitung und später dann das Berliner Tageblatt las. Die Lektüre dieser überregionalen Blätter ließ man sich auch bis zu mehr als fünfmal so viel kosten, wie für die Geldernschen Lokalzeitungen zu bezahlen war. Dazu wurde im Abonnement noch ein Wochenblatt bezogen.[56]

Kempenichs Mutter war, wie der Sohn sich erinnerte, „von einem wahren Lesehunger erfüllt". Diese Frau, deren Mann früh verstarb und sie mit sechs kleinen Kindern hinterlassen hatte, die ein stetig expandierendes Geschäft führen musste, nutzte jede ihrer wenigen freien Minuten zum Lesen oder Schreiben. „Nach Tische am Abend habe ich sie fast stets lesend gesehen, wenn sie sich nicht noch mit häuslichen Arbeiten oder mit der Erledigung ihres Briefwechsels mit den Verwandten, besonders der Mutter in Rheda, befaßte. … Ihr Leseeifer war auf ein dringendes Bedürfnis zur Bildung, zur Vermehrung ihres Wissens begründet, das sie auf uns Kinder zu übertragen wußte. Sie hatte für uns den Ehrgeiz, dass wir uns in der Schule hervortaten, und es war ihr schmerzlich, dass ich darin ihren Anforderungen und Erwartungen während der Zeit des Besuchs des Gymnasiums nicht immer entsprochen habe. Da sie mich seit meiner Kindheit zum Studium bestimmte und sicher nicht ganz mäßige Erwartungen an die Erfolge einer Vollendung der akademischen Laufbahn knüpfte, so suchte sie meinen nur bescheiden ausgebildeten Ehrgeiz schon früh zu beleben. Als ich etwa $9^1/_2$ Jahre alt war, bekam ich zur Vorbereitung für die höhere Schule Unterricht im Lateinischen, der mir sehr schwerfiel."[57]

Umfassende Lateinkenntnisse waren damals die Voraussetzung für jedes Universitätsstudium. Bevor die Kinder die Grundschule verlassen hatten, war über ihren Lebensweg schon entschieden. Der ältere Sohn Max sollte den Familienbetrieb weiterführen. Erst zehnjährig wurde er zum Besuch weiterführender Schulen zunächst 1874 ins ferne Rheda-Wiedenbrück, dann nach Burgsteinfurt geschickt. „Alsdann kam er auf zwei Jahre nach Aachen in die kaufmännische Lehre … und ging von da gleich in das elterliche Geschäft." Er „war äußerst strebsam und brachte das Geschäft recht bald zur Blüte." Dazu hatte, trotz ihrer Inanspruchnahme durch den damals noch nicht in „geordneten Verhältnissen", also vielmehr in finanziellen Schwierigkeiten steckenden Betrieb, „die Mutter ihn überaus gut und tüchtig vorbereitet".[58]

Auch der jüngere Heinrich, dem das hohe Ziel gesteckt worden war, der erste Akademiker der Familie zu werden, besuchte nach der Grundschule seit 1877 auswärtige Schulen, da in Geldern Bildungseinrichtungen mit dem entsprechenden Niveau noch nicht bestanden. Für die Ausbildung ihrer beiden Söhne legte die Mutter sich krumm. In Heinrichs Fall wissen wir aber auch von dem Sohn, dass der Weg nach oben ihm große Schwierigkeiten machte, die er erst nach geraumer Zeit mit rigidem Pflichtgefühl schließlich überwand. Sein in Tübingen 1886 begonnenes Medizinstudium war ein Fehlstart, nach anderthalb Semestern brach er es ab. Der Arztberuf war damals der typische Aufstiegskanal der deutschen Juden in das gehobene Bürgertum, zumal es sich dabei um einen relativ sicheren, aber freien Beruf handelte, der von der antisemitisch geprägten staatlichen Einstellungspraxis unabhängig war. Heinrichs Interessen lagen aber offenbar woanders: Nach eigenem Bekunden besaß er schon als Kind eine „stark entwickelte Phantasie" und las bereits früh viel Gedichte und Romane. Seine späteren Kollegen rühmten „seine humorvolle und schöne Poesie" und betonten seine „Liebe zu den Künsten, insbesondere zur Literatur".[59] Wahrscheinlich als Kompromiss zwischen dem brotlosen Literatur- und dem ungeliebten Medizinstudium entschied er sich schließlich für das klassische Brotstudium, für Jura. Das gab ihm die Möglichkeit, neben den regulären juristischen Veranstaltungen auch Vorlesungen zur Geschichte, zur „Aesthetik in Deutschland" und über „Das Recht und sein Verhältnis zu Literatur und Kunst" zu hören.[60] Letztlich entschied er sich damit freilich gegen die eigenen Vorlieben, aber im Sinn der Erwartungen der Familie an seinen Aufstieg.

Später rechtfertigte er diese Entscheidung vor sich selbst mit einer rigorosen Bildungs- und Leistungsethik: Kindern „mit stark entwickelter Phantasie" solle „die Möglichkeit eingeschränkt werden, sich den Eingebungen und Neigungen, die ihre Anlage ihnen vorschreibt, hinzugeben". Vor allem müsse man sie von solchem Lesestoff abhalten, der „diese Kinder vom wirklichen Aufnehmen passender und notwendiger Kenntnisse" und dem „systematisch gerichteten Begreifen und Erfassen" ablenke. „Diese Beobachtung habe ich nach vielen Jahren für mich selbst als zutreffend erkannt und mit Bedauern so viele Stunden als nutzlos vertan ansehen müssen, die ich für die Ausbildung gut hätte verwenden können."[61] Dieses enge Verständnis von Bildung als bloßer „Ausbildung" zu einem praktischen Beruf lässt erahnen, unter welchem äußeren und verinnerlichten Druck Heinrich Kempenich wie viele seiner Glaubensgenossen gestanden haben muss. Nur diejenigen Formen von Bildung, die auch einen sozialen Aufstieg ermöglichten, wurden letztlich auch als solche anerkannt. Literatur, Poesie und Kunst, „nutzlos" wie sie waren, versagte man sich trotz heimlicher Liebe zu ihnen. Am Beispiel Heinrich Kempenichs lässt sich so eine Facette der Tragik jüdischen Lebens in Deutschland selbst während seiner Blütezeit zwischen 1871 und 1933 erkennen. Vielen Juden gelang es zwar, durch harte, entbehrungsreiche Arbeit aus ärmlichen Verhältnissen zu Wohlhabenheit emporzusteigen. Der seelische Preis, den sie für ihren materiellen Aufstieg unverschuldet zu zahlen hatten, war aber hoch.

Jüdische Aufstiegsorientierung – katholisches Festhalten an der Tradition

In der Welt, in der die deutschen Juden nach der Reichsgründung lebten, waren Bildung und sozialer Aufstieg letzten Endes kaum voneinander zu trennen. Einem guten Teil der christlichen Bevölkerung bedeutete beides dagegen wenig. In Geldern war vor allem die katholische Bevölkerungsmehrheit stark der Tradition verhaftet. „Man ernährte sich in den

hergebrachten Bahnen kleinstädtischer Verhältnisse und ließ, wie es im Volksmund heißt, den Herrgott einen guten Mann sein. War die tägliche Nahrung gesichert und lastete nicht allzu schwere Arbeit auf dem Bürger, so war er schon zufrieden und bedurfte nicht großer Dinge zur Befriedigung seiner einfachen und mäßigen Ansprüche ans Leben."[62] Das Festhalten am Althergebrachten, an Tradition und Religion, schien vielen wichtiger als die neuen Götter der Bildung und der sozialen Mobilität. Das mag auf den ersten Blick recht sympathisch erscheinen. Mobilität bedeutete (und bedeutet) aber auch zumindest das Versprechen der Chancengleichheit, das Festhalten an einem traditionell christlichen Weltbild dagegen die Zementierung von Ungleichheit und Diskriminierung. Diskriminiert wurden in diesem Fall die Juden, denen gar keine andere Wahl blieb, als sich für Veränderung durch eine Aufwertung von Leistung und Bildung zu entscheiden.

Bezeichnend für diesen Gegensatz war ein Vorfall, der sich 1863 bei den Feiern zur 150-jährigen Zugehörigkeit des Herzogtums Geldern zu Preußen ereignete. Der preußische König und spätere deutsche Kaiser Wilhelm I. besuchte zu diesem Anlass die Kreisstadt und übernachtete bei den Grafen von Hoensbroech auf Schloss Haag. Dabei wurde der Monarch auch in Gespräche über den Sinn und Unsinn von traditionell religiös orientierter Erziehung und liberal ausgerichteter moderner Bildung verwickelt. Nach einer Überlieferung bat die Gräfin von Hoensbroech den König um eine Spende für die Renovierung der Gelderner katholischen Pfarrkirche. Nach einer anderen Überlieferung soll Wilhelm I. zum Bürgermeister geäußert haben, die Stadtverwaltung möge ihm einen Wunsch vorbringen, den er ihr aus Anlass des Jubiläums erfüllen wolle. Die Stadt habe daraufhin um die Stiftung von Fenstern für die katholische Kirche gebeten. Welche der beiden Versionen die richtige ist, spielt weiter keine Rolle. Der König gewährte die Bitte. Entscheidend ist hier etwas ganz Anderes: Die Gelderner Liberalen hätten Wilhelms Besuch lieber ausgenutzt gesehen, um Geld für die Einrichtung einer weiterführenden Schule in der Stadt zu erbitten. Unter ihnen und damit auch unter den Juden herrschte noch jahrzehntelang Erbitterung und Unmut über die „rückständige Gesinnung der Stadtväter". Tatsächlich hat die Mehrheit des Gelderner Stadtrats sich bis in die 1880er Jahre hinein aus religiösen Gründen gegen die Einrichtung der weiterführenden Schule gesträubt.[63]

Ein guter Teil der Bevölkerung auf dem Land hatte eine ähnliche Einstellung, wenn auch aus teilweise anderen Gründen. Kinder wurden in den bäuerlichen Familienbetrieben früh als Arbeitskräfte im Stall und auf dem Feld eingesetzt. Oft wurden sie deshalb nicht zur Schule geschickt, besonders in der Erntezeit, wenn man auf dem Hof jede Hand brauchte. Trotz der allgemeinen Schulpflicht, die schon im frühen 19. Jahrhundert eingeführt worden war, tolerierten die Schulaufsichtsbehörden auf dem Land diese Praxis nicht selten stillschweigend. Das änderte sich seit der Mitte des Jahrhunderts und vollends mit der Reichsgründung. Unter liberalen Kultusministern wurde die Schulpflicht nun zunehmend rigoroser durchgesetzt. In diesem Zusammenhang schritt der Staat 1871 auch dagegen ein, dass der jüdische Lehrer Meyersohn in Issum den Eltern katholischer Kinder Bescheinigungen über angeblich in seinem Haus erteilten Privatunterricht ausstellte. Die bescheinigten anderthalb Stunden pro

Tag konnten natürlich einen vollen Schulbesuch nicht ersetzen, und zudem hatte die Aufsichtsbehörde Zweifel, ob der bescheinigte Unterricht überhaupt stattgefunden habe. „Es hat daher den Anschein, dass der Meyerson sogar den betreffenden Eltern behülflich ist, ein allerdings nicht zutreffendes Mittel zur Hand zu geben, um ihre Kinder aus der Schule zu lassen."[64]

Obwohl es sich um einen jüdischen Lehrer handelte, hören wir bezeichnenderweise nichts davon, dass auch die Eltern jüdischer Kinder sich in dieser Weise um die Schulpflicht ihrer Sprösslinge zu drücken versuchten. Für sie hatte Bildung einen wesentlich höheren Stellenwert. Allenfalls konnte es auf dem Land einmal vorkommen, dass ein sehr kinderreicher armer Jude es sich überlegte, ein Kind vorzeitig aus der Schule zu nehmen. Das geschah jedoch nur unter besonderen Voraussetzungen, wie im Fall des Jacob Bouscher aus Issum, der sich im März 1881 an den Bürgermeister mit einer außergewöhnlichen Bitte wandte. Es seien ihm „vom lieben Gott fünf Kinder zu Theil geworden", die jetzt alle zur Schule gingen und für die damit Schulgeld zu zahlen war. „Alsdann ist meine Frau schon mehrere Jahre schwer kränklich; so ist mir dieses bei jetzigem schlechten Geschäftsgang sehr schwer, alles zu versorgen. Da es nun mein Bestreben stets gewesen ist, meine Kinder, wie Euer Wohlgeboren wohl bekannt ist, nach Kraft lernen zu lassen, so erlaube ich mir, dieses Gesuch an Sie zu richten, um gefälligst dafür wirken zu wollen, nun aus Rücksicht mein ältestes Kind mit Ostern dieses Jahres aus der Schule zu entlassen." Da der Bürgermeister die wirtschaftliche Lage Bouschers als wirklich sehr schwierig einschätzte und seine dreizehnjährige älteste Tochter ihren

Altersgenossinnen weit voraus war, befürwortete er die Bitte.[65]

In Issum gab es wie in den anderen Landgemeinden des Kreises nur Volks- und keine weiterführenden Schulen. Wie ihren Eltern wegen der fehlenden Anbindung an die entstehenden modernen Marktstrukturen der soziale Aufstieg, so blieb den jüdischen Kindern dort deshalb auch bei großer Begabung der Zugang zu höherer Bildung meist versperrt. Die drei schulpflichtigen, aber schon dem Grundschulalter entwachsenen Kinder aus Aldekerk und Straelen, die 1912 einmal wöchentlich den weiten Weg auf sich nahmen, um am Religionsunterricht der jüdischen Privatschule in Geldern teilzunehmen, besuchten sonst in ihren Heimatorten nur den regulären Unterricht der dortigen Volksschulen. Anders entwickelte sich die Lage in der Kreisstadt. In Geldern kam es 1886 zur Gründung einer höheren Jungenschule, die 1903 in ein Progymnasium und 1927 schließlich in ein Vollgymnasium umgewandelt wurde. Für Mädchen bestand fast durchgehend mindestens eine höhere Schule. Von den schulpflichtigen Gelderner jüdischen Kindern, die dem Grundschulalter entwachsen waren, besuchten 1912 alle weiterführende Schulen: Gerda Nordheim und Selma Katz die höhere Mittelschule für Mädchen, Hans Passmann und Fritz Hertz das Progymnasium. Das belegt einen außergewöhnlich hohen Bildungsstand der jüdischen Kinder, denn auf weiterführende Schulen ging damals nur ein kleiner Bruchteil eines Jahrgangs. Die überwältigende Mehrheit der Bevölkerung genoss dagegen nur Volksschulbildung. Die Ausnahmestellung der Juden hatte auch nicht unbedingt mit einer gehobenen sozialen Stellung zu tun. Nordheims, Passmanns und Katz' gehörten zwar zu den reichsten Familien der

Stadt. Fritz Hertz' Vater Gustav jedoch war eines der ärmeren Mitglieder der jüdischen Gemeinde, unter den städtischen Steuerzahlern lag er im Mittelfeld.[66]

Selbst in den Landgemeinden waren die Juden deutlich höher gebildet als die meisten ihrer christlichen Mitbürger. Noch um die Jahrhundertwende konnten viele Leute aus dem ländlichen Milieu des Gelderlands ihren Namen nicht schreiben; sie unterzeichneten mit drei Kreuzen. Von den ärmsten und einfachsten Juden der kleinsten Synagogengemeinden auf dem Land finden sich dagegen in den Akten der staatlichen Behörden lange schriftliche Eingaben überliefert – wie etwa von Isaac Spier aus Issum. Spier war der ärmste Issumer Jude, der sich als Lumpensammler und Tagelöhner durchs Leben schlug. Dennoch weist seine zwei Seiten lange Eingabe von 1893 an den Landrat, in der er sich über Zurücksetzung in der Synagoge gegenüber dem Lehrer Meyersohn beklagt, eine gestochen scharfe Handschrift und keinen einzigen grammatikalischen Fehler auf.[67]

Zusammenhalt und Streit in den jüdischen Gemeinden

Der Inhalt von Spiers Eingabe bringt uns zu einem weiteren Aspekt jüdischen Lebens im Gelderland zwischen Reichsgründung und nationalsozialistischer Machtergreifung: den Auseinandersetzungen und Konflikten, aber auch der gegenseitigen Unterstützung und Solidarität in den Gemeinden. Blättert man die am Regierungspräsidium in Düsseldorf, vom Landrat oder den Bürgermeistern in Geldern und Issum angelegten Akten durch, so könnte man den Eindruck bekommen, als ob das Innenleben der Synagogengemeinden dort durch nichts als Streit erfüllt gewesen wäre. Natürlich täuscht dieser Eindruck. An die Vertreter der staatlichen Behörden wandten sich die Juden wie alle anderen Bürger erst dann, wenn es Schwierigkeiten gab, die nicht anders beizulegen waren. Ein harmonisches Zusammenleben findet normalerweise in Akten keinen Niederschlag. „Aktenkundig" wird etwas erst, wenn es Probleme gibt. Heinrich Kempenich gibt in seinen Erinnerungen ein ganz anderes Bild als die Akten. Bei ihm ist die Rede von „enger Verbundenheit" zwischen den Mitgliedern der Gelderner Synagogengemeinde, „in der jeder einzelne das Schicksal des einen fast wie sein eigenes fühlte, niemand dem anderen etwas missgönnte oder ihn beneidete, mit allen alle sich freuten und gern den Glaubensgenossen gefällig und hilfreich war"[68].

Wie die Akten kann freilich auch die Erinnerung ein verzerrtes Bild geben. Anders als die behördliche Überlieferung, in der sich überwiegend die Schattenseiten des Zusammenlebens niederschlagen, taucht die Erinnerung allerdings die Vergangenheit meist in ein zu rosiges Licht. Dass es in der Gelderner Judengemeinde nicht nur „innigen Zusammenhang untereinander" gab, wird nicht allein durch die Akten, sondern auch durch ein Detail aus Kempenichs Erinnerungen belegt. Nach dem Tod seines Vaters, als die Mutter mühsam versuchte, das Familiengeschäft zu retten, wurde sie von einem Mitglied der Synagogengemeinde ganz unsolidarisch unter Druck gesetzt. Ihrem Sohn erzählte sie später, dass „ein in Geldern ansässiger und in Geschäften anrüchiger Glaubensgenosse, dem später oft nachgesagt wurde, er sei ein arger Wucherer und Halsabschneider, mit einer Dar-

lehensforderung von 1200 Thalern sich gemeldet habe. Er hätte zwar keinerlei Schuldschein oder sonstigen Beweis erbringen können, als nur die Eintragung des angeblichen Darlehens in seinen Büchern, auch habe sie, unsere Mutter, bestimmt gewusst, dass der Vater ihr nie etwas von diesem Darlehen erzählt habe, während er ihr sonst auch nicht das geringste verschwiegen habe." Auf den Rat von Verwandten bezahlte Frau Kempenich das geforderte Geld dennoch, um es nicht auf einen Prozess ankommen zu lassen, obwohl sie überzeugt war, „dass der Mann nichts zu fordern hatte"[69].

Es waren Verwandte, die Kempenichs in dieser schwierigen Lage mit Rat und Tat zur Seite standen: der Bruder des verstorbenen Vaters, der in Köln zu Vermögen gekommen war, und die Eltern und Geschwister der Mutter. Wie auf die Erziehung der Kinder wurde unter deutschen Juden auf den Zusammenhalt der Familie überhaupt viel Wert gelegt.[70] Über die Verwandtschaft hinaus war aber auch die gemeinsame Religion für die jüdische Minderheit ein starkes einigendes Band. In der Synagogengemeinde unterstützte man sich während der 1870er Jahre besonders in Notlagen gegenseitig, zumal die öffentliche Wohlfahrt nur wenig ausgebaut war, wie Kempenich sich erinnert. „Die jüdischen Familien halfen zu jener Zeit ihren bedürftigen Glaubensgenossen unter der Hand, teils durch Geld, durch Wäsche und Kleidung, sehr oft durch die Verabfolgung von Mittagessen. War in einer nicht gut gestellten Familie eine Geburt vorgekommen, so bemühte sich sogleich der ‚Frauenverein' um die Wöchnerin, versorgte sie mit Neulingswäsche und dergleichen, und abwechselnd schickten ihr die Frauen einige Zeit hindurch kräftiges Essen. Viele Jahre hindurch unterstand der Frauenverein der Führung meiner Mutter, die allerdings wegen ihres ausgeprägt wohltätigen Gemüts für diese Stelle sehr geeignet war. Vielleicht war sie etwas zu weich und zu leicht geneigt, auch allerlei vorgespiegelten Nöten ihre Hand zu öffnen."[71]

Hier deutet sich an, dass Solidarität und der Wille zu helfen gelegentlich auch ausgenutzt wurden. Durch Mitglieder der Gelderländer Gemeinden konnte das freilich kaum geschehen. Schließlich gab es selbst in der größten, der Gemeinde der Kreisstadt, nie mehr als zwei bis drei Dutzend Familien. Die wirtschaftlichen Verhältnisse der einzelnen waren fast allen bekannt, wenig blieb verborgen. Anders verhielt es sich mit den nicht fest ansässigen, durchziehenden Juden. Diese kamen meist aus dem Osten, aus Polen und Russland, wo der Anteil der jüdischen Bevölkerung wesentlich höher war als im Deutschen Reich. Anders als ihre relativ wohlhabenden und gesellschaftlich gut eingegliederten Glaubensgenossen im Westen lebten sie dort meist isoliert auf dem Land oder eingepfercht in Ghettos, jedenfalls aber in großer Armut. Besonders nach einer Welle von Verfolgungen in den 1880er Jahren, aber auch schon früher verließen viele dieser polnischen und russischen Juden ihre Heimat und suchten in den USA oder Westeuropa Zuflucht. In Geldern galten sie als „arme Pollacken" – eine Formulierung, in der gleichzeitig Mitleid und Distanz der einheimischen jüdischen Bevölkerung gegenüber den Hilfe suchenden Glaubensgenossen zum Ausdruck kommt. „Solch ‚armer Pollack' brauchte am Freitag oder Sonnabend z.B. nur in oder vor der Synagoge zu erscheinen, so wurde ihm die Teilnahme am Familientische gern angeboten, ein solches Verhalten galt als ‚Mizweh'."[72]

Das der christlichen Barmherzigkeit vergleichbare „Mizweh" oder „Mitzwah" als religiöses Gebot, Bedürftigen zu helfen, hatte freilich in der Praxis auch eine recht doppeldeutige Funktion. Die aus dem Osten geflüchteten Juden konnten damit rechnen, Hilfe zu erhalten – aber nur unter der stummen Voraussetzung, dass sie dann auch weiterzogen und sich nicht etwa niederließen und der Gemeinde auf Dauer zur Last fielen. Die Flüchtlinge revanchierten sich dafür dann auch schon einmal auf ihre Art. Einen besonders krassen Fall schildert Heinrich Kempenich: „So erinnere ich mich, dass eines Tages eine Familie erschien und die Bitte vorbrachte, der Ehefrau in den unmittelbar bevorstehenden Kindesnöten zu helfen. Der Augenschein bewies mit Sicherheit die nahe zu erwartende Niederkunft, und so gab denn meine Mutter als Vorsteherin des Frauenvereins sogleich die Mittel für die Anschaffung von Kinderwäsche und dergleichen her. Aber gleich nachher, als die Familie aus Geldern verschwunden war, ergab sich, dass der ‚arme Pollack' das Federkissen, welches die Frau zur Vortäuschung hoher Schwangerschaft sich vorgebunden hatte, mitsamt der ihr geschenkten Kindswäsche im nächsten Dorf versilberte."[73]

Aber auch zwischen den lang ansässigen Mitgliedern der eigentlichen Gemeinde gab es gelegentlich Brüche der Solidarität. Die Ursachen waren keine anderen als die in jeder kleinen Gemeinschaft vorkommenden: Streit um Geld und sozialen Status. So beschwerte sich in Geldern 1876 die Witwe Gompertz, sie zahle zuviel von der Synagogengemeinde erhobene Kultussteuer. Die Steuer wurde erhoben, um vor allem die jüdische Privatschule zu finanzieren. Da die Kinder von Frau Gompertz bereits erwachsen waren, sah sie keinen

Auf der Geldernschen Straße in Issum wohnten die Familien von Moritz Lebenstein (4. Haus links) und Bouscher (3. Haus rechts).

Sinn darin, die Ausbildung der Sprösslinge ihrer Glaubensgenossen mit zu bezahlen. 1883 beschwerte sich David Nordheim, sein Beitrag zur Kultussteuer sei zu hoch.[74] In Issum gab es ebenfalls wiederholt Streit um die Finanzierung der Schule. Auch dabei ging es im Kern darum, dass die etwas wohlhabenderen Familien und die mit wenig oder gar keinen Kindern sich nicht in dem Ausmaß an den Gemeindelasten beteiligen wollten, wie das die Ärmeren und Kinderreichen verlangten. Alte Auseinandersetzungen, die Jahre oder zum Teil sogar Jahrzehnte zurücklagen, verbanden sich damit. Zum Beispiel wollte 1877 Jacob Bouscher Calmann Hertz die Ausübung des Viehhandels verbieten lassen, weil dieser zwanzig Jahre zuvor einmal als „Wucherer" verurteilt worden sei.[75]

1881 beklagte Bouscher sich über die schon zwei Jahre zurückliegende Schließung der Issumer Schule nach dem Wegzug der Familie Passmann: Der Gemeindevorsteher Cosmann Lebenstein und Calmann Hertz, deren Kinder nicht mehr schulpflichtig seien, hätten die Schließung betrieben, um nicht weiter Steuern dafür zahlen zu müssen. Die übrigen Eltern müssten ihre Kinder jetzt teuren Privatunterricht bei Lehrer Meyersohn nehmen lassen. Die Differenzen lagen aber noch tiefer. Lebenstein habe 1876 mit Billigung von Hertz und Paßmann seinen Schwiegersohn in eine der vorderen Bänke der Synagoge stellen wollen. Da die Plätze nach Alter bzw. Ansässigkeit vergeben wurden, beschwerte Bouscher sich beim Vorstand der Gelderner Synagogengemeinde und bekam Recht: Lebensteins Schwiegersohn musste in eine der hinteren Bänke rücken. Nun sei aber er, Jacob Bouscher, „fortwährend von dem Sohne von Hertz und Passmann misshandelt" worden, seine Frau habe „Gustav Hertz gestoßen bis sie bluthete, jedoch Lebenstein ließ dieses alles gut sein, dieses kann ich durch den Lehrer Meiersohn und den Seidenmacher Adolf Frenkel bezeugen"[76]. Die hier sich sogar handgreiflich entladenden Spannungen waren in diesem Fall letztlich Konflikte zwischen der Gruppe der armen und der Partei der nicht ganz so armen Mitglieder der Gemeinde. Aber auch unter den Ärmsten selbst kam es aus demselben Grund zu Statuskonflikten. So richtete sich die 1893 aktenkundig gewordene Klage des Lumpensammlers und Tagelöhners Isaac Spier wegen Zurücksetzung in der Synagoge gegen den ebenfalls am Hungertuch nagenden Lehrer.[77]

Wenn die Dokumentation über solche Konflikte nach der Jahrhundertwende seltener wird, so lag das wohl nicht daran, dass Spannungen nachließen, sondern eher an dem sich verringernden Interesse der Staatsbehörden an den Angelegenheiten der Juden. Was überliefert ist, deutet darauf hin, dass weder die Anlässe – Gemeindeinstitutionen wie vor allem die Schule – noch die Hintergründe – Konflikte über Geld und sozialen Status – sich änderten. So beschwerte sich 1913 der Gelderner Kaufmann Albert David über den Lehrer der jüdischen Privatschule Josef Rosenzweig. Rosenzweig vernachlässige die Volksschüler zugunsten der Gymnasiasten, er unterrichte überhaupt schlecht und gebrauche seine Zeit neben dem Verkaufen von Versicherungen vor allem dazu, Privatstunden für die Kinder der reicheren Gemeindemitglieder zu geben. Hintergrund der Beschwerde war offenbar auch, dass der Lehrer Davids

Sohn mit der Bemerkung nach Hause schickte, er sei schmutzig und solle sich erst einmal waschen. Der Vater beschimpfte Rosenzweig daraufhin auf der Straße als „grünen Jungen", der „selbst nicht erzogen" sei. Der Lehrer konterte mit der Forderung nach einer Entschuldigung und schließlich mit einer Klage. Zudem hatte Rosenzweig als Kultusbeamter angeblich für die Beerdigung eines Verwandten von David außerhalb Gelderns eine zu hohe Rechnung ausgestellt.[78]

Noch einmal: Das Vorkommen solcher offen ausgetragener Konflikte widerspricht nicht unbedingt der Erinnerung Heinrich Kempenichs, nach der das Innenleben der jüdischen Gemeinde Gelderns vor allem durch Solidarität und gegenseitige Hilfe gekennzeichnet war. Gerade die Außergewöhnlichkeit der Auseinandersetzungen war Vorbedingung dafür, dass sie sich in den Akten der Staatsbehörden niederschlugen. Spannungen kamen und kommen auch in christlichen Gemeinden vor – je kleiner die Gemeinschaft, desto heftiger der Streit. Aus seiner offenen Austragung können wir auch nicht auf einen hohen Grad von Integration der jüdischen Gemeinde in die Gesamtgesellschaft rückschließen, die etwa die Demonstration von Solidarität nach außen hätte unnötig werden lassen. Denn schon in der ersten Hälfte des Jahrhunderts, als die Gelderner Juden noch eine ausgegrenzte und diskriminierte Minderheit waren, mussten sich die Behörden öfter mit ihren internen Querelen befassen. Der Befund, dass es unter Juden heftige Konflikte um Status, Auseinandersetzungen zwischen Arm und Reich gab, kann aber helfen, den Blick auf die Konflikte zwischen Juden und Christen zu klären.

IV. Juden und Christen

Der Blick auf das Verhältnis der beiden Religionen in Deutschland vor 1933 ist geprägt von dem Wissen darüber, was folgte. Es entspricht freilich einer verzerrten Optik, wenn man jeden Konflikt zwischen Juden und Christen in Kaiserreich und Weimarer Republik als böses Omen für den Holocaust interpretiert. Nicht jeder dieser Konflikte hatte notwendigerweise etwas mit Antisemitismus zu tun – wenn er auch dazu führen konnte.

Eingliederung in die Gesellschaft: Feste und Vereine

Gewissermaßen am Anfang stand in Geldern und Issum kein Konflikt, sondern im Gegenteil eine Einladung zum gemeinsamen Feiern. Als die Issumer Juden 1865 den heute noch bestehenden Bau an der Kapellener Straße als Synagoge einweihten, veranstalteten sie einen Ball beim Gastwirt van Bergen. Mit dem Versprechen, für „ausgezeichnete Musik und Getränke" sei „bestens gesorgt", lud das Festkomitee „zu recht zahlreichem Besuch" ein.[79] Leider wissen wir nichts darüber, wie die Einladung von der christlichen Bevölkerung aufgenommen wurde. Anders in Geldern. Zehn Jahre später weihte auch die jüdische Gemeinde der Kreisstadt ihre neue Synagoge am Nordwall ein. Begleitet wurde der Festakt hier von sich über drei Tage eines Wochenendes hinziehenden „Concerten und Bällen". Auch hier bat das Festkomitee „um zahlreichen Besuch" und machte gleichzeitig bekannt, dass „die Musik von der rühmlich bekannten Musik-Capelle des 57. Infanterie-Regimentes" gespielt werde. „Mehrere Bürger" forderten die

Gelderner in einer Zeitungsannonce zudem auf, „zur Verherrlichung der Synagogen-Einweihungsfeier durch Beflaggung ihrer Häuser geflissentlich mit beitragen zu wollen".[80] Wie weit das geschah, ist nicht bekannt. Bei der Einweihungsfeier selbst nahmen aber jedenfalls „eine große Anzahl christlicher Gäste, der Landrat, der Bezirkskommandant, die Geistlichkeit, der Bürgermeister und viele andere erste Bürger der Stadt" teil.[81]

In Issum feierten 1882 bei einem privaten jüdischen Fest nachweislich auch weniger illustre, einfache Christen, wenn nicht sogar das ganze Dorf mit. Die Geldernsche Zeitung vermeldete darüber unter dem Datum 6. September: „Gestern feierten die Eheleute Moses Bouscher von hier das seltene Fest der

§ Issum, 6. Sept. Gestern feierten die Eheleute Moses Bouscher von hier das seltene Fest der goldenen Hochzeit (die dritte aus je 3 verschiedenen Confessionen, welche binnen 3 Monaten in Issum gefeiert wurde). Die Nachbaren der Gefeierten hatten an dem Ehrentage ihr Festgewand angelegt, die Häuser beflaggt, Triumphbogen errichtet und das Haus des Jubelpaares sowie den Eingang der Synagoge mit Guirlanden, Kränzen und hübschen Sinnsprüchen verziert. Am Vorabende des Festes wurden den allseitig geachteten Jubilaren von zwei hiesigen Gesangvereinen je ein schönes Ständchen dargebracht. Am Festtage selbst gegen 10 Uhr Morgens wurden die Gefeierten in dem mit Guirlanden geschmückten Wagen der Firma Mühlen & Leenberz von hier zur Synagoge geführt, woselbst unter zahlreicher Betheiligung aus den verschiedenen Confessionen die neue Einsegnung der Jubilare stattfand. Der Herr Lehrer und Cantor Meyersohn von hier hielt eine recht schön durchdachte, von Herzen kommende und zu Herzen gehende Ansprache an die Gefeierten. Nach beendigtem Gottesdienste war in dem schön decorirten Saale das gemeinschaftliche Caffeetrinken, wobei mehrere Toaste, u. A. vom Herrn Bürgermeister Clemens, dem Herrn Lehrer und Cantor Meyersohn und Herrn Louis Klammer ausgebracht wurden. Gegen 2 Uhr fand das Familien-Festessen im Hause des Jubilare statt, wobei es ebenfalls an div. Trinksprüchen nicht fehlte. Von dort aus gegen 5 Uhr setzte sich ein Zug, das Jubelpaar in dem schön dekorirten Wagen voran, nach dem Saale des Herrn Elspas in Bewegung. Hierselbst wurden einige Stunden in animirter Stimmung verbracht. Möge es dem verehrten Jubelpaare vergönnt sein, so körperlich und geistesfrisch wie bis heute in Liebe und Freude noch manches Jahr zu erleben, um dann ebenso wie heute die Glück- und Segenswünsche zur diamantenen Hochzeit entgegennehmen zu können.

Goldhochzeit im Hause Bouscher in Issum:
Das ganze Dorf feiert mit.
(Bericht aus dem Geldernschen Wochenblatt vom 8. September 1882)

goldenen Hochzeit (die dritte aus je 3 verschiedenen Confessionen, welche binnen 3 Monaten in Issum gefeiert wurde). Die Nachbarn der Gefeierten hatten an dem Ehrentage ihr Festgewand angelegt, die Häuser beflaggt, Triumphbogen errichtet und das Haus des Jubelpaares sowie den Eingang der Synagoge mit Girlanden, Kränzen und hübschen Sinnsprüchen verziert. Am Vorabende des Festes wurde den allseitig geachteten Jubilaren von zwei hiesigen Gesangvereinen je ein schönes Ständchen dargebracht. Am Festtage selbst gegen 10 Uhr Morgens wurden die Gefeierten in dem mit Girlanden geschmückten Wagen der Firma Mühlen und Leendertz von hier zur Synagoge geführt, woselbst unter zahlreicher Betheiligung aus den verschiedenen Confessionen die neue Einsegnung der Jubilare stattfand." Die Feier ging dann noch bis tief in den Abend weiter.[82]

Der Eindruck einer weitgehenden gesellschaftlichen Integration der Juden verstärkt sich bei einer Betrachtung des Vereinswesens. Außer dem Synagogenchor und dem schon erwähnten Frauenwohltätigkeitsverein gab es in Geldern keine speziell jüdischen Vereine. Die Juden wurden offenbar ohne weitere Probleme in die allgemeinen Vereine aufgenommen, viele von ihnen haben dort sogar eine wichtige Rolle gespielt. Im lange Zeit mitgliederstärksten Verein Gelderns, dem 1848 ins Leben gerufenen Schützenverein „Eintracht", war Bernhard Francken Gründungsmitglied. Zur Feier des 25-jährigen Bestehens wurde er 1873 mit einer Verdienstmedaille ausgezeichnet und beim 50-jährigen Jubiläum 1898, mittlerweile selbst 72 Jahre alt, erneut besonders geehrt.[83] Dem ebenfalls sehr mitgliederstarken, 1862 gegründeten Turnverein diente Daniel Elias jahrzehntelang als zweiter

Vorsitzender. Er beteiligte sich auch maßgeblich an der Finanzierung des Turnhallenbaus. Als Daniel Elias 1894 nach Hannover verzog, beklagte der Verein, „eine Hauptstütze" seiner Arbeit zu verlieren, und verabschiedete ihn mit einem Festessen. Zum 50-jährigen Vereinsjubiläum 1912 reiste er eigens an und wurde in der Festrede besonders begrüßt.[84] Auch Heinrich Kempenichs Bruder Max war im Gelderner Vereinsleben sehr aktiv. Gerade achtzehnjährig trat er bei der Übernahme des Geschäfts seines früh verstorbenen Vaters 1878 in den Verein junger Kaufleute ein. 1890 beteiligte er sich außerdem an der Wiederbelebung des Historischen Vereins für Geldern und Umgegend.[85]

Es liegt nahe, dass die in Geldern ja überwiegend im Handel tätigen Juden auch in den wirtschaftlichen Vereinigungen eine wichtige Rolle spielten. So begründete um die Jahrhundertwende Isidor Kaufmann den Kaufmännischen Verein mit.[86] Wenig später demonstrierten die jüdischen und christlichen Kaufleute Gelderns ihr Zusammenhalten gegen Konkurrenz von außerhalb in einer spektakulären Anzeigenkampagne. Ein Geschäftsmann aus Witten hatte die Konkursmasse eines Gelderner Ladens in der Issumer Straße aufgekauft. Durch Schleuderpreise versuchte er den eingesessenen Händlern Marktanteile abzunehmen und sich in der Stadt zu etablieren. Eine Reihe Gelderner Geschäftsinhaber, darunter neben zahlreichen Christen die Inhaber der jüdischen Kaufhäuser Kempenich und Kaufmann, warnte dagegen in massenhaft geschalteten Anzeigen die Verbraucher vor niedriger Qualität der angebotenen Waren. Gegen die frühere Etablierung der ebenfalls mit recht aggressiver, moderner Werbung vorgehenden jüdischen Läden, deren Gründer meist schon län-

Alfred Fränkel (4. v. l. sitzend) bei einer Jubiläumsfeier
des Issumer Männergesangvereins 1927

ger in der Stadt ansässig waren, hatte es eine ähnliche Kampagne der christlichen Gewerbetreibenden nicht gegeben. Der Versuch eines Außenseiters jedoch, auf den Gelderner Markt zu drängen, traf auf den vereinten Widerstand und die Solidarität der eingesessenen christlichen und jüdischen Kaufleute.[87]

Nach 1900 erreichte das jüdische Engagement in der Führung der Vereine der Kreisstadt mit Salomon Nordheim einen Höhepunkt. Schon 1897 spielte er im Männergesangverein eine wichtige Rolle. Als er 1928 starb, war er „eine lange Reihe von Jahren" stellvertretender Vorsitzender des Schützenvereins gewesen, hatte fast ein Vierteljahrhundert als Vorstandsmitglied und seit 1924 als erster Vorsitzender den Turnverein geführt, und seit der Gründung des Haus- und Grundbesitzervereins 1920 als dessen zweiter Vorsitzender gewirkt.[88]

Aber nicht nur in den Vorständen, auch unter den Mitgliedern vieler Vereine waren Juden zahlreich vertreten. Ihre gemessen am Bevölkerungsanteil weit überdurchschnittliche Repräsentanz im Turn- und im Nationalverein ist schon in anderem Zusammenhang erwähnt worden. Zwischen den 1860er und 1880er Jahren, als sie zwischen zwei und drei Prozent der Bevölkerung stellten, lag ihr Anteil an der Mitgliedschaft dort um zwanzig Prozent. Auch im Männergesangverein waren sie weit überdurchschnittlich vertreten. 1907 gehörten ihm knapp achtzig aktive Sänger an. Acht davon, also über ein Zehntel, waren Juden.[89] Ob die Issumer Juden ebenso in Vereinen engagiert waren wie ihre Glaubensgenossen in Geldern, lässt sich aufgrund fehlender Unterlagen nicht sagen. Nach der Erinnerung älterer Bürger war es in der späten Weimarer Republik nur selten der Fall. Das mag allerdings auch daran gelegen haben, dass die Zahl der Juden in der Landgemeinde damals schon sehr stark geschrumpft war. Immerhin sollen zwei Issumer Juden noch 1933 Mitglieder des Musikvereins gewesen sein.[90]

Wenn über Issum in dieser Hinsicht nur wenig festzustellen ist, so kann die starke Vertretung der Gelderner Juden in der Führung und an der Basis der Vereine als ein Beleg für ihre Integration in die Gesellschaft der Kreisstadt gesehen werden. Angesichts der gemessen an ihrem Bevölkerungsanteil weit überproportionalen Vertretung in den größten Vereinen könnte man sogar von einer Überintegration sprechen. Gerade dieser Befund wirft allerdings auch weitere Fragen auf, die nicht so leicht zu beantworten sind. Vielleicht drängten die Juden gerade deshalb so stark in die Vereine, weil sie dadurch eine Integration erreichen wollten, die auf anderen Gebieten ausblieb. Vielleicht ist ihre außergewöhnliche Aktivität dort gerade ein bewusster oder unbewusster Ausdruck von Unsicherheit. Möglicherweise hat der starke jüdische Anteil in den Vereinen aber auch etwas mit deren großbürgerlichem Charakter zu tun. Im 19. und frühen 20. Jahrhundert war das Gelderner Vereinsleben vorwiegend eine Sache der Ober- und der gehobenen Mittelschicht. Hier tummelten sich vor allem die höheren Beamten, die Kaufleute und die wohlhabenderen Handwerker, kaum dagegen die Arbeiter, kleinen Angestellten oder Handwerksgesellen. Da die Juden zum größten Teil überdurchschnittlich wohlhabend waren, ist es naheliegend, dass sie in den Vereinen überrepräsentiert waren. Wie wir noch sehen werden, müssen sich beide Erklärungen für die hohe Repräsentanz der Juden im Gelderner Vereinsleben – dessen großbürgerlicher Charakter einerseits, ihre Unsicherheit über das Ausmaß der tatsächlich erreichten Integration andererseits – nicht unbedingt ausschließen.

Zweifellos war die jüdische Bevölkerung des Kreises darum besorgt, nicht als andersartig aufzufallen. Während besonders die Katholiken ihre religiösen Feste gerne und oft öffentlich und mit lautstarkem Gesang feierten, hielten sich die Juden damit sehr zurück. Wenn sie als Synagogengemeinde in der Öffentlichkeit auftraten, dann sehr leise. So kündigte 1875 der Issumer Kantor dem Bürgermeister an, die jüdische Gemeinde wolle eine neu einzuweihende Torarolle „im feierlichen Zuge" aus dem Haus des Vorstehers zur Synagoge tragen, „jedoch still, ohne Musik und Gesang".[91] Diese Zurückhaltung darin, in der Öffentlichkeit den eigenen Kultus zur Schau zu stellen, ging teilweise bis an den Rand der Selbstverleugnung. In Geldern gehörte die Fronleichnamsprozession zu den bedeutendsten Festen in der Stadt, deren überwältigende Mehrheit katholisch war. Heinrich Kempenich erinnert sich daran, dass die Juden dabei mitfeierten: Man hing „mit allen die Fahne aus, pflanzte junge Birken als ‚Maien' vors Haus und gab seinen Taler Beitrag, der von allen Anwohnern des Großen Marktes zur Errichtung und Ausschmückung des prächtigen Altars dort erhoben wurde". Und nicht nur das: „Ich entsinne mich auch noch sehr wohl, dass mein Bruder, der schon bald in jungen Jahren in allerlei Vereinen eine führende Rolle erhielt und in jeder Beziehung sich der größten Beliebtheit erfreute, selbst auch stets mit allen Fröhlichen fröhlich mittat, bei einem Besuche des Bischofs von Münster sich höchst eifrig an der Ausschmückung des Prachtaltars auf dem Markte beteiligte, anordnete und schmückte, worin dann auch von den Katholiken niemand etwas Besonderes fand. So etwas verstand sich damals eigentlich von selbst."[92] Auf den heutigen Leser wirkt Max Kempenichs Verhalten dagegen äußerst befremdend, selbst wenn man seine Position als lokaler Honoratior und den besonderen Anlass in Rechnung stellt.

Grenzen der Integration: Juden, Protestanten und Katholiken

Es darf zwar nicht vergessen werden, dass kirchliche Feste damals noch weit mehr als heute den Charakter von allgemeinen Volksfesten hatten. Auch vor den Häusern der wenigen Protestanten in Geldern wurden „Maien" aufgestellt, ohne dass diese zunächst dagegen protestierten. Es gab allerdings auch damals durchaus Leute, die eine solche Praxis absonderlich fanden. 1882 riss der kurz vorher in sein Amt eingeführte junge evangelische Pfarrer Thümmel am Vorabend der Fronleichnamsprozession die von Katholiken vor seinem und dem Haus anderer Protestanten aufgestellten „Maien" aus. Es kam zu einem Auflauf und harten Worten zwischen den Konfessionen, wobei zumindest ein Teil der Evangelischen ihren Pastor unterstützte. Von jüdischer Seite erhielt Thümmel nicht nur keine Unterstützung, insgeheim wurde sein Verhalten hier sogar mit recht bezeichnenden Worten verurteilt. „Man sollte glauben", so Heinrich Kempenich, „dass ein evangelischer Pfarrer inmitten einer rein katholischen und bestimmt friedliebenden Einwohnerschaft verständigerweise sich jeder Provokation und jeden nutzlosen Streitsuchens enthalten hätte."[93] Selbst hätte man es nie gewagt, die große katholische Bevölkerungsmehrheit so zu verärgern.

Dabei teilte die jüdische Gemeinde mit der evangelischen viel – auch eine gewisse Antipathie gegenüber dem „unmodernen" Teil der Katholiken. Bezeichnend dafür ist etwa, dass offenbar der evangelische Pfarrer 1875 an der Einweihung der Gelderner Synagoge teilnahm, während sein katholischer Kollege aus Intoleranz gegenüber der fremden Religion fernblieb.[94] Nicht allein die gemeinsame Stellung als Minderheit wirkte in Geldern verbindend zwischen Juden und Protestanten, auch die Sozialstruktur der beiden kleinen Gemeinden war ähnlich. Von dem der Unterschicht angehörenden Großteil der katholischen Bevölkerung trennte sowohl Juden wie Protestanten in dieser Hinsicht dagegen einiges. Die meisten Protestanten waren nach Geldern versetzte höhere Beamte, Kaufleute oder Fabrikanten.[95] Das entsprach, sieht man von den Beamten ab, der Berufsstruktur in der Synagogengemeinde. Dieser gemeinsame bürgerliche Charakter war Voraussetzung engerer Kontakte. Man kannte sich aus den kaufmännischen Vereinigungen. Man lebte in vergleichbaren, gesicherten finanziellen Verhältnissen. Man traf sich in den den Wohlhabenderen vorbehaltenen Klubs und Vereinen. Man hatte etwa dasselbe Niveau der Bildung, und man teilte ihre hohe Wertschätzung. Und nicht zuletzt deshalb standen sich Protestanten und Juden in Geldern sehr nah, was die politischen Überzeugungen anging.

Die liberalen Gruppen wie Turn- und Nationalverein setzten sich lange Zeit mehrheitlich aus Protestanten und Juden zusammen, obwohl beide Konfessionen zusammen in der Stadt nur wenige Prozent der Bevölkerung ausmachten. Wenn die Liberalen in der ersten Abteilung des Stadtrats, wo sie von der protestantischen Fabrikantenfamilie van der Moolen geführt wurden, dennoch lange Zeit dominierten, so lag das nicht unwesentlich daran, dass diese Abteilung von den wenigen reichsten Bürgern der Stadt gewählt wurde, unter denen wiederum sehr viele Juden waren.[96] Die Liberalen verfochten mit ihrem Einsatz für die Einrichtung weiterführender Schulen in Geldern während der Reichsgründungszeit die Interessen und Ideale von Protestanten wie Juden. Natürlich gab es auch Katholiken, meist ebenfalls aus bürgerlichen Verhältnissen, die an die Macht der Bildung glaubten. Sie gaben ihren Glaubensgenossen zu bedenken, dass die katholische Bevölkerung im Durchschnitt einen relativ niedrigeren sozialen Status als Protestanten oder Juden hatte. Liberalen Erklärungsmustern folgend behaupteten sie, dass das mit dem Festhalten an autoritären Leitbildern der Erziehung zusammenhänge, und forderten zur Übernahme moderner, offenerer Bildungskonzepte im Katholizismus auf. Je mehr sich allerdings in den 1870er und 1880er Jahren Konflikte zwischen katholischer Kirche einerseits, Liberalen und protestantisch geprägtem Staat andererseits zu einem in ganz Deutschland auf beiden Seiten mit wachsender Erbitterung geführten „Kulturkampf" hochschaukelten, wurde der Liberalismus aber zu einer fast rein protestantischen (und jüdischen) Weltanschauung.[97]

Auch nachdem der offen ausgetragene Konflikt des Kulturkampfs seit 1887 beendet wurde, blieb das Verhältnis von Protestanten und Katholiken in Geldern dadurch belastet. Tatsächlich war es immer schon gespannt gewesen. Die katholische Bevölkerungsmehrheit sprach von der evangelischen Minderheit als „Geusen". Das Wort, ursprünglich im 17. Jahrhundert von den Herrschern der damals spanischen Niederlande zur Bezeichnung der aufständischen protestantischen Holländer gebraucht, bedeutet eigentlich „Bettler". Auch aus dem Mund eines katholischen Geldrianers trug es „etwas Verächtliches in sich". Heinrich Kempenich glaubte beobachten zu können, „dass eine gewisse Kluft zwischen beiden Konfessionen bestand, die nicht zu überbrücken war"[98]. Im Kontrast dazu stellte er fest: „Das Verhältnis der Katholiken zu den jüdischen Mitbürgern war gut, und fast alle standen in einem vom Glaubenshasse ganz fernen Verkehr zueinander." Man habe „in Eintracht und Freundschaft" zusammengelebt.[99] Solche Behauptungen dürften für die 1870er Jahre zutreffend sein. Es gibt wenigstens keine Belege, die ihnen widersprechen. Die Unterschiede in den Beziehungen zwischen katholischer Bevölkerungsmehrheit und protestantischer Minderheit einerseits, der noch kleineren jüdischen Gemeinde andererseits hingen aber wohl auch mit dem oben skizzierten verschiedenen Verhalten beider Minoritäten zusammen. Zumindest ein Teil der Protestanten suchte die Auseinandersetzung. Für die Juden dagegen war offensichtlich das Verhalten von Heinrich Kempenichs Mutter typisch: Sie „wusste sich mit Hoch und Niedrig gutzustellen", wie ihr Sohn berichtet.[100]

Dabei teilte Frau Kempenich insgeheim durchaus die weltanschaulichen Überzeugungen der Liberalen. Wie die protestantischen Kulturkämpfer hegte sie eine Abneigung gegen die mehr traditionell orientierten katholischen Erziehungskonzepte. Als 1877 die Entscheidung anstand, auf welches Gymnasium ihr Sohn Heinrich gehen sollte, entschied sie für Wesel, obwohl es in Kempen und Kleve Gymnasien gab, die beide mit der Bahn leichter zu erreichen gewesen wären. Aber „sie waren der Mutter wohl zu katholisch eingestellt"[101]. Letztlich blieb den Katholiken diese Abneigung nicht verborgen. Kritisch registrierte etwa das katholische Geldernsche Wochenblatt die Parteinahme der Juden für den protestantischen Staat bei nationalen Gedenktagen während des Kulturkampfs. Auf dem Höhepunkt dieses weltanschaulichen Konflikts verstieg sich das katholische Presseorgan dann sogar zu einer gehässigen öffentlichen Diffamierung. 1882 druckte es einen Artikel, in dem jüdischen Hausierern vorgeworfen wurde, „in höchst raffinierter und zudringlicher Weise ihre Schundware" zu verkaufen. „Leider" sei „in hiesiger Gegend auch der Viehhandel ganz in den Händen der Juden". Letzten Endes wurde der Einfluss „der Juden" auf das „ländliche Volk" als unheilbringend dargestellt.[102]

Solche Ausfälle geisterten mit dem Aufschwung des Antisemitismus in Deutschland seit Ende der 1870er Jahre verstärkt durch die Presse. Der Erfolg antisemitischer Parteien blieb allerdings im katholischen Rheinland noch geringer als im Durchschnitt des Deutschen Reichs, wo erst die NSDAP Ende der 1920er Jahre wirklichen Masseneinfluss gewann. Welche Verbreitung und vor allem welchen Einfluss judenfeindliche Presseerzeugnisse hatten, lässt sich nur vermuten.[103] In Geldern blieb es bei dem einen Ausfall der katholischen Zeitung. Die „Mehrheit der katholischen Bevölkerung" konnte unter den Juden weiter als „friedliebend" gelten. Die jüdische Gemeinde, so Heinrich Kempenich, „hielt aber auch fast durchweg auf Ehrbarkeit und Wohlanständigkeit, so dass kein Anlass zur feindlichen Gesinnung von seiten der andersgläubigen Bewohner vorlag"[104].

Grenzen der Integration: Jüdisches Bürgertum und katholische Unterschichten

„Ehrbarkeit" und „Wohlanständigkeit" waren typisch bürgerliche Tugenden. Dass sich die Gelderner Juden mit ihnen das Wohlwollen der „Mehrheit der katholischen Bevölkerung" erkauften, könnte demnach einen Fingerzeig darauf geben, wer unter den Katholiken als weniger „friedliebend" erschien. Mit dem gehobenen Bürgertum, den katholischen Kaufleuten und Handwerksmeistern, kam man wie mit den Protestanten in den gewerblichen und geselligen Vereinen zusammen. Es kam sogar vor, dass zwischen den Kindern benachbarter Juden und Katholiken enge Freundschaften entstanden. So galt Franz Camps, der Sohn des nebenan wohnenden Seilermeisters, Heinrich Kempenich als sein „bester Schulfreund", zu dem er auch nach Camps' Auswanderung nach Amerika noch Kontakt hielt. „Die Bürgerschaft des mittleren Standes war fast wie eine einzige Familie."[105] Ganz anders verhielt es sich aber offenbar mit den Beziehungen zwischen den überwiegend großbürgerlichen Angehörigen der Synagogengemeinde und dem „unteren Stand" in der katholischen Bevölkerung: den Arbeitern, Gesellen und kleinen Handwerkern.

Schon in die 1870er Jahre schildernden Erinnerungen von Kempenich wird das deutlich. An einer Stelle erzählt er von den verschiedenen Räumen, in denen der Unterricht der jüdischen Privatschule stattfand, bevor sie das Hinterhaus der 1875 eröffneten Synagoge bezog: „Mir ist als Schule in einem angemieteten Raume noch ein Lokal in einem ganz unwürdigen Arbeiterhause in übler Erinnerung, wo sie sich im ersten Obergeschosse befand. Das Haus war mit dem Lärm von ganz gewöhnlichen Leuten angefüllt, es waren alles Seidenweber, die nicht auf Reinlichkeit, Anstand und Ordnung hielten, die ihnen ganz fremd waren. So erfüllten übler Geruch und Lärm das Haus und drangen bis in die Schulstube, gewöhnliche Redensarten und Schimpfereien der Bewohner kamen zu den Ohren der Kinder, und dagegen konnte der Lehrer nichts ausrichten, denn die Seidenweber sind oft von nicht ganz artigem und höflichem Wesen. Einmal erlebten wir Kinder es, dass auf dem Hofe ein Schwein geschlachtet wurde. Das Schreien des Tieres, das Halloh der Hausbewohner kamen störend in unsere Stube, und dann wurde auf dem Hausflure das abgebrühte und von den Borsten befreite Tier aufgehangen, so dass wir Kinder, da wir doch einen grenzenlosen Abscheu und einen inneren Widerwillen empfanden, daran vorbeigehen mussten, als wir die Schule verließen. Diese Erinnerung ist aus meinem Schulleben mir immer die unerfreulichste geblieben."[106]

Schon der heutige Leser kann ansatzweise nachempfinden, welchen Abscheu das Kind allein angesichts des geschilderten Anblicks empfunden haben muss. Hinzu kam freilich noch, dass Schweine in der jüdischen Religion grundsätzlich als unreine Tiere galten. Die Seidenweber mussten das wissen und schlachteten dennoch, ja sie hängten den Tierkörper sogar im Hausflur auf, durch den die jüdischen Schüler gehen mussten. Da es offenbar vorher schon zu Zusammenstößen zwischen beiden Gruppen gekommen war, ist es sehr wahrscheinlich, dass es sich dabei um eine bewusste Provokation handelte. Die Wurzel des Konflikts war freilich

weniger ein religiöser als ein sozialer, ein Klassengegensatz – auch wenn die Seidenweber die konfessionelle Differenz nutzten, um die Juden zu verletzen. Die jüdische Gemeinde hatte für ihre Schule das erste Obergeschoss angemietet, die „Beletage". Wie schon ein Blick auf die Fassaden von im 19. Jahrhundert erbauten Häusern zeigt, war dieses erste Stockwerk das vornehmste. Die Ausstattung war hier besser, die Räume und auch die Mieten höher. In den übrigen Etagen des – in den Augen des jungen Großbürgers Heinrich Kempenich – „unwürdigen Arbeiterhauses" lebten „ganz gewöhnliche Leute". Den aus besseren Verhältnissen stammenden Juden erschienen die Seidenweber als raue Kerle, die unflätige Wörter ohne Rücksicht auf Kinder gebrauchten, Gestank und Lärm verbreiteten und nicht auf die bürgerlichen Tugenden „Reinlichkeit, Anstand und Ordnung" achteten. Welchen Eindruck die Juden auf die Seidenweber machten, können wir nur vermuten. Wahrscheinlich erschienen sie ihnen als Leute, die sich etwas Besseres dünkten.

Tatsächlich hob sich die jüdische Bevölkerung in ihrer subjektiven Selbsteinschätzung von der Masse ihrer christlichen Mitbürger ab. Auf die fleißigen, arbeitsamen, nach jahrhundertelangem Elend und Diskriminierung nachdrücklich ihren sozialen Aufstieg verfolgenden Juden machte es einen befremdenden Eindruck, dass die große Mehrheit der Christen viel Zeit scheinbar nutzlos vergeudete. Besonders galt das für die einfachen Katholiken. Hier spielte man „Bögeln" oder ging auf die Jagd. „Unglaublich viel Zeit wurde mit Unterhaltungen und nachbarlichem Verkehr vertan, wozu immer Zeit und Gelegenheit vorhanden war." Alle diese Beschäftigungen waren mit reichlichem

Familientag bei Francken in Geldern 1901

Alkoholkonsum verbunden. Im Judentum hatte der maßvolle Genuss von Wein bei Sabbat- und Festmählern seinen liturgisch bedingten Platz. Trinkerei darüber hinaus galt den Glaubensgenossen von Heinrich Kempenich aber als „schlimme Unsitte". „Alle diese Leute in der Kleinstadt, die so sorglos in den Tag hineinlebten, deren Wesen rheinische Lebenslust und holländisches Phlegma in sich vereinigte, deren geistigen Horizont von jeher die katholische Kirche und ihre Lehren umgrenzten, fanden einen besonderen Genuss, eine wahre Daseinsfreude im Vertilgen großer Alkoholmengen, vornehmlich von Bier. Das war ein so verbreiteter Zustand, dass für uns jüdische Kinder, die in den Familien so etwas doch nie sahen, die Begriffe ‚christlicher Mitbürger' und ‚Trinker' sich fast verschmolzen, denn wir sahen allzu oft, dass diese

Mitbürger keine Gelegenheit vorübergehen ließen, die zur Zulegung eines tüchtigen Rausches sich ihnen darbot. Und es fehlte an solchen Anlässen wahrhaftig ganz und gar nicht. In katholischen Gegenden sind die kirchlichen Feiertage viel häufiger als anderswo, die Namenstage wurden gefeiert statt der Geburtstage, aber dann gleich so, dass daraus ein Fest für Verwandte und Freunde wurde. Der Name ‚Joseph' ist in katholischen Gegenden sehr verbreitet, in Geldern hatte fast jede zweite Familie einen Joseph, kein Wunder, dass am Namenstage dieses Heiligen die halbe Stadt feierte und nach einem Scherzworte die ganze Stadt nach Alkohol duftete."[107]

Man mochte darüber lachen, aber hinter dem Gelächter steckte auch Verachtung. Trotz aller auf jüdischer Seite beobachteten Vorsicht konnte diese Verachtung der belächelten katholischen Mehrheit nicht ganz verborgen bleiben. Schon daraus musste sich ein Gegensatz ergeben. Daran änderte auch die Tatsache nichts, dass die Juden mit ihrer Interpretation der Dinge wohl nicht ganz Unrecht hatten. Wahrscheinlich bestand ja wirklich ein gewisser Zusammenhang zwischen ihrem Arbeitsethos und ihrem Aufstieg zu Reichtum einerseits, der Lethargie, Trunksucht und relativen Armut des Großteils der katholischen Bevölkerung andererseits. Aber Neid schert sich nicht um Ursachen.

Sicherlich waren die Juden nicht die einzigen wohlhabenden Bürger in Geldern. Sozialneid traf auch reiche Protestanten und Katholiken. Jüdische Kaufleute und Fabrikanten wurden nicht seine einzigen Opfer. Aber sie konnten sich dem gesellschaftlichen Gegensatz zwischen Hoch und Niedrig, zwischen Oben und Unten nicht entziehen. Durch die Industrialisierung, die in Geldern mit der Reichsgründung zwar vergleichsweise schwach, aber doch merklich einsetzte, gewannen diese traditionellen Konflikte als Klassengegensatz eine neue Schärfe und Qualität. Vor 1871 ernährte in der Stadt allein die Seidenweberei größere Zahlen von abhängig Beschäftigten. Sie wurde aber meist in Heimarbeit betrieben. Die ersten größeren Betriebe, die als Industrie im eigentlichen Sinn bezeichnet werden können, waren die 1869 und 1871 eröffneten Schuhfabriken der Juden Carl Cain und David Nordheim. Vor allem in den 1880er Jahren siedelten sich dann zahlreiche weitere Industriebetriebe in der Kreisstadt an. Dabei handelte es sich hauptsächlich um Betriebe der Textil-, Knopf- und Tabakindustrie. Schon um die Jahrhundertwende gerieten diese Branchen aber in eine Krise. Die betreffenden Betriebe schlossen ihre Tore oder verlagerten die Produktion an andere Orte. Die vor dem Ersten Weltkrieg einen Aufschwung nehmende Metallindustrie konnte dadurch verlorene Arbeitsplätze nicht ersetzen. Allein die in jüdischem Besitz befindlichen Schuhfabriken erwiesen sich als krisenfest und blieben Geldern erhalten.[108]

Das machte die Mitglieder der Synagogengemeinde unter den christlichen Unterschichten der Stadt allerdings nicht beliebter. Eher war das Gegenteil der Fall. Während der verbale antijüdische Ausfall des Gelderschen Wochenblatts als Sprachrohr der gebildeten katholischen Bevölkerung 1882 einmalige Episode blieb, sind für die Zeit danach zwei Vorfälle überliefert, die dem Typus des aktionsbetonten Antisemitismus der Unterschichten zugerechnet werden können. 1887 wurde der jüdische Friedhof geschändet. Unbekannte stürzten dort Grabsteine um. 1910 warfen Jugendliche 93 Fensterscheiben der Synagoge auf dem Nordwall ein. Die Gemeinde verzichtete auf einen Strafantrag.[109] Möglicherweise hatte man keine Hoffnung, die Täter ausfindig zu machen. Vielleicht verfuhr man aber auch nach dem alten Rezept, nicht weiter aufzufallen und antisemitischen Gefühlen in der Bevölkerung keine weitere Nahrung zu geben. Dass es diese gab, beweisen die erwähnten Vorfälle zur Genüge. Wie verbreitet und wie tief verwurzelt sie waren, lässt sich freilich nicht ergründen.

Traditioneller religiöser Antisemitismus: Ritualmordaberglaube in Issum 1898

Im Gegensatz zu Geldern ging die Industrialisierung an Issum weitgehend vorbei. Der Ort blieb eine ländlich strukturierte Gemeinde und die Juden dort relativ arm. Antijüdische Einstellungen konnten daher hier durch Sozialneid kaum verstärkt werden. Sie mussten sich eher aus traditionellen religiösen Quellen speisen. Dass es solchen religiös motivierten Antisemitismus auch in Issum gab, beweist ein Fall aus der Zeit um die Jahrhundertwende, durch den der Ort kurzfristig traurige Berühmtheit über den Niederrhein hinaus erlangte. Im Januar 1898 konnte man in verschiedenen Zeitungen in ganz Deutschland lesen, dass ein neunjähriger Junge aus Issum der Frau des dortigen Viehhändlers und Hausierers Leopold Hertz vorgeworfen hatte, sie habe ihn schlachten wollen. Es handelte sich dabei nicht um den ersten Fall dieser Art in der Region. 1892 war in Xanten ein Junge ermordet worden, und man hatte einen jüdischen Metzger des Mordes angeklagt, dann aber freigelassen, was zu Ausschreitungen gegen Juden im Kreis Grevenbroich, aber nicht in Issum oder Geldern führte. Das im Mittelalter entstandene und in antisemitischen Druckschriften seit längerem verbreitete Märchen, die Juden benötigten für ihre religiösen Rituale das Blut geschlachteter Christen, fand aber in der Folgezeit offensichtlich ein Echo auch hier und am ganzen Niederrhein. 1893 entstand in Kempen das Gerücht von einem versuchten jüdischen Ritualmord, 1901 verbreitete sich eine ähnliche Legende in Kleve. Dazwischen lag der Fall in Issum.[110]

Frau Hertz, deren Mann Leopold nach Ausweis der Wählerlisten zu den ärmsten Mitgliedern der Issumer Synagogengemeinde zählte, hatte den neun Jahre alten Karl Hilb auf dem Weg von der Schule nach Hause angesprochen und gebeten, für sie einen Botengang zu erledigen. Der Junge willigte zunächst ein. Als er im Haus von Hertz auf dem dunklen Flur wartete, während die Frau etwas heraussuchte, bekam er es aber mit der Angst zu tun. Er lief davon und erzählte den Eltern, die Jüdin habe ihn „koschern", also schlachten wollen. Sein Vater, ein Weber, glaubte ihm und brachte die Sache zur Anzeige. Der Bürgermeister erkannte die Geschichte dagegen als das offensichtliche Produkt kindlicher Phantasie, die durch die über die Xantener Affäre umlaufenden Geschichten angeregt worden war. Zwischen dem Bürgermeister und dem Vater kam es zu einem scharfen Wortwechsel, infolge dessen der Bürgermeister später eine Beleidigungsklage erhob. Auch die Redakteure der beiden Lokalzeitungen in Geldern ignorierten den Vorfall zunächst, weil sie „der ganzen Sache keine Bedeutung beilegten und nicht daran glaubten" beziehungsweise „es anfangs für überflüssig hielten, auf die müßige Erfindung eines Schuljungen einzugehen".

Zumindest ein Teil der Bevölkerung schenkte der Geschichte des Jungen aber offenbar Glauben, so dass „eine gewisse Beunruhigung" entstand und bei der Presse „verschiedene Anfragen" einliefen. Daraufhin berichteten auch die beiden Zeitungen „im Interesse der Wahrheit" über die „böswillige Erfindung, vor deren Weiterverbreitung wir ernstlich warnen". Die vom Bürgermeister durchgeführten verschiedenen Verhöre ergaben „solche Widersprüche gegen die Aussagen des Knaben, dass derselbe, hierauf und auf das Unglaubhafte seiner Angaben hingewiesen, schließlich die ganze Sache als erfunden zugab". Sein Vater beharrte aber auf dem Gegenteil und machte eine Eingabe beim zuständigen Staatsanwalt in Kleve. Dieser erschien selbst in Issum und nahm in Anwesenheit des Vaters und des Bürgermeisters ein neues Verhör vor. „Trotz aller gütlichen Zureden des Herrn Staatsanwaltes war jedoch aus dem Jungen nicht das Geringste herauszubringen, er wehrte sich mit Händen und Füßen gegen jedes Verhör" und wurde endlich entlassen. Nach Vernehmung der übrigen Zeugen und einer Hausbesichtigung bei Hertz bezeichnete auch der Staatsanwalt die Geschichte des Weberjungen endgültig als ein Hirngespinst. Dann „erschien nun der Vater mit seinem Sohne wieder auf dem Amte und theilte mit, dass dieser jetzt aussagen wollte, der Staatsanwalt erklärte jedoch die Akten für geschlossen."

An dem Fall sind vor allem die unterschiedlichen Reaktionen der Erwachsenen aufschlussreich. Die Angehörigen der gebildeten Oberschicht, allen voran der Issumer Bürgermeister und die Redakteure der Gelderner Lokalzeitungen, erkannten die Geschichte des Jungen von vornherein als das, was sie war: ein Resultat überhitzter kindlicher Phantasie. Andere glaubten dagegen an sie und bezogen gegen die jüdischen Opfer Stellung. Vor allem der Vater des Jungen, ein einfacher Weber, ließ sich bis zum Schluss der Affäre – und darüber hinaus – durch nichts von dem antisemitischen Ritualmordklischee abbringen. Hier wie auch in Geldern fiel die antisemitische Propaganda offenbar besonders in den Unterschichten auf fruchtbaren Boden. Allerdings wurde diese Anfälligkeit hier nicht durch einen Klassengegensatz verstärkt. Anders als viele ihrer Gelderner Glaubensgenossen konnten die Issumer Juden kaum als reich gelten, und die Familie von Leopold Hertz war definitiv arm. Im Hintergrund des Ritualmordvorwurfs stand religiöser Aberglaube, nicht Sozialneid und Klassengegensätze.

Antisemitismus und Klassengegensatz: Geldern um die Jahrhundertwende

In Geldern dagegen traten zu den traditionellen religiösen Hintergründen des Antisemitismus zunehmend wirtschaftliche. Die Industrialisierung führte hier zu einer Zuspitzung der Klassengegensätze. Die Gründung eines katholischen Arbeitervereins dort 1897 war ein Zeichen dafür. Die Arbeiter verlangten eine stärkere Berücksichtigung ihrer Interessen. Zunehmend forderten sie das bisher in der Stadt allein wirtschaftlich und politisch tonangebende Bürgertum heraus. Das richtete sich allerdings nicht allein gegen das jüdische Bürgertum. Die Verschärfung der Klassenbeziehungen wirkte sich zunächst einmal in Auseinandersetzungen innerhalb der katholischen Bevölkerungsgruppe aus.

In der Politik kam es zu Streit in der in Geldern dominierenden katholischen Zentrumspartei. Zwischen den etablierten bürgerlichen Honoratioren und der aufstrebenden Arbeiterbewegung innerhalb der Partei entwickelten sich Konflikte. Die Arbeiter forderten seit etwa der Jahrhundertwende eine mehr an ihren Interessen orientierte Politik des Zentrums in Reich, Staat und Gemeinde. So drängten sie auch auf die Wahl eigener Vertreter in den noch aus lauter Bürgern bestehenden Stadtrat. Darüber kam es zu heftigen innerparteilichen Auseinandersetzungen im Gelderner Zentrum. Bei den Stadtratswahlen stellten Arbeiterflügel und bürgerlicher Honoratiorenflügel der katholischen Partei vor dem Ersten Weltkrieg zeitweise gegeneinander konkurrierende Kandidaten auf. Dabei wurde der eigentlich aus dem bürgerlichen Lager stammende Juwelier Heinrich Wedershoven mehr und mehr zum Vermittler.[111] So machte er sich zum Sprecher von Forderungen, die städtischen Finanzmittel stärker für Sozialpolitik im Interesse der Arbeiter zu verwenden. Dafür waren Kürzungen in anderen Bereichen nötig.

Im März 1914 beantragte Wedershoven im Stadtrat deshalb, den städtischen Zuschuss zur nur noch von wenigen Schülern besuchten israelitischen Privatschule zu kürzen. Bis dahin hatte man sich von dem Gedanken leiten lassen, dass die jüdische Gemeinde ein Anrecht auf diesen Zuschuss habe, weil ihre wohlhabenden Mitglieder recht hohe Steuern zahlten. Jetzt wurde dies aber als Begründung dafür angeführt, dass die Juden ihre Schule selbst finanzieren sollten. Ein Stadtrat wandte sich gegen Wedershovens Antrag mit dem Argument, „man habe solange Toleranz geübt, sie möge auch weiter bei der Beurteilung des Falles ausschlaggebend sein". Dagegen meinte ein anderer, „dass in der ganzen Monarchie wohl kaum ein Fall aufgezählt werden könne, wo ein solches Entgegenkommen gezeigt werde, wie das von der Stadt Geldern gegenüber der israelitischen Gemeinde gegenüber beobachtete. Man könne in Fällen und an anderen Orten, wo gewisse Konfessionen die Mehrheit hätten, noch lange nicht immer dieselbe Toleranz uns gegenüber wahrnehmen." Das war eine Anspielung auf angebliche Diskriminierung von katholischen Schulen in mehrheitlich protestantischen Städten, und es erinnerte zudem an die alten Gegensätze aus dem Kulturkampf.[112]

Der Zuschuss an die jüdische Schule wurde tatsächlich schließlich stark gekürzt.[113] Auch wenn es stimmte, dass wegen des Absinkens ihrer Schülerzahl der städtische Zuschuss pro Schüler relativ hoch war, so war das doch nicht der einzige Grund für diese Entschei-

dung. Die Kürzung des Zuschusses war nicht nur sachlich bedingt und wurde auch nicht allein damit begründet. Erst das Aufkommen der katholischen Arbeiterbewegung und ihrer Sprecher im Stadtrat gab den Anstoß dazu. Die Debatte im Rat zeigt, dass der alte Gegensatz aus dem Kulturkampf und die neuen wirtschaftlichen Gegensätze sich zu einem Antrag mit antijüdischer Tendenz verbanden. Dahinter stand letzten Endes ein Interessenkonflikt zwischen den aufstrebenden Industriearbeitern und den wohlhabenden jüdischen Bürgern.

Parallel zu diesen Entwicklungen auf der Ebene der Stadtpolitik zeichnete sich seit der Jahrhundertwende auch ein mentaler Wandel in den Beziehungen zwischen Arbeitnehmern und – jüdischen wie christlichen – Arbeitgebern ab. Noch um 1900 wurden diese Beziehungen von beiden Seiten als grundsätzlich harmonisch aufgefasst. Diese Auffassung ging auf die sich am traditionellen Handwerk orientierende Sicht des Betriebes als einer „Familie" zurück. Im alten Handwerk kam dem Meister dabei die Rolle des für seine Gesellen und Lehrlinge wie ein Vater treusorgenden „Prinzipals" zu. Die Beschäftigten sollten dafür wie Söhne dankbar und gehorsam sein. Das Leitbild dieser harmonischen Beziehung prägte auch noch die frühen, sich aus dem alten Handwerk entwickelnden Fabrikbetriebe. Es galt zum Beispiel in dem ersten größeren Gelderner Industrieunternehmen, der von dem Juden Carl Cain 1869 gegründeten Schuhfabrik. Als Cain 1883 starb, ließen seine Beschäftigten in der Zeitung statt einer Todesanzeige ein Gedicht auf den Verstorbenen drucken. „Gewidmet von seinen Arbeitern", trug es die Überschrift: „Immortellenkranz, niedergelegt auf das

Ein Nachruf auf den Schuhfabrikanten Carl Cain (Gelderner Zeitung vom 4. Mai 1883)

Grab unseres unvergesslichen Prinzipals". Cain wurde darin als „tatenreich und edel" besungen,

„das gute Herz geöffnet fremdem Leid ... und Wohlthun seine höchste Seligkeit.
Wer so gelebt, der ist uns nicht
  gestorben,
Ob auch geendet seines Lebens Traum;
Sein Nam' ist lieb und theuer uns
  geworden,
Lebt fort in uns'rer Herzen stillem
  Raum." [114]

Selbst als 1903 Isidor Kaufmann starb, bestand dieses alte Leitbild einer harmonischen Familienbeziehung zwischen Arbeitgeber und Arbeitnehmer in Geldern noch. „Die Arbeiter der Firma Gebr. Kaufmann" ließen in der Zeitung eine Todesanzeige für Isidor Kaufmann drucken. Ihr Text lautete: „Wir verlieren in ihm einen fürsorglichen Arbeitgeber. Dem Verstorbenen werden wir ein ehrendes Andenken bewahren." [115] Erst danach machte das überlieferte familiär-harmonistische, an alten handwerklichen Strukturen orientierte Leit-

bild moderneren Platz. Im heutigen Verständnis der „Tarifparteien" gibt es zumindest in den größeren Industriebetrieben keinen Raum mehr für Vorstellungen, die von väterlicher „Fürsorgepflicht" der Arbeitgeber und Gehorsam als Gegenleistung der Arbeitnehmer ausgehen. Die jeweiligen Interessen werden nicht als harmonisch, sondern als potentiell miteinander in Konflikt wahrgenommen. Die alte Vorstellung, dass etwa Lohn von Arbeitgeberseite „fürsorglich" gegeben und auf Arbeitnehmerseite dankbar genommen wird, wäre heute absurd. Lohnerhöhungen sind nicht großzügige Gesten väterlicher Gönner, sondern Ergebnis langwieriger zäher Verhandlungen und von Druck durch Zusammenschlüsse der Arbeiter. Diese modernen Leitbilder der Beziehungen zwischen Arbeitgebern und Arbeitnehmern setzten sich in Geldern nach der Jahrhundertwende durch. Als der Besitzer der zweiten großen Schuhfabrik der Stadt, Salomon Nordheim, 1928 starb, gab es in den Zeitungen zwar außer der Todesanzeige der Synagogengemeinde auch Anzeigen mehrerer Vereine, aber nicht der Arbeiter des Betriebes. Schon 1911 zeigte ein Streik bei Nordheim zudem ganz deutlich, dass die Tage harmonischer Beziehungen im Betrieb vorbei waren. Zu diesem Zeitpunkt hatte sich ein Teil der Arbeitnehmer bereits im „Verband christlicher Lederarbeiter" zusammengeschlossen. Zum Konflikt kam es, nachdem manche Arbeiter, noch ganz traditionellen Umgangsformen verhaftet, um eine Lohnerhöhung baten. Der Firmeninhaber lehnte das ab, worauf die Verbandsvertreter sich einschalteten. Nordheim erklärte daraufhin, „wenn ein Arbeiter meine, dass er zu wenig verdiene, möge er selber vorstellig werden". Er machte zwar einige Zugeständnisse, begann aber dann, sämtlichen gewerkschaftlich organisierten Arbeitern zu kündigen. Die Gewerkschaft reagierte mit der Erklärung, „dass die fortschrittliche Arbeiterbewegung nicht mehr aufgehalten werden kann und dass die früheren Zeiten vorbei sind". Gleichzeitig forderte sie alle Arbeiter auf, sich solidarisch zu zeigen und keine Arbeit bei Nordheim aufzunehmen, bis die Lohnforderungen bewilligt und die Entlassungen rückgängig gemacht würden. Der Streik hatte Erfolg.[116]

Auch bei der Schuhfabrik Cain kam es kurz darauf zu Arbeitskonflikten. Schon seit 1889 hatte es vereinzelt Streiks in Geldern gegeben, von denen allerdings die bei den zwei jüdischen Schuhfabriken 1911 das bisher größte Ausmaß annahmen. Ab der Jahrhundertwende spielte dabei die Bildung von Gewerkschaften eine immer wichtigere Rolle.[117] Die Tage, als harmonistische Leitbilder das Verhältnis von Arbeitern und Arbeitgebern geprägt hatten, waren damit auch in Geldern gezählt. Die Klassengegensätze kamen jetzt unverhüllt zum Vorschein und wurden ohne Manschetten ausgetragen. Natürlich traf diese Entwicklung nicht allein die jüdischen Arbeitgeber. Sie waren nicht die einzigen, die mit dem neuen Selbstbewusstsein der Arbeiterbewegung ihre Schwierigkeiten hatten. Christliche Unternehmer stellten sich ebenso ungerne auf die neuen Zeiten ein. Aber Christen gab es auf beiden Seiten der „Tarifparteien". Es gab sowohl christliche Arbeitnehmer wie Arbeitgeber. Die Juden dagegen waren zum größten Teil selbstständige Unternehmer. Bei weitem nicht alle Arbeitgeber waren Juden, aber die meisten Juden waren Arbeitgeber. Daher konnten sie besonders zum Symbol und Kristallisationskern für Protest und Abneigung der Arbeiter werden.

Erster Weltkrieg und Weimarer Republik: Verstärkung des Antisemitismus durch Nationalismus

Im und nach dem Ersten Weltkrieg verschärften sich die Klassengegensätze eher noch. Während des Krieges konnten die Arbeiter ihre Position gegenüber den Arbeitgebern verbessern. In der Revolution von 1918/19 verstärkte sich diese Entwicklung. Mit der Abschaffung der Monarchie stürzte auch die konservativ geprägte Regierung, die bisher die Arbeitgeber gestützt hatte. Erster Reichskanzler und später erster Reichspräsident wurde Friedrich Ebert von der SPD, der früher verfemten Arbeiterpartei. SPD und die christliche Arbeiterbewegung in der Zentrumspartei spielten in der Politik der neuen deutschen Republik nun eine wichtige Rolle.

Auch in Geldern bekamen die Arbeitgeber und damit der Großteil der jüdischen Gemeinde die gewachsene Macht der Arbeitervertretungen zu spüren. Im Januar 1920 ging die Schuhfabrik Cain, damals eine der „größten industriellen Unternehmungen der Stadt", deren Gebäude sich von der Webergasse bis zur Issumer Straße erstreckten, in Flammen auf. Eine große Zahl Arbeiter stand damit auf der Straße, bis die Fabrik nach einem sich lange hinziehenden Wiederaufbau neu eröffnet werden konnte. Die jüdische Unternehmerfamilie Cain wandte sich sofort nach dem Brand an die Stadt und schlug vor, durch eine gemeinsame Aktion die erwerbslosen Arbeiter bis zur Wiedereröffnung finanziell zu unterstützen. Ein Drittel der Unterhaltszahlungen wollte die Firma übernehmen, ein weiteres Drittel sollte von der Stadt und das letzte Drittel von

Fahnenweihe auf dem Großen Markt in Geldern am 6. Januar 1914
vor dem Kaufhaus Albert David (heute: Karstadt)

der Gewerkschaft getragen werden. Dagegen wandte sich im Stadtrat Heinrich Wedershoven, der schon 1914 als Sprecher der Arbeiter gegen den städtischen Zuschuss an die jüdische Schule aufgetreten war. Er fand den Vorschlag des Unternehmers „eigentümlich". „Es möge die Firma Cain zwei Drittel des ausfallenden Lohnes übernehmen und die Stadt das letzte Drittel. Die Arbeiterschaft solle dagegen von einer Zahlung befreit werden." Die anderen Stadträte unterstützten diesen Gegenvorschlag.[118] Auch in anderer Hinsicht veränderten Weltkrieg und Revolution die Stellung der Juden in der Gesellschaft, wobei die positiven direkten Folgen sich zumindest in Geldern weniger niederschlugen als wohl die negativen indirekten. Mit dem Sturz der Monarchie und der konservativen Regierung wurden auch die bisher noch geltenden faktischen Berufsbeschränkungen für Juden beseitigt. Jüdische Bürger konnten jetzt wie Christen Staatsanwalt, Amtsrichter, Professor oder Minister werden. Für die in Geldern bleibenden Juden war das freilich nicht sonderlich relevant. Die Synagogengemeinde setzte sich weiter fast ausschließlich aus Händlern, Kaufleuten und Fabrikanten zusammen.

Stärker dürfte sich eine andere Veränderung ausgewirkt haben – auch wenn es darüber in der für die Zeit der Weimarer Republik recht dünnen Überlieferung über die Gelderner Juden nur wenige und indirekte Hinweise gibt. Der Krieg führte zu einem gewaltigen Anschwellen des deutschen Nationalismus. In diesem Klima fanden auch jene antisemitischen Stimmen, die „national" und „christlich" gleichsetzten, in der Öffentlichkeit verstärkt Gehör. Ausdruck davon war die 1916 durchgeführte „Judenzählung" im deutschen Heer. Ihr Ergebnis widerlegte zwar die antisemitische Behauptung, dass die Juden sich vor der „nationalen Pflicht" des Wehrdienstes drückten. Tatsächlich hatten viele von ihnen sich 1914 in der Hoffnung, jetzt ihre Bereitschaft zur Integration in die Nation endgültig beweisen zu können, mit großer Begeisterung freiwillig zu den Waffen gemeldet. Zwei Gelderner Juden fielen 1918 „für Volk und Vaterland" – der gerade einmal 19-jährige Fritz Hertz und der 23-jährige Ludwig Heymann.[119]

Solche Fakten und rationale Argumente haben freilich auf Antisemiten noch nie irgendwelchen Eindruck gemacht. In der emotional aufgeheizten Atmosphäre des Weltkrieges trieb der Nationalismus seltsame Blüten. Durch Kriegsende und Revolution verstärkten sich die antisemitischen Tendenzen dann in der Öffentlichkeit noch. Für die „nationale Schmach" der Niederlage wurden Sündenböcke gesucht. Besonders geschah das bei jenen, die Anhänger und Nutznießer des alten monarchischen Systems gewesen waren. In ihrer verzerrten Optik hatte die Revolution erst als „Dolchstoß" in den Rücken des kämpfenden Heeres die Niederlage verursacht. Die in der Republik endlich von allen rechtlichen Berufsbeschränkungen befreiten Juden erschienen als Nutznießer des Umsturzes. Das musste die Vorurteile im nationalistischen Lager verstärken. Diese antisemitischen Ausdrucksformen des Nationalismus fanden gerade bei Angehörigen bildungsbürgerlicher Berufe Anklang – nicht zuletzt weil manche von ihnen, wie etwa die im Staatsdienst beschäftigten Juristen, jetzt hoch qualifizierte jüdische Konkurrenz fürchten mussten.

Es gibt Hinweise darauf, dass das auch in der Gelderner Gegend so war. Einen zumindest indirekten Beleg enthält ein Zeitungsbericht über eine 1924 vor dem Klever Schöffengericht stattfindende Gerichtsverhandlung, in der Plünderungen Gelderner Kaufhäuser im Jahr davor abgeurteilt wurden. Nach auf den Weltkrieg folgenden Jahren der Wirtschaftskrise, hoher Arbeitslosigkeit und sich immer weiter in schwindelnde Höhen emporschraubender Inflation kam es im August 1923 in vielen deutschen Städten zu gewaltsamen Verbraucherunruhen. So auch im Gelderland. Hier hieß es „schon einige Tage vorher, dass allerhand bevorstehe. Die Geschäfte in Geldern verkauften deshalb zu einem Drittel des Einkaufspreises. Der (jüdische) Kaufmann David öffnete sein Geschäft. Die Menge riss die Gitter heraus, drang ein und setzte willkürlich die Preise fest. Leute sprangen auf die Theke und plünderten. Zum Schlusse wurde die Menge von einem Verkäufer herausgedrängt. Der Volontär Karl Kissing aus Geldern war in das Geschäft gegangen und hatte von dem Sohn des Kaufmanns eine Hose verlangt. Die Geschwister Anna und Maria Verführden, Gerh. Schrick, Frau Wilhelm Wiegand, alle aus Geldern, waren ebenfalls in dem Geschäft angetroffen worden. Während man bei David plünderte, kam eine Prozession aus Kevelaer. Diese beteiligte sich teilweise auch an der Plünderung, ein Beweis, wie aufreizend derartige ungesetzliche Vorgänge auf viele Menschen wirken."

Diese nach einem Zeitungsbericht zitierten wilden Szenen waren natürlich nicht die Regel und sind nur angesichts einer außergewöhnlichen wirtschaftlichen Krisenlage zu verstehen. Sie fanden auch nicht nur bei dem in jüdischem Besitz befindlichen Laden

Einzige bisher bekannte Innenaufnahme der Gelderner Synagoge. Auf der Tafel
vor dem Toraschrein wird der im Ersten Weltkrieg gefallenen Otto Cain, Fritz Hertz,
Louis Heymann aus Geldern und Abraham Albert Devries aus Weeze gedacht.
In ihrem Patriotismus standen die Juden den christlichen Einwohnern nicht nach.

von David statt. Geplündert wurde in Geldern am selben Tag auch im Kaufhaus des christlichen Geschäftsmanns Schade, wo sich die aus der Stadt stammenden Arbeiter Peter Schatten, Gerhard Bonsels und Christian Terhoeven besonders hervortaten. „Schatten und Bonsels sollten sich Kleidungsstücke angeeignet, später aber auf Aufforderung seitens des Personals diese wieder zurückgegeben haben. Terhoeven soll an dem Regal emporgeklettert sein und Sachen entnommen haben. Das Gericht erkannte gegen Schatten und Bonsels auf je sechs Monate Gefängnis, gegen Terhoeven auf 8 Monate Gefängnis wegen schweren Diebstahls." Die Plünderer des christlichen Kaufhauses wurden also hart bestraft. Dagegen ließen die Richter gegenüber denen des jüdischen Geschäfts erstaunliche Milde walten. Die Angeklagten wurden hier „freigesprochen, da ihnen das Bewusstsein einer strafbaren Handlung gefehlt habe"! Offensichtlich wurde hier mit zweierlei Maß gemessen, und der Verdacht drängt sich auf, dass dieses Maß antisemitisch gefärbt war.[120]

V. Rückblick: Juden im Gelderland am Ende der Weimarer Republik

Wie integriert waren die jüdischen Gemeinden in Geldern und Issum am Ende der Weimarer Republik? Hatte die von ihnen selbst und ihren liberalen Verbündeten in der Reichsgründungszeit erstrebte volle Eingliederung in die städtische Gesellschaft stattgefunden? Wurden sie als deutsche Staatsbürger jüdischer Konfession akzeptiert oder nicht? Die Antwort liegt beileibe nicht so eindeutig auf der Hand, wie das vielleicht angesichts des Schicksals erscheinen

mag, das den Juden nach 1933 von den Nationalsozialisten bereitet wurde. Zwar bekannte sich auch im Gelderland mancher schon vor 1933 zur NSDAP. Aber erstens war die Partei im Vergleich zu anderen Gebieten des Deutschen Reichs hier nur relativ wenig erfolgreich. Zweitens lassen die für Kaiserreich und Weimarer Republik bisher dokumentierten antisemitischen Tendenzen von Einzelnen und Gruppen im Kreis Geldern keine pauschalen Rückschlüsse auf die Masse der christlichen Bevölkerung zu. Drittens gibt es zwischen diesen antisemitischen Tendenzen und dem systematischen Mord an sechs Millionen Menschen einen offensichtlichen qualitativen Unterschied. Von Arbeitskonflikten zwischen christlichen Arbeitern und jüdischen Arbeitgebern führt kein direkter Weg zum Holocaust. Für die Verweigerung der Bezuschussung einer jüdischen Schule durch einige Stadträte gilt dasselbe. Und zwischen dem parteiischen Urteil eines einzigen niederrheinischen Richters und organisiertem Massenmord liegen Welten.

Wie schon die ersten antisemitischen Parteien im späten 19. Jahrhundert fand die NSDAP im Kreis Geldern wie im gesamten katholischen Rheinland relativ wenig Wähler. Während sie auf dem Höhepunkt ihrer Popularität, bei den Reichstagswahlen vom Juli 1932, in ganz Deutschland durchschnittlich 37,3 Prozent der Stimmen gewann, waren es im Kreis Geldern nur 21 Prozent.[121] Die Unterstützung für diejenigen Deutschen, die später den Massenmord an den europäischen Juden initiierten, war also hier vergleichsweise gering. Allerdings stellte die NSDAP ihre antisemitischen Programmpunkte in der Wahlpropaganda nicht immer klar heraus, vom Holocaust ganz zu schweigen. Sie galt zudem als protestantisch geprägte Partei, was sie für Katholiken nur mit Einschränkung wählbar machte. Nicht zuletzt gab es im Katholizismus und der katholischen Zentrumspartei eine eigene Form von Antisemitismus. Deshalb sagen uns die Wahlergebnisse der NSDAP, wenn sie auch nicht gänzlich irrelevant sind, über den Integrationsgrad der jüdischen Bevölkerung im Gelderland in den Jahren vor 1933 nicht allzu viel.

Die Erinnerungsberichte der in den frühen achtziger Jahren über ihre Beziehungen zu den Gelderländer Juden befragten älteren Mitbürger helfen in dieser Hinsicht auch nicht wesentlich weiter. „De mortuis nihil nisi bene“, wie ein lateinisches Sprichwort lautet: Über die Toten redet man nur Gutes oder gar nicht. Es überrascht nicht, wenn eine um 1930 in einem jüdischen Kaufhaus als Verkäuferin arbeitende junge Frau fünfzig Jahre später vor allem an die „Freundlichkeit und Güte“ ihres damaligen Chefs erinnert.[122] Wer würde über einen barbarisch ermordeten Mann wohl anderes sagen? Das späte Zeugnis mag in diesem einen Fall durchaus der historischen Realität entsprechen. Die zeitgenössischen Quellen zeigen freilich, dass das Verhältnis zwischen jüdischen Arbeitgebern und ihren christlichen Beschäftigten keineswegs immer ein harmonisches war.

Frei von solchen Rücksichten, wenn vielleicht auch nicht frei vom Einfluss der viele Wunden heilenden Zeit sind dagegen die Erinnerungen des kleinen Teils der Gelderländer jüdischen Bevölkerung, der den Holocaust überlebte. Eine Issumer Jüdin beschrieb 1982 die Lage ihrer Glaubensgenossen vor 1933 mit den Worten: „Wir waren angesehen und respektiert.“[123] Das entspricht nahezu der Beschreibung des Verhältnisses zwischen Juden und Christen

in Geldern während der 1870er Jahre bei Heinrich Kempenich, der vom „Ansehen“, ja der „Beliebtheit“ der jüdischen Gemeindemitglieder spricht.[124] Dass es hier sozial zu differenzieren gilt, haben wir gesehen. In die bürgerlichen Vereine waren die Juden tatsächlich sehr weitgehend integriert. Vor allem zur evangelischen Gemeinde bestanden ebenfalls gute Beziehungen. Mit ihren Mitgliedern teilte man nicht nur den Minderheitstatus. Juden und Protestanten hatten auch viel gemeinsam, was die gehobene soziale Stellung und politische Weltanschauung anging. Aus denselben Gründen waren die Beziehungen der Synagogengemeinde zur katholischen Bevölkerungsmehrheit eher gespannt. Zwischen den Katholiken aus der Unterschicht und den sozial aufsteigenden Juden stand es schon in der Reichsgründungszeit nicht zum Besten. Der sich durch die Industrialisierung zuspitzende Klassengegensatz und die Entstehung der organisierten katholischen Arbeiterbewegung haben das Verhältnis spätestens seit der Jahrhundertwende offenbar weiter verschlechtert.

Das schloss nicht aus, dass es zwischen einzelnen Juden und Katholiken dennoch gute und sogar freundschaftliche Beziehungen gab. Ebenso muss allerdings die Integration der Juden in die bürgerlichen Vereine nicht unbedingt auch enge persönliche Beziehungen bedeutet haben. Als Salomon Nordheim 1928 starb, ließen die Vereine, in denen er jahrelang in führenden Positionen gewirkt hatte, zwar in der Zeitung Todesanzeigen drucken. In einem weiteren Inserat erklärte es der Vorstand des Turnvereins zur „Ehrenpflicht“ der Mitglieder, an Leichenzug und Beerdigung teilzunehmen: „Antreten bei der Fahne am Turnerheim Ostwall nachmittags 2 Uhr. Von dort geschlossen Abmarsch

Um 1923 vor dem Gelderner Mühlenturm. Vordere Reihe links Margret Cain (Geldern),
rechts Frieda Lebenstein (Issum)

zum Sterbehause". Über den Leichenzug berichtete die Niederrheinische Landeszeitung: „Vor dem mit Kränzen behangenen Leichenwagen gingen der Turnverein, dem der Verstorbene lange Jahre als Vorstandsmitglied und vier Jahre als Vorsitzender angehörte, sodann der Schützenverein ,Eintracht', in dem er lange Zeit hindurch den Posten des zweiten Präsidenten bekleidete, sowie fünf Fahnendeputationen auswärtiger Turnvereine, sämtliche mit schwarzumflorten Bannern. Dem Sarge folgten die Anverwandten und eine große Anzahl Trauergäste, besonders viele auswärtige, der hiesigen Synagoge angehörende Glaubensgenossen des Verstorbenen."[125] Turn- und Schützenverein erwiesen dem Toten also als Korporationen die letzte Ehre. Die Freunde, die als Privatpersonen an den Feierlichkeiten teilnahmen, scheinen aber überwiegend Juden gewesen zu sein. Vielleicht will der Zeitungsbericht sogar andeuten, dass die große Zahl einzeln erschienener Trauergäste sich erklärt aus der Anwesenheit der jüdischen Bevölkerung der umliegenden Gemeinden wie Issum, die damals alle die Synagoge in Geldern besuchten. Jedenfalls bleibt die Natur der persönlichen Beziehungen Nordheims zu den Mitgliedern der von ihm geführten Vereine im Dunkeln.

In dieser Hinsicht ist die Erinnerung des Issumer Ehepaares Hans an das Verhältnis von Juden und Christen dort von Interesse. Das gilt freilich ebenso sehr für das, was in dieser Anfang der 1980er Jahre gemachten Aussage fehlt, wie für das, was sie enthält. Danach waren vor 1933 „die Juden in Issum völlig integriert. Man kaufte in ihren Geschäften, und die Bauern arbeiteten mit den jüdischen Viehhändlern zusammen. Am Vereinsleben nahmen die Juden jedoch bis auf Alfred Fränkel und Alex Kramer nicht teil."[126] Als „völlig integriert" galt die jüdische Bevölkerung demnach vor 1933 schon, weil es Geschäftskontakte zwischen ihr und den Christen gab, die nach der nationalsozialistischen „Machtergreifung" Schritt für Schritt unterbunden wurden. Die anschließende Bemerkung über die geringe jüdische Präsenz im Issumer Vereinsleben scheint die am Anfang stehende Behauptung „völliger Integration" bereits in Frage zu stellen. Von persönlichen Beziehungen, von Freundschaften zwischen Juden und Christen ist überhaupt nicht die Rede.

Neun Zeitgenossen, vier Juden und fünf Nichtjuden, haben ihre Erinnerungen über das Leben der jüdischen Gemeinden in Geldern und Issum niedergeschrieben oder sind darüber befragt worden.[127] Acht davon beziehen sich auf die Zeit nach der Jahrhundertwende, bei keinem von diesen ist die Rede von einer Freundschaft zwischen Juden und Christen. Fünf erwähnen jedoch Geschäftsbeziehungen. Nur in den Erinnerungen von Heinrich Kempenich an die Reichsgründungszeit ist von freundschaftlichen Beziehungen zwischen Juden und Nichtjuden die Rede. So habe sein Vater in den 1860er Jahren sich „vieler Freundschaften" erfreut, die allerdings vornehmlich politisch, durch den gemeinsamen Einsatz für die liberale Sache, begründet gewesen zu sein scheinen. Heinrich selbst hatte als „besten Schulfreund" den Sohn des christlichen Nachbarn, Franz Camps, zu dem er den Kontakt noch jahrzehntelang aufrecht hielt. Allerdings sahen beide sich nach der Grundschule kaum mehr, da Heinrich für seine weitere Ausbildung Geldern verließ und Camps nach Amerika auswanderte. Die engsten freundschaftlichen Beziehungen in Geldern unterhielt die Familie Kempenich jeden-

Unter den Schüler(innen) der evangelischen Volksschule Geldern: Karola Gerson (vorn, 3. von links); Klaus Kaufmann (zweite Reihe rechts außen); Werner Isaacson und Herbert Gerson (3. Reihe, 4. und 5. von links)

falls zu der ebenfalls jüdischen Familie Francken.[128] Heinrich Kempenichs Nichte erinnert sich daran, dass vor dem Ersten Weltkrieg auch zu den Familien Cain und Kaufmann, die gleichfalls der Synagogengemeinde angehörten, enge Freundschaft bestand. Man besuchte sich gegenseitig auch noch, als Kempenichs 1907 nach Emmerich umgezogen waren und erzählte „Döntjes". Zu christlichen Bürgern, wie etwa dem Rektor der katholischen Mädchenschule, bestand zwar auch Bekanntschaft, aber offenbar keine wirklich engen freundschaftlichen Beziehungen wie zu den Juden.[129]

Kempenich betont in seinen Erinnerungen wiederholt, dass Juden und Christen sich in Geldern während der 1870er Jahre „freundlich" „gegenüber" standen, aber er erklärt auch: „Besonders kam natürlich diese enge Verbundenheit untereinander in der jüdischen Gemeinde zum Ausdrucke."[130] Sechzig Jahre später hatte sich das Bild, jetzt von der anderen Seite gesehen, kaum gewandelt. An engen Zusammenhalt in der Synagogengemeinde, in der man sich auch finanziell gegenseitig geholfen habe, erinnert sich Kempenich für die Reichsgründungszeit ebenso wie Issumer Christen für die späte Weimarer Republik. Auch die Kinder spielten wie damals noch miteinander. Eine Issumerin erinnerte sich in den 1980er Jahren vor allem, nach dem jüdischen Laubhüttenfest in einer gemischten Gruppe durch die Laubhütten getollt zu sein. Dass gerade diese Erinnerung sich besonders im Gedächtnis einprägte, deutet freilich auch darauf hin, dass die Unterschiede der Religion und der Rituale bei aller Gemeinsamkeit nach wie vor als trennend erfasst wurden.

Es gibt jedoch auch Anzeichen der Überwindung dieser Schranken und eindeutige Belege enger persönlicher Kontakte zumindest zwischen einzelnen Juden und Christen. Vor dem Ersten Weltkrieg hat es offenbar weder in Issum noch in Geldern Ehen zwischen Partnern aus beiden Religionsgruppen gegeben. In der Weimarer Republik änderte sich das. In Geldern heiratete die Jüdin Selma Katz einen Sohn des christlichen Schuhmachermeisters Kleinbielen.[131] Der Issumer Jude Julius Kramer verheiratete sich 1932 ebenfalls mit einer Christin. Die Integration blieb freilich auch in mindestens einem von diesen beiden Einzelfällen auf halbem Wege stecken. Kramers Braut gehörte der neuapostolischen Kirche an, zu der der Bräutigam vor der Hochzeit auch konvertierte.[132] Es waren also Angehörige von zwei Minderheiten, die zusammenfanden.

Am besten wird der Stand der Integration der Juden am Ende der Weimarer Republik vielleicht durch einen Vorfall illustriert, der sich im Oktober 1932 nach der Einweihung des Gelderner Kriegerdenkmals zutrug. Bei der Einweihung auf dem Kleinen Markt waren die katholischen, protestantischen und jüdischen Veteranen des Ersten Weltkriegs anwesend. Nach einer Ansprache marschierten alle, nach Konfessionen getrennt, in die Kirchen beziehungsweise die Synagoge und hielten einen Gottesdienst ab. Mit viel Pathos feierten die Juden ihr Engagement für die Sache der Nation. Die Synagoge war dafür prächtig geschmückt worden, man hatte weder Kosten noch Mühen gescheut und sogar „für diese Ehrung eigens einen Prediger aus der Stadt Essen kommen lassen. Der Prediger gedachte auch hier in einer groß angelegten, sinnvollen Predigt der im Weltkriege gefallenen Helden." In der städtischen Öffentlichkeit wurde davon jedoch gar keine Notiz genommen: Die Zeitungen berichteten zunächst nur über die Feiern in der katholischen und der protestantischen Kirche. Erst als die jüdische Gemeinde das beanstandete und selbst einen Bericht über den Gottesdienst in der Synagoge einsandte, wurde dieser nachträglich abgedruckt.[133]

Der Vorfall war typisch für das Verhältnis von jüdischer Minderheit und christlicher Bevölkerungsmehrheit. Die Juden demonstrierten mit Nachdruck ihre Identifikation mit Deutschland und bemühten sich nach Kräften um eine Integration in die Nation. Von der Seite der Christen antwortete ihnen meist Gleichgültigkeit, gelegentlich auch offene Ablehnung, bestenfalls Respekt. Nach 1933 trug diese Haltung dazu bei, dass der größte Teil der Einwohner Gelderns und Issums sich zwar nicht aktiv beteiligte, aber passiv beiseite stand, als ihre jüdischen Mitbürger von einigen schikaniert, verfolgt und schließlich dorthin abtransportiert wurden, wo sie der Tod erwartete.

Die Heldenehrung in der Synagoge

In Ergänzung unseres gestrigen Berichts tragen wir nach nachträglicher freundlicher Information noch folgendes nach: Zur Ehre und zum Gedenken der im Weltkriege gefallenen Helden hielten bei der Denkmaleinweihung am Sonntag alle Konfessionen einen Gottesdienst ab. Nach der Begrüßungsansprache auf dem Kleinen Markt begaben sich die Konfessionen, wie berichtet, in ihre Kirchen. Auch die Krieger jüdischer Konfession versammelten sich bei der Fahne und marschierten geschlossen dem Gotteshaus. Die für diese Feier geschmückte Synagoge zeigte ein herrliches Bild mit der Gefallenentafel, und hatte man für diese Ehrung eigens einen Prediger aus der Stadt Essen kommen lassen. Der Prediger gedachte auch hier in einer groß angelegten, sinnvollen Predigt der im Weltkriege gefallenen Helden. Die Fahne senkte sich, das Lied vom guten Kameraden ertönte und mit dem Orgelspiel „Großer Gott wir loben dich" hatte die Feier ihr Ende erreicht.

Niederrheinische Landeszeitung
vom 18. Oktober 1932

Anmerkungen

1. StA Geldern, Akten B 599.
2. Geldernsches Wochenblatt 7.9.1877, vgl. Heinz BOSCH: Illustrierte Geschichte der Stadt Geldern, Bd. 1: Von den revolutionären Ereignissen 1848 bis zum Ausbruch des ersten Weltkrieges 1914, Geldern 1994, S. 86–88.
3. Geldernsche Zeitung 6.8.1914.
4. Gemeindevorstand an Bürgermeister 15.6.1916, StA Geldern, Akten B, 605. Weitere Beispiele von jüdischen Gottesdiensten zu „nationalen" Anlässen bei BOSCH (Anm. 2), S. 166/168.
5. Geldernsche Zeitung 19.6.1874.
6. Verfügung der Regierung Düsseldorf vom 19. 9. 1874 und Vermerk des Landrats dazu 25.9.1874, GA Issum 21–29.
7. Visitationsprotokoll vom 23.12.1876 und folgender Briefwechsel zwischen Schulaufsichtsbehörde und Synagogengemeinde, HStAD, Landratsamt Geldern, 156.
8. StA Geldern, Akten B, 604.
9. Heinrich KEMPENICH: Die Stadt Geldern und ihre jüdische Gemeinde in den 1870er Jahren, in: Gregor HÖVELMANN (Hrsg.): Juden in Geldern (VHVG 82), Geldern 1982, S. 38.
10. Vgl. Heinrich August WINKLER (Hrsg.): Nationalismus, Königstein 1985.
11. Lydia HÜSKENS: Vereine und Politik – Politische Vereine exemplarisch für den Kreis Geldern in den Reichsgründungsjahren und während des Kulturkampfes (Phil. Diss.), Münster 1990, S. 209, 220 f, 259, 469–472; KEMPENICH (Anm. 9), S. 28–34.
12. KEMPENICH (Anm. 9), S. 46 f.
13. Vgl. zur Geschichte des Liberalismus James SHEEHAN: Der deutsche Liberalismus, München 1983; Dieter LANGEWIESCHE: Liberalismus in Deutschland, Frankfurt 1988.
14. KEMPENICH (Anm. 9), S. 38.
15. Zitate aus: Gesetz betreffend die Gleichberechtigung der Konfessionen in bürgerlicher und staatsbürgerlicher Beziehung vom 3. Juli 1869, abgedruckt bei Ernst Rudolf HUBER (Hrsg.): Dokumente zur deutschen Verfassungsgeschichte, Bd. 2: 1851–1900, Stuttgart, 3. Auflage 1986, S. 312. Vgl. die Verfassungsurkunde für den preußischen Staat vom 31. Januar 1850, Artikel 12 und 14, ebd., Bd. 1: 1803–1850, Stuttgart 1961, S. 402; das Gesetz über die Verhältnisse der Juden vom 23. Juli 1847, Gesetz-Sammlung für die Königlichen Preußischen Staaten 1847, S. 263–278; und zur Verfassungswirklichkeit Jacob TOURY: Soziale und politische Geschichte der Juden in Deutschland 1847–1871, Düsseldorf 1977, S. 277–361.
16. HÖVELMANN (Anm. 9), S. 11–14.
17. Vgl. allgemein zu der antiliberalen und antisemitischen Wende der späten 1870er Jahre Hermann GREIVE: Geschichte des modernen Antisemitismus in Deutschland, Darmstadt 1983, S. 50–72; zu Treitschke: Walter BOEHLICH (Hrsg.): Der Berliner Antisemitismusstreit, Frankfurt 1965.
18. Quellen: Ruth EYKMANN: Zur Geschichte der Juden in Geldern und Issum (Examensarbeit), Duisburg 1984, Anhang; Juden in Geldern. Eine Ausstellung zur Erinnerung an die Zerstörung in Geldern, Geldern 1988, S. 16; BOSCH (Anm. 2), S. 157. Oft finden sich in den Quellen geringfügig verschiedene Angaben zum selben Jahr, die zu verschiedenen Zeiten erhoben wurden. Am klar erkennbaren Trend der Entwicklung ändert sich dadurch allerdings nichts.
19. Günter VOELZ: Issum. 200 Jahre deutsche Geschichte. Von der Französischen Revolution bis zur kommunalen Neugliederung, Geldern 1988, S. 155 und 222; Bernhard KEUCK: Issum, Geldern und das Landjudentum am Niederrhein, in: Ludger HEID/Julius H. SCHOEPS/Marina SASSENBERG: Wegweiser durch das jüdische Rheinland, Berlin 1992, S. 138.
20. Vgl. Stefan ROHRBACHER: Ritualmord-Beschuldigungen am Niederrhein. Christlicher Aberglaube und antijüdische Agitation im 19. Jahrhundert, in: Menora 1, 1990, S. 299–326.
21. KEMPENICH (Anm. 9), S. 44.
22. StA Geldern, Akten B.
23. Neben der Geburtenrate spielen zwar auch andere Faktoren für die durchschnittliche Haushaltsgröße eine Rolle, sie sind aber nur von untergeordneter Bedeutung.
24. Quellen: 1864: Wie Anm. 22; 1872: Verzeichnis der Gemeindewähler, StA Geldern, Akten B, 599; 1895:

Verzeichnis der Gemeindewähler, HStAD, Landratsamt Geldern, 157; 1907: Kommunalsteuerverzeichnis, StA Geldern, Akten B, 605.

[25] Haushalte, Einwohner: 1905.

[26] EYKMANN (Anm. 18), Anhang.

[27] StA Geldern, Akten B, 604. – Wenn einige der 1886 gezählten 22 Schüler nicht aus Geldern kamen, würde das die Differenz zu der von BOSCH (Anm. 2), S. 253, gefundenen Quellenangabe erklären, nach der für die 1880er Jahre die Rede von durchschnittlich nur zehn bis zwölf Schülern ist. – KEMPENICH (Anm. 9), S. 43 f, spricht von mindestens 31 Schülern 1875. Dabei hat ihn seine Erinnerung aber ausnahmsweise getäuscht. Zum Teil stimmt die Zahl der für die einzelnen Familien erinnerten Kinder nicht mit den in den zeitgenössischen Quellen ausgewiesenen überein, zum Teil waren sie auch noch nicht oder nicht mehr schulpflichtig. Es ist aber wahrscheinlich, dass durch die „geburtenstarken" 1860er Jahrgänge die Zahl der schulpflichtigen Kinder noch bis in die 1870er Jahre auf einem relativ hohen Niveau blieb oder noch einmal etwas anstieg.

[28] Vgl. die Schreiben des Bürgermeisters von Geldern an den Regierungspräsidenten in Düsseldorf vom 21.3. und 29.4.1912 sowie den Inspektionsbericht vom 24.10.1912, HStAD, Regierung Düsseldorf 46617.

[29] Statistische Erhebung 6. Juli 1920, und Vorstand der Synagogengemeinde an Bürgermeister 15.8.1921, StA Geldern, Akten B, 605.

[30] Schreiben an den Landrat in Geldern 18.7.1879, HStAD, Landratsamt Geldern, 156.

[31] So der Vorstand der Synagogengemeinde Issum an den Düsseldorfer Regierungspräsidenten 29.6. 1879, HStAD, Regierung Düsseldorf, 2997.

[32] Randbemerkung auf einer Eingabe des Gelderner Juden Samuel Katz an das Regierungspräsidium in Düsseldorf vom 23.3.1918, HStAD, Regierung Düsseldorf, 46617.

[33] KEMPENICH (Anm. 9), S. 44.

[34] Vgl. TOURY (Anm. 15), S. 9–20; Monika RICHARZ: Bürger auf Widerruf, München 1989, S. 16 f.

[35] Vgl. Edward SHORTER: Die Geburt der modernen Familie, Hamburg 1977.

[36] Vgl. RICHARZ (Anm. 34), S. 20.

[37] Den folgenden Angaben liegen, wenn nicht anders vermerkt, zugrunde die Verzeichnisse der Synagogengemeindewähler 1860, 1865, 1872 (alle in StA Geldern, Akten B, 599), 1885, 1889, 1891, 1895, 1902 (alle in HStAD, Landratsamt Geldern, 157) und zu verschiedenen Zwecken aufgestellte Verzeichnisse der jüdischen Steuerzahler in Geldern von 1907, 1920 (beide in StA Geldern, Akten B, 605) und 1912 (HStAD, Regierung Düsseldorf, 46617).

[38] Schreiben an den Düsseldorfer Regierungspräsidenten 29.6.1879, HStAD, Regierung Düsseldorf, 2997.

[39] So der Bürgermeister auf ein Schreiben des Landrats vom 10.10.1877, HStAD, Landratsamt Geldern, 156.

[40] Die schier unaufhaltsame Abwanderung war im Kreis Geldern wie in allen ländlichen Gegenden das Hauptproblem der Landwirtschaft, vgl. H. AENGENHEISTER: Die Landwirtschaft des Kreises Geldern unter Berücksichtigung der natürlichen, wirtschaftlichen und sozialen Verhältnisse und des geschichtlichen Werdeganges (Diss.), Leipzig 1901, S. 15 f. Allein diese auch schon am weit unterdurchschnittlichen Bevölkerungswachstum des Kreises ablesbare Abwanderung widerlegt Thesen wie die bei BOSCH (Anm. 2), S. 403, es habe „das Elend in den Arbeitervierteln der benachbarten Großstädte keinen Anreiz, den Wohnort zu wechseln" gegeben. Solche falschen Behauptungen gehen letztlich auf die zeitgenössische großstadtfeindliche Propaganda der interessierten landwirtschaftlichen Arbeitgeber oder den übertriebenen Stolz kleinstädtischer Honoratioren zurück.

[41] AENGENHEISTER (Anm. 40), S. 54. Vgl. allgemein: Christoph NONN: Fleischvermarktung in Deutschland im 19. und frühen 20. Jahrhundert, in: Jahrbuch für Wirtschaftsgeschichte 1996/1, S. 53–76.

[42] Adressbuch für den Regierungsbezirk Düsseldorf 1861, S. 417–419 und 435; Adreßbuch für Handel und Gewerbe der Kreise Geldern, Cleve und Moers, Geldern 1897.

[43] AENGENHEISTER (Anm. 40), S. 13 f und passim.

[44] Vgl. Wählerlisten der Synagogengemeinde (wie Anm. 37); BOSCH (Anm. 2), S. 161–163; KEMPENICH (Anm. 9), S. 23–29; Adreßbuch 1897.

[45] Es handelte sich dabei um Salomon Elias, Bernhard und David Francken, David Nordheim, Carl Cain und seinen sich als „Bankier" bezeichnenden Bruder Abraham. Verzeichnis der Synagogengemeindewähler, StA Geldern, Akten B, 599.

[46] Liste der jüdischen Steuerzahler 1907, StA Geldern, Akten B, 605. Es gab außerdem noch einen Lehrer und einen Lohgerber, die sich keiner der beiden Gruppen zuordnen lassen. – Für die Zeit nach 1907 gibt es keine Unterlagen mehr, die eine Zuordnung von Steuerkraft und Berufsstruktur ermöglichen würden.

[47] Albert LICHTBLAU: Antisemitismus und soziale Spannung in Berlin und Wien 1867–1914, Berlin 1994, S. 37.

[48] Vgl. Adreßbuch für Handel und Gewerbe der Kreise Geldern, Cleve und Moers, Geldern 1897.

[49] An Max Bodenheimer 6.7.1897, zitiert bei: HÖVELMANN (Anm. 9), S. 16 f.

[50] Ebd., S. 17.

[51] KEMPENICH (Anm. 9), S. 40.

[52] Bürgermeister an Düsseldorfer Regierung 29.4.1912, HStAD, Regierung Düsseldorf, 46617.

[53] Schreiben vom 23.3.1918, HStAD, Regierung Düsseldorf, 46617.

[54] EYKMANN (Anm. 18), S. 125.

[55] Juden in Geldern (Anm. 18), S. 17; Bernhard KEUCK: Juden in Issum. Dokumentation zur Übergabe der restaurierten Synagoge in Issum am 6.5.1990, Issum 1990, S. 29.

[56] KEMPENICH (Anm. 9), S. 46 f. Zu den Lokalzeitungen vgl. auch: BOSCH (Anm. 2), S. 373f.

[57] KEMPENICH (Anm. 9), S. 47.

[58] Ebd., S. 37.

[59] HÖVELMANN (Anm. 9), S. 11 f, 18; KEMPENICH (Anm. 9), S. 47.

[60] HÖVELMANN (Anm. 9), S. 12.

[61] KEMPENICH (Anm. 9), S. 47 f.

[62] Ebd., S. 48.

[63] Vgl. BOSCH (Anm. 2), S. 230–239, 421–423; KEMPENICH (Anm. 9), S. 55 f.

[64] Landrat in Geldern an Düsseldorfer Regierungspräsidium 14.2.1871, HStAD, Regierung Düsseldorf, 2997. Für die laxe frühere Praxis auch im Gelderland vgl. VOELZ (Anm. 19), S. 94, 98; BOSCH (Anm. 2), S. 217–220.

[65] Jacob Bouscher an Bürgermeister Clemens 18.3.1881 und Clemens an den Kreis- und Lokalschulinspektor Klein 19.3.1881, GA Issum 21–29. Vgl. auch Jacob Bouscher an Düsseldorfer Regierungspräsidium 17.4.1881, HStAD, Regierung Düsseldorf, 22337.

[66] Bericht des Synagogenvorstands an den Bürgermeister in Geldern 29. 4. 1912, HStAD, Regierung Düsseldorf, 46617.

[67] Brief vom 29.3.1893, StA Geldern, Akten B, 159.

[68] KEMPENICH (Anm. 9), S. 40.

[69] Ebd., S. 36. Bei dem angeblichen Gläubiger, dessen Name Kempenich noch 1927 nicht nennen wollte, handelte es sich wahrscheinlich um Abraham Cain. Im Wählerverzeichnis der Synagogengemeinde von 1872 wird er als einziger Gelderner Jude als „Bankier" bezeichnet. Sein Bruder war der Schuhfabrikant Carl Cain. Carl war ein guter Freund der Familie Kempenich, und seine Kinder lebten noch bis in die 1930er Jahre in der Stadt. Das dürfte Heinrich Kempenichs Zurückhaltung erklären.

[70] KEMPENICH (Anm. 9), S. 36 f.

[71] Ebd., S. 38 f.

[72] Ebd., S. 39. Zu Ostjuden und ihrer Aufnahme im Deutschen Reich allgemein: vgl. S. ADLER-RUDEL, Ostjuden in Deutschland 1880–1940, Tübingen 1959; J. WERTHEIMER: Unwelcome Strangers: East European Jews in Imperial Germany, Oxford 1987; S. ASCHHEIM: Brothers and Strangers: The East European Jew in German and German-Jewish Consciousness 1800–1923, Madison 1982.

[73] KEMPENICH (Anm. 9), S. 39.

[74] Witwe Gompertz an Synagogenvorstand 11.12. und an Landrat in Geldern 24.12.1876, HStAD, Landratsamt Geldern, 156; David Nordheim an Landrat 3.1. und 3.3.1883, ebd., 159.

[75] HStAD, Regierung Düsseldorf, 22337.

[76] Ebd., abgedruckt in: KEUCK (Anm. 55), S. 5–7.

[77] Brief vom 29. 3. 1893 an den Bürgermeister in Issum, StA Geldern, Akten B, 159.

[78] Albert David an Landrat in Geldern 30.5.1913, HStAD, Regierung Düsseldorf, 46617. Vgl. auch die Beschwerde von Salomon Katz über den Vorsteher der Synagogengemeinde Salomon Nordheim vom 23.3.1918, ebd.

[79] Geldernsches Wochenblatt 13.12.1865, abgedruckt bei: KEUCK (Anm. 55), S. 9.

80 Geldernsches Wochenblatt 20. und 25.8.1875, abgedruckt bei: EYKMANN (Anm. 18), S. 25. Vgl. auch: BOSCH (Anm. 2), S. 160.

81 KEMPENICH (Anm. 2), S. 41. Ob allerdings auch der katholische Priester teilnahm, was Kempenich offenbar unterstellt, erscheint zweifelhaft, da zwei Monate nach der Synagogeneinweihung am 15.10. 1875 das Geldernsche Wochenblatt allgemein feststellte: „Katholische Geistliche haben sich unseres Wissens an derartigen Festlichkeiten nie betheiligt."

82 Abgedruckt bei: KEUCK (Anm. 55), S. 11.

83 EYKMANN (Anm. 18), S. 75; BOSCH (Anm. 2), S. 291f. und 224.

84 HÜSKENS (Anm. 11), S. 209; BOSCH (Anm. 2), S. 313–316; Gelderner Zeitung 22.6.1894.

85 HÜSKENS (Anm. 11), S. 276; HÖVELMANN (Anm. 9), S. 16; vgl. dazu auch: BOSCH (Anm. 2), S. 294.

86 BOSCH (Anm. 2), S. 167.

87 Verschiedene Anzeigen in den Gelderner Zeitungen November-Dezember 1902.

88 Todesanzeigen der Vereine in: Niederrheinische Landeszeitung 7.1.1928; BOSCH (Anm. 2), S. 291f.

89 EYKMANN (Anm. 18), S. 75.

90 Ebd., S. 124.

91 Meyersohn an Bürgermeister Clemens 25.11.1875, abgedruckt bei: KEUCK (Anm. 55), S. 10.

92 KEMPENICH (Anm. 9), S. 40; zur Prozession allgemein vgl. auch: BOSCH (Anm. 2), S. 120.

93 KEMPENICH (Anm. 9), S. 44; zum „Fall Thümmel" ausführlich die lebendige und detailreiche Darstellung bei BOSCH (Anm. 2), S. 103–105.

94 Vgl. KEMPENICH (Anm. 9), S. 41, und Geldernsches Wochenblatt 15.10.1875 (abgedruckt bei: KEUCK [Anm. 55], S. 21).

95 BOSCH (Anm. 2), S. 147; KEMPENICH (Anm. 9), S. 44–46.

96 HÜSKENS (Anm. 11), S. 220f. und 259; BOSCH (Anm. 2), besonders S. 184.

97 Zum Kulturkampf im Kreis Geldern und allgemein: BOSCH (Anm. 2), S. 77–113, sowie vor allem (auch mit weiterführender Literatur) Eleonore FÖHLES: Kulturkampf und katholisches Milieu 1866–1890 in den niederrheinischen Kreisen Kempen und Geldern und der Stadt Viersen, Viersen 1995.

98 KEMPENICH (Anm. 9), S. 44.

99 Ebd., S. 38 und 40.

100 Ebd., S. 37.

101 Ebd., S. 58.

102 Geldernsches Wochenblatt 7.9.1877 und 22.9.1882, zitiert bei bzw. nach: BOSCH (Anm. 2), S. 86 und 169. Am 20.5. und 30.9.1881 hatte das Wochenblatt bereits zweimal kommentarlos antisemitische Äußerungen konservativer Politiker abgedruckt.

103 Vgl. dazu: Barbara SUCHY: Antisemitismus in den Jahren vor dem Ersten Weltkrieg, in: Köln und das rheinische Judentum, Köln 1984, S. 254–285; allgemein: Shulamit VOLKOV: Juden in Deutschland 1780–1918, München 1994; Olaf BLASCHKE: Katholizismus und Antisemitismus im deutschen Kaiserreich, Göttingen 1997.

104 KEMPENICH (Anm. 9), S. 44 und 38.

105 Ebd., S. 49 und 40.

106 Ebd., S. 41.

107 Ebd., S. 48–50.

108 Vgl. BOSCH (Anm. 2), S. 367–401.

109 Vgl. ebd., S. 169.

110 Vgl. allgemein: Stefan ROHRBACHER/Michael SCHMIDT: Judenbilder, Hamburg 1991, S. 304–368 und die Beiträge in: Rainer ERB (Hrsg.): Die Legende vom Ritualmord, Berlin 1993; speziell zum Niederrhein: SUCHY, S. 254–256 und 274–278; zu Xanten: Julius H. SCHOEPS: Ritualmordbeschuldigung und Blutaberglaube. Die Affäre Buschhoff im niederrheinischen Xanten, in: Köln und das rheinische Judentum, Köln 1984, S. 286–299. Das Folgende nach den Berichten im Geldernschen Wochenblatt 18. und 25.1.1898, der Geldernschen Zeitung 18. und 28.1.1898 und der Jüdischen Wochenzeitung 24.1.1898 (teilweise abgedruckt bei: KEUCK [Anm. 55], S. 22 f.).

111 Vgl. BOSCH (Anm. 2), S. 182–191.

112 Sitzung der Stadtverordnetenversammlung Gelderns, in: Geldernsche Zeitung 2.3.1914.

113 Vgl. Liste über die Finanzierung vom 6.7.1920, StA Geldern, Akten B, 605.

114 Geldernsche Zeitung 4.5.1883.

[115] Abgedruckt bei: BOSCH (Anm. 2), S. 167.

[116] Niederrheinische Landeszeitung 20. und 22.4.1911; BOSCH (Anm. 2), S. 406 f.

[117] Vgl. BOSCH (Anm. 2), S. 404–408.

[118] Niederrheinische Landeszeitung 20. und 21.1.1920; Rheinische Meinung 23., 27. und 30.1.1920.

[119] EYKMANN (Anm. 18), S. 70. Zur „Judenzählung" und den durch den Aufschwung des Nationalismus im Krieg verschärften antisemitischen Tendenzen allgemein: vgl. VOLKOV (Anm. 103), S. 67–69.

[120] Niederrheinische Landeszeitung 14.5.1924.

[121] Statistik des Deutschen Reiches, Band 434.

[122] EYKMANN (Anm. 18), S. 70.

[123] Ebd., S. 122.

[124] KEMPENICH (Anm. 9), S. 38.

[125] Niederrheinische Landeszeitung 7. und 9.1.1928.

[126] EYKMANN (Anm. 18), S. 124.

[127] Es handelt sich um Jean Ingenerff, Paul Wolffram, das Ehepaar Hans, Frau Wedershoven, Margrit Cohen-Stern, Erna Einstein geb. Kempenich, Irma Meyersohn-Rosenfeld und Heinrich Kempenich. Vgl. HÖVELMANN (Anm. 9); EYKMANN (Anm. 18); VOELZ (Anm. 19); KEMPENICH (Anm. 9); Erna EINSTEIN: Jüdisches Schicksal. Die Nachfahren des Gelderner Kaufmanns Selig Kempenich, in: GHK 1985, S. 49–53.

[128] KEMPENICH (Anm. 9), S. 29, 49, 24, 27; HÖVELMANN (Anm. 9), S. 16.

[129] EINSTEIN (Anm. 127), S. 49.

[130] KEMPENICH (Anm. 9), S. 40.

[131] StA Geldern, Akten C, 89, abgedruckt in: Juden in Geldern (Anm. 18), S. 17.

[132] KEUCK (Anm. 55), S. 29.

[133] Niederrheinische Landeszeitung 18.10.1932.

„Es wohnen auch zimlich Juden darin, welche vieles eintragen"

Zur Geschichte der Hoerstgener Juden vom 18. bis zum 20. Jahrhundert

ALBERT SPITZNER-JAHN / BERNHARD KEUCK

Das Gebiet der ehemaligen „Unmittelbahren Reichsfreyen Herrlichkeit Hörstgen zu Frohnenbruck"[1] im ländlichen Westen des heutigen Kamp-Lintforter Stadtgebietes erstreckte sich auf nur 409 Hektar und war dabei „zwischen das Geldrische und Cöllnische belegen"[2]. Zu dem weltlichen Kleinstterritorium, das von dem an der Grenze gegen Sevelen gelegenen Haus Frohnenbruch aus regiert wurde, gehörten ein Straßendorf mit einer Kirche, verstreut liegende Höfe und bescheidene Tagelöhnerkaten. 1794, zu Beginn der französischen Herrschaft am Niederrhein, lebten in Hoerstgen „vom Grotwinkel an bis an Hörstgens Brück bei Camp"[3] insgesamt 404 Menschen. Liest man von den Bemühungen, die Leutnant Karl Franz Paridam v. d. Knesebeck (um 1748–1828), der am 18. Mai 1775 von der Moerser Lehnskammer mit der ursprünglich geldrischen Herrlichkeit Hoerstgen belehnt worden war[4], bereits Ende der 80er Jahre für den Verkauf seines seit 1556 reformierten und von katholischem Gebiet umgebenen Territoriums unternahm[5], so kann man sich des Eindrucks nicht erwehren, dass er den großen Umbruch geahnt hat, der die jahrhundertalten Herrschaftsverhältnisse hinwegfegen wird. Durch das Beben mit Epizentrum Paris sollte die

Zeit des Heiligen Römischen Reiches Deutscher Nation, das nur noch eine formale Klammer für einige große und viele kleine, durch Adel und Kirche beherrschte Territorien bildete, und damit auch die des niederrheinischen Duodezstaates Frohnenbruch-Hoerstgen ablaufen. Der Kaufinteressent Fürst von Hessenstein zu Stralsund nahm jedoch schließlich 1790 nicht zuletzt wegen der an der Herrschaft bestehenden verwickelten Rechtsverhältnisse und der Kaufpreisforderung in Höhe von beachtlichen 506.885 Reichstalern Abstand. Eingeflossen in die v. d. Knesebecksche Kalkulation der Einnahmen und Gefälle seines Besitztums waren neben vielen anderen Positionen auch die Abgaben der Juden der Herrschaft, über die es 1788 heißt: „Es wohnen auch zimlich Juden darin, welche vieles eintragen"[6]. In der Rubrik der „gewissen Revenuen" werden 1789 unter der sechsten Position 135 Reichstaler Tribut von den Juden sowie bei den „ungewissen jährlichen Einkünften" unter der Position 24 ein Judenzoll im Durchschnitt der letzten 15 Jahre von 25 Reichstalern aufgeführt, der jedoch aufgrund des neuerlichen Wachstums der jüdischen Gemeinde angehoben werden könne.[7] 1790 wurde der jährliche Tribut der vergleideten

Nachtrag der Lieste
oder
Vermehrung der Geschäften

XIII. Der Juden Tribut

No.		
1.	6:40	Smuel Joseph
2.	6.40	Isaac Abraham Levi
3.	6.40	Moses Salomon
4.	6.40	Schylo Moses
5.	6.40	Joseph Moses
6.	6.40	Isaac Israel Levi
7.	6.40	Isaac Levi der Schmidt Jandent
8.	6.40	Jacob Levi
9.	6.40	Abrah. Jacob Levi
10.	6.40	Benjamin Levi
11	6.40	Moses Marcus
12.	6.40	Moses Joseph
13.	6.40	Manuel Moses
14.	6.40	Isaac Jacob Joseph
15.	6.40	Meyer Levi
16.	6.40	Zaudith Liefman
17.	6.40	Gottschalch Lazarus
18.	6.40	Borg Seelig
19.	6.40	Hertz David
20.	6.40	Schmul Benjamin
21.	6.40	Jacob Levi von Capellen
22.	3.20	Michels Michels
23.	6.40	Heyman Cohen

der Nei der Emanuel Jud Sebatzke

150 . . . Summa der Juden Tribut

1790 sollte der jährliche Tribut von den Juden 150 Taler einbringen,
„Rechnung von Einnahmen und Ausgaben" der Herrschaft Hoerstgen von 1790/91

Juden daher mit einer Solleinnahme in Höhe von 150 Talern veranschlagt.[8] Durch diese knappen Angaben über spezielle Einnahmen der Herrschaft erhalten wir einen zwar eher beiläufigen, jedoch sehr wichtigen ersten Hinweis auf eines der gewiss bemerkenswertesten Kapitel in der Geschichte des linksniederrheinischen Landjudentums ab dem 18. Jahrhundert.

Als eine seiner strukturellen Voraussetzungen erweist sich die relativ unabhängige Position des ortsansässigen Adels. Nur unter seinem Schutz vermochte die jüdische Minderheit in dem „Geuse-Nest"[9] Hoerstgen eine Nischenexistenz zu führen, während sie in den umliegenden Territorien nicht oder allenfalls unter erheblichen Restriktionen geduldet wurde. Die klein- und kleinststaatlichen Rechtsverhältnisse im 18. Jahrhundert gewährten den Juden ein gewisses Maß an Freizügigkeit, „so daß in teils winzigen Ortschaften, wie Hoerstgen am Niederrhein, mittlere und kleine Gemeinden entstanden"[10]. Natürlich verlangte der örtliche Adel hierfür seinen Preis; wie soeben vernommen, mussten die Juden Abgaben verschiedener Art in die herrschaftliche Kasse auf Haus Frohnenbruch fließen lassen. Bevor wir uns den Hoerstgener Juden und ihrer Geschichte vom 18. bis zum 20. Jahrhundert im Einzelnen zuwenden, erscheint es sinnvoll, sich noch einiger wichtiger historischer Fakten und herrschaftsrechtlicher Aspekte zu vergewissern.

1294/95 bezog der Gelderner Graf Rainald I. (um 1255–1326) vier Malter Weizen und 25 Malter Hafer „de Vronebruke"[11]. Im Jahre 1301 als „Vronenbroick" erwähnt, finden wir es 1304 als Lehnsgut des Grafen Rainald an den Ritter Johan van Straelen vergeben, dem 1324/26 Jan van Wachtendonc folgt, der das „thues te Vronebroec metten gherichte ende met al dat daer to behort" hält[12]. Wenn wir Frohnenbruch-Hoerstgen somit zum geldrischen Lehnsverband zählen müssen, so hat sich daraus doch keine geldrische Landesherrschaft über das Gebiet entwickeln können, was wohl auf die in Hoerstgen bestehenden – oder auch nur nachhaltig behaupteten – Rechte des Erzbischofs von Köln und der Abtei Kamp zurückzuführen ist. Damit aber war ein Freiraum gegeben, den der jeweilige Herrschaftsinhaber mal mehr und mal weniger auszufüllen versuchte. So muss die Einführung der Reformation in Hoerstgen im Jahre 1556 durch den mit dem Moerser Grafen Hermann von Neuenahr verschwägerten Gotthard von Mylendonk (?–1589), dessen Familie um 1533 auf verschlungenen Erbwegen in den Besitz von Frohnenbruch-Hoerstgen gelangt war[13], wie ein Paukenschlag in den Ohren einiger benachbarter Herrscher geklungen haben. Nicht enden wollender Streit zwischen der Abtei Kamp und den Reformierten in Hoerstgen war eine der Folgen.[14] Noch 1788 fertigte der Kamper „actuarius" Andreas Stündeck eine 17-seitige „ausführliche Deduction" der kurkölnischen Grenzen und Gerechtsamen im Amt Rheinberg und der Unterherrschaft Kamp „gegen die anschließende Herrlichkeit Hörstgen"[15]. Überdies waren die von Mylendonk bestrebt, ihr kleines Territorium als reichsunmittelbar anerkannt zu wissen. So ließ Bauherr Krafft von Mylendonk (?–1632) am Torgiebel des 1622 erneuerten Hauses Frohnenbruch die Inschrift „liber baro imperii" (Reichsfreiherr) anbringen. Sein Bruder Adolf Philipp (?–1657), Präsident des Reichskammergerichts in Speyer, soll Pate gestanden haben.[16] Kurkölnische Ansprüche wies das Reichskammergericht 1556 und sodann 1637 ab.[17] Kaiser Leopold stellte im Jahre 1700 eine Urkunde aus,

Die „reichsunmittelbare" Herrlichkeit
Hoerstgen-Frohnenbruch
umfasste nur 409 Hektar.
Hier die „Gemeinde Charte"
(Urkataster) von 1820,
ganz links Haus Frohnenbruch

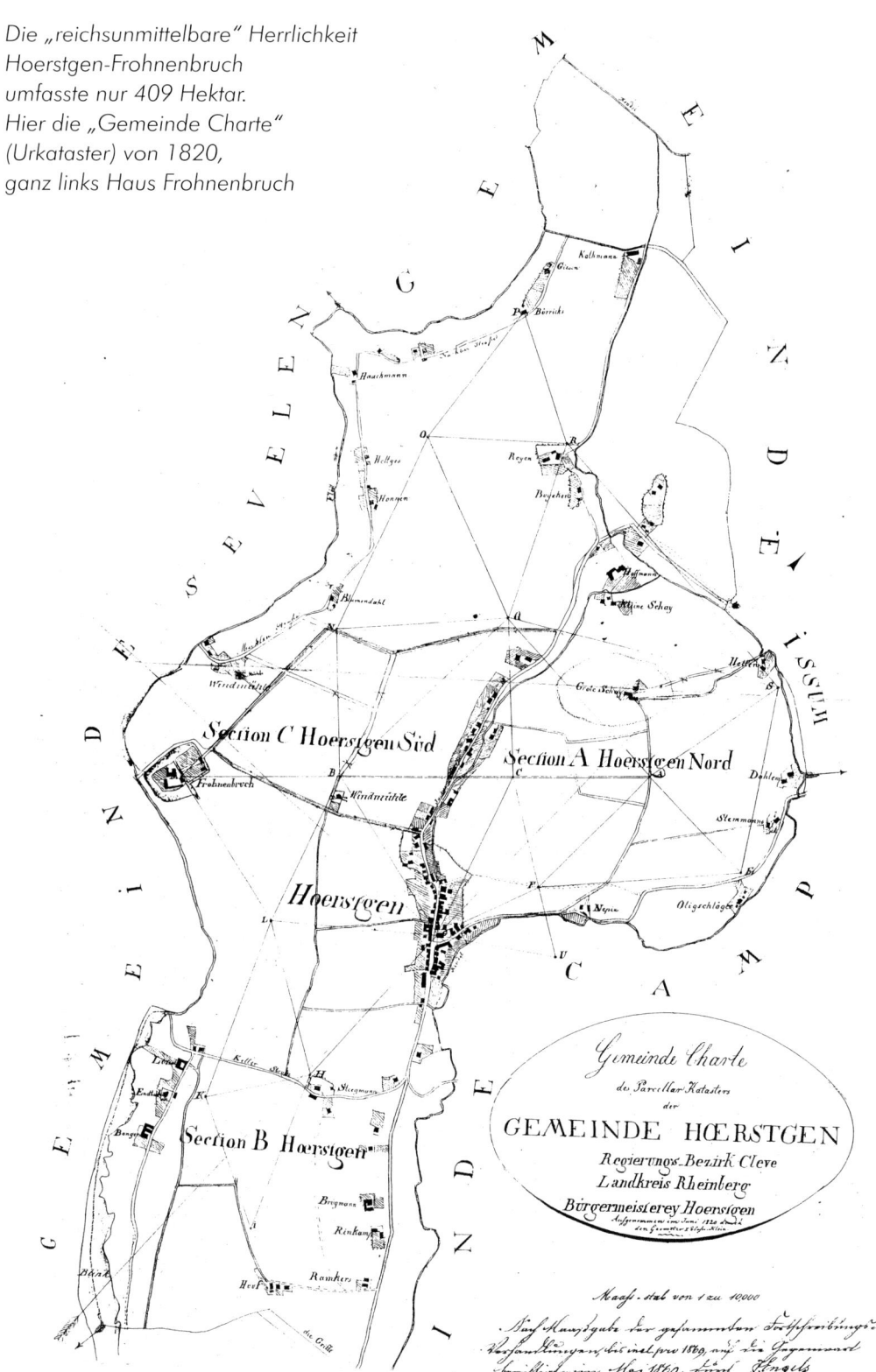

wonach der oben erwähnte Gotthard von Mylendonk dem Reich unmittelbar unterworfen gewesen sei.[18] Die Stadt Rheinberg bestritt die Reichsunmittelbarkeit jedoch über Jahrhunderte hinweg; Hoerstgen gehöre zum Amt Rheinberg und damit zu Kurköln. Unbestritten war andererseits aber auch die Lehenszugehörigkeit zu Geldern. So heißt es 1636 in einer Beschreibung des Amtes Rheinberg: „Die herrlichkeit horsgen mit sambt dem hauß Fronenbroich erfindet sich bey hiesiger Kelnerey in gar alten Registeren dieses inhalts: Item daß horsgen fronenbroich ligt im Ambtt von Berck, und ist lehn des hertzogen von Gelder, und thun E.G. keinen dienst, dan allein die Wolfsjagt helffen sie jagen."[19] De facto konnten sich die von Mylendonk als Landes- und Gerichtsherren gerieren, was zum Beispiel auch in der recht eigentümlichen Handhabung des Ehekonsens- und -dispensrechtes seinen Ausdruck fand. Vielleicht schon ab 1574 und noch bis zum 22. Juli 1798 wurden in Hoerstgen auch gegen den Protest des Ortsgeistlichen Heiratswillige aus anderen Territorien gebührenpflichtig getraut.[20] Einem zeitgenössischen Urteil aus dem Jahre 1741 zufolge hatte der als recht eigenwillige Persönlichkeit geschilderte Reichsfreiherr und Obrist Gotthard Kraft von Mylendonk (1672–1749)[21] „die Rechte eines Souveräns, ausgenommen dem, Münzen zu prägen"[22]. Haus Frohnenbruch indes, das 1713 als geldrisches Lehen außerhalb des Amtes Geldern nicht an Brandenburg gelangte, war Anfang 1797 „devastiret und völlig rouiniret"[23]; das zuletzt moersische Anwesen an der Schlossallee ging der Familienüberlieferung zufolge erst 1846 mit den verbliebenen 42 ha Grundbesitz in das Eigentum der fortan das örtliche Geschehen mitprägenden Familie Bird über, der es noch heute als unter Denkmalschutz stehender landwirtschaftlicher Betrieb zu Eigen ist[24].

Wir haben somit einige wesentliche örtliche Voraussetzungen skizziert, die es möglich machten, dass sich im Verlaufe der Territorialgeschichte des „kleinen, aber amüsanten Ländchens"[25] eine größere Zahl von Schutzjuden in Hoerstgen ansiedeln konnte. Nunmehr soll die Entwicklung der jüdischen Siedlung ab dem 18. Jahrhundert bis zu ihrem Ende während der faschistischen Diktatur einer näheren rekonstruierenden Betrachtung unterzogen werden.

Bau von „Judenhäusern" durch Reichsfreifrau Christina Charlotta Elisabeth von Mylendonk

Die Anfänge des jüdischen Lebens in Hoerstgen lassen sich nicht exakt datieren. Die Hoerstgener Juden selber bezeichneten sich 1854 vor dem Bürgermeister Wilhelm Duven zwar als in der Neuzeit „älteste israelitische Gemeinde im Kreise Geldern"[26], der 1823 mit dem Kreis Rheinberg vereinigt worden war. Größere jüdische Gemeinden gab es 1854 im Kreise Geldern außer in Hoerstgen in Alpen, Geldern, Issum, Moers, Orsoy, Rheinberg, Sonsbeck und Xanten. Für die – soweit ersichtlich – erstmals 1956 im Rheinischen Städtebuch öffentlich verbreitete Behauptung, schon „um 1550" seien in Hoerstgen 21 (!) jüdische Familien ansässig gewesen, die bereits „um 1560" über eine Synagoge verfügten[27], gibt es allerdings keinen uns bekannten Beleg. Wir wissen nur, dass um 1728, also zu Zeiten des erwähnten Gotthard Kraft von Mylendonk, *Isac Jacob*, der später mit *Keile* verheiratet war, seinen eigenen Angaben zufolge in Hoerstgen geboren wurde und um 1737

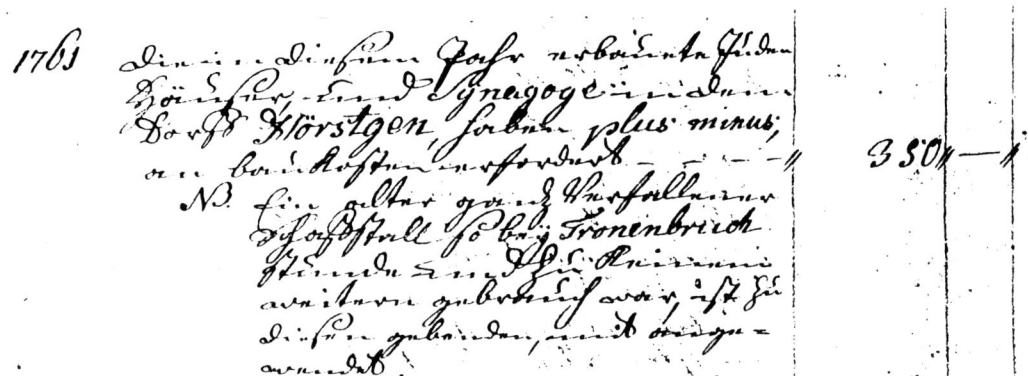

„1761 – Die in diesem Jahr erbauete Juden Häuser, und Synagoge in dem Dorfe Hörstgen, haben plus minus, an baukosten erfordert – – – 350". Wortlaut der ersten Erwähnung der Synagoge in einer Rechnung des Hauses Diersfordt bei Wesel

die Eheleute *Philipp Levy* und *Rose Joseph* in Hoerstgen lebten, die spätestens ab 1745 mit *Isaac Abraham Levy*, der 1808 in Maastricht den Nachnamen *Silverberg* annehmen wird, und 1746 mit *Benjamin Levy*, dem späteren *Bernhard Jesse*, die ersten Nachkommen hatten.[28] Der Beginn der jüdischen Gemeinde Hoerstgens mag somit möglicherweise bereits schon im 17. Jahrhundert wurzeln. Die systematische Ansiedlung einer größeren Zahl von Schutzjuden fällt jedoch erkennbar erst in die Regierungszeit der seit 1749 verwitweten Reichsfreifrau Christina Charlotta Elisabeth von Mylendonk (1696–1771)[29], einer geborenen v. Wylich-Diersfordt. Im Jahre 1759 nämlich ließ sie die ersten „Judenhäuser" an der heutigen Dorfstraße errichten, wobei auch ein „alter Holtsschoppen so bey Fronenbruch stunde und zu nichts sonderlich nützlich war"[30], verbaut wurde. Insgesamt beanspruchte diese Maßnahme rund 227 Reichstaler. Der Bau weiterer Judenhäuser in Hoerstgen und der ersten Synagoge, von der später noch gesondert zu sprechen sein wird, folgte 1761 mit einer Gesamtbausumme von 350 Reichstalern;

dieses Mal wurde „ein alter ganz verfallener schafsstall so bey Fronenbruch stunde und zu keinem weiteren gebrauch" verwertet. Die „Judenhäuser" aus dem Jahre 1759 und die Synagoge in Höhe des Hauses Dorfstraße 58 – es handelt sich bei diesem Gebäude um die ehemalige Gaststätte Janssen – bildeten eine zum einen von der Straße und zum anderen von der Dorfrinne begrenzte Gebäudezeile; das ehemalige Synagogengrundstück und die diesem vorgelagerte Parzelle stehen seit 1955 im Eigentum der Stadt Kamp-Lintfort (vgl. im Einzelnen das Kapitel „Die Synagoge an der Dorfstraße") und sind seit 1978 ein öffentlicher Parkplatz, der im Zuge des Ausbaus der Hoerstgener Ortsdurchfahrt angelegt worden ist.[31] Der Standort der 1761 errichteten weiteren „Judenhäuser" erhellt indirekt erst gelegentlich ihrer Veräußerung im Jahre 1826. Bekanntlich ließ General Karl Friedrich v. d. Knesebeck, in Berlin wohnhaft, „die Ländereien von Fronenbruch parzellenweise verkaufen"[32], darunter bereits am 22. August 1826 vor dem Gelderner Notar Joseph Herckenrath auch „ein im Dorfe Hoerstgen gele-

138

Namen und Vornahmen der					
Männer, verheurathet oder Wittwer	Weiber verheurathet oder Wittwen	Jünglinge und Knaben, ohne Rücksicht des Alters	Mädchen, ohne Rücksicht des Alters	Vaterlands Vertheidiger im Leben	Anzahl der Personen
				Transport	48,5
Herr Jacob	Tette Jacob Gisele Jacob		Gudele Jacob		3
Moses Falk	Fraelgen Falk	Falk Moses	Zara & Beile Moses		1
Philip Benjamin	Brommet Benjamin	Anschel Philip	Reis Philip		5
Schylo Moses	Mele Moses	Alexander Elias, Abraham & Isaac Moses	Zara, Nachmin & Reis Moses		4
Jacob Gumpers	Reis Gumpers		Ethelle & Vogel Jacob		9
Herz Levy	Elle Levy	Philip Levy	Reis Isaac		4
Manuel Gottschalk	Gudel Casarus Zara Gottschalk	Eliaser & Baruch Gottschalk & Jacob Manuel			4
Laudig Liebman	Reis Liebman	Liebman und Joseph Laudich	Zara & Kelle Laudich		7
Benjamin Levy	Tette Levy	Herz Benjamin	Hitzel & Hendel Benjamin		6
Moses Salomon	Hebbe Salomon	Kalman Moses	Gella Moses		5
Isaac Israel Levy	Hebbe Levy	Israel Isaac	Jette Abraham, Hendel, Bruna, Zara & Rachelen Isaac		5
Isaac Levy	Mele Levy	Leib, Philip, Abraham, Benjamin, Jacob & Frajem, Isaac Isaac Jacob	Gudel Levy		7
Manuel Moses	Zara Moses	Selig Manuel	Boochel & Keile Manuel		10
Samuel Benjamin	Rebbe Benjamin	Joseph Samuel			5
Joseph Moses	Tette Moses	Eiser Moses			3
					3
					566

Nachdem die Franzosen 1794 das linksrheinische Gebiet erobert hatten, versuchten sie mithilfe penibler Bevölkerungslisten die Wehrfähigen zu ermitteln. In den Listen von 1802 heißt deshalb eine Rubrik „Vaterlands Vertheidiger im Leben". Das abgebildete Blatt nennt die Hoerstgener Juden. (HStAD Roer. Dep. Nr. 1716)

genes (…) Wohngebäude, genannt die Judenhäuser, begränzt einerseits durch Dahlem, andererseits durch Gossens, von vorne durch die Straße, von seiten durch die Wasserleite von Gossens", wobei der Hoerstgener Seidenweber Johann Schneckmann die Gebäudehälfte neben Dahlem und die aus Hoerstgen stammende Ankäuferin Regina Brouckhoff, nunmehr Dienstmagd in Kamp, die Hälfte neben Gossens erwarb[33]. Der Standort der fraglichen Objekte war vis-à-vis der übrigen Judenhäuser und der Synagoge auf der anderen Seite der

Dorfstraße; dort hat sich nämlich auch die Flurbezeichnung „Gossens Feld" überliefert. 1847 ist der benachbarte Gerhard Dahlem Eigentümer zumindest der Schneckmannschen Hälfte geworden. Es handelt sich nach heutiger Einbenennung bzw. Nummerierung um die Häuserhälften Dorfstraße 71 und 73.

1790 ist im Übrigen von einem weiteren „neuen Hause" die Rede, in dem *Manuel Moses* (um 1744–1841) zwei Wohnungen bei v. d. Knesebeck auf Frohnenbruch angemietet hat.[34] Die „Judenhäuser" aus der Zeit des alten Reiches behielten ihre Funktion auch während der französischen Herrschaft. So wird 1799 anlässlich der Bevölkerungserhebung ein von sieben jüdischen Familien belegtes Haus („une maison occupée par sept familles judaïques") erwähnt[35], womit nur die „Judenhäuser" gemeint sein können, die zu dem genannten Zeitpunkt von zusammen 41 Juden bewohnt waren. Insgesamt lebten 1799 bereits 80 Juden – darunter 31 Kinder unter zwölf Jahren – in Hoerstgen, und zwar in 17 Haushalten, die somit durchschnittlich jeweils fünf Personen umfassten. Das durchschnittliche Lebensalter der über 12-jährigen Hoerstgener Juden lag 1799 bei gut 35 Jahren. 1801 war die jüdische Gemeinde auf 21 Haushalte mit 106 Personen angewachsen, von denen jedoch nur noch 29 in den „Judenhäusern" wohnten. Die übrigen hatten bereits bei Privatpersonen – typischerweise in Tagelöhnerhaushalten – Quartier gefunden.[36]

Hoerstgener Juden im 18. Jahrhundert

Die von der lokalen Herrschaft zur Vermehrung ihrer Einkünfte ab 1759 forcierte Entstehung einer größeren Siedlung von Schutzjuden in dem Kleinstterritorium Hoerstgen hat teilweise auch überörtlich Eingang in das zeitgenössische staatliche Reglement gefunden. So erhielten mit Datum vom 27. August 1766 die klevisch-preußischen „Herrn Zoll- und Licent-Empfänger" die Anweisung, die Juden „von dem Dorffe Hörstgen wie von der neuen Einrichtung" (!) bis auf weitere Order passieren zu lassen.[37] Das recht knappe Konzept eines Geleit- oder Schutzbriefes vom 7. Oktober 1766 hat sich interessanterweise im Pfarrarchiv Liebfrauen Kamp überliefert. Es hat folgenden Wortlaut: „Wyr Christina Charlotta Elisabeth, verwittibte Reichs-Freyfrau von Mylendonck, gebohrne Freyinn von Wylich-Diersforth, Graefin zu Horn, Regierende Landes-Frau der Reichs-Immediate-freyen Herlichkeit Hoerstgen, zu Frohnenbruch, Frau zu Bedbur, Schonau, Warden pp. Ertheilen dem Supplicirenden Juden *Mordechai Jacob Marcus* zur Resolution: dass, wann Er von Jüdischen Rabbynen darüber einen Beweiss oder Berigt in Forma probanti produciren und beybringen würde, dass ihme Supplicanten permettiret seye, auch[(7)] wider[(8)] derselben[(9)] willen[(10)] von[(1)] seiner[(2)] Fraue[(3)] sich[(4)] zu[(5)] scheiden[(6)], und eine andere zu nehmen, Wir ihme alsdan in unsere Heerlygkeit zum Hörstgen das Geleit geben, und ihn in Unseren Schutz nehmen wollen. Urkund hocheigenhandiger Unterschrifft, und beygetrukten Reichsfreyherrlich angebohrnen Pettschafft Geben auf Unserem Schloss Fronenbruch den 7. Octbr, 1766."[38] Der erwähnte *Mordechai Jacob Marcus* und seine (neue?) Frau *Magdalena*, Tochter des *Isaac Cohen*, lebten zumindest 1769/70 tatsächlich in der Herrschaft Hoerstgen. Beide waren – wenngleich ihre aktenmäßig überlieferten Vor- und Nachnamen nicht unbedingt darauf hindeuten – nach eigenem Bekunden Portugiesen („Wir als Portugiesen").[39] Die Anwesenheit portugiesischer Juden im niederrheinischen Hoerstgen des 18. Jahrhunderts bedarf naturgemäß einer besonderen Erklärung.

Im 18. Jahrhundert gab es in Preußen staatliche Bestrebungen, portugiesische Juden unter Gewährung gewisser Freiheiten ins Land zu holen, um auf diesem Wege „nach dem Vorbild von Holland, Dänemark und Hamburg neue Handelszweige zur Entfaltung zu bringen"[40]. Zu dieser Personengruppe scheinen auch *Mordechai Jacob Marcus*, der sowohl die deutsche als auch die niederländische Schriftsprache beherrschte[41], und seine Frau *Magdalena* gehört zu haben. Am 13. April 1769 schlugen sie von Hoerstgen aus der klevischen Kriegs- und Domänenkammer vor, in der Stadt Duisburg, wo sie bereit wären, sich „zu einer oder anderen Judengemeinde zu halten", eine Wechselbank und ein Lombardgeschäft zu errichten.[42] Für den gewerbsmäßigen Geldverleih sah *Marcus*, der vorsorglich auch „ein attest des Geistlichen Ringshorn zum Horstgen"[43] beigebracht hatte, folgende Zinssätze vor: 6% bei über 100 Reichstalern, 10% bei einem Betrag zwischen 25 und 100 Reichstalern und wöchentlich 1/4 Stüber pro Reichstaler (etwa 22%) bei einem Betrag zwischen 2 und 25 Reichstalern. Der Magistrat in Duisburg hielt zwar die Niederlassung „eines bemittelten Juden für hiesige Stadt dienlich, einesteils weilen ein Jude wohlfeiler umschlagt als ein anderer Kaufmann und anderenteils weilen dadurch ein Logement für studirende Juden obtiniret wird, so jetzo hieselbst kein Speisequartier bekommen können". Im Ergebnis jedoch scheiterte das Ansiedlungsvorhaben Anfang 1770. Das seinerzeit kinderlose Ehepaar *Mordechai Jacob Marcus* und *Magdalena* „aus dem Hörstgen" sah sich schließ-

lich veranlasst, für ihr projektiertes Etablissement „einen anderen Ort außer Sr. Königl. Majestät Landen zu choisiren".

Der Portugiese *Mordechai Jacob Marcus*, über dessen weiteren Verbleib „außer Sr. Königl. Majestät Landen" bisher leider nichts bekannt geworden ist, hob sich zweifelsfrei deutlich von den Hoerstgener Landjuden seiner Zeit ab. Diese gingen ihren eher bescheidenen Handelsgeschäften im 18. Jahrhundert jedoch nicht nur im heimatlichen Hoerstgen, in der Stadt Rheinberg und im Geldrischen nach[44]; so konnte der ursprünglich aus Niederwesel stammende „Jud *Moyses Salomon* zu Hörstgen" im Jahre 1775 ein Patent des Kölner Kurfürsten vorlegen, das ihm auch den Handel – er war von Beruf „Wiederverkäufer" (revendeur) – in der Stadt Kempen erlaubte.[45] Aus der Sicht des Jahres 1789 hatten sich die Hoerstgener Juden von anfänglich nur zwei oder drei Familien bereits „in einer großen Gemeinde vermehrt"[46].

1790 erhielten das herrschaftliche Geleit für Hoerstgen ausweislich der Einnahmerechnung *Jacob Levi* „von Capellen" bei Moers, der sich ab 1808 in Hoerstgen *Jacob Kaufmann* nennen wird, und *Simon Jonas* aus Wesel[47], wobei Letzterer jedoch schon sehr bald wieder verzogen zu sein scheint. In einer Übersicht über die jüdischen Tributschuldner aus dem gleichen Jahr nämlich fehlt sein Name. Genannt werden insoweit 1790 jedoch immerhin 23 Männer und eine verwitwete Frau[48]: *Schmuel Benjamin* (um 1744–1805), *Heyman Cohen*, *Hertz David* (um 1753–?), den wir etwa ab 1802 mit seiner Familie in Geldern antreffen werden[49], *Isaac Jacob Joseph*, *Moses Joseph*, *Smuel Joseph*, *Gottschalk Lazarus* (um 1771–1798), *Abraham Jacob Levi* (1760–1831), *Benjamin Levi* (1746–1827), *Isaac Levi* aus Halberstadt im Harz, genannt

„der Spanische" (um 1749–1821), *Isaac Abraham Levi* (1745–1835), *Isaac Israel Levi* (um 1739–?), *Jacob Levi*, der bei seiner Herrschaft zwei Wohnungen, eine Stallung und einen Garten gemietet hat, *Jacob Levi* „von Capellen", *Meyer Levi* (1746–?), der Großvater des späteren Münzgraveurs *Jacob Wiener* (1815–1899), von dem noch zu sprechen sein wird, *Zaudith Liefmann* (um 1761–1816) aus Brühl, die Witwe *Michels*, deren Familie bald darauf in die Niederlande abwandern und dort den Nachnamen *van der Horst* (!) annehmen wird[50], *Moses Marcus, Joseph Moses* (um 1752–1843) und sein Bruder *Manuel Moses* (um 1744–1841)[51], *Schylo Moses* (um 1734–1803), *Moses Salomon* (um 1718–1804), *Borg Selig* sowie schließlich „der neu ankommende Jude *Sebatzhe*". Der zu entrichtende Judentribut lag 1790/91 halbjährlich – jeweils von Ostern bis Martini sowie von Martini bis Ostern – bei 3 Talern und 20 Stübern; die Soll-Einnahme in Höhe von insgesamt 150 Talern ging bis zum Sommer 1791 jedoch tatsächlich nur zögerlich und teilweise unter Gewährung von Stundung ein. Die „Juden Knechte" und „Juden Mägde" waren im Übrigen einer gesonderten Abgabepflicht ihrer jüdischen Dienstgeber unterworfen.[52]

Gewisse Rätsel gibt noch folgender Umstand aus dem ausgehenden 18. Jahrhundert auf: 1798 wird in einer Todesurkunde des Standesamtes Hoerstgen auch das „Organisten Haus" genannt, in dem der 1790 als Tributschuldner erwähnte und nunmehr 27-jährige *Gottschalk Lazarus*, Sohn des *Lazarus Gottschalk*, der wiederum – an einem unbekannten Ort geboren – „allhier lange gewohnt" hatte, verstorben war.[53] 1801 leben im Hoerstgener „Organisten Haus" die Eheleute *Zaudit Liefmann* und *Reis Joseph* (um 1755–1835) mit ihren vier Kindern *Liebmann* (1789–?), *Joseph* (1791–1862), *Sara* (1793–?) und *Kelle* oder *Keile* (1795–1882).[54] Aus späteren Jahren ist uns die fragliche Lokalbezeichnung allerdings nicht bekannt geworden. Um die Wohnung eines Organisten der örtlichen Synagoge kann es sich nicht gehandelt haben, denn die Orgel kam in den größeren Synagogen, zu denen die in Hoerstgen ohnehin nicht gehörte, erst in der zweiten Hälfte des 19. Jahrhunderts auf.[55] Möglicherweise handelte es sich bei dem „Organisten Haus" tatsächlich um das vorübergehend verwaiste Wohnhaus des Organisten der evangelischen Kirche, zu deren Ausstattung seit 1732 eine von Thomas Weidtman gebaute Orgel gehört.[56]

1799 treffen wir in der Bürgermeisterei (Mairie) Hoerstgen im Kanton Rheinberg mit ihren 410 Einwohnern gelegentlich der Bevölkerungserhebung auf die folgenden jüdischen Haushaltungen: *Jacob Phillip* (um 1767–?) mit zwei Personen, Kaufmann *Schylo Moses* mit sieben Personen, *Hertz David* mit ebenfalls sieben Personen, *Joseph Moses* (um 1752–1843) mit sechs Personen, *Abraham Levy* mit drei Personen, *Meyer Levy* mit fünf Personen, *Mendel Gottschalk* (um 1761–1847) mit drei Personen, *Isaac Jacob* (um 1729–?) mit zwei Personen, Hausierer *Zaudick Liefmann* mit sechs Personen, Hausierer *Moses Salomon* mit sechs Personen, Kaufmann *Oscher Jacob Levy* (?–?) mit drei Personen, Witwe *Frati* (um 1747–nach 1799) mit einer Person, Hausierer *Spanisch Isac* mit sieben Personen, Hausierer *Manuel Moses* mit sieben Personen, Schrotthändler *Schmul Benjamin* mit sieben Personen und schließlich Schrotthändler *Joseph Moses* (um 1743–?) mit acht Personen.[57] Auch eine bescheidene Synagoge war in der zweiten Hälfte des 18. Jahrhunderts entstanden.

Evangelische Kirche   Haus Frohnenbruk   Molkerei

Synagoge   Bürgermeisteramt Hoerstgen u. Camp

Gruss aus HOERSTGEN

Ansichtskarte von Hoerstgen aus der Zeit um 1900. In der Mitte die Synagoge

Die Synagoge an der Dorfstraße

Das Baujahr der ersten Synagoge an der Dorfstraße neben der Dorfrinne war bisher nicht bekannt. Die gleiche Quelle aus dem Jahre 1771, die uns Zeugnis vom Bau der ersten „Judenhäuser" in 1759 gibt, weist für den ersten Hoerstgener Synagogenbau eindeutig das Jahr 1761 aus: „1761 Die in diesem Jahr erbauten Juden Häuser und Synagoge in dem Dorfe Hörstgen, haben plus minus, an baukosten erfordert (...)"[58] Erst 30 Jahre später wird die Synagoge im benachbarten kurkölnischen Issum genannt, wo jüdisches Leben seit 1733 bezeugt ist.[59] Die Synagoge in Alpen wird erstmalig 1801 erwähnt.[60] In der näheren Umgebung Hoerstgens waren nur die Synagogen in der Stadt Moers, wo sie in oranischer Zeit 1683 eher beiläufig in den Prozessakten des Haupt- und Stadtgerichtes in Sachen gegen *Gompertz Judt* genannt wird[61], und in der Stadt Rhein-

berg deutlich älteren Ursprungs; ihre früheste Erwähnung findet die Rheinberger Synagoge bzw. Betstube im Jahre 1721 in den Akten des kurkölnischen Hofrates.[62]

Die zweite Nennung der Hoerstgener Synagoge, die aufgrund ihrer Lage an der Haupt- und Durchgangsstraße des Dorfes im Unterschied zu ländlichen Synagogen in Hinterhoflage wie z. B. in Issum nicht zu übersehen war, datiert 1790/91, als „die Juden Gemeine für Sinagoge und Landt" dem Hause Frohnenbruch eine Pacht in Höhe von 10 Talern zu entrichten hatte.[63] Noch bis zum Jahre 1795 zahlten die Hoerstgener Juden, deren Gemeinde zwischenzeitlich bis auf 13 Familien angewachsen war, für ihre Synagoge jeweils zu Ostern und Martini ihrer Herrschaft eine besondere Schutzsteuer in Höhe von 6 Talern und 20 Stübern.[64] 1808 wird als „Rabbin" (Rabbiner) in Hoerstgen der schon recht betagte Schulmeister *Marcus Löb* ge-

Bevor die Hoerstgener Synagoge 1931 als Verkehrshindernis abgerissen wurde,
fertigte das Rheinische Bildarchiv einige Fotos an, deren Bedeutung für die Kenntnis
des niederrheinischen Landjudentums kaum überschätzt werden kann.
Die Außenaufnahme zeigt die Südfront des in heimischem Backstein gemauerten,
kompakten Kuppelbaus. Betritt man das Innere durch den etwas versteckten Eingang an der
Nordseite, so fällt sofort links an der Ostwand der weiß gestrichene Toraschrein ins Auge.
Der durch zwei Treppenstufen erhöhte und von zwei Säulen flankierte Toraschrank ist schon
des Vorhangs entledigt.
In der Mitte des nahezu quadratischen, säulenlosen Saalbaus befindet sich die Bima
(das Vorlesepult), die von einem kunstvoll gedrechselten Holzgeländer mit kannelierten
Säulchen eingerahmt wird. Auf der nach Westen gerichteten unteren Innenaufnahme ist
innerhalb dieses Geländers die Sitzbank des Vorlesers zu erkennen, unter deren Deckel
die Bar Mizwa-Wimpel aufbewahrt wurden.
An den Wänden reihen sich die Holzbänke, die etwa 40 Gläubigen Platz boten. Da eine
Abtrennung für die Frauen nicht zu erkennen ist, muss man annehmen, dass den Frauen die
beiden Bänke an der Westwand vorbehalten waren.
Die von Dreipässen bekrönten neugotischen Fenster können als Symbol der Zugehörigkeit
zur deutschen Kultur interpretiert werden; das gilt auch für die zwischen den beiden Fenstern
der Südseite hängende Gedenktafel, in der mosaische mit preußischen Formen kombiniert
sind. Seinen Abschluss findet der kleine Saal in der offenen, vierseitigen Kuppel, die man
sich hellblau gestrichen vorstellen darf, was den Himmel symbolisieren soll.
Alles in allem erlauben die Bilder trotz des unübersehbar fortgeschrittenen Verfalls einen
authentischen Einblick in Religion und Kultur des niederrheinischen Landjudentums,
der ein Streben nach Selbstbewusstsein bei gleichzeitigem Bemühen um Assimilation verrät.

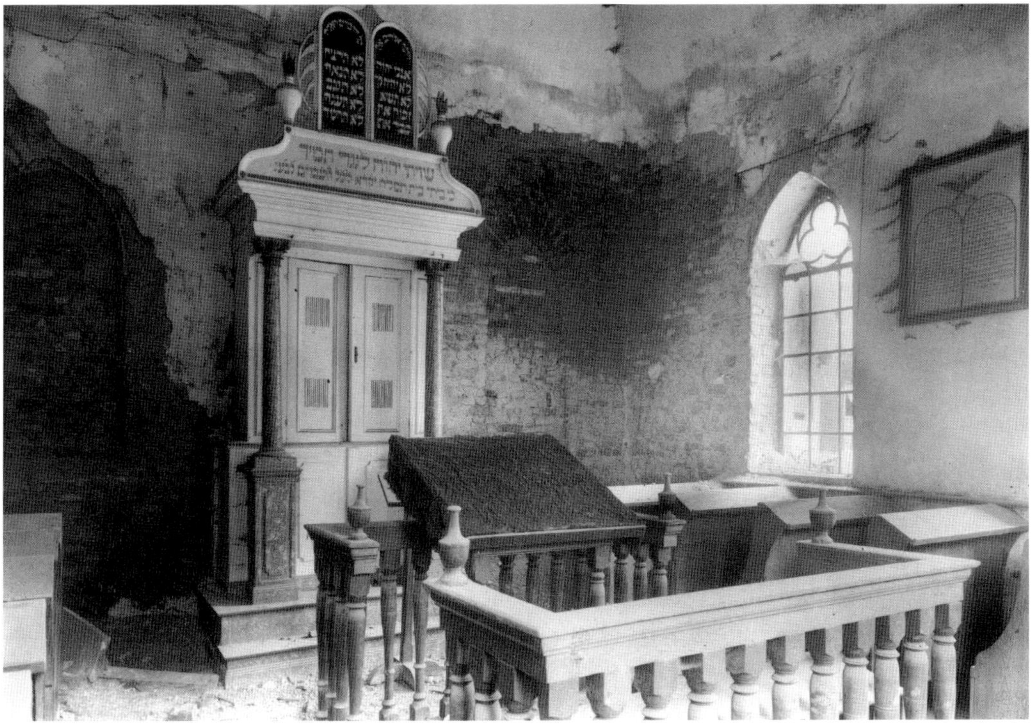
שויתי יהוה לנגדי תמיד

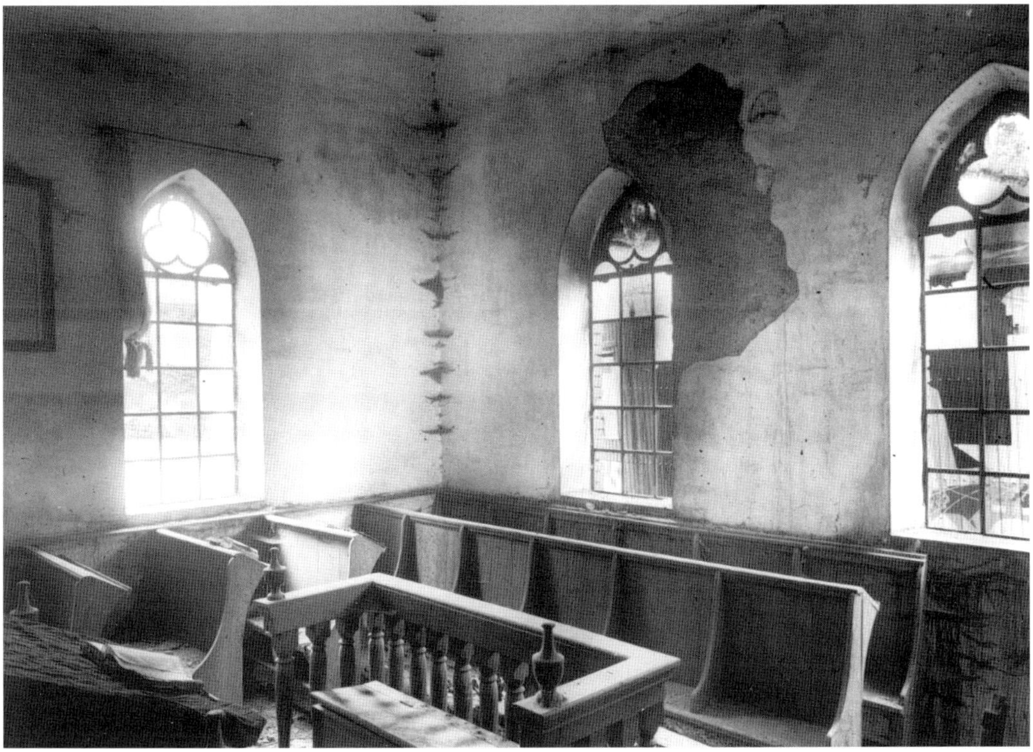

nannt[65] (vgl. das Kapitel „Das jüdische Schulwesen") . In den folgenden Jahrzehnten scheint die 1761 errichtete Synagoge baufällig geworden zu sein. 1851 dann genehmigte der Oberpräsident der Rheinprovinz eine Hauskollekte zur Bestreitung der Kosten für den Neubau einer Synagoge: „Die Judengemeinde zu Hörstgen, im Kreise Geldern, zu deren Synagoge die Glaubensgenossen in den benachbarten Gemeinden Camp, Rheurdt, Sevelen und Aldekerk gehören, ist in die Nothwendigkeit versetzt, den Neubau einer Synagoge vorzunehmen, deren Kosten sich nach dem, darüber aufgestellten Projekte auf 3000 Thaler belaufen. Die Gemeindemitglieder sind meist dürftig und gänzlich außer Stande, die Kosten des Neubaues aus eignen Mitteln aufzubringen."[66] Als Spendensammler werden 1851 der Kaufmann *Herz Jesse* (1822–1902) aus Hoerstgen und der Kaufmann *Emanuel Goldstein* (1813–1869) aus Sevelen[67] genannt. Im Jahre 1854 können die Hoerstgener Juden, die fortan mit ihren Glaubensgenossen aus Alpen, Baerl, Budberg, Büderich, Hochemmerich, Homberg, Kamp, Kapellen, Moers, Neukirchen, Orsoy, Ossenberg, Repelen, Rheinberg, Rheurdt, Schaephuysen, Vierquartieren und Vluyn zum Synagogenbezirk Rheinberg gehören[68], auf Folgendes verweisen: „Es ist geschichtlich die älteste Israelitische Gemeinde im Kreise Geldern; dieselbe besitzt ein geräumiges Gotteshaus (Synagoge) mit Frauenkirche, Frauenbad etc., hat einen sehr geräumigen Begräbnißplatz und alle zum Cultus nöthigen Utensilien; alles schuldenfrei. Außerdem hat die Gemeinde einen eigenes Schulzimmer und unterhält einen conzessionierten Lehrer."[69] Die wahlberechtigten Hoerstgener Juden waren 1854 der Kleinhändler *Joseph Böninger* (1791–1862), der Seidenweber *Libmann*

Böninger (1827–1889), der Händler *Zacharias Böninger* (1819–1893), der Altsitzer *Hertz Goldstein* (1775–nach 1867), der Metzger *Levy Goldstein* (1804–1867), der Rentner *Moses Goldstein* (1811–nach 1886) als Vorsteher, der Altsitzer *Jacob Gompertz* (um 1770–1856), der Händler *Elias Heymann* (1828–1883), der Pferdehändler *Levy Heymann* (1825–1892), der Metzger *Herz Jesse* (1822–1902), der Metzger *David Kalmann* (i. e. *Calman David*: um 1792–1871), der Seidenweber *Libmann Kallmann* (i. e. *Liebmann David*: 1836–1902), der Seidenweber *Tobias Kallmann* (i. e. *Tobias David*: 1831–1915), der Drechsler *Nathan Rosenberg* (1817–1888), der Lehrer *Meyer Sarhi*, der Rentner *Moses Seligmann* (um 1797–nach 1854) und der Handelsmann *Lazarus Spier* (1816–vor 1901).[70] Zu den ersten zwölf Repräsentanten des am 6. Oktober 1854 gebildeten Synagogenbezirks Rheinberg gehörten aus Hoerstgen *Tobias David* und *Moses Goldstein*; ihre Stellvertreter waren der Seidenweber *Levy David* (1824–nach 1880) und *Levy Goldstein*.

1863 stiftete die in Linn geborene Rheurdter Jüdin *Amalie Kaufmann* geb. *Simons* (1813–1887) wohl aus Anlass ihres 50. Geburtstages der Synagoge in Hoerstgen einen Toramantel aus dunkelrotem Samt, der heute im Kölnischen Stadtmuseum aufbewahrt wird.[71] 1880 dann errichtete der benachbarte Gastwirt Kraft Janssen drei Meter neben der Synagoge und der sich anschließenden „Häuserreihe" entlang der Dorfrinne eine nach Maßgabe der Bauzeichnung 22,80 m lange Kegelbahn mit vorgelagerter und bereits bestehender „Gartenlaube".[72] Über die bauliche Beschaffenheit der frei stehenden Synagoge selber ist in diesem Zusammenhang jedoch nichts überliefert; vielmehr fand ab dem Jahre 1900 eine weitere Haussammlung

„behufs Aufbringung der Mittel zum Neubau einer Synagoge in Hörstgen"[73] statt. Die Hoerstgener Synagoge zählte zu den 76 Synagogen, die um 1900 im Regierungsbezirk Düsseldorf vorhanden waren.[74] Als Spendensammler in den Regierungsbezirken Aachen, Köln und Düsseldorf fungierten *Moses Cahn* (1856–1932) aus Kamp, *Ferdinand David* (1857–1912) aus Rheurdt sowie *Liebmann David* (1836–1902) und *Alex Kramer* (1864–1937) aus Hoerstgen. *Erwin David* in Whitstable/Kent weiß zu berichten, dass der erwähnte *Liebmann David*, der jüngste Bruder seines Urgroßvaters *Tobias David* (1831–1915), im Jahre 1901 bemüht war, bei Kölner Glaubensgenossen Geld für die projektierte Baumaßnahme zu sammeln.[75] 1903 kam es dann endlich „an der Stelle, wo die alte stand"[76], zum Neubau der Hoerstgener Synagoge durch den ortsansässigen Schreiner Gerhard Buyken. Das auf nahezu quadratischem Grundriss errichtete und mit einem leicht kuppelartig gebogenen Dach versehene eingeschossige Backsteingebäude wurde von ursprünglich sechs und später von nur vier spitzbogigen Fenstern – jeweils zwei an der südlichen Straßenseite und an der Ostseite – erhellt; der von Säulen flankierte Toraschrein trug ein Paar mächtige, hoch aufragende Gebotstafeln.[77]

Zu Beginn des Jahres 1906 wurde von interessierten Kreisen in der Lokalpresse verbreitet, Hoerstgen sei heutzutage weder ein „armes Seidenweberdorf" noch gar ein „Judendorf", denn in der Gemeinde wohnten ja nur noch „ein Dutzend Israeliten"[78]. Die Synagoge an der Dorfstraße, die bei der Berliner Feuerversicherungsanstalt mit einem Wert von 3200 Reichsmark versichert war, wurde bereits ab dem Jahre 1908 nicht mehr zu religiösen Zwecken

genutzt[79] und verwahrloste in den Folgejahren. 1931, im Jahr des Abrisses, aus dem sich fünf Ansichten der Synagoge im Rheinischen Bildarchiv in Köln überliefert haben, wird sie als „vollständig verfallen" bezeichnet; sämtliche Kultusgeräte waren bereits „herausgeschafft" worden.[80] Schon am 1. Mai 1929 hatte es in der Sitzung des Hoerstgener Gemeinderates geheißen: „Wegen Beseitigung bzw. Instandsetzung der Synagoge soll mit der Synagogengemeinde Rheurdt in Verbindung getreten werden."[81]

Im weiteren Verlauf der Angelegenheit wurde am 16. Februar 1931 seitens der Zivilgemeinde folgende Verfahrensweise verabschiedet: Die Gemeinde Hoerstgen unterhält die Wege des jüdischen Friedhofs und wird dadurch berechtigt, die baufällige Synagoge „zu beseitigen und das fragliche Grundstück für Straßen und sonstige Zwecke in Anspruch zu nehmen". Doch schon am 15. Mai 1931 wurde folgender Beschluss gefasst: „Mit der Überlassung des Synagogengrundstücks nebst der angrenzenden Gemeindeparzelle an den Wirt Heinrich Janssen gegen eine jährliche Anerkennungsgebühr von 10 RM ist Gemeinderat einverstanden." Bereits durch Vertrag vom 11. Mai 1931 hatte sich der erwähnte Janssen gegenüber dem Gemeindebaumeister Max Stein verpflichtet, „die vor seinem Grundstück an der Dorfstrasse stehende Synagoge abzubrechen. Er hat das Mauerwerk einschl. Fundamente zu beseitigen, das Material zu beseitigen, den Platz aufzuräumen und zu planieren und alsdann als Grünanlage anzulegen. Als Entgelt für den Abbruch und für die mit der Planierung des Grundstückes und Einrichtung der Grünanlage verbundenen Arbeiten und Kosten erhält er das gesamte Altmaterial, welches beim Abbruch gewonnen wird. (...) Janssen übernimmt mit der Uebernahme des Grundstückes, auf dem die Synagoge steht, auch die Reinigung der Dorfrinne, soweit sie von dem Grundstück begrenzt wird."[82] Die von dem Gastwirt und Bäcker Heinrich Janssen übernommenen Verpflichtungen sind nur vor dem Inhalt eines zwischen der Zivilgemeinde Hoerstgen und den „israelitischen Eingesessenen der Synagogengemeinde Hoerstgen" sowie der Synagogengemeinde Moers am 18. Mai 1931 besiegelten Vertrages verständlich. In diesem Vertrag nämlich übernahm die Zivilgemeinde „für ewige Zeiten" die Pflege und Unterhaltung des Friedhofes an der Breitenwegsallee. Als Gegenleistung hierfür wurden ihr das Synagogengrundstück und die vorgelagerte Parzelle „insoweit und solange unentgeltlich zur freien Verfügung überlassen,

Eingangstür an der Nordseite der Synagoge in Hoerstgen 1931

als dieses Grundstück im Rahmen des Bebauungsplanes der Gemeinde Hoerstgen seitens der israelitischen Gemeinde nicht zu Bauzwecken verwendet bezw. abgegeben werden kann. Die Zivilgemeinde Hoerstgen übernimmt es, das auf dem vorgenannten Grundstück stehende Synagogengebäude sofort niederzulegen und das Grundstück zu planieren. Alle hierdurch entstehenden Kosten trägt die Zivilgemeinde Hoerstgen."[83] Zur Vollziehung dieses folgenreichen Vertrages, den seitens der jüdischen Gemeinde 17 Personen unterschrieben, war der Viehhändler *Siegmund Kaufmann* (1851–1935) aus Rheurdt ermächtigt worden.

1932 wurden Rheurdt und Hoerstgen, die seit dem Jahre 1897 zum Synagogenbezirk Alpen gehört hatten, der Synagogengemeinde Moers angegliedert.[84] Ein Jahr später, am 15. Mai 1933, beschloss der Hoerstgener Gemeinderat: „Auf Antrag des Gastwirtes Janssen wird auf die Anerkennungsgebühr bezüglich des Grundstückes der früheren Synagogengemeinde für 1932 verzichtet. Von 1933 ab wird die Anerkennungsgebühr auf jährlich 3,00 RM festgesetzt."[85] 1953 wurde die Jewish Trust Corporation for Germany Ltd. Eigentümerin des 85 qm großen ehemaligen Synagogengrundstückes und der vorgelagerten kleineren Parzelle. Beide Grundstücke – zusammen 132 qm groß – erwarb die Stadt Kamp-Lintfort im Jahre 1955, um sie schließlich 1978 im Zuge des Ausbaus der Ortsdurchfahrt Hoerstgen zur Anlegung eines öffentlichen Parkplatzes zu nutzen.

Das jüdische Schulwesen

Für die Jahre 1800, 1802, 1806 und 1811 wird in standesamtlichen Urkunden als jüdischer Schulmeister in Hoerstgen *Marcus Löb (Loeb)* genannt, der um 1738 geboren war und nicht in Hoerstgen verstorben ist. Bei den jüdischen Schulmeistern jener Zeit handelte es sich um „talmudisch gebildete Männer, welche die Kinder unterrichteten, mit dem Alten Talmud lernten (sic!) und zuweilen auch stellvertretend in Angelegenheiten der rabbinischen Jurisdiktion fungierten"[86]. Sodann, zu einem unbekannten Zeitpunkt nach 1811, kam das jüdische Schulwesen in Hoerstgen offenbar für längere Zeit zum Erliegen. Unter dem 23. April 1835 jedoch berichtet der Gelderner Landrat Friedrich Freiherr von Eerde der Regierung in Düsseldorf „wegen Fortweisung eines ausländischen Juden, Daniel van Minden zu Hörstgen", dass besagter *van Minden* „ohne qualifizirt und approbirt zu sein, das Geschäft eines jüdischen Lehrers treibt, (…) und daß, da er alt und von aller Arbeit entwöhnt, für die Gemeinde, die ihn aufnimmt, von ihm nur Last zu erwarten steht"[87]. Der aus Amsterdam gebürtige *Daniel van Minden* musste aufgrund der Regierungsverfügung vom 27. April 1835 mittels eines Zwangspasses aus Hoerstgen ausgewiesen werden. Am 3. Januar 1852 schreibt der Hoerstgener Bürgermeister Wilhelm Duven dem kommissarischen Landrat Max August Graf von Loë in Geldern: „Die in Hörstgen wohnenden Kinder der Israeliten besuchen (…) die Elementarschule zu Hörstgen. Religions Unterricht erhalten dieselben gar nicht, haben solchen auch schon seit vielen Jahren nicht genossen, sodaß unsere ältere und jüngere israelitische Jugend von Religion nothdürftig nur soviel weiß, das jüdische Ceremoniel beim Gebete und in der Kirche zu kennen."[88]

Zwar lebte zumindest 1853 im benachbarten Sevelen im Hause des aus Hoerstgen stammenden *Emanuel Goldstein* (1813–1869) und seiner Frau *Elisabeth geb. David* (1811–1865) der in Belgien gebürtige Religionslehrer *Moses Salomon Levy* (um 1782–1854), doch ist nicht bekannt, ob bzw. gegebenenfalls wo *Levy* noch Unterricht erteilte. Ende 1853 kam es jedoch in Hoerstgen zur Anstellung des Elementar-Lehrers *Meyer Sarhi*; zum Schulvorstand wurden seinerzeit „der israelitische Vorsteher *Moses Goldstein* und der Handelsmann *Lazarus Spier*" (1816–vor 1901) ernannt.[89] Auch ein „eigenes Schulzimmer" stand 1854 in Hoerstgen zur Verfügung.[90] Doch schon 1856 besuchten die seinerzeit nur acht schulpflichtigen jüdischen Kinder wieder die evangelische Schule, denn es war „kein Lehrer angestellt"; der Religionsunterricht wurde daher nach amtlicher Lesart von den Eltern erteilt.[91] Die Statuten der Synagogengemeinde Rheinberg machten es dieser sodann zur Pflicht, die Erteilung des Religionsunterrichts für die schulpflichtigen jüdischen Kinder zu gewährleisten. Mit der recht knappen Information, dass der Hoerstgener Gemeinderat 1908 – nachdem ein entsprechender Antrag bereits 1907 „späterer Beschlußfassung vorbehalten" worden war – auf Widerruf einen jährlichen Zuschuss zu den Kosten des jüdischen Religionsunterrichts in Höhe von 15 Mark bewilligte[92], endet die schriftliche Überlieferung zum jüdischen Schulwesen in Hoerstgen. Die schulpflichtigen Kinder jüdischer Familien besuchten bereits seit langem wieder die evangelische Schule, die 1826 an der Dorfstraße neu entstanden war.[93] Die letzten jüdischen Schülerinnen, die aus dieser Schule entlassen wurden, waren im Übrigen zu Ostern 1910 *Paula Kramer* (1896–1945) und *Amanda Gompertz* (1896–1945)[94], von der ebenso wie von ihrer älteren Schwester *Jenny* (1889–

1942) noch gesondert zu sprechen sein wird (vgl. das Kapitel „Das Ende der Hoerstgener Juden während der faschistischen Diktatur").

Der Friedhof an der Breitenwegsallee

Der langgestreckte Friedhof an der nördlich des Straßendorfes verlaufenden Breitenwegsallee mit seinen nur 29 erhaltenen und geosteten Grabstätten aus der Zeit von 1808 bis 1936 – darunter neun von Rheurdter, zwei von Kamperbrucher sowie eine eines aus Hoerstgen abgewanderten Sevelener Juden – hat eine Fläche von 1.887 qm. Er ist das letzte sichtbare Zeugnis der Hoerstgener Judengemeinde. Eine ältere Zuwegung aus südlicher Richtung, die 1820 auf der Urkatasterkarte die Bezeichnung „Sittardallee"[95] trägt, zeichnet sich noch in der Gegenwart als landwirtschaftlicher Weg deutlich in der Topographie zwischen der Schloßallee und dem Friedhof ab. Der heutige Zugang von der Breitenwegsallee her ist daher sehr wahrscheinlich nicht der ursprüngliche. 1854 wird der Begräbnisplatz von den Hoerstgener und Rheurdter Juden als „sehr geräumig" bzw. „groß" bezeichnet.[96] Er ist „lang und schmal wie ein beschriftetes Band, dessen Worte und Sätze durch alte Bäume, wie durch Schlußpunkte versehen, markiert sind. Viel ist von diesem Satz nicht mehr zu lesen."[97] Wer diesen geschlossenen denkmalwerten Friedhof mit der Lagebezeichnung „Sittard" betritt, der erkennt nämlich sofort, dass eine größere – indes heute nicht mehr benennbare – Zahl von Grabstellen und Grabsteinen verschwunden ist. Der von landwirtschaftlich genutzten – und teilweise ebenfalls schmalen und langgestreckten – Parzellen umgebene

Friedhof der Aldekerker, Hoerstgener, Kamper, Kamperbrucher, Rheurdter und Sevelener Juden vermag uns zweierlei zu zeigen: „... die Schwierigkeiten, die die Juden hatten, wollten sie ein Stück Boden fest erwerben, und die Notwendigkeit, für mehrere kleine Gemeinden einen gemeinsamen Friedhof einzurichten und zu unterhalten, der für alle daran Beteiligten unschwer erreichbar sein sollte"[98]. Im Zeitraum von 1798 bis 1942 wurden allein von den Standesämtern der damaligen Gemeinden Hoerstgen, Kamp, Kamperbruch, Rheurdt und Sevelen insgesamt rund 160 Todesfälle von Personen jüdischen Glaubens beurkundet.

Die Anfänge dieses jüdischen Begräbnisplatzes, der in früherer Zeit wahrscheinlich drei Gräberreihen kannte, sind nicht genau datierbar. In der insoweit nur spärlich vorhandenen Literatur wird jeweils ohne weitere Nachweise die Ansicht geäußert, der Hoerstgener Friedhof sei bereits schon im 16. Jahrhundert[99], im 17. Jahrhundert[100] oder erst um 1720[101] angelegt worden. Fest steht jedoch nur, dass nach den erstmals von Michael Brocke getroffenen Feststellungen der älteste erhaltene Grabstein aus dem Jahre 1808 stammt.[102] Es ist der Stein mit der laufenden Nummer 26; er wurde für *Beile Falck* gesetzt, geboren um 1748 in Moers als Tochter von *Jonas Falck* und *Gudel Isaac* und Frau des *Abraham*. Nach bisheriger Auffassung soll der Friedhof 1888 durch eine Schenkung der Familie Bird, die 1846 Haus Frohnenbruch mit dem zugehörigen Grundbesitz erworben hatte, in das Eigentum der jüdischen Gemeinde übergegangen sein.[103] Balzer Ingenschay, geboren auf Roms-Hof an der Fackelstraße und Nachfahre einer altbezeugten Hoerstgener Familie, kann jedoch darlegen, dass das Friedhofsgrundstück

Der Friedhof an der Breitenwegsallee an einem Mai-Morgen 1996

an der Breitenwegsallee ursprünglich zum heute denkmalgeschützten Roms-Hof gehörte.[104] Noch 1867 wird das fragliche Friedhofsflurstück des Eigentümers Ingenschay katastermäßig neben anderen unterschiedslos als „Acker" verzeichnet.[105] 1896 dann berichtet der damalige Bürgermeister Josef Nolden in einer Aufstellung für das anfragende Landratsamt in Moers über den konfessionellen Charakter der örtlichen Friedhöfe: „Ferner befindet sich in Hoerstgen auch noch ein jüdischer Begräbnisplatz, welcher von der jüdischen Gemeinde als Eigentum beansprucht und benutzt wird."[106] Mit dem aus Harsewinkel zugezogenen Kaufmann *Albert Mendels*, geboren 1867 in Rheda/Westfalen und seit 1896 mit der ebenfalls in Hoerstgen bestatteten *Helene Gronsfeld* (1870–1933) aus Aerzen im Kreis Hameln verheiratet, wurde 1912 in Hoerstgen erstmals ein jüdischer Einwohner aus der durch

den Steinkohlenbergbau aufstrebenden Industriegemeinde Kamperbruch beigesetzt.[107] Für das Jahr 1919 und damit zu einem Zeitpunkt, als das „Anschwellen der judenfeindlichen Agitation in Deutschland"[108] noch erst bevorstand, ist in der Presse eine nicht näher beschriebene Friedhofsschändung überliefert; „die Täter hat man in jugendlichen Burschen ermittelt, die ihrer schweren gerechten Bestrafung entgegensehen"[109].
1931 – in diesem Jahr war auf dem Hoerstgener Friedhof noch ein Wegesystem vorhanden[110] – wird in einer Stellungnahme der Synagogengemeinde Alpen darüber Klage geführt, dass der Friedhof „nur noch notdürftig in Ordnung gehalten" werden könne.[111] Am 18. Mai des gleichen Jahres kam es dann zum Abschluss eines unkündbaren Vertrages zwischen der Zivilgemeinde Hoerstgen einerseits und den „israelitischen Eingesessenen der Synagogen-

gemeinde Hoerstgen" sowie der Synagogengemeinde Moers zum anderen. Bürgermeister Hubert Lesaar und Gemeindevorsteher Johann Bird übernahmen in
diesem Vertrag für die Zivilgemeinde
Hoerstgen „ohne jede weitere Vergütung
die ordnungsmässige Instandsetzung
und Einfriedigung (...) sowie für ewige
Zeiten die Aufsicht und Instandhaltung
des Friedhofes (...). Die jüdischen Eingesessenen der Synagogengemeinde
Hoerstgen haben die Berechtigung zur
kostenlosen Bestattung (...) gegen Zahlung der Grabbereitungsgebühren sowie
das Recht auf Ankauf von Erbgruften.
Die Kosten der Grabbereitung richten
sich nach den jeweiligen Grabbereitungsgebühren der Zivilgemeinde Hoerstgen,
die Kosten der Erbgruften nach den Tari-
fen der israelitischen Gemeinde in
Moers. Der Erlös aus dem Verkauf von
Erbgruften ist zur Unterstützung von
bedürftigen israelitischen Eingesessenen der Synagogengemeinde Hoerstgen
zu verwenden und durch die Gemeinde-
kasse der Zivilgemeinde Hoerstgen kos-
tenlos zu verwalten."[112] Im Gegenzug
erhielt die Zivilgemeinde Hoerstgen,
wie bereits im Kapitel „Die Synagoge an
der Dorfstraße" dargelegt, das Eigentum
am Synagogengrundstück und an der
diesem vorgelagerten Parzelle.

Von den Hoerstgener Juden verstarb als
letzte *Elisabeth Lichtenstein* geb. *Goldstein* (1844–1927) eines natürlichen
Todes. Aus Rheurdt folgten in den 30er
und 40er Jahren *Wilhelmine Kaufmann*
geb. *Lebenstein* (1854–1932), *Siegmund
Kaufmann* (1851–1935), *Leopold David*
(1859–1936), *Moritz David* (1860–1939),
Berta Kaufmann geb. *Dahltrop* (1861–
1939) und schließlich *Clemens Kaufmann*
(1854–1942).

Während des Zweiten Weltkrieges war
die Familie Ingenschay auf Roms-Hof
aufgefordert worden, den Friedhof ein-

zuebnen, doch widersetzte sie sich erfolgreich diesem Ansinnen.[113] Bis in die
letzten Kriegsjahre hinein soll eine Flak-
stellung ihren Standort bei oder auf dem
Friedhof gehabt haben[114]; ein Anwohner
des Weilers kann sich jedoch nur an
einen Scheinwerfer am südlichen Ende
des Friedhofs erinnern.[115] „Aus den
Aktenvorgängen ist ersichtlich, dass sogar Bombentrichter vorhanden waren.
Im Jahre 1945/46 ist der Friedhof ein-
geebnet, ganz umgegraben und mit Gras-
samen eingesät worden. Die noch er-
kenntlichen Grabstätten wurden in Ordnung gebracht und die noch vorhandenen Grabmale aufgestellt."[116] Die heute
sichtbare Aufstellung der Grabsteine,
die nur eine lückenhafte Reihe mit Grabstellen kennt, dürfte somit nicht die
authentische sein. Im Verwaltungsbericht der Gemeinde Kamp-Lintfort für
1947/48 heißt es dann: „Der jüdische
Friedhof im Ortsteil Hoerstgen, der total
verwahrlost war, konnte durch die Gärt-
nerkolonne wieder in einen ordent-
lichen Zustand versetzt werden."[117] Für
1951/52 wird berichtet: „Der Judenfried-
hof wird z.T. durch den Hoerstgener
Friedhofswärter gepflegt. Schnitt und
Unterhaltung der Rasenflächen, Gehölz-
gruppen und Umfassungshecken haben
die städtischen Gärtnerkolonnen übernommen, wodurch eine zufriedenstel-
lende Pflege des Friedhofes erreicht
wurde."[118] 1952 wurde der Stadt Kamp-
Lintfort der Ersatz eines durch Kriegs-
einwirkung zerstörten Grabsteines „genehmigt und dem Steinmetzmeister
Meyer, Moers, übertragen"[119].

Im Jahre 1953 wurde die Jewish Trust
Corporation for Germany Ltd. vorübergehend Eigentümerin des Friedhofes.
Die fachmännische Pflege und Unterhaltung des mit einer Hainbuchenhecke
und Zäunen eingefriedigten jüdischen
Friedhofs an der Breitenwegsallee, des-

sen Eigentümer heute der Landesverband der jüdischen Kultusgemeinden von Nordrhein in Düsseldorf ist, liegt – erstmals begründet durch den „für ewige Zeiten" geschlossenen Vertrag von 1931 und 1955 ausdrücklich bekräftigt in dem Kaufvertrag über das Synagogengrundstück und die benachbarte Parzelle (vgl. das Kapitel „Die Synagoge an der Dorfstraße") – in Händen des Grünflächenamtes der Stadt Kamp-Lintfort, die 1934 als Gemeinde gleichen Namens Rechtsnachfolgerin der früheren Zivilgemeinde Hoerstgen geworden ist.

Bei immerhin zwölf der insgesamt 29 aufgestellten Grabsteine sind die Inschriftenplatten unter unbekannten Umständen sowie zu unbekannter Zeit abhanden gekommen; eine Inschrift – sie gilt dem von Hoerstgen nach Sevelen abgewanderten *Meier Böninger* (1823–1887) – ist aufgrund natürlicher Verwitterung praktisch nicht mehr lesbar. Die neun erhaltenen Grabsteininschriften von Rheurdter Juden aus der Zeit von 1881 bis 1936 wurden bereits in den 80er Jahren von Prof. Dr. Michael Brocke und seinen Mitarbeitern textlich erfasst und 1988 in Theo Mäschigs Darstellung zur Geschichte der Rheurdter Juden veröffentlicht.[120] Die übrigen Grabsteininschriften – sofern sie in hebräischer Sprache abgefasst und noch lesbar sind – übersetzten für den vorliegenden Beitrag Brigitte Gensch, Moers, und Aubrey Pomerance, Berlin (vgl. im Einzelnen den Anhang „Der Friedhof an der Breitenwegsallee"). Die Form der erhaltenen Grabsteine des 19. Jahrhunderts, die Inhalte ihrer Inschriften sowie die zurückhaltende Symbolik „weisen auf die traditionell-jüdische Lebensweise derer hin, die hier beerdigt wurden"[121]. So finden wir auf dem Grabstein des Metzgers *Levy David* (1822–1887) die segnenden Priesterhände und auf jenem

für *Henriette Kaufmann* geb. *Goldfinger* (1848–1881) das antik-hellenistische Symbol des Schmetterlings als Sinnbild der Psyche, die sich von der Hülle des Körpers getrennt hat.[122]

Regionale Herkunft und Sozialprofil der Hoerstgener Juden im 18. und 19. Jahrhundert

Die naturgemäß interessierende Frage, aus welchen Orten bzw. Regionen die spätestens im 18. und sodann im 19. Jahrhundert nach Hoerstgen zugewanderten Juden gebürtig waren, sowie jene nach dem näheren Sozialprofil der örtlichen Juden blieben bisher unbeantwortet.[123] Aus der engeren regionalen Umgebung Hoerstgens stammte ein nicht unerheblicher Teil der von uns erfassten zugewanderten Juden. So waren beispielsweise *Moses Falck* (um 1742–1847) in Moers, *Lea Cain* (1780–?) in Xanten, *Manuel Guntzenheimer* (um 1786–1858) in Kleve, *Jacob Kramer* (1823–1889) in Uedem und *Helena Böninger* geb. *Hertz* (1825–1889) in Alpen geboren. Nicht als linksniederrheinische Geburtsorte von Hoerstgener Juden belegt sind demgegenüber Aldekerk, Büderich, Geldern, Goch, Homberg, Marienbaum, Nieukerk, Orsoy, Rheinberg, Rheurdt, Sevelen, Sonsbeck, Straelen, Vluyn und Weeze. *Meyer Ascher* (um 1727–1814) wiederum stammte aus Kaiserswerth. Der 1804 verstorbene Hoerstgener Hausierer oder „Wiederverkäufer" (revendeur) *Moses Salomon* war um 1718 in Niederwesel geboren; *Gabriel Heymann* (um 1758–1807) kam aus Düren, *Rosine Wiener* (um 1763–1819) aus Trier, *Johanna Gompertz* bzw. *Spier* geb. *Schneer* (um 1806–1901) aus Haltern, *Nathan Rosenberg* (1817–1888) aus Dorsten und seine erste Frau *Judith* geb. *Bär* (um 1824–1863) aus Rees, *Emanuel Lichtenstein* (1828–1901) hingegen aus Waldenrath bei Heinsberg. Deutlich weiter entfernt liegende Geburtsorte, wie Halberstadt im Harz bei *Spanisch Isac* bzw. *Isaac Goldstein* (1749–1821), Leiden in den Niederlanden bei *Jacob Gompertz* (um 1770–1856), Voegisheim in Baden bei *Schylo Moses* (um 1734–1803), der in Hoerstgen „an die Folgen der Wassersucht" verstarb, Wenkheim im Tauberfränkischen[124] bei *Carolina David* geb. *Lehmann* (1844–1916) und Vorderweidendahlen bei Wissembourg im Elsass, wo *Hertz Levy* bzw. *Hertz Goldstein* (1775–nach 1867) geboren wurde, kommen demgegenüber bei den späteren Hoerstgener Juden nur ausnahmsweise vor.

Ein aufschlussreiches Dokument zur Struktur der Hoerstgener Juden am Beginn des 19. Jahrhunderts ist die von dem damaligen Bürgermeister Eberhard Keller angelegte standesamtliche Liste mit den obligatorischen Erklärungen über die Annahme fester Vor- und Zunamen aus dem Jahre 1808.[125] Das Standesamt Hoerstgen ging 1934 in dem Standesamt der durch Zusammenlegung entstandenen Gemeinde Kamp-Lintfort auf, das die Liste von 1808 offensichtlich an das damalige Landessippenamt ablieferte. Nach Auskunft des Registers, das zwischen dem 8. und dem 26. Dezember 1808 angelegt wurde, zählte Hoerstgen seinerzeit 91 jüdische Einwohner, darunter 37 männliche und 54 weibliche sowie 45 Erwachsene und 46 Minderjährige, die zwischen 1790 und 1808 in Hoerstgen (40) sowie in Segnitz/Württemberg (6) geboren waren. Von den Erwachsenen waren nur 12 – nämlich 10 Männer und 2 Frauen – des Schreibens kundig; so unterschrieben 1808 mit ihren neuen Namen *Jacobine Bethmann, Jacob Cohen, Zacharias Boennin-*

ger, Benedict Goldstein, Isaac Goldstein, Emanuel Herzberg, Bernhard Jesse, Ferdinand Jesse, Marcus Loeb, David Metzger, Abram Wiener und *Lea Wolf*. Nur *Zacharias Boenninger, Jacob Cohen, Benedict* und *Isaac Goldstein, Ferdinand Jesse, Marcus Loeb* und *Lea Wolf* bedienten sich dabei der lateinischen Schrift. Unter den gewählten erblichen Familiennamen dominieren *Kaufmann* (10), *Goldstein* (9), *Wiener* (9) und *Jesse* (8). Von den Erwachsenen hielten nur *Gudel Gottschalck* und ihr Sohn *Borg Gottschalck* sowie *Jecof (Jacob) Gumpers* und der Schulmeister *Marcus Löb* an ihren bisherigen Nachnamen fest. Zwar wurden 1808 insgesamt 91 Erklärungen abgegeben, doch ist bei etwa zwei Dritteln der seinerzeit namentlich genannten jüdischen Einwohner nichts Näheres über den weiteren Lebensweg bekannt. Dies gilt zum Beispiel auch für *David Metzger* und *Hermann Peltzer*.

In Bezug auf die verstärkte Abwanderung von Juden aus Hoerstgen, wie sie schon kurz nach der Wende vom 18. zum 19. Jahrhundert tendenziell deutlich zutage tritt, finden wir zum anderen als steinerne Dokumente erhaltene Grabsteine ehemaliger Hoerstgener Juden auf verschiedenen auswärtigen Friedhöfen[126], so zum Beispiel von *Simon Adler* (um 1779–1860) in Moers, von *Regina Berghoff* geb. *Böninger* (1831–?) in Kempen, von *Ester Bloemendael* geb. *Cohen* (1808–1879) in Roermond, von *Albert David* (1876–1938), der in Köln-Lindenthal verstarb, im niederländischen Gennep, von *Elise Goldstein* (1850–1922) in Kalkar[127], von *Bertha Lichtenstein* (1867–1936) in Gladbach[128], von *Aron Moyses* bzw. *Meyer* (um 1774–1862) in Rheinberg und von *Helene Salomon* geb. *Jesse* (1810–1880) in Lank-Latum. In vielen Fällen kennen wir jedoch weder den Zeitpunkt noch den Ort des Todes.

Bekannt sind ferner zum anderen weitere in der Regel erwerbs- bzw. heiratsbedingte Abwanderungen zum Beispiel nach Aldekerk, Amersfoort/Niederlande, Anrath, Duisburg, Eindhoven/Niederlande, Hengelo/Niederlande, Issum, Kamp, Köln, Krefeld, Mülheim/Ruhr, Neersen, Nieukerk, Oosterhout/Niederlande, Rhenen/Niederlande, Rheurdt, Sevelen, Süchteln und Waldniel sowie insbesondere nach Geldern. Bereits um 1802 verzogen der Hoerstgener Metzger *Hertz David* (um 1753–?) und seine Frau *Reis Meyer* (um 1763–?) mit ihren seinerzeit fünf Kindern in die Stadt an der Niers, wo sie unter ihrem neuen Familiennamen *Neuman* jedoch ebenfalls nicht dauerhaft ansässig blieben. In Geldern verstarben demgegenüber die folgenden aus Hoerstgen gebürtigen Juden: *Sara (Sophie) David* (1831–1924), die 1919 in Issum gelebt hatte, *Emanuel Hertzberger* (um 1785–1829), die Brüder *Elias Heymann* (1828–1883), *Levy Heymann* (1825–1892) und *Schilo (Simon) Heymann* (1822–1888), *Hertz Jesse* (1822–1902), der nach 1882 von Nieukerk nach Geldern gelangte, sowie *Hebbe Kaufmann* (1816–1864) und ihr Bruder *Moses Kaufmann* (1814–1860), der 1845 von Sevelen nach Geldern übergesiedelt war.

Der berufliche Lebensweg von *Isaac Abraham Levy* (1745–1835) wiederum, der 1808 den Nachnamen *Silverberg* annahm, führte von Hoerstgen ab 1789/90 über Maastricht schließlich nach Löwen im belgischen Brabant, wo er auch verstarb.[129] Durch seinen Sohn, den Kaufmann und Fabrikanten *Salomon Philipp Silverberg* (1803–1897), der mit *Engeline Cosman Cohen* (1798–1884) aus Bocholt verheiratet war, kam die Familie *Silverberg* jedoch wieder vorübergehend an den Niederrhein, und zwar etwa ab 1828 nach Goch. Der 1816 in Kalkar als Sohn des Metzgers *Elias Spier* (1767–1847) und seiner Frau *Aleida Schaafhausen* (1781–1874) geborene Handelsmann *Lazarus Spier*, der 1850 in Hoerstgen die Witwe *Johanna Gompertz* geb. *Schneer* (um 1806–1901) geheiratet hatte, verstarb – wie sich aus der Todesurkunde seiner Frau ergibt – zu einem im Einzelnen unbekannten Zeitpunkt in der zweiten Hälfte des 19. Jahrhunderts sogar in Amerika, wobei wir jedoch nichts über den Grund seiner weiten Reise wissen. Und mit *Jacob Wiener* wurde am 27. Februar 1815 in Hoerstgen ein jüdisches Kind geboren[130], das später – ab 1840, als anlässlich der Rückkehr Venlos unter die niederländische Herrschaft seine erste Münze erschien – als Münzgraveur europaweit berühmt wurde.[131] Seine Vorfahren väterlicherseits stammten aus Ostpreußen, wo sein Urgroßvater Rabbiner gewesen war, und jene mütterlicherseits aus Ungarn; im Zuge religiöser Verfolgungen waren Letztere von Ungarn über Bonn nach Aachen gelangt. Als seine Großeltern in Hoerstgen sind zu nennen *Mathias Wiener* (1746–?) alias *Mayer Levy* und seine Frau *Rosine* (um 1755–?) alias *Reis Israel* sowie als Eltern *Marcus Wiener* (1794–?) alias *Marcus Mayer* und seine Frau *Hanna Baruch*. Zeugen bei der standesamtlichen Beurkundung der Geburt *Jacob Wieners* in Hoerstgen waren die Brüder *Benedict Goldstein* (um 1786–?) und *Levy Goldstein* (um 1773–?). Bereits 1817 jedoch, kurz nach der Geburt des Sohnes *Baruch* (1816–?), verzog die Familie von *Marcus* und *Hanna Wiener*, die bei der Witwe Batz Wohnung genommen hatte und 1816 „in der Haupt-Straße"[132], also wohl in einem Haus an der Dorfstraße, wohnte, von Hoerstgen nach Venlo in die Steenstraat. Mit 13 Jahren verließ *Jacob Wiener* sein Elternhaus, um bei seinem Onkel *Baruch* in Aachen, wo die-

Hanna Wiener im Kreise ihrer zehnköpfigen Kinderschar

ser 1812 als Inhaber eines Patentes aufgeführt wird[133], eine Lehre als Graveur anzutreten. Nach einem vierjährigen Aufenthalt in Frankreich zog es ihn 1839 nach Brüssel, wo ihm 1845 die belgische Staatsangehörigkeit verliehen wurde. 1848 erschien unter maßgeblicher Beteiligung von *Jacob Wiener* die erste belgische und 1851 die erste niederländische Briefmarke. Im Jahre 1987 – anlässlich des „Tages der Briefmarke"– würdigte die belgische Post das Lebenswerk des gebürtigen Hoerstgeners, der seit 1845 mit *Annette Newton* (?–1891)

verheiratet war und 1899 in Brüssel verstarb, mit der Herausgabe einer 13–Francs-Sonderbriefmarke.

Im Jahre 1806 lebten in Hoerstgen nach dem Höchststand von 1801/03 noch 80 Juden, in Moers und in Rheinberg jeweils 61, in Alpen 59, in Xanten 46 und in Sonsbeck 23.[134] 1823 war die Zahl der jüdischen Einwohner in Hoerstgen nach einem vorübergehenden Anstieg auf 91 in 1808 über 63 im Jahre 1816 – darunter 29 männlichen und 34 weiblichen Geschlechts[135] – bereits um 32,5% auf 54 gesunken. Das Straßendorf Hoerstgen

Jüdische Einwohner im Kreis Geldern 1823 und 1843

Ort	1823 absolut	1823 Bevölkerungsanteil in %	1843 absolut	1843 Bevölkerungsanteil in %
Aldekerk	./.	./.	10	0,51
Alpen	53	3,84	52	3,19
Büderich	./.	./.	4	0,18
Hochemmerich	./.	./.	1	0,06
Geldern	39	1,12	58	1,49
Hoerstgen	54	9,66	51	7,40
Homberg	./.	./.	4	0,18
Issum	26	1,25	32	1,30
Marienbaum	1	0,08	8	0,46
Moers	106	2,92	97	1,95
Kapellen	1	0,09	6	0,42
Orsoy	19	1,36	42	2,35
Repelen	./.	./.	1	0,05
Rheinberg	61	2,67	51	1,82
Sevelen	./.	./.	6	0,20
Sonsbeck	50	2,59	34	1,55
Straelen	./.	./.	1	0,02
Vluyn	./.	./.	6	0,37
Weeze	7	0,21	10	0,27
Xanten	72	2,63	98	2,76
	489	0,62	572	0,62

Quelle: Amtsblatt der Königlichen Regierung zu Düsseldorf 1824, S. 193; Statistische Uebersichten der Verwaltung des Kreises Geldern im Jahre 1843, Wesel 1844; eigene Berechnungen

Belgische Sonderbriefmarke von 1987 mit dem Porträt des Münzgraveurs Jacob Wiener (1815–1899), geboren in Hoerstgen und verstorben in Brüssel

mit seiner bescheidenen Synagoge aus dem Jahre 1761 war damit zwar in absoluter Zahl nach den Städten Xanten, Moers, Geldern und Alpen zusammen mit Rheinberg nur noch die viertgrößte jüdische Siedlung im damaligen Kreis Geldern, hatte aber mit sehr deutlichem Abstand zu Alpen, Xanten, Orsoy, Moers, Rheinberg und Sonsbeck den höchsten jüdischen Bevölkerungsanteil im Gebiet des damaligen Kreises Geldern. 1843 haben sich die statistischen Verhältnisse innerhalb des Kreisgebietes zwar geringfügig verschoben; deutlich erkennbar ist jedoch, dass sich die Zahl der jüdischen Siedlungsplätze innerhalb des Gelderner Kreisgebietes im Vergleich zum Jahre 1823 deutlich erhöht hat. Als neu besiedelte Ortschaften hinzugekommen sind zwischen 1823 und 1843 u. a. Aldekerk, Sevelen und Straelen.

Sodann, nach einem vorübergehenden Anstieg der jüdischen Bevölkerung in Hoerstgen um 19,6% bis auf 61 Personen im Jahre 1850, sank die Zahl – bedingt durch Tod und vermehrte Binnenwanderung – deutlich um 52,5% bis auf 29 im Jahre 1896. Das protestantische Hoerstgen, dessen jüdische Siedlung seine Blütezeit bereits zu Beginn des 19. Jahrhunderts hatte, erlebte im zweiten Drittel des 19. Jahrhunderts ebenso wie nahezu alle jüdischen Gemeinden am Niederrhein „einen eklatanten Verlust an jüdischer Bevölkerung"[136]. Die letzte standesamtliche Eheschließung zwischen jüdischen Partnern in Hoerstgen fand bereits im Jahre 1896 statt, als der Rheurdter Viehhändler *Moses David* (1864–1942) und *Jette Lehmann* (1859–1920) aus Wenkheim heirateten. 1906 wurde zum letzten Mal die Geburt eines jüdischen Kindes in Hoerstgen, nämlich die von *Ottilie Kramer* (1906–?), standesamtlich beurkundet. Nach 1910 verzog die Familie von *Alex Kramer* (1864–1937) dann von Hoerstgen nach Issum.

Im Übrigen lässt sich die in der jüdischen Bevölkerung im Allgemeinen „besonders günstige Sterberate"[137] erwartungsgemäß auch für Hoerstgen nachweisen. So verstarb z. B. die ursprünglich aus Ratingen stammende *Heele Salomon* – i.e. *Helena Wiener* – 1814 in Hoerstgen nach Auskunft der standesamtlichen Todesurkunde im Alter von (angeblich!) 114 Jahren (cent quatorze ans) und der Metzger *Moses Me(t)zger* alias *Moses Falk*, geboren in Moers, 1847 mit 105 Jahren. Aber bereits erreichte

Lebensalter von 80 oder 90 Jahren kommen in den standesamtlichen Sterberegistern des 19. Jahrhunderts in auffallend häufiger Zahl vor. Auch dieser demographische Umstand beeinflusste naturgemäß den vor allem zu Beginn des 19. Jahrhunderts vergleichsweise sehr hohen jüdischen Bevölkerungsanteil in Hoerstgen von teilweise rund 23%, für den in der Region kein vergleichbarer Wert bekannt ist.

1851, anlässlich einer Spendensammlung in der Rheinprovinz für die projektierte Ersetzung der aus dem Jahre 1761 stammenden Synagoge durch einen Neubau, wurden die Hoerstgener Juden als „meist dürftig" bezeichnet.[138] Diese zeitgenössische amtliche Bewertung leitet über zur Frage nach der sozialen Lage der Hoerstgener Juden im 19. Jahrhundert und damit auch nach den von ihnen ausgeübten Berufen. Für 1801, als man in Hoerstgen immerhin 106 jüdische Einwohner zählte, lassen sich die folgenden Berufsangaben ermitteln[139]: Hausierer (5), Wiederverkäufer (4), Schlächter (3), Kleinhändler (2), Winkelier (2) und Verkäufer (1). Nach dem Dekret vom 17. März 1808 benötigte jeder handels- und gewerbetreibende Jude fortan – und noch bis 1847 – ein besonderes staatliches Patent, das jährlich zu erneuern war.[140] Für die Jahre 1808 und 1812 haben sich Listen mit den Namen der patentwürdigen Juden der Bürgermeisterei Hoerstgen überliefert.[141] 1812 trieben von den 88 Hoerstgener Juden 12 – die seinerzeit vorhandenen „Familienhäupter" – solchen patentierten Handel; 1834, bei 47 jüdischen Bewohnern, hielten nur noch fünf und ein Jahr später sechs ein Patent in Händen[142]. 1840 war die Zahl der mit einem Handelspatent ausgestatteten Hoerstgener Juden auf sieben angestiegen; zu nennen sind der Hausierer *Joseph Böninger* (um

1790–1862), der Metzger *Hertz Goldstein* (1775–nach 1867), der Metzger *Levy Goldstein* (1804–1867), der Krämer *Marcus Gompertz* (1808–1849), der Pferdehändler *Isaac Heymann* (um 1794–1848), der Hausierer *Ferdinand Jesse* (um 1772–1855) und der Metzger *Levy Meyer* (um 1793–?).[143] Aufschluss über die soziale Schichtung unter den jüdischen Einwohnern Hoerstgens vermitteln die Angaben über die zu entrichtende Klassensteuer. Im Jahre 1854 hatten zu zahlen: der Metzger *Moses Goldstein* (1811–nach 1880) 6 Taler, der Metzger *Calman David* (um 1792–1871) 2 Taler, die Handelsleute *Zacharias Böninger* (1819–1893) und *Liefmann Böninger* (1827–1889), der Metzger *Levy Goldstein* und der Handelsmann *Emanuel Lichtenstein* (1828–1901) jeweils 1 Taler sowie der Handelsmann *Schylo Heymann* (1822–1888) 15 Silbergroschen.[144] *Moses Goldstein* und der spätestens 1822 als Tagelöhner (1830) zugewanderte *Calman David* aus Grenzhausen im Westerwald waren somit in Hoerstgen die am meisten begüterten jüdischen Gewerbetreibenden ihrer Zeit.

Die „Dürftigen" der jüdischen Gemeinde werden vornehmlich unter den sich „Hausierer", „Krämer" und „Tagelöhner" nennenden und pauperisierten ländlichen Existenzen zu suchen sein. Auch die Seidenweberei spielte für die Hoerstgener Juden des 19. Jahrhunderts – wie für die Hoerstgener Bevölkerung überhaupt – eine gewisse Rolle, sei es als Haupt- oder als Nebenerwerb. Eine herausragende Bedeutung nahm jedoch, wie bereits die Ausführungen zu den erteilten Patenten und zur Steuerlast erkennen ließen, der Beruf des Metzgers ein, der sich vielfach zunehmend mit dem des Viehhändlers oder auch dem des „Handelsmanns" verband. Das Schlachten war den Hoerstgener Juden,

so heißt es 1776 in einer Verfügung des Landesadministrationskollegiums in Geldern, „von jeher (...) erlaubt gewesen, daher sie denn auch in der Consumption als Schlächter bezahlen mußten"[145]. 1880 werden für Hoerstgen ausschließlich die jüdischen Metzgereien von *Liebmann David* (1836–1902), *Levy David* (1824–nach 1880), *Moses Goldstein* (1848–1885), *Samuel Gompertz* (1837–nach 1897), *Jacob Kramer* (1832–1889) und *Emanuel Lichtenstein* (1828–1901) genannt; 1897 hat sich die Zahl der örtlichen Metzgereien bereits auf jene von *Liebmann David* und *Samuel Gompertz* reduziert.[146] Erst 1908 jedoch entstand mit dem Schlachthaus von Heinrich Anhamm vis-à-vis der Molkerei die – soweit ersichtlich – erste größere nichtjüdische Metzgerei in Hoerstgen.[147]

Einen gewissen sozialen bzw. beruflichen Sonderstatus nimmt neben dem oben behandelten portugiesischen Juden *Mordechai Jacob Marcus* (genannt 1769/70), den beiden Hoerstgener Lehrern *Marcus Löb* (genannt 1800, 1802, 1806 und 1811) und *Meyer Sarhi* (genannt 1854), dem aus dem badischen Raum stammenden *Seligman Jacob* (1783–?), der seinen Beruf 1806 mit „Würfelspieler" angibt, sowie dem früh in Düsseldorf als Kanonier der Königlichen siebten Artillerie-Brigade verstorbenen *Simon Jacob Gompertz* (1804–1825) auch der bereits erwähnte „Opticus" (Brillenhändler) *Simon Adler* (1778–1860) ein, der sein Gewerbe umherziehend ausübte und sich bei seiner Heirat im Jahre 1809 mit *Jacobine Bethmann* (1772–?), die bereits sechs Kinder hatte, in Hoerstgen ansiedelte. Der „Opticus" war „eine berufliche Lücke im handwerklichen Bereich, die Juden schon in voremanzipatorischer Zeit nutzen konnten"[148]. 1817 – in diesem Jahr lag die Zahl der jüdischen Haushalte in Hoerstgen, die 1812 noch 12 betrug, bei 15[149] – siedelte *Simon Adler* jedoch mit seiner vielköpfigen Familie von Hoerstgen nach Moers über, wo er 1819 nach dem Urteil des Landratsamtes „zu den verschmiztesten und gefährlichsten jüdischen Einwohnern"[150] gehört haben soll und 1860 verstarb[151].

In ortsbezogenen Studien zur jüdischen Geschichte wird immer wieder das im 19. Jahrhundert stark aufkommende Vereinswesen als „Feld christlich-jüdischen Kontaktes"[152] hervorgehoben.[153] Das gesellschaftliche Leben in Hoerstgen war über Generationen hinweg von wenigen eingesessenen evangelischen Familien dominiert, die zugleich auch die politischen Entscheidungsträger stellten. Im örtlichen Feuerlöschwesen, das sich bis 1827 zurückverfolgen lässt[154], haben sich Juden nicht betätigt. Über den 1908 gegründeten Kriegerverein für Hoerstgen mit seinen 78 Mitgliedern im Jahre 1914 hat sich nichts Einschlägiges überliefert[155]; der 1900 ins Leben gerufene Posaunenchor wiederum war eindeutig konfessionell geprägt.[156] Die Junggesellen-Schützengesellschaft schließlich hatte sich bereits während der französischen Herrschaft aufgelöst.[157] Im Hoerstgener Vereinsleben und in der Kommunalpolitik kommen Juden – soweit sich Einzelheiten über diese gesellschaftlichen Betätigungsfelder schriftlich überliefert haben – im 19. und 20. Jahrhundert somit nicht vor.

Vom Hausierer zum bürgerlichen Kaufmann – Die Familien *Böninger*, *David*, *Goldstein*, *Gompertz* und *Jesse* in Hoerstgen

Im Verlauf des 19. Jahrhunderts gelang auch einigen jüdischen Familien in Hoerstgen der Aufstieg aus dem hergebrachten bescheidenen Hausierer-, Krämer- und Schrotthändlermilieu in die Welt des bürgerlichen Kaufmanns. Dies soll am Beispiel der teilweise miteinander verwandten Familien Böninger, David, Goldstein, Gompertz und Jesse veranschaulicht werden, die als die wohl „führenden" Familien der Hoerstgener Juden im 19. Jahrhundert anzusprechen sind. Den fünf Familienverbänden gemeinsam ist – von der Familie Jesse einmal abgesehen – zunächst der nicht untypische Umstand, dass ihre ersten örtlichen Namensträger in der zweiten Hälfte des 18. bzw. zu Beginn des 19. Jahrhunderts aus sehr verschiedenen Regionen nach Hoerstgen zugewandert sind. Im weiteren Verlauf der jeweiligen Familiengeschichten, die durch einen gewissen zunehmenden Wohlstand geprägt waren, führte die Entwicklung dann wie bei vielen jüdischen Familien im Rheinland „vom Hausierer und Trödler zum bürgerlichen Kaufmann."[158]

Zaudick Liefmann, der 1790 in der Liste der Hoerstgener Tributpflichtigen aufgeführt wird und 1799 seinen ausgeübten Beruf mit „Hausierer" angeben und sich ab 1808 *Zacharias Boenninger* nennen wird, kam um 1761 in Brühl bei Bonn als Sohn von *Liefmann Joseph* und seiner Frau *Sara Arons* zur Welt. Der 1808 in Hoerstgen gewählte erbliche Familienname *Boenninger* oder *Böninger* verweist auf die Herkunft der Familie aus dem Bonner Raum. Die wenigen Juden Brühls gehörten im 18. Jahrhundert „zu den mittleren und unteren Bevölkerungsschichten, zum Teil auch zu den Armen der Stadt"[159]. Um 1789 heiratete *Zaudick*, der 1816 als „Handelsmann" verstarb, wahrscheinlich in Hoerstgen die dort geborene *Reis Moses* (um 1755–1835), eine Tochter von *Moses*

160

Joseph und *Esther Leiser*. Aus dieser Ehe gingen vier Kinder hervor, die 1808 ebenfalls den Nachnamen *Boenninger* erhielten: *Liebmann* (1789–?), über dessen weiteren Verbleib nach 1809 nichts bekannt ist, *Jausel* (1791–1862), der ab 1819 durch seine beiden Ehen eine Verwandtschaft mit den Hoerstgener Familien *Jesse* und *Metzger* begründete, *Zara* (1793–?), deren weiterer Lebensweg ebenfalls im Dunkeln liegt, und schließlich *Kelle* (1795–1882), die spätere *Caroline David*. Manche Familienmitglieder wanderten im Laufe des 19. Jahrhunderts aus Hoerstgen in die nähere und weitere Umgebung ab, so wie zum Beispiel *Meier Böninger* (1823–1887) nach Sevelen, *Regina Böninger* (1831–?) nach Kempen und andere wahrscheinlich auch in die Niederlande. Mit *Hedwig Emsters* (1898–1987) verstarb in Duisburg-Wedau in hohem Alter die letzte in Hoerstgen geborene *Böninger* (vgl. im Kapitel „Das Ende der Hoerstgener Juden während der faschistischen Diktatur").

Stammvater der in verschiedenen Zusammenhängen bereits erwähnten Hoerstgener Familie *David* war der in Grenzhausen im ehemaligen Fürstentum Wied als Sohn von *Levy David* und *Däubchen Tobie* geborene *Calman (Calmon) David* (um 1792–1871), der am 12. März 1830 die in Hoerstgen als Tochter des erwähnten *Zacharias Böninger* und seiner Frau *Reis* geb. *Caroline Böninger* (1795–1882) heiratete. Die Großeltern der Braut waren – wie bereits ausgeführt – *Liefmann Joseph* und *Sara Arons* in Brühl sowie zum anderen *Moses Joseph* und *Ester Leiser* in Hoerstgen. Als Beruf gibt der aus dem Westerwald stammende *Calman David*, der sich spätestens ab 1822 in Hoerstgen aufgehalten haben dürfte, 1830 vor dem Standesbeamten noch „Tagelöhner" an, doch wird er in Hoerstgen schon bald als Metzger tätig sein. Aus der vorehelichen Verbindung mit *Caroline Böninger* waren zwischen 1822 und 1827 bereits vier Kinder hervorgegangen, die 1830 anlässlich der Eheschließung legitimiert wurden. *Zacharias* (1822–1887) verzog 1853 als Seidenweber nach Rheurdt.[160] Sein Grabstein mit den segnenden Priesterhänden hat sich auf dem Hoerstgener Friedhof erhalten. *Levy David* (1824–nach 1880) folgte um 1856/57 seinem Bruder zunächst nach Rheurdt[161], ließ sich jedoch sodann wieder in Hoerstgen als Metzger nieder[162]; *Eva* (1826–1827) wiederum verstarb schon sehr jung, während sich *Ester* (1827–1885) im Jahre 1863 in Hoerstgen mit dem verwitweten Handelsmann *Emanuel Lichtenstein* (1829–1901) verheiratete und sodann in dessen erhaltenem Hause Dorfstraße 61 lebte.

Aus der Ehe von *Calman* und *Caroline David* gingen zunächst 1831 die Zwillinge *Sara (Sophie)* (1831–1924), die unverheiratet blieb und schließlich in Geldern bis zu ihrem Tode bei ihrem Neffen *Albert David* (1876–1938) lebte, und *Tobias* (1831–1915) hervor. Nach seiner Verheiratung mit *Wilhelmine Boucher* (1830–1905) aus Issum im Jahre 1863 verzog *Tobias David* nach Issum und schließlich zu seinem Sohn *Moritz* (1872–1972) nach Aufseß in Oberfranken, wo er auch verstarb.[163] *Moritz David*, der 1897 in Aufseß *Marie Fleischmann* (?–1958) geheiratet hatte und von Beruf Gerber war, emigrierte 1940 in die USA. In Hoerstgen folgten als Kinder von *Calman* und *Caroline David* u. a. *Mayer* (1834–?), der in das benachbarte Kamp abwanderte und dort um 1867 am Abteiplatz ein Manufakturwarengeschäft gründete (vgl. im Kapitel „Exkurs: Juden in Kamp"), der ortsansässig gebliebene Metzger und Viehhändler *Liebmann*

(1836–1902), dessen oben erwähnter Sohn *Albert* nach einem beruflichen Aufenthalt in Krefeld im Jahre 1902 in Geldern das führende Textilgeschäft des jüdischen Kaufmanns *Hermann Schiff* (1863–1903) am Großen Markt übernahm[164], sowie *Rosette* (1838–1882), die in Süchteln den verwitweten Metzger *Lazarus Löser* (1834–?) heiratete. Mit dem Tod von *Liebmann David*, der mit seinen Angehörigen im Hause Hoerstgen Nr. 85 (heute: Fackelstraße 9 mit deutlich späterer Bausubstanz) lebte, im Jahre 1902 war die Familie *David* in Hoerstgen nach 80-jähriger Anwesenheit bereits im Mannesstamm erloschen. Nachfahren von *Albert David* und *Moritz David* leben jedoch noch heute in den USA und in England.

In Hoerstgen gab es zwei Familien mit dem erblichen Namen *Goldstein*. *Isaac Levy*, der sich 1790 sowie 1799 gelegentlich der Bevölkerungserhebung interessanterweise noch „der Spanische" bzw. *Spanisch Isac* nennt und damit auf eine wahrscheinlich sephardische Abstammung verweist, bzw. ab 1808 *Isaac Goldstein* wurde um 1749 als Sohn von *Levy Isaac* und seiner Frau *Gudel* in Halberstadt im Harz geboren und siedelte sich bereits um 1770 im niederrheinischen Hoerstgen an, wo er 1801 anlässlich der Einwohnererhebung seinen ausgeübten Beruf mit „colporteur" (Hausierer) angibt.[165] Die zugewanderte Familie wohnte zunächst in einem der „Judenhäuser" an der Dorfstraße. *Isaac Goldstein* verstarb 1821 als „Handelsmann" in Hoerstgen. Aus seiner vielleicht um 1770 geschlossenen Ehe mit der aus Hoerstgen stammenden *Meele Feis* bzw. *Amalie Jesse* (1750–?) waren mehrere Kinder hervorgegangen, von denen jedoch keines von größerer Bedeutung für die weitere örtliche Familiengeschichte dieser *Goldsteins* gewesen zu sein scheint.

Der Metzger *Hertz Levy* (1775–nach 1867) wiederum, der spätere *Hertz* oder *Heinrich Goldstein*, stammte aus einer kleinen Ortschaft bei Weißenburg (Wissembourg) im Elsaß. Aus seiner 1800 in Hoerstgen geschlossenen Ehe mit *Elle Moses* bzw. *Isabelle Mayer* (1778–1819) aus Hoerstgen, einer Tochter von *Moses Salomon* und *Hebbe Moses*, ging u. a. *Moses Goldstein* (1811–nach 1886) hervor, der ebenso wie sein Vater und sein

Anzeige im Geldernschen Wochenblatt vom 28. März 1846

älterer Bruder *Hermann (Levy) Goldstein* (1804–1867) traditionsgemäß den Beruf des Metzgers ausübte, sich aber auch in anderen Bereichen kaufmännisch betätigte. So ließ er 1846 „in der Brüggerheide bei Hörstgen" Torf „zu billigen festen Preisen" stechen; im Rheinberger Wochenblatt inserierte er in der Ausgabe vom 23. Juni 1860: „Eine Kathstelle und vier Wohnungen sind unter der Hand zu kaufen oder zu pachten und gleich anzutreten von dem Eigenthümer."[166] Am 19. Juli 1860 verkaufte *Moses Goldstein* dem Schreiner Gerhard Paschmann 1/2 Morgen Ackerland im Kamper Dachsbruch für 225 Taler, wobei sich Paschmann verpflichtete, „zur größeren Sicherheit der Kaufpreisforderung (…) im Laufe dieses Jahres auf das angekaufte Ackerfeld ein Haus zu erbauen". Die Parzelle wurde begrenzt „von einem Wassergraben südlich, nördlich von einem Communalwege, westlich von Franz Steegmann, östlich von Peter Krahnen". Am 18. September 1865 war

Goldstein sowohl Grundstückskäufer als auch -verkäufer. So erwarb er an diesem Tag von den Ehe- und Ackersleuten Johanna und Thomas Paessens 11 Morgen und 127 Ruten Ackerland im Kamper Mönnigschall, die er sogleich für 2632 Taler und 15 Groschen an den Ackerer Heinrich Pitgens weiterveräußerte.[167] Ab dem 9. Oktober 1872 lebte *Moses Goldstein*, der seit 1840 mit der aus Kleve stammenden *Sara Guntzenheimer* (1807–1879) verheiratet war, unter verschiedenen Adressen (Elisabethstraße 13, Mariannenstraße 12 und 51) in Krefeld; am 20. Oktober 1880 jedoch, einige Zeit nach dem Tode seiner Frau, verzog er wieder in das heimatliche Hoerstgen.[168]

Mehrfach – so zumindest 1852/53, 1877 und zuletzt 1880 – tritt *Moses Goldstein* in Kamp und in Hoerstgen als Bauherr auf.[169] Sein letztes größeres Investitionsvorhaben war mit Bauantrag vom 15. Dezember 1880 der Bau eines Weberwohnhauses an der Hoerstgener Dorfstrasse. 1853/54 begegnet *Goldstein* als Vorsteher der jüdischen Gemeinde Hoerstgen; ferner gehörte er zu den Repräsentanten des Synagogenbezirks Rheinberg.[170] Über seinen Sohn *Leopold Goldstein* (1847–1895) wissen wir, dass er 1857/60 ergänzenden Privatunterricht bei dem katholischen Kamper Lehrer Christian Krey erhielt[171]; 1867 konnte der 21-jährige als Zeuge bei der standesamtlichen Eheschließung von *Henrietta Gompertz* (1838–1922) und *Mayor Meyer* (1809–?) bereits angeben, dass er von Beruf „Commis" (Handlungsgehilfe) in Krefeld sei. Sein Cousin *Sylvester Goldstein* (1846–?) hatte 1856/60 ebenfalls ergänzenden Privatunterricht in Kamp erhalten; 1871 wird der „Geschäftsreisende" (so 1867) *Sylvester Goldstein* als „Geschäftsführer" in Geldern bezeichnet, wobei jedoch offen bleiben muss,

für welches Gelderner Geschäft er seinerzeit tätig war.[172]

Ein zweiter *Moses Goldstein* (1848–1885), ein weiterer Sohn des erwähnten *Hermann*, blieb ortsansässig, war ebenfalls Metzger und seit 1878 mit *Sara* geb. *Schweitzer* (1845–nach 1909) verheiratet, die zuvor als Köchin in Altenahr tätig gewesen war. Nach dem Tode ihres Mannes scheint die Witwe *Goldstein* jedoch recht bald verarmt zu sein; 1890 wurde nämlich eine Arzneimittelrechnung in Höhe von 20 Mark und 74 Pfennigen von der Gemeinde Hoerstgen übernommen, 1909 hingegen in der Armensache *Sara Goldstein* ein anderer Antrag der Witwe abgelehnt. Ein sozialer Abstieg in die Gruppe der „Ortsarmen" scheint bei den Hoerstgener Juden, die schon 1851 ohnehin als „meist dürftig" bezeichnet worden waren, gegen Ende des 19. und zu Beginn des 20. Jahrhunderts gelegentlich vorgekommen zu sein. So erhielt 1883 die „zu Wesel" wohnende *Wilhelmine Rosenberg* geb. *Meyer* (1814–nach 1889), die zweite Frau des weiterhin in Hoerstgen lebenden *Nathan Rosenberg* (1817–1888), aus der Hoerstgener Unterstützungskasse „für die Ortsarmen" jährlich 36 Mark. Zwar ordnete die Stadt Wesel im folgenden Jahr die Ausweisung der *Wilhelmine Rosenberg* „von Wesel nach Hoerstgen" an, doch scheint diese Anordnung nicht vollzogen worden zu sein, denn noch bis mindestens 1889 bezog die „Ehefrau *Nathan Rosenberg* von hier, welche sich in Wesel aufhält", gekürzte Unterstützungszahlungen in Höhe von 12 bzw. 24 Mark pro Jahr. *Nathan Rosenberg* selber wurde 1884 eine „Miethsunterstützung" von 18 Mark gewährt. 1886 erhielt der 69-jährige von der Gemeinde Hoerstgen 36 Mark Unterstützungszahlung und weitere 27 Mark zur Bestreitung der Wohnungsmiete bewilligt.[173] Die Armensachen der verwitweten *Sara Goldstein* sowie von *Nathan* und *Wilhelmine Rosenberg* sind jedoch im Übrigen die Einzigen, die sich aus der jüdischen Einwohnerschaft in den Protokollbüchern der Zivilgemeinde Hoerstgen ab 1882 überliefert haben.

Die Träger des Namens *Gompertz* – regional vorkommende Schreibvarianten sind u. a. *Gumpel, Gumper(t)s, Gompers* und *Gomperz* – waren im 17. Jahrhundert in der Emmericher Judenschaft die „führende Familie", die sich von dort aus im 18. und 19. Jahrhundert „fast in alle Welt" verbreitete.[174] *Jacob Gumpers* oder *Gompertz* (um 1770–1856) nun stammte aus Leiden in den Niederlanden, wo er als Sohn von *Marcus Gompertz* und *Sophia Abrahams* geboren wurde. Nach seinen eigenen Angaben zog er 1799 nach Hoerstgen, wo er sich zunächst als „kleiner Händler" betätigte und mit seiner Familie bei dem Tagelöhnerehepaar Peter und Gerdrut Maas lebte, wo auch die zehnköpfige Familie des Kleinhändlers *Isaac Israel* (um 1761–?) Quartier gefunden hatte.[175] Der Wohnsitz lässt sich heute jedoch nicht mehr lokalisieren. 1854 wird *Jacob Gompertz*, der mit *Reisgen Hertz* (um 1772–1858), einer Tochter von *Hertz Becker(s)* (um 1741–1813) aus Tetz bei Linnich und seiner im badischen Weingarten gebürtigen Frau *Judith* geb. *Leyser* (um 1745–1832), verheiratet war, als „Altsitzer" bezeichnet[176]; er verstarb 1856 in Hoerstgen. Aus seiner Ehe waren bis 1813 insgesamt acht Kinder hervorgegangen. Sein Sohn *Marcus Gompertz* (1808–1849) betrieb in Hoerstgen ein „Manufactur-Waaren detail Geschäft", das er 1844 eigenen Angaben zufolge „bedeutend" vergrößerte.[177] Seine aus Haltern gebürtige Frau *Johanna* geb. *Schneer* (um 1806–1901), die 1850 eine zweite Ehe mit *Lazarus Spier* (1816–vor 1901) aus Kalkar einging, überlebte ihren ersten Mann um viele Jahrzehnte.

Der zum „Handelsmann" avancierte *Samuel Gompertz* (1837–nach 1897), ein mit *Carolina Simon* (1849–?) verehelichter Sohn des *Marcus Gompertz*, errichtete 1877 das erhaltene ansehnliche Wohn- und Geschäftshaus Dorfstraße 57 (nach alter Hausnummerierung: Hoerstgen 49^1/$_2$, heute: Liebke) zwischen dem Wohnhaus von F. Olyschläger und dem des Chausseeaufsehers Eduard Unverdroß, dessen Nachbar wiederum *Emanuel Lichtenstein* war, der 1873 sein neben der Hoerstgener Schule errichtetes Wohnhaus Dorfstraße 61 um eine Remise erweitert hatte.[178] Auf der gegenüberliegenden Straßenseite stand das wohl vor 1862 erbaute Wohnhaus von *Moses Goldstein*, das sich ebenfalls – wenn auch in veränderter äußerer baulicher Form – erhalten hat (Dorfstrasse 38). 1880 wird *Samuel Gompertz*, der 1877 für die Dauer von drei Jahren zum Repräsentanten des Synagogenbezirkes Rheinberg gewählt worden war[179], in einem Adressbuch als Metzger und Manufakturwarenhändler aufgeführt und 1896 von den Gemeinderäten zum Waisenrat der Juden in der Gemeinde Hoerstgen bestimmt.[180] Dem Hoerstgener Gemeinderat selber gehörte der offensichtlich Ansehen genießende *Samuel Gompertz* jedoch zumindest ab 1882 zu keiner Zeit an. Seine unverheiratet gebliebene Schwester *Sophia Gompertz* (1844–nach 1902), deren genaues Sterbedatum und deren Sterbeort ebenfalls unbekannt sind, wurde 1902 von der Gemeindesteuer befreit „in Anbetracht, daß dieselbe kein Einkommen hat".[181]

Das, was wir über die Hoerstgener Familie *Jesse* wissen, weicht in mehrfacher Hinsicht teilweise sehr deutlich von der

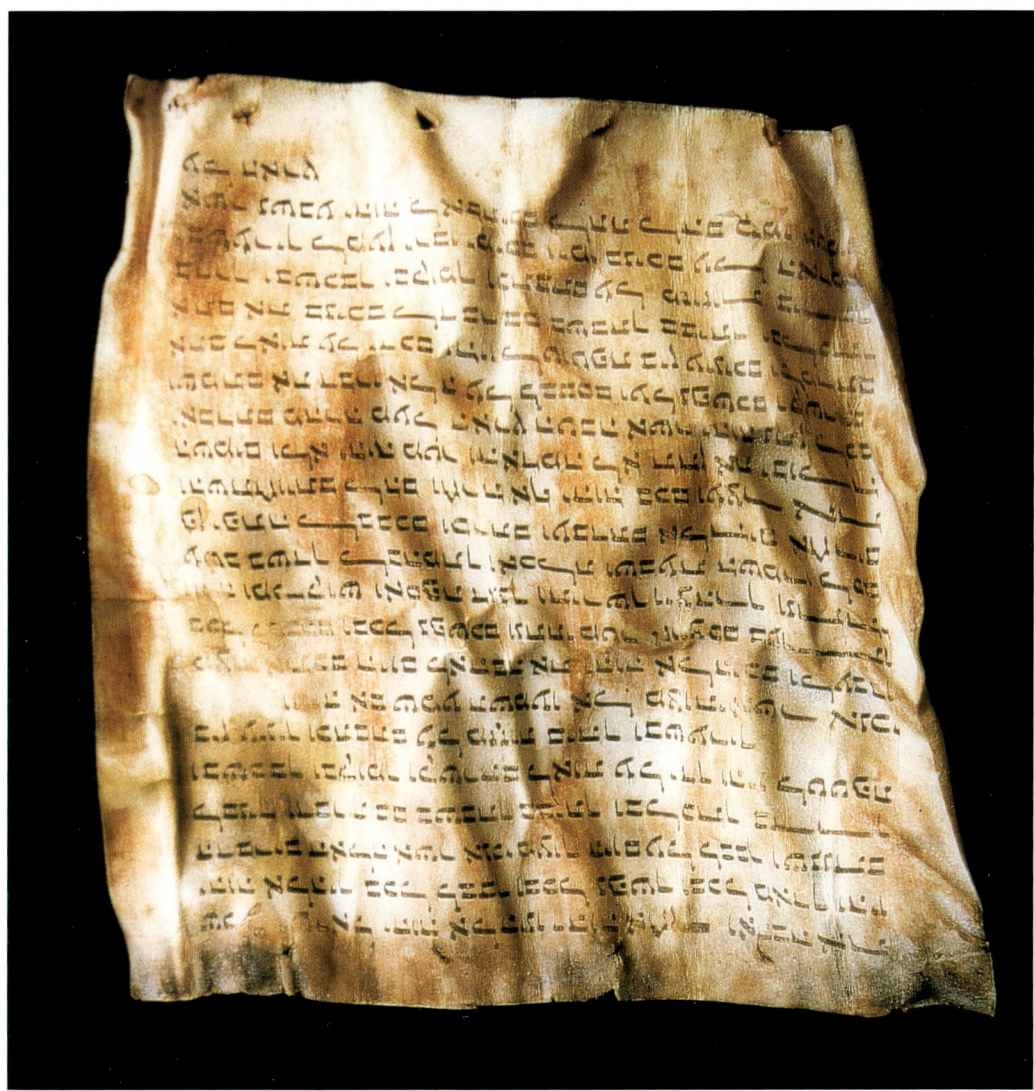

Jüdischer Brauch war es, in einem Haus die Wohnräume durch Anbringen einer Pergamentrolle zu „schützen". Da sie in einem Behältnis (Metall oder Holz) an der Innenseite des rechten Türpfostens, der Mesusa hieß, angebracht wurde, übertrug sich der Name Mesusa im Laufe der Zeit auf Behälter und Pergament. Auf dem Pergament stehen in hebräischer Schrift zwei Bibelzitate, von denen das erste mit den Worten „Höre Israel! Der Herr, unser Gott, ist der Herr allein!" beginnt und mit „Du sollst sie auf die Türpfosten deines Hauses und an deine Tore schreiben" (5. Mose 6, 4–9) endet. Ein solches Pergament blieb im Haus der Familie Gompertz auf der Hoerstgener Dorfstraße erhalten.

beschriebenen Entwicklung in den Familien *Böninger, David, Goldstein* und *Gompertz* ab. So beginnt die gesicherte Stammfolge in Hoerstgen bereits in der ersten Hälfte des 18. Jahrhunderts mit *Philipp Levy* und seiner Frau *Rosette (Rose) Joseph*, die dort spätestens seit 1737 lebten.[182] Es dürfte sich damit um eine der ältesten jüdischen Familien in Hoerstgen – vielleicht sogar um die älteste – handeln, über deren ursprüngliche geographische Herkunft wir jedoch leider nichts wissen. Aus der Ehe von *Philipp Levy* und *Rosette Joseph* gingen ab 1745 mindestens fünf Kinder hervor. *Isaac Abraham* (1745–1835), der um 1770 *Sara Cohen* (1750–vor 1802) aus Eijsden heiratete, mit der er die beiden noch in Hoerstgen geborenen Söhne *Philipp Isaac* (1772–1861) und *Alexander Isaac* (1781–?) hatte, lebte spätestens ab 1790 in Maastricht, wo er zunächst Händler und Bediensteter bei dem Bankier *Meyer Salomon* war und für sich und seine Familie den Nachnamen *Silverberg* annahm. Sein jüngster Bruder *Moise Levy* (1751–1842) verstarb ebenfalls in Löwen im belgischen Brabant. Nur der Hausierer und spätere Kaufmann *Benjamin Levy* (1746–1827), der mit *Jetgen Hertz* (um 1746–?) verheiratet war und 1808 den Namen *Bernhard (Benjamin) Jesse* annahm, sowie seine Schwester *Amalie Levy* (1756–?) blieben ortsansässig. Durch ihre Eheschließung mit *Spanisch Isac* bzw. *Isaac Levy* (um 1749–1821) verbindet sich der weitere Lebensweg von *Amalie* mit der bereits beschriebenen Geschichte der Hoerstgener Familie *Goldstein*. *Ida Levy* (1758–1848) wiederum, die jüngere Schwester, die ebenfalls den Namen *Silverberg* wählte, verstarb als *Ida Koperenberg* im niederländischen Oosterhout. *Johanna Levy (Silverberg)* (1730/40–1814) schließlich war mit *Samuel Salomon Kohen* (um 1726–1788) verheiratet und lebte gleichfalls in den Niederlanden.[183]

Neben *Silverberg* waren also die ebenfalls euphemistisch klingenden Nachnamen *Goldstein* und *Kupferberg* getreten: „The choice of these metals could reflect the relative wealth of the brothers-in-law."[184] Von den Kindern aus der Ehe

des erwähnten *Bernhard Jesse* blieb nur der Hausierer *Phillip Benjamin* (1772–1855) am Ort; im Jahre 1800 heiratete er in Hoerstgen *Frona Mayer* (1782–?) aus Kaiserswerth, eine Tochter von *Mayer Cohen* und *Sibbe*, und nannte sich ab 1808 *Ferdinand Jesse*, während seine Frau den Namen *Phillipine Mayer* annahm. Die Abkömmlinge aus dieser Ehe starben entweder früh oder aber zogen aus Hoerstgen fort, so *Moise* (1812–1872) in das benachbarte Kamp, *Adelheid* (1819–1871), die in Krefeld verstarb, und *Hertz* (1822–1902), der mit seiner aus Issum stammenden Frau *Bendine Franken* (1819–1893) nach Geldern ging. Mit dem Tode des Hausierers *Ferdinand Jesse* verstarb bereits im Jahre 1855 der letzte männliche Namensträger in Hoerstgen.

Typisch für das Heiratsverhalten in den Familien *Böninger, David, Goldstein, Gompertz* und *Jesse* ist im Übrigen – wie bereits indirekt angedeutet – der Umstand, dass die jeweiligen Ehepartner oftmals über Generationen typischerweise nicht aus Hoerstgen stammten. So heirateten beispielsweise *Liebmann David* (1836–1902) die *Carolina Lehmann* (1844–1916) aus Wenkheim im Tauberfränkischen, *Rosette David* (1838–1882) den Metzger *Lazarus Löser* (1834–?) aus Süchteln, *Juliana Goldstein* (1795–?) den Straßburger Kaufmann *Jonas Levy Merner* (um 1780–?), *Ester Goldstein* (1803–1853) den Metzger *Philipp Herzog* (1801–1882) aus Neersen, *Hermann (Levy) Goldstein* (1804–1867) die aus Rheinberg stammende *Helena (Sara) Horn* (1808–1885), *Sara Goldstein* (1807–?) den Metzger *Jacob Cohen* (um 1801–?) aus Amersfoort in den Niederlanden, *Helene Goldstein* (1822–1929) den in Waldbröl beheimateten Lageristen *Karl Jonas* (1878–1945), der Krämer *Marcus Gompertz* (1808–1849) *Johanna*

Schneer (um 1806–1901) aus Haltern und deren Tochter *Henrietta Gompertz* (1838–1922), die einige Zeit lang in Kalkar im Hause der Eltern ihres Stiefvaters *Lazarus Spier* gelebt hatte[185], den Kaufmann *Mayor Meyer* (1809–?) aus Jüchen, Witwer von *Gertrud Wolf, Hertz Jesse* (1789–?) die aus Brabant stammende *Veronica Hertog* (um 1777–?) und seine Schwester *Helene Jesse* (1793–1887) *Maurits van Leeuwen* (1799–1856) aus den Niederlanden. Nur *Zacharias (Zaudick) David* (1822–1887) heiratete *Nette Jesse* (1823–1906) aus Hoerstgen und *Rosine Jesse* (1801–1825) den ortsansässigen *Joseph Böninger* (1791–1862); *Ester David* (1827–1885) sowie *Elisabeth (Bertha) Goldstein* (1844–1927) verehelichten sich 1863 bzw. 1886 mit dem Hoerstgener *Emanuel Lichtenstein* (1828–1901), der allerdings ursprünglich aus Waldenrath bei Heinsberg stammte und zu einem unbekannten Zeitpunkt vor 1854 nach Hoerstgen zugezogen war.

Im „so judenreichen Hoerstgen" – Aus den Erinnerungen des Pastors Robert Cleff

Der im nach eigenem Bekunden „so sektenreichen" Wuppertal aufgewachsene Robert Cleff war von 1895 bis zum Jahre 1900 als Nachfolger von Julius Meyer Pastor der evangelischen Kirchengemeinde Hoerstgen. Er verfasste nicht nur eine 1897 anlässlich der Renovierung der Dorfkirche erschienene Kirchengeschichte[186], sondern auch die 1925 veröffentlichten, jedoch heute kaum noch bekannten „Erinnerungen" an seine Hoerstgener Dienstzeit. Sie vermitteln gewisse – allerdings auch recht einseitige – Eindrücke über das Leben der Konfessionen in dem nach Cleffs Empfinden „so judenreichen Hoerstgen"[187], wobei allerdings vorab anzumerken ist, dass 1896 in Hoerstgen – bedingt durch vermehrte Abwanderung und Tod – nur noch 29 Juden lebten, die ganze 3,89% der Einwohnerschaft stellten.

Cleff erwähnt bei der Schilderung der Feierlichkeiten anlässlich seiner Amtseinführung 1895, an der alle am Ort vertretenen Religionen teilnahmen, auch den „Pastor B. aus M.", der einen Vortrag zum Thema „Das Kreuz Christi, den Juden ein Aergernis, den Griechen eine Torheit!" hielt. „O weh, B. hatte die Juden im Saal nicht beachtet! (…) Plötzlich hörte man eine Stimme durch den Saal tönen: ,Jo, do hätt dä Mann räch!' Eine durch Weingenuß etwas übernommene Schmiedefrau rief es, während vorne eine Judenfrau händeringend schrie: ,Gott der Gerechte! Hätt ich doch wieder meine sechzig Pfennig, würd' ich verlassen 's Lokal!' Aber sie blieb, sie hatte ja ihre sechzig Pfennig bezahlt und noch nicht die Menge Kaffee vertilgt, die ihr nach ihrem Dafürhalten zustand."[188]

An anderer Stelle geht es um einen der Ältesten des Presbyteriums, der abends in der Hoerstgener Gaststätte „Zur Post" von Wilhelm Kranen, die bis heute an der Dorfstraße gegenüber der evangelischen Kirche besteht, „mit mehreren Juden zusammen(saß), alle mit Karten in der Hand, vor sich auf dem Tisch kleine Geldhaufen aus Kupfer- und Nickelmünzen. Natürlich fehlte auch das Glas Bier oder Schnaps nicht."[189] Die Begleitung der Ältesten bei Hausbesuchen schätzte Cleff ohnehin nicht sonderlich, denn „der eine oder andere Begleiter" brachte es gelegentlich sogar fertig, „die angeschlagenen Gespräche möglichst brühwarm den – Juden zu erzählen"[190]. Und gelegentlich eines unerfreulichen Zwischenfalls nach einer Beerdigung auf dem Hoerstgener Friedhof, der 1860 von

Am 23. April 1895 fand die festliche Einführung des Pfarrers Cleff
in Hoerstgen statt (im Bild unten vor den beiden Reitern).
Hier sind die Vereine auf dem Schulhof zu sehen, die sich zum Festzug formieren.
Der Herr mit der Melone am rechten Bildrand ist Samuel Gompertz.

der Kirche zur Fackelstraße verlegt worden war, heißt es: „Schon sammelten sich Leute, schon tauchten aus den gegenüberliegenden Häusern bekannte neugierige und schadenfrohe Judengesichter auf."[191]

In Hoerstgen lebten Juden und Nichtjuden teilweise – als Mieter und Vermieter – in einem Haus und – als Eigentümer – Haus an Haus. Die Frage, ob Robert Cleffs in der Rückschau niedergeschriebenen persönlichen Werturteile eines evangelischen Ortsgeistlichen repräsentativ für die Stimmungslage in der nichtjüdischen Bevölkerung Hoerstgens gegen Ende des 19. Jahrhunderts waren, lässt sich mangels weiterer Quellen weder eindeutig bejahen noch verneinen.

Das Ende der Hoerstgener Juden während der faschistischen Diktatur

1940 – dies ist das Jahr der Katasterberichtigung – erwarben der Schmied August Liebke und seine Frau Mathilde geb. Pau das 1877 errichtete Wohn- und Geschäftshaus Dorfstrasse 57 von der unverheiratet gebliebenen Kurzwarenhändlerin *Jenny Gompertz*[192], geboren am 21. September 1889 in Hoerstgen als älteste Tochter von *Samuel* und *Carolina Gompertz* geb. *Simon*. *Jenny Gompertz* war nach dem Tode u. a. von *Henrietta Meyer* geb. *Gompertz* (1838–1922), *Heinrich Gompertz* (1840–1923), der unverheiratet geblieben war, und *Elisabeth*

(Bertha) Lichtenstein geb. Goldstein (1844–1927), die im Sevelener St.-Antonius-Hospital verstarb, die letzte noch in Hoerstgen ansässige Jüdin. Nachdem sie ihr Elternhaus verkauft hatte, wurde sie am 27. Oktober 1941 von Essen aus nach Polen deportiert; sie gilt als 1942 im Zwangsghetto Lodz verschollen.[193] Ebenfalls deportiert wurde Jennys jüngere Schwester Amanda, geboren am 21. Mai 1896 in Hoerstgen, die am 4. Februar 1921 den aus Dinslaken stammenden Kaufmann Josef Jacob geheiratet hatte und nach dorthin unter die Adresse Neustraße 40 verzogen war. Amanda Jacob geb. Gompertz, die am 8. August 1939 zunächst mit ihren Angehörigen nach Köln floh, jedoch am 27. Oktober 1941 zusammen mit ihrem Mann und ihren beiden Töchtern Sophie, geboren am 23. Juni 1922 in Dinslaken, und Margarete, geboren am 16. Januar 1931 in Dinslaken, von Essen aus nach Lodz deportiert wurde und dort 1942 mit ihrer Familie umkam[194], wurde durch Beschluss des Amtsgerichtes Essen vom 30. September 1953 per 31. Dezember 1945 für tot erklärt. Im 1877 erbauten Hoerstgener Wohn- und Geschäftshaus von Gompertz, in dem sich eine Mesusa erhalten hat, war bereits im November 1949 der Elektrobetrieb von Wilhelm und Magdalene Liebke entstanden.[195]

Von den ehemaligen, zwischenzeitlich in andere Orte verzogenen Hoerstgener Juden kamen – soweit bisher bekannt – ferner um: die nach Issum verzogene Regina Moses geb. David (1880–1944), die mit ihrem Mann, dem Schneider Sigmund Moses (1887–1944), von Venlo aus nach Auschwitz deportiert wurde, Regina Jägers geb. Böninger (1895–1945), die man am 11. Dezember 1941 zusammen mit ihrem Mann Willi Jägers (1894–1945) und ihren drei Kindern Erich (1920–1945), Günther (1926–1945) und

Rolf (1937–1945) nach Riga deportiert hatte[196] und durch Beschluss des Amtsgerichtes Mülheim vom 26. März 1955 für tot erklärt wurde, sowie Paula Kramer (1896–1945), die ebenfalls in Riga umgebracht wurde. Antonie Kramer (1901–1936) verübte im niederländischen Hopsten Selbstmord. Nur Henriette Evers geb. Kramer (1894–1972), die neuapostolisch wurde, Julius Kramer (1904–1973), der 1932 im Zuge seiner ersten Eheschließung ebenfalls zum neuapostolischen Glauben konvertiert war, und die Jüdin Hedwig Emsters geb. Böninger (1898–1987) überlebten die faschistische Diktatur. Hedwig Emsters, die in Duisburg mit dem nichtjüdischen Reichsbahnbeamten Willi Emsters verheiratet war, wurde am 17. September 1944 von der Duisburger Gestapo verhaftet und zunächst zum Arbeitseinsatz (Munitionsherstellung) in das Lager Halle verschleppt; von dort wurde sie am 12. Februar 1945 nach Böhmen in das KZ Theresienstadt deportiert, wo sie bis zu dessen Befreiung festgehalten wurde. Die Tochter des Hoerstgener Seidenwebers Joseph Böninger (1864–1933) und seiner Frau Anna Maria Cossmann (1860–1934) verstarb 1987 in Duisburg-Wedau.[197]

Exkurs:
Juden in Kamp – Die Familien *Jesse, David* und *Cahn*

In der an Hoerstgen angrenzenden katholischen Gemeinde Kamp lebten bis zur zweiten Hälfte des 19. Jahrhunderts keine Juden. Christian Krey, von 1844 bis 1895 Lehrer an der katholischen Kamper Schule an der heutigen Rheinberger Straße, schildert jedoch über das 1820 an der nördlichen Friedhofsmauer errichtete und bis 1849 als solches genutzte gemeindliche Gefangenenhaus die folgende Begebenheit, die er vom Hörensagen kannte: „Der erste, der darin hat zubringen müssen, war ein Jude, namens *Mendel*, und von diesem hat das Häuschen den Namen ‚*Mendels-Hüsken*‘ bekommen. *Mendel* wurde als Leiche in das Häuschen gebracht."[198] Mehr wissen wir über diesen Vorgang nicht, zumal kein entsprechender Sterbefall beurkundet ist; möglicherweise wurde das Kamper Gefangenenhäuschen seinerzeit auch als Leichenhaus genutzt.

Ab der zweiten Hälfte des 19. Jahrhunderts bis 1941 gab es nur drei – miteinander verwandte – jüdische Familien in Kamp, nämlich *Jesse*, *David* und *Cahn*. Spätestens 1853 nämlich war der Hoerstgener Metzger *Moses Jesse* (1812–1872), ein Sohn von *Ferdinand Jesse* (1772–1855) und seiner Frau *Frona Mayer* (1782–?), nach Kamp verzogen, wo er in der Klassensteuer mit 2 Talern veranlagt wurde.[199] Wo genau in Kamp sich *Moses Jesse* niederließ und seinem Gewerbe nachging, ist allerdings nicht bekannt. Im Jahre 1854 heiratete er vor dem Standesbeamten in Kamp die aus Lüttringhausen bei Remscheid stammende *Ester Ernst* (1827–1885) nur wenige Tage vor der Geburt des ersten Kindes. 1857 zählte man in Kamp mit der Familie *Jesse* vier jüdische Einwohner; die Kinder besuchten den Unterricht des Lehrers Christian Krey in der katholischen Kamper Schule.[200] 1880 – in diesem Jahr lebten zehn Juden in Kamp, die 0,91% der Einwohnerschaft stellten[201] – und 1897 führen Adressbücher die Manufakturwarenhandlung des ebenfalls aus Hoerstgen stammenden und seit 1867 mit *Helena Lichtenstein* (1830–1894) aus Geistingen bei Hennef/Sieg verheirateten *Mayer David* (1834–1918) unter der Adresse Kamp Nr. 22 (heute: Abteiplatz 2) auf.[202] *Moses Cahn* (1856–1932), geboren in Erle bei Raesfeld als Sohn von *Herz Cahn* und *Rebecca de Jong*, übernahm das zweigeschossige Wohn- und Geschäftshaus, das um 1867/68 erbaut sein dürfte, um die Jahrhundertwende von seinem Glaubensgenossen *Mayer David*, dessen Tochter *Theodora* (1868–1924) er 1893 geheiratet hatte, und führte 1902 und 1907 u. a. im Hinterhaus zur Anlage eines Backofens mit Schornstein einige bauliche Veränderungen durch[203]; 1909 erklärte *Moses Cahn* vor dem Bürgermeister Wilhelm Liermann in Kamp, er sei vor dem Hintergrund der mangelhaften Wasserversorgung auf dem Kamper Berg durchaus „erbötig, der Gemeinde eine ordentliche Pumpe zu stiften unter der Voraussetzung, daß dieselbe dauernd der Öffentlichkeit, besonders auch bei Bränden(,) freigegeben werde"[204]. 1919, während der Zeit der bis 1926 andauernden belgischen Besatzung, erhielt *Moses Cahn* eine Strafe von 500 Fr. oder 100 Tagen Gefängnis, weil er demonstrativ eine deutsche Fahne am Schaufenster seines Geschäfts öffentlich ausgehängt hatte.[205] *Moses Cahns* jüngster Sohn *Walter*, geboren am 16. Dezember 1895 in Kamp und dekorierter Teilnehmer am Ersten Weltkrieg, übernahm das Geschäft am Abteiplatz von seinem Vater nach dessen Tod im Jahre 1932[206].

„Am Mittwoch, den 10. ds. Monats, ist der Jude *Cahn* aus Camp mit seinem Anhang nach Riga beordert worden. Wie ich höre, ist unser Kreis jetzt judenfrei" – dies schrieb am 12. Dezember 1941 der Kamper Hauptlehrer Theodor Kelders, Abteiplatz 19, per Feldpost an seinen Neffen.[207] Der Kamp-Lintforter Einwohner Ewald Niederholz erinnerte sich 1988 gegenüber der Lokalpresse recht ausführlich an die Ereignisse des

10. November 1938 in Kamp: „Gegen sieben Uhr ging ich an diesem Morgen mit mehreren Schulkameraden zur Kamper Kirche in die Schulmesse. Als wir in die Nähe des Pfarrheimes kamen, sahen wir im Licht der Straßenlaternen zwei Männer in schwarzer Uniform, die mit ihren Stiefelabsätzen dicke Kieselsteine aus dem Bürgersteig am Pfarrheim lösten. Mit den Steinen auf dem Arm liefen sie zum schräg gegenüberliegenden Geschäftshaus des Juden *Walter Cahn*. Sie warfen die Schaufensterscheibe ein und verschwanden im Dunkeln Richtung Kamper Wald. Wir verstanden den Vorgang nicht, bekamen Angst und liefen zur Kirche. Nach der Schulmesse gingen wir zum Haus von *Walter Cahn*. Er stand in der Haustüre, betrachtete den Schaden und schüttelte ungläubig seinen Kopf. Am anderen Morgen, als wir wieder an dem Haus vorbeikamen, lag das Inventar des Geschäftes auf der Straße: eine Nähmaschine, Stoffe, Wolle. Die Schaufenster wurden dann von einem Schreiner mit Brettern zugenagelt und mit der Aufschrift versehen: ‚Für immer geschlossen'."[208]

Mit dem mehrtägigen Transport, der am 10. Dezember 1941 von Krefeld aus über Düsseldorf-Derendorf nach Riga ging und insgesamt 1007 jüdische Einwohner aus Düsseldorf, Duisburg, Krefeld und mehreren kleineren Städten und Gemeinden des Ruhrgebietes verschleppte, wurde auch die Kamper Familie *Cahn*, die mit einem Lkw abgeholt worden war[209], deportiert. Das noch vorhandene Vermögen, das nach einem Eintrag in der Deportationsliste 30 Reichsmark betrug, wurde eingezogen. *Walter Cahn*, dessen letzte Berufsangabe 1941 „Tiefbauarbeiter" war, was auf eine zwangsweise Tätigkeit hindeutet, und seine Tochter *Thea*, geboren am 17. Januar 1925 in Kamp[210], gelten als in Riga verschollen; vermutlich wurde *Walter Cahn* im März 1942 im Lager Salaspils umgebracht.[211] Seine Frau *Else* geb. *Eichwald*, geboren am 29. März 1896 im westfälischen Havixbeck und ermordet am 8. Januar 1945, sowie seine jüngste Tochter *Rosa*, geboren am 29. Oktober 1933 in Kamp, wurden 1944 weiter nach Stutthof östlich von Danzig verschleppt, wo sie beide ebenfalls umkamen.[212] Eine Gedenktafel im Ausgang unter dem Turm der evangelischen Pfarrkirche in Hoerstgen, die zunächst nur an die Toten der beiden Weltkriege erinnerte, jedoch in den 60er Jahren auf Veranlassung des damaligen Pastors Eduard Hesse um die Namen der aus Hoerstgen und Kamp deportierten Juden erweitert wurde, nennt neben *Jenny Gompertz* auch die Familie *Cahn*.

Der einzige Überlebende aus dieser Familie war *Walters* jüngerer Bruder *Ernst Cahn*, geboren am 3. Oktober 1897 in Kamp und verstorben am 11. Februar 1989 in Venlo, wo er bereits seit 1931 ansässig war. In der zweiten Hälfte der 50er Jahren verkaufte er das 1942 zwangsweise in das Eigentum der Reichsfinanzverwaltung übergegangene und 1950 wieder zurückerhaltene Haus am Kamper Abteiplatz.[213] Zuvor, im Jahre 1956, hatte *Ernst Cahn* das Gebäude und die zugehörigen 937 qm Grundstück durch seinen Bevollmächtigten, den im Rechnungsprüfungsamt der Stadt Kamp-Lintfort tätigen Amtmann Johannes Gerritzen[214], der Stadt zum Kauf angeboten. Diese war zunächst „mit Rücksicht auf die besondere Lage des Gebäudes auf dem Abteiplatz" durchaus an einem Erwerb interessiert und auch bereit, 16.500 DM zu zahlen, doch scheiterte der Verkauf[215]; das Objekt ging schließlich an einen privaten Interessenten. Das ansehnliche Wohnhaus, dessen Dachgeschoss 1989/90 ausgebaut wurde, gehört aus denkmalpflegerischer Sicht zur prägenden Bausubstanz des 1987 geschaffenen Denkmalbereiches Kamper Berg. Seit Anfang 2001 beherbergt das Gebäude u. a. eine Arztpraxis für innere Medizin und Naturheilverfahren.

Aber nicht nur die in der Gemeinde Kamp lebende Familie von *Walter Cahn* wurde ausgelöscht. *Sibilla Jesse*, geboren in Kamp am 23. Mai 1888 als einziges Kind des Metzgers *Aron Jesse* (1854–?) und seiner aus Linn stammenden Frau *Betta* geb. *Daniels* (1843–1919), war 1907 die Ehe mit *Hermann Meyer* eingegangen und von Kamp nach Mülheim/Ruhr verzogen. Die nach Izbica deportierten Eheleute *Meyer*[216] wurden 1951 durch Beschluss des Amtsgerichtes Mülheim mit Wirkung vom 8. Mai 1945 für tot erklärt. Auch *Rosalie David*, geboren in Kamp am 16. August 1875 als zweite Tochter von *Mayer David* (1834–?) und *Helena* geb. *Lichtenstein* (1830–1894), wurde per 8. Mai 1945 für tot erklärt, und zwar 1949 durch Beschluss des Amtsgerichtes Krefeld.

Anmerkungen

[1] Zitiert nach: Emil Günter PIECHA: Kamp-Lintfort im Spiegel der Geschichte – Vom Entstehen und Werden einer jungen Stadt, 2. Aufl., Köln 1983, S. 111. An gedruckter Literatur zur Geschichte Hoerstgens, der Herrscher auf Haus Frohnenbruch und der evangelischen Kirche sind in chronologischer Ordnung ferner zu nennen C. H. E. v. OVEN (Hrsg.): Joh. Arnold von Recklinghausen's Reformations-Geschichte der Länder Jülich, Berg, Cleve und Meurs, Dritter und letzter Theil, Solingen/Gummersbach 1837, S. 333 ff.; Ernst v. OIDTMAN: Die Herren von Mylendonk aus dem Geschlecht der von Mirlaer, in: Zeitschrift des Aachener Geschichtsvereins 11 (1889), S. 8 ff.; Paul CLEMEN: Die Kunstdenkmäler des Kreises Moers, Düsseldorf 1892, S. 275; Robert CLEFF: Geschichte der evangelischen Kirchengemeinde in Hörstgen – Festschrift zur Einweihung der umgebauten Kirche am 4. November 1897, Hörstgen 1897; Aus der Geschichte der evang. Gemeinde zu Hörstgen in der Synode Mörs, in: Rheinisch-Westfälisches Gustav-Adolf-Blatt 42 (1898) 5, S. 1 ff.; Mathias DICKS: Die Abtei Camp am Niederrhein, Kempen 1913, S. 17 ff. und passim; Robert CLEFF: Erinnerungen, o. O. (Duisburg), 1925; Josef HECK: Haus Frohnenbruch bei Hoerstgen, in: Der Grafschafter vom 19. Mai 1925; Willi GÖTTGES: Ehe-Paradies Hörstgen – Aus Aufzeichnungen der alten Herrlichkeit, in: Nationalzeitung (Lokalteil Moers) vom 12., 13. und 14. November 1937; J. FROMM: Hoerstgen, ein rheinisches Gretna Green im 18. Jahrhundert, in: Monatshefte für rheinische Kirchengeschichte 32 (1938), S. 206 ff.; Paul MAST: Der „Krieg" zwischen Hörstgen und Kamp, in: HKM 1938, S. 90 ff. und Monatshefte für rheinische Kirchengeschichte 33 (1939), S. 241 ff.; Wilhelm MUNZERT: Das Dorf Hoerstgen und seine Kirche, in: HKM 1955, S. 94 ff.; Evangelische Kirchengemeinde Hoerstgen, in: Paul MAST (Hrsg.): 400 Jahre Reformation in der Grafschaft Moers, Moers 1960, S. 125 ff.; STEINKOHLENBERGWERK FRIEDRICH HEINRICH AG (Hrsg.): Die Schachtanlage Hoerstgen der Steinkohlenbergwerk Friedrich Heinrich AG, o. O., o. J. (1964); Die Schachtanlage Hoerstgen der Steinkohlenbergwerk Friedrich Heinrich AG, Kamp-Lintfort – Zusammengestellt aus Schriften der Gesellschaft, in: HKM 1966, S. 76 ff.; Friedrich Wilhelm OEDIGER: Das Hauptstaatsarchiv Düsseldorf und seine Bestände, 2: Kurköln, Siegburg 1970, S. 65, 71, 105, 249, 273 und 307 ff.; Wilhelm RICKEN: Hoerstgen, ein niederrheinisches Dorf, in: HKM 1969, S. 20 ff.; EVANGELISCHE KIRCHENGEMEINDE HOERSTGEN (Hrsg.): Orgel der Kirchengemeinde Hoerstgen 1732–1972, verfasst von Gerhard BRUZEMA und Eduard HESSE, o. O., o. J. (1972); Emil Günther PIECHA: Mylendonk, Kamp und Hoerstgen – Prozesse, Plünderungen, Invasionen, in: HKW 1981, S. 24 ff.; Rolf Günther PISTOR: Fluchthäuser auf Haus Frohnenbruch – Aus der Baugeschichte eines niederrheinischen Herrensitzes, in: HKW 1983, S. 54 ff.; DERS.: Fluchthäuser auf Haus Frohnenbruch, in: Rheinische Heimatpflege 4/1983, S. 93 ff.; DERS.: Fluchthäuser auf Haus Frohnenbruch – Aus der Baugeschichte eines niederrheinischen Herrensitzes, in: GHK 1984, S. 93 ff.; Wolfgang DASSEL: Das historische Torgebäude zum Mittelhaus von Haus Frohnenbruch, in: GHK 1984, S. 100 ff.; Emil Günther PIECHA: Die „Reichsfreie Herrlichkeit Hoerstgen und Frohnenbruch" – Das Geschlecht

der von Mylendonk, in: Der Niederrhein 52 (1985) 1, S. 18 ff.; Stefan FRANKEWITZ: Die geldrischen Ämter Geldern, Goch und Straelen im späten Mittelalter (VHVG 87), Geldern 1986, S. 158 ff. und passim; Rolf Günther PISTOR: Kartographische und fotografische Dokumentation zur Geschichte des Hauses Frohnenbruch in Hoerstgen, Kamp-Lintfort 1988 (unveröffentlicht; StA Kamp-Lintfort, Bestand 4, Nr. 2256); Dieter KASTNER: Der Rheinische Provinziallandtag und die Emanzipation der Juden im Rheinland 1825–1845, Teile 1 und 2, Köln 1989, S. 29, 167, 227 f., 459, 544 f. und 584; Jürgen BUSCHMANN: Die Weidtman-Orgel der evangelischen Kirche in Hoerstgen, in: HKW 1990, S. 159 ff.; Albert SPITZNER-JAHN: Die Hoerstgener Juden – die „älteste israelitische Gemeinde im Kreise Geldern", in: Der Niederrhein 57 (1990) 2, S. 103 ff.; Bernhard KEUCK: Issum, Geldern und das Landjudentum am Niederrhein, in: Ludger HEID/Julius H. SCHOEPS (Hrsg.): Wegweiser durch das jüdische Rheinland, Berlin 1992, S. 126 ff.; Wolfgang ANTWEILER/Brigitte KASTEN (Bearb.): Das Hauptstaatsarchiv Düsseldorf und seine Bestände 9: Reichskammergericht, Teil 6, Siegburg 1993, S. 234 ff.; Herbert M. SCHLEICHER: Ernst von Oidtman und seine genealogisch-heraldische Sammlung in der Universitäts-Bibliothek zu Köln, Bd. 10, Köln 1996, S. 770 ff.; Friedhelm LENZ: Hanc campanam reparandam. Die Glocken der Hoerstgener Kirche – Hermann Bornheim zum 80. Geburtstag, o. O., o. J. (2000); Elfi PRACHT-JÖRNS: Jüdisches Kulturerbe in Nordrhein-Westfalen, Bd. II: Regierungsbezirk Düsseldorf, Köln 2000, S. 596 ff. und 624 ff. Für Informationen, Anregungen und Kritik zu Dank verpflichtet sind die Autoren insbesondere Hermann Bornheim, Presbyter und Archivar der Evangelischen Kirchengemeinde Hoerstgen, sowie Dr. Dieter Kastner, Archivberatungsstelle des Rheinischen Archiv- und Museumsamtes des Landschaftsverbandes Rheinland in Brauweiler.

[2] Zitiert nach: OEDIGER (Anm. 1), S. 307; zur historischen territorialen Situation vgl. die Karten bei Irmgard HANTSCHE: Atlas zur Geschichte des Niederrheins, Bottrop/Essen 1999, S. 69, 71, 91, 99, 101 und 103.

[3] PfA Liebfrauen Kamp Nr. 60.

[4] HStAD, Herrschaft Hörstgen, Urkunde Nr. 1: Belehnung des Carl Franz Paridam Freiherr von Millendonck genannt von dem Knesebeck mit der Herrlichkeit Hoerstgen (1775).

[5] PIECHA (Anm. 1), Kamp-Lintfort, S. 113 ff. Über die freiherrliche Familie v. d. Knesebeck vgl. Ernst Heinrich KNESCHKE (Hrsg.): Neues allgemeines Deutsches Adels-Lexikon, Bd. V, Leipzig 1930, S. 154 ff. (unveränderter Nachdruck).

[6] Zitiert nach: Monatsschrift für rheinisch-westfälische Geschichtsforschung und Altertumskunde, hrsg. von Richard PICK, Bd. II (1876), S. 488 f.

[7] Ebd.

[8] HStAD, Herrschaft Hörstgen, Akten Nr. 1: Rechnung von Einnahme und Ausgabe der Revenüen der Reichs-Freien Herlichkeiten Frohnenbruch und Hörstgen von Ostern oder Mai 1790 bis dahin 1791, geführt von dem Rendanten J. Friedrichs (1790–1791).

[9] PfA Liebfrauen Kamp Nr. 28.

[10] Marina SASSENBERG: Aus zweitausend Jahren – Jüdische Geschichte im Rheinland, in: Ludger HEID/Julius H. SCHOEPS (Hrsg.): Wegweiser durch das jüdische Rheinland, Berlin 1992, S. 14.

[11] Lodewijk Samuel MEIHUIZEN: De Rekening betreffende het Graafschap Gelre 1294/1295, Groningen 1953, S. 41 (Tekst van de Rekening); FRANKEWITZ (Anm. 1), S. 116.

[12] DICKS (Anm. 1), S. 20 in Anm. 58 und 219 in Anm. 26; FRANKEWITZ (Anm. 1), S. 158 ff.; P.N. v. DOORNINCK (Hrsg.): Het oudste Leenactenboek van Gelre 1326, Haarlem 1898, S. 7.

[13] v. OIDTMAN (Anm. 1), S. 47 f.

[14] Vgl. z. B. PIECHA (Anm. 1), S. 105 ff.

[15] PfA Liebfrauen Kamp (Anm. 9).

[16] PIECHA (Anm. 1), S. 103 schreibt „baco" anstelle von „baro", was z. B. mit „Mastschwein, Schinken" zu übersetzen wäre.

[17] OEDIGER (Anm. 1), S. 307.

[18] PIECHA (Anm. 1), S. 103 unter Hinweis auf v. OIDTMAN (Anm. 1), S. 47.

[19] Zitiert nach: RICHARD PICK: Zur Geschichte der Stadt und des ehemaligen Amtes Rheinberg, in: Annalen des Historischen Vereins für den Niederrhein 39 (1883), S. 29.

[20] GÖTTGES (Anm. 1); FROMM (Anm. 1); PIECHA (Anm. 1), S. 201 ff. Nach Auskunft des Hoerstgener Kirchenbuches sind am 22. Juli 1798 als Letzte „mit Dispensation (...) copulirt worden Herr Carl Anton Fodor und Demoiselle Gertrud Magdalena Tersteeg aus Amsterdam".

[21] Gotthard Kraft v. Mylendonk war der Letzte seines Geschlechts; sein letztes Testament vom 22. April 1749: in Dieter KASTNER (Bearb.): Inventar der Urkunden des Archivs von Schloß Diersfordt, Zweiter Band: 1600–1800, Köln 1993, S. 202 f.; das Protokoll über die Testamentseröffnung am 8. Oktober 1749 im PfA Liebfrauen Kamp Nr. 61: Testament v. Mylendonk und Erbauseinandersetzung mit der Familie v. d. Knesebeck (1728, 1749–1752).

[22] Emmanuel de CROY: Erinnerungen meines Lebens – Eine Reise durch den Westen des Heiligen Römischen Reiches, Münster 1999, S. 26. Es handelt sich um die deutsche Übersetzung des Reisetagebuchberichts 1740/41 von Emmanuel de CROY (1718–1784), einem Sohn der Gräfin Maria Margareta Luise v. Mylendonk (1691–1768).

[23] Vgl. Familienarchiv v. Eerde zu Eyll Nr. 228.

[24] PIECHA (Anm. 1), S. 116. Paul CLEMEN: Die Kunstdenkmäler des Kreises Moers, Düsseldorf 1892, S. 23, bewertet Haus Frohnenbruch als „architektonisch ohne Interesse".

[25] PIECHA (Anm. 1), S. 116.

[26] HStAD, LA Moers, Nr. 42 (Jüdische Cultus- und Schulsachen).

[27] Erich KEYSER (Hrsg.): Rheinisches Städtebuch, Bd. III: Nordwest-Deutschland 3: Landschaftsverband Rheinland, Stuttgart 1956, S. 235; zuletzt Gerd FRIEDT: Familie Kommerzienrat Adolf Silverberg in Bedburg an der Erft, Bedburg 1996, S. 9. Die irrigen Ausführungen über die Anfänge der Hoerstgener Juden im Rheinischen Städtebuch sind dem früheren Kamp-Lintforter Stadtamtmann Alfred Barth zuzuschreiben; sein maschinenschriftliches Manuskript aus dem Jahre 1951 im StA Kamp-Lintfort, Bestand 2, Nr. 203: Eintrag in das Deutsche Städtebuch (1951–1955).

[28] Vgl. HStAD, Roerdepartement, Nr. 1716 I, Heft 6: Tableau contenant le nombre et les noms, age, état ou profession des habitans de la Commune de Hörstgen, le lieu de leur domicile et l'Epoque des leur entré dans la dite Commune (1799), Bll. 44 und 49.

[29] Christina Charlotta Elisabeth Freiin v. Wylich-Diersfordt wurde am 16. Februar 1696 geboren; das bisher unbekannte Geburtsdatum teilte Hermann Bornheim den Autoren unter Hinweis auf das Diersfordter Kirchenbuch mit. Das am 2. November 1769 auf Frohnenbruch errichtete Testament von Christina Charlotta Elisabeth v. Mylendonk mit Nachtrag vom 12. Mai 1770 bei: KASTNER (Anm. 21), S. 332 f.; dabei liegt die Testamentseröffnung vom 16. September 1771.

[30] Archiv des Schlosses Diersfordt, Akten 1, 12 (23): Balance des Inventars von 1749 gegen das Inventar von 1771 (1771); der Hinweis auf diese bisher unbekannte Quelle findet sich bei: Hermann KLEIN-HOLZ: Gesamt-Inventar der Akten des Archives Diersfordt, o. O., o. J., S. 33 (unveröffentlicht).

[31] Tiefbauamt der Stadt Kamp-Lintfort, Akte 642–50–60: „Ortsdurchfahrt Hoerstgen", Bd. 2.

[32] v. OIDTMAN (Anm. 1), S. 30.

[33] „Verkaufs Contract des Juden Hauses zu Hoerstgen an Schneckmann" im Privatbesitz von Marga Luyten, Hoerstgen; Hermann Bornheim machte den Autoren dieses aufschlussreiche Dokument freundlicherweise als Xerokopie zugänglich.

[34] Vgl. HStAD (Anm. 8).

[35] HStAD (Anm. 28). Eine gewisse Zurückhaltung ist jedoch insbesondere gegenüber den enthaltenen Angaben zum Lebensalter und zur Dauer des Aufenthaltes in Hoerstgen geboten.

[36] Vgl. die jeweiligen Angaben in HStAD, Roerdepartement, Nr. 1716 II, Heft 3: Bevölkerungs-Liste der Einwohner der Mairie Hörstgen (1801).

[37] PfA Liebfrauen Kamp Nr. 65: Juden in Hoerstgen (1766). Die handschriftliche Anweisung ist sowohl in deutscher Sprache als Ausgangssprache (linke Spalte) als auch in französischer Sprache als Zielsprache (rechte Spalte) überliefert, doch findet sich in der französischen Fassung weder ein direkter noch ein indirekter Hinweis auf die „neue Einrichtung".

[38] PfA Liebfrauen Kamp (Anm. 37).

[39] StA Duisburg, Bestand 10, Nr. 3083: Akta wegen des nachgesuchten Etablissements des Juden Mordechai Jacob Marcus aus dem Hörstgen stammend (1769–1770).

[40] Fritz BAER: Das Protokollbuch der Landjudenschaft des Herzogtums Kleve, Erster Teil: Die Geschichte der Landjudenschaft des Herzogtums Kleve, Berlin 1922, S. 77 mit Hinweis auf die in Anm. 39 zitierte Duisburger Archivakte; vgl. zum Folgenden auch: ebd., S. 64, und Günter v. RODEN: Die Geschichte der Duisburger Juden, Bd. 1, Duisburg 1986, S. 62 f. M. GRUNWALD: Portugiesengräber auf deutscher Erde, Hamburg 1902, behandelt nur die Siedlungen portugiesischer Juden in Altona, Emden, Glückstadt und Hamburg.

[41] BAER (Anm. 40) erwähnt in Bezug auf die Herkunftsländer der klevischen Juden auch „einige aus Holland stammende portugiesische Juden, die aber nicht im Lande blieben" (S. 64).

[42] StA Duisburg (Anm. 39).

[43] Ebd. Ein Geistlicher mit Namen Ringshorn ist für Hoerstgen allerdings nicht bekannt. Von 1746 bis 1779 amtierte in Hoerstgen vielmehr Heinrich Friedrich Di(e)mel; Mitteilung von Hermann Bornheim.

[44] Vgl. Bernhard KEUCK: Juden in Straelen, in: DERS. (Red.): 650 Jahre Stadt Straelen 1342–1992 (VHVG 93), Geldern 1992, S. 223 f.

[45] Zitiert nach: Friedhelm WEINFORTH: Geschichte der jüdischen Gemeinde Kempen, in: Gerhard REHM (Red.): Geschichte der Juden im Kreis Viersen, Viersen 1991, S. 278 in Anm. 37.

[46] Zitiert nach: Monatsschrift (Anm. 6), S. 488 f.

[47] HStAD (Anm. 8).

[48] Ebd.

[49] 1808 wird *Hertz David* in Geldern den Namen *Hubert Neuman* annehmen; vgl. StA Geldern, Registre contenant les noms et Prénoms adoptés par les Juifs en Exécution du Décret imperial du 20 Juillet 1808 (1808). Das von Gerd Halmanns ermittelte Register ist Anlage zu den Gelderner Geburtsurkunden des Jahres 1808.

[50] Nachfahren der Witwe *Michels* leben heute in Glencoe, Illinois/USA.

[51] *Manuel Moses*, einer der fünf bekannten Abkömmlinge des ebenfalls 1790 genannten *Moses Joseph*, nahm 1808 in Hoerstgen den erblichen Nachnamen *Herzberg* an und verzog nach 1812 nach Waldniel bei Schwalmtal, wo er bis zu seinem Tode das Amt des Vorstehers der jüdischen Gemeinde ausübte; vgl. Sabine JANSEN: Zur Geschichte der jüdischen Gemeinde Waldniel, in: Heimatbuch des Kreises Kempen-Krefeld 1974, S. 255. Eine Nachfahrin seines in Hoerstgen geborenen Sohnes *Selig Herzberg* (um 1791–1850), der ebenfalls Vorsteher in Waldniel war, lebt in Raleigh, North Carolina/USA.

[52] HStAD (Anm. 8).

[53] Standesamt Hoerstgen, Sterbeurkunde vom 1. Dezember 1798.

[54] HStAD (Anm. 36).

[55] Vgl. dazu Hermann FISCHER/Theodor WOHNHAAS: Quellen zur Geschichte der Orgeln in westdeutschen Synagogen, in: Jahrbuch des Instituts für Deutsche Geschichte 5 (1976), S. 467 ff.

[56] EVANGELISCHE KIRCHENGEMEINDE HOERSTGEN (Anm. 1); BUSCHMANN (Anm. 1).

[57] Angaben nach HStAD (Anm. 28).

[58] Archiv des Schlosses Diersfordt (Anm. 29).

[59] Vgl. dazu den Beitrag von Thekla KEUCK in diesem Band sowie Bernhard KEUCK (Bearb.): Juden in Issum – Dokumentation zur Übergabe der restaurierten Synagoge in Issum am 6. Mai 1990, o. O. 1990, S. 9 ff.; Ruth BENGER: Die ehemalige Synagoge in Issum, in: GHK 1990, S. 35 ff.; Bernhard KEUCK (Anm. 1); Thekla KEUCK: Die Rechtsverhältnisse der Juden im Kurfürstentum Köln im 18. Jahrhundert am Beispiel Issum, in: GHK 1998, S. 49, und zuletzt PRACHT-JÖRNS (Anm. 1), S. 336 ff.

[60] Peter SCHMITTER: Geschichte der Alpener Juden, hrsg. vom SPD-Ortsverein Alpen, Alpen 1986, S. 55; PRACHT-JÖRNS (Anm. 1), S. 587.

[61] Heike PREUSS: Moers in oranischer Zeit (1601–1702), in: Margret WENSKY (Hrsg.): Moers – Die Geschichte der Stadt von der Frühzeit bis zur Gegenwart, Köln 2000, Bd. 1, S. 378. In der Stadt Moers lebten Juden spätestens seit dem Jahre 1609, vgl. ebd., S. 379; Brigitta WIRSBITZKI: Juden in Moers – Eine Minderheit in einer niederrheinischen Kleinstadt bis zum Ende der Weimarer Republik, Berlin 1997, S. 45, und PRACHT-JÖRNS (Anm. 1), S. 598.

[62] Vgl. Bärbel OTTEN: Die Geschichte der jüdischen Gemeinde in Rheinberg, Krefeld 1986, S. 96; Michael BROCKE (Hrsg.): Feuer an Dein Heiligtum gelegt – Zerstörte Synagogen 1938 Nordrhein-Westfalen, Bochum 1999, S. 457; PRACHT-JÖRNS (Anm. 1), S. 603.

[63] HStAD (Anm. 8).

[64] Liegenschafts- und Vermessungsamt der Stadt Kamp-Lintfort: Lager-Buch der Gemeinde Hoerstgen (angelegt um 1904/09) mit späteren Nachträgen.

[65] Standesamt Hoerstgen, Heiratshauptregister 4/1808.

[66] Amtsblatt der Königlichen Regierung zu Düsseldorf 1851, S. 295 f.

[67] Zu den Sevelener Juden vgl. den Beitrag von Gerd HALMANNS in diesem Band.

[68] Vgl. Theo MÄSCHIG: Die Rheurdter Juden (1848–1942), Rheurdt 1988, S. 58 ff.; OTTEN (Anm. 62), S. 53 ff.

[69] HStAD (Anm. 26).

[70] Ebd.

[71] MÄSCHIG (Anm. 68), S. 31 f. Der Toramantel in der Judaica-Sammlung des Kölnischen Stadtmuseums ist verzeichnet unter der Inventarnummer 1977/444 und erneut abgebildet bei: PRACHT-JÖRNS (Anm. 1), S. 395.

[72] StA Kamp-Lintfort, Bestand 1, Nr. 535: Bausachen der Gemeinde Hoerstgen (1852–1900).

[73] Amtsblatt der Königlichen Regierung zu Düsseldorf 1900, S. 289.

[74] Vgl. PRACHT-JÖRNS (Anm. 1), S. 12 f.

[75] Schreiben von *Erwin DAVID* an die Stadt Kamp-Lintfort vom 7. September 2000. Die Genealogien der Hoerstgener Familie *David* und der Issumer Familie *Bouscher* sind nunmehr im Internet unter der Adresse shum.ac.il/~dutchjew/genealog/davbou/d.htm einsehbar.

[76] Liegenschafts- und Vermessungsamt (Anm. 64).

[77] Vgl. BROCKE (Anm. 62), S. 587, und PRACHT-JÖRNS (Anm. 1), S. 597.

[78] StA Moers, Der Grafschafter vom 6. Januar 1906.

[79] StA Kamp-Lintfort, Bestand 1, Nr. 347: Allgemeines über die statistische Erfassung der Juden (1926–1950).

[80] Zitiert nach: MÄSCHIG (Anm. 68), S. 62; KEYSER (Anm. 27), S. 235, gibt als Jahr des Abrisses irrtümlich 1929 an. Wohin die Hoerstgener Kultusgeräte vor dem Abriss geschafft wurden, ist nicht bekannt.

[81] StA Kamp-Lintfort, Bestand 1, Nr. 29: Protokollbuch des Gemeinderates von Hoerstgen (1929–1933).

[82] Liegenschafts- und Vermessungsamt der Stadt Kamp-Lintfort: Akte „Grunderwerb von der Jewish Trust Corporation for Germany Ltd" (1953–1955).

[83] Ebd. Der Vertrag vom 18. Mai 1931 wird hier zitiert nach der von dem damaligen Kamp-Lintforter Stadtkämmerer Heinrich Jung am 3. November 1953 beglaubigten und in der in Anm. 82 zitierten Grunderwerbsakte befindlichen Abschrift; der Verbleib der Urschrift von 1931 ist unbekannt.

[84] OTTEN (Anm. 62), S. 65; MÄSCHIG (Anm. 68), S. 62.

[85] StA Kamp-Lintfort (Anm. 81).

[86] BAER (Anm. 40), S. 62. Vgl. auch: Dieter KASTNER: Vom Patriotismus deutscher Juden: Das Votum des rheinischen Provinziallandtags 1843 und die Juden an Rhein und Ruhr, in: Jan-Pieter BARBIAN/Michael BROCKE/Ludger HEID (Hrsg.): Juden im Ruhrgebiet – Vom Zeitalter der Aufklärung bis in die Gegenwart, Essen 1999, S. 315: „Sie wurden miserabel bezahlt und im sogenannten Wandeltisch verpflegt. Sie waren meist arme junge Leute aus den preußischen Ostprovinzen, nicht selten aus Posen, so gut wie nie aus der Gemeinde und der näheren Umgebung."

[87] KASTNER (Anm. 1), S. 227 f.

[88] HStAD, LA Geldern, Nr. 158 (Cultus- und Schulangelegenheiten der Juden).

[89] Ebd.

[90] HStAD (Anm. 26).

[91] Ebd.

[92] StA Kamp-Lintfort, Bestand 1, Nr. 15: Protokollbuch des Gemeinderates von Hoerstgen (1892–1910).

[93] Vgl. StA Kamp-Lintfort, Bestand 1, Nr. 104: Schulbau und Lehrerwohnung in Hoerstgen (1826–1852).

[94] StA Kamp-Lintfort, Bestand 1, Nr. 977: Register für die Entlassungs-Zeugnisse der Volksschule zu Hörstgen (1910–1951).

[95] Die Bedeutung des Flurnamens „Sittard" gilt als „unbekannt", doch meint er wahrscheinlich „sumpfiges Terrain"; vgl. Peter Michael BUYX: Andeutungen über Entstehung der Güter-, Höfe-, Kathen-etc. -benennungen in hiesiger Gegend, in: Wolfgang DASSEL/Jürgen KWIATKOWSKI (Red.): Michael Buyx (1795–1882) – Geometer, Altertumsfreund, Sammler (VHVG 96), Geldern 1995, S. 239 f.

[96] HStAD (Anm. 26); MÄSCHIG (Anm. 68), S. 59.

[97] Michael BROCKE/Hartmut MIRBACH: Grenzsteine des Lebens – Auf jüdischen Friedhöfen am Niederrhein, Duisburg 1988, S. 18

[98] Ebd., S. 21.

[99] So KAYSER (Anm. 27), S. 235, und FRIEDT (Anm. 27), S. 10: „Für 1560 sind eine Synagoge und ein Friedhof belegt."

[100] So die Rheinische Post, Redaktion Moers, vom 10. August 1982; MÄSCHIG (Anm. 68), S. 16 und 97.

[101] So Maren HEYNE: Stille Gärten – beredte Steine. Jüdische Friedhöfe im Rheinland, Bonn 1994, S. 26.

[102] BROCKE/MIRBACH (Anm. 97), S. 92.

[103] So KEYSER (Anm. 27), S. 235, beruhend auf den Angaben des Stadtamtmannes Alfred Barth, und PIECHA (Anm. 1), S. 211 in Anm. 55.

[104] Mitgeteilt von Hermann Bornheim.

[105] Kataster- und Vermesssungsamt des Kreises Wesel.

[106] StA Kamp-Lintfort, Bestand 1, Nr. 1098: Allgemeines über Begräbniswesen und Friedhöfe (1893–1923).

[107] Die Familie *Mendels* betrieb in Kamperbruch unter der Adresse Moerser Straße 337 neben dem Moerser *Max Buschhoff* (Moerser Straße 335) ein Konfektionsgeschäft, das 1938/39 „arisiert" wurde, nachdem die Kamp-Lintforter Gemeinderäte am 16. Dezember 1938 „einmütig" die Meinung vertreten hatten, „daß die Bedürfnisfrage unbedingt zu bejahen sei": StA Kamp-Lintfort, Bestand 1, Nr. 836: Niederschriften über die Beratungen des Gemeinderates von Kamp-Lintfort (1936–1937). *Helene Mendels* geb. *Gronsfeld* sowie ihre in Harsewinkel geborenen Söhne *Willi* (1896–?) und *Gustav Mendels* (1903–nach 1980) sind um 1926 abgebildet, in: Albert SPITZNER-JAHN: Kamp-Lintfort im 20. Jahrhundert – Von den Anfängen der Industrialisierung bis zur Gegenwart, 2. Aufl., Köln 1994, S. 86. Im November 1939 emigrierte *Gustav Mendels* dann nach Palästina, wo er sich eigenen Angaben zufolge fortan als Landwirt betätigte. Sein deportierter Bruder *Willi* hingegen gilt als in Polen verschollen. 1980 besuchte *Gustav Mendels* mit seiner Frau *Erna* noch einmal die Gräber seiner Eltern auf dem jüdischen Friedhof in Hoerstgen; vgl. Grünflächenamt der Stadt Kamp-Lintfort: Akte „Verwendungsnachweis Jüdischer Friedhof" (ab 1976). *Lore Mendels*, eine Tochter von *Erna* und *Gustav Mendels*, verstarb als *Leah Taub* am 3. Juni 1999 in Israel (Schreiben ihres Sohnes *David Taub* an die Stadt Kamp-Lintfort vom 15. Juni 1999). Zwischen den Hoerstgener Juden und den erst ab 1912 zugewanderten jüdischen Geschäftsleuten in den Industriegemeinden Kamperbruch und Lintfort, deren nur knapp 30-jährige Geschichte noch zu schreiben ist, gab es im Übrigen keine erkennbaren genealogischen Beziehungen.

[108] 125 Friedhofsschändungen in Deutschland 1923–1932: Dokumente der politischen und kulturellen Verwilderung unserer Zeit, zusammengestellt vom Central-Verein deutscher Staatsbürger jüdischen Glaubens e.V., 6. Aufl., Berlin 1932, S. 1.

[109] StA Moers, Der Grafschafter vom 25. Juni 1919.

[110] Vgl. im Text nach Anm. 81.

[111] MÄSCHIG (Anm. 66), S. 62.

[112] Liegenschafts- und Vermessungsamt (Anm. 82).

[113] Mitteilung von Balzer Ingenschay, Moers.

[114] Liegenschafts- und Vermessungsamt (Anm. 82).

[115] Information von Heinrich Scharff, mitgeteilt von Hermann Bornheim.

[116] Liegenschafts- und Vermessungsamt (Anm. 82); die erwähnten Aktenvorgänge sind heute (2001) nicht mehr auffindbar.

[117] StA Kamp-Lintfort, Bestand 4, Nr. 1175: Verwaltungsbericht für die Zeit vom 1. April 1947 bis zum 31. März 1948 (1948).

[118] StA Kamp-Lintfort, Bestand 4, Nr. 1178: Verwaltungsbericht für die Zeit vom 1. April 1951 bis 31. März 1952 (1952).

[119] StA Kamp-Lintfort, Bestand 4, Nr. 742: Verwaltungsbericht für die Zeit vom 1. April 1952 bis 31. März 1953 (1952). Die zitierte Quelle spricht zwar von einem „Gedenkstein", doch dürfte es sich hierbei um ein Schreibversehen handeln.

[120] MÄSCHIG (Anm. 68), S. 99 ff. Die weitergehenden Angaben bei: Dieter PETERS: Land zwischen Rhein und Maas – Genealogische Daten von jüdischen Friedhöfen in der ehemaligen Rheinprovinz und in der niederländischen Provinz Limburg, Aachen 1995, S. 175, sind unvollständig.

[121] So PRACHT-JÖRNS (Anm. 1), S. 588, in Bezug auf den Friedhof in Alpen.

[122] Vgl. BROCKE/MIRBACH (Anm. 97), S. 75.

[123] Die Angaben im Folgenden beruhen insbesondere auf einer 1999–2001 vorgenommenen umfassenden Auswertung der 1798 einsetzenden Geburten-, Heirats- und Sterbehauptregister des ehemaligen Standesamtes Hoerstgen (ab 1934: Standesamt Kamp-Lintfort), wobei jedoch anzumerken ist, dass die Hoerstgener Sterbehauptregister für den Zeitraum von 1907 bis 1919 während des Zweiten Weltkrieges dauerhaft abhanden gekommen sind. Die Autoren möchten sich an dieser Stelle bei den Kamp-Lintforter Standesbeamten Siegbert Wittek und Hiltrud Fischer für die bei den langwierigen genealogischen Recherchen gewährte Unterstützung bedanken. Entsprechendes gilt für Herbert

Schüürmann in Emmerich. Die genealogische Dokumentation „Jüdische Einwohner in den heutigen Kamp-Lintforter Ortsteilen Hoerstgen und Kamp" ist erstmals mit Bearbeitungsstand vom Juni 2000 von der Stadt Kamp-Lintfort als Amtsdrucksache herausgegeben worden: StA Kamp-Lintfort, Bestand 4, Nr. 2356. Die 4. und erneut erweiterte Auflage dieser Amtsdrucksache mit Stand vom August 2001, die dem genealogischen Anhang zum vorliegenden Beitrag weitestgehend entspricht, im StA Kamp-Lintfort, Bestand 4, Nr. 2875.

[124] In dem Dorf Wenkheim sank die Zahl der jüdischen Einwohner, bedingt durch verstärkte Binnenwanderung und Auswanderung, von 181 im Jahre 1880, was einem Bevölkerungsanteil von rund 17% entsprach, innerhalb von nur 20 Jahren auf 92; vgl. Elmar WEISS: Zeugnisse jüdischer Existenz in Wenkheim, Tauberbischofsheim 1992, S. 47 ff. sowie – zur alteingesessenen Wenkheimer Familie *Lehmann* – S. 42 ff.

[125] NW Personenstandsarchiv Rheinland, Sig. H 942 a. Den Hinweis auf den Aufbewahrungsort in Brühl gab dankenswerterweise *Lo van Leeuwen*, Noordwijk/Niederlande, zu dessen Vorfahren väterlicherseits die in Eindhoven verstorbene *Helene van Leeuwen* geb. *Jesse* (1793–1887) aus Hoerstgen gehörte. Die 1807 genannten „Mapen" der Hoerstgener Juden bzw. das „Register der israelitischen Gemeinde zu Hoerstgen" scheinen demgegenüber abgängig zu sein.

[126] Vgl. die Angaben bei: PETERS (Anm. 120), S. 158, 181, 183, 197, 242 und 247.

[127] Auf dem Grabstein in Kalkar ist das Geburtsdatum mit 8. Mai 1850 unrichtig angegeben (recte: 21. April 1850); vgl. Dan Z. BONDY/Günther J. BERGMANN/Aubrey POMERANCE: Juden in Kalkar – Gemeindegeschichte und Friedhofsdokumentation, Kalkar 1999, S. 118.

[128] Auch in diesem Fall ist das Geburtsdatum auf dem Grabstein mit 8. März 1867 unrichtig angegeben (recte: 1. März 1867); vgl. Günter ERKENS: Juden in Mönchengladbach, Bd. 2, Mönchengladbach 1989, S. 531.

[129] Vgl. FRIEDT (Anm. 27), S. 9 ff. Der spätere bergische Fabrikant und Kommerzienrat *Adolf Silverberg* (1845–1903) war ein Urenkel des hier erwähnten gebürtigen Hoerstgeners *Isaac Abraham Silverberg (Levy)*.

[130] Vgl. SPITZNER-JAHN (Anm. 1) mit erstmaliger Abbildung der standesamtlichen Hoerstgener Geburtsurkunde von *Jacob Wiener* aus dem Jahre 1815.

[131] Vgl. zum Folgenden Standesamt Hoerstgen, Geburtenhauptregister 4/1815; HStAD (Anm. 28), Bl. 30, NW Personenstandsarchiv Rheinland (Anm. 125), Bl. 7–8 sowie den Ausstellungskatalog „Jaques Wiener – Europa in Münzen, Medaillen, Briefmarken", Kamp-Lintfort 1989, S. 9 f.

[132] Standesamt Hoerstgen, Geburtenhauptregister 23/1816.

[133] Werner RIPKENS: Aachen, in: Ludger HEID/Julius H. SCHOEPS (Hrsg.): Wegweiser durch das jüdische Rheinland, Berlin 1992, S. 23.

[134] Statistische Angaben nach: Adolf KOBER: Aus der Geschichte der Juden im Rheinland – Jüdische Kult- und Kunstdenkmäler (Rheinischer Verein für Denkmalpflege und Heimatschutz 1931, Heft 1), Düsseldorf 1931, S. 97.

[135] StA Rheinberg, Bestand Rheinberg 1900, Nr. 541: Bevölkerungs- und Gewerbeverhältnisse der Juden (1816–1822).

[136] PRACHT-JÖRNS (Anm. 1), S. 10.

[137] Vgl. Arie NABRINGS: Das rheinische Judentum unter preußischer Herrschaft im 19. und 20. Jahrhundert, in: Gerhard REHM (Red.): Geschichte der Juden im Kreis Viersen, Viersen 1991, S. 67; BAER (Anm. 40), S. 60.

[138] Amtsblatt der Königlichen Regierung zu Düsseldorf 1851, S. 295 f.

[139] HStAD (Anm. 36), Bl. 28–32.

[140] Vgl. Thekla KEUCK: Das décret infâme 1808–1847 – Seine Bedeutung für die Juden in Geldern und Issum, in: GHK 1997, S. 176 ff.

[141] Ingrid JOESTER: Das Hauptstaatsarchiv Düsseldorf und seine Bestände 3: Die Behörden der Zeit 1794–1815, Teil 1: Die linksrheinischen Gebiete, Siegburg 1987, S. 237.

[142] StA Rheinberg (Anm. 135); Ruth EYKMANN: Zur Geschichte der Juden in Geldern und Issum, Duisburg 1984 (unveröffentlichte Examensarbeit), S. 14.

[143] HStAD, LA Geldern Nr. 161: Handels-Konzessionen der Israeliten (1817–1854).

[144] OTTEN (Anm. 62), S. 58.

[145] Zitiert nach: KEUCK (Anm. 44), S. 224.

146 Adressbuch der Kreise Rees und Moers 1880, nach amtlichen Quellen bearbeitet, Lobberich 1880, S. 79; Fritz HAGELKRUYS: Adressbuch für Handel und Gewerbe der Kreise Geldern, Cleve und Moers, Geldern 1897, S. 278.

147 StA Kamp-Lintfort, Bestand 1, Nr. 729: Gewerbeakte des Schlachthauses von Heinrich Anhamm in Hoerstgen (1908–1949). Ursprünglich wollte Anhamm jedoch eine Schankwirtschaft einrichten, was ihm mangels Bedürfnisses aber nicht gestattet worden war; vgl. StA Kamp-Lintfort, Bestand 1, Nr. 730: Gewerbeakte der projektierten Schankwirtschaft von Heinrich Anhamm in Hoerstgen (1908–1914).

148 WIRSBITZKI (Anm. 61), S. 125.

149 HStAD, Depositum Stadt Orsoy, Akten II 2, Nr. 404: Juden (1747–1849).

150 Zitiert nach: Hermann BURGHARD: Moers vom Wiener Kongreß bis zum Ende des Ersten Weltkrieges (1815–1918), in: Margret WENSKY (Hrsg.): Moers – Die Geschichte der Stadt von der Frühzeit bis in die Gegenwart, Köln 2000, Bd. 2, S. 191.

151 Zu *Simon Adler* vgl. auch: KEUCK (Anm. 140), S. 181 ff. und 186 in Anm. 46. Anlässlich seines Umzuges von Hoerstgen nach Moers brachte *Adler* „ein Zeugnis seiner guten Aufführung bei und stellte, um wegen seiner geringen Vermögensumstände der Stadt nicht zur Last zu fallen, eine hinlängliche Kaution" (Edelgard DAHLBRAM: Zur Geschichte der Juden in Moers, Moers 1984, S. 42). *Simon Adlers* Grabstein ist der älteste erhaltene auf dem Moerser Friedhof (Brigitte WIRSBITZKI: Geschichte der Moerser Juden nach 1933, Moers 1991, S. 21 und 186).

152 BURGHARD (Anm. 150), S. 246.

153 Vgl. z. B. MÄSCHIG (Anm. 68), S. 57; KEUCK (Anm. 44), S. 232; Heinz BOSCH: Illustrierte Geschichte der Stadt Geldern 1848–1969, Bd. 1: Von den revolutionären Ereignissen 1848 bis zum Ausbruch des ersten Weltkrieges 1914, Geldern 1994, S. 166; Cläre PELZER: Jüdisches Leben in Emmerich, in: Michael BROCKE/Cläre PELZER/Herbert SCHÜÜRMAN (Bearb.): Juden in Emmerich (Emmericher Forschungen Bd. 12), Emmerich 1993, S. 170 f.; BONDY, BERGMANN/POMERANCE (Anm. 127), S. 27.

154 Vgl. FREIWILLIGE FEUERWEHR DER STADT KAMP-LINTFORT (Hrsg.): Wider den roten Hahn – Zur Geschichte des Feuerlöschwesens in Kamp-Lintfort seit 1776, Kamp-Lintfort 1997, S. 4 und 17 ff.

155 Vgl. August SIEDENBERG (Hrsg.): Unsere Veteranen, Bd. I: Die Veteranen der Kriege von 1864, 66 und 70/1, Homberg 1915, S. 20, 44 und 80.

156 Vgl. StA Kamp-Lintfort, Bestand 4, Nr. 1818: Festschrift „99 Jahre Posaunenchor Hoerstgen" (1999), verfasst von Ulrike Anhamm und Wolfgang Lietzow.

157 PIECHA (Anm. 1), S. 243.

158 BOSCH (Anm. 153), S. 161. Die Berufsbezeichnung „Kaufmann" (marchand) kommt – bezogen auf jüdische Einwohner – in den Registern des Standesamtes Hoerstgen bereits ab 1798 vor.

159 Barbara BECKER-JÁKLI: Brühl, in: Ludger HEID/Julius H. SCHOEPS (Hrsg.): Wegweiser durch das jüdische Rheinland, Berlin 1992, S. 55.

160 MÄSCHIG (Anm. 68), S. 44 ff.

161 Ebd., S. 55.

162 Adressbuch (Anm. 146).

163 Vgl. Peter LANDENDÖRFER: Aufseß, und: Einzelne Familien und Persönlichkeiten der Aufsesser Judenschaft, in: Toni ECKERT et al.: Jüdisches Leben in der Fränkischen Schweiz, Erlangen 1997, S. 518 ff. und 752 f.

164 Vgl. BOSCH (Anm. 153), S. 161.

165 HStAD (Anm. 28), Bl. 29. *Spanisch Isac* bzw. *Isaac Levi* gibt 1801 ferner an, „allhier" – also in Hoerstgen – geboren zu sein (HStAD, Anm. 36); die Register des Standesamtes Hoerstgen weisen jedoch eindeutig aus, dass er im niederländischen Leiden (Leyden) gebürtig war.

166 KA Kleve in Geldern, GW vom 28. März 1846; StA Rheinberg, Rheinberger Wochenblatt vom 23. Juni 1860. Die Brücker Heide („Brüggerheide") wird von der Issumer Fleuth durchflossen und befindet sich eher auf Issumer Gebiet. Über den Torfstich in Hoerstgen bis 1858 vgl. Hugo HARTFELD/Bernhard NIEMÖLLER: 300 Millionen Jahre unter uns – Erläuterungen zur Geologie im Raum der Stadt Kamp-Lintfort, Köln 1994, S. 94.

167 Die Ausfertigungen der notariellen Kaufverträge der Notare Johann Ignatius Nicolaus Hubert in Moers und Johann Jacob Warlimont in Geldern befinden sich im Eigentum von Willi Körner, Kamp-Lintfort, der sie den Autoren freundlicherweise zur Auswertung zugänglich machte.

168 Schreiben des StAs Krefeld an die Stadt Kamp-Lintfort vom 12. Oktober 2000.

[169] StA Kamp-Lintfort, Bestand 1, Nr. 535: Bausachen der Gemeinde Hoerstgen (1852–1900) und 536: Baupolizei; Bausachen der Gemeinde Camp (1844–1900).

[170] OTTEN (Anm. 62), S. 55 f.

[171] StA Kamp-Lintfort, Bestand 1, Nr. 711: Chronik der Schule zu Camp, Bd. 1.

[172] Zur jüdischen Geschäftswelt in Geldern zu jener Zeit vgl. Heinrich KEMPENICH: Die Stadt Geldern und ihre jüdische Gemeinde in den 1870er Jahren – Aus den „Erinnerungen", in: Gregor HÖVEL-MANN (Hrsg.): Juden in Geldern. Mit weiteren Beiträgen zur geldrischen Geschichte (VHVG 82), Geldern 1982, S. 23 ff., und BOSCH (Anm. 153), S. 161 ff.

[173] StA Kamp-Lintfort, Bestand 1, Nr. 15 und 17: Protokollbücher des Gemeinderates von Hoerstgen (1882–1910).

[174] PELZER (Anm. 153), S. 28; grundlegend zur Familiengeschichte: David KAUFMANN/Max FREU-DENTHAL: Die Familie Gomperz, Frankfurt 1907. Vgl. auch: BAER (Anm. 40), S. 72 ff.

[175] HStAD (Anm. 28), Bl. 31 und 32.

[176] HStAD (Anm. 26); zur zitierten Bezeichnung „Altsitzer" vgl. Jacob GRIMM/Wilhelm GRIMM: Deutsches Wörterbuch, Erster Band, Leipzig 1854, Sp. 267 und 274: „der vater zieht sich auf den vorbehaltenen theil des alten oder der alten zurück. ein solcher heiszt auch der altentheiler, sonst altsitzer".

[177] KA Kleve in Geldern, GW vom 20. April 1844.

[178] StA Kamp-Lintfort, Bestand 1, Nr. 535: Bausachen der Gemeinde Hoerstgen (1852–1900).

[179] HStAD (Anm. 26), Vol. 2.

[180] Adressbuch (Anm. 146), S. 79; StA Kamp-Lintfort, Bestand 1, Nr. 15: Protokollbuch des Gemeinderates von Hoerstgen (1892–1910).

[181] StA Kamp-Lintfort (Anm. 173).

[182] Das Folgende weitgehend nach: FRIEDT (Anm. 27), S. 9 ff.

[183] Schreiben von *Alan SAMUELS*, Nottingham/England, an die Stadt Kamp-Lintfort vom 8. Juni 2001.

[184] Jona SCHELLEKENS/Rebecca KOPERBERG/Willy KOPERBERG, „All Namesakes Are Related" – A History of the Ko(o)per(en)berg Family, Jerusalem 2001, S. 2. Das Typoskript enthält auf den S. 5–43 eine ausführliche und bis in die Gegenwart reichende Genealogie der niederländischen Familie *Koperberg*, die bis auf *Ida Levy* (1758–1848) aus Hoerstgen und ihren Mann *Hertog Moses Koperenberg* (1738–1823) aus Tetz zurückführt. Im Internet ist die Genealogie unter der Adresse shum.ac.il/ ~dutchjew/genealog/kooperberg/2.htm einsehbar.

[185] Schreiben des StAs Kalkar an die Stadt Kamp-Lintfort vom 17. November 2000.

[186] CLEFF (Anm. 1).

[187] CLEFF (Anm. 1), Erinnerungen, S. 12.

[188] Ebd., S. 12 f.

[189] Ebd., S. 25.

[190] Ebd., S. 19.

[191] Ebd., S. 44.

[192] Liegenschafts- und Vermessungsamt der Stadt Kamp-Lintfort: Artikelverzeichnis der Gemeinde Hoerstgen, angefertigt Xanten, den 22. August 1922, mit späteren Nachträgen; Einwohner-Adressbuch für den Kreis Moers, 11. Aufl., Rheydt 1938, II. Teil, S. 132.

[193] Vgl. Hermann SCHRÖTER: Geschichte und Schicksal der Essener Juden – Gedenkbuch für die jüdischen Mitbürger der Stadt Essen, Essen 1980, S. 354; GEDENKBUCH Opfer der Verfolgung der Juden unter der nationalsozialistischen Gewaltherrschaft in Deutschland 1933–1945, Koblenz 1986, S. 440 mit unrichtiger Angabe (2. August 1889 anstelle von 21. September 1889) des Geburtsdatums von *Jenny Gompertz*.

[194] Kurt TOHERMES/Jürgen GRAFEN: Leben und Untergang der Synagogengemeinde Dinslaken, Dinslaken 1988, S. 92 f.

[195] Neue Rhein-Zeitung, Redaktion Moers, vom 9. Oktober 1999.

[196] GEDENKBUCH (Anm. 193), S. 651.

[197] StA Duisburg, Wiedergutmachungsakten Hedwig Emsters geb. Böninger und Wilhelm Emsters; v. RODEN (Anm. 40), Bd. 2, S. 1072. Auf die Wiedergutmachungsakten machte freundlicherweise Rita Vogedes, StA Duisburg, aufmerksam.

[198] StA Kamp-Lintfort, Bestand 1, Nr. 711: Chronik der Schule zu Camp, Bd. 1.

199 HStAD (Anm. 88); OTTEN (Anm. 62), S. 58.

200 SPITZNER-JAHN (Anm. 107), S. 84; StA Kamp-Lintfort (Anm. 198).

201 SPITZNER-JAHN (Anm. 107), S. 84.

202 Adressbuch (Anm. 146), S. 79; HAGELKRUYS (Anm. 146), S. 259.

203 StA Kamp-Lintfort, Bestand 1, Nr. 62: Bauerlaubnisse der Bürgermeisterei Kamp (1902); Bestand 1, Nr. 417: Akten-Verzeichnis über Baumaßnahmen (1904–1922).

204 StA Kamp-Lintfort, Bestand 1, Nr. 1097: Eigentumsverhältnisse des Friedhofes in Camp (1891–1914).

205 Rheinische Post, Redaktion Moers, vom 29. März 1997.

206 Angabe des Todesjahres von *Moses Cahn* nach ebd. *Moses Cahn* ist erkennbar nicht in Kamp verstorben.

207 Hans Arens in Kamp-Lintfort, Schwiegersohn von Theodor Kelders, stellte den Autoren diesen Brief freundlicherweise in Abschrift zur Verfügung. Dass der Kreis Moers nach den Deportationen vom Dezember 1941 „judenfrei" war, trifft bereits für das Kamp-Lintforter Gebiet nicht zu. So lebten dort zum genannten Zeitpunkt noch *Gertrud Kammer* geb. *Moses* (1903–1988), deren nichtjüdischer Mann unter der Adresse Moerser Straße 260a ein Optikergeschäft betrieb, und *Martha Kohlmann* geb. *Loewenstein* (1871–1943), Steltenbergstraße 2, die am 25. Juli 1942 nach Theresienstadt verschleppt wurde und dort umkam; vgl. SPITZNER-JAHN (Anm. 107), S. 87.

208 Rheinische Post, Redaktion Moers, vom 9. November 1988. Die Aktion in Kamp wird in der örtlichen mündlichen Überlieferung den SS-Männern Leo Atzor und Wilhelm Schönstein zugeschrieben.

209 Rheinische Post (Anm. 208).

210 Die Kamper Schülerin *Thea Cahn* ist auf einem Gruppenfoto aus dem Jahre 1931 abgebildet, in: STADT KAMP-LINTFORT (Hrsg.): Kamp-Lintfort – Bilder von der Jahrhundertwende bis 1970, Horb/Neckar 1998, S. 36.

211 Rheinische Post (Anm. 205).

212 Aurel BILLSTEIN: Judendeportationen aus der Stadt und dem Landkreis Moers in die Vernichtungslager, o. O. (Krefeld) o. J., S. 19; GEDENKBUCH (Anm. 193), S. 193 f.; WIRSBITZKI (Anm. 151), S. 128. Es sei hier nur am Rande erwähnt, dass der seinerzeit amtierende Kamper Pfarrer Bernhard Striewe das Schicksal der jüdischen Kamper Familie *Cahn* in seiner bisher unveröffentlichten dreiteiligen Beschreibung der „schweren Zeit" mit keinem Wort erwähnt; vgl. das Typoskript im StA Kamp-Lintfort, Bestand 4, Nr. 1165–1667: Bernhard STRIEWE, Die Geschichte Camps in schwerer Zeit 1937–1954, 3 Bde.

213 Jahresangaben nach Liegenschafts- und Vermessungsamt der Stadt Kamp-Lintfort: Artikelverzeichnis der Gemeinde Camp, aufgestellt Xanten, den 20. August 1910, mit späteren Nachträgen.

214 Johannes Gerritzen war 1938 Gemeindeinspektor und lebte im Hause Sternstraße 14 in Kamp: Einwohner-Adressbuch (Anm. 192), I. Teil, S. 10 und II. Teil, S. 131.

215 Vgl. dazu die Niederschriften über die Sitzungen des Planungs- und Grundstücksausschusses am 9. Januar und 29. März 1957.

216 Vgl. GEDENKBUCH (Anm. 193), S. 1030 und 1038.

Anhang: Der Friedhof an der Breitenwegsallee

Die noch vorhandenen 29 Grabstellen auf dem Begräbnisplatz für die Aldekerker, Hoerstgener, Kamper, Kamperbrucher, Rheurdter und Sevelener Juden wurden für die vorliegende Publikation fortlaufend durchnummeriert, und zwar beginnend am heutigen Zugang an der Breitenwegsallee. Die Inschriften für die Begrabenen aus Rheurdt wurden übernommen aus: Theo Mäschig, Die Rheurdter Juden (1848–1942), Rheurdt 1988, S. 99 ff., während die übrigen Inschriften, soweit sie noch vorhanden, in hebräischer Sprache gehalten und lesbar sind, für den vorliegenden Zweck von Brigitte Gensch, Moers, und Aubrey Pomerance, Berlin, übersetzt wurden. Bei den ergänzenden genealogischen Grundinformationen handelt es sich um solche aus den Registern der ehemaligen Standesämter Hoerstgen und Sevelen sowie des Standesamtes Rheurdt. Die Bestimmung des Materials der Grabsteine, die durch die teilweise starke Verwitterung erheblich erschwert wird und von daher unter einen Vorbehalt zu stellen ist, leistete Hugo Hartfeld, Geologisches Museum der Stadt Kamp-Lintfort.

lfd. Nr.	Vorname, Name, genealogische Grunddaten	Text bzw. Übersetzung der Grabsteininschrift Material der Grabsteine:
1	Jacob Kaufmann Sohn von Jehudah in Kapellen	(?) *Material: Mittlerer Sandstein* *(Ruhrsandstein, Unterkarbon?)*
2	Siegmund Kaufmann geb. 9. März 1851 in Rheurdt gest. 27. Dezember 1935 in Rheurdt	Hier ruht mein lb. Gatte unser guter Vater Siegmund Kaufmann geb. 9. 3. 1851 gest. 27. 12. 1935 Hier ist begraben *Material: Gabbro* *(wie etwa von der mittleren Lahn)*
3	Leopold David geb. 17. März 1859 in Rheurdt gest. 6. April 1936 in Rheurdt	Hier ruht unser guter Bruder Leopold David geb. 17. 3. 1859 gest. 6. 4. 1936 Hier ist begraben *Material: Diabas* *(sog. schwarzer schwedischer Granit)*
4	Helene Mendels geb. Gronsfeld geb. 6. Juli 1870 in Aerzen/ Kreis Hameln gest. 19. Juli 1933 in Kamperbruch/ Vierquartieren	Hier ist begraben Unsere liebe unvergessliche Mutter Helene Mendels geb. Gronsfeld geb. 6. Juli 1870

פנ
הגבירה המהוללה
אשת חיל תפארת בעלה
ותפארת בניה
היקרה מרת ברײנכא
בת אורי הלוי
אשת צדיק
בר קלונימוס הכהן
מתה י״ח שבט תרס״ו לפק
תנצב״ה

Hier ist begraben
die hochgepriesene Herrin,
die tüchtige Gattin, Zierde ihrer Kinder,
die teure Frau Breinche,
Tochter des Uri Halevi,
Gattin des Zadik,
Sohn des Kalonymos Hakohen,
sie starb am 18. Shewat 666
  nach kleiner Zählung.
Ihre Seele sei eingebunden
  in das Bündel des Lebens.

Frau Zach, David, Bertha geb. Jesse
geb 9. Dez. 1823, gest. 13. Febr. 1906

Grabstein 16

Grabstein 10

Hier ruht
Frau
Moses David
Jettchen
geb. Lehmann
1959–1920

		gest. 19. Juli 1933
		Ihre Seele sei eingebunden in das
		Bündel des Lebens
		Material: Diabas (wie Nr. 3)
5	N.N.	Inschrifttafel nicht mehr vorhanden
		Material: Kunststein, nur flache Form
		(Kalkgrus mit Bindemittel: Terrazzo?)
6	Wilhelmine Kaufmann	Hier ruht
	geb. Lebenstein	meine liebe Gattin
	geb. 24. August 1854 in Issum	unsere gute Mutter
	gest. 17. März 1932 in Rheurdt	Ehefrau
		Clemens Kaufmann
		geb. Wilhelmine Lebenstein
		1854–1932
		Material: Diorit auf Sockel aus Kunststein
7	N.N.	Inschrifttafel nicht mehr vorhanden
		Material: wie Nr. 5
8	N.N.	Inschrifttafel nicht mehr vorhanden
		Material: wie Nr. 5
9	N.N.	Inschrifttafel nicht mehr vorhanden
		Material: wie Nr. 5
10	Henriette David	Hier ist begraben
	geb. Lehmann	Hier ruht
	geb. 13. Mai 1859 in Wenkheim	Frau
	gest. 1. Mai 1920 in Rheurdt	Moses David
		Jettchen
		geb. Lehmann
		1859–1920
		Material: wie Nr. 5, aber aufrecht
		stehend, mit Marmorplatte
11	N.N.	Inschrifttafel nicht mehr vorhanden
		Material: Kalkstein (ähnlich wie
		Namurer Blaustein, Unterkarbon)
12	Albert Mendels	Hier ist begraben
	geb. 17. Juli 1867 in Rheda	Hier ruht
	gest. 3. April 1912 in Kamperbruch/	mein lieber guter Mann
	Vierquartieren	unser guter Vater
		Albert Mendels
		geb. 17. Juli 1867
		gest. 3. April 1912
		Material: Diabas wie Nr. 3
13	N.N.	Inschrifttafel nicht mehr vorhanden
		Material: Kalkstein wie Nr. 11
14	N.N.	Inschrifttafel nicht mehr vorhanden
		Material: Oberer Teil wie Nr. 11,
		Sockel Biotit-Syenit (oder -Diorit)

15	Elle (Elise) Mayer	Hier ist verborgen
	geb. um 1769 in Hoerstgen	eine würdige Frau, sie beschäftigte sich
	gest. 28. März 1819 in Hoerstgen	mit Liebeswerk, mit (der Gabe von)
		Speis und Kleidern, Ella,
		Gattin des Hirz
		verschieden und begraben
		Tag 1, 12. Nissan
		579 nach der kleinen Zählung
		Ihre Seele sei eingebunden in das
		Bündel des Lebens
		(Todestag nach der Grabsteininschrift:
		7. April 1819)
		Material: Feiner gelbbrauner Sandstein
		(könnte „Lindlarer Grauwacke" sein)
16	Nette David	Hier ist begraben
	geb. Jesse	die hochgepriesene Herrin
	geb. 15. Dezember 1823 in	die tüchtige Gattin, Zierde ihres Gatten
	Hoerstgen	und Zierde ihrer Kinder
	gest. 13. Februar 1906 in Rheurdt	die teure Frau Breinche
		Tochter des Uri Halevi
		Gattin des Zadick
		Sohn des Kalonymos Hakohen
		sie starb am 18. Shewat 666 nach
		kleiner Zählung
		Ihre Seele sei eingebunden in das
		Bündel des Lebens
		Frau Zach. David, Bertha geb. Jesse
		geb. 9. Dez. 1823, gest. 13. Febr. 1906
		Material: Kalkstein wie Nr. 11
17	N.N.	Inschrifttafel nicht mehr vorhanden
		Material: Kalkstein wie Nr. 11
18	N.N.	Inschrifttafel nicht mehr vorhanden
		Material: Kalkstein wie Nr. 11
19	N.N.	Inschrifttafel nicht mehr vorhanden
		Material: wie Nr. 15
20	Meier Böninger	Inschrifttafel verwittert und weitgehend
	geb. 15. April 1823 in Hoerstgen	unlesbar
	gest. 14. Dezember 1887 in Sevelen	*Material: wie Nr. 15*
21	Zacharias David	Hier ist begraben
	geb. 5. Dezember 1822 in Hoerstgen	ein lauterer und aufrechter Mann
	gest. 11. Oktober 1887 in Rheurdt	er wandelte makellos und wirkte Wohl-
		tun gottesfürchtig sein Lebtag lang
		Zadik, Sohn des Kalonymos Hakohen
		er starb am 23. Tischri 648 nach
		kleiner Zählung
		Seine Seele sei eingebunden in das

		Bündel des Lebens
		Zacharias David
		gest. am 11. Oct. 1887
		im Alter von 65 Jahren
		Material: Kalkstein wie Nr. 11,
		mit Marmorplatte
22	Josef Kaufmann	Hier ist begraben
	geb. 13. Februar 1820 in Rachtig/	ein Mann, gottesfürchtig von Jugend an
	Mosel	lauter und aufrecht in allen seinen Taten
	gest. 1. Dezember 1889 in Rheurdt	seine Ehren Joseph, Sohn des Aharon
		gestorben am Tag 1, 8. Kislew
		650 nach kleiner Zählung
		Seine Seele sei eingebunden in das
		Bündel des Lebens
		Joseph Kaufmann
		geb. 13. Febr. 1820
		gest. 1. Dez. 1889
		Material: Sandstein wie Nr. 15,
		mit Marmorplatte
23	Amalie Kaufmann	Hier ist begraben
	geb. Simons	die angesehene Frau Tochter, Tochter
	geb. 29. November 1813 in Linn	von Edlen
	gest. 21. 1887 in Rheurdt	den Ewigen fürchtend mit ihrem ganzen
		Herzen
		Frau Mahdche, Tochter des Schimschon
		Gattin des Joseph Sohn des Aharon
		gestorben am Tag 6, 25. Tewet
		und begraben am Tag 2, dem 28.
		desselben
		647 nach kleiner Zählung
		Ihre Seele sei eingebunden in das
		Bündel des Lebens
		Amalie Kaufmann
		geb. Simons
		geb. 29. Novemb. 1813
		gest. 21. Januar 1887
		Material: Sandstein wie Nr. 15,
		mit Marmorplatte
24	N.N.	Inschrifttafel nicht mehr vorhanden
		Material: Sandstein, flache Form
		(Material ähnlich wie Nr. 15)
25	N.N.	Inschrifttafel nicht mehr vorhanden
		Material: Kalkstein-Sockel
		(Material ähnlich wie Nr. 11),
		darauf Bruchstücke eines Aufsatzes aus
		Porphyr (?)

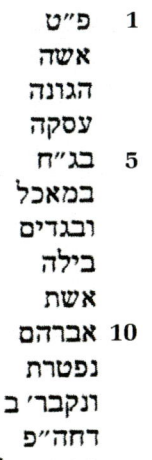

פ"ט 1	
אשה	
הגונה	
עסקה	
בג"ח 5	
במאכל	
ובגדים	
בילה	
אשת	
אברהם 10	
נפטרת	
ונקבר' ב	
דחה"פ	
תקס"ח ל'	

1 Hier ist verborgen
eine würdige
Frau,
sie beschäftigte sich
5 mit Liebeswerk,
mit (der Gabe von) Speis
und Kleidern,
Bella,
Gattin des
10 Abraham,
verschieden
und begraben am 2.
Zwischenfeiertag von Pessach
568 nach der Zählung

Gestorben Donnerstag, 14.4.1808

Grabstein 26

פ"ט 1
(?) א"ח בה"ע כ"ו
העלע בת כ"ה
שלמה נ"ו כ"א אייר
תקע"ד ל' תנצב"ה 5

1 Hier ist verborgen
die tüchtige Gattin, …
Helle, Tochter des geehrten Herrn
Schlomo, verschieden und begraben am 21. Ijjar
5 574 nach der kleinen Zählung. Ihre Seele sei
eingebunden in das Bündel des Lebens

Gestorben Mittwoch, 11.5.1814. Es ist nicht klar, was
die weiteren Abkürzungen in Zeile 2 bedeuten sollen.

Grabstein 28

פ"ט 1	
אשה הגונה עסקה	
בג"ח במכל	
ובגדים עלה	
אשת הירץ 5	
נפטר' ונקבר'	
יום א' י"ב ניסן	
תקע"ט ל'	
תנצב"ה	

1 Hier ist verborgen
eine würdige Frau, sie
beschäftigte sich
mit Liebeswerk,
mit (der Gabe von) Speis
und Kleidern, Ella,
5 Gattin des Hirz,
verschieden und begraben
Tag 1, 12. Nissan
579 nach der Zählung.
Ihre Seele sei eingebunden
in das Bündel des Lebens

Der 12. Nissan war kein Tag 1, Sonntag, sondern
Tag 4, Mittwoch und entspricht dem 7. April 1819.

Grabstein 15

187

פנ

האשה החשובה

הינדלה

אשת שמשון בר יוסף

קויפמאן

ותמת בת לׄגׄ שנה

יום כׄזׄ אדר תׄרׄמׄאׄ לפק

תׄנׄצׄבׄהׄ

Hier ist begraben
die angesehene Frau
Hindle,
Gattin des Schimschon Sohn
   des Joseph Kaufmann.
Und sie starb im Alter von 33 Jahren
am 27. Adar 641
   nach kleiner Zählung.
Ihre Seele sei eingebunden in
   das Bündel des Lebens.

(Das hebräische Datum entspricht
dem Samstag, 28. Februar 1881.)

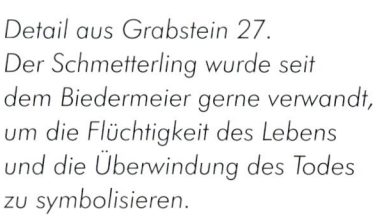

Grabstein 27
von Henriette Kaufmann
geb. Goldfinger

Detail aus Grabstein 27.
Der Schmetterling wurde seit
dem Biedermeier gerne verwandt,
um die Flüchtigkeit des Lebens
und die Überwindung des Todes
zu symbolisieren.

26	Beile Falck geb. um 1748 in Moers gest. 15. April 1808	Hier ist verborgen eine würdige Frau sie beschäftigte sich mit Liebeswerk mit (der Gabe von) Speis und Kleidern Bella Gattin des Awraham verschieden und begraben am 2. Zwischenfeiertag von Pessach 8 nach der kleinen Zählung (Todestag nach der Grabsteininschrift: 14. April 1808) *Material: Quarz-Latit (Material wie bei den meisten Natursteinen mit Bild- hauerarbeit am Kloster Kamp)*
27	Henriette Kaufmann geb. Goldfinger geb. 1848 in Köln gest. 26. Februar 1881 in Rheurdt	Hier ist begraben die angesehene Frau Hindle Gattin des Schimschon Sohn des Joseph Kaufmann und sie starb im Alter von 33 Jahren am 27. Adar 641 nach kleiner Zählung Ihre Seele sei eingebunden in das Bündel des Lebens Henriette Kaufmann geb. Goldfinger *Material: Sandstein wie Nr. 15*
28	Heele Salomon geb. um 1700/21 in Ratingen (?) gest. 11. Mai 1814 in Hoerstgen	Hier ist verborgen die tüchtige Gattin … Helle, Tochter des geehrten Herrn Schlomo, verschieden und begraben den 21. Iijar 574 nach der kleinen Zählung. Ihre Seele sei eingebunden in das Bündel des Lebens *Material: Quarz-Latit (deutlicher zu identifizieren als bei Nr. 26)*
29	Breinche, Tochter von Moses	(?) *Material: Sandstein wie Nr. 15, mit Marmorplatte*

Jüdische Einwohner in den heutigen Kamp-Lintforter Ortsteilen Hoerstgen und Kamp

ALBERT SPITZNER-JAHN

I. Jüdische Einwohner in Hoerstgen vom 18. Jahrhundert bis 1941

Name	Vorname	Geburt/Heirat	Beruf	Tod
Abraham	Gietgen	vor 1799 Hoerstgen		
Abraham	Hebbe	um 1755		
Abraham	Isaac	um 1789		
Abraham	Jette	um 1761		
Abra(ha)m	Jette	18. November 1790 Hoerstgen [ab 1808: Henriette [Jetta] Wiener)		
Abraham	Jette	um 1795		
Adler	Henriette	4. Dezember 1811 Hoerstgen		
Adler	Mayer (Simon)	6. Dezember 1809 Hoerstgen		
Adler	Samuel	20. September 1815 Hoerstgen		
Adler	Simon Samuel	20. Oktober 1778 Hagenbach/Pfalz ⚭ 16. Juni 1809 Hoerstgen Jacobine (Hanne, Henriette) Bethmann [bis 1808: Gudel Hirsch [Hirtz]] 30. April 1772 Segnitz/Württemberg	Opticus	21. April 1860 Moers
Ascher	Meyer	um 1727 Kaiserswerth ⚭ Sibille Adelheid Abraham		3. April 1814 Hoerstgen
Benjamin	Abraham Philip	20. Januar 1808 Hoerstgen		8. April 1808 Hoerstgen
Benjamin	Anschel	2. September 1802 Hoerstgen		

Vorname	Name	Daten	Beruf	Tod
	(Hendettgen)	[ab 1808: Helene [Hanne] Jesse] ∞ 13. Juli 1821 Eindhoven/ Niederlande Maurits van Leeuwen 12. August 1799 Berchem/ Niederlande		
Benjamin	Hennen	1773 Hoerstgen [ab 1808: Johanna Jesse] ∞ Gerson David(s) 1764 Hüls		24. August 1837 Hüls
Benjamin	Hertz	3. Mai 1789 Hoerstgen [ab 1808: Hertz Benjamin Jesse] ∞ 14. März 1815 Hoerstgen Veronica Hertog (Fronika Herzog) um 1777 Tongelre/Brabant	Handelsmann	
Benjamin	Hitzel	um 1775 Hoerstgen [ab 1808: Helene Jesse]		18. August 1853 Hoerstgen
Benjamin	Isaac	Hoerstgen ∞ Vrouwtje Eleaser 1780 Hilversum/Niederlande		
Benjamin	Judith (Judic)	Hoerstgen ∞ Salomon Isaac um 1789 Hoerstgen		
Benjamin	Joseph (Jausel)	5. August 1772 Hoerstgen [ab 1808: Ferdinand Jesse] ∞ 19. November 1800 Hoerstgen Frommet (Frona, Froné) Mayer [Kahn, Cohen] [ab 1808: Phillipine Mayer] 15. April 1782 Kaiserswerth (Keyserschwerd)	Hausierer	12. September 1802 Hoerstgen
Benjamin	Phillip			9. Januar 1855 Hoerstgen

191

Name	Vorname	Geburt/Heirat	Beruf	Tod
Benjamin	Reintgen	25. November 1782 Hoerstgen (ab 1808: Rösgen Levi) ⚭ 2. Dezember 1801 Hoerstgen Mendel Jacob		
Benjamin	Salomon	30. Januar 1770 Hüls	Schlächter	11. März 1805 Hoerstgen
Benjamin	Schmul (Samuel)	um 1734 ⚭ Sibbe (Zibben) Isaac um 1748	Metzger	26. August 1805 Hoerstgen
Benjamin Bethmann	Sibbert Philip Salomon	11. Januar 1805 Hoerstgen 29. Juni 1823 Hoerstgen	Schrotthändler	
Böninger	Arnold	18. Dezember 1840 Hoerstgen ⚭ Carolina Kaufmann um 1845	Handelsmann	24. November 1901 Köln
Böninger	Benjamin	26. Mai 1830 Hoerstgen		19. Juni 1830 Hoerstgen
Böninger	Bertha	24. Februar 1859 Hoerstgen ⚭ 29. August 1890 Hoerstgen Philip Philips 15. August 1863 Hengelo/Niederlande	Metzger	Theresienstadt
Böninger	Carolina	7. Mai 1862 Hoerstgen ⚭ 3. Februar 1890 Hoerstgen Joseph Philips 21. August 1859 Hengelo/Niederlande	Metzger	Theresienstadt
Böninger	Ester	12. Februar 1827 Hoerstgen		24. Februar 1916 Köln
Böninger	Eva	29. Mai 1826 Hoerstgen		3. Februar 1827 Hoerstgen
Böninger	Hedwig	25. Januar 1898 Hoerstgen ⚭ 6. Oktober 1925 Mülheim/Ruhr Stephan Wilhelm Gerhard Emsters	Hausfrau	5. November 1987 Duisburg

Böninger	Joseph	8. Januar 1864 Hoerstgen ⚭ 23. April 1894 Hoerstgen Maria Anna Cossmann 2. Februar 1860 Rheydt	Seidenweber	27. März 1933 Mülheim/Ruhr 30. Oktober 1934 Mülheim/Ruhr
Böninger	Liebmann (Liefmann)	11. Mai 1827 Hoerstgen ⚭ 11. Mai 1857 Hoerstgen Helena Hertz 7. Juli 1825 Alpen	Handelsmann Dienstmagd	14. Januar 1889 Hoerstgen 19. August 1889 Hoerstgen
Böninger	Meier	15. April 1823 Hoerstgen ⚭ 21. Februar 1850 Hoerstgen Sophia Levy um 1821 Dorsten	Metzger	14. Dezember 1887 Sevelen
Böninger	Moses	5. Mai 1834 Hoerstgen ⚭ 12. August 1862 Sevelen Louise Levi(s)son 3. Dezember 1829 Rotterdam	Metzger	
Böninger	N. N.	30. November 1860 Hoerstgen		30. November 1860 Hoerstgen
Böninger	Phillip	4. Juni 1829 Hoerstgen		10. Juni 1829 Hoerstgen
Böninger	Regina	3. August 1831 Hoerstgen ⚭ 20. Oktober 1856 Hoerstgen Jacob Berghoff 14. September 1827 Kempen		Kempen
Böninger	Regina	3. März 1895 Hoerstgen ⚭ Wilhelm (Willi) Jägers 16. Februar 1894 Mülheim/Ruhr	Handelsmann	für tot erklärt 31. 12. 1945
Böninger	Röschen	4. Dezember 1869 Hoerstgen	Gerber	Riga
Böninger	Sara	19. August 1855 Hoerstgen		
Böninger	Simon	22. November 1836 Hoerstgen ⚭ 21. November 1870 Sevelen Levi Carla Baumgarten 28. Juli 1841 Dorsten	Handelsmann	20. April 1907 Sevelen

Name	Vorname	Geburt/Heirat	Beruf	Tod
Böninger	Sophie	26. September 1866 Hoerstgen		
Böninger	Zacharias	21. November 1819 Hoerstgen	Hausierer	28. Dezember 1893 Sevelen
Cahn	Meyer	um 1772 Mülheim/Ruhr	Handelsmann	
		∞ 28. August 1820 Hoerstgen		
		Jetta Heymann		
		um 1792 Hoerstgen	Spitzenhändlerin	
Cohen	Ascher	∞ Bründgen Abraham		
Cohen	Heyman	1790 genannt		
Cohen	Jacob	14. November 1810 Hoerstgen		1817 Waldniel
Cohen	Salomon Samuel	Dezember 1762 Hoerstgen	Kaufmann	15. Februar Oud-Beijerland
		(späterer Name in den Niederlanden: Salomon Samuel[s] von den Berg)		
		1. ∞ um 1789 Rijntje Nathans (Vos)		22. September 1809 Nieuw-Beijerland
		2. ∞ um 1810 Klaartje Elias van Dam um 1762		23. Februar 1832 Nieuw-Beijerland Nieuw-Beijerland
		3. ∞ 16. Mai 1839 Nieuw-Beijerland Alida Haagen		
		15. Februar 1802 Den Haag		3. August 1848 Rotterdam
David	Albert	9. August 1876 Hoerstgen	Kaufmann	10. April 1938 Köln-Lindenthal
		∞ Selma Gottschalk		
		14. Dezember 1877 Düsseldorf		26. November 1931 Geldern
David	Carl	17. Mai 1875 Hoerstgen		
David	Ester	27. November 1827 Hoerstgen		10. Mai 1885 Hoerstgen
		(geboren als Ester Moses)		
		∞ 4. November 1863 Hoerstgen Emanuel Lichtenstein		
		6. Juli 1828 Waldenrath bei		

[ab 1808 in Geldern: Hubert Neuman)
∞ um 1786 Reisgen (Rose) Mayer (Meyers)
(ab 1808: Rosine Neuman)
um 1763

David	Levy	29. Oktober 1824 Hoerstgen (geboren als Levy Böninger) ∞ 6. April 1857 Rheurdt Sara Hertz	Seidenweber	nach 1880
David	Liebmann	11. November 1822 Alpen / 15. Januar 1836 Hoerstgen ∞ 4. Mai 1874 Hoerstgen Carolina Lehmann / 23. April 1844 Wenkheim/Tauberfranken	Handelsmann	29. Juni 1901 Hoerstgen / 23. Juni 1902 Hoerstgen
David	Lina	12. August 1883 Hoerstgen ∞ N.N. Behrens		20. Juni 1916 Issum / um 1971 Arnhem/Niederlande
David	Mayer	31. März 1834 Hoerstgen ∞ 22. Mai 1867 Hoerstgen Helena Lichtenstein / 9. Dezember 1830 Geistingen bei Hennef	Kaufmann	1918 Krefeld
David	Moses	4. Mai 1864 Rheurdt ∞ 22. Juni 1896 Hoerstgen Jette (Bertha, Jettchen, Henriette, Nette) Lehmann / 13. Mai 1859 Wenkheim/Tauberfranken	Dienstmagd / Viehhändler	28. Februar 1894 Kamp / 1942 nach Theresienstadt deportiert
David	Regina	20. Mai 1880 Hoerstgen ∞ 6. September 1917 Issum Sigmund Moses / 18. Juli 1887 Linnich	Schneider	1. Mai 1920 Rheurdt / 6. September 1944 Auschwitz / 6. September 1944 Auschwitz

Name	Vorname	Geburt/Heirat	Beruf	Tod
David	Rosette	26. April 1838 Hoerstgen ⚭ 29. Januar 1877 Süchteln Lazarus Löser		13. September 1882 Süchteln
David	Sara (Sophie)	29. November 1834 Krefeld	Metzger	28. März 1924 Geldern
David	Sigmund	18. August 1831 Hoerstgen 27. Oktober 1878 Hoerstgen ⚭ Wilhelmine Heumann 25. Oktober 1881 Eschweiler	Schneidermeister	1942 aus Eschweiler deportiert 1942 aus Eschweiler deportiert 28. 4. 1915 Aufseß/Oberfranken
David	Tobias	18. August 1831 Hoerstgen ⚭ 30. September 1863 Issum Wilhelmine Bouscher 26. Juli 1830 Issum	Handelsmann	5. November 1905 Coesfeld
David	Zacharias	5. Dezember 1822 Hoerstgen (geboren als Zacharias Böninger) ⚭ 7. Juni 1853 Hoerstgen Nette (Antonette, Bertha) Jesse 15. Dezember 1823 Hoerstgen	Metzger	11. Oktober 1887 Rheurdt 13. Februar 1906 Rheurdt
Eickenberg	Albert	um 1864	Schreinergeselle	28. September 1918 Hoerstgen
Eickenberg	Albert	3. Mai 1896 Hoerstgen ab 1898: evangelisch	Schreinergeselle	
Emanuel	Gudel	um 1752 Hoerstgen		17. September 1812 Hoerstgen
Falck	Beile	um 1748 Moers ⚭ Abraham N.N.		15. April 1808 Hoerstgen
Fal(c)k	Moses	um 1742 Moers (ab 1808: Moses Me[t]zger) ⚭ Fratgen Joseph (ab 1808: Frederice Cosman)	Metzger	7. November 1847 Hoerstgen
Falck	Moyses	um 1799 Hoerstgen		10. November 1805 Hoerstgen
Falck	Simon	um 1756 Moers		12. Oktober 1814 Hoerstgen

Goldstein	Adelheid	1. Juli 1882 Hoerstgen		28. August 1882 Hoerstgen
Goldstein	Bertha	9. Mai 1880 Hoerstgen		7. November 1880 Hoerstgen
Goldstein	Elisabeth (Bertha)	26. Juni 1844 Hoerstgen ⚭ 7. Oktober 1886 Hoerstgen Emanuel Lichtenstein 6. Juli 1828 Waldenrath bei Heinsberg	Handelsmann	24. Mai 1927 Sevelen 11. Februar 1901 Hoerstgen
Goldstein	Elise	21. April 1850 Hoerstgen	Haushälterin	11. Mai 1922 Kalkar
Goldstein	Emanuel	6. März 1813 Hoerstgen ⚭ Elisabeth (Elisa) David(s) 1811 Ratingen	Handelsmann	24. März 1869 Düsseldorf
Goldstein	Helene	22. April 1879 Hoerstgen ⚭ 23. Dezember 1905 Hoerstgen Karl Jonas		9. März 1865 Geldern 1929 Moers
Goldstein	Hermann	6. Februar 1878 Oberhau/Waldbröl	Lagerist	für tot erklärt 31. 12. 1945
Goldstein	Hermann	14. Januar 1884 Hoerstgen ⚭ Hedwig Vasen Moers	Lebensmittelhändlerin	10. 10. 1918 in der Gefangenschaft England
Goldstein	Hermann	8. Dezember 1854 Hoerstgen	Seidenweber	
Goldstein	Isabella	9. Dezember 1808 Hoerstgen		
Goldste in	Leopold	17. März 1847 Hoerstgen ⚭ 3. Juni 1879 (Uedem ?) Bernhardine Devries 19. April 1850 Uedem	Commis	2. November 1895 Krefeld
Goldstein	Levy Isaac	um 1773 Hoerstgen	Hausierer	
Goldstein	Moses (Moise)	23. März 1811 Hoerstgen ⚭ 3. März 1840 Hoerstgen Sara Guntzenheimer (Gonsenheimer); [bis 1808: Zara Hertz] 30. März 1807 Kleve	Fleischer	nach 1886 15. Dezember 1879 Krefeld
Goldstein	Moses	1. Mai 1848 Hoerstgen ⚭ 9. Juli 1878 Hoerstgen	Metzger	25. Januar 1885 Hoerstgen

Name	Vorname	Geburt/Heirat	Beruf	Tod
Goldstein	N.N.	*Sara Schweitzer* 12. Februar 1845 Altenahr	Köchin	nach 1909
Goldstein	Reis Isaac	17. Juni 1881 Hoerstgen		17. Juni 1881 Hoerstgen
Goldstein	Rebeque	um 1775 Hoerstgen		
Goldstein	Sylvester	19. Oktober 1815 Hoerstgen	Geschäftsreisender	
Goldstein	Wilhelm	11. Mai 1846 Hoerstgen		
Goldstein		19. Juli 1845 Hoerstgen		
Gompertz	Amanda	21. Mai 1896 Hoerstgen ∞ 4. Februar 1921 Hoerstgen Josef Jacob		für tot erklärt 31. 12. 1945
Gompertz		29. April 1883 Dinslaken		für tot erklärt 31. 12. 1945
Gompertz	Billecken	19. Mai 1806 Hoerstgen (ab 1808: Sibylla Gumpers [Gompertz])	Viehhändler	
Gompertz	Cornelia	14. Dezember 1813 Hoerstgen		6. November 1815 Hoerstgen
Gompertz	Eltgen (Elkelle)	vor 1800 Hoerstgen		
Gompertz	Emanuel	18. September 1842 Hoerstgen	Handelsmann	17. März 1901 Hoerstgen
Gompertz	Eva	3. März 1811 Hoerstgen		
Gompertz	Heinrich	12. März 1840 Hoerstgen	Handelsmann	9. November 1923 Hoerstgen
Gompertz	Henrietta	12. Dezember 1838 Hoerstgen ∞ 25. Juni 1867 Hoerstgen Mayor Meyer 10. März 1809 Jüchen	Kaufmann	11. Mai 1922 Hoerstgen
Gompertz	Jacob (Jecof)	um 1770 Leiden/Niederlande auch: Gumpers und Gumperts (ab 1808: Jacqob [Jacob] Gumpers [Gompertz]) ∞ vor 1799 Reis(gen) (Röschen, Sara) Hertz (ab 1808: Rosine Becker, auch: Rosetta Beckers und Rosetta Hirsch)	Kleinhändler	22. Oktober 1856 Hoerstgen

Familienname	Vorname	Geburt / Heirat	Beruf	Tod
Gompertz	Jenny	21. September 1803 Hoerstgen	Kurzwaren-händlerin	1942 Lodz
Gompertz	Marcus	13. August 1808 Hoerstgen [ab 1808: Mathias [Marcus] Gumpers [Gompertz]] ∞ 16. September 1837 Hoerstgen Johanna (Charnetta, Jeanette) Schneer um 1806 Haltern	Krämer	22. April 1849 Hoerstgen
Gompertz	N.N.	7. Oktober 1847 Hoerstgen		6. Juli 1901 Hoerstgen
Gompertz	Reis			7. Oktober 1847 Hoerstgen
Gompertz	Samuel	30. April 1837 Hoerstgen ∞ Carolina Simon(s) 25. Dezember 1849 Linn	Handelsmann	1. Mai 1798 Hoerstgen nach 1897
Gompertz	Simon	4. Juni 1836 Hoerstgen	Handlungsgehilfe	
Gompertz	Sophia	2. November 1844 Hoerstgen		nach 1902
Gottschalk	Baruch	um 1783 Hoerstgen		11. Februar 1853 Hoerstgen
Gottschal(c)k	Baruch	3. Juni 1814 Hoerstgen		9. Oktober 1841 Hoerstgen
Gottschal(c)k	Borg	um 1776 Hoerstgen [ab 1808: Bernhard [Baruch] Gottschalck]		
Gottschalk	Caroline	1849 genannt		1889 Düren
Gottschalk	Hitzel [Helma]	1. Juli 1817 Hoerstgen ∞ Simon Baum		
Gottschalk	Lazarus	um 1779 Hoerstgen		25. Juli 1849 Hoerstgen
Gottschalk	Leyser [Elieser]	21. Januar 1809 Hoerstgen		7. März 1812 Hoerstgen
Gottschalk	Louis	um 1761 Hoerstgen [ab 1808: Emanuel [Gottfried] Gottschalck] ∞ um 1797 Zara Abraham(s) (auch: Zara Nathan, ab 1808: Zara Gottschalck) um 1773 Alpen	Tagelöhner	25. Dezember 1847 Hoerstgen
Gottschalk	Manuel (Mendel)			18. August 1846 Hoerstgen

Name	Vorname	Geburt/Heirat	Beruf	Tod
Gottschalk	Nathan	14. Oktober 1811 Hoerstgen		3. April 1813 Hoerstgen
Gottschalk	Rachel	Wesel, 1833 genannt		
Gottschalk	Regina	um 1800		29. März 1875 Hoerstgen
Gottschalk	Sara	12. März 1833 Hoerstgen		
Gottschalk	Simon	15. Juni 1849 Hoerstgen ∞ 26. Juli 1877 Krefeld Henriette Behr 26. Mai 1842 Rees	Lumpenhändler	
Guntzenheimer	Manuel	um 1786 Kleve	Handelsmann	15. Dezember 1858 Hoerstgen
Hass (Haas)	Abraham Salomon	um 1769 (1773) Steinfurt-Borghorst 1. ∞ vor 1799 Sara Jacobs 2. ∞ Alten/Niederlande Aleida Ja(e)gers 3. ∞ 30. Juli 1811 Hoerstgen Rosette (Rösgen; Rosine) Samuel um 1773 (1777) Alpen	Metzger Metzgerin	31. Oktober 1843 Kalkar 18. Mai 1810 Kalkar 13. März 1834 Kalkar
Hertz	Blum	um 1786 Hoerstgen		
Hertz	Brentge (Bräuntgen)	7. Juli 1799 Hoerstgen (ab 1808: Bernardine Neuman)		
Hertz	Ephraim	um 1793 Hoerstgen (ab 1808: Ephraim Goldstein)		4. November 1809 Hoerstgen
Hertz	Ester	3. August 1793 Hoerstgen (ab 1808: Elisabetke Neuman)		
Her(t)z	Esther	3. März 1803 Hoerstgen (ab 1808: Esther Goldstein) ∞ 19. Juni 1839 Hoerstgen Philiph Herzog 1801 Neersen		1853 Neersen
Hertz	Gudel(gen)	28. Mai 1788 Hoerstgen	Metzger	1882 Neersen

Her(t)z	Levy	(ab 1808: Hermann [Hertz] Peltzer)		
Hertz	Levy	8. November 1804 Hoerstgen [ab 1808: Hermann [Levy] Goldstein] ∞ 29. Juni 1841 Hoerstgen Helena Horn (bis 1808: Hindel Seligmann) 26. Oktober 1807 Rheinberg	Metzger	9. Dezember 1867 Hoerstgen 29. Oktober 1885 Hoerstgen
Hertz	Marriam	1. Mai 1792 Hoerstgen [ab 1808: Marie Neuman]	Dienstmagd	
Hertz	Mayer	2. Juni 1787 Hoerstgen [ab 1808: Matthias [Matthieu] Neuman]		
Her(t)z	Zara	29. Januar 1807 Hoerstgen [ab 1808: Zara Goldstein] ∞ 7. November 1837 Hoerstgen Jacob Cohen um 1801 Amersfoort	Metzger	1851 Linn
Hertz	Zara	1777 Hoerstgen 6. Dezember 1803 Linn Anchel Simon (ab 1808: Andreas Simon) 12. Februar 1767 Linn	Metzger	
Heymann	Abraham	um 1774	Handelsmann	4. Juli 1837 Hoerstgen
Heymann	Abraham	um 1793	Handelsmann	5. Februar 1838 Hoerstgen
Heymann	Alexander	25. Januar 1837 Hoerstgen		22. Februar 1883 Geldern
Heymann	Amalia	25. Januar 1837 Hoerstgen		
Heymann	Elias	22. April 1828 Hoerstgen ∞ 24. April 1866 Geldern Regina Sommer um 1825 Muffendorf bei Bad Godesberg	Handelsmann	6. Februar 1906 Geldern

201

Name	*Vorname*	*Geburt/Heirat*	*Beruf*	*Tod*
Heymann	Esther (Elisabeth)	9. Mai 1831 Hoerstgen ⚭ 5. März 1861 Hoerstgen Jacob Kramer		15. Mai 1912 Issum
Heymann	Gabriel	28. Mai 1832 Uedem	Metzger	1. Januar 1889 Hoerstgen
Heymann	Levy	um 1758 Düren 5. Juli 1825 Hoerstgen ⚭ Johanna Rosenberg um 1826 Amelunxen	Pferdehändler	30. April 1807 Hoerstgen 2. Mai 1892 Geldern 15. Oktober 1869 Geldern
Heymann	Moses	11. März 1834 Hoerstgen		2. April 1834 Hoerstgen
Heymann	Schilo (Simon)	9. August 1822 Hoerstgen	Handelsmann	21. August 1888 Geldern
Isaac	Abraham	um 1778 Hoerstgen [ab 1808: Abraham Goldstein]	Hausierer	
Isaac	Benjamin	um 1786 Hoerstgen [ab 1808: Benoit [Benedict, Benjamin] Goldstein]	Kaufmann	
Isaac	Ephraim (Fragim)	11. März 1793 Hoerstgen [ab 1808: Ephraim Goldstein]		
Isaac	Frommett	um 1777		
Isaac	Gudel	16. März 1795 Hoerstgen [ab 1808: Juliane Goldstein] ⚭ 20. Februar 1819 Hoerstgen Jonas Levy Merner um 1780 Straßburg		
Isaac	Hendele (Hindel)	28. Oktober 1790 Hoerstgen [ab 1808: Helene Kaufmann]	Kaufmann	
Isaac	Hertz	um 1741 Tetz bei Linnich [ab 1808: Henri [Hertz] Becker, auch: Henri Bäckers] ⚭ Jette (Gutgen) Leyser (ab 1808: Julia (Gutgen) Becker)	Tagelöhner	4. August 1813 Hoerstgen

Isaac	Jacob	12. Juni 1793 Hoerstgen		
Isaac	Jacob [Jeckel]	6. Juni 1791 Hoerstgen [ab 1808: Jacques [Jacob] Goldstein]		
Isaac	Levi	um 1774 Hoerstgen [ab 1808: Levi Isaac Goldstein]	Hausierer	
Isaac	Meele	um 1763 Hoerstgen [ab 1808: Amalie Heyman[n]] ⚭ Schielo Moses um 1733 Vögisheim bei Müllheim		8. Juli 1819 Hoerstgen
Isaac	Moses	um 1786 Hoerstgen	Handelsmann	3. Dezember 1803 Hoerstgen
Isaac	Philip	um 1776	Hausierer	26. Januar 1802 Hoerstgen
Isaac	Rechel(e) (Rachel)	12. September 1796 Hoerstgen [ab 1808: Rosine [Rahel] Kaufmann]		
Isaac	Roeschen	um 1784		
Isaac	Sprietz (Sprintz)	14. April 1792 Hoerstgen [ab 1808: Caroline Kaufmann]		
Isaac	Zara	3. Oktober 1798 Hoerstgen [ab 1808: Sara Kaufmann]		
Israel	Isaac	um 1761 [ab 1808: Jonathan [Isaac] Kaufmann] ⚭ um 1785 Hebbe Moses [ab 1808: Rebecqe [Rebecca, Eva] Kaufmann] um 1764	Kleinhändler	
Jacob	Abraham	um 1778		
Jacob	Breintgen	vor 1801 Hoerstgen		
Jacob	Esther	11. April 1808 Hoerstgen [ab 1808: Esther Cohen] ⚭ Isaac Bloemendal		1879 Roermond

Name	Vorname	Geburt/Heirat	Beruf	Tod
Jacob	Fratgen	3. Februar 1803 Hoerstgen (ab 1808: Frederice [Frona] Cohen)		
Jacob [Jecof]	Gudele (Gagelke)	16. März 1800 Hoerstgen (ab 1808: Amalie Gumpers [Gompertz])		
Jacob	Heele	um 1728 Hoerstgen		
Jacob	Isaac	um 1729 Hoerstgen ∞ Keile N.N. um 1739 Hoerstgen		
Jacob	Kindel	27. September 1778 Hoerstgen ∞ 13. August 1806 Hoerstgen Mayer Levy 3. Mai 1776 Hahnstaedten	Metzger	
Jacob	Moses	um 1790		
Jacob	Philip	um 1776		
Jacob	Reis(gen)	16. Januar 1801 Hoerstgen (ab 1808: Rosine [Rosette] Cohen)		
Jacob	Seligman	18. April 1783 Obrigheim/Baden ∞ 7. Dezember 1806 Hoerstgen Catrina Salomon	Würfelspieler	
Jacob		14. August 1786 Weyer/Taunus (?)		
Jacob	Schöne	22. August 1805 Hoerstgen (ab 1808: Susanne [Jeanette] Cohen)		
Jacob [Jecof]	Simon	28. Februar 1804 Hoerstgen (ab 1808: Simon Gumpers [Gompertz])	Kanonier	11. März 1825 Düsseldorf
Jacob [Jecof]	Vogel	15. Mai 1802 Hoerstgen (ab 1808: Phillipine Gumpers [Gompertz]) ∞ 1826 Meyer Jonas		

Name	Vorname	Daten	Beruf	Sterbedaten
Jeckels	Fratgen	(ab 1808: Sara Cohen) ∞ 1816 Waldniel Samse Gottschalk		
Jesse	Adelheid	1730 Emmerich (?) ∞ 28. Juni 1819 Hoerstgen ∞ 13. Juli 1857 Hoerstgen Salomon Hertzmann [bis 1808: Salomon Levi] 12. Juli 1795 Niederdrees bei Rheinbach	Ellenwaren-händlerin	8. Juli 1801 Hoerstgen 28. Mai 1871 Krefeld
Jesse	Bernhard	∞ Jetta Herz 1805 Ringsdorf	Metzger	16. Mai 1862 Krefeld 27. November 1829 Hoerstgen
Jesse	Blume	18. März 1816 Hoerstgen		
Jesse	Caroline	10. November 1814 Hoerstgen		20. November 1814 Hoerstgen
Jesse	Hanna	2. September 1826 Hoerstgen		
Jesse	Helene	4. Juli 1810 Hoerstgen ∞ 23. Mai 1837 Kaiserswerth A(a)ron Salomon 13. Februar 1810 Kaiserswerth		25. März 1880 Lank 17. November 1861 Lank
Jesse	Hertz	um 1786 Hoerstgen		
Jesse	Hertz (Herzele)	1. Juli 1819 Hoerstgen		15. September 1819 Hoerstgen
Jesse	Hertz	12. April 1822 Hoerstgen ∞ 15. Oktober 1855 Hoerstgen Bendine (Bernhardine, Dina) Franken 28. Oktober 1819 Issum	Handelsmann	16. März 1902 Geldern 28. Oktober 1893 Geldern
Jesse	Hindel	um 1779 Hoerstgen		
Jesse	Joseph	21. Februar 1818 Hoerstgen		
Jesse	Michael	5. August 1856 Hoerstgen		
Jesse	Mayer	1. Oktober 1815 Hoerstgen ∞ um 1845 Veronika Sal(o)mon Kaiserswerth (?)		

Name	Vorname	Geburt/Heirat	Beruf	Tod
Jesse	Moses (Moise)	14. April 1812 Hoerstgen ∞ 29. März 1854 Kamp Ester (Friederica) Ernst	Metzger	6. April 1872 Kamp
Jesse	Reisgen	19. Dezember 1827 Lüttringhausen		14. Juni 1885 Kamp
Jonas	Simon	28. Dezember 1817 Hoerstgen		
Joseph	Ascher (Oscher)	Wesel, genannt 1790		
Joseph	Blume	um 1792 Hoerstgen		
Joseph	Emanuel	um 1795 Hoerstgen		
Joseph	Gudelgen	26. Januar 1789 Hoerstgen		
Joseph	Hanna	vor 1799 Hoerstgen		
Joseph	Isaac	um 1787 Hoerstgen		
Joseph	Jacob	um 1721 ∞ Gudel Hirsch [Hirtz] [ab 1808: Jacobine [Hanne, Henriette] Bethmann]		24. November 1800 Hoerstgen
Joseph	Jacob	30. April 1772 Segnitz/Württemberg 4. Juli 1801 Hoerstgen	Metzger	
Joseph	Mendel	um 1785 Hoerstgen (ab 1808: Emanuel Her(t)zberg(er) ∞ Johanna Weinberg 22. November 1798 Haltern		1. November 1829 Geldern
Joseph	Moses	∞ um 1744 Ester Leiser		nach 1790/vor 1799
Joseph	Moses	um 1790		vor 1799
Joseph	Moses	30. Juli 1803 Hoerstgen		2. Januar 1805 Hoerstgen
Joseph	N.N.	Hoerstgen		5. November 1805 Hoerstgen
Joseph	Philip	um 1803		
Joseph	Philip	11. Oktober 1806 Hoerstgen		
Joseph	Rachel	um 1791 Hoerstgen		

Kaufmann	Israel Isaac	um 1786 Hoerstgen (bis 1808: Israel Isaac) ⚭ 29. März 1813 Hoerstgen Eva (Caroline, Fratgen, Katchen, Keilchen, Keilgen) Mayer, auch: Moses	Metzger	6. Dezember 1820 Hoerstgen
Kaufmann	Joseph	um 1786 Hoerstgen		Geldern
Kaufmann	Moses	um 1750 Hoerstgen ⚭ vor 1750 Ester N.N.		14. Oktober 1816 Hoerstgen
Kaufmann	Moses	7. September 1814 Hoerstgen ⚭ 17. April 1845 Süchteln Ester (Magdalene) Brom(m)et 8. Juli 1819 Süchteln	Metzger	1. Oktober 1860 Geldern
Kramer	Alex	17. September 1864 Hoerstgen ⚭ 25. November 1893 Geldern Sophie Aron 2. März 1873 Geldern	Viehhändler	23. Januar 1937 Issum
Kramer	Antonie	15. Juni 1901 Hoerstgen		20. März 1943 Sobibor
Kramer	Bernhard	27. Juli 1869 Hoerstgen		1936 Hopsten/Niederlande
Kramer	Else	19. April 1897 Hoerstgen ⚭ Achim N.N.		19. Februar 1870 Hoerstgen
Kramer	Henriette	22. Oktober 1862 Hoerstgen	Seidenweberin	14. Mai 1888 Hoerstgen
Kramer	Henriette	12. November 1894 Hoerstgen 1. ⚭ 1928 Krefeld N.N. 2. ⚭ 1931 Krefeld Jacob Evers		24. Januar 1972 Issum
Kramer	Isidor	24. Januar 1867 Hoerstgen		30. Juli 1872 Hoerstgen
Kramer	Jakob	8. September 1899 Hoerstgen		2. Dezember 1939 Saalfeld/
Kramer	Julius	1. Juli 1904 Hoerstgen 1. ⚭ 1932 Alpen Ludowika Henriette Wolff (neuapostolisch)	Viehhändler	14. April 1973 Issum

Name	Vorname	Geburt/Heirat	Beruf	Tod
Kramer	Otilie	2. ⚭ 22. August 1959 Issum Hildegard Erna Galle geb. Krause		
Kramer	Paula	10. Mai 1906 Hoerstgen		18. Mai 1945 Riga
Lazarus	Gottschalk	29. März 1896 Hoerstgen		1. Dezember 1798 Hoerstgen
Lazarus	Gudel	um 1771		
Levy	Abra(ha)m Jacob	11. März 1760 Hoerstgen (ab 1808: Abra[ha]m [Levy] Wiener) 1. ⚭ Keile (Beile) Jacob um 1751 2. ⚭ 20. August 1808 Hoerstgen Lea Levy Cohen (Cain) [ab 1808: Lea [Helena] Wolf] 6. Oktober 1780 Xanten	Aufkäufer	13. November 1831 Issum
Levy	Alexander Isaac	27. September 1781 Hoerstgen (ab 1808: Alexander Isaac Silverberg) ⚭ 8. Juni 1802 Maastricht Gut[h]ra Cosman (auch: Gertrudis Cotsman)	Kaufmann	
Levy	Benjamin	11. Juni 1778 Kleve um 1746 Hoerstgen (ab 1808: Bernhard Jesse) ⚭ Jetgen (Jetta) Hertz [ab 1808: Henriette Jesse] um 1746	Hausierer	4. März 1827 Hoerstgen
Levy	Ephraim Isaac	7. März 1793 Hoerstgen		
Levy	Gudula (Gudel)	um 1794		
Levy	Ida	6. Juni 1758 Hoerstgen	Kauffrau	6. Mai 1848 Oosterhout

Name	Vorname	Biographische Daten	Beruf	Weitere Daten
Levy	Isaac	8. März 1738 Tetz bei Linnich um 1749 Halberstadt/Harz [auch: Spanisch Isaac, ab 1808: Isaac Goldstein] ∞ Meele F(V)eis(s) (ab 1808: Amalie Jesse) um 1756 Hoerstgen	Kaufmann Handelsmann	6. Februar 1823 Oosterhout 8. März 1821 Hoerstgen
Levy	Isaac Abraham	6. Oktober 1745 Hoerstgen [ab 1808: Isaac Abraham Silverberg] ∞ um 1770 Sara [Ricarde; Rose] Cohen (Caen) 1750 Eijsden	Kaufmann	2. September 1835 Löwen/Belgien vor 1802 Maastricht
Levy	Isaac Israel	um 1739		
Levy	Jacob	Kapellen; 1790 genannt [ab 1808: Jacob Kaufmann]		
Levy	Jacob	1790 genannt ∞ vor 1746 Helena [Heele] Salomon [ab 1808: Helena Wiener] um 1700/21 (?) Ratingen		
Levy	Jette	um 1752 Hoerstgen [ab 1808: Henriette [Jetta] Wiener]		11. Mai 1814 Hoerstgen
Levy	Johanna	Hoerstgen [ab 1808: Johanna S[Z]ilverberg] ∞ Samuel Salomon Kohen (späterer Name in den Niederlanden: van den Berg)		4. März 1822 Hoerstgen
Levy	Mayer [Meyer]	1746 Hoerstgen [ab 1808: Mathias Wiener] ∞ Reis Israel (ab 1808: Rosine [Rosette] Wiener) um 1755	Metzger	

Name	Vorname	Geburt/Heirat	Beruf	Tod
Levy	Meyer	um 1759 ∞ um 1792 Schuntgen N.N. um 1771		
Levy	Moise	1751 Hoerstgen		1842 Löwen/Belgien
Levy	Oscher Jacob	∞ um 1798 Ester Salomon (ab 1808: André Schnitzler) ∞ um 1798 Ester Salomo(n) (ab 1808: Caroline Schnitzler)	Kaufmann	
Levy	Philipp	∞ vor 1737 Hoerstgen Rose (Rosetta) Joseph		
Levy	Philipp Isaac	1. Februar 1772 Hoerstgen (ab 1808: Philipp Isaac Silverberg) ∞ 31. Mai 1802 Maastricht Sara Cosmann Juni 1776 Kleve	Kaufmann	2. März 1861 Löwen/Belgien 22. Dezember 1859 Löwen/Belgien
Levy	Reis Jacob	um 1775		
Levy	Simon	um 1767		
Lichtenstein	Bernhard	24. Dezember 1860 Hoerstgen		
Lichtenstein	Bertha	1. März 1867 Hoerstgen		28. April 1936 Mönchengladbach
Lichtenstein	David	28. Juli 1865 Hoerstgen		1925 Köln
Lichtenstein	Emanuel	6. Juli 1828 Waldenrath bei Heinsberg 1. ∞ Judith (Jula) Bär (Behr, Bäer) um 1824 Rees 2. ∞ 4. November 1863 Hoerstgen Ester David (Moses) 27. November 1827 Hoerstgen 3. ∞ 7. Oktober 1886 Hoerstgen Elisabeth Goldstein	Handelsmann	11. Februar 1901 Hoerstgen 19. August 1863 Hoerstgen 10. Mai 1885 Hoerstgen

Lichtenstein	Friederica		3. Januar 1856 Hoerstgen		11. Februar 1856 Hoerstgen
Lichtenstein	Helena		9. Juli 1870 Hoerstgen		22. Oktober 1863 Hoerstgen
Lichtenstein	Hermann		9. August 1863 Hoerstgen		6. August 1864 Hoerstgen
Lichtenstein	N.N.		6. August 1864 Hoerstgen		
Lichtenstein	Sigmund		4. November 1868 Hoerstgen		11. April 1858 Hoerstgen
Lichtenstein	Simon		26. Dezember 1856 Hoerstgen		
Liefman(n)	Zaudi(ck) [Zaudith, Zandit, Zander]	um 1761 Brühl [ab 1808: Zacharie [Zacharias, Zaudi] Boenninger [Böninger]] ∞ um 1789 Reis Moses [ab 1808: Rosine [Rosette] Kaufmann]		Handelsmann	13. September 1816 Hoerstgen
Lion	Moses	um 1755 Hoerstgen / um 1823		ohne Stand	17. August 1835 Hoerstgen
Löb	Marcus	um 1738 [ab 1808: Marcus Loeb]		Schulmeister	nach 1811
Machiel	Abraham	1774 Hoerstgen			
Machiel	Katje	1771 Hoerstgen			
Machiel	Meier	1754 Hoerstgen			
Machiel	Rachel	um 1772/73 Hoerstgen			
Manuel	Abraham	26. März 1802 Hoerstgen			2. Februar 1803 Hoerstgen
Manuel	Blum(e)	2. März 1797 Hoerstgen [ab 1808: Blandine [Bernhardine] Herzberg[er]]			
Manuel	Clara	30. November 1806 Hoerstgen [ab 1808: Claire [Clara] Gottschalck] ∞ Nathan Rosenberg		Drechsler	29. Juni 1863 Hoerstgen
Manuel	David	26. September 1817 Dorsten [ab 1808: David Metzger]			15. September 1888 Hoerstgen
Manuel	Ester	um 1786 Hoerstgen [ab 1808: Ester Herzberg[er]]			1873 Waldniel

Name	Vorname	Geburt/Heirat	Beruf	Tod
Manuel	Gottfried	⚭ Gudel (Gagel) Gottschalck [ab 1808: Adelgonde [Gonde] Gottschalck] um 1741		15. Januar 1803 Hoerstgen
Manuel	Gottschalk	vor 1799		nach 1808
Manuel	Jacob	vor 1802		
Manuel	Keile	13. Januar 1799 Hoerstgen [ab 1808: Caroline Herzberg[er]]		
Manuel	Lazarus	21. Dezember 1798 Hoerstgen		21. Dezember 1798 Hoerstgen
Manuel	Rachel	um 1799		
Manuel	Rachel	20. April 1804 Hoerstgen [ab 1808: Rosine Gottschalck]		
Manuel	Rakel (Rochel)	28. März 1793 Hoerstgen [ab 1808: Rosine [Rosette] Herzberg[er]] ⚭ 1815 Livitieux Moises Israel		
Manuel	Seelig(man)	28. September 1789 Hoerstgen [ab 1808: Selig Herzberg[er]] ⚭ 20. Mai 1813 Waldniel Karoline Katz [bis 1808: Esther Meyer] 20. April 1794 Waldniel	Kleinhändler	3. Januar 1850 Waldniel
Marcus	Mordechai Jacob	⚭ vor 1769 Magdalena Isaac Cohen	Kaufmann	
Marcus	Moses	1790 genannt		
Mayer	Abra(ha)m	8. Dezember 1796 Hoerstgen [ab 1808: Abraham Wiener]		
Mayer	Marcus (Mortje)	10. Januar 1794 Hoerstgen [ab 1808: Marcus [Mordechai] Wiener]	Kaufmann	1868 Waldniel

Mayer	Reis	3. Mai 1797 [?] Hoerstgen [ab 1808: Thérèse Wiener]		18. Oktober 1814 Hoerstgen
Mayer	Salomon	um 1790 Hoerstgen		25. September 1804 Hoerstgen
Meyer	Carolina	um 1774 Hoerstgen ∞ 12. September 1816 Rheinberg Marcus Süsspiro Rheinberg		
Meyer	Levy	um 1793 Alten Bödingen ∞ 5. Dezember 1824 Hoerstgen Fratgen Mayer um 1786 Hoerstgen	Metzger	
Michels	N.N.	1790 genannt	Witwe	nach 1790
Minden	Daniel van	Amsterdam, 1835 genannt	Lehrer	
Moises	Benjamin	1761 Hoerstgen [ab 1808: Benjamin Goldstein] ∞ um 1795 Anrath Teichen Servos [ab 1808: Rosine Servos] um 1778 Anrath	Handelsmann	1814 Anrath 1818 Anrath
Moises	Isaac	um 1767 Hoerstgen [ab 1808: Isaac Goldstein] ∞ vor 1800 Anrath Leyen (Helena, Lena) Joseph [auch: Lena Wolf und Lena Cohn, ab 1808: Helene Hornungs] um 1777	Handelsmann	1858 Anrath
Moses	Alexander	um 1770	Hausierer	1853 Anrath
Moses	Beile	8. Januar 1797 Hoerstgen [ab 1808: Sibylle [Sibilla] Me[t]zger, auch: Sibilla Falk, Valk]		21. Dezember 1856 Hoerstgen

Name	Vorname	Geburt/Heirat	Beruf	Tod
		∞ 25. Juni 1826 Hoersten Joseph Böninger (bis 1808: Jausel Zaudi[ik]) 1. Februar 1791 Hoerstgen	Hausierer	3. Januar 1862 Sevelen
Moses	Calman (Kalman)	um 1786	Hausierer	28. März 1819 Hoerstgen
Moses	Elle (Alette)	15. Juli 1776 Hoerstgen (ab 1808: Isabelle [Aline, Elise] Mayer [Meyers]) 30. Oktober 1800 Hoerstgen Hertz Levy (ab 1808: Henri [Heinrich, Hertz] Goldstein) 7. August 1775 Vorderweidendahlen bei Weißenbourg (Wissembourg)/ Elsaß	Schlächter	nach 1867
Moses	Falck	um 1799		10. November 1805 Hoerstgen
Moses	Gelle	um 1780		20. März 1839 Kaiserswerth
Moses	Helene	1769 Hoerstgen ∞ Levi Leiser 1762 Kaiserswerth		18. Oktober 1846 Kaiserswerth
Moses	Hettgen [Jette]	um 1784 (ab 1808: Judith Kaufmann)		
Moses	Joseph	um 1743 (ab 1808: Joseph Kaufmann)	Wiederverkäufer	12. August 1843 Krefeld
Moses	Joseph	um 1752 Hoerstgen (ab 1808: Joseph Hertzberg) ∞ Heele (Meele) Jacob(s) um 1766 Hoerstgen	Hausierer	8. März 1837 Krefeld
Moses	Joseph	19. Oktober 1802 Hoerstgen	Hausiererin	29. Januar 1809 Hoerstgen

		Beruf	Geburt / weitere Angaben	Tod
Moses	Leiser (Leyser, Eliser)		um 1759 Hoerstgen [ab 1808: Moses [Lazarus] Kaufmann]	29. Mai 1824 Hoerstgen
Moses	Manuel	Kaufmann	um 1744 Hoerstgen [ab 1808: Emanuel [Manuel] Herzberg[er]] ⚭ um 1786 Zara Seligmann Cohn (Zara Cain) [ab 1808: Zara Herzberg] um 1747 Eijsden (Isten) bei Maastricht – 1820 Waldniel	18. November 1841 Waldniel
Moses	Simon		5. Juni 1805 Hoerstgen [ab 1808: Simon Me[t]zger]	1. September 1809 Hoerstgen
Moses	Zara		12. März 1795 Hoerstgen [ab 1808: Sara Me[t]zger]	
Moyses	Aron	Handelsmann	1774 Hoerstgen [ab 1808: Aron Meyer] ⚭ 15. Februar 1804 Rheinberg Sara Sues [ab 1808: Sara Süsspiro] Rheinberg	11. Mai 1862 Rheinberg
Moyses	Falk		um 1799 Hoerstgen	30. April 1834 Rheinberg
Moyses [Moses]	Moyses (Moses)		um 1768 Hoerstgen [ab 1808: Moses Meyer] ⚭ 9. Dezember 1799 Rheinberg Gudula David (Levy) Fürst Rheinberg	10. November 1805 Hoerstgen / 23. Juni 1810 Rheinberg
N.N.	Mayer		um 1767	
N.N.	Schmul		um 1766	
N.N.	Vratie		um 1747	
Oscher (Ascher)	Jacob		18. Januar 1799 Hoerstgen [ab 1808: Jaque Schnitzler]	nach 1799

Name	Vorname	Geburt/Heirat	Beruf	Tod
Philip	Abraham	20. Januar 1808 Hoerstgen		
Philip	Fra(a)tgen	3. Februar 1803 Hoerstgen		
Philip	Jacob	um 1767; auch: Jacob Feivelmann [ab 1808: Jaques [Jacob] Cohen] ⚭ um 1798 Keilje Jacob [Jeckels] [ab 1808: Claire [Katjen] Cohen, Clara Levy] um 1772	Winkelier	8. April 1808 Hoerstgen
Philip	Reis(gen)	3. April 1801 Hoerstgen [ab 1808: Rosine Jesse] ⚭ 29. Juli 1819 Hoerstgen Joseph Böninger [bis 1808: Jausel Zaudi, Zaudick, Zaudit]	Wiederverkäuferin	4. Oktober 1825 Hoerstgen
Philip(pe)	Anschel	1. Februar 1791 Hoerstgen	Hausierer	3. Januar 1862 Sevelen
Philip(pe)	Rachel	30. Januar 1806 Hoerstgen [ab 1808: Rebeque Jesse]		
Rosenberg	Nathan	26. September 1817 Dorsten 1. ⚭ Claire [Clara] Gottschalk [bis 1808: Clara Manuel] 30. November 1806 Hoerstgen 2. ⚭ 13. August 1875 Hoerstgen Wilhelmine Meyer 1. Februar 1814 Wesel	Drechsler	15. September 1888 Hoerstgen 29. Juni 1863 Hoerstgen
Salomon(s)	Jacob	1754 Hoerstgen	Dienstmagd	nach 1889
Salomon	Joseph	um 1786		
Salomon(s)	Levy			
Salomon(s)	Machiel			
Salomon	Marcus	um 1731		

Rufname	Name	Geburt / Heirat	Beruf	Tod
		∞ Hebbe Aaron [ab 1808: Rebecqe [Rebecca] Meyer, auch: Eva Mayer] um 1743 Neersen		6. September 1813 Hoerstgen
Salomon	Moses	um 1749		
Salomon	Moses	1766 Hoerstgen (späterer Name in den Niederlanden: Moses Salomon van der Horst) ∞ Eva Joseph Cohen Ritmeester 1764 Amsterdam		4. Mai 1834 Rhenen/Niederlande
Salomon	Moses	um 1791 Meckenheim		10. Juli 1807 Hoerstgen
Salomon	Pinschar	um 1783		
Salomon(s)	Rachel	um 1776 Hoerstgen ∞ Medemblik/Niederlande Joseph Abraham Levie		4. März 1830 Rhenen
Samuel	Joseph	vor 1802		
Samuel	Marcus	um 1766	Kaufmann	
Sarhi	Meyer	1853/54 genannt	Elementarlehrer	
Schilo	Abraham	um 1782 Hoerstgen		
Schilo	Alexander	vor 1802		
Schilo	Elias	um 1778 Hoerstgen		
Schilo	Isaac	28. Januar 1795 Hoerstgen [ab 1808: Isaac Heyman[n]] ∞ 5. Februar 1821 Hoerstgen Jette (Henriette) Aron (auch: Jette Schwarz) um 1797 Wallhausen bei Rüdesheim	Pferdehändler	27. April 1848 Hoerstgen
Schilo	Jacob [Jancof]	um 1781 Hoerstgen [ab 1808: Jaques [Jacob] Heyman[n]] ∞ 17. Oktober 1824 Hoerstgen Sybille (Bela, Brunette) Bethmann [bis 1808: Beile Zadick] 20. Oktober 1796 Segnitz/Württemberg		20. August 1865 Hoerstgen; 5. August 1871 Hoerstgen

Name	Vorname	Geburt/Heirat	Beruf	Tod
Schilo	Reisgen	um 1789 Hoerstgen (ab 1808: Reisgen Heymann) ∞ 6. Dezember 1815 Hoerstgen Joseph Lion um 1769 Sambeck/Brabant	Schlächter	
Schmul	Jausel	um 1786		
Schmul	Moses	um 1770		
Schmul	Pijnes	um 1784		
Schmul	Rogel	um 1778		
Schmul	Wolff	um 1775		
Sebatzhe	N.N.	1790 genannt		
Seelig	Borg	1790 genannt		
Seligmann	Moses	um 1797	Rentner	nach 1854
Spier	Lazarus	6. Juli 1816 Kalkar ∞ 27. Februar 1850 Hoerstgen Johanna (Charnetta; Jeanette; Scharnetta) Gompertz geb. Schneer um 1806 Haltern	Handelsmann Handelsfrau	vor 1901 in Amerika 6. Juli 1901 Hoerstgen
Wiener	Baruch	28. November 1816 Hoerstgen		
Wiener	Jacob	27. Februar 1815 Hoerstgen ∞ 1845 Brüssel Annette Newton	Münzgraveur	3. November 1899 Brüssel 1891 Brüssel
Wiener	Rosine	um 1763 Trier		29. Juli 1819 Hoerstgen
Wolf	Johanna	1898 genannt		
Wolf	Olga	26. November 1898 Hoerstgen		21. Juli 1918 Hoerstgen
Wolf	Rebecka (Bertha)	ab 1898: evangelisch ∞ Gottfried Abraham Eickenberg (evangelisch)		
Zadick	Beile	20. Oktober 1796 Segnitz/Württemberg		

		Jacob [Jancof] Schilo um 1781 Hoerstgen [ab 1808: Jaques [Jacob] Heyman[n]]		5. August 1871 Hoerstgen
Zadick	David	14. Januar 1803 Segnitz [ab 1808: David Bethmann]		
Zadick	Elias	3. Juli 1802 Segnitz [ab 1808: Elias [Lyon] Bethmann]		
Zadick	Golde	22. Oktober 1799 Segnitz [ab 1808: Caroline Bethmann]		
Zadick	Kindel	9. Dezember 1807 Hoerstgen [ab 1808: Rebecqe Bethmann]		
Zadick	Moses	16. August 1804 Segnitz [ab 1808: Hermann [Manus] Bethmann]		
Zaudi(ck)	Jausel	1. Februar 1791 Hoerstgen [ab 1808: Joseph Boenninger [Böninger]] 1. ∞ 29. Juli 1819 Hoerstgen Rosine (Rosetta) Jesse [bis 1808: Reisgen Phillip Benjamin] 3. April 1801 Hoerstgen 2. ∞ 25. Juni 1826 Hoerstgen Sibilla (Betta) Metzger [bis 1808: Beile Moses, auch: Sibilla Falk [Valk]] 8. Januar 1797 Hoerstgen	Hausierer	3. Januar 1862 Sevelen
Zaudi(ck)	Liebmann	30. Juli 1789 Hoerstgen [ab 1808: Gottlieb [Liebmann] Boenninger [Böninger]]	Kaufmann	4. Oktober 1825 Hoerstgen
Zaudi(ck)	Zara	2. November 1793 Hoerstgen [ab 1808: Sara Boenninger [Böninger]]		21. Dezember 1856 Hoerstgen

Name	Vorname	Geburt/Heirat	Beruf	Tod
Zaudi(ck)	Kelle (Keile)	9. Dezember 1795 Hoerstgen (ab 1808: *Caroline Boenninger [Böninger]*) ⚭ 12. März 1830 Hoerstgen		3. April 1882 Hoerstgen
		Calman (Calmon) David um 1792 Grenzhausen/Westerwald	Metzger	3. Oktober 1871 Hoerstgen

Quellen:

Jacob BECKER: Besneden en begraven … Vijf eeuwen joden in Tiel in het Gelders rivierengebied, Tiel 1992, S. 326.

Helga BECKER-LEESER, Arnhem/Niederlande: Schreiben an die Stadt Kamp-Lintfort vom 8. März 2001.

Erwin DAVID, Whitstable, Kent/England: Schreiben an die Stadt Kamp-Lintfort vom 14. Juli 2000 und Nachträge.

Günter ERKENS: Juden in Mönchengladbach, Bde. 1 und 2, Mönchengladbach 1988/89, passim.

Ruth EYKMANN: Zur Geschichte der Juden in Geldern und Issum, Duisburg 1984 (unveröffentlichte Staatsexamensarbeit), S. 135 f.

Ulrich FLECKEN, Stolberg: Schreiben an die Stadt Kamp-Lintfort vom 28. Mai 2001.

Gerd FRIEDT: Familie Kommerzienrat Adolf Silverberg in Bedburg an der Erft, Bedburg 1996, S. 9 ff.

Gedenkbuch Opfer der Verfolgung der Juden unter der nationalsozialistischen Gewaltherrschaft in Deutschland 1933–1945, 2. Bde. Koblenz 1986, passim.

HStAD, Roerdepartement Nr. 1716 I, Heft 6 (1799) und 1716 II, Heft 3 (1801); Herrschaft Hörstgen, Akten Nr. 1 (1790).

Ronald VAN DER HORST, Glencoe, Illinois/USA: Schreiben an die Stadt Kamp-Lintfort vom 8. November 2000.

Ludwig HÜGEN: Jüdische Gemeinden am Niederrhein – ihre Geschichte, ihr Schicksal, Willich 1985, S. 34 f. und 49.

Maria JANSEN: Zur Geschichte der jüdischen Gemeinde in Waldniel, in: Heimatbuch des Kreises Kempen-Krefeld 1974, S. 251 ff.

Dieter KASTNER: Der Rheinische Provinziallandtag und die Emanzipation der Juden im Rheinland 1825–1845, Teil 1, Köln 1989, S. 227 f.

Manfred KLAES, Meerbusch: Schreiben an die Stadt Kamp-Lintfort vom 14. Februar 2001 und Nachträge.

Lo VAN LEEUWEN, Noordwijk/Niederlande: Schreiben an die Stadt Kamp-Lintfort vom 2. Februar 2001.

Theo MÄSCHIG: Die Rheurdter Juden (1848–1942), Rheurdt 1988, S. 17 f.

Nordrhein-Westfälisches Personenstandsarchiv Rheinland in Brühl. Sig. H 942 a (1808).

Bärbel OTTEN: Die Geschichte der jüdischen Gemeinde in Rheinberg, Krefeld 1986 (unveröffentlichte Diplomarbeit), S. 182.

Dieter PETERS: Land zwischen Rhein und Maas – Land tussen Rijn en Maas. Genealogische Daten von jüdischen Friedhöfen in der Rheinprovinz und in der niederländischen Provinz Limburg, Aachen 1995, S. 158, 175, 181, 183, 197, 242 und 247.

Reichsbund jüdischer Frontsoldaten (Hrsg.), Die jüdischen Gefallenen des deutschen Heeres, der deutschen Marine und der deutschen Schutztruppen 1914–1918, 2. Aufl., Berlin 1932, S. 289.

Rheinische Post, Redaktion Moers, vom 29. März 1997.

Karen RIVERS, Raleigh, North Carolina/USA: Schreiben an die Stadt Kamp-Lintfort vom 7. Oktober 2001: Rescendants of Emanuel Herzberger.

StA Duisburg, Bestand 10, Nr. 3083 (1769/70).

StA Geldern, Geburten-, Heirats- und Sterbehauptregister des Standesamtes Geldern sowie Registre contenant les noms et Prénoms adoptés par les Juifs en Exécution du Décret impérial du 20 Juillet 1808, ausgewertet durch Gerd Halmanns.

StA Kalkar, Schreiben an die Stadt Kamp-Lintfort vom 17. November 2000.

StA Krefeld, Schreiben an die Stadt Kamp-Lintfort vom 12. Oktober 2000.

StA Meerbusch, Schreiben an die Stadt Kamp-Lintfort vom 1. Dezember 2000.

StA Rheinbach, Genealogy of the Hertzmann Family (1987).

Standesamt Hoerstgen, Geburten-, Heirats- und Sterbehauptregister ab 1798 (ohne Sterbehauptregister 1907–1919).

Standesamt Issum, Geburten-, Heirats- und Sterbehauptregister ab 1798, ausgewertet durch Bernd Ingenpaß.

Standesamt Kalkar, Geburtenhauptregister 37/1816.

Standesamt Köln, Sterbehauptregister 791/1938.

Standesamt Rheinberg, Geburten-, Heirats- und Sterbehauptregister ab 1798.

Standesamt Sevelen, Geburten-, Heirats- und Sterbehauptregister ab 1840.

Standesamt Süchteln, Heiratshauptregister 11/1845, 5/1877, Sterbehauptregister 1882.

Kurt TOHERMES/Jürgen GRAFEN: Leben und Untergang der Synagogengemeinde Dinslaken, Dinslaken 1988, S. 92 f.; mündliche Auskünfte von Jürgen Grafen, Dinslaken.

Brigitte WIRSBITZKI: Geschichte der Moerser Juden nach 1933, Moers 1991, S. 139 und 186.

II. Jüdische Einwohner in Kamp von 1853 bis 1941

Name	Vorname	Geburt/Heirat	Beruf	Tod
Cahn	Ernst	3. Oktober 1897 Kamp ⚭ 1932 Maria Ulrich (katholisch) 1910 Krefeld (?)	Reisender	11. Februar 1989 Venlo 1994 Venlo
Cahn	Helene	1. November 1894 Kamp		26. November 1894 Kamp
Cahn	Moses	9. November 1856 Erle bei Raesfeld ⚭ 8. März 1893 Kamp Theodora David 14. September 1868 Kamp	Kaufmann	1932 15. Januar 1924 Kamp
Cahn	Rosa	29. Oktober 1933 Kamp		für tot erklärt 31.12.1945
Cahn	Thea	17. Januar 1925 Kamp		für tot erklärt 31.12.1945
Cahn	Walter	16. Dezember 1895 Kamp ⚭ 7. April 1924 Kamp Else Eichwald 29. März 1896 Havixbeck	Kaufmann	für tot erklärt 31.12.1945 8. Januar 1945 Stutthof
David	Mayer	31. März 1834 Hoerstgen ⚭ 22. Mai 1867 Hoerstgen Helena Lichtenstein 9. Dezember 1830 Geistingen bei Hennef/Sieg	Kaufmann	28. Februar 1894 Kamp
David	Rosalie	16. August 1875 Kamp	Dienstmagd	für tot erklärt 8. Mai 1945
Jesse	Aron	9. April 1854 Kamp ⚭ 18. Oktober 1886 Kamp Betta Daniels 30. Oktober 1843 Linn	Metzger	8. Juni 1919 Kamp
Jesse	Benjamin	27. November 1865 Kamp		15. Februar 1870 Kamp
Jesse	Dora	17. Dezember 1858 Kamp		1936 Velbert
Jesse	Emma	31. Juli 1863 Kamp		1937 Mülheim/Ruhr

	∞ Sibilla Appe	27. November 1855 Bonn-Endenich		2. November 1908 Düsseldorf-Ludenberg
Jesse	Henrietta	16. August 1856 Kamp		1934 Wuppertal-Barmen
Jesse	Laura	17. Januar 1878 Kamp		11. September 1878 Kamp
Jesse	Moritz	20. Januar 1871 Kamp		
Jesse	Moses (Moise)	14. April 1812 Hoerstgen	Metzger	6. April 1872 Kamp
		∞ 29. März 1854 Kamp		
		Ester (Friederica) Ernst		
		19. Dezember 1827 Lüttringhausen		
Jesse	Sibilla	23. Mai 1888 Kamp		14. Juni 1885 Kamp
				für tot erklärt 8. Mai 1945
		∞ 23. Januar 1907 Kamp		
		Hermann Meyer		
		18. August 1876 Eppinghoven bei Dinslaken		für tot erklärt 8. Mai 1945

Quellen

Gedenkbuch Opfer der Verfolgung der Juden unter der nationalsozialistischen Gewaltherrschaft in Deutschland 1933–1945, 2. Bde., Koblenz 1986, passim.

Manfred KLAES, Meerbusch: Schreiben an die Stadt Kamp-Lintfort vom 14. Februar 2001 und Nachträge.

Rheinische Post, Ausgabe Moers, vom 29. März 1997.

Standesamt Hoerstgen, Geburten-, Heirats- und Sterbehauptregister ab 1812.

Standesamt Kamp, Geburten-, Heirats- und Sterbehauptregister ab 1854.

Aus der Geschichte der Rheurdter Juden

THEO MÄSCHIG

Der erstmalige Zuzug von Menschen jüdischen Glaubens nach Rheurdt lässt sich ziemlich genau bestimmen. Nach der „Statistischen Übersicht der Verwaltung des Kreises Geldern im Jahre 1843" wohnten zu dieser Zeit noch keine Juden in Rheurdt. Den Standesamtsunterlagen ist jedoch zu entnehmen, dass um 1848 zunächst die Familie Josef Kaufmann in Rheurdt zuzog, der 1853 Zacharias David und um 1856/57 dessen Bruder Levi David, beide aus Hoerstgen, folgten. 1854 gibt der Rheurdter Bürgermeister in einer Nachweisung an das „Königliche Landraths Amt" zu Geldern die Zahl der in Rheurdt wohnhaften Juden mit sechs, 1856 mit zehn und 1880 mit zwölf an, ausschließlich Angehörige der Familien David und Kaufmann. Abgesehen von in diese Familien eingeheirateten Personen wohnten bis zur Deportation der letzten Rheurdter Juden 1942 keine weiteren Juden in Rheurdt. In der zur heutigen Gemeinde Rheurdt gehörenden Ortschaft Schaephuysen haben übrigens – soweit sich das ermitteln ließ – nie Menschen jüdischen Glaubens gewohnt.

Vermutlich waren die aus Hoerstgen zuziehenden Angehörigen der Familie David bzw. deren Vorfahren schon lange dort ansässig gewesen; denn bereits im 17. Jahrhundert nahmen die Herren von Mylendonk, Herrscher der „Reichsfreien Herrlichkeit Hoerstgen und Frohnenbruch", jüdische Asylanten bei sich auf. Diese mussten als Gegenleistung große Summen an ihre „Beschützer" zahlen.

Die schon damals überall in Deutschland verfolgten Juden nahmen diese Zahlungen im Interesse ihrer Sicherheit aber gerne in Kauf. Ihre Religion durften sie frei ausüben und die Entstehung des jüdischen Friedhofs in Hoerstgen, auf dem auch später die Rheurdter Juden ihre Toten bestatteten, geht in diese Zeit zurück.

Den Rheurdter Personenstandsbüchern und sonstigen bei der Gemeindeverwaltung erhaltenen Unterlagen ist es zu verdanken, dass eine lückenlose Aufstellung über alle in Rheurdt wohnhaft gewesenen jüdischen Bürger möglich ist. Das problemlose Zusammenleben von Juden und Nichtjuden in Rheurdt wird auch durch viele Fotos dokumentiert, die der Rheurdter Gemeindeverwaltung im Laufe der Jahre von früheren Nachbarn und Freunden der jüdischen Mitbürger übergeben wurden. Nach der „Verordnung über den Kennkartenzwang für Juden vom 23. Juli 1938" hatten Juden deutscher Staatsangehörigkeit bis zum 31. Dezember 1938 bei der zuständigen Polizeibehörde (Stadt- oder Gemeindeverwaltung) die Ausstellung einer Kennkarte zu beantragen, die durch ein großes „J" auf der Vorder- und Innenseite den Inhaber sofort als Juden auswies. Von den meisten Antragstellern sind die Anträge auf diese Kennkarte mit den dazugehörigen Passbildern bei der Gemeindeverwaltung Rheurdt erhalten geblieben. Der Ausdruck der Gesichter auf den Fotos lässt die Belastungen erkennen, denen die abgebildeten Personen

Vor dem Haus der Familie Kaufmann, Rheurdt Nr. 162 (heute Rathausstraße 43). Aufnahme etwa 1920. Auf der Kutsche Albert Kaufmann. Vor dem Haus stehend 3. von links Siegmund Kaufmann (1851–1935). Auf dem Schild am Haus steht: Vieh-Handlung Siegm. Kaufmann

durch die zunehmenden Willkürmaßnahmen ausgesetzt waren. Die Fotos sind daher heute – zusammen mit anderen erhalten gebliebenen Unterlagen – wertvolle zeitgeschichtliche Dokumente. Nach Ausstellung der Kennkarte stellten die Rheurdter Juden Ende November/ Anfang Dezember 1938 Anträge auf Erstattung der dafür erhobenen Gebühren von 3 RM je Person und der Auslagen für die Anfertigung der Passfotos beim Bürgermeister in Neukirchen, wozu Rheurdt seinerzeit kommunalpolitisch gehörte. Trotz der geringen Einkünfte, über die die Antragsteller damals verfügten, wurden die Anträge mit dem Bemerken abgelehnt, dass in der „Verordnung über Juden" ein Erlass oder Teilerlass von Gebühren für Kennkarten nicht vorgesehen sei. Eine solche Möglichkeit gab es nur für nichtjüdische Antragsteller.

Mit der 2. Verordnung zur Durchführung des Gesetzes zur Änderung von Familien- und Vornamen vom 17. August 1938 wurde angeordnet, dass alle Juden, die einen nichtjüdischen Vornamen hatten, ab 1. Januar 1939 die Zusatznamen „Sara" (für Frauen) und „Israel" (für Männer) anzunehmen hatten. Dieser Zusatzname wurde zum Geburtseintrag der betreffenden Person beigeschrieben, so dass aus einer dann auszufertigenden Geburtsurkunde sofort die jüdische Herkunft ersichtlich war. Erst im Jahre 1949 wurden diese Vermerke in den Geburtenbüchern gelöscht.

Auf die Geschichte der Familien David und Kaufmann wird in dieser Abhandlung nicht näher eingegangen. Hierüber wurde ausführlich in dem Buch „Die Rheurdter Juden – 1848–1942" berichtet, das 1988 anlässlich des 50. Jahrestages der Reichspogromnacht erschien.

Amalie Kaufmann stiftete einen Tora-Mantel

Im Kölnischen Stadtmuseum in Köln wird ein Tora-Mantel mit hebräischer Inschrift aufbewahrt, dessen Herkunft Dr. Michael Brocke, Inhaber des Lehrstuhls für jüdische Studien an der Duisburger Mercator-Universität und Direktor des Salomon-Ludwig-Steinheim-Instituts für deutsch-jüdische Geschichte, durch Vergleich mit Unterlagen der Gemeindeverwaltung Rheurdt klären konnte. Danach wurde der Mantel zweifelsfrei von

Der von Amalie Kaufmann gestiftete Toramantel

Amalie Kaufmann aus Rheurdt gestiftet, wie die übersetzte Inschrift ausweist:
„Keter Tora" (abgekürzt)
Dies stiftete Maatche, Tochter des Schimschon, Frau des Joseph aus Rehrd (= Rheurdt). Im Jahre „623" (= 1863).

Im Jahre 1863 wurde Amalie Kaufmann 50 Jahre alt. Vermutlich hat sie den Tora-Mantel aus diesem Anlass gestiftet.
Der Grundstein des jüdischen Glaubens sind die Fünf Bücher Mose, die Tora. In ihr sind alle 613 Ge- und Verbote des Judentums enthalten und sie erzählt die Geschichte von der Weltschöpfung bis zum Tode des Religionsstifters Moses. Zu ihrer Herstellung dürfen vom Schreiber nur für diesen Zweck von Hand gefertigte Pergamente aus der Haut rituell reiner Tiere verwendet werden. Die Tora-Rolle wird auf zwei Stäbe aufgewickelt. Sie ist mit einem speziellen Tuch umhüllt, darüber deckt sich der (oftmals) reich bestickte Mantel. Zum weiteren Schmuck dient häufig eine Krone, Kether genannt.
Der von Amalie Kaufmann gestiftete Mantel ist aus dunkelrotem Samt gefertigt, das Futter besteht aus weißem Leinen. Seine Höhe beträgt 89,5 cm, die Breite 43,0 cm.

Die Zugehörigkeit der Rheurdter Juden zur jüdischen Kultusgemeinde

Die Bildung von Synagogenbezirken hatte nach § 36 des „Gesetzes über die Verhältnisse der Juden vom 23. Juli 1847" durch die Regierung nach Anhörung der Beteiligten zu erfolgen. In § 35 dieses Gesetzes hieß es: „Die Juden sollen nach Maßgabe der Orts- und Bevölkerungsverhältnisse dergestalt in Synagogengemeinden (Judenschaften) vereinigt werden, dass alle innerhalb eines Synagogenbezirks wohnenden Juden einer solchen Gemeinde angehören."
Wie in allen anderen Gemeinden hatte auch der Rheurdter Bürgermeister van Laak die jüdischen Mitbürger zur Bil-

Georg Kaufmann, rechts außen, nahm am Ersten Weltkrieg als Artillerist teil.

dung von Synagogengemeinden zu befragen und „versammelte daher am 24. Februar 1854 sämtliche israelitischen Einwohner der Bürgermeisterei Rheurdt, um dieselben auf Grund des § 36 des Gesetzes vom 23.7.1847 in Betreff der Bildung der Synagogenbezirke zu hören." Die erschienenen J. Kaufmann und Z. David schlugen für ihren Bereich die Bildung des Synagogenbezirks Hoerstgen mit den Gemeinden Hoerstgen, Camp, Vierquartieren, Rheinberg, Budberg, Ossenberg, Alpen, Issum, Geldern, Sevelen, Nieukerk, Aldekerk und Rheurdt vor. Diesem Wunsche wurde aber nicht stattgegeben, denn aus dem 111 Paragraphen umfassenden „Statut für die Synagogen-Gemeinde Rheinberg vom 11. Juni 1856" geht hervor, dass diese die Bürgermeistereien Rheinberg, Moers, Homberg, Emmerich (gemeint ist wohl Hochemmerich), Baerl, Repelen, Neukirchen, Vluyn, Capellen, Rheurdt, Schaephuysen, Hoerstgen, Camp, Vier-

quartieren, Budberg, Orsoy, Ossenberg, Alpen und Büderich umfasste. Der Rheurdter Joseph Kaufmann gehörte dieser Synagogengemeinde als Repräsentant (Bevollmächtigter mit der Befugnis und Verpflichtung, in allen gemeinsamen Angelegenheiten der Synagogengemeinde rechtsgültig und verbindlich für die Gesamtheit der Gemeinde ohne Rücksprache zu beschließen) von 1858 bis 1864 und von 1871 bis 1877 an; stellvertretendes Vorstandsmitglied war er von 1867 bis 1870.

Wie lange Rheurdt zur Synagogengemeinde Rheinberg gehörte, konnte nicht ermittelt werden. Aus einer Antwort des Landrats des Kreises Moers vom 14. Dezember 1927 an den Provinzialverband rheinischer Synagogengemeinden geht jedoch hervor, dass Rheurdt zu dieser Zeit mit Rheinberg, Hoerstgen, Camp, Vierquartieren, Budberg, Orsoy, Ossenberg, Alpen und Büderich zur Synagogengemeinde Alpen gehörte. Diesem

Georg Kaufmann (rechts) bei einer Kutschfahrt in den zwanziger Jahren

Schreiben ist auch zu entnehmen, dass die Hoerstgener Synagoge seit 1908 nicht mehr benutzt wurde.

Am 14. März 1929 teilte der Regierungspräsident dem Landrat in Moers mit:

„Die jüdischen Einwohner der Gemeinden Camperbruch, Rossenray, Lintfort und Saalhoff werden an die Synagogengemeinde Mörs und diejenigen der Gemeinden Hörstgen und Camp an die Synagogengemeinde Rheurdt angeschlossen."

Im Zuge von Bestrebungen der Synagogengemeinde Alpen, die Bezirke neu zu ordnen, gibt die Synagogengemeinde Moers am 20. Mai 1931 folgende Stellungnahme ab:

„Die Synagogengemeinde Rheurdt mit Hörstgen betreffend müssen wir feststellen, daß dieselben in Rheurdt eine eigene Synagoge mit allen erforderlichen Kultuseinrichtungen sowie in Hörstgen einen Friedhof besitzt und sich als Synagogengemeinde gut erhalten

kann, da dieselbe in Rheurdt größtenteils gutsituierte zahlungsfähige Mitglieder hat. Rheurdt hat zudem wiederholt Zuteilungen nach Moers entschieden abgelehnt und wünscht den jetzigen Zustand beizubehalten."

Hierzu erklärt die Synagogengemeinde Alpen am 25. Juni 1931 u. a.:

„Tatsächlich liegt die Lage nämlich so, daß die Filialgemeinde Rheurdt-Hoerstgen nach der Abtrennung von Lintfort nur noch aus einigen wenigen Leuten besteht und nicht in der Lage ist, irgendwelche Kultuseinrichtungen aufrecht zu halten. Die Synagoge in Hörstgen ist vollständig verfallen. Sämtliche Kultusgeräte sind herausgeschafft. Der Friedhof kann nur noch notdürftig in Ordnung gehalten werden. ... Lintfort soll zu Rheurdt-Hörstgen zurück oder Moers soll Rheurdt-Hörstgen übernehmen. Unrichtig ist also die Behauptung, daß Kultuseinrichtungen in Hoerstgen oder Rheurdt vorhanden wären."

Das Luftbild aus den fünfziger Jahren zeigt einen Ausschnitt der Rathausstraße.
In dem kleinen Anbau zwischen den beiden Gebäuden in der Bildmitte befand sich
der Betraum der Rheurdter Juden.

Nach längeren Verhandlungen fasste die Synagogengemeinde Moers daraufhin am 26. Juli 1932 den einstimmigen Beschluss, die Zivilgemeinden Rheurdt und Hoerstgen als selbstständige Gemeinden der Synagogengemeinde Moers anzugliedern. Diese Angliederung ordnete der Regierungspräsident dann auch am 22. November 1932 förmlich an.

Wenn vorstehend von der „Rheurdter Synagoge" die Rede war, so darf man sich darunter kein eigenständiges Gebäude vorstellen. Vielmehr handelte es sich um einen schlichten Betraum im Hause der Familie Kaufmann (Haus Nr. 207, heute Rathausstraße 68/70). Ab wann und wie lange in diesem Hause der jüdische Gottesdienst abgehalten wurde, ließ sich nicht ermitteln. Erwiesen ist jedoch, dass die Issumer jüdische Gemeinde infolge des Rück-

ganges der jüdischen Bewohner im Jahre 1935 ihre Synagoge verkaufte und von diesem Zeitpunkt an zum Gottesdienst die Synagoge in Rheurdt aufsuchte. Wahrscheinlich fand nach den Vorfällen in der sog. Reichskristallnacht im November 1938 auch in Rheurdt kein jüdischer Gottesdienst mehr statt.

Der Schulunterricht der jüdischen Rheurdter Kinder

In einer Anhörung durch den Rheurdter Bürgermeister im Jahre 1854 sprechen sich Josef Kaufmann und Zacharias David für Hoerstgen als Hauptort eines Synagogenbezirks u. a. mit der Begründung aus, dass die dortige jüdische Gemeinde ein Schulzimmer und einen ausgezeichneten jüdischen Lehrer habe. Dies bedeutet aber sicherlich nicht, dass die Rheurdter jüdischen Kinder die jüdische Schule in Hoerstgen oder einer anderen der umliegenden Synagogengemeinden besuchten. Das wäre bei den damaligen Straßen- und Verkehrsverhältnissen auch wohl kaum möglich gewesen. Eher ist davon auszugehen, dass die Kinder periodisch den jüdischen Religionsunterricht in einer Synagogengemeinde erteilt bekamen, ansonsten aber dort, wo keine jüdischen Lehrer vorhanden waren, christliche oder staatliche Schulen besuchten. Das lässt sich für Rheurdt auch aus Eintragungen in der Chronik der Volksschule aus den Jahren 1903 und 1905 belegen, in denen unter den Entlasskindern Amalie und Georg Kaufmann genannt werden. Von diesen beiden haben sich auch Klassenfotos erhalten, die wohl um 1900 entstanden sind.

Im Zuge der gegen die Juden gerichteten Gesetzgebung in der Zeit des Nationalsozialismus kam es auch zur Trennung „deutscher" und „jüdischer" Schüler. In kleineren Gemeinden bestand damit für jüdische Kinder keine Unterrichtsmöglichkeit mehr. 1937 erklärte sich die Stadt Moers bereit, jüdischen Kindern aus den übrigen Orten des Kreisgebietes den Besuch der jüdischen Schule in Moers gegen Erstattung der anteilmäßigen Kosten zu gestatten.

Am 15. November 1938 ordnete der Reichsminister für Wissenschaft, Erziehung und Volksbildung an:
„Schulunterricht an Juden
Nach der ruchlosen Mordtat von Paris kann es keinem deutschen Lehrer und keiner deutschen Lehrerin mehr zugemutet werden, an jüdische Schulkinder Unterricht zu erteilen. Auch versteht es sich von selbst, daß es für deutsche Schüler und Schülerinnen unerträglich ist, mit Juden in einem Klassenraum zu sitzen. Die Rassentrennung im Schul-

wesen ist zwar in den letzten Jahren im allgemeinen bereits durchgeführt, doch ist ein Restbestand jüdischer Schüler auf den deutschen Schulen übriggeblieben, dem der gemeinsame Schulbesuch mit deutschen Jungen und Mädchen nunmehr nicht mehr weiter gestattet werden kann.
Vorbehaltlich weiterer gesetzlicher Regelung ordne ich daher mit sofortiger Wirkung an:
1. Juden ist der Besuch deutscher Schulen nicht gestattet. Sie dürfen nur jüdische Schulen besuchen. Soweit es noch nicht geschehen sein sollte, sind alle zur Zeit eine deutsche Schule besuchenden jüdischen Schüler und Schülerinnen sofort zu entlassen.
2. Wer jüdisch ist, bestimmt § 5 der ersten Verordnung vom 14. November 1935 zum Reichsbürgergesetz (Reichsgesetzbl. I S. 13333).
3. Diese Regelung erstreckt sich auf alle mir unterstellten Schulen einschließlich der Pflichtschulen."
In Rheurdt wohnte zu dieser Zeit nur ein schulpflichtiges jüdisches Kind: Margot Kaufmann, geboren am 3. Juli 1930. Sie erhielt von diesem Zeitpunkt an bis zu ihrer Deportation am 22. April 1942 keine Möglichkeit mehr zum Schulbesuch, da die einzige noch vorhandene jüdische Schule im Kreise Moers (in Moers) sie wegen Platzmangels nicht aufnahm.

Goldhochzeit der Eheleute Siegmund Kaufmann 1932 dokumentiert Einbindung der Juden in die Dorfgemeinschaft

Ein Artikel aus der „Niederrheinischen Landeszeitung" vom 26. März 1932, der über die Goldhochzeit der jüdischen

Goldhochzeit bei Berta und Siegmund Kaufmann auf der Rathausstraße 43
in Rheurdt im März 1932. Wie selbstverständlich haben die Nachbarn gekränzt,
und der Männergesangverein bringt ein Ständchen.

Eheleute Siegmund und Berta Kaufmann berichtet, ist ein zeitgeschichtlich äußerst wertvolles Dokument. Wird doch damit belegt, dass die jüdischen Mitbürger voll in die Rheurdter Dorfgemeinschaft integriert waren. Selbstverständlich brachte der Männergesangverein – wie bei derartigen Anlässen damals wie heute üblich – dem Jubelpaar ein Ständchen dar, selbstverständlich auch bekränzte die Nachbarschaft Straße und Haus mit großem Aufwand. Ein bei der Familie Haffmanns in Rheurdt – damals Nachbarn des Jubelpaares – erhalten gebliebenes Foto bestätigt die in dem Zeitungsbericht erwähnte „prächtige Dekoration". Am Ende des Artikels heißt es: „Möge es

den Eheleuten Kaufmann vergönnt sein, noch recht viele Jahre in ungetrübtem Glück beisammen bleiben zu können." Dieser Wunsch ging nicht in Erfüllung, denn rund zehn Monate nach der Goldhochzeit gelangten die Nationalsozialisten an die Macht und sofort begannen die Repressalien gegen die Juden.
Siegmund Kaufmann starb am 27. Dezember 1935, seine Frau Berta aber erlebte noch die Ausschreitungen der „Reichskristallnacht"; sie verstarb am 7. März 1939.
Ein weiteres Indiz für die Integration der jüdischen Mitbürger in die Dorfgemeinschaft ist deren aktive Teilnahme am Vereinsleben. So waren Moritz, Jakob und Ferdinand David sowie Clemens

Kaufmann Mitglieder im Rheurdter Turnverein, wobei insbesondere Jakob David dort die verschiedensten Funktionen – wie 2. Vorturner, Schiedsrichter und Zeugwart – ausübte. Wie aus einem Artikel der „Niederrheinischen Landeszeitung" vom 1. August 1930 ersichtlich ist, gehörte Jakob David auch der Freiwilligen Feuerwehr Rheurdt seit deren Gründung an. Gelegentlich des 25-jährigen Bestehens der Wehr im Jahre 1930 erhielt er gemeinsam mit anderen Feuerwehrkameraden das Erinnerungszeichen für Verdienste um das Feuerlöschwesen. Im Vorjahr hatte er bereits das Ehrenzeichen des Preußischen Landesfeuerwehrverbandes erhalten.

Trotz nachgewiesener massiver Drohungen hielten Rheurdter Bürger aber auch dann ihre Kontakte zu den jüdischen Mitbewohnern aufrecht, als dies schon bedrohlich für die eigene Existenz war. Dies ist dokumentiert durch Schreiben der zu dieser Zeit in Amsterdam wohnhaften Eheleute Lambert und Caroline Küppers – bei Letzterer handelte es sich um eine Nichte von Rosette David – aus den Jahren 1975, 1976 und 1977 an die Gemeindeverwaltung Rheurdt, verbunden mit der Überweisung namhafter Geldbeträge zur Verwendung für „hilfsbedürftige, arme, kranke, einsame Rheurdter Bürger". Den Grund für ihre großzügigen Spenden definieren die Eheleute Küppers so:

„So glauben wir auch im Sinn unserer in der makaberen Zeit deportierten und ermordeten Geschwister David zu handeln. Besonders denken wir dabei an Rheurdter, die damals mit gefährdetem Mut, persönlich schmerzhaftem Abschied, einem ‚Lebewohl', reichlich Wegzehrung ihre menschliche Verbundenheit mit den drei letztverbliebenen Davids steten denkwürdigen Ausdruck verliehen."

Trotz der weitgehenden Integration der Rheurdter Juden in die Dorfgemeinschaft kam es schon 1932 zu antisemitischen Schmierereien mit deutlich antikirchlicher Färbung, über die die Niederrheinische Landeszeitung am 2. August 1932 berichtete. Die Fotos wurden privat aufgenommen.

Bereits früher hatte Frau Küppers geschrieben:

„Ich selbst bin einige Jahre in Rheurdt zur Schule gegangen, als Frl. van Thiel unterrichtete. Im Hause meiner Großmutter David verlebte ich glückliche Kinderjahre und darum auch heute im späten Alter die Anhänglichkeit an Rheurdt."

Dieser Aussage ist zu entnehmen, dass das jüdische Schulkind Caroline David seinerzeit frei von Anfeindungen die Rheurdter Volksschule besuchte. Auch die bei der Großmutter in Rheurdt verbrachten „glücklichen Kinderjahre" lassen darauf schließen, dass die Rheurdter jüdischen Familien vor der Zeit des Nationalsozialismus ganz selbstverständlich in das Gemeindeleben eingebunden waren und es Belästigungen oder gar Diskriminierungen nicht gab.

Der Entzug der wirtschaftlichen Existenz und die „Abschiebung" (Deportation) der Juden

Im Verlauf der nationalsozialistischen Gesetzgebung wird den Juden kontinuierlich fast jede Berufstätigkeit untersagt. Dies trifft auch Moses David aus Rheurdt, dem vom Viehwirtschaftsverband Rheinland im Oktober 1937 die Zulassung als Viehverteiler entzogen

Viehwirtschaftsverband Rheinland

Der Vorsitzende

Viehwirtschaftsverband Rheinland, Bonn, Kaiserstraße 113

Fernruf Sammelnummer 32 57 Bonn	Geschäftszeit: Montags bis Sonnabends von 7½-13 Uhr Montags bis Freitags von 15-18 Uhr Besuche: Montags von 15-17 Uhr Freitags von 8-12 Uhr	Bankkonto: Bank für Landwirtschaft A.-G. Filiale Köln, Bahnhofstraße 8 Deichmannhaus Postscheckkonto Köln 47210

Herrn
Moses David
Viehverteiler
R h e u r d t
Kreis Moers

In jedem Schreiben ist nur ein Vorgang zu behandeln

Bei Antwort Zeichen und Nummer angeben

Ihr Zeichen	Ihre Nachricht vom	Unsere Zeichen	Bonn, Kaiserstraße 113
		Cc IV/2102	22. Oktober 1937

Betreff:

W i d e r r u f

Auf Grund des §7 in Verbindung mit §3 Ziff. 4 der Verordnung des Reichsministers für Ernährung und Landwirtschaft über den Handel mit Vieh vom 25.1.1937 (RGBl I S. 28) widerrufe ich Ihre Zulassung als Viehverteiler.

Sie erfüllen die von der genannten Verordnung geforderten Voraussetzungen für einen Viehverteiler nicht, weil die wirtschaftliche Lage Ihres Betriebes zu Bedenken Anlaß gibt.

Ich mache Sie darauf aufmerksam, daß vom Tage der Zustellung des Widerrufes an ein Viehhandelsgeschäft von Ihnen nicht mehr getätigt werden darf. Für die Abwicklung der bereits angebahnten Geschäfte setze ich Ihnen eine Frist von 8 Tagen nach der Zustellung.

Gemäß der Verordnung über den Handel mit Vieh vom 25.1.1937 (RGBl I S. 28) §8 Abs. 2 steht Ihnen gegen diese Entscheidung das Rechtsmittel der Schiedsklage bei dem Schiedsgericht des Viehwirtschaftsverbandes Rheinland in Bonn, Weberstr. 59, zu. Die Schiedsklage ist gemäß §11 Abs. 1 der Verordnung über die Bildung von Schiedsgerichten für die landwirtschaftliche Marktregelung vom 26.2.1935 (RGBl I S. 293), innerhalb einer Frist von einem Monat in 4 Exemplaren einzureichen. Die Frist beginnt mit dem Tage der Zustellung der ablehnenden Entscheidung.

Im Auftrage:

wird. Um den Lebensunterhalt bestreiten zu können, waren die jüdischen Bürger gezwungen, ihren Grundbesitz zu verkaufen und ihre verbliebenen Ersparnisse aufzubrauchen. Das führte dazu, dass die einstmals recht begüterten Familien völlig verarmten und bis zu ihrer Deportation auf Fürsorgeunterstützung und Zuwendungen der „Reichsvereinigung der Juden" in Köln angewiesen waren.

Der Reichsminister der Finanzen verfügte in einem Schnellbrief vom 4. November 1941 u. a. Folgendes:

„Betr.: Abschiebung von Juden

1. Allgemeines:

Juden, die nicht in volkswirtschaftlich wichtigen Betrieben beschäftigt sind, werden in den nächsten Monaten in eine Stadt in den Ostgebieten abgeschoben. Das Vermögen der abzuschiebenden Juden wird zugunsten des Deutschen Reiches eingezogen. Es verbleiben den Juden 100 RM und 50 kg Gepäck je Person.

Die Abschiebung hat schon begonnen in den Gebieten der Oberfinanzpräsidenten: Berlin, Hamburg, Weser-Ems in Bremen, Kassel, Köln, Düsseldorf.

Es kann angenommen werden, daß vier Personen einen Haushalt bilden.

2. Durchführung der Abschiebung:

Die Abschiebung der Juden wird von der Geheimen Staatspolizei (Gestapo) durchgeführt. Die Gestapo sorgt auch für die Sicherstellung des Vermögens.

Die Juden, deren Abschiebung bevorsteht, haben der Gestapo Vermögensverzeichnisse nach bestimmtem Vordruck einzureichen. Die Gestapostellen versiegeln die Wohnungen und hinterlegen die Wohnungsschlüssel bei den Hausverwaltern."

In einer am 20. Januar 1942 in Berlin, Am Großen Wannsee Nr. 56–58, stattgefundenen Besprechung „über die End-lösung der Judenfrage", die später als Wannsee-Konferenz bezeichnet wurde, wurden Einzelheiten über die endgültige Vernichtung der europäischen Juden festgelegt.

Auszüge aus dem Protokoll:

„An Stelle der Auswanderung ist nunmehr als weitere Lösungsmöglichkeit nach entsprechender vorheriger Genehmigung durch den Führer die Evakuierung der Juden nach dem Osten getreten. Diese Aktionen sind jedoch lediglich als Ausweichmöglichkeiten anzusprechen, doch werden hier bereits jene praktischen Erfahrungen gesammelt, die im Hinblick auf die kommende Endlösung der Judenfrage von wichtiger Bedeutung sind. (…)

Unter entsprechender Leitung sollen im Zuge der Endlösung die Juden in geeigneter Weise im Osten zum Arbeitseinsatz kommen. In großen Arbeitskolonnen, unter Trennung der Geschlechter, werden die arbeitsfähigen Juden straßenbauend in diese Gebiete geführt, wobei zweifellos ein Großteil durch natürliche Verminderung ausfallen wird. Der allfällig endlich verbleibende Restbestand wird, da es sich bei diesen zweifellos um den widerstandsfähigsten Teil handelt, entsprechend behandelt werden müssen, da dieser, eine natürliche Auslese darstellend, bei Freilassung als Keimzelle eines neuen jüdischen Aufbaues anzusprechen ist (Siehe die Erfahrung der Geschichte). Im Zuge der praktischen Durchführung der Endlösung wird Europa von Westen nach Osten durchgekämmt. (…)"

In Ausführung dieser Beschlüsse wurden auch die Rheurdter Juden „nach dem Osten abgeschoben". Während auf einigen Meldekarten der tatsächliche Zielort (Theresienstadt) angegeben ist, findet sich auf anderen der Vermerk „Unbekannt verzogen". Dies war sicherlich die Auswirkung einer Anordnung der Geheimen Staatspolizei (Leitstelle Düsseldorf) vom 7. April 1942 an die Polizeipräsidenten, Landräte und Oberbürgermeister mit folgendem Wortlaut:

„In der letzten Zeit mehren sich die Fälle, in denen Privatpersonen und Firmen auf Grund der von den Meldebehörden erhaltenen Auskunft über den Aufenthalt der nach dem Osten abgeschobenen Juden bei den in den Ostgebieten eingesetzten Verwaltungsstellen und Einsatzkommandos der Sicherheitspolizei und des SD Rückfragen verschiedenster Art halten. Das Reichssicherheitshauptamt in Berlin hat daher angeordnet, daß bei der Abmeldung von Juden nach dem Osten in den Melderegistern nicht der Zielort, sondern der Vermerk ‚unbekannt verzogen‘ bzw. ‚ausgewandert‘ aufgenommen werden soll. Ich bitte, die Meldebehörden im Sinne der Anordnung des Reichssicherheitshauptamtes entsprechend zu unterrichten um die Register entsprechend zu berichtigen und bei künftigen Auskunftserteilungen hiernach zu verfahren."

Die Rheurdter Juden wurden in folgende Konzentrationslager deportiert:

1. Nach Riga-Salaspils (Lettland) am 11. Dezember 1941:
   Amalie Kaufmann
   Albert Kaufmann
   Mathilde Kaufmann
   Bernhard Leiser
   Martha Leiser
   Hans Leiser
2. Nach Izbica bei Lublin (Polen) am 22. April 1942:
   Georg Kaufmann
   Paula Kaufmann
   Margot Kaufmann

Friedrich Seelmann
Frieda Seelmann
Margarete Cohen
Sonja Cohen

Paula Kaufmann geb. Hofmann wurde am 22. April 1942 nach Izbica deportiert. Die Aufnahmen stammen von 1930 und 1938.

235

Die 1930 geborene Margot,
Tochter von Georg und Paula Kaufmann,
wurde mit ihren Eltern nach Izbica deportiert.
(Fotos aus den Jahren 1935 und 1940)

3. Nach Theresienstadt (Terezin) in der Tschechoslowakei am 25. Juli 1942:
   Jakob David
   Moses David
   Rosette David
4. Paula Cohen starb am 28. November 1944 im Konzentrationslager Stutthof bei Danzig
5. Der mit der Rheurdter Jüdin Paula Kaufmann verheiratete und später mit seiner Familie in Goch wohnende Metzger Hugo Cohen, geboren 1893 in Kalkar, wurde im Mai 1941 in das Konzentrationslager Buchenwald bei Weimar deportiert. Dort wurde er Opfer der im Frühjahr 1941 durch einen überdurchschnittlich hohen Anteil kranker und damit arbeitsunfähiger Häftlinge ausgelösten so genannten „Sonderbehandlung 14 f 13", die in den Gasmordanstalten Bernburg, Sonnenstein/Pirna und Hartheim durchgeführt wurde. Im Verlauf dieser Aktion fanden mehrere tausend Konzentrationslager-Häftlinge den Tod. Unter „Sonderbehandlung" verstanden die Nationalsozialisten die physische Vernichtung von Menschen. „14 f 13" war ein dafür verwendetes Aktenzeichen, wobei „14 f" für den Tod im KZ und „13" für den Transport in eine „Euthanasie"-Anstalt stand. Hugo Cohen, Häftling Nr. 1305, wurde am 2. März 1942 beim ersten von vier Transporten dieser Vernichtungsaktion mit 89 weiteren Häftlingen in die sog. „Heil- und Pflegeanstalt" Bernburg deportiert und in der dortigen Gaskammer umgebracht. Sein am 17. März 1942 eingetretener Tod wurde aber nicht – wie es den standesamtlichen Vorschriften entsprochen hätte – beim Standesamt Bernburg, sondern beim Standesamt Weimar, zu dessen Bezirk das KZ Buchenwald gehörte, beurkundet. Da-

mit sollte sicherlich die Überführung in eine Vergasungsanstalt vertuscht werden. Bei der Aktion „Sonderbehandlung 14 f 13" starben allein in der Gaskammer von Bernburg etwa 5000 Menschen.

Die „Reichspogromnacht" in Rheurdt

Über den Verlauf der Reichspogromnacht in Rheurdt im November 1938 und ihre Vorgeschichte wird ausführlich in der von der Gemeinde Rheurdt 1998 aus Anlass der 60. Wiederkehr dieser Schreckensnacht unter dem Titel „Gegen das Vergessen" herausgegebenen Gedenkschrift berichtet. Darin wird auch geschildert, dass in Rheurdt in dieser Nacht nicht nur das Eigentum der Juden beschädigt wurde, sondern dass auch „arische" Bauern und Handwerker heimgesucht wurden, so der Schreiner Ludwig Hoeps – er hatte kurze Zeit vorher einen Sarg für einen verstorbenen Juden gezimmert –, der Bäcker Heinrich Verschoot, der Brötchen und Briefmarken an die Juden verkaufte, und die Landwirte Keens, Bürgers und Ingenlath, die vor der NS-Zeit dem Zentrum oder kirchlichen Organisationen angehört hatten und sich dem nationalsozialistischen Regime weiterhin aktiv oder passiv widersetzten.

Die Bestattung der Rheurdter Juden auf dem jüdischen Friedhof in Hoerstgen

Wie bereits an anderer Stelle erläutert, geht die Entstehung des jüdischen Friedhofes in Hoerstgen, auf dem auch später die Rheurdter Juden ihre letzte Ruhestätte fanden, in die Zeit des 17. Jahrhunderts zurück. Die mit den jüdischen Begräbnisstätten verbundenen besonderen Bräuche führten dazu, dass sich diese teilweise über Jahrhunderte erhalten haben. So war es alter jüdischer Brauch, die Friedhöfe vor der Stadt anzulegen und das Grab als heilig und unversehrbar anzusehen. Das Grab wurde auch als „Haus der Ewigkeit" bezeichnet, eine Stätte also, die zur Ewigkeit führt. Da es als lieblos galt, die Ruhe dieser zweiten Heimat zu stören, wurden die Gräber sich selbst überlassen und kaum gepflegt. Wie das einzelne Grab erhalten wurde, so legten die Juden auch den größten Wert auf den Fortbestand des gesamten Friedhofes.
Auf dem jüdischen Friedhof in Hoerstgen haben sich neun Grabstätten von Rheurdter Juden mit beschrifteten Grabdenkmälern erhalten.

Gedenkstein erhielt neuen Aufstellungsort

Im Jahre 1969 wurde auf dem alten Kommunalfriedhof am Burgweg in Rheurdt ein Gedenkstein für die ehemaligen jüdischen Mitbürger aufgestellt. Auf Grund eines Ratsbeschlusses wurde der Stein im Frühjahr 1996 vom Friedhof zum Rathaus versetzt. Anlässlich der Neuaufstellung fand am Sonntag, dem 17. März 1996, an der neuen Gedenkstätte eine Erinnerungsfeier statt, an der neben vielen Rheurdter Mitbürgerinnen und Mitbürgern auch Vertreter benachbarter jüdischer Gemeinden und der Landesrabbiner Abraham Hochwald aus Aachen teilnahmen.

Benutzte Quellen und Literatur

Friedrich Wilhelm BREDT: Friedhof und Grabmal, in: Mitteilungen des Rheinischen Vereins für Denkmalpflege und Heimatschutz, 10. Jg. (1916). Entnommen dem Buch „Zur Geschichte und Kultur der Juden im Rheinland", Düsseldorf 1985.

Kathrin FEYKES/Theo MÄSCHIG/Karl-Heinz RICKERS: Gegen das Vergessen. Gedenkschrift der Gemeinde Rheurdt zum 60. Jahrestag der Reichspogromnacht, Kamp-Lintfort 1998.

HStAD, Akten Landratsamt Moers Nr. 42, 42 II und 483 sowie Akte „Jüdisches Kultus- und Schulwesen", Bestand Landratsamt Moers Nr. 42.

Walter HOFER: Der Nationalsozialismus. Dokumente 1933–1945, Frankfurt am Main 1957.

Theo MÄSCHIG: Die Rheurdter Juden (1848–1942), Kerken-Aldekerk 1988.

Klaus NADERER: Der jüdische Friedhof in Hoerstgen, ein Mahnmal am Niederrhein, in: Rheinische Post, Ausgabe „Der Grafschafter" vom 10. August 1982.

Peter ORTAG: Jüdische Kultur und Geschichte, Bonn 1997.

Verzeichnis aller in Rheurdt wohnhaft gewesenen jüdischen Bürger

THEO MÄSCHIG

Lfd. Nr.	Name, Vorname evtl. Geburtsname	Geburtstag und -ort	Sterbetag und -ort	Tag der Deportation	Bemerkungen
1	Dr. Cohen, Fritz	7. 11. 1898 Kalkar			nach England emigriert, später in Australien interniert
2	Cohen, Hugo	28. 4. 1893 Kalkar	17. 3. 1942 Bernburg		in einer Vergasungsanstalt getötet
3	Cohen geb. Meyer, Margarete	17. 1. 1907 Rheinbach		22. 4. 1942 nach Izbica	im Juni 1939 von Rheurdt nach Krefeld verzogen
4	Cohen geb. Kaufmann, Paula	6. 7. 1889 Rheurdt	28. 11. 1944 Stutthof bei Danzig		vermutlich im KZ verstorben

	Name	Geburt	Tod	Deportation	Bemerkung
5	Cohen, Sonja	5. 3. 1932 Neukirchen-Vluyn		22. 4. 1942 nach Izbica	im Juni 1939 von Rheurdt nach Krefeld verzogen
6	Cohen, Werner	6. 3. 1921 Kalkar			nach Argentinien ausgewandert
7	David, Ferdinand	10. 12. 1857 Rheurdt	26. 11. 1912 Rheurdt		
8	David, Henriette	2. 11. 1854 Rheurdt	13. 4. 1931 Krefeld		
9	David geb. Lehmann, Henriette	1859 Wenckheim	1. 5. 1920 Rheurdt		
10	David, Jacob	12. 10. 1865 Rheurdt		25. 7. 1942 Theresienstadt	
11	David, Leopold	17. 3. 1859 Rheurdt	6. 4. 1936 Rheurdt		
12	David, Levi	30. 10. 1824 Hoerstgen			nach 1860 unbekannt verzogen, Lebensweg und Verbleib unbekannt
13	David, Moritz	27. 10. 1860 Rheurdt	22. 10. 1938 Rheurdt		
14	David, Moses	4. 5. 1864 Rheurdt		25. 7. 1942 nach Theresienstadt	
15	David geb. Jesse, Nette (Antonette Bertha)	9. 12. 1823 Hoerstgen	13. 2. 1906 Rheurdt		
16	David, Rosetta	11. 5. 1856 Rheurdt		25. 7. 1942 nach Theresienstadt	
17	David geb. Hertz, Sara	11. 11. 1822 Alpen			nach 1860 unbekannt verzogen, Lebensweg und Verbleib unbekannt
18	David, Sophia	19. 2. 1860 Rheurdt			nach 1860 unbekannt verzogen, Lebensweg und Verbleib unbekannt
19	David, Theodor	15. 10. 1853 Rheurdt	26. 12. 1853 Rheurdt		

Deutsches Reich

J

Kennkarte

Gebühr 3,00 RM

A 102 (8.38)

Kennort: Neukirchen Kr. Moers

Kennnummer: J 00010

Gültig bis 10. Dezember 1943

Name: Kaufmann geb. Daltrop

Vornamen:

Geburtstag: 14. April 1861

Geburtsort:

Beruf: ohne Beruf

Unveränderliche Kennzeichen: fehlen

Veränderliche Kennzeichen: fehlen

Bemerkungen:

Rechter Zeigefinger

Linker Zeigefinger

(Unterschrift des Kennkarteninhabers)

Neukirchen Kr. Moers, den 10. Dezember 1938

Der Bürgermeister als Ortspolizeibehörde

(Ausstellende Behörde)

Dienststempel

(Unterschrift des ausfertigenden Beamten)

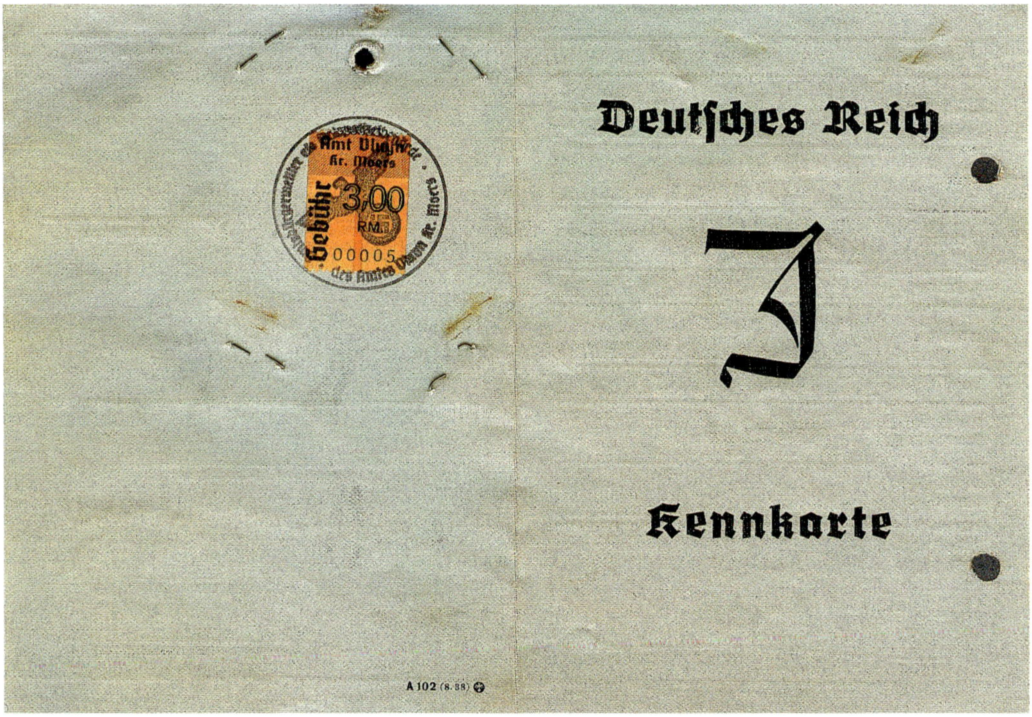

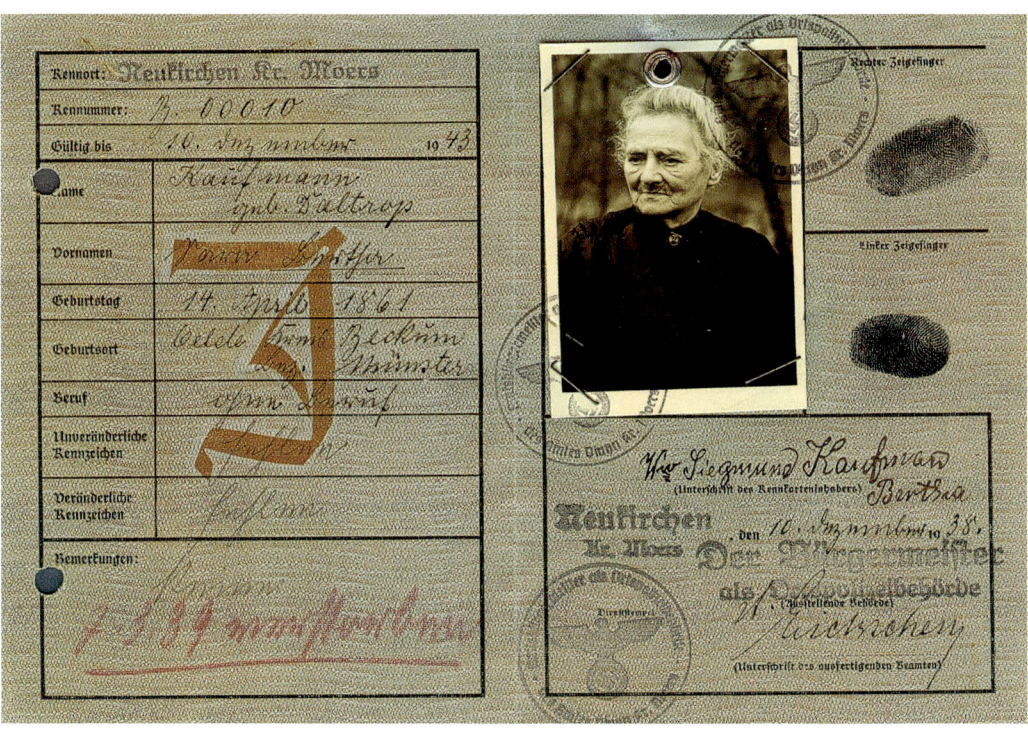

Im Juli 1938 wurden die Juden gezwungen, eine Kennkarte zu beantragen, die ihre Identität als Jude jederzeit preisgab. Ein großes „J" auf Vorder- und Rückseite dieses Ausweises war wie ein Kainsmal. Hier der erhalten gebliebene „Ausweis" von Berta Kaufmann.

20	David, Theodor	21. 3. 1858 Rheurdt		nach 1860 unbekannt verzogen, Lebensweg und Verbleib unbekannt
21	David, Theodor	26. 6. 1862 Rheurdt	20. 6. 1935 Duisburg	
22	David, Zacharias	1822 Hoerstgen	11. 10. 1887 Rheurdt	
23	Kaufmann, Adolf	11. 6. 1885 Rheurdt	17. 2. 1886 Rheurdt	
24	Kaufmann, Albert	3. 4. 1883 Rheurdt		11. 12. 1941 nach Riga
25	Kaufmann, Amalie	8. 4. 1887 Rheurdt	12. 5. 1888 Rheurdt	
26	Kaufmann, Amalie	16. 5. 1889 Rheurdt		11. 12. 1941 nach Riga
27	Kaufmann, Aron	26. 5. 1849 Rheurdt		Lebensweg und Verbleib unbekannt
28	Kaufmann geb. Dahltrop, Berta	14. 4. 1861 Oelde	7. 3. 1939 Rheurdt	
29	Kaufmann, Clemens	23. 11. 1854 Rheurdt	7. 4. 1942 Rheurdt	
30	Kaufmann, Georg	6. 9. 1891 Rheurdt		22. 4. 1942 nach Izbica
31	Kaufmann geb. Goldfinger, Henriette	1849 Köln	26. 2. 1881 Rheurdt	
32	Kaufmann, Henriette	21. 2. 1881 Rheurdt	15. 3. 1881 Rheurdt	
33	Kaufmann, Joseph	13. 2. 1820 Rachtig/Mosel	1. 12. 1889 Rheurdt	
34	Kaufmann, Margot	9. 7. 1930 Rheurdt		22. 4. 1942 nach Izbica
35	Kaufmann, Mathilde	10. 4. 1892 Rheurdt		11. 12. 1941 nach Riga
36	Kaufmann, Max	8. 4. 1887 Rheurdt	15. 5. 1888 Rheurdt	
37	Kaufmann geb. Hofmann, Paula	24. 4. 1902 Frickhofen		22. 4. 1942 nach Izbica
38	Kaufmann, Siegmund	9. 3. 1851 Rheurdt	27. 12. 1935 Rheurdt	

Berta und Siegmund Kaufmann mit ihren Enkeln Gabriel und Werner Cohen.
Gabriel wurde im KZ Sobibor umgebracht, Werner flüchtete nach Argentinien.

39	Kaufmann geb. Simons, Wilhelmine (auch Amalia)	29. 11. 1813 Linn	21. 1. 1887 Rheurdt	
40	Kaufmann geb. Lebenstein, Wilhelmine	24. 8. 1854 Issum	17. 3. 1932 Rheurdt	
41	Leiser, Bernhard	11. 9. 1901 Kerpen	11. 12. 1941 nach Riga	
42	Leiser, Hans	11. 8. 1938 Aldekerk	11. 12. 1941 nach Riga	
43	Leiser geb. David, Martha	2. 5. 1897 Rheurdt	11. 12. 1941 nach Riga	
44	Seelmann geb. David, Frieda	17. 9. 1893 Moers	22. 4. 1942 nach Izbica	
45	Seelmann, Friedrich	8. 10. 1888 Krefeld	22. 4. 1942 nach Izbica	
46	Seelmann, Lieselotte	28. 5. 1921 Duisburg		1939 nach England ausgewandert, später nach Amerika übergesiedelt

*Martha Leiser
geb. David 1930*

*Frieda und Friedrich Seelmann
mit ihrer Tochter Lieselotte 1927*

Orientiert auf die Hoerstgener „Judengemeinde": Vier Familien in Sevelen

GERD HALMANNS

Menschen jüdischen Glaubens haben in Sevelen nachweislich zwischen 1839 und 1912 gelebt. Ihre *Zahl* schwankte in der zweiten Hälfte des 19. Jahrhunderts zwischen mindestens sechs und im Höchstfall 14 (z.B. 1843: 6; 1853: 12; 1861: 11; 1888: 14; 1898: 6; 1904: 4; 1912: 2). Der prozentuale Anteil an der Gesamtbevölkerung hat – bei 2018 Katholiken und 63 Protestanten – demzufolge im Jahr 1888 die Höchstmarke von 0,67% erreicht.[1]

Zu dieser jüdischen Minderheit gehörten die *Namen* Levy Goldschmidt (geb. 1816 in St. Tönis) und Moses Kaufmann (1814–1860), die Familie des Emanuel Goldstein (1813–1869) und seiner Ehefrau Elise (geb. David; 1811–1865) mit dem im selben Hause wohnhaften Religionslehrer Moses Salomon Levy (1782–1854) sowie der Haushalt des Meyer Bön(n)inger (1823–1887) und seiner Frau Sophie geb. Levy einschließlich der Magd Rosa Zadig. Die Väter der Familien Kaufmann, Goldstein und Böninger waren jeweils aus dem benachbarten Hoerstgen zugewandert. Als Kinder werden in einer Akte des Gelderner Landratsamtes 1853 Rosetta Bönninger, Adolph, Johanna, Esra und David Goldstein erwähnt. Meyer, Simon und Zacharias Bönninger zählten 1882 wie 1885 zu den in der III. Einkommensklasse wahlberechtigten Angehörigen des Synagogenbezirks Geldern, gehörten also eher zu den ärmeren Landjuden.[2]

Levy Goldschmidt (1816–1891) und seine Frau Rosa Frank wanderten nach Nieukerk ab, Moses Böninger (geb. 1834 in Hoerstgen) und seine Frau Louise Levison (geb. 1829 in Rotterdam) nach Aldekerk.

Obwohl in Issum eine *Synagoge* bestand, nahmen die Sevelener Juden im 19. Jahrhundert am Gottesdienst in Hoerstgen teil: Im April 1848 erklärten Levy Goldschmidt und Emanuel Goldstein, dass die in Sevelen wohnenden Juden sich immer zur Hoerstgener Synagoge gehalten hätten, da diese auch näher liege.

1851 verfügte die „Regierung zu Düsseldorf" in ihrem Amtsblatt die Genehmigung einer „Haus-Collecte" „Behufs Aufbringung der Kosten für den Neubau einer Synagoge zu Hörstgen". Dabei wurde Sevelen (neben Camp, Rheurdt, Aldekerk) ausdrücklich zur „Judengemeinde zu Hörstgen" gezählt.

Die Orientierung nach Hoerstgen scheint auch für Begräbnisse gegolten zu haben.[3] Die *Berufe*, denen die jüdischen Sevelener nachgingen, sind vor allem den Wahllisten zu entnehmen. Weitere Informationen liefern die Landratsakten für die Erteilung von Gewerbescheinen, die Standesamtsregister und – im Falle Goldstein – Zeitungsannoncen: Bei Moses Kaufmann, Maier, Simon und Zacharias

*Aus dem Geldernschen Wochenblatt
vom 25. Dezember 1841*

Bönninger sowie Emanuel Goldstein finden wir die Berufsbezeichnungen „Handelsmann", „Krämer" oder „Kaufmann", auch „Hausierer". Dem Letztgenannten wurde z.B. 1840, 1841, 1842 und 1844 auch das „Patent" als „Fleischer" erteilt. Zwei Töchter der Familie Böninger arbeiteten als „Dienstmagd".[4]

Ein altes Wegkreuz, das ursprünglich in der Nähe des Ballmanshofes stand, wurde im Volksmund „Judenkreuz" genannt. Der mündlichen Überlieferung nach soll der aus Basalt gefertigte Gedenkstein nach einem Raubmord an einem jüdischen Viehhändler gesetzt worden sein. Die Chronik des Pfarrers Große-Osterholt führt dazu aus, dass im Jahre 1777 zunächst der Aldekerker Henrick Monessen und einige Tage später Peter Krynen, ebenfalls aus Aldekerk, (dem Namen nach also wohl keine Juden) auf dem Weg nach Sevelen ausgeraubt und ermordet worden sind.

Das 1970 unter einer Erdanschüttung wiederentdeckte Kreuz stand danach einige Jahre an der Südseite der Kirche, bis es im Zuge der Umgestaltung des Kirchplatzes entfernt und auf den Issumer Bauhof verbracht wurde.[5]

Anmerkungen

[1] HStAD, LA Geldern Nr. 157 und 160; GA Issum 34–29; Schematismus der Diözese Münster, Münster i. W. 1888 u.a.; Rudolf HARNISCH: Jahrbuch für den Regierungsbezirk Düsseldorf 1913, Düsseldorf 1913. 1828 lebten keine Juden in Sevelen: F. v. RESTORFF: Topographisch-statistische Beschreibung der Königlich Preußischen Rheinprovinzen, Berlin und Stettin 1830, S. 537.

[2] HStAD, LA Geldern, Nr. 157 und 159; GA Issum 34–29; Archiv Ruth Benger, Kevelaer, für deren freundliche Hinweise ich mich sehr bedanke. Zur Familie Goldstein vgl. auch: „Verzeichnis der jüdischen Familien in Geldern" (in diesem Buch, S. 367). Weitere genealogische Daten in der von Albert Spitzner-Jahn zusammengestellten Liste „Jüdische Einwohner in Sevelen ab 1839", ebenfalls in diesem Band, S. 247 f.).

[3] HStAD, LA Geldern, Nr. 156; GA Issum 34–29; Amtsblatt der Regierung zu Düsseldorf 1851, 30. April 1851, S. 295 f. Meyer Bönninger (geboren in Hoerstgen am 15. April 1823, verstorben in Sevelen am 14. Dezember 1887) ist in Hoerstgen bestattet worden.

[4] HStAD, LA Geldern, Nr. 154, 157 und 161; GW 11. Dezember 1841, 25. Dezember 1841, 16. Juli 1842.

[5] Freundliche Hinweise von Paul Uehlenbruck, Moyland, der das Kreuz 1970 gemeinsam mit Karl Wilhelm Kuytz am Burgweg wiederentdeckt hat.

Jüdische Einwohner in Sevelen ab 1839

ALBERT SPITZNER-JAHN

Name	Vorname	Geburt/Heirat	Beruf	Tod
Böninger	Albert	16. November 1866 Sevelen		8. Januar 1936 Köln-Ehrenfeld
Böninger	Arnold	18. Dezember 1840 Hoerstgen	Handelsmann	24. November 1901 Köln
		XX Caroline Kaufmann		24. Februar 1916 Köln
		um 1845		
Böninger	Arnold	27. Februar 1873 Sevelen		
Böninger	Bertha	13. August 1871 Sevelen	Dienstmagd	
Böninger	Clara	19. September 1885 Sevelen		
Böninger	Daniel	22. Februar 1858 Sevelen		
Böninger	Johanna	16. November 1860 Sevelen		
Böninger	Joseph	1. Februar 1791 Hoerstgen	Handelsmann	3. Januar 1862 Sevelen
		(bis 1808: Jausel Zaudi[ckl)		
		1. ∞ 29. Juli 1819 Hoerstgen		
		Rosine (Rosetta) Jesse		
		(bis 1808: Reis[gen] Phillip)		
		3. April 1801 Hoerstgen		4. Oktober 1825 Hoerstgen
		2. ∞ 25. Juni 1826 Hoerst		
		Sibilla Metzger (auch Sibilla Falk;		
		Valk, bis 1808: Beile Moses)		
		8. Januar 1797 Hoerstgen		21. Dezember 1856 Hoerstgen
Böninger	Joseph	5. Dezember 1864 Sevelen		nach 1939
Böninger	Joseph	15. Dezember 1879 Sevelen		7. November 1966 Köln-West
Böninger	Julia	3. Oktober 1853 Sevelen		
Böninger	Julius	4. Mai 1894 Sevelen		2. Februar 1895 Sevelen
Böninger	Meier	15. April 1823 Hoerstgen	Metzger	14. Dezember 1887 Sevelen

Nachname	Vorname	Geburt / Heirat	Beruf	Tod
		um 1821 Dorsten		
Böninger	Moses	5. Mai 1834 Hoerstgen / ∞ 12. August 1862 Sevelen / Louise Levison / 3. Dezember 1829 Rotterdam	Metzger	22. Oktober 1900 Sevelen
Böninger	Moses	28. April 1869 Sevelen		28. Dezember 1955 Recklinghausen
Böninger	Rosa	2. Juni 1900 Sevelen		
Böninger	Rosala	7. September 1875 Sevelen		
Böninger	Rosetta	19. Februar 1852 Sevelen		
Böninger	Sara	2. Januar 1858 Sevelen		
Böninger	Simon	22. November 1838 Hoerstgen / ∞ 21. November 1870 / Levi Carla Baumgarten / 28. Juli 1841 Dorsten	Handelsmann	20. April 1907 Sevelen
Böninger	Sophia	14. Juni 1863 Sevelen		1933 Rheinhausen
Böninger	Sophia	11. Januar 1878 Sevelen / ∞ Paul Reinemann		10. Dezember 1952 Langenfeld
Böninger	Wilhelmine	23. September 1882 Sevelen / ∞ 4. April 1913 Sevelen / Johann Reinehr (kath.) / 29. Januar 1884 Bingen	Dienstmagd	4. Juni 1951 Homberg
Böninger	Zacharias	21. November 1819 Hoerstgen	Hausierer	28. Dezember 1893 Sevelen
David	Daniel	um 1863 Grefrath		1. Januar 1871 Sevelen
Goldschmidt	Levy	18. Juli 1818 St. Tönis / ∞ Rosa Frank		5. Mai 1891 Nieukerk
Goldstein	Adolph	um 1841 (?)		
Goldstein	David	13. Februar 1842 Sevelen		14. Februar 1842 Sevelen
Goldstein	David	8. Oktober 1850 Sevelen / ∞ 1877 Botzdorf/Kreis Bonn / Rosina Andres / 1851 Bornheim		1909 Bonn / 1917 Bonn

Name	Vorname	Geburt/Heirat	Beruf	Tod
Goldstein	Elisabeth (Bertha)	24. Juni 1844 Hoerstgen ∞ 7. Oktober 1886 Hoerstgen *Emanuel Lichtenstein* 6. Juli 1828 Waldenrath bei Heinsberg	Handelsmann	24. Mai 1927 Sevelen 11. Februar 1901 Hoerstgen
Goldstein	Emanuel	6. März 1813 Hoerstgen ∞ 1839 Sevelen *Elisabeth (Elisa) David(s)* 1811 Ratingen	Handelsmann	24. März 1869 Düsseldorf 9. März 1865 Geldern
Goldstein	Eva	16. Juli 1847 Sevelen		
Goldstein	Helena	5. September 1840 Sevelen ∞ 9. Dezember 1862 Geldern *Salomon Friedländer* 21. Juni 1825 St. Tönis	Kleinhändler	
Goldstein	Johanna	27. November 1843 Sevelen		
Kaufmann	Moses	7. September 1814 Hoerstgen ∞ 17. April 1845 Süchteln *Ester (Magdalene) Brom(m)et,* 8. Juli 1819 Süchteln	Metzger	1. Oktober 1860 Geldern
Levy	Moses	um 1782 Middelburg/Belgien	Lehrer	18 Juli 1854 Sevelen
Zadig	Rosa		Dienstmagd	

Quellen

HStAD, LA Geldern, Nr. 161.
Manfred Klaes, Meerbusch, Schreiben an die Stadt Kamp-Lintfort vom 14. Februar 2001 und Nachträge.
Standesämter Geldern, Hoerstgen und Sevelen, Geburten-, Heirats- und Sterbehauptregister.
Standesamt Süchteln, Heiratshauptregister 11/1845.

Juden in Kerken

JOHANNA KLÜMPEN-HEGMANS

Nieukerk — Judenstraße

Ansichtskarte der Judenstraße in Nieukerk, gestempelt 1919

Jüdische Bürger in Nieukerk im 19. und 20. Jahrhundert

Den ältesten Hinweis auf jüdische Mitbewohner gibt sicher die Nieukerker Straßenbezeichnung Juden-Straat, die der Geometer Michael Buyx auf seiner Karte des Dorfes Nieukerk im Jahre 1815[1] einträgt und die noch in den zwanziger Jahren gebräuchlich war.[2]

Einzig die oben genannte Straßenbezeichnung weist darauf hin, dass die Juden auch schon früher eine Rolle im örtlichen Leben gespielt haben könnten. Im Liegenschaftsbuch von 1675 tauchen die Namen Abraham Steintgens, Elbert

Valkenborgh und Arrend Blaeufeld in der Nähe der Judenstraße auf[3]; die Fortschreibung des Jahres 1770 erwähnt nur noch einen der drei Hausnamen, nämlich Eeckers genannt Steintgens, ansonsten noch den Abraham Witthoff sowie einen Wilhelmus Gomperts[4]. Als den Juden der Aufenthalt im Oberquartier Geldern in den Jahren 1546, 1556 und 1570 verboten wurde, zogen sie vor die Tore der Städte oder in umliegende ländliche Gemeinden, wo ihre Anwesenheit der Obrigkeit weniger ein Dorn im Auge war.[5] Es ist zu vermuten, dass die „Judenstraat" in dieser Zeit ihren Namen erhielt. Sie ist Teil der alten

Hauptstraße durch den Ort und findet ihre Fortsetzung nach Süden in der „Kölschen Straat", nach Norden in der „Hoogstraat", gleich nebenan liegen Weber- und Schwanenmarkt, für die in alter Zeit Märkte bezeugt sind.

In der ersten Hälfte des 19. Jahrhunderts sind für Nieukerk keine Juden belegt. 1854 lebten hier der jüdische Handelsmann Levy Goldschmidt aus St. Tönis[6] mit seiner Frau Rosa geb. Frank. Im Jahre 1858 besteht der Haushalt aus vier Personen. Auf eine Anfrage der Gelderner Synagogengemeinde im Jahre 1903 berichtet der Nieukerker Ehrenbürgermeister Müllenmeister, dass seit dem Jahre 1854 nur ein Jude in der Gemeinde Nieukerk verstorben sei, und zwar der Handelsmann Levy Goldschmidt am 5. Mai 1891.[7] Die Familie scheint nach dem Tode des Vaters, den die Tochter und Näherin Sophie Goldschmidt auf dem Standesamt beurkunden ließ, von hier fortgezogen zu sein.

Einer zweiten jüdischen Familie in Nieukerk stand der Metzger und Handelsmann Herz Jesse vor.[8] Der Haushalt bestand 1858 aus vier Personen. 1858 bringt seine Frau Bernhardina geb. Franken hier die Tochter Henrietta zur Welt, 1860 wird Emilie Jesse geboren, so dass der Haushalt auf sechs Personen anwuchs. 1882 ist Herz Jesse berechtigt, als Wähler der III. Klasse an der Wahl des Vorstehers der Gelderner Synagogengemeinde, zu der Nieukerk seit 1854 gehörte, teilzunehmen. Die Familie ist später nach Geldern verzogen. Die Tochter Henrietta wird 1957 für tot erklärt, als Zeitpunkt des Todes wird der 31. Dezember 1945 in Berlin beurkundet; Tochter Emilie starb 1940 in Gurs (Frankreich).

Ein Ereignis zeigt, dass die antijüdische Propaganda auch von den Nieukerker Nationalsozialisten aktiv aufgegriffen wurde. Fritz Meyers hat die Episode geschildert[10]:

„1936 – Sonntagvormittag. Eine SA-Rotte marschiert über die Nieukerker Hochstraße ... In der Mitte der Rotte gehen zwei Nieukerker Mädchen. Sie tragen Pappschilder um den Hals. Darauf ist zu lesen: ‚Wir verkehren mit Juden!' Auf meine Frage wird mir geantwortet, daß die beiden Mädchen jüdische Freunde aus Sankt Hubert haben. In Nieukerk wohnen keine Juden. Keiner der Passanten wagt etwas zu sagen. Alle haben sie Angst."

Ein anderer noch lebender Zeitzeuge erinnert sich ebenfalls, wie Maria und Grete Koenen nach dem sonntäglichen Hochamt von ortsbekannten SA-Leuten festgehalten und vorgeführt wurden. Die Kirchenbesucher wurden durch die Schelle des örtlichen Ausrufers zum Eingang des damals noch am Kirchplatz gelegenen Schulgebäudes gerufen, wo die beiden Mädchen zur Schau gestellt wurden. Auf dem Schild, das ihnen umgehängt worden war, stand geschrieben: „Wir verkehren mit Juden und drangsalieren unsere Großmutter zu Tode!" Mit diesem beschämenden Plakat wurden sie durch den Ort geführt. Am Schulgebäude der Mädchenschule auf dem Nieukerker Kirchplatz befand sich seitlich zur Hochstraße hin ein Veröffentlichungskasten der NSDAP, wo u. a. deren Publikationsorgan „Der Stürmer" ausgehängt wurde, in dem die angeblichen „Untaten" der Juden gemeinsam mit übelsten Verunglimpfungen dieser und anderer verfolgter Minderheiten angeprangert wurden.[11]

Schon eine freundschaftliche Beziehung zu jüdischen Mitbürgern war damals Anlass genug zur Diskriminierung. Noch mehr bestraft von den herrschenden Machthabern wurde die Heirat mit einem Juden. Dies wird im traurigen

*Gerta Willner geb. Olie und
ihr Sohn Gottfried (Ferdi)*

Schicksal der Nieukerkerin Gerta Olie (geb. 15. September 1912, gest. 24. August 1944) deutlich. Die gelernte Hutmacherin (Modistin) und Tochter des Fassbinders Gottfried Olie lernte den Grefrather Juden Erich Willner im Jahre 1932 kennen. Willner habe einen sehr guten Eindruck auf die Familie gemacht und seine spätere Frau mit seinem Auto abgeholt – damals noch eine Besonderheit – und zum Bummel nach Krefeld gefahren.[12] Dennoch waren die Bedenken in der Familie Olie bezüglich einer geplanten Heirat groß, da man die Konsequenzen der antijüdischen Stimmung für Gerta Olie fürchtete. Gerta Olie und Erich Willner wollten aber nicht voneinander lassen und blieben in ihrem Entschluss fest.

Die Familie Willner zählte zu den „wichtigsten jüdischen Familien in Grefrath"[13]. Der Viehhändler Josef Willner hatte dort 1894 die Freiwillige Feuerwehr mit gegründet und war nicht unvermögend. Sein Sohn Erich hatte mit dem Beruf des kaufmännischen Angestellten die sonst üblichen Berufsfelder verlassen, er besaß in Grefrath eine Radiohandlung. 1934 konvertierte er zum christlichen Glauben und heiratete die Nieukerkerin Gerta Olie in Venlo. Am 9. Januar 1936 kam der Sohn Gottfried-Erich in Grefrath zur Welt, wo die Familie damals noch lebte.[14] In der Reichskristallnacht soll das Willnersche Geschäft in Grefrath zerstört worden sein.[15] Erich Willner wurde verhaftet, nach Dachau verschleppt, aber von dort wieder entlassen. Anschließend emigrierte er mit seiner Frau und seinem Sohn nach Belgien. Aus der Zeit zwischen 1941 und 1944 sind Briefe erhalten, die Gerta Willner an ihre Mutter in Nieukerk schrieb.[16] Die Stationen ihrer Irrfahrt auf der Flucht vor nationalsozialistischer Verfolgung werden hier deutlich. Bis Ende 1940 oder Anfang 1941 hielt sich die Familie in Antwerpen auf, dann zog sie nach Willerzie, wo der gerade 5-jährige Sohn Gottfried-Erich verstarb. Gerta schreibt am 23. Juni 1941 an ihre Mutter:

„Wie unsere Sachen aus Antwerpen ankamen, und wir alles auspackten, habe ich auch an die drei schweren Jahre (1938–1941; d. Verf.) gedacht, die wir durchgemacht haben. Es ist aber alles ein Nichts gegen das Letzte, daß wir unseren Ferdi noch dazu geben mußten. Darüber komme ich nie hinweg, es ist zu schwer …"

In Willerzie leben Gerta und Erich Willner in einem gemieteten Häuschen und beackern mit Hilfe der Sämereien aus Nieukerk – Gertas Bruder Ludwig betrieb eine Gärtnerei – einen großen Garten. „Wir freuen uns sehr, daß wir nun nicht mehr zu den Flüchtlingen, sondern zu den Willerzier Bürgern gerechnet werden. Wenn wir in Ruhe gelassen werden, können wir alles abwarten." So schreibt Gerta Willner am 24. Februar 1942 an ihre Mutter. Doch offensichtlich konnten die Willners auch hier nicht in Ruhe verweilen, im Februar 1944 kommt der Brief Gertas an ihre Mutter aus Brüssel, wo ihr Mann „in einem Betrieb eine gut bezahlte Stelle" habe, doch bereits im April 1944 muss das Ehepaar schon wieder fort aus Brüssel, wo es zu gefährlich wird. Als Kontaktadresse wird eine Bekannte in Brügge angegeben, die Briefe an Gerta Willner weiterleiten könne. Zur Beruhigung ihrer Mutter schreibt diese: „Uns geht es wie Du ja weißt, recht gut. Schade, daß ich euch nicht ausführlicher berichten kann. Später mal mündlich, wenn wir alle wieder zurück sind." Und ihr Mann Erich schreibt: „Wäre der Krieg nur bald zu Ende! Wir sind guten Mut's. Zu klagen haben wir nicht."

Gerta Willner geb. Olie sollte ihre Familie jedoch nicht mehr wiedersehen. Beim Einmarsch der Alliierten und dem Rückzug der deutschen Truppen aus Belgien findet sie am 24. August 1944 in den Ardennen „durch deutsche Soldaten" den Tod. Sie soll sich damals hier mit ihrem Mann versteckt haben.[17]

Ernst Willner überlebte und tauchte in Brüssel unter bis zur Besetzung des Landes durch die Alliierten. Im Oktober 1945 schreibt er, inzwischen Mitglied der US Army und „Direktor in der amerikanischen Eisenbahn-Militär-Verwaltung", seiner Schwiegermutter in Nieukerk: „Ich will Dir heute nicht damit kommen, was ich durchgemacht habe, sie die beste und edelste aller Frauen, den besten und treuesten Kameraden zu verlieren, sie, die sich so freute, bald befreit zu sein von all' dem Uebel, das diese Nazi-Pest über uns gebracht hat." Auch seines im KZ verschollenen Vaters und seines „von der SS in bestialischer Weise" ermordeten Bruders und dessen Frau gedenkt Ernst Willner in diesem Brief.

Jüdische Bürger in Aldekerk im 19. und 20. Jahrhundert

Bereits 1834 verzeichnet das Amtsblatt Düsseldorf für Aldekerk acht Juden.[18] Im Jahre 1843 lebten in Aldekerk zwei jüdische Familien mit insgesamt zehn Angehörigen; sie gehörten zur Synagogengemeinde Hoerstgen, wo die Juden schon seit dem 17. Jahrhundert einen besonderen Status genossen, und begruben ihre Toten auf dem Hoerstgener Friedhof.[19] Sie waren in dem für die ländlichen Juden typischen Fleischergewerbe und als Händler tätig. Marcus (Meier) Spiro Süs und Moses Spiro Süs beantragten 1841, 1842, 1843 und 1844 eine Handelskonzession, die ihnen vom Aldekerker Gemeinderat und dem Konsistorium genehmigt wurde; 1852 lebten im Haushalt von Marcus Spiro Süs vier weitere Personen.[20] Auch Simon Lazarus wohnte 1844 in Aldekerk. Bis 1861 verringerte sich die Zahl der in Aldekerk ansässigen Juden auf sieben.

Der Metzger und Handelsmann Jacob Jacob wird in Aldekerk erstmals 1860 erwähnt. Er stammte aus Dinslaken[21] und heiratete Sara Spiro, die Tochter des oben genannten Marcus Süss Spiro und der Carolina Meyer. Sein Geburtsort ist nicht bekannt; auch er stammte ebenso wenig wie die Familie Spiro aus Aldekerk. Sein Schwager war Emanuel Spiro, der ihm zeit seines Lebens – er verstarb am 22. Dezember 1881 – als Gehilfe und Handelsmann zur Seite stand.[22] Am 21. November 1871 meldet das Geldernsche Wochenblatt die Erweiterung des „Manufactur-Geschäfts" von Spiro & Jacob in Aldekerk um ein „Spezerei-

Geschäft". Es wird mit guten und billigen Waren sowie mit dem „besten aller Salze", dem Werler groben Salz, geworben. „Zugleich bringen wir auch unser reichhaltiges Manufacturlager in empfehlende Erinnerung unter Zusicherung billiger und reeler Bedienung."[23]

Sara Spiro gebar ihrem Mann zahlreiche Kinder, von denen viele einen frühen Tod fanden. So lässt Jacob Jacob 1865 den Tod seines Sohnes Sigismund (6 Monate) beurkunden, 1867 stirbt die Tochter Emma (2 Jahre), 1870 die Tochter Helena (5 Wochen), 1873 der Sohn Joseph (4 Tage), 1872 der Sohn Max (5 Jahre) und 1882 die Tochter Sibilla (23 Jahre). 1890 stirbt seine Ehefrau Sara Spiro im Alter von 61 Jahren. Jacob Jacob meldet den Todesfall einen Tag später am 15. November, weigert sich jedoch, die Sterbeurkunde zu unterschreiben, da er dies „wegen Sabaths nicht unterschreiben" dürfe. Jacob Jacob wird 78 Jahre alt und stirbt am 30. Januar 1906 in Aldekerk, wie sein Sohn, der Viehhändler Hermann Jacob, meldet.

Die Tochter Carolina Jacob heiratet den Kaufmann Isaac Levy, der aus Waldorf stammt; sie lassen sich in Aldekerk nieder. 1889 erscheint Isaac Levi als Wahlberechtigter der III. Klasse, sein Schwiegervater Jacob Jacob als Wahlberechtigter der II. Klasse in der Wahlliste der Synagogengemeinde Geldern, zu der Aldekerk nun gehört.[24] Isaacs Bruder Salomon Levy ist es, der 1896 zu Kleve angeklagt wird, an Maria Bockhorn zu Goch unzüchtige Handlungen vorgenommen zu haben. Er wird jedoch von der Anklage freigesprochen.[25] Doch auch Isaac und Carolina Levi geb. Jacob war das Schicksal nicht gnädig, Isaac Levi stirbt bereits am 21. September 1998 im Alter von nur 31 Jahren.[26] „Der treueste Gatte, der beste Bruder und Sohn ist mit ihm Dahingeschieden",

so verleiht ihm der Nachruf „einiger Freunde" in der Geldernschen Zeitung vom 27. September 1898 ein ehrendes Gedenken.

Neben der Familie Jacob wohnte der Metzger Moses Boeniger. Am 20. November 1866 bringt seine Frau Louise Levison die Zwillinge Sibilla und Joseph zur Welt. Sibilla stirbt 5 Monate später. Moses Böninger (Boeniger) wird 1882 zusammen mit einem Heinrich Heymann als Wähler der III. Klasse zur Synagogengemeinschaft aufgeführt; 1889 erscheinen beide nicht mehr in den Listen.[27] Da sie auch in den Aldekerker Sterberegistern nicht auftauchen, ist davon auszugehen, dass sie später an einen anderen Ort verzogen.

In Aldekerk lebten während des 19. und 20. Jahrhunderts meist zwei jüdische Familien zur gleichen Zeit, die auch verwandtschaftliche Beziehungen zueinander hatten. Durch Heirat entstand die Verbindung zwischen den Familien Süs Spiro, Jacob und Levy. Ob auch die Familien Gerson und Mendel, die sich kurz vor und nach 1900 hier ansiedelten, verwandtschaftliche Beziehungen zu den anderen jüdischen Familien in Aldekerk hatten, ist nicht bekannt. Wohl meldet Joseph Gerson den Tod des Viehhändlers Hermann Jacob – des letzten in Aldekerk ansässigen aus dieser Familie – im Jahre 1909 und es entsteht der Eindruck, dass dessen Viehhandel auf den Jüngeren überging.[28]

1885 wird für Aldekerk mit Joseph Gerson erstmals ein Mitglied der Familie Gerson, die bis 1938/39 ortsansässig war, aktenkundig.[29] Joseph Gerson ist 1889 Wahlberechtigter der III. Klasse, sein Vater Philipp Gerson, der im gleichen Jahr 88-jährig in Aldekerk verstirbt, wird als Wahlberechtigter der II. Klasse geführt. Die Familie stammt ursprünglich aus Hüls. 1919 treibt Joseph Gerson in

Aus der Niederrheinischen Landeszeitung
vom 8. September 1919

Aldekerk einen Handel mit Arbeits- und Rassepferden und Arbeitsochsen. Im gleichen Jahr stirbt seine Frau Caroline geb. Kaufmann, die wie er noch in Hüls geboren wurde.

Joseph und Caroline Gerson hatten sieben Kinder, wovon eines kurz nach der Geburt verstarb.[30] Die beiden Söhne Georg und Felix Gerson führten den Handel des Vaters in Aldekerk in der Hochstraße 139 zunächst gemeinsam weiter und richteten im Jahre 1924 ein Baugesuch zur Errichtung eines neuen Pferdestalls an die dortige Gemeinde[31]. Die Bauzeichnung stammt von dem Gelderner Architekten J. Lepelmann und zeigt ein stattliches Wohngebäude mit angrenzender Stube und Schlafraum für Knechte und einem neuen Stall für 14 Pferde. Während Georg Gerson später nach Geldern übersiedelte und dort in der Bahnhofstraße einen Viehhandel betrieb[32], führte sein Bruder Felix das Aldekerker Geschäft als ausschließlichen Pferdehandel alleine weiter. Hier wurden in der Blütezeit des Unternehmens viele Pferde umgeschlagen, d. h. nach

dem Kauf im Gersonschen Stall untergebracht und von dort weiterverkauft oder am Aldekerker Bahnhof verladen. Kinder der Nachbarfamilie Hufschmidt erinnern sich, dass die Familie wohlhabend und vor 1933 in der Dorfgemeinschaft voll integriert war.[33] Als Teilnehmer des Ersten Weltkrieges war Felix Gerson Mitglied im örtlichen Kriegerverein und 1928 sogar Schützenkönig beim örtlichen Schützenfest.

Felix heiratete Anna Kaufmann aus Vluyn im Jahre 1922; das Paar hatte die drei Kinder Ingeborg (geb. 1924), Helga (geb. 1927) und Hans (geb. 1930). Sie wurden von den Aldekerkerinnen Grete und Cornelia Wischers betreut, die auch im Haushalt halfen und der Familie in der schweren Zeit, die nach 1933 begann, treu ergeben blieben. Die Beziehung zur israelitischen Glaubensgemeinschaft scheint locker gewesen zu sein, denn die Kinder Gerson sollen am katholischen Religionsunterricht teilgenommen haben. „Generell muß man aber sagen, daß sich (…) das Verhältnis zwischen jüdischen und nichtjüdischen Einwohnern in Aldekerk nach 1933 abkühlte. Obwohl es schien, als seien die jüdischen Familien in das dörfliche Leben integriert, schränkten die nichtjüdischen Aldekerker meistens den Verkehr mit ihnen im Lauf der Jahre immer stärker ein, wenngleich man sich äußerlich nichts anmerken ließ."[34]

Da der geschäftliche und private Umgang mit Juden von den nationalsozialistischen Machthabern zunehmend geächtet wurde, gestalteten sich die wirtschaftlichen Verhältnisse der Gersons immer schwieriger, so dass sie gezwungen waren, Schulden zu machen und Sachen aus dem Besitz der Familie zu veräußern. Der Gedanke an eine Auswanderung kam wohl schon 1935/36 auf, ohne jedoch in die Tat umgesetzt zu wer-

Hofstaat des Aldekerker Krieger- und Schützenvereins 1928. Der Schützenkönig Felix Gerson wird flankiert von den örtlichen Honoratioren: Rektor Wirtz (5. von links), als Minister Dr. Johnen (7. v. l.) mit Frau Gerson, daneben Frau Ackermanns als Schützenkönigin, Frau Johnen und Ölmühlenbesitzer Ackermanns, Johann Hufschmidt (2. v. r.)

den.[35] Die Familie hing an ihrer Heimat, für die Felix Gerson im Ersten Weltkrieg gekämpft hatte, die Kinder an den gleichaltrigen Spielgefährten in der Nachbarschaft. In der Reichspogromnacht vom 9. auf den 10. November 1938 wurden auch die Aldekerker Juden drangsaliert. Am nächsten Morgen zeigte es sich dann, dass bei den jüdischen Familien im Ort die Fenster eingeworfen worden waren, und zwar, wie Frau Hirschfeld betont, nicht von Auswärtigen, sondern von Aldekerker Einwohnern.[36]

Für Felix Gerson und seine Familie wurde der Aufenthalt in Aldekerk immer gefährlicher. Vom 10. November, im Zuge des Judenpogroms, bis zum 1. Dezember 1938 soll er hier in Polizeigewahrsam festgehalten worden sein. Am 19. Dezember sollen er und seine Frau einen Reisepass erhalten haben.[37] Die nun folgenden Ereignisse schildert die Tochter von Johann Hufschmidt:

Johann Hufschmidt verfügte als Ehegatte einer Niederländerin und Händler über gute Kontakte in den Niederlanden und kannte sich auch an der Grenze aus. Ihm gelang es schließlich in einem zweiten Anlauf, die Familie Gerson bei Nacht und Nebel sicher aus Deutschland herauszubringen.[38] Hatte Felix Gerson dem offiziellen Dokument nicht getraut

Auf dem Pferd Hans Gerson, davor Schwester Helga (Juni 1934)

Kinderschützenfest am Brühl in Aldekerk 1936 im Hinterhof der Firma Kleinbongartz.
Sitzend vorne links Hans Gerson und vorne rechts Inge Gerson

und deshalb den illegalen Grenzübergang mit Hilfe des vertrauten Nachbarn gewählt?

Während die Tochter des Fluchthelfers Johann Hufschmidt von der Flucht der ganzen Familie spricht, führen die Aldekerker Melderegister die Eltern und den kleinen Sohn Hans Gerson bis zum 27. Dezember 1938, die Töchter Helga und Ingeborg jedoch noch bis zum 2. März 1939.[39] Sicher ist, dass die Familie zunächst nach Eelen bei Maaseyck in Belgien zog, wo sich ein Bruder von Frau Gerson aufhielt. Felix Gerson hatte Johann Hufschmidt mit der Verteilung und Versteigerung seines beweglichen Besitzes beauftragt, womit zunächst wirkliche und angebliche Schuldner der Familie zufrieden gestellt werden konnten.

Das Schicksal der Familie nach der Flucht im Jahre 1938 ist nur bruchstückhaft überliefert. Die weitere Odyssee führte die Gersons, deren Auswanderungsziel Amerika gewesen sein soll, nach Frankreich.[40] Hier sollen sie im Lager Gurs interniert, dann aber wieder entlassen worden sein. In diesem Lager soll auch die Mutter von Frau Gerson, die mit der Familie aus Aldekerk geflohen war, verstorben sein. Aktenkundig ist jedoch ihre Rückkehr nach Belgien, wo sie sich vor ihrer Deportation zuletzt in dem Ort Neeroeteren aufhielten. Am 7. Oktober 1942 befand sich die Familie Gerson im SS-Sammellager für Juden in Mechelen, ihre Namen wurden auf einer Liste für den Transport XIII aufgelistet, der sie in das Konzentrationslager Auschwitz bringen sollte. Hier wurden Felix Gerson und seine Frau Anna Johanna geb. Kaufmann mit ihren drei Kindern umgebracht; Ingeborg war 18 Jahre alt, Helga 15 Jahre und Hans 12 Jahre, sie starben zwischen dem 10. und 20. Oktober 1942. Eine Gedenktafel

Alltag im Viehhandel. Arthur Mendel (links) und Otto Mendel (2. von rechts)

in der Aldekerker Pfarrkirche St. Peter und Paul erinnert an sie und die umgebrachten Mitglieder der Familie Mendel als „Opfer in der Heimat".

Der Viehhändler Ludwig Mendel und seine Frau Adele geb. Maier stammten aus Krefeld, wo sie 1899 geheiratet hatten.[41] Die vier Söhne der Familie Mendel: Arthur (geb. 11.1.1900), Karl (geb. 12.1.1902), Otto (geb. 15.5.1904) und Erich (geb. 23.8.1907) wurden in Aldekerk geboren; hier betrieben die Mendels einen Viehhandel und eine Metzgerei in der Hochstraße 35. Die beiden Söhne Karl und Erich scheinen mit ihrer Heirat oder auch schon früher Aldekerk verlassen zu haben. Karl Mendel heiratete 1927 Paula Jülich aus Köln. Mit ihren beiden Kindern Vera und Richard galten sie zunächst als in Belgien verschollen. Karl wurde jedoch später für tot erklärt; er war im KZ Buchenwald umgekommen.[42] Erich Mendel heiratete 1939 in

Rheinhausen Friedel Levi aus Friemersheim. Ihr Versuch, sich über Belgien der Deportation zu entziehen, scheiterte. Am 25. September 1942 fand Erich Mendel im Konzentrationslager Auschwitz einen gewaltsamen Tod.[43]

Arthur Mendel, der am 25. August 1938 Margarete Sonntag aus Krefeld heiratete, gelang es, sich den Nazihäschern zu entziehen.[44] Am 14. Dezember 1938 ist er in Aldekerk, Hochstraße 35, abgemeldet mit dem Zielort Shanghai in China. Aus späteren Berichten wird der Weg der Reise nachvollziehbar. Über Marseille und Genua gelangten Arthur Mendel und seine Frau mit dem Schiff nach Shanghai, von wo aus sie nach dem Krieg nach Kalifornien umsiedelten.

Die Eltern Ludwig und Adele Mendel emigrierten nicht, sondern blieben bis zuletzt in Aldekerk, wo sie seit 1900 eine Heimat gefunden hatten. Im Adressbuch des Jahres 1938 wird der ehemalige

Otto Mendel (links) arbeitete in der Metzgerei Becks auf der Hochstraße in Aldekerk.

Viehhändler als Rentner geführt, Wohnsitz der Familie ist nach wie vor das Haus Hochstraße 35. Auch in Aldekerk hatte sich die Lage der Juden im Laufe der 30er Jahre weiter verschlechtert. Die Situation ist nur bruchstückhaft überliefert.[45] So heißt es, dass Frau Mendel immer scheuer geworden sei und sich kaum noch aus dem Haus getraut habe. Später habe sie einen Judenstern tragen müssen, den sie beim Gang durch die Aldekerker Straßen versucht habe, mit ihrer Handtasche im Arm zu verdecken. Während der Pogromnacht vom 9. auf den 10. November seien auch den Mendels die Schaufenster eingeschlagen worden, dies seien jedoch nicht nur Aldekerker, sondern auch SS-Leute aus Nieukerk gewesen. Kurz vor ihrer Deportation soll Adele Mendel dem schon genannten Fluchthelfer Johann Hufschmidt, von dem sie immer ihre Lebensmittel bezog, gesagt haben, dass sie beobachtet würden. Sie habe sich

nicht länger in das Hufschmidt'sche Geschäft getraut, um diese Familie nicht in Gefahr zu bringen.

Sohn Otto, ebenfalls Metzger und im Geschäft des Metzgers Becks auf der Hochstraße beschäftigt, war Anfang August 1938 aufgefordert worden, ins Aldekerker Bürgermeisteramt zu kommen, und dort von „Unbekannten" inhaftiert worden.[46] Von dort war er zur Haftanstalt Kleve gebracht worden. Nach langer Zugfahrt über Köln gelangte er mit anderen Mitgefangenen in das KZ Oranienburg bei Berlin. Hier wurde er interniert und zum Bau neuer Barackenunterkünfte herangezogen. Seine glückliche Rettung aus dem Todeslager hat er später beschrieben. Sie war zwei Aldekerkern zu verdanken, die als SS-Leute zum Wachpersonal gehörten und ihn erkannten. Unter der Bedingung, dass Otto Mendel den Beleg einer Schiffspassage aus Deutschland erbrachte, wurde ihm vom Lagerkommandanten, bei dem die beiden Aldekerker vorsprachen, gestattet, das Todeslager zu verlassen. Auf eigene Faust und mit der Hilfe von Fremden gelangte er wieder nach Aldekerk, wo er sich bis zur Abreise bei seinem Freund Gerhard Gilsing in der Mühlenstraße verbarg. Hier begegnete er für lange Zeit zum letzten Mal seiner Familie, seiner Frau und den Kindern Liesel und Karl sowie seinen Eltern Ludwig und Adele Mendel, die er nie mehr wiedersehen sollte. Ende Oktober 1938 bestieg Otto Mendel das Passagierschiff „Iberia", das ihn mit 900 anderen Juden nach Vera Cruz/Mexiko bringen sollte. Dort wird im November 1938 die Landeerlaubnis jedoch zunächst verwehrt – die US-Häfen sind für die Judenemigration zur damaligen Zeit geschlossen – und Otto landet für die nächsten zwei Jahre in Havanna auf Kuba, wo er sich als Stallknecht auf der Pferderennbahn über Wasser hält.

Seine Familie muss Otto in Aldekerk zurücklassen. Christine Mendel geb. Spickers ist gebürtige Aldekerkerin und nichtjüdischer Abstammung. Die Tochter Liesel wurde bereits 1931 geboren, doch wegen des Widerstandes von Christines Mutter gegen die Heirat[47] mit einem Juden fand die Eheschließung Christines und Ottos erst im April 1935 in Aldekerk statt. Christel und die beiden Kinder Liesel und Charly versuchen dem Ehemann und Vater in die Emigration nach Kuba zu folgen. Am 13. Mai 1939 brechen sie mit dem Schiff „St. Louis" in die Neue Welt auf; doch die Reise wird zur Irrfahrt, da sie in Havanna keine Landeerlaubnis erhalten und nach fünf Tagen, in denen sich Otto Mendel dem Schiff nur in Sichtweite nähern kann, verlässt das Schiff den Hafen von Havanna wieder und kehrt nach Europa zurück. Mit viel Glück überleben Christel, Liesel und Charly Mendel – die Mutter getrennt von den beiden Kindern – in Frankreich den Krieg und können am 14. Mai 1946 Otto Mendel in Baltimore, wo dieser inzwischen eine neue Heimat gefunden hat, in die Arme schließen.

Adele und Ludwig Mendel, die Eltern, waren in Aldekerk zurückgeblieben so dass das Aldekerker Melderegister für die Jahre 1940 bis 1942 zwei jüdische Mitbürger meldet. Hier findet sich auch mit bürokratischer Gründlichkeit die letzte Mitteilung über ihr grausames Schicksal vermerkt: Am 28. Mai 1942 wird Ludwig, am 23. Juli 1942 seine Frau Adele als abgemeldet notiert.[48] Sie gelten bis heute als verschollen.

Anmerkungen

[1] Dorf Nieukerk 1815. Angefertigt im April 1877 durch M. Buyx, Kataster-Geometer, Original: Niederrheinisches Museum für Volkskunde und Kulturgeschichte in Kevelaer.

[2] Bildarchiv der Gemeinde Kerken Nr. 4179/00. Vgl. GA Kerken, Bestand Amt Nieukerk, Nr. 2596. Gebäudesteuerrolle des Gemeindebezirks Nieukerk, Bd. I.

[3] Vgl. Karl DICKS/Ernst GEENEN/Wilhelm SOMMER: Kerken gestern und heute, Kerken 1990, S. 82; Bernhard KEUCK: Juden in Straelen, in: 650 Jahre Stadt Straelen 1342–1992. Beiträge zur Geschichte, Geldern 1992 (VHVG 93), S. 223, Anm. 20.

[4] Vgl. GA Kerken, Bestand Nieukerk vor 1850, Nr. 1.

[5] KEUCK (Anm. 3), S. 223.

[6] Vgl. Sterberegister der Gemeinde Neukerk, Standesamt Kerken, 5. Mai 1891. Die Familie Goldschmidt gehörte zu den ältesten jüdischen Familien in St. Tönis. Vgl. Klaus H.S. SCHULTE: Die ältesten jüdischen Familien von St. Tönis bis um 1850, in: Handbuch 1984 des Kreises Viersen, 34. Folge, S. 109 f. Vgl. Leo PETERS: Geschichte der Juden in St. Tönis, in: Handbuch 1982 des Kreises Viersen, 32. Folge, S. 109–126.

[7] Vgl. die Mitteilung des Bürgermeisters Müllenmeister vom 22.6.1903 auf die Anfrage des Vorstehers der Gelderner Synagogen-Gemeinde vom 18. Juni des gleichen Jahres, GA Kerken, Amt Neukerk, Nr. 1334. Außerdem Sterberegister Neukerk, Standesamt Kerken 6. Mai 1891. Hier gibt die Näherin Sophia Goldschmidt den Tod ihres Vaters, des Handelsmanns Levy Goldschmidt, an.

[8] Vgl. HStAD, LA Geldern, Nr. 222, Nr. 156, Nr. 157. Vgl. Geburtsregister Gemeinde Neukerk, Standesamt Kerken, vom 30. April 1858 und 10. Juni 1860. Dort finden sich ebenfalls die Eintragungen zu den Todesdaten.

[9] Als Zeitzeugen befragt wurden Werner Leinweber, Neukerk, geb. 1920, sowie Heinrich Hansen, Neukerk, geb. 1913 in Pont, der damals bei der Amtsverwaltung in Neukerk angestellt war und sich noch genau erinnert, dass S. nach 1933 Zuteilungen erhielt, wie sie jüdischen Mitbürgern zur damaligen Zeit nicht gewährt worden seien. Vgl. Sterberegister Neukerk, Standesamt Kerken, 14. November 1942.

[10] Fritz MEYERS: Das schwarz-rot-braune Neukerk. Wie ein Dorf im III. Reich fast aus den Fugen geriet. Geschrieben als Gedenkblatt für Kurt Rous, in: GHK 1985, S. 151.

[11] Vgl. Werner Leinweber (Anm. 9).

[12] Betont der Neffe Gottfried Olie, Neukerk, das Wohlwollen, das Willner in der Familie erweckte, so wird die Furcht vor der Verbindung mit einem Juden v. a. durch die Erzählungen des Schwagers Willi Mirbach überliefert, wie sein Sohn Hans-Gottfried Mirbach, Neukerk, mitteilte.

[13] J. LIPP/G. REHM: Juden in Grefrath, in: Geschichte der Juden im Kreis Viersen. Schriftenreihe des Kreises Viersen, Nr. 38, hrsg. vom Oberkreisdirektor, Viersen 1991, S. 255. Die folgenden Ausführungen basieren auf der dortigen Darstellung. Vgl. wie oben, S. 255–272. S. 259. Hier findet sich ein Bild von Erich Willner mit seinem Vater Josef aus dem Jahre 1927 vor dem väterlichen Wohnhaus, Bahnstraße 13.

[14] Vgl. Totenzettel des in Belgien verstorbenen Gottfried-Erich Willner. Kopie im GA Kerken.

[15] Vgl. Anm. 12

[16] Die Briefe von Erich und Gerta Willner geb. Olie an die Mutter befinden sich im Besitz der Neffen Hans-Gottfried Mirbach und Gottfried Olie, Neukerk, und wurden dem Gemeindearchiv für diese Untersuchung zur Verfügung gestellt, wofür an dieser Stelle Dank gesagt sei.

[17] Vgl. Anm. 13, S. 263.

[18] Amtsblatt der Königlichen Regierung zu Düsseldorf 1834.

[19] Vgl. HStAD, Bestand LA Geldern, Nr. 158 und 160.

[20] Vgl. HStAD, Bestand LA Geldern, Nr. 158, 160, 161, 222

[21] Standesamt Kerken, Sterberegister Aldekerk 30. Januar 1906. Der Tod des in Dinslaken geborenen Jacob Jacob wird durch seinen Sohn Hermann, Viehhändler, angezeigt. Auch die weiteren familiengeschichtlichen Daten stammen aus den Standesamtsregistern Kerken, Sterberegister Aldekerk 18/1865, 32/1865, 38/1868, 34/1870, 53/1872, 47/1873, 62/1881, 29/1882, 49/1890.

[22] Vgl. HStAD, Bestand LA Geldern, Nr. 222, und Standesamt Kerken, Sterberegister Aldekerk vom 22. 12. 1881. Jacob Jacob meldet den Tod seines Schwagers Emanuel Spiro.

[23] GW vom 21. 11. 1871.

[24] Vgl. HStAD, Bestand LA Geldern, Nr. 157.

[25] GZ 9. 10. 1895.

[26] Standesamt Kerken, Sterberegister Aldekerk vom 21.9.1898.

[27] Vgl. HStAD, Bestand LA Geldern, Nr. 157, sowie Standesamt Kerken, Geburtsregister vom 20. November 1866; Sterberegister vom 14. April 1867.

[28] Vgl. Standesamt Kerken, Sterberegister Aldekerk 6. Juli 1909.

[29] Vgl. zu den Wahlberechtigten Philipp und Joseph Gerson: HSTAD, Bestand LA Geldern, Nr. 157. Philipp Gerson, geboren in Hüls, verstirbt in Aldekerk am 6. August 1889, vgl. Sterberegister Aldekerk, Standesamt Kerken; Caroline Kaufmann, die Frau von Joseph Gerson, geboren in Hüls, stirbt in Aldekerk am 2. November 1919, vgl. Sterberegister Aldekerk vom 3.11.1919, Standesamt Kerken. Ein Nachruf erschien in der Niederrheinischen Landeszeitung vom 4.11.1919, in dem Kinder, Enkel und Anver-

wandte genannt werden. Werbeanzeige von Jos. Gerson, Aldekerk, in der Niederrheinischen Landeszeitung vom 8.9.1919.

30 Vgl. Standesamt Kerken, Geburtsregister Aldekerk: Georg Gerson (geb. 17.2.1886), Selma Gerson (geb. 30.11.1888), Paula Gerson (geb. 21.3.1887), Felix Gerson (geb. 27.8.1890), Gustav Gerson (geb. 16.8.1893, gest. 27.8.1893), Erna Gerson (geb. 28.3.1895). Paula und Georg Gerson wurden nach dem Zweiten Weltkrieg für tot erklärt, als Todeszeit wurde der 8. Mai 1945 festgelegt. Außer bei den genannten beiden und Felix Gerson findet sich in den Geburtsregistern kein Vermerk über Tod und Todesursache der Geschwister.

31 Vgl. Gemeindearchiv Kerken, Altes Bauarchiv Amt Aldekerk, Nr. 186.

32 Georg Gerson war verheiratet mit Rosa Paßmann, mit der er die beiden Kinder Carola und Herbert hatte. Die ganze Familie kam im Holocaust um. Vgl. Ruth BENGER: Shoáh. Alphabetische Liste der jüdischen Geldrianer, in: GHK 1988, S. 160–166.

33 Die folgenden Aussagen stammen aus dem Manuskript zur Zeitzeugenbefragung, die B. Ostrowski, Mitarbeiter der Krefelder Villa Merländer, mit Johann Hufschmidt, Aldekerk, und seiner Schwester Anna Hirschfeld, Geldern, im Jahre 1993 durchführte. Deren Vater Johannes Hufschmidt war ein Nachbar und Freund der Familie Gerson.

34 So lautet die Aussage von Frau Hirschfeld und ihrem Bruder Johann Hufschmidt; vgl. Anm. 33.

35 Felix Gerson hatte 1936 einen Antrag auf Ausstellung eines Visums für Holland und Belgien beantragt, der jedoch abgelehnt wurde, u. a. mit der Begründung, dass Gerson noch Steuerschulden aus den Vorjahren zu entrichten habe. Vgl. Manuskript von B. Ostrowski (Anm. 32), Nachtrag von Frau Genia Kaufmann, Berlin, S. 9.

36 Vgl. Anm. 33, S. 2.

37 Vgl. Anm. 33, S. 8, Nachtrag von Genia Kaufmann.

38 Vgl. Anm. 33, S. 3 f.

39 Vgl. Melderegister des Amtes Aldekerk 1930–1940, GA Kerken, Bestand Amt Aldekerk, Nr. 60.

40 Vgl. Anm. 33, S. 4 und S. 8 f. Bericht von Genia Kaufmann. Der letzte Aufenthaltsort in Belgien und die Todesdaten gehen aus den Standesamtsunterlagen hervor. Vgl. die Eintragungen der Sterbefälle unter den Geburtsregistern von Felix, Ingeborg, Helga und Hans Gerson, Standesamt Kerken, Geburtsregister des Amtes Aldekerk 51/1890, 47/1924, 33/1927, 44/1930. Die Transportliste stammt von dem „dienst der oorlogsslachtoffers", Brüssel.

41 Das Schicksal der Familie Mendel wurde von Josef WILMSEN: Rettung aus dem Holocaust. Otto und Christel Mendel. Mehr als eine Aldekerker Familiengeschichte, in einer Broschüre 1988 aufgearbeitet. Als Grundlage seines Berichts über das Schicksal der Familie Mendel dienten ihm die Berichte der Überlebenden des Holocaust Otto und Christel Mendel.

42 Gedenkbuch. Opfer der Verfolgung der Juden unter der nationalsozialistischen Gewaltherrschaft in Deutschland 1933–1945, 2 Bde., Koblenz 1986.

43 Vgl. wie Anm. 42 sowie Standesamt Kerken, Geburtsregister Aldekerk 43/1907, wo ein Vermerk des Sterbeortes und -zeitpunktes zu finden ist. Vgl. GA Kerken, Amt Aldekerk, Nr. 60, Melderegister 1930–1939, Nr. 3199. Erich Mendel meldete sich am 11.5.1928 aus Aldekerk nach Moers ab. Zuvor hatte er sich schon einige Zeit in Köln aufgehalten.

44 In der Geburtsurkunde von Arthur Mendel findet sich der Vermerk über die spätere Eheschließung. Vgl. Standesamt Kerken, Geburtsregister 2/1900. Vgl. zum Datum der Auswanderung: Melderegister Amt Aldekerk, Nr. 60, Nr. 3929 und: WILMSEN (Anm. 41). Im Adressbuch des Kreises Geldern von 1931 wird Arthur Mendel im Jahre 1931 als Metzger mit dem Wohnsitz Hochstraße 35, Aldekerk, aufgeführt.

45 Vgl. Zeitzeuge Heinz Schöpkens, Aldekerk, geboren 1930, und Werner Leinweber, Nieukerk, geboren 1920. Vgl. außerdem Bericht von Frau Hirschfeld (Anm. 33).

46 Vgl. WILMSEN (Anm. 41). Laut Melderegister Bestand Aldekerk, Nr. 60, Nr. 3840, ist Otto Mendel am 25. Oktober 1938 aus Aldekerk, Moerser Straße 7, abgemeldet mit dem Zielort Vera Cruz/Mexiko.

47 Laut Aussage der Nichte von Christine Mendel, Frau Stüning, Kamp-Lintfort.

48 Vgl. GA Kerken, Amt Aldekerk, Nr. 61 An- und Abmelderegister 1939–1950, S. 37 und 38 und: WILMSEN (Anm. 41).

Chancen und Grenzen der Assimilation im ländlichen Raum: Die Geschichte der Straelener Juden

BERNHARD KEUCK

In lokalen Darstellungen zur Geschichte der Juden kann man häufig lesen, dass das Verhältnis zwischen Juden und Christen bis zur Machtergreifung der Nazis im Wesentlichen ungetrübt gewesen sei, die Juden seien mehr oder minder gesellschaftlich integriert gewesen. Dieses durch die Scharfstellung auf den Holocaust entstandene Bild mit dem jedem Fotografen bekannten Effekt des Verschwimmens von Vor- und Hintergrund bedarf der Korrektur. Zwar stand seit der Reichsgründung 1871 die Gleichberechtigung der Juden gesetzlich fest und die Juden selbst sahen in gewissem Sinn die Assimilation als abgeschlossen an, doch ihre Existenz erwies sich in Krisenzeiten immer wieder als erschütterbar.

Als 1895 der Straelener Gemeinderat die Königliche Regierung in Düsseldorf um Genehmigung eines Sparkassenstatus für die neu zu gründende Gemeindesparkasse bat, fügte in seinem Auftrag Bürgermeister Freiherr von Geyr-Schweppenburg dem Antrag einen Bericht über die wirtschaftliche Lage in Straelen bei. Darin führte er unter anderem aus: „Die ländlichen Existenzen leiden außer der Ungunst der Zeit unter den Folgen der übertriebenen Parzellierung … Die Verarmung dieser kleinen Existenzen zeigt sich darin, dass dieselben früher eine eigene Kuh im Stalle hatten, heute steht aber vielfach eine Mietkuh darin, die dem Juden gehört. In Geldnöten oder wenn eine neue Kuh angeschafft werden muss, gehen diese Leute zum Juden, welcher Viehhändler ist und verfallen damit unrettbar der aufsaugenden Gewalt dieser Art von Geschäftsleuten … Die Grundlage dieses nachhaltigen Verkehrs ist das Borgsystem, womit wieder die alte Erfahrung bestätigt wird, dass der Jude sich am liebsten bei schwankenden und rückläufigen Existenzen einnistet."

Als Beweis führt der Bürgermeister an, „dass in den sechziger Jahren sich zuerst eine Judenfamilie hier niederließ, die gänzlich unbemittelt war, heute ist dieser Jude Besitzer zweier Häuser im Orte und eines auf dem Lande"[1].

Exkurs: Stoecker, Dr. König und der Xantener Knabenmord

Die aggressive Wortwahl lässt den Bürgermeister deutlich als Anhänger antijüdischen Denkens erkennen. Seit zwei Jahrzehnten war es wieder zum Gärmittel in Politik und Gesellschaft geworden. Entzündet hatte es sich in der Phase der Depression nach der Reichsgründung 1871. Der „Gartenlauben"-Journalist Otto Glagau hatte in einer Artikelserie 1874/75 den Eindruck zu erwecken versucht, die Juden seien für den Börsenkrach verantwortlich. Unter dem Titel „Börsen- und Gründungsschwindel in Berlin" hatte er zwischen „schaffendem" und „raffendem" Kapital unterschieden, wobei er letzteres mit jüdischem gleichsetzte. Er schrieb: „Ich will den Juden nichts nehmen, von dem, was sie einmal besitzen; aber ich will sie revidieren und zwar funditus revidieren … nicht länger dürfen wir dulden, dass die Juden sich überall in den Vordergrund, an die Spitze drängen, überall die Führung, das große Wort an sich reißen."[2]

Solchen verbalen Antijudaismus versuchte der evangelische Hofprediger Adolf Stoecker[3] politisch zu instrumentalisieren. Er gründete 1878 eine „Christliche-Soziale-Arbeiterpartei", die er 1881 in „Christlich-Soziale-Partei" umbenannte. Mit antisemitischer Propaganda warb er auch in der konservativen Landbevölkerung um Rückhalt.

Dass gerade ländlich-katholische Kreise eine Affinität zum Antisemitismus hatten, zeigte sich nicht zuletzt am Niederrhein.

Während der achtziger und neunziger Jahre des 19. Jahrhunderts lassen sich beispielsweise in den Spalten des Geldernschen Wochenblattes eine Vielzahl antisemitischer Äußerungen entdecken, die ohne Zweifel Auslotungen eines entsprechenden Stimmungsbildes zulassen. Hier nur zwei Beispiele: Am 17. Mai 1881 prophezeit eine „Briefkastennotiz" Frankreich, dass es kein Jahrhundert dauere, bis ein Jude auf dem Präsidentenstuhle zu sehen sei, in weniger als einem halben Jahrhundert regiere ein Sohn Abrahams die USA, und in weniger „als ein Vierteljahrhundert werde der Lord Mayor von London seinen Schöpfer am Altar(!) der Synagoge anbeten … Es gibt nur ein Volk, das die Juden niederzuwerfen vermag, wenn es noch kann, und das ist das deutsche."[4]

Selbst im Feuilleton bekommt der Leser des Geldernschen Wochenblattes das (Zerr-)Bild eines Juden skizziert, das weniger unterhalten als vor allem schaudern machen soll.

In der historischen Novelle „Eine Klevische Furie", im Februar und März 1891 als Fortsetzungsroman ohne Verfasserangabe erschienen, heißt es: „Daniel ben Zadok … war Geldverleiher. Mit der größten Gefälligkeit rettete er Edelmann und Bürger aus der Verlegenheit, worin sie sich durch Mangel an barer Münze befanden. Aber wehe dem, der einmal in seine Hände gefallen war! Kein Bluthund saugt seine Beute mit größerer Ausdauer aus, keine Giftschlange erstickt das arme Geschöpf, das sie mit ihrem zierlichen Schlängeln umwunden hat, mit größerer Kaltblütigkeit, als die eiskalte Berechnung, womit der Wucherer jeden zu Grunde richtet, der sich seiner Gnade überliefert hatte."[5]

Im Jahr der Veröffentlichung dieser Passage, 1891, verdichtete sich diese Reihe der Einschüchterungen zu einer massiven Drohgebärde gegen das Judentum. Auslöser war ein Mord an einem fünfjährigen Jungen in Xanten, dessen Mörder Polizei und Justiz nicht finden konnten.[6]

Am 29. Juni 1891 wurde Johannes Hegmann in einer Scheune ermordet aufgefunden. An seinem Hals befand sich eine große Schnittwunde. Noch während die polizeilichen Ermittlungen andauerten, verbreitete sich aufgrund der Aussage des Untersuchungsarztes, beim Mordopfer seien überraschend wenig Blutspuren gefunden worden, das Gerücht, der Mord sei von jüdischer Hand geschehen. Verdächtig sei der Metzger Adolf Buschhoff. Allein der Verdacht führte zu Unruhen unter der Xantener Bevölkerung. Mitglieder der jüdischen Gemeinde wurden misshandelt, Steine wurden in ihre Geschäfte und Wohnungen geschleudert. Adolf Buschhoff wurde in Untersuchungshaft genommen. Die Ermittlungsbehörden konnten aber keinen Verdacht gegen Buschhoff erhärten und entließen ihn im Dezember 1891 aus der Haft.

Nun geriet die Justiz in die Schusslinie einer sich antisemitisch gebärdenden Presse. Sie warfen ihr eine zu nachsichtige Behandlung des Judentums vor. Neben Stoeckers Zeitung „Das Volk", der Leipziger „Staatsbürger Zeitung", der katholischen „Germania" und der protestantischen „Berliner Kreuzzeitung"[7] verbeugten sich auch die zentrumsnahen Lokalzeitungen des Niederrheins vor dem Antisemitismus, an erster Stelle der Xantener „Bote für Stadt und Land"[8], aber auch der „Clever Volksfreund"[9], das „Geldernsche Wochenblatt"[10] und das „Kevelaerer Volksblatt"[11].

Von ihrem publizistischen Trommelfeuer irritiert, ließ die Justiz Buschhoff am 8. Februar in Köln erneut inhaftieren. Vorwand war ein Gutachten, nach dem eines von Buschhoffs Schlachtermessern als Tatwaffe in Betracht komme.[12] Im Juli 1892 wurde ihm vor dem Klever Schwurgericht der Prozess gemacht, der internationale Beachtung fand. Besonders unrühmlich trat der Spiritus Rector des Xantener „Boten für Stadt und Land", der katholische Kaplan Bresser, in Erscheinung. Bei der Zeugenvernehmung stellte sich heraus, dass er den „Gutachtern", allesamt Xantener Bürger, die „Gutachten", die den Anlass zu Buschhoffs zweiter Verhaftung gegeben hatten, in die Feder diktiert hatte.[13] „Jede, auch die entlegenste und am wenigsten informierte antisemitische Äußerung wurde vom Xantener ‚Boten' gesammelt und weitergegeben", beschrieb F. Gorissen die Rolle des Boten.[14] Diese „Botschaften" wühlten nicht nur den Nie-

derrhein auf, sondern trugen Turbulenz bis in den preußischen Landtag, der sich in zwei Debatten mit dem Ritualmordvorwurf von Xanten auseinandersetzen musste.[15] Dabei wäre der als „Judenfreund" beschimpfte preußische Justizminister fast gestürzt worden.

Obwohl also bei der Ausübung öffentlichen Drucks vor demagogischen und zum Teil ungesetzlichen Mitteln nicht zurückgeschreckt wurde, um die Justiz massiv zu beeinflussen, wurde Buschhoff wegen bewiesener Unschuld vollständig entlastet und aus der Haft entlassen. Sein von mehreren Personen bestätigtes Alibi hatte sich als nicht erschütterbar erwiesen. Ein Fazit zog der Staatsanwalt mit den Worten: „Nicht weil es sich um einen Juden handelt, ist die Sache aufgeklärt, sondern weil die Sache unklar ist, hat man zu einem Juden gegriffen."[16]

Mit diesen Worten wird er nicht zuletzt Stoecker vor Augen gehabt haben, der während des ganzen Verlaufs parteipolitisches Kapital aus der Affäre zu ziehen versuchte. Wenn bisher bekannt war, dass die „Antisemiten" vor allem im Raum Neuß mit vielfältiger Agitation und der Gründung eines „antisemitischen Vereins" reüssieren wollten[17], muss hier auch der Kreis Geldern als weitere Agitationsstätte genannt werden. Am 7. Februar, einen Tag vor Buschhoffs erneuter Verhaftung, fand in Kevelaer eine „antisemitische Volksversammlung der Christlich-Sozialen-Partei" statt[18], zwei Wochen später eine ähnliche in Weeze.

Unsere Kenntnis darüber verdanken wir dem Geldernschen Wochenblatt. Der Hauptredner war bei beiden Versammlungen Dr. König aus Witten, der in der Literatur als „weithin bekannter Agitator der Christlich-Sozialen-Partei"[19] beschrieben wird. Aus dem ausführlichen

Bericht über die Kevelaerer Versammlung muss geschlossen werden, dass sie in einer Atmosphäre politischer Hochspannung stattgefunden hat.

Grund dieser Hochspannung ist im religiös-weltanschaulichen Gegensatz zwischen der protestantischen Provenienz Stoeckers und seiner Klientel und dem Geist des tiefkatholischen Wallfahrtsortes zu erklären, doch sind offensichtlich im Interesse der „antisemitischen" Sache Differenzen überbrückt worden. Im Zeitungsbericht heißt es, „dass der seit längerem projektierte Vortrag erst nach Überwindung verschiedener Hindernisse vom Stapel gehen konnte"[20]. Ort der Veranstaltung war „der große Saal des Herrn Boes im Kölner Hof, der von Zuhörern von Nah und Fern überfüllt war". Zur Sicherung waren starke polizeiliche Kräfte aufgeboten. In anderthalbstündiger Rede referierte der Redner über das Thema: „Was heißt Judenfrage?" und berührte dabei „das Darniederliegen und Zurückgehen des Bauernstandes, das Ausschlachten der Güter und Höfe in verschiedenen Gegenden durch die überhandnehmenden Wucherer, Güterschlächter etc. Es wurde das Treiben der Börse hinsichtlich Hausse und Baisse, Differenzgeschäfte in drastischer Weise geschildert ...

Sodann ging König auf den Fall Buschhoff ein und forderte das Publikum auf ... eine Resolution der höheren Behörde zu unterbreiten. Mit vollständiger Majorität wurde diesem Vorgehen zugestimmt. Zum Schluss forderte der Redner die christlichen Konfessionen auf, sich zu vereinen und zusammen festgeschlossen vorzugehen gegen das Judentum und die von ihm aufgedeckten Krebsschäden ...

Unter brausendem Beifall wurde die Versammlung von der Polizei aufgelöst, doch König musste die Anwesenden auffordern, der Polizei Folge zu leisten und ruhig den Saal zu verlassen".

In der 14 Tage später stattfindenden Versammlung in Weeze, zu der 800 Männer gekommen waren, wie das Geldernsche Wochenblatt schrieb[21], machte König aus seiner Genugtuung über die erneute Verhaftung Buschhoffs keinen Hehl: „Jetzt wo es scheint, dass das beleidigte Rechtsgefühl des deutschen Volkes Genugtuung findet und wo es scheint, dass über den grausigen Mord in öffentlicher Gerichtssitzung vor aller Welt verhandelt werden soll, dürfen wir hoffen, dass die preußische Justiz ihren alten guten Ruf bewahrt."

Einen weiteren Grund für die politische Hochspannung wird man in der Kluft sehen müssen, die in der „Judenfrage" die politische Hauptkraft des Niederrheins, das Zentrum, spaltete. Die eine Seite machte aus ihrer Judenfeindschaft keinen Hehl, wie etwa der viel gelesene Populärtheologe Franz Hettinger: „Kapital, Handel und Presse Deutschlands sind dem Judentum verfallen, ... dem klugen Völkchen, das, vaterlandslos, zum guten Teil auch religionslos, manchmal auch ehr- und gewissenlos und jeder höheren Richtung bar nur nach Geld und Gewinn strebt."[22]

Bei solcher populären Hetze muss man andererseits der Parteiführung des Zentrums um Ludwig Windhorst zugute halten, dass sie die Partei im Reichstag wirkungsvoll gegen den Antisemitismus immunisiert hat.[23] Für den Demokraten Windhorst war die Gleichberechtigung unteilbar und durfte keiner Minderheit, auch nicht der jüdischen, vorenthalten werden. Mit seiner festen Haltung konnte er jedoch nicht verhindern, dass die politische Wirkung überzeugter Judengegner wie Hettinger, des Zentrumsabgeordneten Felix Freiherr von Loë[24] oder des westfälischen „Bauernkönigs" von Schorlemer-Alst in den agrarisch konservativen Kreisen nur der „Christlich-SozialenPartei" Stoeckers in die Hände arbeitete und dem Zentrum großen Schaden zufügte.

Gerade am Niederrhein dürfte die Verwerfung des Xantener Pogroms einen erheblichen Flurschaden im jüdisch-christlichen Verhältnis hervorgerufen haben. Beweise kann man dafür aber nur indirekt finden. Da ist z. B. das „Ausbluten" vieler kleiner jüdischer Gemeinden in eben diesem Jahrzehnt. Für Sonsbeck ist aus jüdischem Mund direkt überliefert, dass die Abwanderung zahlreicher Familien in den 1890er Jahren auf die Unruhen aus Anlass der Buschhoffaffäre zurückgeführt wird.[25]

Durch Abwanderung in die urbanen Zentren wurden jedoch auch viele andere Gemeinden so klein, dass Schulen geschlossen werden mussten und Synagogen verwaisten, wenn das Gebot der Mindestzahl von zehn religionsmündigen Männern (Minjan) nicht mehr eingehalten werden konnte, so in Uedem[26], Xanten[27], Sonsbeck, Hoerstgen[28], Orsoy[29], Rheinberg[30] und Issum[31]. Ob nicht auch hier die Xantener Ereignisse nachbebten?

Uedem, 20. Dec. Die hiesige israelitische Gemeinde, welche vor 20 Jahren noch so stark war, daß sie eine eigene Schule unterhalten konnte, ist in letzter Zeit theils durch Sterbefälle, theils durch Wegzug mehrerer Familien von hier so klein geworden, daß nur mehr vier Familien vorhanden sind. Der Cultus in der Synagoge an Sabbathen und Festtagen kann nicht mehr gehalten werden, falls nicht aus Weeze oder Goch-Israeliten herüberkommen.

Den Zeitgenossen bleib der Niedergang der jüdischen Gemeinden in den 1890er Jahren am Niederrhein nicht verborgen. Notiz aus dem Kevelaerer Volksblatt vom Heiligabend 1894

Auch die Äußerungen des Straelener Bürgermeisters müssen vor dem Hintergrund dieser heftig pulsierenden Antise-mitismuswelle gesehen werden. Schon seine aggressive Wortwahl machen ihn der Objektivität unverdächtig, seine Argumentation spiegelt lupenrein das Klischee vom Schacher- und Wucherjuden, so dass man nicht erwarten darf, dass er „seiner" Judenfamilie gerecht werden könnte.

Die Gebrüder Mendel

Bei ihr handelte es sich um die beiden Brüder Daniel und Leopold Mendel, die in den sechziger Jahren des 19. Jahrhunderts von Kempen nach Straelen wechselten.[32]

Daniel war Junggeselle und trug zum Familienaufkommen als Metzger und Viehhändler bei, während Leopold heiratete und eine Familie gründete.

In den Gewerbelisten wird Leopold bis in die neunziger Jahre als Viehhändler geführt.[33] Dann erweitert er sein Gewerbe um die Sparte Textil- und Manufakturwarenhandlung. In beiden müssen wir uns nach meiner Einschätzung die typischen Vertreter aufstiegswilliger Juden vorstellen, die ihren Elan und ihr Geschick in einer konservativ-traditionell wirtschaftenden Land- und Kleinstadtbevölkerung als belebendes Element einbringen konnten. Im Fortgang seines Berichts hatte der Bürgermeister Freiherr von Geyr selbst bemängelt, dass die Stagnation im Straelener Wirtschaftsleben nicht nur durch Fremdfaktoren, sondern auch durch die konservativ geprägte Grundeinstellung der Landbevölkerung verursacht war. „Weitgehend ist daher die allgemeine Verschuldung ..., die Aufbringung der Steuer und die pünktliche Innehaltung der Zahlungstermine für die Mehrzahl der Gemeindemitglieder Gegenstand großer Sorge, (da) in vielen Familien

Anzeige aus dem Straelener Volksblatt
vom 10. Mai 1902

der Barbestand sehr armselig ist. Die Ursache dieses Barmangels ist nicht immer Mittellosigkeit …, (sondern) ungeschickte Handhabung der Einkünfte.[34]" Doch den „Aufstieg" der Mendels sah der Bürgermeister vor allem mit Argusaugen, wie wir schon gehört haben. Dass er ihnen ankreidete, gute Geschäfte und Besitzerwerb zu tätigen, bedeutete die unlogische Ablehnung eines wichtigen Beitrags zur Stabilisierung des monetären Sektors, denn dass er zweifaches Maß anlegte, spricht schon aus der Tatsache, dass er gleiches Bestreben auf Seiten christkatholischer Honoratioren des Städtchens keinesfalls brandmarkte.

Über den Wahrheitsgehalt des Klischees des Schacher- und Wucherjuden ist bis heute unter den Historikern Streit. So meinte Arie Nabrings im Sammelband „Geschichte der Juden im Kreis Viersen", dass die Häufigkeit, mit der die Behauptung, Juden seien Ausbeuter der armen Leute auf dem Land, in den Berichten der Landräte (des 19. Jahrhunderts) enthalten sei, zu der Annahme berechtige, dass sie nicht einfach als

Verleumdung der antisemitischen Propaganda abgetan werden könne.[35] Den Beweis dafür erbringe er jedoch nicht, bemängelte daraufhin Michael Schmidt. Mit Maria Blömer resümierte er: „Der stark mit Emotionen befrachtete Wucherbegriff führte immer wieder zu Vorurteilen gegenüber einer religiös-ethnischen Minderheit. Die Mängel des älteren personal-organisierten Kreditsystems auf dem Lande wurden selten bei der eigenen Unfähigkeit oder einzelnen Schuldigen gesucht, sondern ganz unreflektiert bei allen handeltreibenden Juden gesucht."[36] Auch die Brüder Mendel sehe ich als Klischee-Opfer in dieser Kategorie.

Die ersten Juden

Sie waren jedoch nicht die ersten Juden, die in Straelen Spuren hinterlassen haben. Für die Zeit vor dem Untergang des alten Reiches 1789 lassen sich aus den Quellen eine Handvoll Belege für jüdische Aktivitäten anführen. Sie haben allerdings nur punktuellen Charakter.
Die beiden ältesten sind im einleitenden Beitrag zu finden. Der nächste ist in der *capitatie lyste* von 1699 verborgen, dort wird der Jude *Goldslager met dochter* und einer Leistung von 7 Stübern erwähnt.[37]
1752 fechten zwei in Straelen Kleinhandel treibende Juden vor dem Straelener Hauptgericht einen Streit aus. David Hertz klagt Aron Solomon wegen Preisstreit um Besteck (Messer und Gabel) an und erhält nach der Vernehmung der Zeugin Kerstgens Recht zugesprochen, so dass dem unterlegenen Aaron Salomon nicht nur die Begleichung seiner Schulden auferlegt wird, sondern ihm auch die Gerichtskosten zur Last fallen.[38]
1776 wird einem „Gochschen Juden be-

267

scheinigt, dass er, wenn er ansonsten im Lande nicht gehandelt als allein, dass er von Zeit zu Zeit im Straelenschen oder sonst im Geldrischen gekauftes Stück Vieh zu Nutzen und Bequemlichkeit der Eingesessenen geschlachtet hat ... er zum Schlachten in Straelen keine Konzession brauche"[39].

1780 sehen wir Salomon Meyer vor dem Straelener Hauptgericht vorstellig werden, da Anton Timong ihm die Summe „von 45 Cleefs und einen halben Gulden" schuldig geblieben ist, doch ob er sein Geld auf dem Klageweg erhalten hat, erfahren wir nicht.[40]

1787 schließlich berät der Straelener Magistrat über den Antrag eines mit guten Referenzen ausgestatteten Juden, der sich in Straelen „etablieren" will. Man entschließt sich, den Mann zu fördern, aber auch hier erfahren wir nicht, ob sein Antrag tatsächlich zum Erfolg führt.[41]

Aus diesen Belegen kann man herauslesen, dass die Juden selbst da, wo sie offiziell unerwünscht waren und nur vorübergehende Präsenz zeigen konnten, in ihrem speziellen Berufssegment wie Metzgerei und Viehhandel, aber auch Kleinhandel einen wichtigen Beitrag zum ländlichen Wirtschaftsleben leisteten.

Die Zeitwende der Französischen Revolution brachte auch für die Juden des linken Niederrheins eine wichtige Zäsur, erstmals genossen sie die rechtliche Gleichstellung, was eine Blütezeit für die Juden herbeiführte. Überall entstanden jüdische Gemeinden neu. Auch die mittelalterlichen Zentren wie Köln und Mainz, die die Juden Anfang des 15. Jahrhunderts aus ihren Mauern vertrieben hatten, öffneten sich quasi über Nacht wieder für sie; in kleinem Maßstab geschah Ähnliches in der Stadt Geldern. In Straelen dauerte es bis 1843, als gleich

zwei Juden ins Landstädtchen zogen. Salomon Grünwald bewarb sich um ein Metzgerpatent und wurde vom Magistrat, da nichts Negatives über ihn bekannt war, zugelassen. Doch lange dürfte er sich nicht in Straelen aufgehalten haben, denn in den späteren Patentlisten wird er nicht mehr genannt.[42]

Die meisten leben vom Viehhandel

Anders Jacob Rath: In Geldern geboren, ließ er sich 1843 im Alter von 29 Jahren in Straelen nieder[43] und erwarb das Haus Geldernsche Straße 20, heiratete Juliane Andreas aus Linn bei Krefeld und begründete mit ihr eine Familie; wurde er in der Straelener Patentliste 1843 noch zur Sparte „Handelsleute, Krämer" gezählt, findet sich im Geburtsakt des ersten Sohnes Moritz 1847 die Berufsangabe Metzger. Sechs Kinder wurden ihnen ohne Komplikationen geboren, bis seine Frau nach der Geburt des siebten, des Sohnes Samuel, 1858 verstarb. Für die Familie bedeutete dieses Ereignis einen großen Einbruch; der Vater heiratete ein zweites Mal und zog wieder nach Geldern.

Wie wir schon gehört haben, ließen sich die Brüder Mendel aus Kempen bald danach in Straelen nieder, erwarben das Haus Mühlenstraße 10 und ernährten sich von Viehhandel und Metzgerei. Als Rindfleisch-, Kalbfleisch- und Fettlieferanten tauchten sie regelmäßig in den Rechnungen der Straelener Hospitals- und Armenverwaltung auf.[44] Ende der 80er bzw. Anfang der 90er Jahre kann Leopold Mendel das Haus in der Geldernschen Straße erwerben[45], das bis 1860 von der Familie Rath bewohnt wurde, und eröffnet hier um die Jahrhundertwende ein Textilwarengeschäft[46],

Einer der Gebrüder Mendel tätigt gerade einen gewichtigen Handel auf'm Wällchen in Straelen: Ein fetter Ochse wechselt den Besitzer. Foto aus dem Ersten Weltkrieg

das er um 1910 in das neu erworbene Haus Venloerstraße 20 verlegt[47]. Um seinen Viehhandel auszubauen, erwirbt er schon 1882 ein in Holz errichtetes Haus an der Weggabelung zwischen Sang und Broekhuysen, lässt es ganz in Stein ausführen und Viehställe anbauen.[48] Eine Viehweide zwischen Hetzert und Mühlensteg lässt er 1891 einzäunen.[49] Wie ein Blick in die Steuerlisten zeigt, vermag Leopold Mendel seine Firma tatsächlich in die vordere Reihe der Straelener Gewerbebetriebe zu platzieren. Zwischen 1894 und 1914 nimmt er neben dem Apotheker, dem Schuhfabrikanten, der Frucht- und Ölmühle, dem Grubenholzhändler und der Ringofenziegelei (ab 1902) einen der ersten acht Plätze der Gewerbesteuerzahler ein.[50] Die jährliche Gewerbesteuer variiert dabei zwischen 46 und 80 RM. Um 1910 übergibt er die wohlgestellte Firma seinen beiden Söhnen Eduard und Oskar,

da sie 1911 zum ersten Mal als Inhaber in der Gewerbesteuerliste aufgeführt sind. Wie schon ihr Onkel Daniel, der 1912 verstirbt, bleibt Eduard unverheiratet, während Oskar Sophia Meyer aus Alfhausen (Kreis Bersenbrück) heiratet. In ihren drei Kindern Hans, Ilse und Edith wächst die dritte Generation heran. Eine ständig zunehmende Verstädterung und eine unaufhörlich wachsende Industrialisierung prägten die Umgestaltung Deutschlands im letzten Quartal des 19. Jahrhunderts, an dessen Ende das Deutsche Reich in die erste Reihe der Industrienationen katapultiert wurde. Diese Entwicklung begleitete eine Bevölkerungszunahme, deren Nahrungsmittelbedarf ständig wuchs. Hierin müssen wir die Hauptursache für den stark zunehmenden Viehhandel sehen. Der ballungsraumnahe ländliche Niederrhein bot ihm nahezu ideale Bedingungen, wie sonst nur noch Westfalen und das

Münsterland. Auch in Straelen etablierten sich weitere Viehhandelsbetriebe, begünstigt von der seit 1875 fertig gestellten Eisenbahnlinie Venlo–Wesel und der Nähe zu den Niederlanden.

Samuel Sanders aus Kaldenkirchen lässt sich, 30-jährig und frisch verheiratet mit Rosa Krebs aus Reichenberg bei Würzburg, wo, ganz jüdischem Brauch entsprechend, die Hochzeit stattgefunden hat, 1890 in Straelen nieder.[51] Er erwirbt ein Haus an der Geldernschen Landstraße, zu dem mehrere Weiden gehören, und betätigt sich ebenfalls als Viehhändler. Die Geschäfte gehen gut, diesen Eindruck vermitteln jedenfalls die Gewerbesteuerlisten, nach denen er zeitweise (1904–1908) sogar mit 56 Mark Steuerbetrag jährlich den Platz von Leopold Mendel einnimmt und zum viertstärksten Gewerbesteuerzahler in Straelen wird.[52] Drei Kinder werden ihm geboren. Während die beiden Töchter Bertha und Minna von Straelen weg heiraten, übernimmt Sohn Isidor 1925 die väterliche Firma, so dass sich die Eltern den wohlverdienten Ruhestand gönnen können, den sie im Haus Mühlenstraße 10 verbringen. Zehn Jahre später – in Deutschland herrscht seit knapp zwei Jahren Adolf Hitler – versterben sie in kurzem Abstand: Ehefrau Rosa Sanders am 23. Dezember 1934, Ehegatte Samuel folgt ihr am 3. Januar 1935. Beide liegen auf dem Gelderner jüdischen Friedhof am Boeckelter Weg begraben.

Mit Josef Sanders haben wir den zweiten Juden, der, aus Kaldenkirchen stammend, sich in Straelen um eine Existenz bemüht. Er lässt sich am 1. August 1896 mit seiner Frau Johanna Abraham aus Worpswede am Kuhtor nieder, auch er Viehhändler; später erwerben sie das Haus Klosterstraße 3.[53]

Der dritte Jude aus Kaldenkirchen ist Emanuel Hoffstadt, er kommt 1898 nach Straelen, 1904 heiratet er in Fränkisch Crumbach im Odenwald Amalia Neu. In der Annastraße 7 betreibt auch er einen kleinen Viehhandel.

Noch zwei weitere dem Viehhandel sich widmende Familienernährer sind hier zu erwähnen:

Philipp Sanders, 1876 in Dülken geboren, meldet sich 1902 mit Frau und Kind in Straelen an; die Familie wächst um drei weitere Erdenbürger, bevor sich ihre Spur im Ersten Weltkrieg verliert, weder Tod noch Abmeldung ist in den Karteien vermerkt.

Als Letzter ist Samuel Hoffstadt zu nennen. 1886 in Köln geboren, zieht er 1923, frisch mit Helene Simon aus Linn bei Krefeld vermählt, nach Straelen. Vier Kinder werden ihnen geboren. Sie wohnen zuerst auf der Walbecker Straße, dann Annastraße 98 und ziehen Ende der 20er Jahre in das Haus Mittelstraße 3.

Wie schon gesagt wurde, gehörten die Viehhändler Mendel und Samuel Sanders zur Kategorie der mittelgroßen Betriebe, aus denen die Eigentümer durchaus Wohlstand erwirtschafteten. Die letztgenannten Viehbetriebe sind nach den Gewerbesteuerlisten nur als Kleinbetriebe einzustufen, die den Eigentümern kein Leben über dem Straelener Durchschnittsverdienst gewährten. Da mit dem Viehhandel eine kurz-, aber auch längerfristige Viehhaltung verbunden war, müssen alle Betriebe über Weiden und Stallungen verfügt haben, doch ist aufgrund der unvollständigen Aktenlage nur eine rudimentäre Angabe darüber möglich. Die Gebrüder Mendel besaßen ein großes Weidegebiet in Stadtnähe an der Annastraße[54] (heutiger Stadtgarten und Hallenbad) und eine Weide am Nordkanal[55]. Überdies teilten sie sich mit Emanuel Hoffstadt und Isidor Sanders eine Weide, deren Größe

Emanuel Hoffstadt (fünfter stehend v. r.) bei der Goldhochzeit der Eheleute Cox-Gielen am 25. November 1925 an der Ecke Annastraße – Venloer Tor im Kreise der Nachbarschaft Venloer Tor

und Lage mir aber nicht bekannt ist. Die Mendelschen Stallungen lagen hinter dem Textilkaufhaus an der Venloerstraße zum Westwall heraus; Samuel Sanders hatte Weiden und Viehställe an der Geldernschen Straße und am Nordwall hinter dem Haus Mühlenstraße 10.[56] Hinter dem kleinen Wohnhaus des Emanuel Hoffstadt (Annastraße 7), das 1942 nach einem Bombentreffer abgerissen worden war, habe ich noch 1984 am hinteren Rand des als Parkplatz genutzten Grundstücks eine längliche, gekachelte Viehtränke gesehen und fotografiert, die von einer kleinen Viehunterstellmöglichkeit übrig geblieben sein dürfte.

Alltag und Gemeinschaft

Als das Haus Geldernsche Straße 20 in den 60er Jahren des 20. Jahrhunderts einen Besitzerwechsel erfuhr, konnten sich die neuen Besitzer die Existenz zweier Küchen, die eine vorne an der Straße, die andere hinten in einem kleinen Anbau, zunächst nicht erklären. Sie gingen dem Rätsel auf den Grund und fanden heraus, dass das Haus einmal Juden gehört hatte. Es waren die Familie Rath bis um 1859 und später die Familie Mendel, die hier gelebt hatten. Die Existenz zweier getrennter Küchen, einer Milchküche und einer Fleischküche, war nach der Halacha Vorschrift für Juden, daher haben wir hierin den seltenen Hinweis auf die orthodoxe Gläubigkeit der jüdischen Bewohner.[57]

Ohne einzelne Belege dafür angeben zu können, ist davon auszugehen, dass die jüdischen Familien nach den Geboten und Pflichten ihres Glaubens lebten, die eine wichtige Klammer für die verstreut in der Diaspora lebenden Menschen waren. Sie werden den Sabbat eingehalten haben und die hohen Festtage des

271

Einen repräsentativen Grabstein konnte Isidor Sanders seinen kurz hintereinander verstorbenen Eltern Samuel und Rosa Sanders noch auf dem Gelderner Friedhof aufstellen; nach der „Reichspogromnacht" flüchtete er über Haiti in die USA.

jüdischen Kalenders. Am Sabbatmorgen gingen sie in der Regel in die benachbarte Stadt Geldern, deren Synagoge auch die ihre war. Denn das Gebot des Minjan, das zum Gottesdienst in der Synagoge die Mindestzahl von zehn religionsmündigen jungen Männern vorschreibt, ließ eine eigene religiöse Gemeinde in Straelen nicht entstehen. Daher gehörten die Straelener Juden offiziell zur Synagogengemeinde Geldern und damit zum Synagogenbezirk Geldern. Neben der Teilnahme am Gottesdienst bedeutete das auch, dass die schulpflichtigen Kinder am Religionsunterricht in Geldern teilnehmen mussten[58], während in den anderen Fächern die Kinder in der Straelener Volksschule unterrichtet wurden. Vor dem Ersten Weltkrieg ließen allerdings Leopold Mendel und Samuel Sanders ihre Kinder privat bei „Fräulein von Lom, der Hauslehrerin des Herrn Knecht"[59] unterrichten, ein Indiz nicht nur für selbstbewusstes Statusverhalten, sondern auch für den Wunsch nach größerem Bildungsniveau. In den 20er Jahren besuchte Hans Mendel die Straelener Rektoratschule.[60]

Schließlich war der Gelderner „Israelitische Friedhof" am Boeckelter Weg auch für die Straelener Juden der „Gute Ort", das „Haus der Ewigkeit", so jüdische Bezeichnungen für den Friedhof, wo sie ihre Toten zu beerdigen hatten. Zwar hielt die „Lokalbegräbnisordnung" für den Straelener Friedhof am Ostwall auch ein Feld für die „Angehörigen der Juden"[61] bereit, doch entspricht es jüdischem Brauch nicht, seine Angehörigen auf christlichen bzw. öffentlichen Begräbnisplätzen zu beerdigen. Zu sehr

Hans Mendel (unten rechts) im Kreis seiner Freunde von der Bahnstraße
auf dem Trittbrett eines Personenanhängers der Geldernschen Kreisbahn
auf der Eintrachtstraße, ca. 1930

weicht die jüdische Anschauung der Totenruhe von der christlichen ab. So darf eine jüdische Grabstelle bis zur Ewigkeit bzw. bis zum Erscheinen des Messias nicht aufgehoben werden. In Geldern finden sich so nach der offiziellen Friedhofsliste die Grabstellen von Samuel und Rosa Sanders geb. Krebs, Amalia Hoffstadt geb. Neu, Daniel Mendel, Leopold und Julia Mendel geb. Löbschen, einiger Mitglieder der Familie Rath, die zwischen 1843 und 1860 in Straelen gelebt hatten, und von Adolf Passmann, der 1939 nach Straelen hatte ziehen müssen. Da jedoch nicht alle Grabsteine namentlich zuzuordnen sind, was auf Zerstörung im Zweiten Weltkrieg oder Schändung zurückgeführt werden muss, ist nicht auszuschließen, dass sich auch die Gräber von Emanuel Hoffstadt, 1939 verstorben, und Helena

Mendel, die 1872 in Straelen verstarb, unter den Gelderner Grabstellen befinden.

Wer weiß, wie schwierig die Beziehungen der ersten in Straelen lebenden Evangelischen zur katholischen Bevölkerungsmehrheit waren, wird die Distanz ermessen können, die zwischen den Juden und der Bevölkerungsmehrheit geherrscht haben wird. Ihre Andersgläubigkeit, ihr Beharren auf den eigenen Lebensstil werden ihre Akzeptanz nicht erleichtert haben, vom Aberglauben und den Vorurteilen, die latent immer vorhanden waren, ganz zu schweigen. Was die Juden dem entgegenzusetzen hatten, war ein starker Zusammenhalt untereinander, sowohl innerhalb der Familien als auch unter den Glaubensgenossen im Ort und der weitverzweigten Verwandtschaft. Geradezu auffällig ist der dreifache Zuzug von Juden aus Kaldenkirchen, die räumliche Nähe dürfte familiäre Bindungen begünstigt haben.

An dieses zwar nur filigrane soziale Netz klammerten die Juden sich umso stärker. Wenn Heinz Bosch in Anlehnung an Heinrich Kempenich für Geldern festhält[62], dass „Ehrbarkeit und Wohlanständigkeit" die Juden auszeichnete, zu dem „Genügsamkeit und bescheidene Lebensführung" hinzukamen, so können diese Tugenden auch für die Straelener Juden angenommen werden. Es gibt jedenfalls weder in den schriftlichen Quellen noch in der örtlichen Erzähltradition irgendeinen Hinweis, dass hinter des Bürgermeisters gehässiger Äußerung von 1895 mehr gesteckt haben könnte als antisemitische Verblendung, die völlig an der hohen sozialen Moral und dem Anpassungswillen der Juden vorbeiging. So bietet sich denn auch das Bild einer weitgehenden Akzeptanz der jüdischen Mitbürger in der Straelener Bevölkerung, wozu ihre wirtschaftliche Solidität den Grundstein gelegt haben dürfte. Sie führte zu einem einvernehmlichen Zusammenleben der Juden und der katholischen Mehrheitsbevölkerung mindestens in dem Zeitraum zwischen 1900 und 1933. Diese Symbiose kommt z. B. darin zum Ausdruck, dass die Gebrüder Mendel dem neuen Marienhospital 1930 eine Erstausstattung an Betttüchern und Wäsche stifteten[63] oder zum Kriegerehrenmal an der Walbecker Straße eine größere Summe spendeten[64], dass sie wie selbstverständlich am gesellschaftlichen Leben teilnahmen: Oskar Mendel erschien sonntags um 11.30 Uhr pünktlich zum Frühschoppen im Hotel von Lom[65], bei dem sich auch die Bauern und Geschäftsleute ein Stelldichein gaben, Eduard Mendel war Mitglied eines Kegelclubs[66] und Emanuel Hoffstadt besuchte regelmäßig die Feste und Sitzungen der Nachbarschaft Venloer Tor[67]. (Über das Schicksal der Straelener Juden nach 1933 siehe den Beitrag „Die maken ons alle kapott!", S. 312 f.)

Anmerkungen

[1] Archiv der Sparkasse Straelen, Akte von der Gründung 1895, Kopie des Schreibens im Stadtarchiv.

[2] Friedrich BATTENBERG: Das europäische Zeitalter der Juden. Zwei Teilbände, 2. Teilband, Darmstadt 1990, S. 183.

[3] Dieter FRICKE: Christlichsoziale Partei (CSP) 1878–1918 (1878–1881 Christlichsoziale Arbeiterpartei [CASP], in: Lexikon der Parteiengeschichte. Die bürgerlichen und kleinbürgerlichen Parteien und Verbände in Deutschland (1789–1945) in vier Bänden, hrsg. von Dieter FRICKE u. a., Bd. 1, Köln 1983, S. 440.

[4] GW vom 17.5.1881. Den Lesern des Kevelaerer Volksblatts wurde am 12.1.1881 die „Antisemiten-Petition" Adolf Stoeckers mit dem Argument schmackhaft gemacht, dass nicht das religiöse Bekenntnis, wohl die christlichen und wirtschaftlichen Interessen des deutschen Volkes berührt seien. Solche Werbung für Antisemitismus wiederholte sich in der einzigen Zeitung des Wallfahrtsortes regelmäßig.

[5] „Eine Klevische Furie (1364)". Historische Novelle, aus dem Holländischen übersetzt von J. Real, in: GW vom 13.2.1891–27.3.1891.

[6] Stefan ROHRBACHER: Juden in Neuß, Neuß 1986, S. 128 ff., und [ders.]: Ritual-Mord-Beschuldigungen am Niederrhein. Christlicher Aberglaube und antijüdische Agitation im 19. Jahrhundert, in: Menora, 1. Jahrbuch für deutsch-jüdische Geschichte 1990, München 1990, S. 278 ff.

7 Julius H. SCHOEPS: Ritualmordbeschuldigung und Blutaberglaube. Die Affäre Buschhoff im niederrheinischen Xanten, in: Köln und das rheinische Judentum. Festschrift Germania Judaica 1959–1984, Köln 1984, S. 286–299.

8 Wie Anm. 6 und: Friedrich GORISSEN: Geschichte der Stadt Kleve. Von der Residenz zur Bürgerstadt. Von der Aufklärung bis zur Inflation, Kleve 1977, S. 326 ff.

9 GORISSEN (Anm. 8).

10 Nach der Sammlung der Zeitungsberichte zum Buschhoff-Prozess im Stadtarchiv Straelen brachten das Geldernsche Wochenblatt und die Geldernsche Zeitung jeden Prozesstag mehrseitige Extraausgaben zum Prozess.

11 Es ist zu vermuten, dass auch das „Kevelaerer Volksblatt" so verfahren hat, doch ist der Jahrgang 1892 in der Sammlung des Stadtarchivs Kevelaer und des Priesterhauses Kevelaer nicht vorhanden.

12 ROHRBACHER, Juden in Neuß (Anm. 6), S. 129.

13 Ebd.

14 GORISSEN (Anm. 8), S. 329.

15 SCHOEPS (Anm. 7).

16 Gustav LANDAUER: Das unbekannte Volk (1913), zitiert nach: A. v. BORRIES [Hrsg.]: Selbstzeugnisse des deutschen Judentums 1870–1945, Frankfurt 1962, S. 30.

17 ROHRBACHER, Juden in Neuß (Anm. 6), S. 132, und ders.: Ritual-Mord-Beschuldigungen …, S. 312 f.

18 GW, Anzeige zum Vortrag „Über die Judenfrage" am 2.2.1892.

19 ROHRBACHER, Juden in Neuß, S. 133.

20 GW vom 9.2.1892.

21 GW vom 26.2.1892.

22 Rudolf LILL: Die deutschen Katholiken und die Juden in der Zeit von 1850 bis zur Machtübernahme Hitlers, in: Kirche und Synagoge. Handbuch zur Geschichte von Christen und Juden. Darstellung mit Quellen, Bd. 2, München/Stuttgart 1988, S. 370–420, hier S. 388.

23 Ebd. S. 383 f.

24 Ebd.

25 Elfie PRACHT-JÖRNS: Jüdisches Kulturerbe in Nordrhein-Westfalen, Teil II: Regierungsbezirk Düsseldorf, Köln 2000, S. 612 und Anm. 84.

26 KV vom 24.12.1894

27 PRACHT-JÖRNS (Anm. 25), S. 616–618.

28 Siehe den Beitrag über Hoerstgen-Frohnenbruch.

29 PRACHT-JÖRNS (Anm. 25), S. 605–607.

30 Ebd., S. 601–604.

31 Siehe den Beitrag von Christoph NONN.

32 Standesamt Straelen, Sterbeakt von Daniel, Leopold und Helena Mendel, s. auch die Liste der jüdischen Einwohner Straelens.

33 StA Straelen, E 18/19.

34 Archiv der Sparkasse Straelen (Anm. 1).

35 Arie NABRINGS: Das rheinische Judentum unter preußischer Herrschaft im 19. und 20. Jahrhundert, in: Geschichte der Juden im Kreis Viersen (Schriftenreihe des Kreises Viersen [vormals Kempen-Krefeld] 38), Viersen 1991, S. 51–80, hier S. 70.

36 Michael SCHMIDT: „Faule Geschichten" über „Landjuden" und deutsche Literatur, in: Monika RICHARZ/Reinhard RÜRUP (Hrsg.): Jüdisches Leben auf dem Lande. Studien zur deutsch-jüdischen Geschichte, Tübingen 1997, S. 347–371, hier S. 352 f. und Anm. 21.

37 StA Straelen, Steuerlisten.

38 StA Straelen, C 112.

39 StA Straelen, B 90.

40 StA Straelen, C 114.

41 StA Straelen, Staets (Buch) respective annotitie (der) nieuwe Borgeren. 1760–1792, p. 611.

42 StA Straelen E 56 Gewerbesteuerwesen u. a. 1824–1867.

43 HStAD, LA Geldern 160.

44 StA Straelen, Jahresrechnungen des Bürgermeisteramtes mit Belegen der Armenverwaltung.

[45] StA Straelen, Ältere Bauakten 10/41.

[46] Das verraten uns Anzeigen im Geldernschen Wochenblatt und im Straelener Volksblatt aus diesen Jahren.

[47] KA Kleve in Geldern, Kataster- und Gebäudebuch Straelen I (Kopie im Stadtarchiv Straelen).

[48] StA Straelen, Ältere Bauakten 7/28.

[49] StA Straelen, Ältere Bauakten 14/33.

[50] StA Straelen, E 18/39, E 18/22.

[51] StA Straelen, Einwohnermeldekartei.

[52] StA Straelen, E 18/39.

[53] StA Straelen, Einwohnermeldekartei und Kataster- und Gebäudebuch, auch die folgenden Personendaten danach.

[54] StA Straelen, F 23.2.

[55] Ebd.

[56] KA Kleve in Geldern, Kataster- und Gebäudebuch, Straelen I.

[57] Freundliche Mitteilung von Frau Helga Plener, Kevelaer.

[58] Brief von Ilse Stone, geb. Mendel, inzwischen verstorben, Stockton/Kalifornien, vom 15. Mai 1988.

[59] StA Straelen, E 11/55.

[60] Wie Anm. 58.

[61] Verwaltungsbericht der Stadt Straelen 1945–55, S. 74.

[62] Heinz BOSCH: Illustrierte Geschichte der Stadt Geldern 1848–1969, Bd. I, Geldern 1994, S. 165.

[63] Übereinstimmende Mitteilung von Eugen Keuck (verstorben), Straelen, und Peter Brimmers, Straelen/Köln.

[64] Ebd.

[65] Wie Anm. 58.

[66] Ebd.

[67] Wie Anm. 63.

Verzeichnis der Straelener Juden

BERNHARD KEUCK

JOHANNA ABRAHAM s. Josef Sanders

JULIANE ANDREAS s. Jakob Rath

SALOMON GRÜNWALD, erhält 1843 vom Straelener Gemeinderat ein Patent zum Ausüben des Metzgerhandwerks

JOHANNA HERZ s. Philipp Sanders

EMANUEL HOFFSTADT, geb. 5. 5. 1864 in Kaldenkirchen, gest. 16. 7. 1942 in Straelen, Eltern: Samuel Hoffstadt und Sibilla geb. Strauß; Eheschließung am 25. 11. 1904 mit Amalia Neu, geb. am 3. 6. 1865 in Fränkisch Crumbach/Odenwald, gest. 30. 11. 1939 in Straelen, wohnhaft Annastraße 7
1. SIEGFRIED HOFFSTADT, geb. 25. 11. 1908 in Straelen, deportiert am 11. Dez. 1941 nach Riga, für tot erklärt

JAKOB HOFFSTADT, geb. 21. 3. 1871 in Kaldenkirchen, ledig, wohnhaft bei Emanuel Hoffstadt: Straelen, Annastraße 7, deportiert am 24.7.1942 nach Theresienstadt, für tot erklärt

SAMUEL HOFFSTADT, geb. 14. 2. 1886 in Köln, Viehhändler, verheiratet mit Helene Simon, geb. 29. 8. 1887 in Krefeld-Linn, wohnhaft: Straelen, Walbecker Straße 19, Annastraße 98, zuletzt Mittelstraße 3
1. ERICH, geb. 1. 4. 1923, Viehwärter, am 31. 5. 1937 nach Breyell abgemeldet, von dort nach Riga deportiert
2. HENRIETTE, geb. 22. 11. 1924, 1937 nach Essen abgemeldet, am 10. 11. 1941 nach Minsk deportiert
3. EMIL, geb. 8. 1. 1928
4. FRIEDA, geb. 3. 9. 1931
Bis auf Henriette wurde die gesamte Familie am 11.12.1941 nach Riga-Salaspils verschleppt und am 8.5.1945 vom Standesamt Berlin Mitte für tot erklärt.

FANNY KREBS s. Isidor Sanders

ROSA KREBS s. Samuel Sanders

JULIA LÖBSCHEN s. Leopold Mendel

DANIEL MENDEL, geb. 1835 in Kempen, Metzger und Kaufmann, Eltern: Daniel Mendel und Regina (Rübstock) Mendel, ledig, wohnte in der Geldernschen Straße 20, gest. 1912

EDUARD MENDEL, geb. 17 .1. 1875, Viehhändler und Kaufmann, ledig, Eltern: Leopold und Julia (Löbschen) Mendel, Venloer Straße 24, gest. 17. 1. 1943 in Theresienstadt

HELENA MENDEL, geb. 1838 in Kempen, Eltern: Daniel Mendel und Regina (Rübstock) Mendel, gest. 31. 8. 1872 in Straelen

JOHANNA MENDEL, geb. 24. 5. 1893, Eltern: Leopold und Julia (Löbschen) Mendel, verheiratet am 24. 12. 1920 mit Eugen Marxheimer in Köln

LEOPOLD MENDEL, geb. 1843 in Kempen, Viehhändler, Metzger und Kaufmann, gest. 16. 4. 1921, Eltern: Daniel Mendel und Regina (Rübstock) Mendel, verheiratet 1874 mit Julia Löbschen, geb. 29. 7. 1849 in Sonsbeck, gest. 18. 10. 1931
1. EDUARD (1875–1943)
2. OSKAR (1876–1942)
3. JULIUS (1878) Frühtod
4. REGINA RICKA (1882) Frühtod
5. JAKOB (1887) Frühtod
6. FRIEDRICH, geb. 17. 8. 1888, gest. 29. 7. 1905 in Essen
7. JOHANNA (1893–)

OSKAR MENDEL, geb. 25. 9. 1876, Viehhändler, Eltern: Leopold Mendel und Julia (Löbschen) Mendel, verheiratet mit Sophia Meyer aus Alfhausen Krs. Bersenbrück, geb. 2. 3. 1882, wohnhaft Bahnstraße 9. Beide wurden am 11. 12. 1941 nach Riga-Salaspils verschleppt und später für tot erklärt.
1. HANS, geb. 15. 9. 1912, am 22. 10. 1938 nach Neuendorf b. Fürstenwalde abgemeldet, in die USA ausgewandert
2. ILSE, geb. 14. 8. 1914, 1938 nach Köln abgemeldet, später in die USA ausgewandert, verh. Perl, später Stone, in Stockton/Kalifornien, gest. 1996
3. EDITH, geb. 25. 3. 1921, am 11. 12. 1941 nach Riga-Salaspils verschleppt, gest. 1943

SOPHIA MEYER s. Oskar Mendel

AMALIA NEU s. Emanuel Hoffstadt

ADOLF PASSMANN, geb. 10. 7. 1862 in Issum, Viehhändler, verheiratet mit Friederike Windmüller, wurde am 8. 3. 1939 von Geldern nach Straelen zwangsumgesiedelt, gest. 8. 1. 1941 in Straelen

FRANZISKA PERLSTEIN s. Salomon Sanders unter Jakob Sanders

JAKOB RATH, geb. 3. 12. 1814 in Geldern, betreibt von 1843 bis ca. 1860 in Straelen eine Metzgerei, verheiratet 17. 11. 1845 mit Juliane Andreas, geb. 1816 in Krefeld-Linn, gest. 30. 11. 1858 in Straelen, heiratet 1862 Sarah Herz in Geldern
1. MORITZ, geb. 22. 2. 1847
2. SIEGMUND, 14. 7. 1848
3. BERNHARD, 22. 12. 1849
4. HENRIETTE, 3. 11. 1851
5. ISIDOR, 24. 2. 1854
6. ADOLF, 11. 4. 1856
7. SAMUEL, 13. 11. 1858
(s. auch das Verzeichnis der Gelderner jüdischen Familien)

ISIDOR SANDERS, geb. 5. 5. 1900, Viehhändler, Eltern: Samuel Sanders und Rosa (Krebs) Sanders, Mühlenstraße 10, verheiratet mit Fanny Krebs, geb. 4. 4. 1903 in Reichenberg b. Würzburg
1. SALOMON RICHARD, geb. 24. 4. 1932
Die Familie wandert am 21. 7. 1939 nach Port au Prince in Haiti aus.

JOSEF SANDERS, geb. 23. 2. 1867 in Kaldenkirchen, Viehhändler, Eltern: Salomon Sanders und Adelheid Vossen, verheiratet mit Johanna Abraham, geb. 18. 3. 1870 in Worpswede, ziehen am 1. 8. 1896 aus Kaldenkirchen nach Straelen, Klosterstraße 3, beide am 24. Juli 1942 nach Theresienstadt deportiert
1. SALOMON (Sally), geb. 3. 11. 1897, heiratet 1929 Franziska Perlstein in Essen, haben sich am 4. 8. 1926 nach Brinkum bei Bremen abgemeldet

PHILIPP SANDERS, geb. 18. 10. 1876 in Dülken, Viehhändler, verheiratet mit Johanna Herz, um 1920 aus Straelen weggezogen
1. IDA, geb. 6. 1. 1901 in Nieukerk
2. SALOMON, geb. 1. 11. 1902 in Straelen
3. SIBILLA, geb. 13. 4. 1906 in Straelen
4. JAKOB, geb. 5. 7. 1909 in Straelen

SAMUEL SANDERS, geb. 24. 3. 1860 in Kaldenkirchen, Viehhändler, gest. 3. 1. 1935 in Straelen, wohnhaft Geldernsche Landstraße 10, ab 1925 Mühlenstraße 10, verheiratet mit Rosa Krebs, geb. 11. 3. 1867 in Reichenberg b. Würzburg, gest. 23. 12. 1934 in Straelen
1. BERTHA, geb. 31. 1. 1892, ist als Bertha Sara Brinkman am 1. Mai 1941 in Cholm verstorben
2. MINNA, geb. 12. 4. 1898, verh. am 8. Februar 1921 mit Sally Sanders aus Kaldenkirchen, am 11. 12. 1941 nach Riga deportiert, dort umgekommen
3. ISIDOR, geb. 5. 5. 1900

HELENE SIMON, s. Samuel Hoffstadt

Quellen:

Einwohnermeldekartei der Stadt Straelen 1910–1939; Geburts-, Heirats- und Sterberegister des Standesamtes der Stadt Straelen; Hermann SCHRÖTER: Geschichte und Schicksal der Essener Juden. Gedenkbuch für die jüdischen Mitbürger der Stadt Essen, Essen 1980; Gedenkbuch. Opfer der Verfolgung der Juden unter der nationalsozialistischen Gewaltherrschaft in Deutschland 1933–1945, 2 Bde., Koblenz 1986.

Kevelaer – kein Ort für Juden?!

GERD HALMANNS

19. Jahrhundert: Antisemitismus ohne Juden

Im Jahre 1881 ging in Kevelaer eine so genannte „Anti-Semiten-Petition" um: Ihr Zweck sei, so formulierte das „Kevelaerer Volksblatt. Für Thron und Altar", die jüdische „Uebermacht auf dem socialen Gebiete" zu bekämpfen und damit den „christlichen und wirthschaftlichen Interessen des deutschen Volkes" zu dienen. Das Lokalblatt empfahl jedem selbstständigen Bürger, „seine Unterschrift dazu mit gutem Gewissen" herzugeben.[1] Eine solche antisemitische Unterschriftenaktion war zu dieser Zeit sicherlich nichts Außergewöhnliches. Doch in diesem Fall muss die Frage erlaubt sein, gegen welche Personen oder welche „Übermacht" konkret sich die Kevelaerer Petitionsunterzeichner eigentlich wenden wollten. Denn in der Stadt der Marienwallfahrt lebte im gesamten 19. Jahrhundert nicht ein einziger Jude.

Dies ist um so bemerkenswerter, als in den umliegenden Gemeinden Weeze, Uedem, Goch oder Geldern im 19. wie 20. Jahrhundert ständig mehrere jüdische Familien ansässig waren. Das ausgeprägte katholische Milieu des Wallfahrtsortes hat, so lässt sich zumindest vermuten, den Zuzug jüdischer Neubürger durchgehend verhindert. Möglicherweise kam den Juden ein Umfeld mit einer stärkeren protestantischen (und politisch liberalen) Minderheit eher entgegen.[2] Als abstraktes Feindbild taugten die im Ort nicht wohnhaften Juden allerdings dennoch manchmal, wie Artikel

des „Kevelaerer Volksblattes" zeigen.[3] Persönlich trafen die Bürger in ihrer Stadt nur dann mit Juden zusammen, wenn diese als Händler zu Besuch kamen. Levy Herz, Textilhändler aus Kleve, kündigte zum Beispiel in Anzeigen im „Geldern'schen Wochenblatt" 1846 und 1847 „einem geehrten Publicum seine Waaren zu sehr billigen und herabgesetzten Preisen" an, u.a. feine Stoffe, Halstücher, Unterhosen oder Westen.[4]

Einem geehrten in- und auswärtigen Publicum hiermit zur Nachricht dienend, daß mein Manufactur-Waaren-Lager noch bis zum 8. Novbr. d. J. hier in Kevelaer ausgestellt ist, wobei bemerkt wird, daß diejenige Käufer, welche nicht gerne die Bude besuchen, die wünschenden Waaren an ihrem oder an jedem sonstigen beliebigem Hause sich zur Ansicht kommen lassen können.
Levy Herz aus Cleve,
jetzt in Kevelaer.

Die Kevelaerer hatten in ihrer Stadt nur dann Kontakt zu Juden, wenn diese als Händler kamen. Levy Herz aus Kleve warb mit einer Anzeige im Geldernschen Wochenblatt (17. Oktober 1846) für seine „Manufactur-Waaren".

Der im ländlich-katholischen Raum wie anderswo latent vorhandene Antisemitismus konnte – auch ohne ortsansässige Juden – immer wieder, wenn besondere Ereignisse die Gemüter erregten, offen zum Ausbruch kommen: Ein Beispiel dafür ist der ungeklärte Mord an einem Xantener Jungen im Jahre 1891, der einem jüdischen Metzger angelastet wurde – offensichtlich zu Unrecht, wie die spätere Gerichtsverhandlung erwies.[5] Die protestantische Christlich Soziale Partei des Berliner Hofpredigers Adolf Stoecker nutzte die durch Ritualmord-Vorwürfe aufgeheizte Atmosphäre für „antisemitische Volksversammlungen" in Kevelaer und Weeze, über die das Geldernsche Wochenblatt ausführlich berichtete: „800 Männer" erreichte die betont judenfeindliche Partei in Weeze, und auch in Kevelaer war ein großer Saal (der „Kölner Hof"/Boes) „von Zuhörern von Nah und Fern überfüllt"[6]. Die Tatsache, dass die Veranstaltung einer protestantischen politischen Partei im katholischen Wallfahrtsort offensichtlich Hunderte Einheimischer mobilisieren konnte, mag verwundern.

Sehr gut besucht werden sollte eine „antisemitische Volksversammlung" im „Kölner Hof", auf die eine Anzeige im Geldernschen Wochenblatt am 2. Februar 1892 aufmerksam machte.

Vermutlich hat die antisemitische Stoßrichtung die Angehörigen der beiden Religionsgemeinschaften, die sonst nicht leicht zu gemeinsamen Aktionen neigten, zusammengeschmiedet. Jedenfalls ging der Appell des Hauptredners Dr. König aus Witten in diese Richtung: Er forderte „die christlichen Confessionen auf, sich zu vereinen und zusammen fest geschlossen vorzugehen gegen das Judenthum". Zuvor hatte der gefeierte Redner „das Ausschlachten der Güter und Höfe in verschiedenen Gegenden durch die überhandnehmenden Wucherer, Güterschlächter etc." angeprangert und die Anwesenden einer Resolution

im Hinblick auf den Xantener Mordfall zustimmen lassen, wahrscheinlich um eine erneute Verhaftung des mordverdächtigen Juden zu erreichen.[7]

Im 20. Jahrhundert

Im 20. Jahrhundert mussten „Juden" als Sündenböcke für die Inflationsarmut 1923 herhalten oder für die Propaganda bei der Gründungsversammlung des nationalsozialistischen „Kampfbundes des gewerblichen Mittelstandes", dem 172 Kevelaerer am 19. April 1933 beitraten. Vermutlich sind es „jedoch weniger die antisemitischen Hetzpassagen des Kreiskampfbundleiters Nettesheim" gewesen, die die Mittelständler zum Masseneintritt in die betont antijüdische Organisation bewogen, „sondern eher die von ihm propagandistisch geschickt zusammengestellte Mischung aus lockenden Versprechungen und offenen Drohungen"[8].

Zu Zwischenfällen beim Novemberpogrom 1938 oder sonstigen Übergriffen gegen Juden konnte es angesichts des Fehlens jüdischer Kevelaerer nicht kommen. Die Auswirkungen der NS-Rassepolitik nahmen die Bürger vor Ort nur am Rande wahr, etwa über die Anweisung, dass im Schwimmbad Juden der Zutritt verboten war, oder bei der Aufführung des Films „Der ewige Jude", der am 22. Februar 1941 zum ersten Mal im Kreis Geldern im „Filmhof" aufgeführt wurde. Besonders seit 1938 wurden die Kevelaerer in ihrem örtlichen „Volksblatt" häufiger mit antisemitischen Hetzartikeln konfrontiert: Die ehemals als Kampfblatt des Zentrums gegründete Lokalzeitung war „gleichgeschaltet" und die Redaktionsleitung „einem stromlinienförmigen Parteigenossen übertragen" worden.[9]

Jüdische Spuren in den Ortschaften

Nicht nur in der Vergangenheit der Stadt Kevelaer, auch in der der heutigen Ortschaften lassen sich lediglich vereinzelte Hinweise auf Juden oder den Umgang mit ihnen entdecken:

Eine „Tabelle der Gemeindesteuern der Juden im Herzogthum Cleve" belegt, dass in Kervendonk bereits im Jahre 1690 eine jüdische Familie lebte[10], die auch für die Jahre 1711 und 1737 nachgewiesen werden kann.[11]

Zu den flüchtigen Spuren jüdischer Geschichte zählt auch ein Hinweis im „Kerckenboek" der Pfarrgemeinde St. Antonius Kervenheim. Es enthält die Abschrift eines 1768 erstellten „Gewinnscheins" vom „Hoff tor Furth" (Tovürtzhof), auf dem Isac Schaly, Hymen van Zeyl und Samuel Arntzen als Beteiligte in Grundstücksgeschäften genannt werden.

Wie in den übrigen Ortschaften der heutigen Stadt Kevelaer haben in den beiden folgenden Jahrhunderten keine Juden in Kervenheim gewohnt.

Zu Winnekendonk ist nur für das Jahr 1717 ein nicht tributpflichtiger Jude belegt.[12]

Auf die Tätigkeit jüdischer Händler in Twisteden ist Philipp Lingens in einem Aufsatz über den Jülicher Weg eingegangen. Der Beitrag, der 1922 in „Unsere Heimat", den Blättern des Vereins für Heimatschutz, erschien, stützte sich auf mündliche Überlieferung: Von „jüdischen Händlern im Norden aufgekaufte Fohlen" seien „herdenweise durch den Ort getrieben" worden. In zwei Gasthöfen, bei Kerkhoff und Poene, hätten sich die Händler in einem „Jöddekamer" genannten Fremdenzimmer getroffen, um ihre Geschäfte vorzubereiten. Mit einer besonderen List sei dafür gesorgt worden, dass die traditionellen jüdischen Speisegesetze (etwa die Trennung von milchigen und fleischigen Gerichten) beachtet wurden: Der am Morgen zuletzt aufbrechende Gast habe dazu „mit Kreide seinen Namen auf die Topfböden" geschrieben. „Der erste Neuankommende ließ sich, bevor er das Essen bestellte, die Kochgeschirre zeigen und konnte sich an dem Vorhanden- oder Nichtvorhandensein eines Namenszuges davon überzeugen, ob die Töpfe anderweitig benutzt worden waren oder nicht."[13]

Anmerkungen

[1] KV, 12. Januar 1881.
[2] Vgl. dazu auch NONN (in diesem Buch, S. 108) über ähnliche Ideale und Interessen der jüdischen und protestantischen Minderheiten in einer katholisch dominierten Umgebung.
[3] Z. B.: KV, 5. Juni 1895; 21. September 1895.
[4] GW, 17. Oktober 1846; 25. September 1847.
[5] Zum Xantener Mordfall siehe die Beiträge von Christoph NONN und Bernhard KEUCK über die Straelener Juden in diesem Buch.
[6] GW, 9. und 26. Februar 1892.
[7] GW, 9. Februar 1992.
[8] Johannes-Dieter STEINERT: Kevelaer. Eine niederrheinische Region zwischen Kaiserreich und Drittem Reich, Kevelaer 1988, S. 275 f.
[9] Martin WILLING: „Spontane Volksvergeltung". „Reichskristallnacht" und der Umgang mit der NS-Geschichte, in: Unsere Heimat. Blätter des Vereins für Heimatschutz und Museumsförderung e. V. Kevelaer, 89. Jg., Nr. 11, 1998, S. 149–152; STEINERT (Anm. 8), S. 345 f.
[10] Franz NIENHAUS: Die Juden im ehemaligen Herzogtum Cleve unter brandenburgisch-preußischer Verwaltung, Münster 1914, S. 93.
[11] Fritz BAER: Das Protokollbuch der Landjudenschaft des Herzogtums Kleve. Erster Teil: Die Geschichte der Landjudenschaft des Herzogtums Kleve, Berlin 1922 (= Veröffentlichungen der Akademie für die Wissenschaft des Judentums. Historische Sektion), S. 54 f.
[12] Ebd., S. 54.
[13] Philipp LINGENS: Der Jülicher Weg in Twisteden, in: Unsere Heimat. Zwanglose Blätter des Vereins für Heimatschutz in Kevelaer, 10. Jg., Nr. 6, 1922.

Kapellen –
ein territorialstaatliches Kuriosum

GERD HALMANNS / BERNHARD KEUCK

*Die Lange Straße in Kapellen markierte die Grenze zwischen dem Geldrischen (links)
und dem Klevischen (rechts). Nur im ehemaligen Herzogtum Kleve war Juden
die Ansiedlung erlaubt. (Foto von etwa 1890)*

Zwei Jahre nach dem Frieden von Venlo 1543, in dem Kaiser Karl V. das ehemals selbstständige Herzogtum Geldern seinen Erblanden hatte zuschlagen können, erließ er für Geldern ein Niederlassungsverbot für Juden. Sie durften sich damit offiziell bis zum Ende des Ancien Régime hier nicht mehr aufhalten.

Einzelnen Juden dürfte es dennoch zu gewissen Zeiten gelungen sein, sich an dem einen oder anderen Ort ein verborgenes Dasein zu ertrotzen.[1]

Im Dorf Kapellen (heute Ortsteil der Stadt Geldern) konnten sie zumindest phasenweise eine rechtliche Nische ausnutzen: Das territorialstaatliche Kuriosum Kapellen wurde von der Grenze zwischen den beiden Herzogtümern Geldern und Kleve längs der den Ort teilenden Langen Straße durchschnitten.

Zur Gemeinde Kapellen, mithin zum Herzogtum Geldern, gehörten die Kirche sowie alle Gebäude südlich der von Geldern nach Sonsbeck führenden alten römischen Heerstraße. Alle Häuser auf der Nordseite dieser Straße zählten zum Amt Winnekendonk und damit zum Herzogtum Kleve.

Auf der geldrischen Seite lebte Anfang des 18. Jahrhunderts die jüdische Familie des Moses Samuel. Als 1713 die Preußen in Obergeldern Landesherren wurden, wollte Moses Samuel auf die klevische Seite ziehen, um im Ort bleiben zu können. Die Ortsbehörde befürwortete diesen Umzug bei der Regierung mit der Begründung, dass er sich mit den Nachbarn immer gut vertragen habe („dat Moses Samuel sygh tot Cappellen wel verdragen heft met die Naeberen"). Sie erinnerte daran, dass der Winter vor der Türe stehe und er eine Frau und vier Kinder zu versorgen habe. Außerdem ziehe er nur von der einen Straßenseite auf die andere.[2]

Der Umzug wurde ihm offenbar gewährt, denn in einem Protokoll der Kirchenvisitation von 1722 lesen wir von fünf jüdischen Familien in Kapellen. Die in lateinischer Sprache verfasste Niederschrift über den Besuch der vorgesetzten kirchlichen Instanzen offenbart krassen Antisemitismus: „Am Ort wohnen auch fünf Familien von Juden, die durch Zinsen und beträchtliche Ungerechtigkeiten Häuser ruinieren. Für schändlichen Gewinn tun sie alles, was sich nicht geziemt."[3]

1730 heißt es dann allerdings in einem Bericht der Geldrischen Kriegs- und Domänenkammer: „Im Herzogtum Geldern wohnten bisher keine Juden, nur in der halb geldrischen, halb klevischen Herrlichkeit Kapellen lebten einige wenige. Da sie keine Schutzbriefe besaßen, haben sie schon vor geraumer Zeit die Provinz verlassen müssen."[4]

Zu den spärlichen Nachrichten über jüdische Kapellener gehört im Folgenden zunächst nur ein Hinweis für das Jahr 1737: Das „Protokollbuch der Landjudenschaft des Herzogtums Kleve" nennt einen einzigen Juden, der (eventuell mit Familie) im Ort lebt.[5]

Erst aus dem Jahr 1788 sind wieder Quellen zur jüdischen Geschichte erhalten. Anlass für eine aus heutiger Sicht, wenn auch nicht für die Beteiligten amüsante Auseinandersetzung war erneut die kuriose Grenzziehung zwischen dem Klevischen und Geldrischen:

Die Grenze verlief nämlich nicht allein quer durch den Ort, sondern sogar mitten durch fünf Häuser. Eines dieser Häuser, dessen Wohnstube und Küche auf geldrischem Territorium lagen, während die „Deele" (Tenne) auf klevischem Grund lag, gehörte der Witwe Mechil Sinsbeck. Die Eigentümerin wollte dieses Gebäude an eine jüdische Familie vermieten, die seit „undenklichen Jahren" auf der klevischen Seite Kapellens gewohnt hatte und nun wegen einer Kündigung umziehen musste. Die „Regierer" („Regeerders") zu Kapellen standen plötzlich vor einem Problem: Wurden doch Juden wohl im Klevischen, nicht aber im Geldrischen toleriert!

Die Regierung in der Stadt Geldern sollte den Fall entscheiden, der ihr in einer schriftlichen Anfrage vom 9. Februar 1788 vorgelegt wurde. Für das „Königlich Preußische Landes Administrations Collegium" schien die Lösung zunächst einfach: In einem Brief vom 13. Februar stellte es fest, dass die Vermietung „gegen die hiesigen Landes Privilegia" erfolgt und deshalb durch den Schultheißen Genius zu verhindern sei.

Dieser gab sich mit der Anordnung allerdings keineswegs zufrieden: Mit Brief vom 18. Februar 1788 schilderte er noch einmal die besondere Grenzlage des Hauses: Weil die jüdische Familie im Klevischen geduldet sei, halte er es für „bedenklich" und nach seinem „unmaßgeblichen dafür halten selbst unfüglich", „die Einziehung der Juden Familie in diesem Hause zu verhindern".

Und wirklich fand die Gelderner Regierung am 28. Februar eine Lösung des Problems, die sowohl den Gesetzen wie den Interessen der neuen Mieter entsprach: Entscheidend, so wurde die Verordnung vom 13. Februar nun modifiziert, sei, wo der Ein- und Ausgang des Hauses sich befinde: „Geht dieser Ausgang auf dem Cleveschen Territorio, so kann unsererseits gegen diese Vermiethung nichts eingewendet werden, läge auch würklich der größte Theil des Hauses selbst auf Geldernschen Grund und Boden." Davon, dass diese Bestimmung eingehalten werde, solle der Schultheiß Genius „sich gelegentlich selbst in Loco … überzeugen".

Nachdem der Schultheiß diese Entscheidung am 5. März 1788 an die Hausbesitzerin Sinsbeck übermittelt hatte, wurde der Vorgang geschlossen.[6]

Die darüber angelegte Akte, die im Archiv des Schlosses Haag ruht, ist wahrscheinlich das jüngste Zeugnis jüdischen Lebens in Kapellen. Im 19. und ebenso im 20. Jahrhundert haben dort mit hoher Wahrscheinlichkeit keine Juden mehr gelebt.[7]

Anmerkungen

[1] In einem preußischen Erlass aus dem Jahr 1717 wird darauf hingewiesen, dass in Nieukerk und Aldekerk „und an anderen Orten" „Judenfamilien" aufgenommen worden seien. Vgl. dazu: Max LEHMANN: Preußen und die katholische Kirche seit 1640. Nach den Akten des geheimen Staatsarchives, 1. Teil: 1640–1740, Leipzig 1878, Nr. 984: „Erlass an die geldrischen Räthe Duncker und St. Paul" vom 13. April 1717, S. 907–909.

[2] Das Gesuch der Ortsbehörde ist abgedruckt in: Carl SCHUMACHER: Aus der Geschichte des Dorfes Capellen, in: Unsere Heimat. Zwanglose Blätter des Vereins für Heimatschutz in Kevelaer. Ausgegeben als Beilage zur Niederrheinischen Landeszeitung, 10. Jg., Nr. 8, 1922 („Sondernummer für Capellen"). Vgl. dazu auch: SCHMETZ: Kapellen und was wir aus seiner Geschichte wissen, in: Unsere Heimat. Zwanglose Blätter, hrsg. von den Heimatvereinen des Kreises Geldern, Beilage zur Westdeutschen Land-Zeitung, 26. Jg., Nr. 2, 1938.

[3] „Et adsunt quinque familiae Judaeorum, qui per usuras et iniustitias integras domos subvertunt, facientes quae non oportet, turpis lucri gratia." Abgedruckt in: Jos. HABETS: Geschiedenis van het tegenwoordig bisdom Roermond en van de bisdommen, die het in deze gewesten zijn voorafgegaan, derde deel, Roermond 1892, S. 176.

[4] Vgl. Selma STERN: Der preußische Staat und die Juden, 4 Teile (8 Bände), Tübingen 1962–1975, Bd. 2/2, Nr. 400, S. 530.

[5] Fritz BAER: Das Protokollbuch der Landjudenschaft des Herzogtums Kleve. Erster Teil: Die Geschichte der Landjudenschaft des Herzogtums Kleve, Berlin 1922 (= Veröffentlichungen der Akademie für die Wissenschaft des Judentums. Historische Sektion), S. 54 f.

[6] Archiv Schloss Haag, Nr. 1088.

[7] Vgl. dazu die Schematismen der Diözese Münster (1864–1940), Akten des LR Geldern im HStAD (Nr. 157–161), die örtlichen Adressbücher sowie die Jahrbücher für den Regierungsbezirk Düsseldorf (1902–1913) von Rudolf HARNISCH.

Vom „Ehrenkreuz für Frontkämpfer" bis zum gelben Stern: Die Wege der jüdischen Weezer

GERD HALMANNS

Wie ein roter Faden durchzieht die Geschichte der Landjuden eine ständige Rechtsunsicherheit, mit der sie in einer christlich geprägten Umwelt umzugehen hatten. Ihr Bemühen, als Minderheit gegen Diskriminierungen geschützt zu werden, griffen die jeweiligen Landesherren, so der Klever Herzog oder der brandenburgische Kurfürst, in vielen Fällen auf. Ließen sich diese Schutzansprüche doch „versilbern": Verschiedenartige Sondersteuern und Abgaben, die Juden als Gegenleistung für den Schutz der landesherrlichen Behörden zu zahlen hatten, boten die Möglichkeit zu außerordentlichen Geldeinnahmen. So wurden die staatlichen Kassen etwa durch den Verkauf von Schutzbriefen für Person und Besitz, durch Abgaben anlässlich von Geburt, Heirat oder Tod sowie über den Leibzoll (Geldzahlung bei Grenzübertritten) aufgebessert.

Es verwundert also nicht, wenn die ersten Nachrichten über Juden im klevisch-brandenburgischen Weeze im Zusammenhang mit solchen Zahlungen auftauchen: Eine „Tabelle der Gemeindesteuern der Juden im Herzogtum Cleve vom Jahre 1690" nennt einen vier Reichstaler zahlenden Weezer Juden.[1] Dieser lag damit an der unteren Grenze der Steuerpflicht. Das „Protokollbuch der Landjudenschaft des Herzogtums Kleve" vermerkt für 1693 einen nicht tributzahlenden Weezer Juden, für 1728 einen „unvergeleiteten" (= ohne Schutzbrief). Für 1737 sind zwei Juden (jüdische Familien?) nachgewiesen.[2] Weitergehende Quellen fehlen.

Als der französische „Ingenieur-Geograph" Auguste Pierrepont 1804 eine Ortsbeschreibung der Bürgermeisterei Weeze verfasste, scheinen keine jüdischen Familien dort gewohnt zu haben.[3] Erst in der von den französischen Behörden angeforderten Bevölkerungsstatistik von 1812 tauchen drei männliche und zwei weibliche Juden auf[4]: Es handelt sich dabei um die Familie des David Koopmann, der im selben Jahr ein „Patent" als Metzger erworben hatte.[5]

Seit 1808 haben in der Gemeinde Weeze – nicht aber in den gleichfalls zur „Bürgermeisterei Weeze" zählenden Gemeinden Calbeck und Wissen – durchgehend jüdische Menschen gewohnt: Ihre Zahl schwankte zwischen durchschnittlich acht in den ersten Jahrzehnten, etwa 13 bis 16 um die Jahrhundertmitte und 20 bis 23 in den neunziger Jahren. Die regelmäßig von der katholischen Kirche durchgeführten Konfessionszählungen wiesen für das Jahr 1890 sogar 25 Juden nach.[6] Im 20. Jahrhundert sank der jüdische Einwohneranteil langsam, aber stetig von 21 (1907) auf 17 (1917) und 14 (1927).

1938 gab es noch 13 jüdische Weezer, 1940 waren es sieben, die der national-

287

Grabstein von Jakob Devries (1858–1908) in Geldern

sozialistische Terror 1942/43 in den Tod treiben oder deportieren sollte.

Hinter diesen Zahlen verbergen sich Lebensläufe, typische wie ungewöhnliche. Ihnen auf die Spur zu kommen ist angesichts der spärlichen Quellenlage für das 19. Jahrhundert schwierig. Das Schicksal der Weezer Juden im 20. Jahrhundert kann dagegen – nicht zuletzt wegen der noch möglichen Zeitzeugenbefragungen – relativ ausführlich und historisch sicher nachvollzogen werden. Dabei möchte ich ganz besonders Frau Edith Devries Dank sagen, die mir durch ausführliche Gespräche und die Möglichkeit, Einsicht in Familiendokumente zu nehmen, sehr geholfen hat. Ihren hoffentlich in den nächsten Jahren erscheinenden Erzählungen und Gedanken über ihre Kindheit im KZ Theresienstadt darf man mit Spannung entgegensehen.

Die Geschichte der Juden in Weeze ist geprägt durch die Familien Koopmann und – seit 1886 – Devries.

Die Akten des Landratsamtes Geldern lassen – neben der Bevölkerungsstatistik – beispielsweise erkennen, dass die jüdischen Kinder, die christliche Schulen im Ort besuchten, von einem jüdischen Lehrer in Goch in Religion unterrichtet wurden. Oder die Mitglieder des Gemeinderates bezeugten durch ihre Unterschrift, dass ein Jude, der ein „Patent" zur Berufsausübung beantragte, „sich weder mit Wucher noch sonstigen Geschäften abgebe". 1842 wurde dies dem Metzger Jacob Coopmans [die Schreibweise des Namens variiert] so bescheinigt.[7]

Aus der immer wieder aktualisierten „Wahl-Liste des Synagogen-Bezirks Geldern" lässt sich ablesen, dass die Weezer Juden innerhalb ihrer Gemeinde eher zu den Ärmeren zu zählen waren: Die angegebene Steuersumme verwies sie in der Regel in die „III. Klasse" der Wähler. Unter 76 männlichen, wahlberechtigten Juden der Synagogengemeinde Geldern waren 1889 fünf Weezer zu finden:

David Koopmann, Viehhändler,
Jacob Devries, Metzger,
Jacob Koopmann, Kaufmann,
Ludwig Koopmann, Metzger,
Leonhard Koopmann, Metzger.[8]

Ob bzw. inwieweit die jüdischen Weezer sich im Kaiserreich (1871–1918) oder in den Jahren danach innerhalb des Ortes als gleichberechtigt aufgehoben oder anerkannt gesehen haben, ist aus heutiger Sicht schwerlich exakt nachzuvollziehen. Der Eindruck von Zeitzeugen, vergleichbare Schriftquellen aus anderen niederrheinischen Ortschaften[9] oder das Fehlen gravierender Konfliktfälle in den zur Verfügung stehenden Akten lassen darauf schließen, dass die Integration normalerweise relativ weitgehend vollzogen gewesen sein muss.

Die Grundlagen für die Akzeptanz der jüdischen Familien in der christlich geprägten Gesellschaft waren dennoch brüchig. Ein einzelnes Ereignis, etwa der Vorwurf eines Ritualmordes an einem Xantener Knaben (29. Juni 1891), konnte latente antisemitische Stimmungen unmittelbar wieder zum Leben erwecken. Der ungeklärte Mordfall, bei dem ein Metzger trotz eines eindeutigen Alibis als Hauptverdächtiger gehandelt wurde, ließ Gerüchte und Vermutungen über jüdische Verschwörungen wuchern. Regionale und überregionale Zeitungen heizten die Pogromstimmung weiter an. Politische Gruppen versuchten die Situation für sich nutzbar zu machen:

Auf diesem Hintergrund gelang es der Christlich Sozialen Partei im Februar 1892, in Weeze „etwa 800 Männer" für „eine große antisemitische Volksversammlung" zu erreichen.[10]

Ein anonym bleibender Briefschreiber hatte schon einige Tage zuvor im Geldernschen Wochenblatt Klage darüber geführt, dass es in Weeze keinen christlichen Fleischer gebe, sondern nur „zwei Metzgergeschäfte, deren Inhaber beide Israeliten sind". „Nicht Jedermanns Sache ist's, bei einem jüdischen Metzger seinen Fleischbedarf zu beziehen, und so haben bisheran manche Weezer von Goch oder anderwärts ausschließlich ihr Fleisch bezogen."[11]

Nach dem Freispruch des jüdischen Xantener Metzgers im Juli 1892 verstummten derartige Stimmen zumindest in der Öffentlichkeit wieder.

Als äußeres Zeichen der Akzeptanz der jüdischen Minderheit in der Zeit der Weimarer Republik mag angesehen werden, dass 1929 auch ein „Vertreter der israelitischen Gemeinde" zur offiziellen Einweihung des Kriegermals, dem politischen und gesellschaftlichen Ereignis gegen Ende der zwanziger Jahre, gebeten wurde. Die Einweihung des „Ehrenmals" nahmen – jeweils mit drei Hammerschlägen – Bürgermeister Tenhaeff, Freiherr von Vittinghoff-Schell, die „katholische und evangelische Geistlichkeit" sowie der Kolonial- und Manufakturwarenhändler Leonhard Koopmann vor. „Diese Hammerschläge widme ich dem Kriegerehrenmale im Namen der israelitischen Gemeinde", rief der allen Weezern bekannte Kaufmann dabei aus.[12] Die Anwesenden mögen dabei auch an den militärischen Beitrag der heimischen Juden in den vergangenen Kriegen gedacht haben: Im Feldzug 1870/71 war David Koopmann bei Spichern schwer verwundet worden. Zu den Gefallenen des Ersten Weltkriegs zählte Abraham Albert Devries (1888–1918); sein Bruder Max, der als Ulan „diente", hatte nach einer schweren Verwundung und Beinamputation 1918 das Eiserne Kreuz II erhalten.

Der Stolz über die Teilnahme am deutsch-französischen Krieg 1870/71 findet noch in der Todesanzeige 1928 seinen Niederschlag. (Niederrheinische Landeszeitung, 11. Dezember 1928)

Zu den „Ehrendamen" bei der Feier des 10-jährigen Bestehens des Männergesangvereins gehörte 1923 Lene Devries, 3. von links – vor dem Pastor Karl Mülders.

Dass nach dem Beginn der national-sozialistischen Diktatur alle Weezer Juden relativ lange im Ort geblieben und niemand von ihnen vor 1938 ausgewandert ist, hat sicherlich viele Gründe: Wirtschaftliche und familiäre Probleme, das Selbstverständnis als deutsche Staatsbürger jüdischen Glaubens oder die Unvorstellbarkeit, dass aus der Verfolgung ein Völkermord werden würde, könnten genannt werden. Die Einbindung in die örtliche Gemeinschaft, von der die nun schon seit Generationen bekannten Familien zumindest bei der Mehrheit der „arischen" Weezer ausgehen konnten, mag ein zusätzliches Gefühl einer scheinbaren Sicherheit vermittelt haben. Hatte nicht Max Devries noch 1935 das „Ehrenkreuz für Frontkämpfer" erhalten, verliehen durch den Landrat des Kreises Geldern?

Pflegte er nicht Freundschaften mit Mitgliedern der angesehensten Weezer Familien? Der ehemalige Ulan, „ein stolzer Deutscher", wie ihn seine Tochter noch heute charakterisiert, glaubte wohl wie viele andere, die dem Faschismus kritisch gegenüberstanden, gerade wegen seiner unglaublichen, jede Vorstellung von zivilisiertem Miteinander sprengenden Politik könne der Nationalsozialismus nicht lange überdauern, jedenfalls nicht in einem kulturell hochstehenden Land mit langer Rechtstradition.

Doch das Gefühl relativer Sicherheit in der vertrauten Weezer Umgebung wich spätestens 1938 einem sich steigernden und immer offensichtlicher werdenden Verfolgungsdruck. Die folgenden – lückenhaften – Lebensläufe sollen deutlich machen, wie die jüdischen Weezer darauf reagieren konnten bzw. mussten.

Sie sollen das Geschehene – für Weeze erstmals – so weit wie möglich und historisch präzise dokumentieren, das Gedenken an die Ermordeten in der Tradition von „Memorbüchern" wachhalten und aus der lokalen Perspektive mithelfen, den Ablauf und die Dimensionen des nationalsozialistischen Terrors zu begreifen.

Ludwig, Jenny, Albert, Horst und Helene Devries

Der Viehhändler Ludwig Devries (1892–1957) lebte mit seiner aus Aldekerk stammenden Frau Jenny (Gerson, geb. 1892) und seiner Schwester Helene (geb. 1896) auf der Wasserstraße. Am 9. November 1938 wurde er verhaftet und in das Konzentrationslager Dachau eingewiesen. Dort zwang man ihn, eine Erklärung zu unterschreiben, dass er mit seiner Familie auswandern werde. Unter dieser Bedingung konnte er das KZ am 17. Dezember 1938 verlassen.[13] Laut Meldekartei der Gemeinde Weeze verzog er am 11. Mai 1939 nach Haiti. Später siedelte er mit seiner Familie nach Kalifornien (USA) über.

Seine Söhne Albert (geb. 1921) und Horst (geb. 1925) hatten das Land schon früher in Richtung Niederlande verlassen und schlossen sich dann der Auswanderung nach Westindien und in die USA an. Alberts Metzgerlehre konnte wegen der Emigration nicht beendet werden. Horst, Schüler des Gelderner Hindenburg-Gymnasiums, litt als „Israelit", wie ihn das Schulzeugnis bezeichnete, erheblich unter Bedrohungen durch antisemitisch aufgehetzte Mitschüler. Im Dezember 1937 wechselte er daher zur jüdischen Schule Kleve, die er aber nur bis zu deren Zerstörung am 9. November 1938 besuchen konnte.[14]

Simon, Julius und Hans Hertz

Der Viehhändler Simon Hertz war 1888 in Issum geboren worden. Seine Eltern Gustav und Cäcilie (Ziwie, geb. Nadel) wohnten später auf der Issumer Straße in Geldern. Aus der Ehe mit der evangelischen Katharina (Käthe) Peters hatte er zwei Söhne: Julius (geb. am 22. Februar 1924 in Düsseldorf) und Hans (geb. am 8. Oktober 1925 in Wetten).

Seinen wohl eher bescheidenen Viehhandel betrieb er von der Alten Heerstraße 11 aus, bis er unter dem Druck verschiedener Verfolgungsmaßnahmen, u. a. durch die Gestapo, sein Geschäft im Jahre 1937 aufgeben musste.

Am 9. November 1938 wurde Simon Hertz festgenommen, vom 16. November bis zum 30. Dezember war er Gefangener im KZ Dachau. Weiteren Verhaftungen versuchte er sich zu entziehen, indem er wochenlang bei ihm bekannten Bauern in Scheunen schlief. Wegen des „Verdachts der Hehlerei von Lebensmitteln" ordnete der Bürgermeister am 20. April 1940 eine Hausdurchsuchung an, die allerdings ergebnislos blieb. Am 5. Dezember 1940 wurde er beschuldigt, noch Ziegenhandel zu betreiben. Aufgrund einer Anzeige, er habe den „Reichsführer SS" Heinrich Himmler einen „Bluthund" genannt, erhielt er für den 5. Mai 1942 eine „Vorladung" zur Polizei. Sein Fahrrad wurde dabei „sichergestellt", „um ihm nicht zuviel Bewegungsfreiheit zu lassen" und weil er sich damit angeblich bei den Bauern Lebensmittel verschaffte. Der zuständige „Meister der Schutzpolizei" forderte den „Abtransport des Hertz mit seinen beiden Söhnen". So könne „für andere Volksgenossen eine 4-Zimmerwohnung frei gemacht werden". Der Vermieter und Nachbar Jakob Geurtz wurde nun mehrfach massiv unter Druck gesetzt.

Der Besuch des Gelderner Hindenburg-Gymnasiums wurde Julius Hertz nach dem Pogrom im November 1938 verboten. Inmitten der Klasse von Studienrat Gramm ist er in der zweiten Reihe von oben als vierter von links zu erkennen (mit dunklem Pullunder).

Vor allem die „Parteigenossen" E. und R. forderten ihn immer wieder auf, den Kontakt zur Familie Hertz abzubrechen und ihr die Wohnung zu kündigen. Als Jakob Geurtz sich weigerte, schlossen ihn örtliche Vereine, u. a. die Freiwillige Feuerwehr, aus ihren Reihen aus.

Am 16. Juni 1942 wurde Simon Hertz in „Schutzhaft" genommen. In der folgenden Nacht erhängte er sich in seiner Zelle im Weezer Polizeigefängnis, um der Deportation zuvorzukommen. Beerdigt wurde er auf dem jüdischen Friedhof in Geldern.[15]

Seine Söhne Julius und Hans wurden nach den Rassekriterien der NS-Ideologie als „Halbjuden" bezeichnet. Ihre Versuche, vom Tragen des Davidsterns und anderen Diskriminierungen befreit zu werden, scheiterten. Ihr Leidensweg

Simon Hertz wurde 1942 in der Gelderner Familiengruft beigesetzt.

kann zweifellos mit dem der so genannten „Volljuden" verglichen werden. In den fünfziger Jahren befand der „Kreis-Anerkennungs-Ausschuß" daher, dass beide ohne Einschränkung als „Verfolgte der nationalsozialistischen Gewaltherrschaft" anzuerkennen seien.

*Julius Hertz (links außen) in der Handwerkerschule der Synagogengemeinde Köln
(ca. 1939/1940)*

Die Brüder Julius und Hans hatten zunächst die evangelische Volksschule Weeze und danach das Gymnasium in Geldern besucht, von dem sie Ende 1938 nach der Pogromnacht verwiesen wurden. Während ihr Vater im KZ Dachau inhaftiert war, versuchten die beiden zweimal eine Flucht in die Niederlande: Gemeinsam mit jüdischen Kindern und Jugendlichen aus Geldern, Straelen und Aldekerk sind sie mit der Bahn nach Nimwegen gefahren, wurden allerdings von den niederländischen Behörden umgehend wieder abgeschoben.

Von Hans Hertz ist bekannt, dass er nach Monaten ohne Beschäftigung von Oktober 1939 bis Juli 1941 eine Schlosserlehre in der Handwerkerschule der Synagogengemeinde Köln absolvierte. Nach der Schließung der Schule musste er zunächst als Hilfsarbeiter bei der Firma Gebrüder Krülls in Krefeld arbeiten. Julius war 1940 einige Monate lang im Straßenbau für die „Reichsautobahn"

tätig, danach in der Firma Johann Karl Kochen (Krefeld). Ab März 1943 setzte die Weezer Gemeindeverwaltung die beiden Brüder als Gemeindearbeiter bei der Straßen- und Kanalreinigung sowie Müllabfuhr ein. Aussagen von Zeitzeu-

*Hans (2. v. r.) und Julius (2. v. l.) Hertz
mit jüdischen Freund(innen), darunter
Hilde Devries aus Xanten (rechts),
Lotte Kaufmann aus Krefeld (3. v. r.) und
Werner Heymann aus Krefeld (3. v. l.)*

gen, die Gemeinde habe ihn und seinen Bruder Hans als Arbeiter beschäftigt, um die beiden vor einer Deportation zu schützen, weist Julius Hertz als Legendenbildung zurück: „Tatsächlich war es aber so, dass wir keine öffentlichen Verkehrsmittel benutzen durften" (und so die vorherigen Arbeitsstellen nicht mehr erreichen konnten). „Die Gemeindebehörden", so erinnert sich Julius Hertz 1999, „waren im Allgemeinen nicht gehässig, jedenfalls nicht mehr, als ihnen aufgetragen wurde. Die Gesinnung der Weezer Bevölkerung war gemischt, von freundlich bis gehässig."

Dem Bürgermeister Heitmeyer bescheinigte Käte Hertz immerhin im Rahmen der „Entnazifizierung" im August 1945, es sei seinem persönlichen, entschiedenen Eingreifen zu verdanken, dass ihre Söhne nicht nach Polen transportiert worden seien. Aus eigener Erfahrung wisse sie, dass Wilhelm Heitmeyer sich auch um die anderen jüdischen Familien in Weeze gekümmert und ihnen geholfen habe.

Im April 1944 wurden Hans und Julius Hertz zwangsweise in ein Lager der „Organisation Todt" nach Frankreich evakuiert. Nach einigen Monaten Arbeitseinsatz (als Schweißer) gelang ihnen im August die Flucht. Über die französische Widerstandsbewegung stießen sie zur US-Armee, in der sie ein Jahr lang Dienst leisteten. Im August bzw. September 1945 kehrten sie nach Weeze zurück, wanderten aber später (Hans: 1950) in die Vereinigten Staaten von Amerika aus.[16]

Armin Arthur Buhmann

Wahrscheinlich nur eine kurze Zeitlang lebte der 1913 in Kissingen geborene katholische Armin Buhmann in Weeze-

Wissen. Er arbeitete als Gärtner in der „Gräflich von Loe'schen Gartenverwaltung". Von den Behörden als „Halbjude" qualifiziert, wurde er ein Opfer der in den „Nürnberger Gesetzen" festgeschriebenen nationalsozialistischen Rassepolitik: Aus einer über ihn angelegten Akte der Geheimen Staatspolizei geht hervor, dass ihm 1940 die Genehmigung zur Eheschließung mit der „deutschblütigen" Pauline Mühlhauser durch Verfügung des Regierungspräsidenten in Düsseldorf verweigert wurde. Mit Beginn des Krieges wurde er zur deutschen Wehrmacht eingezogen, wo er allerdings nur wenige Monate verbracht hat. Nach der Verweigerung der Heiratserlaubnis soll er gemeinsam mit seiner Freundin, die im Hause des Weezer Arztes Dr. Borgel gearbeitet hatte, nach Bayern verzogen sein.

Nach dem Ende der NS-Zeit konnten Armin Buhmann und Pauline Mühlhauser am 6. August 1945 in Augsburg heiraten. Das Ehepaar verzog kurz darauf nach Deggendorf.[17]

Heinrich, Paula, Marion und Rosemarie Koopmann

Auf der Hindenburgstraße 32 (= Kevelaerer Straße) führte der Pferdehändler Heinrich Koopmann (geb. 1894) das Geschäft seines Vaters David (1849–1928) weiter. Verheiratet war er mit Paula Baer (geb. 1905) aus Münster i. W. Neben den beiden Töchtern Marion (geb. 1930) und Rosemarie (geb. 1932) lebte noch Heinrichs Schwester Auguste (geb. 1891) bis zu ihrem Umzug nach Goch (1934) im selben Haushalt.

Im August 1938 beschloss die Familie zu emigrieren. Mit Hilfe des Pferdehändlers Leo Emmers gelang es, über die „grüne Grenze" in die Niederlande zu

208.	G e r s o n Felix *épouse de* KAUFFMANN, Anna.	27.8.90 Aldekerk	stl.	Landwirt	V V
209.	Gerson-Kauffmann Anna *épouse de* GERSON, Félix	10.8.97 Vluyn	stl.	Hausfrau	V V
210.	G e r s o n Ingeborg	10.7.24 Aldekerk	stl.	Schülerin	V V
211.	G e r s o n Helga	27.4.27 Aldekerk	stl.	Schülerin	V V
212.	G e r s o n Hans Josef	2.9.30 Aldekerk	stl.	Schüler	V V
213.	K o o p m a n n Heinrich Hendrik *épouse de* BAER, Paula	14.11.94 Weeze	stl.	Viehhändler	V
214.	Koopman-Baer Paula *épouse de* KOOPMANN, Hendrik	7.10.05 Münster	stl.	Hausfrau	V
215.	K oopmann Marianne	19.1.30 Weeze	stl.	Schülerin	V V
216.	K o o p m a n n Rose-Marie	18.2.32 Weeze	stl.	Schülerin	V V
217.	F r a j l i c h P. Szmul - *fabrikant.* *épouse de* CUKIER, Ruchla.	10.1.01 Warschau	stl.	Lederarbeiter	V

„Transport"-Liste aus dem SS-Sammellager Mechelen in Belgien:
Die Weezer Familie Koopmann wurde dort ebenso wie die Aldekerker Familie Gerson
am 7. Oktober 1942 interniert und drei Tage später nach Auschwitz deportiert.

fliehen, wovon selbst Nachbarn und Freunde überrascht wurden. Einige Möbel und Wertsachen (z.B. Kristall-vasen) wurden bei einzelnen Weezer Familien, u.a. im Hause von Simon Hertz, deponiert.

Heinrich, Paula, Marion und Rosemarie Koopmann fanden am 28. November 1939 zunächst ein neues Zuhause im belgischen Eelen (nahe Maaseik). Am 7. Oktober 1942 wurden sie in dem für belgische Juden eingerichteten „Sammellager" Mechelen interniert. Von dort aus deportierte sie die SS am 10. Oktober 1942 in das Konzentrationslager Auschwitz, wo sie (wahrscheinlich am 12. Oktober 1942) in der Gaskammer ermordet wurden.[18]

Henriette und Leonhard Koopmann

Schon seit Ende des 19. Jahrhunderts betrieben die beiden unverheirateten Geschwister eine „Kleinhandlung" mit

Karteikarten des „Sicherheitsdienstes" mit Angaben zu den Schülerinnen Rosemarie und Marion (= Marianne) Koopmann. Die zehn- und zwölfjährigen Mädchen waren seit 1938 in Belgien registriert. Hinter der Bemerkung „Arbeitseinsatz" verbirgt sich die Deportation in das Vernichtungslager Auschwitz, wo Rosemarie, Marion, Paula und Heinrich Koopmann zwei Tage später ermordet wurden.

Henriette und Leonhard Koopmann betrieben in diesem Haus an der Ecke Wasser- und Roggenstraße eine „Kleinhandlung" mit Manufaktur- und Kolonialwaren. Aufnahme vom April 1942

Manufaktur- und Kolonialwaren auf der Wasserstraße. Henriette Koopmann (geb. 1858) starb 1939 in Weeze. Ihr Bruder Leonhard (geb. 1862) wurde 1942 gemeinsam mit der Familie Devries (s. u.) in das Konzentrationslager Theresienstadt deportiert. Infolge von mangelhafter Ernährung und Entkräftung starb er dort am 28. Februar 1943.[19]

Max, Julie und Edith Devries

Bereits am 1. September 1933 war Max Devries (1890–1958), ein im Ersten Weltkrieg schwer verwundeter Viehhändler, zum ersten Mal verhaftet worden. Während eines Billardspiels in einer Weezer Gaststätte hatte er Anhängern der NSDAP gegenüber geäußert: „Die Juden sind durchs Rote Meer gekommen und kommen auch durch diese braune Scheiße." Die darauf folgende Anzeige

Max und Julie Devries, die das KZ Theresienstadt überlebt hatten und nach Weeze zurückgekehrt waren, fanden ihre letzte Ruhestätte in Geldern.

führte zu einer Verurteilung zu vier Monaten Gefängnis „wegen Verächtlichmachung der Partei". Aus Anlass des Erntedankfestes wurde er aber am 1. Oktober 1933 amnestiert. Die überall im Ort aushängenden Flaggen soll der selbstbewusste und mutige Max Devries öffentlich als Begrüßungsschmuck zu seiner Rückkehr nach Weeze interpretiert haben.

Der Viehhändler heiratete 1934 Julie Hartoch aus Aachen (1895–1980). Im folgenden Jahr wurde die Tochter Edith geboren. Gemeinsamer Wohnsitz war die Göringstraße (heute: Kardinal-von-Galen-Straße).

Max Devries lehnte – anders als sein Bruder Ludwig – eine Emigration stets ab. Er fühlte sich zeitlebens als deutscher und Weezer Jude; vielfältige Kontakte im Ort, in dem er fest verwurzelt war, gaben ihm ein Gefühl von Sicher-

Max Devries, hier in der Uniform eines Ulanen, war ein hochdekorierter „Frontkämpfer" im Ersten Weltkrieg.

heit. Diese Bindungen erklären auch die eher ungewöhnliche Tatsache, dass die Familie von Max Devries selbst nach der KZ-Haft – aus ihrer Sicht selbstverständlich – wieder nach Weeze zurückkehrte. Die Annahme, die NS-Diktatur im Lande überstehen zu können, hatte wohl ebenso die offizielle Verleihung des „Ehrenkreuzes für Frontkämpfer" „im Namen des Führers und Reichskanzlers" (11. März 1935) sowie des „Verwundetenabzeichens für Heeresangehörige in mattweiß" am 21. Juli 1936 (!) bestärkt.

Die noch heute bisweilen von älteren Weezer Bürgern geäußerte Meinung, Max Devries sei ein „sehr netter Mann" und eigentlich „kein Jude" gewesen, zeigt in diesem Zusammenhang allerdings auch, wie zwiespältig die offensichtliche Akzeptanz des Juden Max Devries in einer antisemitisch orientierten Umwelt gesehen werden kann: Der Einzelne wird als Mensch geachtet, gerade weil er den verbreiteten rassistischen Vorurteilen – die man der Gruppe „der" Juden zubilligt – nicht entspricht.

Am 24. Juli 1942 musste Max Devries – gemeinsam mit seiner Frau Julie, seiner siebenjährigen Tochter Edith und dem 80-jährigen Leonhard Koopmann – den Heimatort in Richtung Theresienstadt

verlassen. Nach einer kurzen Internierung in der Düsseldorfer Schlachthofhalle ging es mit einem Sammeltransport im Güterwaggon in das nördlich von Prag gelegene Konzentrationslager. Dort musste die Familie drei leidvolle Jahre verbringen: Max Devries litt an Hungertyphus; drei Schwestern seiner Frau, die ebenfalls in Theresienstadt inhaftiert waren, starben an Hungertyphus oder – nach dem Weitertransport in ein Vernichtungslager – in der Gaskammer. Nie hat es Julie Devries verwinden können, dass von ihren zehn Geschwistern nur ein Bruder überlebt hat.[20]

Am 7. Mai 1945 wurden Max, Julie und Edith Devries durch die Rote Armee befreit. Anfang Oktober 1945 kehrten sie nach Weeze zurück. Ihre erste Bleibe war das Theresien-Hospital auf der Bahnstraße.

Vielen Weezern half Max Devries nun als ein gefragter Entlastungszeuge für die „Spruchkammern" des Entnazifizierungsverfahrens. Als – ernanntes – Mitglied des Kreistages war er vom 10. Dezember 1945 bis zum 12. Oktober 1946 politisch für die Interessen der Gemeinde Weeze tätig. Zu den ersten Kommunalwahlen 1946 kandidierte er allerdings nicht.[21]

Anmerkungen

[1] Abgedruckt in: Franz NIENHAUS: Die Juden im ehemaligen Herzogtum Cleve unter brandenburgisch-preußischer Verwaltung, Münster 1914, S. 93.

[2] Fritz BAER: Das Protokollbuch der Landjudenschaft des Herzogtums Kleve. Erster Teil: Die Geschichte der Landjudenschaft des Herzogtums Kleve, Berlin 1922 (= Veröffentlichungen der Akademie für die Wissenschaft des Judentums. Historische Sektion), S. 54 f.

[3] Auguste PIERREPONT: Bürgermeisterei Weeze, 12. Jahr der Republik 1804 (von Birgitta Stephanus ins Deutsche übertragener Text, GA Weeze).

[4] HStAD Roer.-Dep. Nr. 1710, Heft 1.

[5] HStAD Roer.-Dep. Nr. 1796.

[6] Schematismus der Diözese Münster, Münster i. W. (benutzte Ausgaben: 1886–1940). Vgl. auch: Rudolf HARNISCH: Jahrbuch für den Regierungsbezirk Düsseldorf 1913, Düsseldorf 1913 (siehe auch die Jahrbücher 1902, 1904, 1905, 1909).

[7] HStAD, LA Geldern, Nr. 161.

[8] HStAD, LA Geldern, Nr. 157.

[9] Vgl. besonders die Erinnerungen von Heinrich KEMPENICH, in: Gregor HÖVELMANN (Hrsg.): Juden in Geldern (VHVG 82), Geldern 1982, S. 23–58.

[10] GW, 26. Februar 1892. Zum Hintergrund dieser Versammlung siehe die Beiträge von C. NONN und B. KEUCK (über die Straelener Juden) in diesem Buch.

[11] GW, 10. Februar 1892.

[12] Heinrich TENHAEFF: Amt Weeze. Aus seiner Geschichte und seine Kriegerehrung, Geldern 1929, S. 41.

[13] KA Kleve in Geldern, Bestand B, Kreisverwaltung Geldern 1945–1974, Lieferung 89, AZ: 506030 E, Karton 14, Akte 38.

[14] Ebd., Akte 39; Meldekarteien GA Weeze. Helene Devries hatte sich am 19. Oktober 1937 nach Düsseldorf abgemeldet und emigrierte gemeinsam mit ihrem Bruder Ludwig, ihrer in Ahaus verheirateten Schwester Frieda de Jong sowie deren Tochter Marga.

[15] KA Kleve in Geldern, Bestand B, Kreisverwaltung Geldern 1945–1974, Lieferung 89, AZ: 506030 E, Karton 4, Akte 11 (Aussagen von Hans Hertz und Max Devries); Sammlung Ruth Benger (Kevelaer); freundliche Mitteilungen von Elly Rütgens geb. Geurtz (Weeze) am 28. Februar 1999.

[16] Freundliche Mitteilungen von Julius Hertz (Brief vom 17. Februar 1999) und Hans Hertz (Telefongespräch am 5. August 2001); KA Kleve in Geldern, B 323 und Karton 4, Akte 11 (Anm. 12); HStAD, NW 1006–2253 (Julius Hertz); HStAD, NW 1006 V 2927 (Wilhelm Heitmeyer).

[17] HStAD, RW 58, Nr. 11166.

[18] GA Weeze, Meldekartei („am 23. August 1938 nach Holland geflüchtet"); freundliche Mitteilungen von Edith Devries, Elly Rütgens (beide Weeze) und Paul van Treeck (Geldern); Gelderner Post vom 13. September 1947: „Gedenkfeier für die Opfer des Faschismus"; Auskünfte des „Nederlands Instituut voor Oorlogsdocumentatie" in Amsterdam (26. April 1999) sowie des „Joods Museum van Deportatie en Verzet" in Mechelen (19. Mai 1999); SD-Karteikarten und Transportlisten, „dienst der oorlogsslachtoffers", Brüssel.

[19] GA Weeze: Meldekartei und genealogische Sammlung Wilhelm Brauers; Sterbebuch des Sonderstandesamtes Arolsen Abt. I, Jahrgang 1955, Nr. 1133; freundliche Mitteilungen von Edith Devries.

[20] Auf weitere Einzelheiten soll an dieser Stelle nicht eingegangen werden, um dem Augenzeugenbericht von Edith Devries, der demnächst als Buch erscheinen soll, nicht vorzugreifen.

[21] KA Kleve in Geldern, A 78; B 323 und Karton 1, Akte 13 (Anm. 12); HStAD, NW 1006–972: Fragebogen des „Military Government of Germany" vom 18. Dezember 1945; freundliche Mitteilungen von Edith Devries; Verwaltungsbericht des Kreises Geldern 1945–1948.

Verzeichnis der jüdischen Familien in Weeze bis 1945

GERD HALMANNS

ARMIN ARTHUR BUHMANN, Gärtner, Schlossallee 7 (Wissen), geb. 2. Oktober 1913 in Kissingen

JACOB DEVRIES, Metzger, Wasserstraße 35, geb. 9. Juni 1858 in Kaldenkirchen, gest. 29. November 1908 in Weeze (Heirat am 8. November 1886)
HENRIETTE COOPMANS, geb. 1. März 1860 in Weeze, gest. 5. April 1935 in Weeze
Abraham Albert, geb. 28. Dezember 1887, gest. 1. April 1918 (gefallen)
Elfriede, geb. 22. Januar 1889 in Weeze, gest. 3. Juli 1964 in Melbourne (Heirat mit Adolf de Jong, geb. 1882 in Ahaus, gest.13. September 1944. Kinder: Marga, geb. 20. Mai 1922 in Ahaus; Herbert, gest. 13. September 1944; Henny, gest. 13. September 1944)
Max, geb. 3. Februar 1890 in Weeze, gest. 3. Juni 1958 in Weeze
Ludwig, geb. 7. November 1892 in Weeze, gest. USA
Helene, geb. 6. Februar 1896 in Weeze, gest. USA (unverheiratet)

LUDWIG DEVRIES, Viehhändler, Wasserstraße 33, geb. 7. November 1892 in Weeze
JENNY GERSON, geb. 16. Januar 1892 in Aldekerk (Heirat am 3. Oktober 1920)
Albert Rolf, geb. 30. November 1921 in Weeze (abgemeldet am 25. Januar 1939 in die NL; USA)
Horst Josef, geb. 22. Juli 1925 in Weeze (abgemeldet am 25. Januar 1939 in die NL; USA)

MAX DEVRIES, Viehhändler, Kardinal-von-Galen-Straße 23, geb. 3. Februar 1890 in Weeze, gest. 3. Juni 1958 in Weeze
JULIE KLARA ALWINE HARTOCH, geb. 25. August 1895 in Aachen, gest. 22. Juli 1980 in Weeze (Heirat am 17. Juni 1934 in Aachen)
Edith Henriette, geb. 25. Oktober 1935 in Weeze

SIMON HERTZ, Viehhändler, Alte Heerstraße 11, geb. 6. Juli 1887 in Issum, gest. 17. Juni 1942 in Weeze (Umzug nach Weeze 1926)
KÄTHE PETERS, geb. 1899 in Berlin, gest. 1976 in Düsseldorf (Heirat 1923 in Düsseldorf)
Julius, Textilingenieur, geb. 22. Februar 1924 in Düsseldorf, gest. 30. Mai 1999 in Greenville, South Carolina (USA)
Hans, Schlosser/Kaufmann, geb. 8. Oktober 1925 in Wetten; heute Florida (USA)

DAVID KOOPMANN, Metzger, geb. um 1775 (in Süchteln?), gest. 8. Oktober 1829
HENRIETTE JOSEPHS (bis 1808: JETTA GOMBRI)
Jacob, geb. 31. Oktober 1808 in Weeze
Eva, geb. 14. März 1811 in Weeze

Weeze, Pfingsten 1941: Julius Hertz
mit Lotte Kaufmann aus Krefeld

Der in Emmerich aufgewachsene Hermann
Nathan heiratete nach Fronteinsatz und
französischer Kriegsgefangenschaft 1920
seine Verlobte Toni Koopmann.
Das Paar lebte zunächst in Weeze,
wo auch die beiden Söhne geboren wurden,
und zog später nach Dortmund.

Toni Nathan, 1886 in Weeze geborene
Tochter von David Koopmann und
Rosa Falkenstein, im KZ Auschwitz ermordet

Sara, geb. 1. Januar 1813 in Weeze

Gompri, Metzger, geb. 27. Januar 1815 in Weeze, gest. 19. Juli 1879 in Weeze

Levi, Metzger, geb. 30. Juli 1817 in Weeze, gest. 24. Dezember 1849 in Weeze

Meyer Isaac, geb. 16. Juni 1821 in Weeze

Simon, geb. 24. Januar 1824 in Weeze

JACOB KOOPMANN, Metzger, geb. 31. Oktober 1808 in Weeze
WILHELMINA DEVRIES (bis 1808: Mendele Moses), Dienstmagd, geb. um 1803 in Uedem (Heirat am 23. Januar 1833 in Weeze)

Zara, geb. 2. Oktober 1833 in Weeze, gest. 15. Oktober 1833 in Weeze

Sibilla, geb. 27. Juli 1834 in Weeze, gest. 1. August 1834 in Weeze

Zara, geb. 28. Juli 1835 in Weeze, gest. 22. März 1882 (unverheiratet)

Jacob (gen. Moses), Metzger, geb. 22. Mai 1838 in Weeze, gest. 10. Februar 1885 in Weeze (unverheiratet)

Sophia, geb. 17. Mai 1841 in Weeze, gest. 9. Januar 1928 in Weeze (unverheiratet)

Jacob David, Viehhändler und Metzger, geb. 18. November 1845 in Weeze

GOMPRI KOOPMANN, Metzger, geb. 27. Januar 1815 in Weeze, gest. 19. Juli 1879 in Weeze
ESTHER SIBILLA HEYMANN, geb. 10. März 1822 in Odenkirchen, gest. 8. Oktober 1884 in Weeze

Flora, geb. 17. März 1846 in Weeze (am 19. Dezember 1871 in Weeze Heirat mit Salomon Salmon, Handelsmann, geb. 6. September 1841 in Lank)

Hermann, Feilenhändler, später Stahl- und Eisenwaren-Kaufmann und -produzent in Solingen, geb. 25. August 1847 in Weeze, gest. 6. November 1919 in Wildungen (Heirat mit Fanny Michelson, geb. 9. Oktober 1845, gest. 13. Dezember 1903. Kinder: Eugen David, geb. 1877; Elise, geb. 1879; Johanna)

David, geb. 17. März 1849 in Weeze, gest. 9. Dezember 1928 in Weeze

Albertine, geb. 26. Dezember 1850 in Weeze, gest. 1. März 1928 in Weeze (unverheiratet)

Josephine, geb. 22. Februar 1853 in Weeze, gest. 6. März 1919 in Weeze

Ludwig, Viehhändler, geb. 27. März 1855 in Weeze, gest. April 1940 in Goch

Henriette, geb. 11. September 1858 in Weeze, gest. 6. April 1939 in Weeze (unverheiratet)

Julie Caroline, geb. 15. August 1860 in Weeze, gest. 1. November 1939 in Krefeld (Heirat mit Josef Lifges, Viehhändler, geb. 14. April 1857 in Süchteln, gest. 26. Juni 1932; Umzug nach Süchteln. Kinder: Erna, geb. 23. Juli 1892; Margarethe, geb. 27. Juli 1893; Erich, geb. 9. Oktober 1894; Gertrud, geb. 31. Mai 1897; Norbert, geb. 11. November 1899; alle in Süchteln geboren)

Leonhard, Kaufmann, Wasserstraße 39, geb. 7. November 1862 in Weeze, gest. 28. Februar 1943 in Theresienstadt (unverheiratet)

Samuel Gustav, geb. 7. Oktober 1867 in Weeze, gest. 1. Januar 1934 in Weeze (unverheiratet)

DAVID KOOPMANN, Viehhändler, Wasserstraße 86, geb. 17. März 1849 in Weeze, gest. 9. Dezember 1928 in Weeze
ROSA FALKENSTEIN, geb. 3. Januar 1852 in Fischeln, gest. 6. März 1902 in Weeze

Albert Abraham, geb. 16. September 1880 in Weeze, gest. 27. Dezember 1882 in Weeze

Hedwig, geb. 12. April 1882 in Weeze (verh. Hartogs)

Selma, geb. 22. September 1883 in Weeze

Sidonie (Toni), geb. 27. Mai 1886 in Weeze, gest. im KZ Auschwitz (Heirat mit Hermann Nathan am 27. Mai 1920 in Weeze)

Mathilde, geb. 4. Oktober 1887 in Weeze (verh. Lambertz)

Margaretha, geb. 20. Oktober 1888 in Weeze, gest. 20. Dezember 1888 in Weeze

Auguste Viktoria, geb. 31. Dezember 1891 in Weeze, gest. in London

Heinrich, Viehhändler, geb. 14. November 1894 in Weeze, gest. 1942 in Auschwitz

LUDWIG KOOPMANN, Viehhändler, geb. 27. März 1855 in Weeze, gest. April 1940 in Goch

ELISE LIEFGES, geb. 13. Januar 1861 in Süchteln (Heirat in Süchteln am 3. April 1888)

Else, geb. 6. Januar 1889 in Weeze

Paula, geb. 11. März 1890 in Weeze

Adele, geb. 22. April 1891 in Weeze

Hulda, geb. 22. August 1892 in Goch (1939 Umzug nach Kleve; Deportation Ende 1941 nach Riga), verschollen in Riga

Amanda, Hausgehilfin in Emmerich, geb. 21. Januar 1894 in Goch, deportiert nach Riga am 10. Dezember 1941, verschollen in Stutthof

Walter, geb. 1895 in Goch, gest. 19. Dezember 1898 in Goch

Cäcilie, geb. 21. September 1896 in Goch (verh. mit Gustav Schmidt, Siegen)

Eleonore, geb. 1. August 1899 in Goch

Meta, geb. 3. Dezember 1900 in Goch, gest. 2. September 1942 in Auschwitz

Irene, geb. 27. Januar 1902 in Goch (verh. mit Heinrich Weyers in Köln)

Johanna, geb. 1906 in Goch, verzogen nach New York (USA)

HEINRICH KOOPMANN, Pferdehändler, Kevelaerer Straße 32, geb. 14. November 1894 in Weeze, gest. Oktober 1942 in Auschwitz (Heirat am 13. April 1929 in Münster i.W.; 1939 Emigration der Familie nach Belgien; 10. Oktober 1942 Deportation aus dem „Sammellager" Mechelen)

PAULA BAER, geb. 7. Oktober 1905 in Münster i.W., gest. Oktober 1942 in Auschwitz

Marion, geb. 19. Januar 1930 in Weeze, gest. Oktober 1942 in Auschwitz

Rosemarie, geb. 18. Februar 1932 in Weeze, gest. Oktober 1942 in Auschwitz

HERMANN NATHAN, Kaufmann, Haus Nr. 124, geb. 9. Dezember 1882 in Emmerich, gest. im KZ Auschwitz

SIDONIE (TONI) KOOPMANN, geb. 27. Mai 1886 in Weeze, gest. im KZ Auschwitz (Heirat am 27. Mai 1920 in Weeze; nach 1923 Umzug nach Dortmund)

Bernd Conrad, geb. 10. Juni 1921 in Weeze (nach Lodz deportiert; dort 1945 umgekommen)

Georg Joel, geb. 15. Juli 1923 in Weeze (1939 Emigration nach Palästina; am 14. Juli 1946 Heirat mit Aviva Schenin, geb. 23. Februar 1926 in Tel Aviv. Kinder: Ofer Nathan, geb. 23. Februar 1949; Gil, geb. 26. Juli 1954)

Hitlers willige Nachbarn

Über Lebensgeschichten aus dem niederländischen Grenzdorf Arcen

HENK RAIJER

„Unser Haus war eine Ruine. Keine Türen, keine Fenster mehr, die Zimmer voller Unrat. Es war ein Saustall, aber uns kam es vor wie ein Palast", erinnert sich Inge Grünwald an den 1. April 1945, den Tag ihrer Rückkehr ins Leben. „Wir waren nach all der Zeit, die wir uns vor den Deutschen verstecken mussten, so glücklich, wieder zu Hause zu sein, dass uns nicht einmal die Ratten störten", sagt die heute 69-Jährige, die seit 1951 in Israel lebt.

Zu Hause, das war für die Grünwalds, die 1938 vor den Nazis nach Holland geflohen waren, auch nach dem Krieg Arcen bei Venlo: das Haus am Walbeckerweg, das nur einen Steinwurf von der Grenze entfernt lag, das früher einem Deutschen gehörte, der seine Kneipe auf den Namen Café Groenewoud getauft hatte.

Das Café Groenewoud –
die neue, unsichere Heimat der Grünewalds
von 1938 bis 1943 und dann noch einmal
von 1945 bis 1950

„Zu Hause hieß auch, endlich wieder ohne Angst auf die Straße zu gehen und mit den Freundinnen loszuziehen", beschreibt Inge Grünwald, im April 1945 knapp sechzehn Jahre alt, ihr Lebensgefühl in den Tagen nach der Befreiung. „Da war ein Gefühl von Freiheit und Hoffnung, das schon da war, als wir das erste Mal in Arcen ankamen und unser neues Leben in dem Haus begannen, das den Namen unserer Familie schon trug": Groenewoud – Grünewald.

Das Café Groenewoud steht im April 1938 vor der Pleite. Wenn's hoch kommt, verlieren sich zwei, drei Nachbarn vom Walbeckerweg oder ein paar Stammkunden aus dem Dorf auf ein Bier in die Schenke am Waldrand. Auch der Laden lohnt sich nicht mehr, seit die Kundschaft „von drüben" ausbleibt. Anton Väth, der seine Landsleute aus Walbeck, Geldern und Krefeld ein Jahrzehnt lang mit billigem Tabak, Tee und Kaffee versorgt hat, will sein Haus im holländischen Arcen verkaufen, will „heim ins Reich", wo's aufwärts geht, wie es heißt. Die Zeiten sind vorbei, wo er die Ware kiloweise über den Ladentisch schob oder auch selbst mal „zollfrei" unter die Leute brachte. Seitdem die braunen Machthaber in Berlin die Staatsgrenze hinter seinem Hühnerstall streng bewachen lassen, ist Schluss mit dem lukrativen Geschäft.

Die Schmuggler vom Niederrhein, die in den dreißiger Jahren zum heimlichen Einkauf nach Arcen kamen, scheuen jetzt den nächtlichen Ausflug ins Café Groenewoud. Dafür schleichen sich seit einiger Zeit in der Dunkelheit Menschen über die Grenze, die weder kaufen noch zurück wollen: deutsche Juden, die das Naziregime seit 1933 systematisch aus allen Bereichen des öffentlichen Lebens verdrängt hat – Flüchtlinge, brutal um Besitz und Einkommen gebracht und ihrer elementarsten Bürgerrechte beraubt.

Immer häufiger stehen sie jetzt nachts vor der Tür, mit zerbeulten Koffern, in zerrissenen Mänteln, nachdem sie sich durch das Fichtenwäldchen geschlagen haben, das hinter dem Grundstück der Väths die Grenze zum Reich bildet. „Verängstigt haben sie ausgesehen", sagt Hanny Väth, die Tochter des Wirts, damals neun Jahre alt. „Die meisten wollten nur wissen, wo es zum nächsten Bahnhof geht, und möglichst schnell weiter."

Unter den Flüchtlingen ist eines Abends Ende April auch Max Grünewald. Anders als die meisten jedoch ist der Prokurist aus Mönchengladbach, den die Geschäftsführung seiner Bank schon 1935 von seinem Posten „entfernt" hat, mit Frau und Kindern ins Café Groenewoud gekommen, um zu bleiben. Der Kauf ist schnell perfekt. Anton Väth zieht mit seiner Frau ins Ruhrgebiet, Tochter Hanny bleibt bei den Großeltern im Haus auf der anderen Straßenseite.

„Wir hatten eine herrliche Kindheit in Arcen, mein Bruder und ich", sagt Inge Grünewald über die Zeit, als sie knapp neun Jahre alt war. Während man die Kinder Tage zuvor in Mönchengladbach noch „dreckige Juden" gerufen hat, gehören sie in Arcen dazu. „Wir hatten bald Freunde in unserer Straße. Zusammen sind wir morgens die drei Kilometer ins Dorf gegangen und am Nachmittag durch die Wälder gezogen. Im

Hans und Inge Grünewald 1938
in der Grundschule Arcen.
Bald darauf war Schluss mit dem Besuch
der staatlichen Bildungseinrichtung.

Frühling haben wir Frösche gequält und im Herbst Kastanien geklaut", sagt Inge Grünewald. „In die Schule bin ich gern gegangen, die Nonnen haben mich immer vorgezogen." Und wenn der Herr Pfarrer den anderen Kindern den Katechismus einhämmert, darf Inge ein Buch lesen.

Die Eltern tun sich nicht so leicht. An Geld-Verdienen ist für Max Grünewald wegen der Rezession in Holland nicht zu denken. Und Gärtnern will gelernt sein: Der Spargel ist blau, noch bevor Jenny Grünewald weiß, wie er geerntet wird, und aus Küken wollen partout keine Hühner werden. Schikanen und Angst sind jedoch bald vergessen. Deutschland scheint weit weg, obwohl die Grünewalds mit einigen Nachbarn deutsch reden können. In ihrer Straße, die nach gut dreihundert Metern und elf Häusern am Schlagbaum endet, leben Deutsche und Holländer Tür an Tür, manche seit Generationen, andere erst nach der „schweren Zeit" im Reich.

Neu „an der Grenze" sind außer den Grünewalds die Familien Katzenstein, Sternheim und Terhoch. Es ist kein Zufall, dass die jüdischen Familien es vorgezogen haben, draußen im Wald und nicht im Dorf zu siedeln. Holland hat zwar keine offen judenfeindliche Tradition. Aber sie wissen auch, dass sie „anders" sind und dass die erzkatholischen Dorfbewohner, die in der Regel freundlich sind, sie dennoch misstrauisch beäugen. Zwar weiß man in dem Ort, in dem 1500 Menschen leben, dass Grünewalds, Sternheims und die anderen aus Deutschland haben fliehen müssen, weil sie Juden sind, aber wer weiß, was sie dort angestellt haben … Waren es nicht die Juden, wie der Herr Pfarrer oft so anschaulich schildert, die den Gottessohn ans Kreuz geschlagen haben? „Wir waren zwei Monate in Arcen, da schickten uns die Eltern zum Kohlenhändler, um die Bestellung für den Winter aufzugeben", erzählt Inge Grünewald. „Da war eine Kundin, die sagte zu uns: ‚Ihr seid doch Juden, nicht wahr? Juden sind keine guten Menschen.'"

Dass es inzwischen im Deutschen Reich für Juden immer gefährlicher wird, erfahren die Grünewalds nicht nur übers Radio. Nach der Pogromnacht vom 9. November 1938, als der SA-Mob in Deutschland 91 Menschen ermordet, 250 Synagogen zerstört und 7500 Geschäfte und Wohnungen jüdischer Bürger verwüstet, klopfen am Walbeckerweg immer öfter Fremde an. Noch sehen Max und Jenny Grünewald keinen Grund zur Sorge, gar zu friedlich ist es in dem Dorf an der Maas.

Erst der Überfall auf Polen am 1. September 1939 vermag die Gemütsruhe der jüdischen Grenzbewohner zu stören. Die vier Familien treffen sich jetzt häufiger. Josef Katzenstein ist überzeugt, dass ein Angriff auch auf Holland unmittelbar bevorsteht. Und weil er nicht zum zweiten Mal Opfer der „Arisierungspolitik" der Nationalsozialisten werden will, verkauft Josef Katzenstein seinen Besitz und verlässt Arcen Ende November 1939 mit Frau und zwei Söhnen in Richtung USA. Max Grünewald, Hugo Terhoch und Otto Sternheim glauben – wie die Mehrheit der Niederländer –, „dieser Verrückte" werde es schon nicht wagen, die strikte Neutralität Hollands zu verletzen.

Er wagte es. Am 10. Mai 1940 wird Inge Grünewald morgens um vier von einem Geräusch aus dem Schlaf gerissen, das sie von früher her kennt und das ihr die nächsten Jahre immer wieder Angst machen wird. „Die Stiefel', sagte Mutter, als wir vom Schlafzimmer aus die Soldaten marschieren sahen. ‚Nun haben sie uns doch eingeholt.'"

Die „Landesverteidigung" bricht nach einer Stunde zusammen, das Häuflein Soldaten, das auf der Straße ins Dorf Barrikaden errichtet hat, ist bald entmutigt. Arcen fällt der Wehrmacht nahezu kampflos in die Hände; zwei Stunden später haben die Invasoren die Maas überquert. Vier Tage „Blitzkrieg" und die Bombardierung Rotterdams besiegeln das Schicksal der Niederlande – und der Juden, die sich hier in Sicherheit wähnten.

Abgesehen von kriegsbedingten Unannehmlichkeiten wie Arbeitsdienst, Lebensmittelrationierung und abendlicher Verdunkelung ändert sich unter der deutschen Besatzung nicht viel. Auch die jüdischen Bürger lässt man zunächst unbehelligt. Die Soldaten verhalten sich korrekt, schließlich wollen die „Herrenmenschen" das „arische Brudervolk" für die großen Ziele gewinnen.

So mancher Arcener braucht nicht erst lang überzeugt zu werden. Kaum hat Holland kapituliert, schließen sich Reichsdeutsche im Ort, die bis dahin nicht auf ihre Herkunft pochten, der NSDAP an. Aus Nachbarn werden Parteileute, die ihren Kindern den Umgang mit den Juden verbieten. „Getan hat er uns nichts, der Ortmann von nebenan", sagt Inge Grünewald. „Aber ich bin immer mit einem komischen Gefühl an deren Haus vorbeigegangen." Ihre Freundin Hanny Väth, die – mit mittlerweile holländischem Pass – noch heute in Arcen lebt, erinnert sich, vom Nachbarn als „Judenknecht" beschimpft worden zu sein. „Für Ortmann waren Grünewalds Untermenschen."

Im Februar 1941 beginnen in Arcen wie überall im Land jene „Maßnahmen", die der „Endlösung der Judenfrage" vorausgegangen sind. Hollands Beamtenschaft lässt es dabei an Kooperationsbereitschaft nicht fehlen. Am 14. Februar fordert der Bürgermeister Pierre Gubbels im Auftrag des Innenministeriums die „personen van joodschen Bloede" seiner Gemeinde auf, sich binnen acht Tagen im Rathaus registrieren zu lassen: Grünewalds, Sternheims und Terhochs bekommen ein „J" in ihre Papiere gestempelt. Zwei Monate später lässt Gubbels der Wehrmachtsbezirksverwaltung eine „Liste von Personen" zukommen, „die ein Radiogerät abgegeben hatten". Otto Sternheim und Max Grünewald haben laut Eintragung ihr Gerät „in gutem Zustand" ausgehändigt.

„Schikanen gegen Juden hat es nicht nur in Amsterdam gegeben", sagt Jan Keltjens, der nach dem Krieg selbst jahrelang im Rathaus gearbeitet hat. „Auch hier haben die Leute mitgemacht, da kann sich keiner rausreden." Bis ins kleinste Detail, sagt Keltjens, der die Akten und den Briefverkehr mit den deutschen Stellen archiviert hat, sei jeder Vorgang, die jüdischen Familien in Arcen betreffend, niedergeschrieben und weitergeleitet worden. „Das hat reibungslos funktioniert."

Was immer da „von oben" kommt – Arcens Beamte, die wie fast alle im Land ohne zu zögern ihren „Ariernachweis" erbracht haben, ziehen eine Nichtbeachtung der antijüdischen Verordnungen nicht einmal in Erwägung. Von Widerspruch keine Spur. Als die Gemeindeverwaltung von Arcen am 19. Dezember 1941 die Anfrage erhält, wieviel Schilder man benötige, die den jüdischen Bewohnern den Zutritt zu öffentlichen Einrichtungen untersagen, steht die Liste noch am selben Tag. Bürgermeister Gubbels ordert für Hotels, Restaurants und Cafés, für den Fußballplatz, den Kinosaal und die Bibliothek insgesamt 38 Plaketten mit der Aufschrift: „Voor Joden verboden".

Darauf, dass weder ein Max Grünewald noch einer der Gastwirte gegen diese Anordnung zu verstoßen wagt, achten in Arcen nicht etwa die deutschen Sicherheitsorgane, sondern Holländer: Mitglieder der „Nationaalsocialistische Beweging" (NSB). „Fünfundzwanzig von denen hatten wir hier, darunter auch Leute aus Arcen", erinnert sich Jan Keltjens, damals zehn Jahre alt. „Die NSBler machten die Drecksarbeit. Die waren fanatischer als die Deutschen."

Seit September 1941 dürfen in Holland jüdische Kinder nicht mehr die Schule besuchen. „Von einem Tag auf den anderen war Schluss." Inge Grünewald ist zwölf Jahre alt. „Unglücklich war ich darüber freilich nicht." Zumal die neue „Freiheit" den Neid der Freundin von gegenüber hervorruft. Hanny Väth, die Deutsche, geht bis Frühjahr 1942 mit einem Passierschein nach Walbeck in die Volksschule. Während die Jüdin den gelben Stern trägt, ist die Deutsche nun Jungmädel und soll nach dem Willen des NSDAP-Ortsgruppenleiters später einmal BDM-Führerin werden. „Einmal die Woche stand der bei uns vor der Tür. Bis es meiner Oma zu viel wurde. Sie hat mich aus der Schule genommen, in Arcen abgemeldet und in Venlo bei den

Nonnen im Internat versteckt", sagt Hanny Väth. „Dort bin ich bis zur Befreiung geblieben."

Der Name „Westerbork" ist spätestens im Juli 1942 auch in Arcen bekannt. Seit Ilse, die älteste Tochter der Terhochs, mit Tausenden anderen Amsterdamer Juden in das holländische Durchgangslager verschleppt wurde, ist Westerbork ein Synonym für Abschied. Wer nach Westerbork kommt, wird „auf Transport gestellt" – angeblich ins Arbeitslager nach Deutschland oder Polen. Am 25. August erhält Inge Grünewalds Mutter Nachricht, dass in Venlo drei ihrer Geschwister abgeholt worden sind. „Wir warteten einige bange Tage. Dann kam Nachricht von Selma aus Westerbork, ihr letztes Lebenszeichen", wird Jenny Grünewald am 20. August 1945 in einem Brief an Verwandte und Freunde schreiben. „Selma teilte uns mit, dass es ihr nicht gelungen wäre freizukommen und dass sie in einigen Tagen auf Transport gestellt würde. Und dass wir uns wohl sehr lange Zeit nicht mehr sehen würden …"

Die Grünewalds haben Angst. „Wir dachten, dass auch wir jetzt bald an der Reihe wären. Also packten wir unsere Rucksäcke mit dem Notwendigsten und warteten Tag für Tag auf unsere Deportierung – ein nervenzerrüttendes Warten. Doch man ließ sich Zeit, die Beute war ihnen ja sicher", schreibt Inge Grünewalds Mutter. Sie warten bis März 1943. In dieser Zeit seien einige Familien „verschwunden", erinnert sich Inge. „Es war schwer, ein Versteck zu finden. Wir hatten nicht genug Geld, um zu verschwinden. Die Leute haben das ja nicht umsonst gemacht, die uns dann aufnahmen, haben das nur des Geldes wegen gemacht."

Mitte Februar 1943 werden Haus und Land beschlagnahmt und an einen verdienten Kollaborateur verkauft. Die Grünewalds bekommen zwei Wochen Zeit, ihr Haus zu räumen. Am 1. März ziehen sie zu Sternheims, die jetzt im Dorf leben, Wertsachen geben sie Arcener Bekannten in Verwahrung. Inzwischen hat jemand aus der Familie Geld besorgt. „Endlich gelang es uns damit, jemanden ausfindig zu machen, der bereit war, uns aufzunehmen", sagt Inge Grünewald. „Und so verschwanden wir am 4. März 1943 aus Arcen."

Bürgermeister Gubbels weiß, was von ihm erwartet wird. Kaum haben eifrige NSB-Schergen das Abtauchen der Grünewalds bemerkt, bittet er in einem Schreiben vom 13. März die zuständigen Stellen in Den Haag um Amtshilfe bei der Fahndung nach der jüdischen Familie. Für die Sternheims, die die geflüchteten Freunde als Letzte gesehen haben dürften, wird es brenzlig. Mutter und Sohn verstecken sich bei Freunden, beide überleben und wohnen heute in Venlo. Sternheim selbst, damals gerade im Krankenhaus, wird „auf Transport gestellt". Laut Mitteilung des Roten Kreuzes ist Otto Sternheim am 6. September 1944 in Auschwitz gestorben.

Bürgermeister Gubbels lässt die Wohnung am 2. April versiegeln. Am 10. April teilt er dem Beauftragten des Reichskommissars mit, dass „in dieser Gemeinde freigekommen ist die Wohnung des Juden: Sternheim, Otto. Die Familie bestand aus: 1 Mann, 1 Frau und 1 Kind unter 14 Jahre."

Dasselbe Schicksal ereilt wenige Wochen später die Familie Terhoch. Die beiden jüngeren Töchter Lore und Elsa, neunzehn und sechzehn Jahre alt, sind seit einigen Tagen „verschwunden". Ihre Eltern jedoch, die bis zuletzt glauben, aufgrund ihres Alters für die Nazis „uninteressant" zu sein, werden deportiert. Lore Terhochs Versteck wird entdeckt. Wie es später im Dorf heißt, haben Nachbarn der Gestapo verraten, „dass es in Arcen noch Juden gibt". Lore Terhoch wird Ende Juli 1944 nach Bergen-Belsen verschleppt, wo sie die Alliierten 1945 befreien. Lore und Elsa leben heute in Israel. Ihre Eltern sind am 27. August 1943 in Auschwitz gestorben.

Bürgermeister Gubbels beauftragt im August einige Männer mit Erntearbeiten auf dem Hof des Bauern Terhoch und wendet sich zwecks Erstattung der Unkosten (46 Gulden) an die deutschen Stellen. Am 23. August 1943 ist für die Arcener Bürokratie „die Judenfrage" gelöst.

Grünewalds leben – in ständiger Angst, jemand könnte sie verraten. Die ersten beiden Monate nach ihrem Verschwinden lebt die Familie in einem Gartenhäuschen im benachbarten Velden. „Da verbrachten wir nun unsere Tage in dieser einzimmrigen Holzbaracke. Wir konnten ja nicht heraus, aus Angst vor Entdeckung", wird Jenny Grünewald nach Kriegsende ihren Alltag im Untergrund beschreiben. „Im Mai wurde es dann zu gefährlich. Erstens war den Leuten dort nicht recht zu trauen. Zweitens warnte uns einer vom Widerstand, dass die Polizei uns auf der Spur sei. Und drittens kam eines Abends unser Hausherr und sagte, er würde inzwischen selbst gesucht. Somit wäre es für uns zu gefährlich, noch länger dort zu bleiben. Wie wir heute wissen, wollte er uns nur los sein, um dann aus anderen Juden Geld herauszuschlagen."

Ausgestattet mit Lebensmittelmarken und falschen Papieren, die von Widerstandskämpfern „organisiert" wurden, machen sich die Grünewalds auf die Suche nach einem neuen Versteck. Nachdem sie einige Nächte im Freien verbracht haben, finden sie schließlich eine Bauersfamilie in Sevenum, einem Dorf jenseits der Maas, die bereit ist, die Eltern sofort und ihren Sohn etwas später aufzunehmen. Tochter Inge kommt vorerst bei Bekannten in Venlo unter. „Ich habe dort ein ganzes Jahr lang allein in einem Zimmer gelebt. Ich weiß bis heute nicht, wie ich die Tage rumgebracht habe. Diese Leute dort waren schrecklich, ständig haben sie ihre Kinder geschlagen. Aber sie haben uns geholfen. Wir verdanken denen unser Leben, gar keine Frage. Und dafür werden wir ihnen immer dankbar sein."

Im März 1944 ist die Familie wieder vereint. In einem Kartoffelsack hat der Sohn der Gastfamilie die Vierzehnjährige nach Sevenum gebracht. Hier hilft Inge im Haushalt. Wie Hans, der als Knecht arbeitet, hält man sie für katholisch. Beide gehen sogar sonntags in die Kirche. Die Eltern bleiben gut anderthalb Jahre in ihrer Kammer. „Wir hatten nun insofern Ruhe, wie wir ,sesshaft' geworden waren", wird Jenny Grünewald später schreiben. „Aber die ewige Unsicherheit, ob man uns nicht doch noch aufspüren würde, blieb."

Diese Gefahr besteht, denn je schneller die Alliierten vorrücken, desto brutaler schikanieren die Besatzer die Landbevölkerung. In Sevenum kommt es seit dem Sommer 1944 fast täglich zu Razzien: Die Gestapo sucht nicht nur Juden, sondern auch Leute vom Widerstand und junge Männer, die sich versteckt halten, um dem „Arbeitseinsatz" in Deutschland zu entgehen. „Anfang Oktober war es fast um uns geschehen", schreibt Jenny Grünewald. „Die Soldaten, die mal wieder Männer zum Arbeiten suchten, standen vor der Tür, und wir lagen noch im Bett. Wir hatten in unserem Wandschrank ein Versteck machen lassen. Binnen Sekunden waren die Kinder darin verschwunden, Kleider und Bettzeug hinterher, reingesprungen, dichtgemacht – und schon waren die Verbrecher im Zimmer. Sie durchsuchten alles, doch sie fanden nichts. Wieder mal war uns das Glück hold gewesen."

Ab Anfang Oktober liegt der Ort unter englischem Beschuss. Weil deutsche Soldaten einquartiert sind, können die Grünewalds nicht in den Keller, wenn ringsum die Granaten einschlagen. „Wir schützten uns, indem wir uns, wenn wir das Pfeifen hörten, in unserem Zimmer auf den Fußboden warfen", heißt es in Jenny Grünewalds Brief. Am 22. November 1944 begrüßen die Grünewalds die ersten Engländer in Sevenum. „Ihr könnt euch die Gefühle, die uns beherrschten, nicht vorstellen", schreibt sie, „endlich wieder in Gottes freier Natur spazierengehen zu können, Mensch zu sein, wie alle anderen auch …"

Inge Grünewald (Mitte) mit zwei Freundinnen nach der Befreiung

Fast fünf Monate muss die Familie noch in Sevenum bleiben, der Vormarsch der Alliierten ist wenige Kilometer östlich ins Stocken geraten. Die Maas bildet einen Winter lang die Front; Arcen, das die Invasion im Mai 1940 unbeschadet überstanden hatte, wird monatelang vom anderen Ufer aus belagert. Anfang Januar 1945 evakuiert die Wehrmacht das Dorf. Bis zum Rückzug der letzten deutschen Soldaten am 3. März 1945 wird Arcen von den Befreiern gründlich zerschossen.

Grünewalds treffen, als sie am 1. April mit einer Sondergenehmigung die Maas überqueren, auf eine Geisterstadt: zerschossen, geplündert, menschenleer. Die meisten Dorfbewohner werden erst Anfang Mai aus dem fernen Groningen zurückkehren. Hanny Väth ist schon seit zwei Wochen zurück am Walbeckerweg, ebenso wie einige andere Bewohner der Grenzregion, die sich selbst ins benachbarte Deutschland evakuiert hatten. Für diese Holländer, die jetzt, nach dem Ende der deutschen Besatzung, ausnahmslos Helden des Widerstandes gewesen sein wollen, ist die knapp sechzehnjährige Hanny Väth auf einmal „die Deutsche", der so mancher ostentativ vor die Füße spuckt. Dass die Grünewalds ausgerechnet „die Deutsche" auf offener Straße in die Arme schließen, erschüttert das frisch gebastelte Selbstbild.

Nach und nach kehren die Evakuierten zurück, unter ihnen auch Bürgermeister Gubbels, der noch bis 1960 im Amt bleiben wird. Während in Arcen noch Jahrzehnte über erfahrenes Kriegsleid palavert wird, reden die Grünewalds über „die Sache" vorerst nicht mehr. „Inge wollte nicht mehr ständig an ihr Anderssein erinnert werden", sagt die Freundin Hanny Väth. „Sie wollte endlich ihre Jugend beginnen."

*Besuch in Arcen. Die Freundinnen Hanny
Väth und Inge Grünewald (rechts) 1992*

Und eine Zukunft. Die jedoch ist nicht
leicht zu haben. Auf Hilfe des Staates
können Inge, inzwischen sechzehn, und
ihr achtzehnjähriger Bruder Hans nicht
hoffen. Anders als gerne glauben gemacht wird, zeigen die holländischen
Behörden Überlebenden des Holocaust
oft die kalte Schulter, wo Hilfe angesagt
ist – sei es bei dem Bemühen, die Wohnung wiederzubekommen, eine Arbeit
zu finden oder eine Ausbildung zu beginnen.

Zwar geht es den Grünewalds im Vergleich zu anderen Rückkehrern, die von
ihren Landsleuten kühl, wenn nicht gar
feindselig empfangen wurden, ganz gut.
Sie haben immerhin ihr Haus. Auch ihre
Wertsachen haben sie wiederbekom-
men – was im Nachkriegsholland nicht
die Regel ist. „Aber wir Kinder hatten
doch all die Jahre nichts gelernt", sagt
Inge. „Was lag da näher, als dort neu
anzufangen, wo junge Leute gebraucht
wurden: in Israel."

„*Die maken ons alle kapott!*"

Der Untergang des jüdischen Lebens in Geldern, Issum und Straelen

BERNHARD KEUCK

Mit Adolf Hitlers Ernennung zum Reichskanzler am 30. Januar 1933 begann für die Juden das Schrecken erregendste Kapitel ihrer Geschichte. Vor einem Bild darin gilt es die Augen nicht zu verschließen, ein Bild, das diesem Kapitel einen deutschen Stempel aufdrückt: das Bild eines langen Zuges, eines Marsches der tausenden gebeugten, sich schleppenden Gestalten, die, in Schach gehalten von peitschenden Maschinengewehrsalven, aus ihrem gelobten Land, das für sie einmal das der deutschen Sprache war, hinausgeführt, gejagt, gemordet werden – aber von einer Verfehlung nichts wissen, es sei denn die, Mensch zu sein. Überall im Deutschen Reich und weit darüber hinaus sehen wir diesen Auszug vonstatten gehen, auch aus Geldern, Issum und Straelen. Am Ende mäht Mord, mit kühler Präzision vorbereitet, Millionen Unschuldiger nieder.

Schon im „ersten Schriftstück seiner politischen Laufbahn", in einem Brief vom 16. September 1919, äußerte Adolf Hitler: „Der Antisemitismus aus rein gefühlsmäßigen Gründen wird seinen letzten Ausdruck finden in der Form von Pogromen. Der Antisemitismus der Vernunft jedoch muss führen zur planmäßigen gesetzlichen Bekämpfung und Beseitigung der Vorrechte der Juden. Sein letztes Ziel aber muss unverrückbar die Entfernung der Juden überhaupt sein."[1] Nach seiner Ernennung zum Reichskanzler nahm dieses Programm in einer Dynamik Gestalt an, die sich in drei Phasen einteilen lässt:

1. Phase 1933/34: negative Stimmungsmache zur Ächtung der Juden, Geschäfts-Boykotte,
2. Phase 1935–38: rationelle Ausschaltung der Juden durch Gesetz aus dem Berufs-, Wirtschafts- und Gesellschaftsleben,
3. Phase 1938/41–45: Pogrom, „Endlösung" durch industriellen Massenmord.

Verstörend bleibt es bis heute, wie hilflos der Widerstand war, den das deutsche Volk bzw. einzelne ihm angehörende Gruppen den Nationalsozialisten bei der Durchführung ihrer verbrecherischen Politik entgegenbrachten. Gestoppt haben sie schließlich nur die Widerstände äußerer Kräfte, die in dem von deutscher Seite leichtfertig begonnenen Zweiten Weltkrieg am Ende die Übermacht gewinnen konnten. Doch sollte man bei diesem Urteil nicht verschweigen, dass unser heutiger Kenntnisstand auf rückwärtiger Kumulierung beruht, die 1933 und später niemand haben konnte.

Einmal an die Macht gekommen, setzten Hitler und die Nationalsozialisten alles

Die Issumer Neustraße, Mitte der dreißiger Jahre

daran, den Antisemitismus zum Staatsziel zu machen. Mit Gesetzen wie dem „zur Wiederherstellung des Berufsbeamtentums" vom 7. April 1933, das Juden aus allen Beamtenstellungen ausschloss, und dem auf dem Nürnberger Reichstag am 15. September 1935 beschlossenen „Reichsbürgergesetz" und „Blutschutzgesetz", der „Verordnung über den Einsatz des jüdischen Vermögens" vom 3. Dezember 1938 und vielen anderen Gesetzen und Verordnungen wurde diese Politik in Schritten vollzogen. Während im „Reichsbürgergesetz" Juden zu Staatsbürgern zweiter Klasse erklärt wurden, verbot das „Blutschutzgesetz" Ehen und außereheliche Geschlechtsverkehr zwischen „Juden und Staatsangehörigen deutschen oder artverwandten Blutes". Eine geradezu blasphemische Äußerung zum „Blutschutzgesetz", das den Herrgott selbst bemüht, findet sich im Kommentar zu den Nürnberger Rassegesetzen, der von Hans Globke, dem von Adenauer berufenen späteren Leiter des Bundeskanzleramtes mit verfasst wurde: „Die nationalsozialistische Staatsführung hat den unerschütterlichen Glauben, im Sinne des allmächtigen Schöpfers zu handeln, wenn sie den Versuch macht, die ewigen ehernen Gesetze des Lebens und der Natur, die das Einzelschicksal wie das der Gesamtheit beherrschen, in der staatlich-völkischen Ordnung des Dritten Reiches wieder zum Ausdruck zu bringen. (...) Es geht bei der Neuordnung unserer Tage um nicht mehr und nicht weniger als um die Wiederherstellung der im tiefsten Sinne gottgewollten organischen Lebensordnung. (...) Das Blutschutzgesetz zieht die Trennung zwischen jüdischem und deutschem Blut in biologischer Hinsicht."[2] Diese vor drohendem Unheil geradezu berstende Passage in einem Werk, das ab 1935 in

fast jeder Amtsstube des Dritten Reiches stand, verweist rückblickend schon auf den dominierenden Charakterzug der Epoche: Die millionenfache Ermordung Unschuldiger überschattet, in der Missachtung aller Rechtsbindungen, nicht nur den Weltkrieg mit seinem Vielfachen an Militär- und Ziviltoten, sondern auch alle anderen Ereignisstränge. Auch die lokale Betrachtung ist mit der nivellierenden Eindimensionalität des Holocaust konfrontiert. So entrollt sich unabhängig von der Frage, wie vollständig die Quellenüberlieferungen auch sind, zwischen Wissen und Ahnen mehr oder weniger überall der gleiche Leporello des Grauens. Die Administration des NS-Staates hat jedenfalls am Ende des Krieges noch vieles veranlassen können, um die Spuren ihres Tuns zu vernichten, dies ergibt ein Blick in die niederrheinische Archivlandschaft, in der sich nur rudimentär die amtliche Überlieferung dieser Zeit erhalten hat. Wer eine Erklärung dafür sucht, findet sie z. B. in einem Vernichtungsprotokoll, das der Bürgermeister oder ein NS-Ortsgewaltiger in Lobberich am 8. Januar 1945 aufgesetzt hat:
„Der Inhalt folgender Aktenstücke wurde am 9. September 1944 vernichtet:
1) Ausländerakten; 2) Karten der ausl. Arbeiter (Russen, Franzosen usw.) aus der Meldekartei; 3) G.-Sachen; 4) Politische Parteien (221/1); 5) Staatsfeindliche Bestrebungen (221/2); 6) Pressewesen (221/1); 7) Vereins- und Versammlungsrecht (213/1 und 213/2); 8) Juden (203/3); 9) Geheime Staatspolizei (203/1); 10) Kirchliche Angelegenheiten (150/1); 11) Kriegsgefangene (101/19); 12) Ausländische Arbeiter (211/2); 13) Ausländische Arbeiter (211/3); 14) Allgemeine Wehrangelegenheiten (101/1); 15) Ausländer (211/1a); 16) Brandplättchen, Schäden usw. (101/47).

Die Krisenstimmung der dreißiger Jahre kommt nicht zuletzt in vielen politischen Kundgebungen zum Ausdruck: „Stahlhelm"-Aufmarsch vor dem Gelderner Rathaus am „Heldengedenktag", dem 21. Februar 1932

Ferner wurden die Akten über Luft-schutz-, Sicherheits- und Hilfsdienst, so-weit sie in besonderen Sammelmappen untergebracht waren, vernichtet.
Lobberich, den 8. Januar 1945"[3]
Bei der rechtlichen Abhängigkeit und Verzahnung der Behörden kann man davon ausgehen, dass eine behördliche oder parteiamtliche Anordnung voraus-gegangen ist, die für alle nachgeord-neten Dienststellen gegolten hat, also alle Bürgermeister oder Amtsleiter der Region erreicht haben dürfte, mithin auch in Straelen, Issum oder Geldern Wirkung gezeigt haben wird.
Noch höher ist der Verlust der Archive der jüdischen Kultusgemeinden zu be-werten. Am 10. November 1938 erging von der Staatspolizei Düsseldorf an die Landräte ein Katalog von Anordnungen die „Maßnahmen gegen die Juden"

betreffend, deren dritte lautet: „Sofort nach Eingang dieser Weisung ist in allen Synagogen und Geschäftsräumen der jüdischen Kultusgemeinden das vorhan-dene Archivmaterial polizeilich zu be-schlagnahmen, damit es nicht im Zuge der Demonstrationen zerstört wird. Es kommt dabei auf das historisch wert-volle Material an, nicht auf neuerliche Steuerlisten usw. Das Archivmaterial ist an die zuständigen SD-Dienststellen ab-zugeben."[4] Hintergrund dieses zynisch-gründlichen Sammeleifers ist der Plan der NS-Größen, ein jüdisches Museum und Dokumentationszentrum zu errich-ten, um nach einem siegreich beende-ten Krieg eine erwartete weltweite Ver-nichtungsdiskussion in antisemitischem Sinne steuern zu können. Was jedoch den SD-Dienststellen tatsächlich in die Hände fiel, um möglicherweise später doch vernichtet zu werden, ist mir unbekannt. Heinz Bosch hat für Geldern ermitteln können, dass nach dem Synagogenbrand Adolf Passmann die neben dem zerstörten Gotteshaus liegenden liturgischen Bücher einsammelte.[5] Ob sie heute noch existieren? Man kann nur hoffen, dass, wie vielfach geschehen, auch im Gelderland jüdische Bürger rechtzeitig ihr Kultgut mit Hilfe von Glaubensgenossen in Sicherheit haben bringen können. Das einzige mir bekannte Beispiel ist der Rheurdter Toramantel, der sich heute im Kölner Stadtmuseum befindet.[6]

Im Gelderland verging nicht viel Zeit, bis das Wehen des neuen Windes zu spüren war, doch blies er zunächst nicht überall mit gleicher Stärke. Bei den Reichstagswahlen am 5. März 1933 blieb in Geldern das Zentrum mit 42,7% zwar die stärkste Kraft, doch die Jahre, als sie auf 60% kam, waren vorbei, die NSDAP kam ihr mit 33,8% schon recht nahe.[7] Einzig in Straelen wankte der Zentrumsturm mit 71% der Stimmen nicht, damit war er fast dreimal stärker als die NSDAP, die 25% erreichte.[8] Nur in Issum wurde die NSDAP mit 49% stärkste Kraft.[9] (Bei den Kommunalwahlen am 12. März hatten die Zahlen ein ähnliches Verhältnis zueinander.) Für Issum muss man mit besonderem Gewicht sehen, dass die NSDAP im Begründer der Ortsgruppe, Möllenbruck, ab August 1933 auch den Bürgermeister stellte.[10] Wie stark die Ortsgruppe der NSDAP in Issum war, dafür liegen keine Zahlen vor; in Straelen sollen 1933 höchstens 20 eingeschriebene Parteimitglieder die Ortsgruppe gebildet haben[11], die, wie Heinz Bosch berichtet, von B. Pöttmann, dem späteren Ortsgruppenleiter in Geldern, 1931 gegründet worden sein soll.[12] Nur in Geldern liegt die gesicherte Zahl von 150 vor.[13]

Beginn der Diskriminierung – Ausschaltung der jüdischen Geschäfte

Die Diskriminierung der Juden begann Ende März/Anfang April 1933, nur zwei Wochen nach den letzten noch halbwegs demokratischen Wahlen. Das weltweit verheerende Presseecho zur Machtübernahme und den von Unruhen überlagerten Wahlen hatten Hitler und die Partei so erbost, dass sie den Boykott jüdischer Geschäfte anordneten. Schließlich konnte nur die „internationale jüdische Hetzpresse" hinter der Berichterstattung stecken. Viele Fälle sind belegt, dass Juden „überredet" wurden, an Verwandte und Glaubensgenossen Briefe positiven Inhalts über die Lage in Deutschland zu senden. Gottfried Lebenstein aus Issum schrieb einen solchen Brief am 31. März 1933 an seinen Verwandten David Gonsenheimer in Amsterdam. Er äußert sein Unverständnis über die politische Beurteilung des Reiches durch das Ausland und teilt mit, dass es den Juden in Deutschland gut gehe. Doch dass der Brief unter Druck geschrieben wurde, verrät ein Aktenvermerk, der aussagt, dass Lebenstein dieser Brief auf dem Bürgermeisteramt in die Feder diktiert wurde, um dann „vom Amt verschlossen, mit Marken versehen und zur Post gegeben" zu werden.[14]

Während für Issum und Straelen keine Boykotte in dieser Zeit nachzuweisen sind, wurden in Geldern die Schaufenster der Textilgeschäfte „David" und „Francken" und das „Gelderner Kaufhaus" der Brüder Kaufmann mit antijüdischen Parolen beschmiert.[15] Schwarze Plakate mit gelber Aufschrift wiesen jedermann darauf hin, dass die Geschäfte Juden gehörten. Zusätzlich schoben vor den Geschäften SA-Leute mit

1.   _Aktenvermerk._

Nachstehenden Brief hat Herr Gottfried Lebenstein heute am
31.3.33 freiwillig an einen Verwandten. D.Gonsenheimer in Amster=
dam,van Eegenstr. 95,abgesandt :

Issum,den 31. März 1933.

Meine **Lieben** !

Hoffentlich geht es Euch recht wohl,was ich auf von mir mittei=
len kann.Walter ist wieder nach seiner alten Erholungsstätte in der
Schweiz abgefahren.Um mich braucht Ihr Euch keine Sorgen zu machen.
Ich kann nicht verstehen,dass man bei Euch die Zustände in
Deutschland so schlimm beurteilt.Ich kann Euch nur versichern,
dass wir hier in Ruhe und Frieden leben und in bestem Einver=
ständnis mit unseren Mitbürgern.

Von Ilse und Berthold habe ich auch gute Nachrichten.Vor 14
Tagen war ich in Cleve ,auch dort ging es allen gesundheitlich recht
gut.

Indem ich Euch für die bevorstehenden Feiertage alle Gute
wünsche,bin ich mit den besten Grüssen

Euer Gottfried.

Der Brief wurde vom Amt verschlossen,mit Marken versehen und
zur Post gegeben.

2. Vorl. ZdA.

D.B.

Aus dem Issumer Gemeindearchiv

Schildern Wache, auf denen stand:
„Deutsche, kauft nicht bei Juden." Trotzdem ließen sich viele Bürger nicht
davon abhalten, weiterhin in den jüdischen Geschäften einzukaufen, obwohl
sie sogar beim Betreten der Läden fotografiert und ihre Namen notiert wurden.
Selbst Beamte waren darunter, was den
als NSDAP-Fanatiker berüchtigten Kreisleiter Hamacher besonders erzürnte:

„Wir werden künftig in allen Fällen
solche Beamte, die bei Juden kaufen,
öffentlich in der Presse rücksichtslos
brandmarken", beschwerte er sich bei
dem Gelderner Bürgermeister Dr. Sebas-
tian.
Dass die Boykottmaßnahmen, die weitgehend im öffentlichen Raum der Straßen oder Plätze stattfanden, Aufsehen
erregten, war den Nazis willkommen, lag

es doch in der Logik und Psychologie ihres „revolutionären Herrschaftsverhaltens". Dieses galt es natürlich auch in den Parlamenten und Ratsversammlungen zu demonstrieren. So brachten die Nationalsozialisten in den überall Anfang April 1933 stattfindenden ersten Ratsversammlungen Anträge auf Straßen- und Platz-Umbenennungen ein. In Straelen wurde der Markt in Adolf-Hitler-Platz umbenannt[16,] ebenso in Geldern der kleine Marktplatz und der Große Markt in Horst-Wessel-Platz[17]. Mit dem am 7. April 1933 verabschiedeten „Gesetz zur Wiederherstellung des Berufsbeamtentums" im Rücken, beantragten die NSDAP-Ortsführungen ein Verbot für alle Beamten, Angestellten und Arbeiter, Einkäufe in den jüdischen Geschäften zu tätigen, so in Geldern am 6. April[18]. Während hier dem Antrag ohne Diskussion zugestimmt wurde, entspann sich anlässlich des ähnlich formulierten Antrags in Straelen am 21. April 1933 ein Disput, in dem man sowohl ein Gespür für die Verletzung des allgemein gültigen Rechts als auch einen Schimmer menschlicher Wachsamkeit sehen kann. Der Abgeordnete Tauwel vom Zentrum bemängelte, „dass das Verbot zu weit gehe, da es auch jüdische Familien nationaler Richtung gebe, so auch in Straelen. Er stellte den Antrag, das Verbot auf Straelener jüdische Familien nicht anzuwenden." Darauf entgegnete ihm der NSDAP-Beigeordnete Doerre, „man könne nicht auf einzelne Familien Rücksicht nehmen, die guten müssten mit den schlechten leiden; es handele sich um eine generelle Anordnung der NSDAP". Während sich das Zentrum enthielt, wurde der Antrag mit den Stimmen der NSDAP angenommen.[19]

Schon gleich diese erste Einschüchterungsprobe öffnete manchem Juden die Augen über die Qualität des neuen Anti-semitismus. Der erfolgreiche Gelderner Geschäftsmann Albert David muss schon große Ausweglosigkeit verspürt haben, da er für einen immensen, ihm vorsätzlich zugefügten Schaden ein öffentliches Gericht kaum noch mit Aussicht auf Erfolg anrufen konnte. Knapp 15 Monate war es her, dass die Niederrheinische Landeszeitung einen Nekrolog auf seine verstorbene Ehefrau Selma geb. Gottschalk veröffentlicht hatte, in dem die Beliebtheit der Firmenmitgründerin öffentlich ausgesprochen worden war: „Die Dahingeschiedene war eine herzensgute Frau, schlicht und einfach in ihrem Wesen, die nur ihrer Familie und dem Geschäfte lebte, in welch letzterem sie fast ununterbrochen tätig war ... Die außerordentliche Beteiligung an dem Leichenkondukt gab Zeugnis von der Achtung und Wertschätzung, die sie in allen Kreisen genoss (...)."[20] Und nun sah sich Albert David vor einem existenziellen Scherbenhaufen, vor dem es nur eine Konsequenz geben konnte: die Aufgabe des Geschäftes.[21] Nach nur wenigen Tagen verpachtete er sein Textilkaufhaus an den Viersener Unternehmer Schmitz. In Gennep/Niederlande an der Maas fand er eine neue Existenz.[22] Der dortige Bürgermeister Wolters, mit dem ihn eine Geschäftsfreundschaft verband, überredete ihn, eine Trikotageproduktionsstätte zu errichten. Zusammen mit seinem 25-jährigen Sohn Paul und dem Kompagnon Ernst Kann gründete er die Firma mit dem Kürzelnamen DACO (später Kann) und konnte ihr noch zwei Jahre seine Kraft zur Verfügung stellen. 1935 zog Albert David nach Köln, wo er 1938 verstarb. In seiner Geschichte der „Juden zu Gennep" berichtet Wiel van Dinter[23], dass Paul es nicht wagte, dem Begräbnis des Vaters beizuwohnen, sondern dass er (heimlich) die Gebeine (stoffelijke resten) des Vaters Albert von

Köln und die seiner Mutter Selma vom Gelderner Friedhof nach Gennep überführen und dort bestatten ließ.

Mit dieser einen Ausschaltung jüdischen Geschäftsbesitzes in Geldern ließen die Nazis es nicht bewenden. Im Juni 1934 hatten sie auch die Gebrüder Kaufmann, die in der Hartstraße 2 das Gelderner Kaufhaus betrieben (abgekürzt: „Geka"; Werbespruch: „Kaufen und kaufen ist zweierlei, kaufe bei Kaufmann, Hartstraße zwei"[24]) zur „Aufgabe" bewegt.[25] Johann Deckers erwarb das Grundstück und informierte per Zeitungsanzeige die „geehrten Bewohner von Geldern" darüber, dass „er das Geschäft von den Gebrüdern Kaufmann, Geldern, Horst-Wessel-Platz 6/8 übernommen" habe.[26]

Emil Francken, Besitzer des angesehenen Textil-Kaufhauses Issumer Straße 1–5, hielt nur zwei Jahre länger stand. Am 11. September 1936 verkündete eine Anzeige in der Westdeutschen Landeszeitung mit gehässiger Genugtuung: „Ein neuer Name in Geldern! Das Kaufhaus Francken in arischem Besitz. Bodewig heißt ihr Einkaufshaus. Eröffnung Samstag, 12. September 1936, 3 Uhr". Von allen Schutzengeln verlassen, gedemütigt und in die Enge gedrängt, wählte Emil Francken mit seiner Frau Martha die Stadt Köln mit ihrer großen jüdischen Gemeinde als Zufluchtsort.[27] Während er dort am 22. Juni 1942 verstarb, wurde seine Frau mit einem der letzten Güterzüge nach Auschwitz deportiert, wo sie in der Hölle der Todesmaschinerie verschollen ist. Die Kinder Walter und Elsbeth konnten rechtzeitig in die USA bzw. nach Israel auswandern.

Schließlich gilt es Alexander Cain zu gedenken, des Besitzers der gleichnamigen Schuhfabrik an der Issumer Straße. Er erlag dem Druck der „Arisierer" 1937 und zog es trotz seiner 69 Jahre vor, in die USA zu emigrieren.[28] Die Schuhfabrikation führte H. Krausse fort. Der ältere Bruder David Cain, Mitinhaber der Firma, und seine Frau traten die Reise nicht mit an. David Cain verstarb kurz nach Beginn des Krieges am 18. Dezember 1939 und liegt auf dem Gelderner Friedhof begraben wie auch seine Frau Johanna, die schon am 10. Februar 1938 verstorben war. Die zwei Schwestern Regina und Rosalie fanden keinen Frieden, sie wurden deportiert und ermordet.

„Entfernung aus dem bäuerlichen Wirtschaftsleben"

Diese erste „Arisierungsphase" traf, wie wir gesehen haben, die Gelderner jüdische Geschäftswelt mit Wucht und ließ in aller Öffentlichkeit erleben, in welche Richtung die Nazis tendierten. Während vom „Berufsbeamtengesetz" und den folgenden Berufsverboten für Freiberufler wie Anwälte, Ärzte u.a. im Gelderland kaum Juden betroffen waren, waren den Maßnahmen zur Ausschaltung der Juden aus dem ländlichen Wirtschaftsleben viele jüdische Existenzen ausgesetzt. Das „Einwohner-Adressbuch des Kreises Geldern 1931" zählt insgesamt 72 Viehhandelsbetriebe auf, davon waren immerhin 17 jüdische. Zuzüglich der zwei Betriebe in Rheurdt, damals Kreis Moers, kommt man auf 19 Betriebe jüdischer Provenienz.

Für R. W. Darré, seit 1930 Leiter des agrarpolitischen Apparates der NSDAP und später Reichsbauernführer, war das Judentum der geschworene und grundsätzliche Feind des Bauern, weshalb er schon 1934 eine „Entfernung der Juden aus dem bäuerlichen Wirtschaftsleben" forderte.[29] Doch blieb aller offiziellen Propaganda zum Trotz die Symbiose zwischen den Bauern und jüdischen Händlern vielfach noch einige Jahre bestehen. Zu eng waren die wirtschaftlichen Verflechtungen, als dass die jüdischen Händler innerhalb kurzer Zeit durch „arische" ersetzt werden konnten. Aufgrund des Unmuts darüber in NSDAP-Kreisen wurde genau dies ab 1935 forciert: Die jährlich zu erneuernde Zulassung zum Viehhandel wurde ab 1935 vom „Reichsnährstand" vergeben, der diese neue Kompetenz auch anwandte, indem er manchem Juden willkürlich die Konzession verweigerte. Ob dies auch in Geldern, Issum oder Straelen geschehen ist, sagen die vorhandenen Quellen nicht aus. Der entscheidende Rechtsakt war die vom Landwirtschaftsministerium am 25. Januar 1937 erlassene „Verordnung über den Handel mit Vieh". Sie knüpfte die Konzession an die Bedingung „einer nicht näher definierten, persönlichen Zuverlässigkeit". Hierauf basierend dürfte auch den jüdischen Viehhändlern in Geldern (G. Davids, G. Gerson, J. Heyman, W. Heyman, J. Jacob, J. Osser, A. Passmann), in Issum (A. Kramer, G. Lebenstein) und in Straelen (E. Hoffstadt, E. Mendel, O. Mendel, I. Sanders) im Laufe des Jahres 1937 ein „Widerruf" zugestellt worden sein, wie er auf S. 233 Moses David aus Rheurdt betreffend abgedruckt ist. Die Begründung wird dort damit angegeben, dass die Voraussetzungen für einen Viehverteiler nicht erfüllt seien, „weil die wirtschaftliche Lage Ihres Betriebes zu Bedenken Anlass gibt". Wer einen solchen Widerruf erhielt, stand praktisch über Nacht vor dem Aus, da vom Tag der Zustellung an ein Viehgeschäft nicht mehr getätigt werden durfte.

Parallel zu dieser Verdrängung der beiden wichtigsten Berufssparten der Juden des Gelderlandes aus dem Wirtschaftsleben schritt der Prozess der Ausschlie-

ßung aus dem öffentlichen Raum sowie der Ächtung alles Jüdischen mit tätlicher und mentaler Verrohung fort. Für die Stadt Geldern hält H. Bosch fest, dass verschiedene Parteiredner auf zahlreichen Veranstaltungen die antijüdische Stimmung anheizten.[30] Als fanatischer Nazi hat sich vor allem der erste NSDAP-Kreisleiter Hamacher hervorgetan, der z.B. am 20. Februar 1934 eine Kundgebung zur Rassenpolitik organisierte, „die eine einzige Hetzkampagne darstellte". Es kam in der Stadt zur Beschimpfung jüdischer Mitbürger, die man als „dreckige Juden" u.ä. bezeichnete. Aus Issum liegt ein Zeitungsbericht über eine „große Aufklärungskundgebung" vor, in der der Parteigenosse Rhode aus Duisburg für die „Ausmerzung der Juden, parasitischen Volksfremdlinge aus dem deutschen Volkstum" plädierte. In dem undatierten Bericht schwörte der Redner in aggressiver Diktion seine Zuhörer auf die Pflicht ein, „den Führer in seinem Kampf um die Freimachung des deutschen Volkes von allen jüdischen Fremdkörpern" zu unterstützen. „Die Nürnberger Gesetze geben uns Deutschen die Handhabe diesen Gefahrenherd auszumerzen. Darum Deutsche, wollt ihr kein Verräter an euch sein, kauft nie beim Juden, meidet den Juden. Dieses gilt vornehmlich den Hausfrauen und Landwirten."[31]

Dem mehrfachen Bezug auf die Nürnberger Gesetze zufolge dürfte die Veranstaltung Ende 1935 oder Anfang 1936 stattgefunden haben.

Dass solch öffentlich artikuliertes Gedankengut „jederzeit" zu tätlichen Übergriffen gerinnen konnte, beweist ein Vorkommnis, das sich ebenfalls in Issum ereignete – bei unserer lückenhaften und manipulierten Quellenlage nur ein Zufall, dass es überliefert ist. Ende August 1935 beschwert sich der aus Kongress-

Wertvolle Aufklärungsarbeit in Issum

Deutschland und der Jude – Die Erzeugungsschlacht – Die „Feststeller" und Meckerer

(GDE.) Issum. Hätte an Stelle der großen Aufklärungskundgebung, die am Sonntag im Saale Ophey stattfand, die NSDAP zu Freibier oder zur Verteilung von Reichszuschüssen eingeladen, so wäre die Aufstellung eines großen Zeltes zweckmäßig gewesen, aber in diesem Falle war der Saal Ophey wirklich nicht zu klein. Es muß einmal gesagt werden, daß diejenigen, die sich immer wieder bemühen, dem Führer in seiner Neugestaltung Deutschlands behilflich zu sein und jede Schulung und Aufklärung für unbedingt nötig erachten und gerne jedem Redner, der die herrliche Idee des Führers und seiner Bewegung verkündet, Gehör schenken, immer zur Stelle sind. Und wie steht es mit den anderen?

Nach dem Einmarsch der stolzen Banner der Bewegung eröffnete der Ortsgruppenleiter Pg Möllenbruck die Kundgebung, um alsdann dem Pg Rhode aus Duisburg das Wort zu erteilen. An seinem Referat ging der Redner zunächst auf die Judenfrage und das Rasseproblem ein. Diese Frage, die ein Grauen aller Spießer, Kleingeister und Ewiggestrigen ist, verstand der Redner gründlichst zu erörtern. Der Jude, der nur völkerzersetzend, kulturvernichtend wirkt, ist es, der den Führer und damit das ganze Deutschland so lange in Alarm und Abwehrkampf hält, bis auch der letzte dieser parasitischen Volksfremdlinge unnachsichtlich aus deutschem Volkstum ausgemerzt ist. Die Nürnberger Gesetze sind hier geeignet, nachdrücklichst die Wollen des Führers in seinem Kampf um die Freimachung des deutschen Volkes von allen jüdischen Fremdkörpern zu fördern. Mit der Begründung des Begriffs Blut und Boden verstand der Redner es aufs trefflichste zu zeigen, wie not es tut, den Juden auszuschalten. Hätte nicht die Vorsehung unseren Führer und seine Bewegung dazu bestimmt, Deutschland von diesem jüdischen Alp frei zu machen, so wäre schon im Frühjahr des Jahres 1933 unser Deutschland dem Chaos preisgegeben gewesen, und auch die heutigen Meckerer und Reaktionäre bestimmter Richtungen längst in brutalster Weise vernichtet. Wenn ein Jude durch die Taufe Einlaß in das Christentum zu erhalten sucht, so ist dieses neben einer Gefahr für die christlichen Konfessionen eine bewußte Schändung des jeden Christen heiligen Begriffs der Taufe. Für den Juden aber ist es zudem nur Schein, Tarnung und Selbstzweck. Die Nürnberger Gesetze geben uns Deutschen die Handhabe, diesen Gefahrenherd auszumerzen. Für jeden Deutschen besteht die Pflicht, den Führer in diesem Kampfe zu unterstützen.

Darum Deutsche, wollt ihr kein Verräter an euch sein, kauft nie beim Juden, meidet den Juden. Dieses gilt vornehmlich den Hausfrauen und Landwirten.

Um Deutschland wirtschaftlich von jüdischen Einflüssen frei zu machen, hat der Führer zur Erzeugungsschlacht aufgerufen. Auf deutscher Scholle soll aus der Ernährungsfrage des deutschen Volkes sichergestellt werden. Stellt sich nun bei dieser gigantischen Aufgaben eine vorübergehende Verknappung des einen oderen anderen Produktes ein, so ist es vom Gesichtspunkt der Volksgemeinschaft die erste Pflicht, Disziplin zu wahren, nicht aber zu hamstern. Dann ist auch für den ärmsten Volksgenossen selbst in knapper Zeit das zum Leben erforderliche Fett vorhanden.

Und nun die „Feststeller"! Ein ganz fabelhafte Elite im Kreise der Spießer und Kleingeister. Zu dieser Clique haben der Führer und die sein Vertrauen genießenden Reichsleiter und Unterführer deutlichst gesprochen. Vor der Machtübernahme stellten sie fest, daß der Führer, obwohl deutscher Frontkämpfer, so doch kein Deutscher sei, der darum mit seiner Bewegung gründlichst abzulehnen sei. Nach der Machtübernahme stellten die gleichen Größen fest, daß der Führer geradezu fabelhaft, aber die Bewegung nichts sei. Nun, der Führer sagt, daß die Bewegung er sei und er die Bewegung. Sie finden das Nehmen von Reichszuschüssen als eine „verdiente" Selbstverständlichkeit und sehen in der Büchse des Winterhilfswerks direkt die Pestilenz, den Schrecken der Schrecken. Mögen sich diese Drohnen am Volke besinnen, mögen ihre „Feststellereien" einstellen, sonst können sie ungewollt über Nacht mal die brutale Feststellung machen, daß die Bewegung stark genug ist, um das auszurotten, was unserem im Aufstieg begriffenen Deutschland und seinem in treuer Gefolgschaft zum Führer stehenden Volke Schaden zuzufügen versucht.

Pg Möllenbruck brachte auf den Führer das Sieg-Heil aus, und mit dem Gesang des Horst-Wessel-Liedes schloß die Kundgebung. **H.**

„… bis auch der letzte dieser parasitischen Volksfremdlinge unnachsichtlich aus deutschem Volkstum ausgemerzt ist." Bericht über eine Propagandaveranstaltung in Issum 1935 oder 1936

Polen eingewanderte Max Rotstein beim Landrat in Geldern: „Neben dem Schuhmacherhandwerk unterhalte ich in Issum ein offenes Geschäft, in dem ich Schuhwaren verkaufe. Ich bin bisher von keiner Seite in der Ausübung meines Gewerbes und des Handels behindert worden. Am Freitag vergangener Woche jedoch stellte sich eine mir unbekannte Person aus Alpen mit einem Fotoapparat vor meinem Geschäft auf und fotografierte diejenigen Personen, die mein Geschäft betraten. Mit der Zeit sammelte sich eine größere Menschenmenge an meinem Laden an. Ich habe mich hierauf an den Herrn Bürgermeister in Issum gewandt und um Schutz gebeten. Der Bürgermeister erklärte mir, dass er mir nicht helfen könne … Durch diese Aktion ist mir ein großer wirtschaftlicher Nachteil entstanden, Leute, die früher bei mir kauften bzw. Schuhe reparieren ließen, wagen es heute nicht mehr, meinen Laden zu betreten." Wenn er abschließend dafür zu sorgen bat, „dass ich in Zukunft als polnischer

Staatsangehöriger mein Gewerbe unbehelligt ausüben kann und dass sich ähnliche Fälle wie die oben geschilderten, nicht mehr wiederholen"[32], muss man annehmen, dass Rotstein durchaus noch Vertrauen in die Behörden und die Justiz hatte. Bewirkt haben sein Vertrauen und sein Beschwerdemut nur Gegenteiliges. Er dürfte auf eine der tausenden Schwarzen Listen geraten sein, jener Signen einer sich selbst gefangen setzenden Zeit. Rotstein wurde am 29. November 1938 nach Tschenstochau abgeschoben und ist bald danach in den "Lagern des Ostens" umgebracht worden.

Der "Stürmer" und andere Denunzianten

Ein Element mit verhängnisvoller Tragweite, das dem NS-Forscher auf Schritt und Tritt begegnet, ist die Denunziation. Allein in den im Bezirk der Gestapoleitstelle Düsseldorf erhalten gebliebenen 70 000 Gestapo-Akten und der aus ihnen herausfilterbaren Masse der Denunziationsvorgänge könnte man die Erkenntnis gewinnen, dass der oft kolportierte Satz "Der größte Lump im ganzen Land ist und bleibt der Denunziant" in der NS-Zeit geradezu außer Kraft gesetzt war. Zwei Formen des Denunzier(un)wesens gilt es dabei im Wesentlichen zu unterscheiden: die individuelle Denunziation, zu deren Mechanismen die Anonymität gehörte, und die kollektive Denunziation, die öffentlich durch Aushänge, Zeitungen und Zeitschriften oder Rundfunkreden verbreitet wurde. Die im Dritten Reich jedermann bekannte wirkungsvollste kollektive Form repräsentierte "Der Stürmer", ein von Julius Streicher herausgegebenes "NS-Kampfblatt". In eigens dafür aufgestellten Aushängekästen, "Stürmerkästen" genannt, wurde

das Wochenblatt bis in den kleinsten Weiler verbreitet. Sein einziger "Zweck war, Judenhass zu verbreiten und die Deutschen gegen ihre jüdischen Mitbürger aufzuhetzen"[33]. Auf jeder Titelseite verkündete am unteren Rand eine Schlagzeile die Weisheit: "Die Juden sind unser Unglück." Darüber fing eine bösartige antijüdische Karikatur den Blick ein. Im Innern fanden sich nicht nur Juden namentlich erwähnt, die sich irgendeiner "Verfehlung" schuldig gemacht hatten, sondern auch Namen von "Volksgenossen", die noch bei Juden verkehrten oder einkauften.

Margrit Stern, 1930 in Issum geboren, erinnert sich, dass sie als Kind "immer an der Hand eines Erwachsenen vor dem Kasten stand, in welchem der Stürmer aushing. Man guckte verstohlen in das furchtbare Blatt, sprach im Flüsterton davon und hoffte immer, den Namen der Mitglieder der Familie nicht darin zu sehen"[34]. Nicht nur in Issum, sondern natürlich auch in Geldern und Straelen wurde dieses "Schreckensblatt" Woche für Woche neu ausgehängt. Die Nummer 46 vom November 1936 verursachte in der katholischen Bevölkerung im Gelderland und darüber hinaus große Irritationen. Grund für die Aufregung war die Erweiterung der Feindbilder "Jude" und "Kommunist" um den katholischen Priester, der unter der Überschrift "Priester und Pfaffen" mit einer "Inquisitions"-Karikatur dem "Zeichen Judas" einverleibt wurde. Viele Katholiken fühlten sich selbst verunglimpft und beschwerten sich bei der NSDAP-Ortsgruppe oder beim Bürgermeister, wie mir in Straelen mehrfach Zeitzeugen berichtet haben. Dass aber hier oder in anderen Orten des Gelderlandes Unterschriftenlisten auslagen oder sonst wie gebündelter Protest geäußert wurde, wie es in Westfalen geschehen ist[35], ist mir

Der Stürmer

Heute Fortsetzung Im Judenparadies

...sches Wochenblatt zum Kampfe um die Wahrheit

HERAUSGEBER: JULIUS STREICHER

| Nummer 46 | Erscheint wöchentl. Einzel-Nr. 20 Pfg. Bezugspreis monatlich 84 Pfg. zuzüglich Postbestellgeld. Bestellungen bei der Post oder der zuständ. Postanstalt. Nachbestellungen u. b. Verlag. Schluß der Anzeigennahme 14 Tage vor Erscheinen. Preis für Geschäfts-Anz.: Die ca. 22 mm breite, 1 mm hohe Raum-Zeile im Anzeigenteil —.15 RM. | Nürnberg, im November 1936 | Verlag: Der Stürmer, Julius Streicher, Nürnberg-N, Pfannenschmiedsgasse 19. Verlagsleitung: Max Fink, Nürnberg-N, Pfannenschmiedsgasse 19. Fernsprecher 23 8 50. Postscheckkonto Amt Nürnberg Nr. 105. Schriftleitung Nürnberg-N, Pfannenschmiedsgasse 19. Fernsprecher 23 8 72. Schriftleitungsschluß. Freitag (nachmittags). Briefanschrift: Nürnberg 2, Schließfach 305. | 14. Jahr 1936 |

Priester und Pfaffen
Der Brief eines alten SA.-Mannes

Der Stürmer hat schon oft über „Priester" und „Pfaffen" geschrieben. Er hat dabei genau unterschieden: Was sind Priester? Was sind Pfaffen? Priester sind wahre und echte Stellvertreter Gottes. Pfaffen sind Heuchler und Pharisäer. Priester sind große und edle Menschen. Pfaffen sind Feiglinge und Lügner. Priester sind Wärter der Tat im Sinne ihres großen Meisters. Pfaffen sind Schwätzer. Priester sind Männer, die Gott geben, was Gottes ist und dem Staate geben, was des Staates ist. Pfaffen aber sind Hetzer und Volksverräter.

In den letzten Monaten gingen dem Stürmer ungezählte Zuschriften aus allen Gauen des Reiches zu. Sie alle führen bittere Klage darüber, daß es eine ganze Anzahl von Pfaffen gibt, die nichts anderes und nichts besseres zu tun haben, als in offener oder hinterhältiger Form gegen das Neue Deutschland zu arbeiten. Wollten wir alle diese Briefe veröffentlichen, so müßten wir mehrere Sondernummern herausgeben. Es ist unfaßbar, mit welcher Niedertracht gewisse Pfaffen zu Werke gehen. Kein Ort ist ihnen heilig. Ganz gleich, ob sie vor Schulkindern stehen, denen sie das Heil bringen sollen oder ob sie von der geweihten Kanzel sprechen, sie haben nichts anderes zu tun, als gegen den Nationalsozialismus und seine Schöpfungen zu hetzen. Sie tun das nicht nur in den sogenannten „schwarzen" Gegenden des Reiches. Sie tun das auch in jenen Gauen, die zu hundert Prozent zum Neuen Reiche stehen. Sie tun das sogar in der Stadt der Reichsparteitage.

Ein alter Nürnberger SA.-Mann, der in den Zeiten des Kampfes so manche Narbe davongetragen hat, der selbst schon einmal wegen seiner Hitlertreue

Aus dem Inhalt

Im Zeichen Judas

INQUISITION

JUDA

Was vom Juden kommt, hat die Welt verdorben,
Kulturen und Völker sind daran gestorben

Die Juden sind unser Unglück!

Eine Titelseite des antijüdischen Hetzblattes „Der Stürmer", wöchentlich herausgegeben von Julius Streicher, einem der übelsten Propagandisten des Antisemitismus

nicht bekannt. Lediglich aus Nieukerk ist überliefert, dass Bischof Clemens August von Galen anlässlich seiner Firmungsreise im Juli 1937 im Ansehen des „Stürmerkastens" gefragt hat, ob es keine mondscheinfreien Nächte in Nieukerk gebe? Einige Tage später sei der Stürmerkasten zerschlagen gewesen.[36] Ein glaubhaftes Beispiel dafür, dass der „Stürmer" ein dumpfes Klima der Einschüchterung und Angst erzeugt hat. Dasselbe ersehe ich daraus, dass mir mein Vater 1984, ein Jahr vor seinem Tod, unter Erregung das Titelblatt dieser Stürmerausgabe aushändigte. Er habe es damals von einem befreundeten Zöllner bekommen und aufgehoben, um für alle Zeiten einen Beweis „dieser Methoden" zeigen zu können.

Die große Bereitschaft zur individuellen (anonymen) Denunziation unterstützte den Überwachungsstaat in seinem Zug zur totalen Kontrolle, die amtlich von einem Netz von Spitzeln getragen wurde, erheblich. Gerade auf dem Land war die Arbeit der Spitzel mitunter schwierig. Ein instruktives Beispiel für Denunziation kann aus Straelen angeführt werden: Eine 71-jährige „radikale Anhängerin des Führers" wird im Sommer 1941 dem Bauern T. zum freiwilligen Erntehilfsdienst zugewiesen und „stößt hier zu ihrem Entsetzen auf für die Stimmung in der Heimat gefährdende Zustände". Am Essenstisch sitzen nun neben dem Bauern ein jüdischer Junge und ein französischer Kriegsgefangener. „Der Judenjunge führte das große Wort und wurde vom Bauern darin unterstützt", indem er äußerte, dass er den Krieg für einen großen Schwindel halte. In abfälligen Reden wurde über Parteimitglieder hergezogen. Die Hitler-Anhängerin konnte das nicht mit anhören und machte Meldung bei der Gestapo, sie denunzierte dabei auch

Pfarrer Wolffram, der während einer Predigt in der katholischen Pfarrkirche einen Hirtenbrief gegen die Schließung und Konfiszierung der Klöster verlesen hatte. Für die Beschuldigten hatte die Denunzierung natürlich die unangenehme Folge des Verhörs, zu dem das Protokoll des vernehmenden Grenzkommissariats Kleve der Gestapo lediglich eine Verwarnung des Pfarrers und des Bauern T. festhält und ansonsten den Vorgang mit der Bemerkung schließt, die „Städterin habe übertrieben"[37]. Dass der Judenjunge nicht erwähnt wird, dürfte damit zu erklären sein, dass sich seine „Abschiebung" für die Gestapo längst abgezeichnet haben dürfte.

Ein noch folgenreicheres Beispiel hat Ruth Benger für Issum festgehalten. Dort lebte Julius Kramer, ein Jude, der nicht nur eine evangelische Christin geheiratet hatte, sondern selbst zu dieser Konfession konvertierte. „Dies erboste den Schuster X besonders, da er Issum ‚frei von Juden' haben wollte. Dazu sammelte er Unterschriften und denunzierte die Familie Kramer. Am Morgen des 21. Januar 1943 fuhr plötzlich ein Wagen vor, mit dem braune Schwestern die sechs Kinder des Kramers abholten, um sie in Koblenz in Kinderheimen unterzubringen."[38]

Die Schulen

Beide Beispiele belegen, wie aufreibend das Zusammenleben geworden war. Längst war eine vergiftete Atmosphäre auch in die Schulen eingezogen. Direkt nach Verkündung der Nürnberger Gesetze machten die Behörden einen ersten Versuch, „eine Rassentrennung auf den öffentlichen Schulen" herbeizuführen. Alle jüdischen Kinder eines Bezirks sollten zusammengefasst werden. Doch die Mindestgröße einer Sammelklasse sollte 20 Kinder sein. Der Straelener Bürgermeister antwortete auf die betreffende Verfügung am 2. Oktober 1935: „Hier sind z. Zt. 4 volljüdische Kinder, von denen 3 schulpflichtig sind ... Bei der räumlich weit ausgedehnten Lage wird eine Zusammenfassung der Kinder für mehrere Gemeinden kaum in Frage kommen. M. E. wird die Sache ... nur auf dem Wege über den Privat-Unterricht geregelt werden können."[39] Am 20. Juli 1937 machte der Kreisschulrat dem Regierungspräsidenten die Meldung, „dass im Kreis Geldern nur 6 jüdische Volksschüler vorhanden sind, ... dass die Einrichtung einer jüdischen Sammelklasse nicht möglich ist"[40]. So blieb es vorerst dabei, dass die jüdischen Kinder auf die christlichen Schulen gingen. Frau Stern, die 1938 in Issum in die Schule kam, erinnert sich, dass ihr „Lehrer Fritz" zwar nie offiziell böse zu ihr gewesen sei, aber sie bewusst ignoriert habe und ihr nur wenige rote und gelbe Fleißkärtchen gegeben habe. „Es war für ihn sicherlich zu gefährlich, meine Leistungen anzuerkennen."[41] Ein anderes Beispiel pflichtversessener, subtilster Diskriminierung spiegelt eine Mitteilung der Sparkasse Straelen vom 11. August 1937 an den Bürgermeister wider: „Wir bitten Sie, dem Standesamt davon Kenntnis zu geben, dass Geschenkurkunden für Geschenksparbücher an Neugeborene jüdischer Eltern nicht verteilt werden dürfen."[42]

Der Pogrom

Wenn die nationalsozialistische Judenpolitik der ersten Jahre noch einem „vorsichtigen Kurs zwischen radikalen Tendenzen und erzwungenen Rücksichten"[43] gefolgt war, so ließ man ab November 1938 (fast) alle Fesseln fallen. Um die jüdische Minderheit ins Mark zu treffen, vergriff man sich nunmehr in einer gezielten Aktion reichsweit an ihren Gotteshäusern und steckte sie in Brand: eine bewusst als Fanal konzipierte Aktion, die von vielen Nazis geradezu herbeigesehnt wurde. Vor allem für die Juden, von denen noch immer viele verdrängten, dass größtes Unheil in der Luft lag, ging von der „Reichspogromnacht" eine neue Dynamik des Schreckens aus, die viele in die größten Irritationen stürzte.

Der eigentliche Anlass des Losschlagens, der Racheanschlag eines Einzelgängers, des 17-jährigen Juden Grynszpan auf den Legationssekretär von Rath in Paris, stand in diametralem Gegensatz zum Ausmaß „der Vergeltung an den Juden" und war damit typisch für die Rechtsverkehrung, die Unverhältnismäßigkeit der nationalsozialistischen Machtausübung. Noch in den frühen Nachtstunden des 10. November erging, durch Göbbels fanatische Hetzrede in München vom Abend zuvor autorisiert, von den Gestapo-Dienststellen ein Katalog von Anordnungen an die Landräte, der mit der vielsagenden Feststellung eingeleitet wird: „Im Laufe der heutigen Nacht ... sind im ganzen Reich Demonstrationen gegen Juden zu erwarten."[44] Nach Mitternacht verschafften sich fünf zivilgekleidete SA-Leute Zugang zur Synagoge am Gelderner Nordwall und setzten sie mit Stroh, Brennholz und Teer in Brand. Die hinzugezogenen Feuerwehrleute erhielten die Anweisung, den Brand der Synagoge nicht zu löschen, sondern nur einzugreifen, wenn Gefahr für die Nachbarhäuser drohte. Als die Hitze übermächtig wurde, räumten Gestapoleute die obere Wohnung im Haus Nr. 37 und die Feuerwehr hielt das Dach des Hauses feucht, um ein Über-

Die Gelderner Synagoge am Nordwall. Sie wurde in der Nacht vom 9. zum 10. November 1938 in Brand gesteckt. Die Feuerwehr, der zu löschen verboten worden war, sah zu, wie dieses prächtige Gebäude in Schutt und Asche versank. Der Synagogenvorsteher Passmann las am nächsten Morgen eine Handvoll liturgischer jüdischer Bücher aus dem rauchenden Schuttberg auf.

greifen des Feuers zu verhindern, was auch gelang. Die Synagoge jedoch, mit ihren vier minarettartigen Türmchen bis zuletzt einen Hauch orientalischer Pracht verbreitend, stellte am nächsten Morgen nur mehr einen rauchenden Schatten dar, aus dem der Synagogenvorsteher A. Passmann eine Handvoll verkohlter jüdischer Bücher auflas, die die Brandstifter mit Füßen getreten hatten.[45]

Gemäß den schon angesprochenen „Anordnungen, nach denen so viele Juden, insbesondere wohlhabende, festzunehmen (seien), als in den vorhandenen Hafträumen untergebracht werden können", wurden in allen Orten jüdische Mitbürger verhaftet und in die „örtlichen

Haftzellen" verbracht. In Issum wird Margrit Cohen (heute Stern) um vier Uhr durch Klirren aus dem Schlaf geweckt und springt zum Fenster ihres Schlafzimmers im Lebensteinschen Haus auf der Kapellener Straße schräg gegenüber dem Durchgang zur katholischen Pfarrkirche. Sie „sieht nicht nur diese furchtbaren Männer in Uniform unten, sondern erblickt auch ihren Vater, der verzweifelt auf dem Dach im Hinterhof steht, und von der Mutter angefleht wird, doch herunter zu springen". Sie hatten diese Verzweiflungstaktik abgesprochen, weil sie hofften, dass ein verletzter Jude nicht in Haft genommen werde. „Er ist dann doch nicht gesprungen und er und sein Cousin Gottfried

Issum, Kapellener Straße. Das vierte Haus von links ist das Wohnhaus der Familien Lebenstein und Cohen, in dem die achtjährige Margrit Stern geb. Cohen die Pogromnacht erlebte.

(Lebenstein) wurden zuerst ins örtliche Gefängnis gebracht und dann ins Konzentrationslager Dachau geschickt."[46] Die „furchtbaren Männer in Uniform", die Margrit Stern gesehen hatte, waren gekommen, um das Lebensteinsche Textilgeschäft und seinen kleinen Warenbestand zu demolieren. Frau Rotstein beobachtete, dass der ahnungslose Herr Nederkorn von gegenüber die Fenster aufriss und in die Nacht rief: „Lüj, lüj, wat makt ihr da", worauf ihm von einem der Uniformierten geantwortet wurde, er solle die Fensterläden schließen und still sein, „sonst kommste auch noch in dä Pott!"[47].

Auch in Geldern wurden neben dem Zerstörungswerk an der Synagoge bei zwei jüdischen Privathäusern Demolierungen vorgenommen. Auf der Bahnhofstraße 36 wurde der Viehhändler Gerson aus dem Schlaf gerissen, als die Fenster und anschließend die Möbel

Ernst und Frieda Cohen mit Tochter Margrit

zerschlagen wurden. Gleiches geschah beim Viehhändler Davids auf dem Brühlschen Weg 23. Bei beiden wagten die umliegenden Bewohner es nicht, den bedrängten jüdischen Nachbarn zu helfen. Sowohl Georg Gerson und sein Sohn Herbert als auch Gustav Davids und sein Sohn Fritz wurden verhaftet. Gustav Davids brachte seine Aufgewühltheit und eine Ahnung auf der Polizeiwache einem Bekannten gegenüber mit dem Satz zum Ausdruck: „Die maken ons alle kapott!" Alle vier kamen in den nächsten Tagen ins KZ Dachau.[48]

Bleiben die Ereignisse in Straelen zu erwähnen, die nach dem gleichen Muster abliefen.[49] Hier war das Textilgeschäft des Eduard Mendel auf der Adolf-Hitler-Straße 24 (Venloer Straße) Ort des Zerstörungswerks. Es wurden die Scheiben eingeschlagen, Möbel demoliert und anschließend Verkaufsware wie Kleider, Jacken, Mäntel, aber auch Matratzen aufgeschlitzt, zerschnitten und zum Teil auf die Straße geworfen. Als Buchdruckerlehrling Eugen Keuck in aller Herrgottsfrühe auf dem Weg zum Bahnhof über die Adolf-Hitler-Straße geht, sieht er die zerstörten Schaufenster, Kleider und einige Matratzen auf der Straße liegen. Als er sich bückt, um eine Matratze ins Haus zurückzuwerfen, bekommt er einen Tritt ins Gesäß, ein Fotoblitz leuchtet auf und eine Stimme fordert ihn auf, zu verschwinden. Seine Ahnungslosigkeit darüber, welche Härte man jetzt den Juden entgegenzubringen gedenkt, kommt ihm tagsüber in Krefeld abhanden. Dort sieht er die in Brand gesetzte Synagoge und verspürt die aufgerührte Stimmung, überall hört man: „Die Partei hat gegen die Juden losgeschlagen." „Ausführendes Organ" der Aktion in Straelen sind einige örtliche SA-Leute unter Führung eines 1934 nach Straelen versetzten Gartenbaulehrers und eine

Handvoll „Hitler-Jungs". Damit ergibt sich, dass die Pogromaktiven keine auswärtigen SA- oder SS-Kräfte, wie in regionaler Literatur oft beschönigend behauptet wird, sondern Ortsansässige waren; dies gilt auch für Issum und Geldern.

Zwei Juden waren es, die in Straelen verhaftet wurden: Oskar Mendel wurde ins Rathausgefängnis überführt, wo er zehn Tage Haft absitzen musste, um am 19. November 1938 entlassen zu werden. Am „Besuch" eines KZ kam er offensichtlich wegen seines Alters vorbei. Isidor Sanders blieb dies nicht erspart. Er wurde ebenfalls in der „Reichskristallnacht" verhaftet und zusammen mit Ludwig Devries aus Weeze ins KZ Dachau gebracht. Am 6. Januar 1939 war er wieder zu Hause.

Bei der sehr lückenhaften Quellenlage über den Pogrom ist es verständlich, dass ein Aktenstück vom 14. November 1938, das wohl zufällig am Kriegsende in die Hände Alliierter fiel und sich heute in der „Wiener Library" in Tel Aviv befindet, schon in vielen einschlägigen Publikationen zum Abdruck gekommen ist.[50] Das vom Führer des SS-Sturmes 10/25 Broeckmann[51] unterzeichnete Schriftstück ist vor allem wegen seiner perfiden Mischung aus buchhalterischer Diktion und gespielter Faktennaivität über den (Un)-Geist der Täter aufschlussreich.

„SS-Sturm 10/25
Geldern, den 14. November 1938
Betr.: Aktion gegen die Juden
Bez.: Tel. Anruf III/25 vom 14.11.1938
An den
SS-Sturmbann III/25
Die Aktion innerhalb des Kreises Geldern sowie in Xanten wurde ausschließlich von Angehörigen des SS-Sturmes 10/25 durchgeführt. Die Anordnungen

ergingen am 10.11.1938 gegen 3.30 Uhr fernmündlich vom SS-Sturmbann III/25. Die erste Maßnahme war die Inbrandsetzung der Synagoge in Geldern gegen 4 Uhr morgens. Bis 9 Uhr vormittags war diese bis auf die Umfassungsmauern niedergebrannt. Sichergestellt wurden einige Bibeln in hebräischer Schrift. Zur selben Zeit wurde die Inneneinrichtung der Synagoge in Xanten (ein Privathaus) restlos zerstört. An jüdischen Geschäften waren innerhalb des Sturmgebietes zwei vorhanden, deren Einrichtung und kleiner Warenbestand ebenfalls vollkommen zerstört wurden.

Bei den restlichen Juden, ehemalige Viehjuden und jetzige Privatleute, wurde die Wohnungseinrichtung total demoliert und unbrauchbar gemacht, nachdem die Schaufenster und Fensterscheiben vorher eingeschlagen waren.

Den Juden selbst ist in keinem Fall etwas geschehen, die meisten hatten sich für die Dauer der Aktion mehr oder weniger unsichtbar gemacht.

Gegen 9 Uhr vormittags (am 10.11.) waren die Aktionen restlos durchgeführt. Insgesamt wohnen im Kreise Geldern 12 jüdische Familien. Bis gegen 11 Uhr wurden sämtliche männlichen Juden von 15 bis 70 Jahren durch die Polizei inhaftiert und in örtlichen Arrestlokalen vorläufig untergebracht.

Im Verlauf des 11.11.38 beteiligten sich Angehörige des SS-Sturms 10/25 an einigen Haussuchungen bei Juden, wobei nach Schriftmaterial und Waffen gefahndet wurde. Es wurden weder Waffen noch anderes Material gefunden.

Die Bevölkerung verhielt sich den Demonstrationen gegenüber passiv. Der Brand der Synagoge hatte eine größere Zuschauermenge angelockt, die diesem Schauspiel zusah.

Da größere Geschäfte nicht vorhanden waren, ist es zu Plünderungen nicht gekommen. Ein Streifendienst zusammen mit der Polizei war deshalb nicht notwendig.

Der Führer des SS-Sturmes 10/25
m. d. F. b.
Broeckmann
SS-Obersturmführer"

Beschämend ist, was mit der Gelderner Synagoge geschah. Waren die Juden Gelderns und Straelens schon seit der Machtergreifung systematisch eingeschüchtert und am Besuch des Gotteshauses gehindert worden, in dem z.B. Sätze wie „Alle Juden sind Rassenschänder" vor den Eingang gepinselt worden waren[52], so musste jetzt der letzte Synagogenvorsteher Adolf Passmann das Ende einer rauchenden Ruine besiegeln. Noch vor wenigen Wochen hatte er die stille Bar Mizwa-Feier des 13-jährigen Hans Hertz[53] aus Weeze in der Synagoge beaufsichtigt. Nun wird er den Steinhaufen nebst Grundstück nach der am 3. Dezember 1938 Rechtskraft erhaltenden „Verordnung über den Einsatz des jüdischen Vermögens" (dem Inhaber eines jüdischen Gewerbebetriebes [einem Juden] kann aufgegeben werden, den Betrieb [seinen land- und forstwirtschaftlichen Betrieb, sein anderes oder forstwirtschaftliches Vermögen, sein sonstiges Grundeigentum oder andere Vermögensteile ...] binnen einer bestimmten Frist zu veräußern oder abzuwickeln ... Die Bestimmungen erstrecken sich auch auf Gewerbebetriebe sowie auf Vereine, Stiftungen, Anstalten und sonstige Unternehmen ...")[54] einem Erwerbswilligen übergeben haben müssen. Zu diesem Akt wird eine Unterschrift aus formellen Gründen benötigt worden sein, denn der Anschein der Legalität war aus verschiedenen Gründen wichtig, nicht zuletzt dürfte er die Agenten der Auslöschung selbst beflügelt haben. Als neuer Eigentümer ent-puppte sich die Firma Krüger, die 1937 in Geldern eine Vulkanfiberprodukti-onsstätte eröffnet hatte und sich in den Hallen der früheren Textilfabrik Puller & Corthum nur notdürftig untergebracht fühlte.[55] Wie genau die Grundstücks-übergabe vonstatten ging, dafür sind keine Unterlagen zu finden. Lediglich einige Meldungen der „Nationalzeitung", einem der NSDAP nahe stehenden Par-teiblatt, geben hierüber Auskunft. Am 26. Februar 1939 erschien in dieser Zeitung unter der Überschrift „Warum noch die Ruine?" ein Bericht, der den „Schandfleck" am Nordwall anprangerte. Darauf schrieb Ernst Krüger an die Redaktion: „Nachdem wir die Synagoge käuflich erworben haben, was Ihnen, wie wohl jedem Geldrianer ja auch be-kannt ist, empfinden wir den vorbe-zeichneten Artikel als einen versteckten Angriff gegen uns. Es wäre richtig gewe-sen, wenn Sie bei uns Erkundigungen in dieser Angelegenheit eingeholt hätten. Sie wären dann von uns darüber unter-richtet worden, dass die Sprengung schon vor zwei Monaten vorgesehen war. Die Niederlegung kam deshalb nicht zustande, weil sie regierungsseitig verboten wurde."[56] Noch bis zum Juli 1939 erregte die „wenig begehrte Müll-grube"[57] die Gemüter, bis der Schutt abtransportiert wurde.

Das noch heute im Besitz der Firma Krü-ger befindliche freie Grundstück der Synagoge wurde wegen der Bedeutung für die Ortsgeschichte 1993 vom Rhei-nischen Amt für Bodendenkmalpflege Bonn bei der Unteren Denkmalbehörde Geldern in die Liste der zu schützen-den Bodendenkmäler eingetragen.[58] Es bleibt zu hoffen, dass nicht nur ein Hin-weisschild auf dem ehemaligen Syna-gogenstandort an Ort und Stelle ange-bracht wird, sondern vielleicht auch eine

archäologisch fachliche Ausgrabung vor-genommen wird, die auf unklare Fragen Antwort gibt, z.B. auf die Frage, ob sich tatsächlich eine Mikwe bei der Synagoge befunden hat, wie nicht zu Unrecht ver-mutet wird.[59] Wahrscheinlich ist sie noch im Boden erhalten.

Die Folgen

Dass jetzt noch jemand wie in den ersten Jahren geglaubt hätte, dass sich durch einen baldigen Zusammenbruch das System und damit auch der Schrecken verflüchtigen würde, ist nicht anzuneh-men. Dass es nicht mehr um Einzelne ging, sondern ums Ganze, das lag nun geradezu spürbar in der Luft. Lähmen-des Entsetzen auf der einen Seite, Fluchtreflexe auf der anderen Seite sind einige Stichworte für die Reaktionen der Juden auf den Druck der Ausweglosig-keit. Für viele gab es nun kein Zögern mehr: Eine Gruppe von halbwüchsigen Jungen und Mädchen gibt dieser Stim-mung beredten Ausdruck. Die Angst hat sich bei ihnen durch die Erzählungen Fritz Davids über seine Erlebnisse im KZ Dachau, wohin er mit seinem Vater nach dem Pogrom gebracht worden war, so verfestigt, dass sie sich Anfang Januar 1939 von Geldern aus per Zug ins Nachbarland abzusetzen versuchen. Es sind der schon genannte Fritz Davids (14 Jahre) aus Geldern, die beiden Brü-der Julius (14 Jahre) und Hans Hertz (13 Jahre) aus Weeze, Edith Mendel (17 Jahre) und Erich Hoffstadt (15 Jahre) aus Straelen und Ingeborg Gerson (ebenfalls 14 Jahre) aus Aldekerk, so die Erinnerung von Hans Hertz.[60] Ihr Ver-such scheitert kläglich. Sie werden in Nimwegen in einen der nächsten Züge zurück nach Deutschland gesetzt, dem Asylbegehren der Jugendlichen stehen

Klassenbild der Erstklässler 1938 an der Straelener Volksschule. In der zweiten Reihe der zweite von links (mit dunklem Haarschopf) ist Richard Sanders, der wenige Tage nach der Pogromnacht unter Polizeiaufsicht aus seiner Klasse geholt wurde.

die niederländischen Behörden ablehnend gegenüber. Wie erschüttert müssen die Jugendlichen sein, als sie nach einigen Wochen einen zweiten Versuch wagen und wieder auf diese abweisende Haltung der niederländischen Behörden stoßen, so dass auch dieser Versuch scheitert. Dass die Jugendlichen Opfer dieser harten Haltung der Niederlande werden, liegt zum einen an dem seit Jahren stetig wachsenden Zustrom von Juden aus Deutschland und zum anderen an der offiziellen Außenpolitik, die jede Trübung mit dem größten Wirtschaftspartner vermeiden will. Wahrscheinlich hat die Jugendlichen auch die Tatsache zu ihrer Spontanaktion animiert, dass alle jüdischen Kinder schon am Tag nach der Pogromnacht oder einige Tage später die Schule verlassen mussten. Die entsprechende Verordnung

des Reichserziehungsministers trägt das Datum des 15. November 1938[61]: „Nach der ruchlosen Mordtat von Paris kann es keinem deutschen Lehrer und keiner deutschen Lehrerin mehr zugemutet werden, an jüdische Schulkinder Unterricht zu erteilen. Auch versteht es sich von selbst, dass es für deutsche Schüler und Schülerinnen unerträglich ist, mit Juden in einem Klassenraum zu sitzen … Vorbehaltlich weiterer gesetzlicher Regelungen ordne ich daher mit sofortiger Wirkung an: Juden ist der Besuch deutscher Schulen nicht gestattet. Sie dürfen nur jüdische Schulen besuchen. Soweit es noch nicht geschehen sein sollte, sind alle zur Zeit eine deutsche Schule besuchenden jüdischen Schüler und Schülerinnen sofort zu entlassen."

Als Bürgermeister Bongartz am Morgen des 15. oder 16. November die Verordnung in der Dienstpost findet, beauftragt er pflichtgetreu einen Polizisten damit, den Volksschulerstklässler Richard Sanders aus dem Unterricht zu holen. Der zutiefst verstörte Sechsjährige schleppt sich an den Hosenbeinen des Polizisten auf den Flur, auf den ihm einer seiner Schulkameraden sein Stoffmäppchen mit den Griffeln und Schwämmchen hinterher wirft, das er vor unaussprechlicher Aufregung vergessen hat. Auch Henriette, Emil und Frieda Hoffstadt müssen die Straelener Volksschule verlassen.[62]

Margrit Stern aus Issum erinnert sich, dass sie schon am 10. November nicht mehr „ihre" Schule besuchen durfte. „Meine Großmutter, eine starke und außergewöhnliche Frau, hat sehr geweint ... [Es war St. Martin], ein Tag, auf den ich mich immer sehr freute. Wir Kinder zogen mit Fackeln durch das Dorf. Der Malermeister Hackstein schimpfte auf die Nazis und ihre Unmenschlichkeit, und sie nahmen mich mit meiner Fackel mit. Es war gut, dass es dunkel war ..."[63]

Richards Vater Isidor Sanders kommt Anfang Januar wohl nur aus Dachau zurück[64], weil er eine Erklärung unterschrieben hatte, so schnell wie möglich einen Auswanderungsantrag zu stellen. Dass er umgehend tätig wurde, können wir einem vergilbten Aktenblatt entnehmen, das in nur zwei Aktenvermerken eine menschliche Tragödie festhält. Danach vermerkt Bürgermeister Bongartz am 6. Februar 1939: „1. Samuel Hoffstadt beantragt für seine Kinder Henriette, Emil und Frieda und Isidor Sanders für seinen Sohn Richard die Ausstellung von Kinderausweisen, die für die Auswanderung nach Holland benötigt wurden. Die Kinder sollen dort in einem jüdischen Kinderheim in Rotterdam untergebracht werden. Kinderausweise für die Obengenannten ausstellen, da die Passpapiere zum Zwecke der Auswanderung benötigt werden."[65]

Zwei Tage später sieht sich der Bürgermeister gezwungen, auf demselben Blatt zu vermerken:

„8. Februar 1939
Sämtliche Passpapiere wurden heute zurückgegeben, da die Kinder wegen Überfüllung des Heimes in Holland nicht mehr aufgenommen werden konnten. Ausweise in Panzerschrank aufbewahren."

Nur einen der vier Kinderausweise sollte Bürgermeister Bongartz noch einmal brauchen: Isidor Sanders stellte nun bald einen Ausreiseantrag nach Haiti. Da er keine Bank- oder Privatschulden hatte und alle „Gebühren" bezahlen konnte, wurde seinem Ausreiseantrag stattgegeben. So konnten er, seine Frau Fanny und Sohn Richard am 21. Juli 1939 die Ausreise antreten.[66] Die drei Hoffstadt-Kinder wurden 1941 deportiert.

Auch im Hause Mendel Bahnstraße 9 in Straelen wurde heftig für und wider eine Auswanderung gestritten. Hans und Ilse, die beide über zwanzig waren und schon auf eigenen Füßen standen, setzten sich schließlich in einem leidvollen Prozess gegen ihre Eltern durch, die noch glaubten, ihnen könne in Straelen nichts Schlimmes geschehen.[67] Hans' Spur verliert sich schon im Oktober 1938, da das Melderegister seine Abmeldung nach Neuendorf bei Fürstenwalde festhält; gewiss ist nur, dass er nach Amerika gelangt ist. Ilse Mendel heiratete 1938 ihren Mann Walter Perl in Köln.[68] Nach der Kristallnacht beschlossen sie, nach Amerika auszuwandern. Die Wartezeit dauerte fast ein Jahr. Anfang Juni 1939 fuhren sie Freunde aus Köln mit dem Auto nach Venlo, von wo die Reise nach London ging. Nach einem weiteren Jahr reisten sie in die USA aus.

Aus Issum gelang eine (sichere) Auswanderung nur der Familie Ernst Cohen. Der in England lebende Bruder von Ernst Cohen kann ein Einreisevisum nach Bolivien erwirken, so dass Ernst, Frau Frieda und Tochter Margrit am 18. August 1939 die Reise mit der Bahn in Richtung deutsch-französische Grenze antreten können. Nach einer monatelangen Irrfahrt kommen sie im Dezember mit einem Schiff aus Casablanca in Buenos Aires an. Mit dem Tod des Vaters kurz nach der Ankunft in Argentinien hat die kleine Margrit eine

Luise Nordheim (geb. 1903) aus Geldern, Foto vom März 1936.
Sie emigrierte 1939 in die Niederlande, wurde von dort nach Auschwitz deportiert, wo sie am 20. August 1942 umkam.

doppelt schwere Hypothek zu bewältigen: den Verlust der Heimat und des Vaters.[69]

Diesen „geglückten" Fällen stehen aus der Stadt Geldern zwei Fälle gegenüber, die die andere Seite der zu diesem Zeitpunkt von der Nazi-Führung „noch" forcierten Auswanderung zeigen: die der unüberwindbaren schikanösen Hürden. Sie verraten letztlich, dass es den Nazis längst darum ging, sich in den Besitz aller beweglichen und unbeweglichen Vermögen der Juden zu bringen.

Der verdiente Frontkämpfer des Ersten Weltkrieges Georg Gerson[70] war aus dem KZ Dachau nur unter der Auflage entlassen worden, für sich, seine Frau und Sohn Herbert, der ebenfalls in Dachau einsaß, die Ausreise zu beantragen. Kaum wieder in Geldern, beantragte er die Ausreise in die Dominikanische Republik. Sohn Herbert und Tochter Carola sollten nach Großbritannien emigrieren, um die teure Schiffspassage zu sparen. Eine Hypothekenschuld von 1850 M bei der Bausparkasse der Rheinprovinz wird ihnen jedoch zum Verhängnis. Obwohl ihr Haus auf der Bahnhofstraße als wertvolle Immobilie zu Gunsten von Stadtverwaltung und Bausparkasse zwangsversteigert wird, kann Gerson den oben genannten Fehlbetrag nicht aufbringen. Weil damit die Ausreisegenehmigung ungewiss ist, zieht die Familie Gerson zu Verwandten nach Essen. Von dort werden Georg Gerson und seine Frau Rosa nach Polen verschleppt, wo sie im KZ Izbica „verschollen" sind. Die Tochter Carola fährt alleine nach Holland, da der Bruder noch in Dachau „festgehalten" wird, findet Unterschlupf bei einer Familie in Amsterdam und wartet vergeblich auf eine Schiffspassage und auf ein Lebenszeichen ihrer Verwandten. Im Juni 1943 greifen Nazis sie auf und liefern sie ins

Lager Westerbork. Von dort kommt sie nach Auschwitz. Sie wird dort am 6. Oktober 1944 vergast. Bruder Herbert lebt nach seiner Entlassung bei seinen Eltern in Essen, seine Spuren verlieren sich im KZ Mauthausen.

Ähnliches tat man der Familie Davids vom Brühlschen Weg an. Auch Gustav Davids war Frontkämpfer des Ersten Weltkriegs gewesen und hatte in der „Reichskristallnacht" den Weg nach Dachau angetreten, war aber am 1. Dezember 1938 wieder entlassen worden. Da er offensichtlich nicht ausreisewillig ist, setzt man ihn im Dezember 1940 mit einer Verwarnung wegen falscher Angaben zu einem Bombenabwurf und wegen „Erschleichung von Bezugsscheinen" massiv unter Druck. Zur Bekräftigung lässt man eine Haussuchung folgen. Bei dieser werden ein Topf Fett und ein Stück Speck, Kleider, Stoffe, Mehl und weitere Lebensmittel beschlagnahmt. Die Verhaftung lässt nicht lange auf sich warten. Am 31. Mai 1941 wird er in die Gefängniszelle des Rathauses gebracht. Als Sohn Fritz am Abend den Vater vermisst und auf dem Rathaus „nachfragt", wird er ebenfalls in Schutzhaft gesetzt. Er habe von den Lebensmittelverschiebungen des Vaters gewusst und Zeugen beeinflussen wollen, so die Begründung, die sich in der Gestapo-Akte erhalten hat. Von der Gestapo Düsseldorf, die den Fall übernimmt, werden beide in Konzentrationslager überwiesen: der Vater ins KZ Buchenwald, dessen Lagerleitung seinen Tod für den 11. Mai 1942 „verbucht"; der 18-jährige Fritz Davids kommt erneut ins KZ Dachau, wo er nach der Reichskristallnacht schon zwei Monate verbracht hatte. Sein Tod wird offiziell am 2. Juli 1942 gemeldet.

Frieda Davids wird am 30. Juni 1941 das Haus am Brühlschen Weg 23 gekündigt.

Die Stadt Geldern „benötigt das Haus dringend für Beamte". Doch sie setzt sich juristisch zur Wehr, indem sie den für Juden zuständigen Konsulent Erich Davids einschaltet, um bei der Familie Marcus in Sonsbeck Quartier zu finden. Doch sowohl der Bürgermeister in Sonsbeck als auch der Landrat in Moers sperren sich dagegen. So zieht Frieda Davids nach Düsseldorf. Von dort aus kommt sie ins KZ Theresienstadt, das sie nicht überlebt.

Mir scheint es sich bei der Familie Davids um ungewöhnliche Personen zu handeln. Die dürre Sprache der Akten lässt kaum erkennen, dass sie geradezu kämpferisch für ihre Rechte eintraten, und das noch zu einem Zeitpunkt, als die Fratze des Unrechtsstaats sie längst ins Visier genommen hatte. Es müssen Charaktere gewesen sein, die so viel Standfestigkeit, um nicht zu sagen Unbeugsamkeit aufbrachten, dass sie nur durch „Brechung" aus dem Weg geschafft werden konnten. Diesen Befund scheinen mir die in Heinz Boschs „Illustrierter Geschichte der Stadt Geldern" abgedruckten Gefängnisfotos von Vater und Sohn zu bestätigen, die deutliche Spuren von Folter zeigen. Letztlich fügt sich in dieses Bild der Mut, den schon der vierzehnjährige Fritz im Januar 1939 bewiesen hat. Wenige Wochen aus dem KZ Dachau zurück, lädt er die Leiche von Willy Heymann, der fast vierundachtzigjährig am 15. Januar 1939 verstorben, jedoch von niemandem begraben worden war, auf eine Schubkarre und fährt sie im Morgengrauen zum Boeckelter Weg auf den jüdischen Friedhof, wo er, ganz der „Würde" der Zeit entsprechend, dem alten Mann ein Grab schaufelt und den Kaddish spricht. Auch David Cain und Jakob Heymann wurden unter solchen entwürdigenden Umständen begraben.

Der jüdische Begräbnisort in Geldern am Boeckelter Weg. Auf ihm begrub im Januar 1939 der vierzehnjährige Fritz Davids Willy Heymann und sprach ihm den Kaddisch, nachdem er den Leichnam zuvor auf der Schubkarre hierher gebracht hatte.

Die Deportationen

Auch für die wenigen anderen jüdischen Menschen, die noch in Geldern, Issum und Straelen lebten, war ein menschenwürdiges Leben nicht mehr möglich. Verwaltung, Justiz, Partei und Vollzugsapparat zogen die Schlinge immer enger um den Hals der Juden. Waren in Geldern 1932 72 gemeldet, so am 1. Oktober 1939 nur noch zehn Personen. Die Westdeutsche Landzeitung jubilierte schon im Januar 1939 gehässig: „Dank nationalsozialistischer Politik steht das jüdische Element auch in der Kreisstadt auf dem Aussterbe-Etat."[71] In Issum wohnten von den am 1. Januar 1933 gemeldeten 21 Personen am 1. Oktober 1939 noch acht, vier waren 1936 nach Hopsten in die Niederlande geflohen, wovon eine Selbstmord verübte. Zwei wurden 1936 bzw. 1938 nach Polen abgeschoben.[72] In Straelen waren Anfang Januar 1933 21 Menschen jüdischen Glaubens gemeldet, am 1. Oktober 1939 noch 14[73], fünf waren ausgewandert, das Ehepaar Samuel Sanders verstarb 1934/35.

Ab 1. Januar 1939 mussten sie nicht nur neue Kennkarten mit einem „J" für Jude mit sich führen, sondern auch zwangsweise die Zusatznamen „Sara" für das weibliche und „Israel" für das männliche Geschlecht akzeptieren.

Wie sah nun der Alltag der Juden in dieser Phase aus? So bedrückend die Lage auch war, wenigstens für die Schulkinder versuchten die Eltern ein wenig Normalität aufrecht zu erhalten: So erinnert sich Margrit Stern aus Issum, dass sie im Frühjahr und Sommer 1939 Unterricht bei einem Lehrer Tannenbaum nahm. Sie fuhr ein- oder zweimal in der Woche nach Straelen. „Dort wurden die jüdischen Kinder der Umgebung von einem Lehrer Tannenbaum unterrichtet. Ich fuhr mit meinem Vater mit dem Rad nach Geldern und von dort nahm ich alleine einen Bus. Ich war blond und hatte blaue Augen und man hatte mir eingeschärft, ich solle, wenn man mich nach meinem Namen fragte, Margrit Müller, nur nicht Cohen, meinen wirklichen Namen, nennen."[74] Ein Erlaubnisschein für Privatlehrer und Privatlehrerinnen für den „Lehrer i.R. Israel Nussbaum, wohnhaft in Viersen" mit Datum des 29. April 1939 hat sich in den Akten des Gelderner Landrats erhal-

ten[75]: Wenn man von einer durch die lange Erinnerung bedingten Namensverwechslung ausgeht, kann man annehmen, dass es sich um diesen Lehrer Nussbaum gehandelt hat, von dem Margrit Stern und eine Handvoll anderer Kinder Unterricht erhalten haben.

Wie schon bei den ersten Boykottmaßnahmen im April 1933 hatte auch das Brennen der Synagogen im November 1938 ein weltweites Echo in der Presse, das Hitler und den Machthabern des NS-Staates nicht gefallen sollte. Die weltweite Öffentlichkeit wurde auch durch die starke Auswanderung der Juden hervorgerufen, womit die NS-Machthaber bisher die „Lösung der Judenfrage" vor allem verknüpft hatten. Nun sahen sie durch die internationale Öffentlichkeit den Plan gefährdet, das jüdische Vermögen so vollständig wie möglich zur Kriegsfinanzierung zu verwenden. Daher fällte Hitler bei der Vorbereitung des Russlandfeldzuges die Entscheidung für die „Endlösung", d.h. für die Vernichtung der Juden und die dafür eigens zu errichtenden KZ. Sie wurden vor allem in den von der deutschen Kriegsmaschinerie überfallenen Ländern des Ostens aus dem Boden gestampft, um hier, fernab der Augen der Weltöffentlichkeit, die Massenvernichtung durchzuführen. Einen schriftlichen Befehl hat Hitler wohl nicht hinterlassen, aber eine Anweisung Görings vom 31. Juli 1941 an Heydrich, den „Leiter des Reichssicherheitshauptamtes, des Sicherheitsdienstes und der Deutschen Polizei", kann man zitieren: „Ich beauftrage Sie weiter, mir in Bälde einen Gesamtentwurf über die organisatorischen, sachlichen und materiellen Voraussetzungen zur Durchführung der angestrebten Endlösung der Judenfrage vorzulegen."[76]

Da die Konfiszierung des jüdischen Vermögens „drängte", lag die Zusammenlegung der noch übrig gebliebenen jüdischen Menschen in gemeinsame Wohnunterkünfte nahe. Die entsprechende Anweisung der Gestapo Düsseldorf erging am 26. Juni 1941. „Zur Einleitung der erforderlichen Maßnahmen gegen Juden, die im Besitze von größeren Wohnungen sind, ist zunächst erforderlich, die im dortigen Zuständigkeitsbereich ansässigen Juden erneut zu erfassen, da infolge Auswanderungen und Umzügen die vorhandenen Unterlagen nicht mehr dem heutigen Stande entsprechen. Es ist beabsichtigt, Juden in Wohnungen zusammenzulegen und dadurch geeignete Wohnräume für die deutsche Bevölkerung freizumachen. Bei der Zusammenlegung ist zunächst davon auszugehen, Juden in eigenem Grundbesitz unterzubringen und soweit dieser nicht ausreicht, diejenigen Grundstücke hierfür heranzuziehen, in denen bereits mehrere jüdische Familien untergebracht sind."[77] Für Straelen ist die „Ghettoisierung" an der Meldekartei nachvollziehbar: Die Familie Mendel musste das

Wohnhaus Bahnstraße aufgeben und in die Venloer Straße 24 zusammenziehen, wo jetzt Eduard, Oskar, Sophia und Tochter Edith lebten. Die Familie Samuel Hoffstadt wurde aus der Mittelstraße 3 in die Lingsforter Straße 19 umquartiert. Familie Josef Sanders verblieb in der Klosterstraße 3, sie nahm aber am 18. März 1939 Adolf Passmann aus Geldern bei sich auf. Samuel Hoffstadt mit seiner Frau Malchen und den Junggesellen Siegfried und Jakob lebte bis zuletzt im Hause Annastraße 7. Die frei werdenden Grundstücke wurden sofort beschlagnahmt oder konnten wie im Falle der Weiden und Wiesen von Oskar und Eduard Mendel noch 1939 verkauft werden. Im August 1941 wird die erste Straelenerin beim Bürgermeister vorstellig und bittet, „ihr einige Zimmer im Hause von Mendel, Adolf-Hitler-Straße zuzuweisen", womit ein Beispiel aus einem menschlich schrecklichen Kapitel gegeben sein soll. Dieses ist deshalb besonders prekär, da die Familie Mendel zu diesem Zeitpunkt noch gar nicht deportiert worden ist. Insgesamt ein Dutzend solcher Anträge Straelener Bürger zur Nutzung ehemals jüdischen Wohnraums haben sich in den Akten des Bürgermeisters Bongartz erhalten.[78]

Die Deportationen beginnen im Herbst 1941. Der erste in einem der größten Deportationszüge abgeschobene Jude ist Hans Passmann aus Geldern, er wird am 27. Oktober zusammen mit mehr als 250 Juden aus Essen ins KZ „Litzmannstadt" (Lodz) in Polen evakuiert.[79] Sein Tod ist für den 13. Februar 1942 festgehalten. Die zweite Person ist Henriette (Henny) Hoffstadt aus Straelen, die siebzehnjährig 1939 in Essen eine Stelle als Hausmädchen angenommen hat. Sie wird am 10. November 1941 nach Minsk abgeschoben.[80] Ihr Todesdatum ist unbekannt.

	Zu- und Vornamen (bei Frauen auch Geburtsname)	Stand oder Gewerbe	Datum der Geburt	Geburtsort und Kreis				Frühere Wohnung		Neue Wohnung
1	Hoffstadt Israel Samuel	Viehhändler	4.2.86	Köln	R.D.	Jud	V	Längsfelder Straelen		Riga
2	„ Sara Helene geb. Simon	Hausfrau	14.4.81	Krefeld-Linn	R.D.	Jud	V	„	„	„
3	„ Sara-Frieda	ohne	3.4.31	Straelen	R.D.	Jud	l	„	„	„
4	„ Israel-Emil	ohne	8.1.18	Straelen	R.D.	Jud	l	„	„	„
5	Mendel Israel Eduard	Kaufmann	1.1.75	Straelen	R.D.	Jud	l	„ Straelen	„	„
6	Mendel Israel Oskar	Viehhändler	25.4.76	Straelen	R.D.	Jud	V	„	„	„
7	„ Sara Sophia geb. Mayer	Hausfrau	2.3.81	Alfhausen	R.D.	Jud	V	„	„	„
8	Sanders Israel Josef	Viehhändler	23.2.67	Kaldenkirchen	R.D.	Jud	V	Klosterstr. Straelen	„	„
9	„ Sara Johanna geb. Abraham	Hausfrau	28.3.70	Worpswede	R.D.	Jud	V	„	„	„
10	Hoffstadt Israel Emanuel	Viehhändler	5.5.64	Kaldenkirchen	R.D.	Jud	V	„ Straelen	„	„
11	„ Sara Amalie geb. Hau	Hausfrau	3.0.65	W. Crumbach	R.D.	Jud	V	„	„	„
12	Hoffstadt Israel Jakob	ohne	18.11.38	Kaldenkirchen	R.D.	Jud	l	„	„	„
13	„ Israel Siegfried	ohne	25.11.08	Straelen	R.D.	Jud	l	„	„	„
14	Mendel Sara Liesel	ohne	16.5.24	Kempen	R.D.	Jud	l	?	„	„

Zufällig erhaltene Aufstellung über die Deportation der Straelener Juden.
Das am 8. November 1941 ausgestellte Dokument der Gestapo-Leitstelle Düsseldorf
führt in der Rubrik „Neue Wohnung" Riga auf.

Der für unsere Region wichtigste Transport ist für Dezember 1941 nach Riga projektiert. Seine Vorbereitungen beginnen Wochen vorher. Durch Runderlass des RSHA (Reichssicherheitshauptamt) werden die Gestapoleitstellen, die Landräte und Bürgermeister mit der Durchführung beauftragt. Am 19. November erfahren die lokalen Dienststellen, dass bis 22. November „die Kopfzahl der im dortigen Bereich wohnhaften Juden im Alter bis 65 Jahre" fernmündlich durchzugeben sei.[81] Sodann wird festgelegt, was pro Person mitgenommen werden darf: „Ein Koffer mit maximal 20 kg Ausrüstungsgegenstände, Bettzeug mit Decke, Verpflegung für 21 Tage, Marschverpflegung für 3 Tage, Essgeschirr. Nicht mitgenommen werden dürfen: Wertpapiere, Devisen, Sparkassenbücher, Wertsachen jeder Art, lebendes Inventar, Lebensmittelkarten".

Die Anweisung gibt auch genau den Weg der Vermögenseinziehung vor: „Die staatspolizeiliche Sicherstellung des Vermögens der abzuschiebenden Juden wird an Hand von Vermögenserklärungen und Beschlagnahmeverfügungen durchgeführt. Damit Vermögensverschiebungen vermieden werden, ist mit sofortiger Wirkung die Beschlagnahme des Vermögens in seiner Gesamtheit auszusprechen … Die Beschlagnahme ist dem jüdischen Haushaltsvorstand anhand des kleinen Vordrucks zur Kenntnis zu geben. Jeder Jude hat sodann die Vermögenserklärung genauestens auszufüllen, zu unterschreiben und innerhalb zwei Tagen zurückzugeben."

„Die Wohnungen der zu evakuierenden Juden sind sofort nach der Räumung zu verschließen und zu versiegeln. Die Wohnungsschlüssel werden beim Hauseigentümer, Hausverwalter oder Hausbeauftragten abgegeben …"

Nach einer mir in Kopie vorliegenden handgeschriebenen Aufstellung[82] sind offensichtlich alle 14 Straelener Juden für diesen Evakuierungstransport vorgesehen, denn das von der Gestapo Düsseldorf gestempelte Dokument führt in der letzten Rubrik, die zynischerweise „Neue Wohnung" lautet, bei allen Personen Riga auf. Auch das Datum 8. November 1941 lässt darauf schließen, dass die Aufstellung einer ersten Erfassungsphase entstammt. Änderungen sind nämlich insofern vorgenommen worden, als die älteren jüdischen Bürger Straelens Eduard Mendel, Josef und Johanna Sanders und Jakob Hoffstadt erst acht Monate später ins Altersghetto Theresienstadt abgeschoben wurden.

Else Heymann geb. Jaffé, 1931 nach Kaldenkirchen eingeheiratet, ist ebenfalls mit dem Transport nach Riga deportiert worden; sie hat als eine der wenigen die Hölle überlebt und ihre Erlebnisse niedergeschrieben. Aus Straelen gehören zu dem 1007 Personen des Rheinlands umfassenden Transport Minna Sanders, die seit langem mit ihrem Mann Sally in Kaldenkirchen lebt, die Familie Samuel Hoffstadt mit den drei Kindern Emil, Frieda und Erich, Oskar Mendel mit Frau Sophia geb. Meyer aus Alfhausen

und Tochter Edith und Junggeselle Siegfried Hoffstadt von der Annastraße 7; aus Issum Martha und Recha Falkenstein, die Schwestern Paula und Henny Kramer, die zuletzt in Krefeld lebte, und Else und Gottfried Lebenstein, aus Geldern Ludwig Rotschild.

Else Heymann schreibt: „Am 10. Dezember 1941 wurden wir jüngeren Bürger, da wir keine Möglichkeit mehr hatten, das Land zu verlassen, abgeholt. Man hatte uns Sand in die Augen gestreut: ‚Ihr kommt in ein Arbeitslager im Osten', und erlaubt sind 20 kg Gepäck pro Person mitzunehmen …

Am helllichten Tag erschien der Ortspolizist und führte uns wie Verbrecher ab zum Bahnhof. Aus der ganzen Umgebung wurden die jüdischen Bürger verhaftet, gesammelt und mit dem Zug nach Düsseldorf zum Schlachthof gebracht. Dort wurden wir registriert. Die Nacht verbrachten wir im Schlachthof. Unsere Kinder hatten wir in den Tränken der Tiere schlafen gelegt. Die meisten Babys und Kinder weinten die ganze Nacht, wahrscheinlich vor Aufregung und Kälte. Am nächsten Tag transportierte man uns mit einem normalen, aber verschlossenen Personenzug, der von der Gestapo begleitet wurde, über Königsberg nach Riga/Lettland, wo uns deutsche SS-Männer in Empfang nahmen und im Ghetto einsperrten. Dort war tiefster Winter. Wir besaßen nur noch das, was wir am Leib trugen. Unser gesamtes, von zu Hause mitgebrachtes Gepäck haben wir im Leben nicht mehr gesehen, dabei hatten wir nur die besten und teuersten Sachen eingepackt. Alles wurde im Auftrag der SS sortiert und wieder als ‚Winterhilfe' nach Deutschland zurückgeschickt. Innerhalb des Ghettos fanden wir Kleidung und Wäsche, auch Bettwäsche, die die Letten zurückgelassen hatten, versteckt in Schuppen. In den Häusern stand noch das Essen, Kaffee, Brote der lettischen Juden auf den Tischen. Die Menschen hatte man kurz vor unserer Ankunft niedergemetzelt, um Platz für uns zu schaffen. Im Schnee fanden wir überall Blutspuren des Massakers … Unsere Männer kamen schon nach acht Tagen in das Lager Salaspils, eine nicht umzäunte Barackenanlage, etwa 20 km entfernt von Riga, das wegen der verheerenden Lebens- und Arbeitsbedingungen als Todeslager galt. Dort sind die meisten Menschen umgekommen, nur ein geringer Teil überlebte …

Siegfried Hoffstadt aus Straelen war im Lager Salaspils mit Max Lion (dem Ehemann von Else Heymann) zusammen. Sie gingen zusammen zur Arbeit. Und sie haben ein Stückchen Butter gehabt und ich glaube, auch ein Stückchen Brot und sind geschnappt worden. Daraufhin hat Siegfried zu Max gesagt: ‚Weißt du, Max, ich nehme die Schuld auf mich. Du hast noch Frau und Kind.‘ Siegfried Hoffstadt ist daraufhin erschossen worden. Das erzählte mir mein Mann später." Einige Seiten weiter schildert Else Heymann den Tod Siegfried Hoffstadts in etwas anderem Licht: „Er kam vom Arbeitskommando ins Lager zurück. Dabei wurden alle kontrolliert von einem SS-Mann. Sie mussten ihre Taschen leeren, und der stellte fest, dass Siegfried ein kleines Stückchen Speck bei sich hatte. Daraufhin sagte dieser SS-Mann zu ihm: ‚Geh mal zu dem Posten und frag, ob der noch eine Kugel für dich hat.‘ Am nächsten Tag ist er dann aufgehängt worden. Ich bin sicher und kann mir noch genau vorstellen, wie er da hing und dass es Siegfried war. Als er unter dem Galgen stand, hat er noch mit klarer Stimme in hebräisch ausgerufen: ‚Sch'ma Israel!‘ (Höre, Israel, der Ewige ist unser Gott). Das war das Ende von Siegfried Hoffstadt."[83]

Auch die anderen Deportierten sind im Ghetto von Riga oder im nahen Lager Salaspils elendig zugrunde gegangen. Als Letzte ist Edith Mendel aus Straelen am 25. Januar 1943 lebend gesehen worden. Margarethe Könings-Verhaagh aus Straelen war in Riga Lazarettschwester und hatte an ihrem Geburtstag dienstfrei. Sie fuhr mit ihrer Schwester Ruth in die Stadtmitte und sah plötzlich eine große Gruppe Juden, erkenntlich an dem Judenstern. In ihrer Mitte Edith Mendel. Sie war tief erschüttert, denn sie ahnte, wegen des sehr geschwächten Zustandes der Juden, dass hier etwas Schreckliches geschah. Sie sah sie nicht wieder.[84]

Nach der Auflösung des Ghettos in Riga am 3. November 1943 hören wir nur noch von den beiden Schwestern Paula und Henny Kramer aus Issum, die von Krefeld, ihrem letzten Wohnsitz, nach Riga gekommen waren. Beide befanden sich auf der „Wilhelm Gustloff", als das Schiff versenkt wurde. Sie konnten sich auf umhertreibendem Holz aufs Land retten. Doch Paula verstarb an Entkräftung. Henny überlebte.[85]

Da hier nicht der Platz ist, das Schicksal der anderen Juden ausführlich nachzuzeichnen, sollen sie wenigstens summarisch Erwähnung finden. Es sind auch alle die mitgerechnet, die nicht aus Geldern oder Issum abtransportiert wurden, sondern schon früher verzogen sind, wie die vielen, die in den 30er Jahren in die Niederlande geflüchtet sind. Zusammen mit den schon genannten vier jüdischen Bürgern aus Straelen werden am 24. Juli 1942 auch Felix Adler und seine Frau Julie geb. Bouscher aus Issum in Theresienstadt eingeliefert, sie alle kommen um. Josef und Johanna Sanders sollen in Minsk verschollen sein. Aus Geldern lassen sieben Personen in Theresienstadt ihr Leben, 16 in Auschwitz, fünf in

Geheime Staatspolizei
Staatspolizeileitstelle
Düsseldorf
II B 3/145/42.

Düsseldorf, den 18. März 1942.

der

Lfd.:

An

die Außendienststellen,
die Grenzpolizeikommissariate,
die Herren Landräte des Bezirks mit Überdrucken für
die Ortspolizeibehörden.
die Herren Oberbürgermeister in Neuß u. Viersen.

Betrifft: Zusätzliche Zuteilung von Lebensmitteln an
Juden auf Grund ärztlicher Atteste.

Vorgang: Ohne.

Wie hier bekannt wurde, haben in einigen Fällen Juden auf Grund ärztlicher Atteste zusätzliche Lebensmittel wie Fleisch, Butter, Eier, Milch usw. erhalten.

Ich bitte bis zum 20. 4. 1942 um Bericht,
ob im dortigen Bereich Fälle bekannt bezw. zu ermitteln
sind, in denen Juden mittels ärztlicher Atteste zusätzliche Lebensmittel erhalten haben.

In Vertretung:
gez. Breder.

Beglaubigt:
Favoral
Geschz.Angest.

Der Landrat
Pol 114c

An die
Herren Bürgermeister
des Kreises

Geldern, den 24. März 1942

28 MRZ 1942

Abdruck übersende ich mit dem Ersuchen um Bericht bis zum 5.4.1942
Fehlanzeige ist nicht erforderlich.

Im Auftrage:

Geldern, 29.3.1942

1. Ist hier nicht vorgekommen, zumal Juden in Geldern nicht
mehr wohnhaft sind.
2. Zu d.Akt.

D.Bgmstr.
i. A.

19

*„..., zumal Juden in Geldern nicht mehr wohnhaft sind." Diese „Erfolgsmeldung" machte
der Gelderner Bürgermeister lakonisch am 29. März 1942 in einem Aktenstück der Gestapo
Düsseldorf, das sich heute im Stadtarchiv Geldern befindet.*

Izbica (Polen), fünf in Sobibor, zwei in Lodz, zwei in Minsk, einer in Maidanek, zwei sind ohne weitere Ortsangabe in Polen verschollen. Dazu kommt aus Issum noch Sophie Kramer, die in Sobibor umgebracht wird, und das Ehepaar Regina und Sigmund Moses, das in Auschwitz umgekommen ist. Insgesamt sind aus Geldern 33 jüdische Menschen, aus Issum 11 und aus Straelen 15 in den Todeslagern des Ostens umgebracht worden.[86]

Angesichts des unermesslichen Leids, das hinter diesen Zahlen steht, muss man es fast als ein Wunder betrachten, dass es überhaupt noch Überlebende gab: die Familie Devries aus Weeze (s. den Artikel über die Weezer Juden) und Salomon Katz aus Geldern. Er war im Dezember 1938 nach Amsterdam zu seinem Sohn Ludolf emigriert und kam 1943 ins KZ Westerbork. Von dort „verlegte" man ihn nach Theresienstadt. Er soll die Lagerhölle nicht zuletzt durch Lebensmittelpakete aus Geldern überstanden haben. Nach der Befreiung des

Salomon Katz (1872–1958)

Lagers Theresienstadt zog er wieder in die Niederlande, entschloss sich aber 1948, nach Geldern zurückzukehren, wo er bis zu seinem Tod am 11. November 1958 lebte. Während der jüngste Sohn Manfred mit seiner Frau in Izbica verschollen ist, konnten Tochter Meta und Sohn Ludolf rechtzeitig nach Australien emigrieren. Die erstgeborene Tochter Selma wurde auf einem Bauernhof nahe Geldern versteckt und sie lebte ebenfalls bis zu ihrem Tod 1983 in Geldern.[87]

„Vorschriftswidrig menschenfreundlich"

Mit diesem Fall möchte ich die Frage stellen, wie sich die mehrheitlich nichtjüdische Bevölkerung hierzulande den Juden gegenüber verhalten hat, ob sie der „regelrechten Besessenheit jenseits der elementarsten und politischen Vernunft"[88] zum Opfer gefallen ist oder ob nicht doch „humanistische Gesinnungsrelikte" auszumachen sind in der Gegend, die niemand anderes als Hans Henner aus Sevelen, seiner kommunistischen Einstellung wegen eher unverdächtig, als „eine dem Faschismus abholde Gegend" bezeichnet hat.[89]

Erinnern wir uns: In der Phase der Geschäftsboykotte 1933/34 ließen sich in Geldern manche Bürger nicht abhalten, in den jüdischen Geschäften einzukaufen. „Als man die ‚Judenfreunde' fotografierte, wurden neue Wege zum Einkauf gefunden. Durch Seitengänge gelangten die Kaufinteressenten in die Geschäfte, oder sie ließen die Aufträge durch Dienstboten erledigen." Auch in der späteren Phase „ließen sich manche Geldrianer nicht davon abbringen, ihre jüdischen Mitbürger im Schutz der Dunkelheit aufzusuchen, um sie über die jeweilige Lage in Geldern zu unterrichten oder mit notwendigen Dingen zu versorgen"[90].

Auch aus Straelen ist überliefert, dass den jüdischen Mitbürgern in manchen katholischen Familien nicht nur Achtung entgegengebracht wurde, sondern unter den Kindern vielfach Freundschaften mit jüdischen Gleichaltrigen gepflegt wurden. So beispielsweise bei Alsters auf der Bahnstraße, die mit Mendel im Nachbarhaus regen Kontakt hatten.[91] Noch 1938 stellte Ilse Mendel bei einem längeren Aufenthalt in Straelen fest: „Ich bin mir keiner Animositäten von Straelener Bürgern bewusst in dieser Zeit."[92] Auch unter den Bauern wurde zum Teil bis nach Ausbruch des Krieges der Umgang mit den seit alther bekannten jüdischen Viehhändlern aufrecht erhalten. Bauer T. aus Hetzert wurde 1941, wie wir schon gehört haben, aktenkundig, weil er den Judenjungen Emil Hoffstadt auf seinem Hof beschäftigte und allzu viel Freiheiten ließ, so dass er „abfällige Reden über Parteimitglieder" führte. Das wegen dieses Denunziationsvorwurfes ermittelnde Gestapo-Grenzkommissariat Kleve hielt in seiner Akte fest, dass Bauer T. den Judenjungen und seinen Vater „besonders fürsorglich" behandle.[93]

Ein weiterer Fall ist der des Gärtners W. von der Römerstraße.[94] Er verbringt 1941 siebzehn Tage im Gefängnis, weil er „zwei bei ihm beschäftigte Juden vorschriftswidrig menschenfreundlich behandelt hat", so dass er aus dem Nationalsozialistischen Kraftfahrkorps „aus politischen Gründen" ausgeschlossen wird. Aktenkundig wird er dadurch, dass er für die Mutter des einen Juden, Frieda Davids aus Geldern, einen Brief zu Verwandten nach Rotterdam aufgesetzt und abgeschickt hat, mit der Nachricht, dass Frau Davids Mann im Lager

verstorben sei. Da Briefzensur für die Briefpost ins Ausland besteht, kommt die Sache ans Licht und W. in Untersuchungshaft. Der Hauptverdacht, W. betreibe Warenschmuggel mit dem Ausland, bestätigt sich jedoch nicht. Am 6. Januar 1943 werden daraufhin die Ermittlungen des Grenzkommissariats Kleve ergebnislos abgebrochen. Bleibt der Name des zweiten Juden nachzutragen, Samuel Hoffstadt, der im Dezember 1941 mit der Familie nach Riga deportiert wird.

Dabei konnte es schon lange gefährlich sein, mit Juden Kontakt zu haben, doch in Einschüchterungsmethoden nicht wählerisch, gingen die Nazis früh dazu über, auch „arische" Volksgenossen öffentlich zu „bestrafen", die noch mit Juden verkehrten, so wie es Fritz Meyers 1936 in Nieukerk beobachtet hat: Eine SA-Truppe marschiert durch die Hochstraße, in der Mitte des Trupps zwei Nieukerker Mädchen, die mit jüdischen Jungen aus St. Hubert befreundet sind und deswegen Pappschilder um den Hals tragen müssen, auf denen zu lesen ist: „Wir verkehren mit Juden."[95] Auf diese und brutalere Weise verbreitete sich ein Klima der Angst, das allerdings von Ort zu Ort unterschiedlich starke Ausprägung haben konnte. Ob ein Nazifunktionär ein Fanatiker war, wie Heßling in Nieukerk, oder nicht, das konnte katalysierende Bedeutung für ein Klima der Verfolgung haben.

Auch in Issum gab es intakte Beziehungen zwischen Juden und Christen. So schätzte das Ehepaar Hans die Gastfreundschaft der Familie Lebenstein. Frau Hans, die mit der gleichaltrigen Ilse Lebenstein befreundet war, erinnert sich, dass Ilse einige Tage nach dem Laubhüttenfest Geburtstag hatte. Den Tag feierten sie gemeinsam in der Laubhütte, die im Torweg neben dem Leben-

*Frieda Lebenstein (dritte von links) bei einer Weihnachtsfeier
in einer christlichen Issumer Familie*

steinschen Haus stand. Am Sabbat, so erinnert sie sich weiter, kamen die Nachbarn zu Lebensteins, um das Ofenfeuer im Haus zu entzünden, denn den Juden war aus religiösen Gründen jede Arbeit an diesem Tag verboten.[96]

Margrit Stern erinnert sich, dass ihre Mutter befreundet war mit dem Sohn und der Tochter im Nachbarhaus, die ungefähr gleichaltrig waren. „Wohl ziemlich zu Anfang der gefährlichen Zeit, als aber die Gefahr noch nicht so groß war, befahlen sie meiner Mutter und der ganzen Familie, sie nicht mehr zu grüßen. Wie viele andere haben sie keinen Finger gerührt, uns zu helfen."[97] Ähnliche Erfahrung mussten viele Juden machen. Doch Familie Stern widerfuhr nicht nur Schlimmes. Margrit Stern erinnert sich, „dass ein Bauer Reiner aus Issum ihrem Vater, als er nicht mehr

selbständig arbeiten durfte, Arbeit auf seinem Hof gab. 1938 musste das Geschäft der Lebensteins aufgegeben werden (…). Das befreundete Ehepaar Tappens zog nun in die Geschäftsräume ein." Gefühle der Sympathie und Trauer verbargen sie nicht, als die Eltern der kleinen Margrit sich entschlossen, nach Südamerika auszuwandern. „Herr Tappens hat auch die Bücher der Brüder Lebenstein, zu denen Autoren wie Else Lasker-Schüler oder Theodor Herzl gehörten, bis zum Ende des Krieges aufbewahrt und sie meiner Mutter übergeben. Nun zu Mathilde W., die kleine zierliche Frau hat immer versucht, uns zu zeigen, dass wir für sie die gleichen geblieben waren und uns sogar nach Argentinien geschrieben. Und dann war da noch die Familie Koppers, auf einem Bauernhof in der Nähe des jüdischen Friedhofs. Sie waren große Nazigegner und haben das trotz der großen Gefahren wohl auch immer durch Wort und Tat ausgedrückt. Sie haben sich für meine Familie Gefahren ausgesetzt."

Auch Pfarrer Trommershausen ist hier anzuführen. Er „nahm" sich Otto Weißensteins an. Der konnte 1934 in Düsseldorf der Arbeit in seinem angestammten Polsterer- und Dekorateurberuf nicht mehr nachgehen und fand in Issum Unterschlupf. Auf einem Bauernhof arbeitete er zu voller Zufriedenheit seines neuen Dienstherren als Treckerfahrer. Pfarrer Trommershausen legte ihm nach der Pogromnacht nahe, zum evangelischen Glauben zu konvertieren, dann könne er ihn vielleicht schützen. Daraufhin entschloss er sich und auch seine Braut Maud Sorokin, der evangelischen Kirche beizutreten; beide überlebten die schlimme Zeit. 1944 und 1947 wurden sogar die Söhne Heinz und Wolfgang in Issum geboren. 1954 zog die Familie nach Rheinhausen, von dort verliert sich ihre Spur in Rhodesien (heute Simbabwe), wohin sie Mitte der 50er Jahre des 20. Jahrhunderts auswanderte.[98]

Schließlich muss als eine besondere Art des solidarischen Handelns das Wirken von Beamten des Polizei- und Zolldienstes erwähnt werden, die an der Grenze zu den Niederlanden manches Auge zudrückten oder wegsahen, wenn z.B. Widerständler illegale Zeitungen über die Grenze schmuggeln wollten o.ä.[99]

Nach der „Reichskristallnacht" bekam die „grüne Grenze" zu den Niederlanden für einige Monate den Ruf eines Schlupflochs, durch das man dem ständig zunehmenden antijüdischen Druck im Reich entweichen konnte. So lockte sie vor allem Juden aus den größeren Städten wie Berlin oder Wien an, die keine Chance mehr sahen, ordnungsgemäß auswandern zu können, da ihre Ausweispapiere nicht vollständig waren oder ihnen die Geldmittel fehlten. „Soweit diese Juden die bewachten Grenzübergangsstellen passieren wollen, werden sie diesseits an der Auswanderung gehindert und zum Zwecke der Vorbereitung der legalen Auswanderung in ihre früheren Wohnorte zurückgeschickt"[100], meldete das Grenzpolizeikommissariat Kleve am 20. Dezember 1938 der Gestapo Düsseldorf. Einmal aber wieder zurückgeschickt, sanken die Chancen einer erneuten Flucht erheblich – ein Teufelskreis, den manche Juden mit Hilfe von Fluchthelfern durchbrechen konnten. Es ist bekannt, dass es auch in unserer Region Fluchthelfer gegeben hat, doch sind unsere meist auf mündlicher Erinnerung beruhenden Informationen äußerst spärlich.[101] In Straelen sollen es fünf Personen gewesen sein, die 1938/39 Juden zur Grenze geleitet haben: Laurenz Erkens, Eugen Keuck und einige namentlich nicht mehr bekannte Personen, die aus dem Umfeld der Metzger und Schlachthofbediensteten stammten. Eugen Keuck, mein Vater, hat mehrfach jüdische Familien zur Grenze gebracht. Von 1936 bis 1939 war er Grenzaufseher in Straelen-Kastanienburg, so dass er die Gepflogenheiten des Zolls an dem Grenzabschnitt zwischen Venlo und Arcen genau kannte. Es seien ausschließlich Juden von weither gewesen, die durch ein telefonisches Codewort bei ihm „angemeldet" und im Schutz der Nacht zu einer genau vereinbarten Zeit „rübergebracht" wurden. Einmal habe er erlebt, dass eine jüdische Familie aus Wien am folgenden Tag erneut bei ihm geklingelt habe. Holländische Grenzer hätten ihnen die Wertsachen abgenommen und wieder über die Grenze abgeschoben. Nach langem

Abwägen habe sich der Professor entschlossen, wieder nach Wien zurückzukehren.[102] Damit – so mein Vater nachdenklich – habe er wohl ihre Deportation und Vernichtung besiegelt. Erst später habe er begriffen, dass er den Professor zu einem zweiten Versuch hätte ermuntern müssen: Doch wenn er damals schon geahnt hätte, was Hitler mit den Juden tatsächlich vorhatte, dann hätte er viel mehr Juden zur Grenze gebracht als die zwei Dutzend, denen er letztendlich zur Flucht habe verhelfen können – Gelegenheit dazu wäre genug gewesen.

Nach 1945

Leo Baeck, bis zuletzt Präsident der „Reichsvertretung der Juden in Deutschland" und Überlebender des Lagers Theresienstadt, urteilte im Dezember 1945: „Die Geschichte des deutschen Judentums ist definitiv zu Ende. Die Uhr kann nicht zurückgestellt werden … Soviel Mord, Raub und Plünderung, soviel Blut, Tränen und Gräber können nicht ausgelöscht werden …"[103]

Und doch war es nach dem Willen der alliierten Sieger unerlässlich, Entschädigungsleistungen zu zahlen, Entschädigung für das widerrechtlich von Nazideutschland eingezogene jüdische Vermögen. Sie konnten Leo Baeck als Präsidenten des „Council for the Protection of the Rights and Interests of jews from Germany" gewinnen. Eine seiner wichtigsten Aufgaben war eine genaue Erfassung der jüdischen Vermögen, um die Entschädigung gerecht verteilen zu können. Da die zur Ermittlung dieser Werte angewiesenen deutschen Behörden mehrfach zur „Verdunklung" tendierten, was meist mit vernichteten Unterlagen

begründet wurde[104], zogen die alliierten Militärbehörden Juden zu Hilfe, sei es Überlebende, die nach Deutschland zurückgekehrt waren wie Max Devries in Weeze und Salomon Katz in Geldern, sei es dass sie über deutschsprachige jüdische Zeitschriften in den USA u.a. die emigrierten Juden zur Mithilfe aufriefen. Doch von diesen Überlebenden, die es in ihren Asylländern vor allem aus seelischen Gründen schwer hatten, Fuß zu fassen, waren nicht viele bereit, nach Deutschland zu kommen. Fast jeder trauerte um Verwandte oder Bekannte, die in den Lagern umgebracht worden waren, dazu kamen Mittellosigkeit und der Verlust der Muttersprache. Dieses Hemmnis wurde verstärkt, als sie erfuhren, dass die „Verantwortlichen" nicht oder nicht angemessen von den Gerichten zur Rechenschaft gezogen wurden.[105] So sind z.B. auch im Gelderland die Mittäter beim Pogrom von 1938 nicht verurteilt worden. Lediglich Kreisleiter Hamacher wurde wegen „kenntnisbelasteter Zugehörigkeit zum Führercorps der NSDAP" und B. Pöttmann wegen „Zugehörigkeit zum politischen Führungscorps und zur SS" zu geringen Gefängnisstrafen verurteilt.[106]

So beauftragten die meisten emigrierten Juden Rechtsanwälte mit der Wahrnehmung ihrer Ansprüche. Eine Konsequenz der Entschädigung war, dass die Familien, die in den Jahren 1939 bis 1942 jüdisches Vermögen erworben hatten, Anfang der 50er Jahre „ein zweites Mal kaufen mussten", wie sie es ausdrückten, denn die Erwerbssummen der NS-Zeit hatten natürlich weit unter den damaligen Verkehrswerten gelegen.

Hans Mendel, der zu den wenigen gehörte, die nach Deutschland kamen, um die Ansprüche für sich und seine Schwester Ilse selbst geltend zu machen, hielt sich um 1950 für einige Tage in

Straelen auf. Bei einem Besuch des alten Nachbarn Franz Alsters auf der Bahnstraße kam es zu einem für ihn unerfreulichen Zusammentreffen.[107] Er begegnete einem ihm bekannten jungen Mann, der als „Hitlerjunge" in der Pogromnacht bei seinem Onkel Eduard auf der Venloer Straße Scheiben und Inventar demoliert hatte.

Der eine lebte jetzt jenseits des Atlantiks, der andere suchte noch nach seinem neuen Platz in der Gesellschaft. Zwischen beiden klaffte eine unüberbrückbare Kluft. Und doch – der ehemalige Hitlerjunge wäre vor Scham am liebsten im Boden versunken. Er hätte alles gegeben, um das Geschehene ungeschehen zu machen.[108]

Anmerkungen

1   Eberhard JÄCKEL: Hitlers Weltanschauung. Entwurf einer Herrschaft, Tübingen 1969, S. 60.
2   Zitiert nach: Rudolf PECHEL: Der gelbe Stern, in: Rudolf PECHEL [Hrsg.]: Deutsche Rundschau. Acht Jahrzehnte deutschen Geisteslebens, Hamburg 1961, S. 449 ff., hier S. 450/451.
3   KA Viersen, Bestand GA Lobberich 2126.
4   GA Kerken, Bestand Nieukerk 1541.
5   Heinz BOSCH: Illustrierte Geschichte der Stadt Geldern 1848–1969, Bd. 2: Vom Ausbruch des Ersten Weltkrieges 1914 bis zur Kommunalreform 1969, Geldern 1998, S. 230.
6   Theo MÄSCHIG: Die Rheurdter Juden (1848–1942), Rheurdt 1988, S. 31/32; siehe auch den Beitrag über die Rheurdter Juden in diesem Band.
7   Zitiert nach BOSCH (Anm. 5), S. 200.
8   Bernhard KEUCK: „Pass auf du, sonst geh ich mit dir zum Fenster hinaus". Straelener Kommunalpolitik in schwieriger Zeit, in GHK 1984, S. 192 ff.
9   Günter VOELZ: Issum. Zweihundert Jahre deutsche Geschichte. Von der Französischen Revolution bis zur kommunalen Neugliederung, Geldern 1988, S. 190.
10 Ebd., S. 204.
11 Auskunft von Eugen KEUCK (gest.) und Peter BRIMMERS.
12 BOSCH (Anm. 5), S. 178.
13 Ebd.
14 GA Issum, Bestand Issum, Karton 12, Akte 1, Bd. 2. Kopie in der Sammlung von Ruth BENGER, siehe auch ihre Examensarbeit: Ruth EYKMANN: Zur Geschichte der Juden in Geldern und Issum, Duisburg 1984, S. 128 und 148.
15 Das Folgende nach BOSCH (Anm. 5), S. 224 f.
16 VOELZ (Anm. 9), S. 194.
17 BOSCH (Anm. 5), S. 206.
18 Ebd.
19 VOELZ (Anm. 9), S. 194.
20 Niederrheinische Landeszeitung vom 30. November 1931.
21 MÄSCHIG (Anm. 6), S. 225/226.
22 Ebd.
23 Wiel VAN DINTER: De Joden van Gennep, Zutphen 1990, S. 54/55.
24 Dokumentenmaterial von Ruth BENGER, Kevelaer.
25 BOSCH (Anm. 5), S. 226.
26 Ebd.
27 Ebd.
28 Ebd. Zu genealogischen Fragen siehe auch die Aufstellung über die Gelderner jüdischen Familien von Gerd Halmanns in diesem Band.

[29] Christhard HOFFMANN: Verfolgung und Alltagsleben der Landjuden im nationalsozialistischen Deutschland, in: Monika RICHARZ/Reinhard RÜRUP (Hrsg.): Jüdisches Leben auf dem Lande. Studien zur deutsch-jüdischen Geschichte, Tübingen 1997, S. 373–398, hier S. 381 ff.

[30] BOSCH (Anm. 5), S. 226.

[31] KA Geldern, Zeitungssammlung. Die der NSDAP nahestehende „Nationalzeitung" mit der Ortsausgabe „Y"/Geldern ist verlorengegangen bzw. vernichtet worden; es sind nur wenige Einzelausgaben bzw. einzelne Artikel zufällig erhalten.

[32] Ruth EYKMANN: Zur Geschichte der Juden in Geldern und Issum (Anm. 14), S. 126.

[33] Hilde KAMMER/Elisabeth BARTSCH u. a.: Jugendlexikon Nationalsozialismus. Begriffe aus der Zeit der Gewaltherrschaft 1933–1945, Hamburg 1985, S. 45 (Artikel „Der Stürmer").

[34] Brief von Frau Margrit Stern geb. Cohen, London, an den Bürgermeister in Issum/Frau Eykmann vom 8. 7. 1984.

[35] August BIERHAUS (Hrsg.): „Es ist nicht leicht darüber zu sprechen". Der Novemberpogrom 1938 in Borken, Borken 1988.

[36] Fritz MEYERS: Das schwarz-rot-braune Nieukerk. Wie ein Dorf im Dritten Reich fast aus den Fugen geriet, in: GHK 1985, S. 136–167, hier S. 152.

[37] HStAD RW-58-39086.

[38] EYKMANN (Anm. 14), S. 127.

[39] StA Straelen, Bestand G 30/01.

[40] GA Kerken, Bestand Nieukerk 1549.

[41] EYKMANN (Anm. 14).

[42] StA Straelen, Bestand G 30/01.

[43] Hermann GRAML: Der 9. November 1938, Bonn 1955, S. 4.

[44] GA Kerken, Bestand Nieukerk 1541.

[45] Diese Darstellung nach: BOSCH (Anm. 5), S. 227 ff.

[46] Brief von Margrit Stern (Anm. 34).

[47] EYKMANN (Anm. 14), S. 126.

[48] BOSCH (Anm. 5), S. 230 f.

[49] Nach Bernhard KEUCK: Juden in Straelen, in: 650 Jahre Stadt Straelen 1342–1992. Beiträge zur Geschichte, hrsg. vom Stadtdirektor der Stadt Straelen, Straelen 1992, S. 221–244, hier S. 233 f.

[50] Anselm FAUST: Die „Kristallnacht" im Rheinland. Dokumente zum Judenpogrom im November 1938, Düsseldorf 1987; oder in verschiedenen Dokumentheften der „Bundeszentrale für politische Bildung" über den Pogrom vom November 1938 seit den 60er Jahren. Zuletzt auch bei BOSCH (Anm. 5), S. 229.

[51] Peter Johann Broeckmann, geb. am 10. 11. 1898 in Vorst/Kreis Kempen-Krefeld, Eisenwarenhändler in Kevelaer, war ab 1938 Angestellter bei der Polizei (Abteilung Politische Polizei) im Landratsamt in Geldern, Mitarbeiter im Stab der Höheren SS und des Polizeiführers West. 1933 war er Fraktionsführer der NSDAP in Kevelaer und seit Ende 1933 Beigeordneter der Gemeinde Kevelaer. 1944 in Geldern gemeldet, NSDAP-Mitglieds-Nr. 407 787, gehörte seit dem 1.10.1931 der Allg. SS an, SS-Nr. 19356. Nachdem sich B. innerhalb der SS in Kevelaer als Scharführer und später als Truppführer betätigt hatte, wurde er am 20.2.1932 mit der Führung des zweiten Zuges im 10. Sturm der 25. SS-Standarte beauftragt und am 30.1.1936 zum Zugführer im 10. Sturm /25 SS-Standarte ernannt. Am 11.1.1941 wurde er Führer im Stabshauptamt – Reichskommissar für die Festigung Deutschen Volkstums, zu deren Aufgaben auch die Umsiedlung im Osten gehörte. Seit Oktober 1943 in der Waffen-SS bei der Stammbatterie IV/SS-Abt. Ausb.- und Ersatz-Regiment in Prag: Auskunft des Berlin Document-Centers. Er scheint am Ende des Krieges gefallen zu sein.

[52] BOSCH (Anm. 5), S. 230.

[53] Freundliche Mitteilung von Hans Hertz, Pompano Beach/Florida (USA).

[54] Reichsgesetzbl. 1938, Nr. 206, S. 1709.

[55] BOSCH (Anm. 5), S. 308.

[56] StA Geldern C 123.

[57] Nationalzeitung am 2. Juli 1939.

[58] Gudrun GERLACH: Die ehemalige Synagoge von Geldern am Niederrhein, in: Archäologie im Rheinland 1993, Köln 1994, S. 156/157.

[59] Ebd.

60 Freundliche Mitteilung von Hans Hertz, Pompano Beach/Florida (USA).

61 GA Kerken, Bestand Neukerk 1549.

62 So die Erinnerung von Werner Lücker, Alsdorf, der als Gleichaltriger mit Richard Sanders befreundet war.

63 Margrit Stern (Anm. 34).

64 KA Kleve in Geldern, altes Aktenzeichen: 506030 E.

65 Einwohnermeldekartei Straelen.

66 Ebd.

67 Auskünfte von Margarethe Alsters und Peter Brimmers.

68 Briefliche Mitteilung von Frau Ilse Stone geb. Mendel, Stockton/Kalifornien, vom 15.5.1988.

69 Margrit Stern (Anm. 34).

70 Das Folgende nach: BOSCH (Anm. 5); Ruth BENGER: Sho'ah. Alphabetische Liste der jüdischen Geldrianer, in: GHK 1988, S. 160 ff; Gerd HALMANNS: Die jüdischen Familien in Geldern (in diesem Band).

71 Diese Angaben nach: BOSCH (Anm. 5), S. 233.

72 EYKMANN (Anm. 14), S. 135 ff.

73 KEUCK (Anm. 49), S. 240/241.

74 Margrit Stern (Anm. 34).

75 KA Kleve in Geldern A 131.

76 Hans KAISER: Zum Schicksal der rheinischen Juden 1933–45, in: Geschichte der Juden im Kreis Viersen, Viersen 1991, S. 100. Der Kommandant in Auschwitz Rudolf Höß hält in seinen Aufzeichnungen diesen Vorgang wie folgt fest: „Im Sommer 1941 ... wurde ich plötzlich zum SS-Reichsführer Himmler nach Berlin befohlen und zwar direkt durch seine Adjutantur. Entgegen seiner sonstigen Gepflogenheit eröffnete er mir ohne Beisein seines Adjutanten dem Sinne nach folgendes: ‚Der Führer hat die Endlösung der Judenfrage befohlen, wir – die SS – haben diesen Befehl durchzuführen ... Sie haben über diesen Befehl strengstes Stillschweigen, selbst Ihren Vorgesetzten gegenüber, zu bewahren.'" Zitiert nach: Martin BROSZAT: Der Staat Hitlers, München 1969, S. 401.

77 GA Kerken, Bestand Neukerk 1541.

78 In einem Schreiben des Bürgermeister Bongartz an das Finanzamt Geldern, das wie alle Finanzämter mit der Bewirtschaftung und Versteigerung des konfiszierten jüdischen Vermögens beauftragt war, heißt es mit Datum des 21.7.1942: „Das Haus Straelen, Adolf-Hitler-Straße 24, bisher Eigentum der Juden Gebr. Mendel, wird am 24. ds. M. frei. Es wird bisher von den noch hier ansässigen Judenfamilien bewohnt, die an diesem Tage von hier abreisen. Es haben sich hier schon verschiedene Familien gemeldet, die [die] Wohnung in dem Hause haben möchten." StA Straelen F 64.7.

79 Hermann SCHRÖTER: Geschichte und Schicksal der Essener Juden. Gedenkbuch für die jüdischen Mitbürger der Stadt Essen, Essen 1980, S. 363.

80 Ebd., S. 373.

81 Mir liegen diese Anweisungen, die Evakuierung der Juden nach Riga betreffend, nur in Kopie aus Yad-Vashem Jerusalem vor. Sie tragen den Eingangsstempel der Stadt Goch. In den Kommunen des Gelderlandes sind sie m. W. nicht erhalten, vermutlich wurden sie am Ende des Krieges gezielt vernichtet.

82 Ich habe es von Herrn Apfelbaum aus Geldern (inzwischen verzogen) erhalten. Ich danke ihm herzlich.

83 Der Augenzeugenbericht befindet sich in dem an sich verdienstvollen, aber auch mit einigen Eigentümlichkeiten behafteten Werk von Frank KAUWERTZ: Die drei Eisheiligen. Geschichten und Dokumente wider das Vergessen, Kaldenkirchen 2000, S. 139 ff.

84 Margarethe KÖNINGS: Von Riga zum Niederrhein. Erinnerungen einer Lazarettschwester an Flucht und Kriegsgefangenschaft (1944–1947), in: GHK 1999, S. 268–273, hier S. 268.

85 EYKMANN (Anm. 14), S. 137.

86 Diese Angaben beruhen auf den in diesem Band zu findenden Verzeichnissen der Juden und den dort genannten Quellen.

87 Nach BOSCH (Anm. 5), S. 236, und BENGER (Anm. 70).

88 Ernst H. KANTOROWICZ: Die zwei Körper des Königs, München 1990, S. 22.

[89] Andreas GRZONA/Jörn de HAEN: Schutzhaft in Geldern. Terror und Unterdrückung im ersten Jahr der NS-Diktatur, in: GHK 1998, S. 142–153, hier S. 152.

[90] BOSCH (Anm. 5), S. 224/225.

[91] Auskunft Margarethe Keuck geb. Alsters.

[92] Brief von Ilse Stone vom 15.5.1988.

[93] Siehe Anm. 37.

[94] HStAD, RW-58 5963 und KA Kleve, B 323.

[95] MEYERS (Anm. 36).

[96] EYKMANN (Anm. 14), S. 124/125.

[97] Margrit Stern (Anm. 34).

[98] Freundliche Auskunft von Robert Rosskothen, Uedem, und KA Kleve B 323.

[99] Kuno BLUDAU: Widerstand und Verfolgung in Duisburg 1933–1945, Duisburg 1973, S. 41, Anm. 139.

[100] KEUCK (Anm. 49), S. 236.

[101] Dass diese Fluchthelfer unter größter Geheimhaltung vorgehen mussten, liegt auf der Hand, deshalb kann man schriftliche Nachrichten darüber nicht erwarten. Ich verdanke diese Informationen meinem Vater Eugen Keuck.

[102] Siehe KEUCK (Anm. 49), das Kapitel „Über die grüne Grenze".

[103] Michael A. MEYER: Denken und Wirken Leo Baecks nach 1945, in: Georg HEUBERGER/Fritz BACKHAUS (Hrsg.): Leo Baeck 1873–1956. Aus dem Stamme von Rabbinern, Frankfurt 2001, S. 129–146, hier S. 130.

[104] Auch die Stadt Geldern sah sich 1946–1948 außerstande, zur „Erfassung des ehemaligen jüdischen Grundbesitzes", so der Titel der Akte B 277 im KA Kleve, konkrete Angaben zu machen, da alle Unterlagen verbrannt seien.

[105] Heinrich LICHTENSTEIN: NS-Prozesse. Ein Kapitel deutscher Vergangenheit und Gegenwart, in: Micha BRUMLICK u. a. (Hrsg.): Jüdisches Leben in Deutschland seit 1945, Frankfurt 1988, S. 70–87.

[106] BOSCH (Anm. 5), S. 244/245.

[107] Auskunft von Gerhard Alsters, Marienbaum, (gest.) und Franz-Josef Keuck (Geldern).

[108] Ich habe keinen Grund, an der Aufrichtigkeit dieser Versicherung, die er mir in einem Gespräch 1987 gemacht hat, zu zweifeln.

Die jüdischen Familien in Geldern

GERD HALMANNS

GELDERN. Großer Markt mit Friedenslinde

Großer Markt mit Friedenslinde in Geldern vor dem Ersten Weltkrieg.
Das Kaufhaus Albert David präsentierte seine Waren hier im Zentrum der Kreisstadt.

Vom „Wert" einer jüdischen Bevölkerungsliste

Die folgende Datensammlung stellt den Versuch einer möglichst umfassenden Auflistung (beinahe) aller Juden dar, die im 19. und 20. Jahrhundert in der *Stadt Geldern* gelebt haben. Sie berücksichtigt: Vor- und Familienname, Beruf, Adresse[1], Geburtsdatum, Geburtsort, Heiratsdatum und -ort, Ehepartner, Kinder, Sterbedatum und -ort, Umzug, Emigration und Deportation. Frauen werden unter ihren jeweiligen Geburtsnamen aufgeführt. Die Anordnung der Daten nach Familien soll verwandtschaftliche Zusammenhänge deutlich machen. Dies hat zur Folge, dass in Geldern aufgewachsene Personen manchmal zweifach erwähnt werden: in der Familie, in der sie aufgewachsen sind, und in der, die sie in Geldern selbst gegründet haben. Die Informationen wurden aus einer Vielzahl von Primär- und Sekundärquellen (siehe unten) zusammengestellt.

Die Fülle der Einzeldaten dürfte eine „Fundgrube" für Genealogen darstellen. Vertreter des zur Zeit „boomenden"

351

Fachgebiets der „Familienforschung" sind allerdings, so steht zu bedenken, in erster Linie an eher „privaten" Fragestellungen interessiert.

Kann eine Sammlung von Geburts- oder Sterbedaten einiger Generationen von Gelderner Juden aber etwas für die Geschichtsschreibung leisten? Auch wenn Tausende von Einzelinformationen zusammengefügt werden: beziehen diese sich nicht allein auf eine Minderheit? Welche Aussagekraft für die Allgemeinheit und für übergreifende historische Fragestellungen hat eine solche Liste?

Dass solche Fragen zufriedenstellend beantwortet werden können, ist Voraussetzung für die Veröffentlichung der vielen zunächst privaten Einzeldaten.

Und deshalb sollen einleitend wenigstens ein paar Gedanken zu ihrem öffentlichen Nutzen und historischen Erkenntniswert formuliert werden. Vielleicht können sie auch eine Hilfestellung für die Lektüre des „spröden" Namen- und Zahlenmaterials sein und weitere Untersuchungen anregen.

Wenn hier und im Folgenden von Daten-„Material" die Rede ist: wir sollten nicht vergessen, dass hinter jedem Datum ein einzelner Mensch mit seinem ganz persönlichen Leben steckt! Auch Reihen von Namen und Zahlen können ihren Beitrag zur Erinnerung an besondere Schicksale leisten. Dies gilt nicht nur, aber ganz besonders für die Gelderner Juden, die zwischen 1933 und 1945 vertrieben oder ermordet wurden.

In solchen Fällen lässt die Auflistung der jüdischen Familien die – oft schrecklichen – Besonderheiten des Umgangs mit dieser Minderheit unter den Gelderner Bürgern erkennen. Andere Zahlen dagegen belegen gerade, dass und welche Gemeinsamkeiten das Leben jüdischer und christlicher Einwohner bestimmten:

Kriegstote etwa hatten ohne Unterschied alle Bevölkerungsgruppen in den Jahren 1870/71 oder 1914–1918 zu beklagen. Und von Krankheitswellen oder Epidemien waren alle in gleicher Weise betroffen.

Eher auf Unterschiede in der Bevölkerungsentwicklung von jüdischer und christlicher Seite zielen Fragestellungen der „historischen Demographie" ab: Gilt auch für Geldern die Annahme, dass jüdische Frauen vor 1871 deutlich mehr Kinder bekamen? Haben sie „die bahnbrechenden Erkenntnisse der medizinischen Hygieneforschung des 19. Jahrhunderts bei Geburt und Säuglingspflege früher und konsequenter als andere" genutzt? War demzufolge die durchschnittliche Lebenserwartung in den jüdischen Familien Gelderns höher?[2]

Aus der jüdischen Bevölkerungsliste sind dazu Einzelschicksale ablesbar: Von den 16 Kindern z.B., die Clara Dreyfuß ihrem Mann Carl Cain zwischen 1858 und 1879 geboren hat, starben sieben bereits vor Vollendung des 20. Lebensjahres. Weitere Beispiele für eine im Vergleich zu heute hohe Kindersterblichkeit lassen sich den Familienlisten leicht entnehmen.[3] Ob es allerdings im

Henriette Cain (1867–1911) wurde als achtes der 16 Kinder von Clara Dreyfuß und Carl Cain geboren. Sie heiratete den Kaufmann Sally Hirsch aus Remscheid.

Hinblick auf die Lebenserwartung gravierende Unterschiede zwischen Gelderner Juden, Protestanten oder Katholiken gegeben hat, muss näheren Untersuchungen unter Einbeziehung der Daten der christlichen Bevölkerungsmehrheit überlassen werden.

Gleiches gilt für die durchschnittliche Haushaltsgröße und die Entwicklung der Geburtenrate. Die Annahmen von Christoph Nonn, dass Gelderner Juden sich vor der Reichsgründung zunächst stärker, nach 1871 schwächer vermehrten als die Nichtjuden in dieser Stadt, scheinen durch die im Folgenden vorgelegte Bevölkerungsliste bekräftigt werden zu können. Zumindest nahm die durchschnittliche Haushaltsgröße bei den Juden nach 1870 kontinuierlich ab.

Dies hatte ein Sinken des jüdischen Bevölkerungsanteils in der Stadt zur Folge. Dieses muss allerdings ebenso mit einem in der Zeit des Kaiserreichs spürbaren Trend zum Wegzug vor allem junger Juden in die Großstädte, oft nach Köln oder ins Ruhrgebiet, erklärt werden. Für diesen Bereich jüdischer Mobilität geben die hier veröffentlichten Datensammlungen ein deutliches Bild ab. Kennzeichnend ist ohnehin, und das für den gesamten erfassten Zeitraum, eine große Fluktuation: Nur wenige Familien (z.B. die Familie Francken) verblieben über Generationen vor Ort. Viele andere lassen sich nur für ein bis zwei Generationen hier nachweisen; manchmal sogar nur für wenige Jahre oder Jahrzehnte: Der Kunstdrechsler Selig Simon (in Geldern 1829 bis ca. 1839) oder der Kaufmann Simon Wiesenfelder am Ende des 19. Jahrhunderts sind dafür Beispiele. Schwierigkeiten, solche Familien oder Einzelpersonen, die nur begrenzte Zeit in Geldern lebten, zu erfassen, tauchen besonders bei jüdischen Lehrlingen, Mägden, Handlungsgehilfen oder Lehrern auf, die nur ein, zwei oder drei Jahre am Ort wohnten. In der Regel wurden sie nur dann in die Liste aufgenommen, wenn sie über diesen Zeitraum hinaus geblieben sind.

Zu den offensichtlichen Besonderheiten der jüdischen Minderheit, die ein Studium ihrer Bevölkerungsliste nahelegt, zählte das Heiratsverhalten: Eine Untersuchung des „räumlich-distanziellen Heiratsverhaltens" in der typisch niederrheinischen, überwiegend katholischen Gemeinde Weeze kommt zu dem Ergebnis, dass die Heiratswilligen sich ihre Partner(innen) in aller Regel im Ort selbst oder in seiner unmittelbaren Umgebung suchten. Die durchschnittliche „Heiratsdistanz" in dem Zeitraum 1878 bis 1898 betrug sieben bis acht Kilometer; in den Jahren 1903 bis 1918 kamen die Eheleute – im arithmetischen Mittel – aus einer Entfernung von etwa zehn Kilometern zusammen.[4] Wie anders lesen sich dagegen die Herkunftsorte der Ehepartner von jüdischen Gelderndern: Ob rheinische Orte oder westfälische, süd- oder norddeutsche: eng gesteckte geographische Grenzen sind nicht erkennbar. In mehreren Fällen ist es zu deutsch-niederländischen Eheschließungen gekommen (J. Jakob / B. Osser / E. Spiro / C. Kaufmann / E. Kempenich).

Dass Angehörige aus mindestens neun Gelderner Familien seit 1933 gerade in die Niederlande emigrierten, ist demzufolge nicht nur mit der geographischen Nähe, sondern auch mit verwandtschaftlichen Beziehungen in diesem Land zu erklären.

Christlich-jüdische Hochzeiten hat es, wie überall, in Geldern nur in Ausnahmefällen gegeben: Selma Katz (geb. 1902) schloss die Ehe mit Willi Kleinbielen, Eduard Isaacson (geb. 1875) mit der katholischen Maria Linke, und Marga-

Bar Mizwa im Hause Cain, Geldern 1928. Vordere Reihe v. l.: Paul Carl Cain, Kurt und
Elsbeth Francken, Ruth Cain, Klaus Mayer. 2. Reihe, v. l.: Carla Cain (geb. Mendel),
Rosa Cain, Adolph Sternefeld, Rieka Sternefeld (geb. Cain), Johanna Cain (geb. Hirsch),
H. Maybaum. 3. Reihe: Otto Hammer, Max Cain, Paul Cain, Margret Mangold (geb. Cain),
Alex Cain, Sophie Cain, Regine Maybaum (geb. Cain), … Bauer, Sally Hirsch,
Toni Bauer (geb. Hirsch), David Cain, Alice Hammer (geb. Hirsch)

rete Metzger (geb. 1790) hatte schon 1851
Johann Adam Brouwers geheiratet.

Bei der Durchsicht der Daten zu Eheschließungen fällt eine größere Anzahl
von Unverheirateten auf. Die Antwort
auf die Frage, inwieweit ihre Zahl dem
entsprechenden Anteil bei der christlichen Bevölkerungsmehrheit entsprochen hat und für welche Zeiträume hier
Übereinstimmungen oder Differenzen
gegeben sein könnten, muss einer
zukünftigen Untersuchung vorbehalten
bleiben.

Bei den auf der Grundlage der Heirats-
und Sterberegister ermittelten Berufsangaben überwiegen für das 19. Jahr-

hundert eindeutig die Bezeichnungen
„Handelsmann", „Kaufmann", „Krämer",
„Viehhändler", „Pferdehändler" sowie
„Metzger". Männer wie Hermann Francken, Emanuel Goldstein, Jakob oder
Siegmund Rath, Jacob Spiro werden in
Standesamtsregistern, städtischen und
landrätlichen Akten unter all diesen –
z.T. austauschbaren – Formulierungen
geführt. Darüber hinaus tauchen in den
amtlichen Unterlagen vor 1871 nur die
Berufe „Gastwirt", „Kommissionair" und
– je in einem Einzelfall – „Lotterie-Ein-
nehmer" sowie „Kunstdrechsler" auf.

Erst im Laufe der achtziger Jahre des
19. Jahrhunderts erweiterte sich das

Spektrum jüdischer Berufstätigkeit in der Kleinstadt Geldern: Neben den traditionellen Erwerbszweig Viehhandel (incl. Metzgerei) trat die Gründung von Kaufhäusern (Wiesenfelder, Katz, Schönholtz, David, Francken, Kaufmann) und Schuhfabriken (Cain, Nordheim). Weitere neue Berufsangaben waren: Bankier, Putzmacherin, Gerber, Verkäufer(in), Erzieherin. Wer Aufstiegsmöglichkeiten jenseits der traditionellen Handelssparten suchte, war jedoch angewiesen auf den Umzug in die Großstädte. Dies zeigt der Lebensweg der beiden Juristen Heinrich Kempenich und Günther Nordheim.

Zum in der Bevölkerungsliste gesammelten Datenmaterial gehören Hunderte von Namen. An zwei Beispielen soll in Kurzform darauf hingewiesen werden, wie sich in der Namensgebung geschichtliche Entwicklungen spiegeln können:

1. Als Ausdruck der neuen rechtlichen Situation von Juden in der „Französenzeit" kann das kaiserliche Dekret vom 20. Juli 1808 angesehen werden, das die Annahme unveränderlicher Familiennamen vorschrieb. Bis dahin war es üblich gewesen, dass man neben dem eigenen Vornamen den Vornamen des Vaters annahm. So hieß die älteste Tochter von Levi Abraham zunächst Marriam Levi. Ab 1808 wurden daraus Alexander Gompertz und Marie Anne Gompertz. Möglicherweise haben die nun beständigen Familiennamen einen Beitrag zur Assimilation geleistet, auch wenn die urkundlich festgelegten neuen Namen sich im Alltag erst langsam durchgesetzt haben.[5]

2. Das Bemühen um Anerkennung und Assimilation, das sich zur Zeit des Deutschen Kaiserreichs in einem betonten Patriotismus äußerte (etwa durch Gottesdienste zu Kaisers Geburtstag), hat bei den Gelderner Juden offensichtlich auch bei der Vornamensgebung seine Spuren hinterlassen: Waren in der ersten Hälfte des Jahrhunderts traditionelle Namen wie Abraham, Emanuel, Moses oder Samuel noch weit verbreitet, wurden sie nach 1850, stärker noch gegen Ende des 19. Jahrhunderts immer mehr abgelöst durch „moderne" Vornamen, die vermutlich eine Integration ihrer Träger in die reichsdeutsche Gesellschaft erleichtern sollten: Friedrich, Ludwig, Hans, Gustav oder Ernst waren dafür typische Beispiele.

Die bisher angestellten, zum Teil sicherlich erst vorläufigen Überlegungen haben den „Wert" der hier publizierten Bevölkerungsliste hoffentlich erkennen lassen. Gleichzeitig muss jedoch auch auf Grenzen der Aussagekraft des genealogischen Daten-Materials hingewiesen werden: Trotz sorgfältiger Überprüfungen können Fehler bei der Zusammenstellung der Daten oder ihrer Transskription aus den Registern der Standesämter nicht ausgeschlossen werden.[6] Nur wer *in Geldern* (Issum, Straelen, Weeze, Hoerstgen, Aldekerk, Rheurdt) geboren wurde, heiratete oder starb, ist in den hiesigen Urkunden erfasst. Menschen, die nach Geldern umgezogen waren, dort einige Jahre lebten und wieder wegzogen, sind nur schwer nachzuweisen. Das Schicksal junger Juden, die am Ende des 19. Jahrhunderts aus Geldern – vornehmlich in die Großstädte – wegzogen, konnte häufig nicht mehr geklärt werden.

Abschließend sei auf eine Gefahr bei der isolierten Betrachtung der Zahlen und Namen einer Minderheit hingewiesen: Sie sollen keineswegs den Eindruck einer gegenüber der christlichen Umgebung streng abgeschlossenen jüdischen Gesellschaft erzeugen! Denn trotz des Eigenlebens der jüdischen Synagogengemeinde dürfen die vielfältigen Kontakte, auch persönlichen Freundschaften zwischen Juden und Nicht-Juden nicht vergessen werden. Dass die Gelderner Juden vor allem seit der zweiten Hälfte des 19. Jahrhunderts in die städtische Gesellschaft integriert waren (und auch welche Grenzen es dabei gab), haben Heinrich Kempenich in seinen Erinnerungen sowie Thekla Keuck und Christoph Nonn in ihren Untersuchungen deutlich gemacht. Dazu gehören auch die Nachbarschaften: Wie die in dem gesamten Stadtgebiet verteilten Wohnplätze belegen, hat eine Ghettoisierung nicht stattgefunden.

Anmerkungen

[1] Die Angabe der Adressen orientiert sich an dem in der Stadt Geldern 1894 eingeführten, bis heute im Prinzip gültigen System von Straßen und Hausnummern. Diese ersetzen in der Liste auch die zuvor üblichen Hausnummerierungen (von 1 bis 525). Bei veränderten Straßennamen (z. B. in der NS-Zeit) werden die heute gültigen verwendet. Für eine Reihe von Hinweisen danke ich Dr. Stefan Frankewitz (StA Geldern).

[2] Vgl. dazu: NONN (in diesem Band). Siehe auch die statistischen Angaben in: Monumenta Judaica. 2000 Jahre Geschichte und Kultur der Juden am Rhein, Handbuch, hrsg. von Konrad SCHILLING, Köln 1963, S. 366–382. „Im 19. Jahrhundert wuchs die deutsche Gesamtbevölkerung ständig. Es stieg auch die Zahl der Juden im Reich, zu Anfang wohl schneller, nach 1870 aber langsamer als die der Gesamtbevölkerung" (S.366).

[3] „Totgeburten" sind in der Bevölkerungsliste *nicht* erfasst worden.

[4] Günter THIEME: Räumlich-distanzielle Aspekte des Heiratsverhaltens. Eine Untersuchung am Beispiel der Gemeinde Weeze, 1878–1978, in: Gerhard AYMANS (Hrsg.): Niederrheinische Studien (= Arbeiten zur Rheinischen Landeskunde, Heft 46), Bonn 1980, S. 61–72.

[5] „Registre contenant les noms et Prénoms adoptés par les Juifs en Execution du Décret impérial du 20 Juillet 1808" (StA Geldern: Anlage zu den Geburtsurkunden des Jahres 1808). Nach diesem Namensregister haben im Jahre 1808 bereits 42 Juden in Geldern gewohnt.

[6] Für freundliche Hinweise aus den jeweiligen Standesämtern und Archiven bedanke ich mich besonders bei Johannes Patyk (StA Geldern), Bernhard Keuck (Straelen), Franz-Josef Hetjens (Weeze), Dr. Albert Spitzner-Jahn (Kamp-Lintfort), Johanna Klümpen-Hegmans (Kerken), Hans-Joachim Koepp (Goch) und Bernd Ingenpaß (Issum).

Primärquellen

Geburts-, Heirats-, Sterbeurkunden, Standesamt der Stadt Geldern.
Urkunden der Standesämter Issum, Straelen, Kamp-Lintfort (Hoerstgen).
Grabsteine des jüdischen Friedhofs Geldern.
Familienanzeigen aus: Geldernsches Wochenblatt; Geldernsche Zeitung; Niederrheinische Landeszeitung.
Adressbücher des Kreises Geldern 1897, 1910, 1931.
Akten des StA Geldern, des KA Kleve in Geldern, des HStAD (Bestand: Landratsamt Geldern).
Sammlungen von Ruth Benger (Kevelaer), Rodney Eisfelder (Melbourne), John A. Francken (London), Bernhard Keuck (Straelen) und Herbert Schüürman (Emmerich).
Briefe von und Gespräche mit Zeitzeugen.

Literatur

Ruth BENGER: Sho'ah. Alphabetische Liste der jüdischen Geldrianer, in: GHK 1988, S. 160–166.

Heinz BOSCH: Illustrierte Geschichte der Stadt Geldern, 2 Bde., Geldern 1994 und 1998.

Michael BROCKE/Cläre PELZER/Herbert SCHÜÜRMAN: Juden in Emmerich, hrsg. vom Emmericher Geschichtsverein (= Emmericher Forschungen, Bd. 12), Emmerich 1993.

Dieter HANGEBRUCH: Emigriert – Deportiert. Das Schicksal der Juden in Krefeld zwischen 1933 und 1945, in: Guido ROTTHOFF (Red.): Krefelder Juden (= Krefelder Studien 2), Bonn 1980, S. 137–412.

Erna F. EINSTEIN: Jüdisches Schicksal. Die Nachfahren des Gelderner Kaufmanns Selig Kempenich (gest. 1868), in: GHK 1985, S. 49–53.

Ruth EYKMANN (= R. BENGER): Zur Geschichte der Juden in Geldern und Issum. Examensarbeit im Fach Katholische Theologie/Judaistik, Universität Duisburg 1984.

John A. FRANCKEN: The Early History of the Francken Family 1775 to 1875 (ms. Manuskript, 32 Seiten), London o. J.

Gregor HÖVELMANN (Hrsg.): Juden in Geldern (= VHVG 82), Geldern 1982.

In Memoriam, Den Haag 1995 (Gedenkbuch für die 1940–1945 aus den Niederlanden deportierten Juden).

Thekla KEUCK: Die jüdischen Familien in Geldern 1840–1869 (ungedruckte Liste).

Gedenkbuch. Opfer der Verfolgung der Juden unter der nationalsozialistischen Gewaltherrschaft in Deutschland 1933–1945, bearbeitet vom Bundesarchiv, Koblenz, und dem Internationalen Suchdienst, Arolsen, 2 Bde., Koblenz 1986.

http://www.jewishgen.org/jgff (18.August 2000).

Erinnerung und Erkenntnisquelle:
Eine Datensammlung zu den jüdischen Bewohnern der Stadt Geldern

MANES ABRAHAM (vor Oktober 1808 aus Geldern verzogen)
ESTHER GODTSCHALDT
Godschaldt Manes, geb. 6. Ventose 13 (= 25. Februar 1805) in Geldern

JACOB ARON, Handlungsreisender (wohnhaft in Altona)
CAROLINE JANSEN, Näherin (wohnhaft in Geldern), geb. 14. April 1854 in Geldern, gest. 27. Mai 1933 in Issum
Sophia, geb. 2. März 1873 in Geldern, gest. 20. März 1943 im KZ Sobibor (Heirat am 25. November 1893 in Geldern mit dem Kaufmann Alex Kramer, geb. 17. September 1864 in Hoerstgen, gest. 23. Januar 1937 in Issum; 1939 Emigration in die Niederlande. Kinder: Henriette, geb. 12. November 1894 in Hoerstgen, gest. 24. Januar 1972 in Issum; Paula, geb. 29. März 1896 in Hoerstgen, gest. 18. Mai 1945 in Riga; Else, geb. 19. April 1897 in Hoerstgen; Jakob, geb. 8. September 1899 in Hoerstgen, gest. 2. Dezember 1939 in Saalfeld/Saale; Antonie, geb. 15. Juni 1901 in Hoerstgen, gest. 1936 in den Niederlanden; Julius, Viehhändler, geb. 1. Juli 1904 in Hoerstgen, gest. 14. April 1973 in Issum; Otilie, geb. 10. Mai 1906 in Hoerstgen)

RICHARD BLOCH, Kaufmann, Großer Markt 6–8 (nach 1945 nicht wieder aufgebaut), geb. 8. April 1880 in Delmenhorst
1. LINA LUSS, geb. 26. September 1881 in Sterbfritz bei Frankfurt/M., gest. 25. April 1908 in Geldern
2. BETTY KAUFMANN, geb. 13. Februar 1884 in Geldern (Heirat am 2. Juli 1909 in Geldern), gest. 14. Mai 1910 in Geldern
Hans, geb. 11. Mai 1910 in Geldern, gest. 12. Mai 1910 in Düsseldorf
(Im Haushalt lebte *Rosette Meyer*, Mutter von Richard Bloch.)

JACOB BRUCH, Viehhändler, Issumer Tor 16 (Heirat am 16. März 1891 in Geldern; 1904 Scheidung)
CLARA ZADICK, geb. 21. April 1872 in Geldern
Hedwig, geb. 28. September 1893 in Geldern, gest. 5. Dezember 1893 in Geldern

BRUNO BÜTOW, Kaufmann und Tabakfabrikant, Brühlscher Weg 79, geb. 9. August 1895 in Allenstein/Ostpreußen, gest. 14. Dezember 1949 in Geldern
LISBETH MARIA HEYER, geb. 14. November 1900, gest. 15. Juni 1977 (Heirat am 19. Mai 1933 in Königsberg) (Die Familie kam 1946 nach Geldern.)
Ruth, geb. 8. Januar 1934 in Königsberg (Heirat mit Gernot Hagel; spätere Wohnorte: Mülheim und Jettenbach-Grafengars in Oberbayern)
Doris, geb. 12. April 1935 in Königsberg (Heirat mit Klaus Simon; Wohnort: Frankfurt/M.)

ABRAHAM CAIN, Handelsmann und Bankier, Haus 175 (Issumer Straße), geb. 18. April 1825 in Geldern (1885 Auswanderung nach Luxemburg)
REGINA NORDHEIM, geb. 21. August 1830 in Werl, gest. 19. Juni 1867 in Geldern

Jenny, geb. 5. April 1857 in Geldern (Heirat am 30. Januar 1882 in Geldern mit Isidor Jacobsohn aus Paris)

Sally, geb. 3. August 1858 in Geldern

Carl, geb. 18. Januar 1861 in Geldern, gest. 16. Februar 1861 in Geldern

Moritz, geb. 15. Februar 1862 in Geldern, gest. 27. September 1919 in Zürich

Julie, geb. 12. Februar 1865 in Geldern, gest. 19. Juni 1869 in Geldern

CARL CAIN, Handelsmann, Issumer Straße 53, geb. 14. Juni 1821 in Geldern, gest. 29. April 1883 in Geldern

CLARA DREYFUSS, geb. 1836 in Unna, gest. 16. März 1922 in Geldern

Judith, geb. 20. April 1858 in Geldern, gest. 11. Dezember 1860 in Geldern

David, Schuhfabrikant, geb. 18. Juli 1859 in Geldern, gest. 18. Dezember 1939 in Geldern

Albert, geb. 14. November 1860 in Geldern, gest. 1861

Friederika, geb. 24. Dezember 1861 in Geldern (am 10. März 1885 in Geldern Heirat mit Adolph Sternefeld, Bankier, aus Geldern), gest. 7. Juni 1936 in Geldern

Hermann, Gerberlehrling, geb. 13. Juni 1863 in Geldern, gest. 4. April 1883 in Geldern

Wilhelmina, geb. 3. Januar 1865 in Geldern, gest. 9. September 1865 in Geldern

Julius, geb. 18. Februar 1866 in Geldern, gest. 27. April 1867 in Geldern

Henriette, geb. 4. März 1867 in Geldern (Heirat am 7. Januar 1893 in Geldern mit Samuel Hirsch, Kaufmann aus Remscheid), gest. 25. Juli 1911

Alexander, Schuhfabrikant, geb. 19. August 1868 in Geldern, gest. 3. September 1949 in Ramoth-Hashavim/Israel (Emigration am 22. Oktober 1937; in die USA 1941) (unverheiratet)

Regina, geb. 5. April 1870 in Geldern (Heirat am 30. Mai 1896 in Geldern mit Joseph Maybaum, Kaufmann aus Siegburg), deportiert aus Remscheid, verschollen in Auschwitz

Max, Schuhfabrikant, geb. 2. Juni 1871 in Geldern, gest. 13. November 1942 in Santiago/Chile

Ludwig, geb. 14. Juli 1872 in Geldern, gest. 7. Dezember 1872 in Geldern

Otto, geb. 14. November 1873 in Geldern (Umzug nach Köln)

Lea, geb. 25. November 1874 in Geldern, gest. 16. Februar 1875 in Geldern

Rosa(lie), geb. 25. November 1874 in Geldern, gest. 12. Oktober 1943 im KZ Theresienstadt (unverheiratet)

Paul, geb. 2. Juni 1879 in Geldern (Emigration in die USA)

DAVID CAIN, Schuhfabrikant, Issumer Straße 53/Westwall 75/Nordwall 17, geb. 18. Juli 1859 in Geldern, gest. 18. Dezember 1939 in Geldern

JOHANNA HIRSCH, geb. 24. Januar 1865 in Witten, gest. 10. Februar 1938 in Geldern

Erna, geb. 15. September 1894 in Geldern, gest. 1934 in Dresden (Heirat am 11. April 1914 in Geldern mit Emil Mayer aus Charlottenburg, geb. 21. Oktober 1874 in Neustadt/Weinstraße; 1938 Emigration von E. M. nach Frankreich; zwei Söhne: Peter und Claus Mayer; Ehe 1931 geschieden; 2. Heirat: Truöl)

HERMANN CAIN, Krämer, Pferdehändler und Metzger, Haus 56 (Nordwall 2), geb. 17. April 1778 in Kommern, gest. 2. Januar 1863 in Geldern (seit 1817 in Geldern)

1. JUDITH STERNEFELD, geb. 1786 in Goch, gest. 25. Oktober 1843 in Geldern (Heirat am 22. September 1818 in Goch)

Regine Cain (geb. 1870), verheiratete
Maybaum, verschollen in Auschwitz
(Foto aus dem Jahr 1937)

Erna Cain (1894–1934). Während des
Kaiserbesuches 1913 gehörte die 19-jährige
Erna zu den „Ehrenjungfern" Wilhelms II.
Nur Töchter der angesehensten Familien
Gelderns waren dazu auserwählt worden.

Rosa Cain, hier auf einem Foto
aus dem Jahr 1937, wurde 1943
im KZ Theresienstadt ermordet.

Frederica, geb. 4. Oktober 1819 in Geldern

Carl, geb. 14. Juni 1821 in Geldern, gest. 29. April 1883 in Geldern

Sara, geb. 3. Juli 1823 in Geldern

Abraham, Bankier, geb. 18. April 1825 in Geldern (Auswanderung nach Luxemburg 1885)

Gottfried, geb. 5. Juli 1827 in Geldern

Henriette, geb. 15. Oktober 1829 in Geldern, gest. 18. Juli 1909 in Geldern

2. ADELHEID COHN

(1831 als Magd im Haushalt: *Rosette Marchand,* geb. 12. Januar 1814 in Sonsbeck)

MAX CAIN, Schuhfabrikant, Westwall 53, geb. 2. Juni 1871 in Geldern, gest. 13. November 1942 in Santiago/Chile (Umzug nach Düsseldorf ca. 1935; Emigration nach Chile 1939)

CAROLA MENDEL, geb. 6. November 1881 in Bochum, gest. 13. März 1941 in Santiago/Chile

Margret, geb. 8. Dezember 1907 in Geldern (Emigration am 1. Juni 1933 in die Schweiz und über Italien nach Chile; später USA) (verheiratete Mangold)

JOHANN CLEMENS, Metzger (1818 aufgrund des „décret infâme" aus der Stadt Geldern ausgewiesen)

DAVID COHN, Viehhändler/Schneidermeister, Westwall 2, geb. 26. Februar 1876 in Anrath, gest. 11. August 1909

ROSALIE KAUFMANN, geb. 14. Februar 1884 in Issum (Heirat am 14. Juli 1905 in Issum)

Erich, geb. 12. April 1906 in Issum, gest. 25. Mai 1906 in Issum

Selma, geb. 13. Juli 1907 in Issum, gest. 22. Juli 1907 in Issum

Walter, Frisör, geb. 5. September 1909 in Geldern (Umzug nach Krefeld; dort Heirat 1937 mit Pauline Steinweg, geb. 2. Oktober 1913 in Horstmar; nach „Schutzhaft" 1938 Emigration der Familie nach Shanghai/China am 27. Mai 1939)

ALBERT DAVID, Kaufmann, Großer Markt 13 (heute: Markt 10/Karstadt), geb. 9. August 1876 in Hoerstgen (Geschäftsaufgabe und Umzug über Gennep/NL nach Köln 1935), gest. 10. April 1938 in Köln-Lindenthal

SELMA GOTTSCHALK, geb. 14. Dezember 1877 in Düsseldorf, gest. 26. November 1931 in Geldern

Erich Liebmann, Dr. jur., geb. 21. April 1904 in Geldern (Emigration 1934 nach Argentinien; Heirat mit Matzika Bass ? in Argentinien; Tochter Carla)

Paul, Kaufmann, geb. 3. März 1908 in Geldern (1933 Emigration in die Niederlande), gest. 1975 in Lugano (CH)

(Im Haushalt: Sophie bzw. Sara David, geb. 18. August 1831 in Hoerstgen, gest. 28. März 1924 in Geldern, unverheiratet)

PAUL DAVID, Kaufmann, geb. 3. März 1908 in Geldern (Umzug nach Köln/Emigration im April 1933 in die Niederlande), gest. 1975 in Lugano (CH)

(1934 in Nimwegen Heirat mit der Jüdin Ilse Haas, geb. 13. Mai 1907 in Borken; im Krieg Versteck und bis 1962 Wohnung in Bussum/NL; Sohn Norman Bernhard, geb. 28. März 1938 in Hendon/London/GB; Heirat mit Ilonka E.T. Biluska, geb. 1940 in Maassluis/NL)

GUSTAV DAVIDS, Viehhändler, Brühlscher Weg 23, geb. 17. Mai 1885 in Geldern, gest. 11. Mai 1942 im KZ Buchenwald
FRIEDA HEIDT, geb. 19. November 1897 in Warburg, im KZ Theresienstadt verschollen
Fritz, Gartenbauschüler, geb. 4. April 1924 in Geldern, gest. 2. Juli 1942 im KZ Dachau

SALOMON DAVIDS, Viehhändler, Brühlscher Weg 23, geb. um 1847 in Hüls, gest. 26. August 1916 in Geldern
BERTHA LÖWENSTEIN, geb. 26. Juni 1854 in Rhede, gest. 15. April 1928 in Geldern
Gustav, geb. 17. Mai 1885 in Geldern, gest. 11. Mai 1942 im KZ Buchenwald
Paula, geb. 8. September 1887 in Geldern, gest. 28. Mai 1943 im KZ Sobibor (Heirat am 1. Februar 1909 in Geldern mit Sally Salomon, Viehhändler)
Friedrich, geb. 20. August 1892 in Geldern, gest. 3. Januar 1901 in Geldern

JACHIEL DREYFUSS, Rentner, geb. 21. Dezember 1781 in Mannheim, gest. 2. April 1865 in Geldern
FRIEDERIKE MASTBAUM, geb. um 1810 in Hüsten, gest. 27. September 1860 in Geldern

LEVY DREYFUS, Rentner, Issumer Straße 53, geb. 4. November 1816 in Unna (in Geldern ab ca. 1881 wohnhaft), gest. 15. Januar 1899 (unverheiratet)

DANIEL ELIAS, Kaufmann, Großer Markt (heute etwa Photo Porst), geb. 17. Oktober 1841 in Neheim (1894 Umzug nach Hannover)
1. EMMA HORN, geb. 21. Juni 1853 in Düsseldorf, gest. 14. November 1883 (Heirat 1875 in Düsseldorf)
Salomon Carl, geb. 5. Juni 1876 in Geldern
Max Ludwig Fritz, geb. 16. März 1878 in Geldern (späterer Wohnort Berlin), verschollen in Riga
Elisabeth, geb. 14. August 1879 in Geldern, gest. 22. September 1954 in Bad Godesberg
2. LIESE VON DER VELDE, geb. 3. April 1851 in Norden (Heirat am 8. Dezember 1884 in Geldern)
Max, geb. 30. April 1885 in Geldern (Heirat 1933 in Berlin–Schöneberg)
Emma, geb. 6. September 1887 in Geldern
Walter, geb. 25. Juli 1889 in Geldern, gest. 2. September 1916 (gefallen) bei Guillemont/Somme/F

SALOMON ELIAS, Kaufmann, Großer Markt (heute etwa Photo Porst), geb. 8. Dezember 1808 in Hoya, gest. 14. Februar 1874 in Geldern
ROSALIE BENJAMIN, geb. 1816
Adolph, geb. 1837
Amalie Auguste, geb. 13. Juli 1839 in Neheim (Heirat am 29. Mai 1866 in Geldern mit dem Kaufmann Joseph Lennhoff aus Lüdenscheid)
Daniel, Kaufmann, geb. 17. Oktober 1841 in Neheim (Heirat mit Emma Horn 1875 in Düsseldorf und mit Liese von der Velde 1884 in Geldern; 1894 Umzug nach Hannover)
Benjamin, Kaufmann, geb. 1843 in Neheim (Heirat 1887 in Bonn mit Lydia Kerb, geb. 1865 in Unna)

Grabmal des Kaufmanns Salomon Elias auf dem jüdischen Begräbnisplatz am Boeckelter Weg in Geldern

Elise, geb. 21. Mai 1845 in Neheim (Heirat am 7. Mai 1872 in Geldern mit dem Kaufmann Meyer Pincus, Mönchengladbach)

MOSES MARKUS ENGERS, Kaufmann, Harttor 21
SABINE LEVEN
Henriette Grethe, geb. 8. August 1911 in Geldern, für tot erklärt/KZ Sobibor

BERNHARD FRANKEN, Lehrer, geb. um 1737 in Dingen, gest. 14. Juni 1815 in Geldern

BERNHARD FRANCKEN, Kaufmann, Bahnhofstraße 9, geb. 12. Mai 1825 in Geldern, gest. 7. März 1907 in Geldern
EMILIE SPIER, geb. 24. Januar 1827 in Rees, gest. 28. März 1902 in Geldern (Heirat 5. Oktober 1858 in Geldern)
Ottilie, geb. 8. Juli 1859 in Geldern, gest. 22. November 1921 (Heirat am 13. Juli 1886 in Geldern mit Samuel Goldbaum, Rechtsanwalt, geb. 3. November 1852 in Adelnau/Posen, gest. 14. Juni 1915 in Duisburg oder Berlin. Kinder: Richard, geb. 4. Mai 1887; Anna, geb. 22. Juli 1889, beide in Duisburg)
Louis, Textilfabrikant, geb. 20. März 1861 in Geldern, gest. 8. Februar 1912 (Heirat mit Laura Spier, geb. 18. Oktober 1872 in Rees, gest. 1958)
Moritz, Kaufmann, geb. 19. November 1862 in Geldern, gest. 19. Juni 1895 in Geldern (unverheiratet)
Ernst, Zigarrenfabrikant, geb. 12. April 1864 in Geldern, gest. 28. November 1918 (Heirat mit Rosa Königsberger, geb. 29. September 1872, Auswanderung nach Guatemala, gest. 5. Januar 1949)
Max, Kaufmann, geb. 23. Juni 1865 in Geldern (Umzug nach Köln; 16. Juni 1942 Deportation nach Theresienstadt), gest. bei Minsk (Heirat mit Natalie = Mathilde Deutsch, geb. 8. April (Juni?) 1868 in Seifersdorf, gest. bei Minsk. Sohn: Kurt Bernhard Francken, geb. 11. Mai 1909 in Köln, gest. in Riga)
Hedwig, geb. 5. August 1867 in Geldern, gest. 21. Februar 1873
Regina, geb. 6. Februar 1869 in Geldern (Heirat am 7. Dezember 1894 in Geldern mit Salomon Liebes, Kaufmann aus Hamburg)

Hermann, Zigarrenfabrikant, geb. 9. Februar 1873 in Geldern, gest. 1. Dezember 1943 (1888 Umzug nach Wetten; später: Aachen, New Jersey und Jacksonville. Heirat mit Anna Simon, geb. 10. Oktober 1879, gest. 20. Oktober 1972)

DAVID FRANCKEN, Kaufmann, Issumer Straße 1, geb. 13. September 1830, gest. 2. Oktober 1901 in Geldern
SARA HEILBRUNN, geb. 25. Dezember 1842 in Hofgeismar, gest. 23. Juni 1902 in Geldern (Heirat am 21. Juli 1869)
Olga, geb. 28. Juni 1872 in Geldern (Umzug nach St. Wendel und vor dem Ersten Weltkrieg nach Kleve; emigrierte 1936 mit ihrer Familie nach Palästina), gest. 19. Februar 1945 (Heirat am 20. Februar 1899 in Geldern mit Friedrich Nathan, geb. 26. November 1872 in Bingen, gest. 12. Oktober 1958, Kaufmann aus Sankt Wendel; später: Kleve und Petach Tiqva. Kinder: Paul Nathan, geb. 23. November 1899; Ernst, geb. 30. November 1903 in St. Wendel)
Leopold, geb. 4. September 1873 in Geldern, gest. 1. April 1882 in Geldern
Hermine, geb. 31. Januar 1875 in Geldern, gest. 11. März 1875 in Geldern
Paula Ida, geb. 18. Februar 1876 in Geldern, gest. 7. August 1920 (Heirat am 15. August 1905 in Geldern mit Julius Levi, geb. 10. März 1877 in Neuß, Kaufmann aus Haspe, verschollen in Izbica)
Emil, geb. 13. März 1877 in Geldern, gest. 22. Juni 1942 in Köln-Müngersdorf (Januar 1911 Heirat mit Marta Seligmann, geb. 9. April 1889, gest. 1944. Kinder: Walter, geb. 18. Oktober 1911; Elsbeth, geb. 29. November 1912)
Clara, Geschäftsinhaberin, geb. 31. Mai 1878 in Geldern, gest. 25. Juli 1957 (Heirat am 13. Februar 1907 in Geldern mit Sally Daniel, geb. 26. April 1879, gest. 21. April 1955, Kaufmann aus Gladbeck. Kinder: Lieselotte, geb. 1907, gest. 1908; Ilse, geb. 19. Oktober 1908; Gretel, geb. 14. Januar 1911; Lore, geb. 6. März 1921)
Berthold, geb. 9. September 1879 in Geldern, gest. 22. November 1879 in Geldern
Emma, geb. 19. September 1880 in Geldern, gest. 4. März 1969 (Heirat am 26. Februar 1909 in Geldern mit Hermann Hirsch Brandt, geb. 25. Oktober 1876, gest. 28. September 1966, Kaufmann aus Steele/Ruhr; Umzug nach Berlin. Kinder: Lotte, geb. 24. Dezember 1909; Alfred, geb. 28. Juni 1911; Änne, geb. 3. März 1914; Margret, geb. 16. August 1919)
Amalie, geb. 26. August 1882 in Geldern, gest. 25. August 1885 in Geldern
Robert Siegfried, Tabakfabrikant, geb. 25. März 1884 in Geldern (Umzug nach Berlin), gest. 2. Juli 1963 in Bogotá/Kolumbien (18. November 1914 Heirat mit Leonie Krämer, geb. 18. Dezember 1892, gest. 1. Juni 1935. Kinder: Hans, geb. 31. Januar 1917; Grete, geb. 12. Oktober 1920)

EMIL FRANCKEN, Kaufmann, Issumer Straße 1, geb. 13. März 1877 in Geldern (Umzug 1936 nach Köln), gest. 22. Juni 1942 in Köln (bei der Deportation erschossen)
MARTHA SELIGMANN, geb. 9. April 1889 in Düsseldorf, verschollen in Auschwitz (Heirat Januar 1911)
Walter, geb. 18. Oktober 1911 in Geldern (1928 Lehre in Düsseldorf; 1937 Emigration in die USA) (am 23. November 1946 Heirat mit Ellen Ilse Braunschweig, geb. 17. September 1916)
Elsbeth, geb. 29. November 1912 in Geldern, gest. 27. Juni 1976 in Israel (Heirat mit dem Volkswirt Martin Guttfeld, geb. Januar 1900, gest. 1980)

(Im Haushalt 1902: *Hermann Rosenberg*, Handlungsgehilfe, und *Selma Gerson*, Verkäuferin)

HERMANN FRANCKEN (bis 1808: Emanuel Borg alias Menachem ben Rabbi Baruch mi Geldern), Metzger und Krämer, Haus 309 (Gelderstraße), geb. 6. September 1791 in Issum, gest. 13. September 1870 in Geldern
CAROLINA MARX (= Oellet Kahn), geb. 19. März 1802 in Weisweiler, gest. 18. Juni 1854 in Geldern (Heirat in Weisweiler am 10. März 1824)
Bernhard, geb. 12. Mai 1825 in Geldern, gest. 7. März 1907 in Geldern (Heirat mit Emilie Spier)
Johanna, geb. 18. September 1826 in Geldern, gest. 5. November 1889 in Bielefeld (Heirat am 21. Februar 1853 in Geldern mit dem Viehhändler Leonhard Kahn, geb. 4. August 1821, gest. 30. Juni 1873; Umzug nach Bielefeld. Kinder: Hugo, geb. 14. November 1853 in Duisburg; Alice)
Philipp, Textilhändler, geb. 29. November 1828 in Geldern (Umzug nach Aachen), gest. 7. Januar 1888 in Aachen (3. Februar 1863 Heirat mit Betty Auerbacher, geb. 10. August 1837 oder 1840, gest. 23. Oktober 1926. Kinder: Alfred, geb. 1863; Julius, geb. 6. Dezember 1863; Lucy)
David, geb. 13. September 1830 in Geldern, gest. 2. Oktober 1901 in Geldern (21. Juli 1869 in Hofgeismar Heirat mit Sara Heilbrunn)
Amalia, geb. 8. September 1833 in Geldern, gest. 25. März 1882 (am 23. Dezember 1862 in Detmold Heirat mit Levi Heinemann, geb. 1834; Umzug nach Detmold. Kinder: Harry, geb. 11. September 1864; Bernhard, geb. 1. September 1865; Albert, geb. 3. Oktober 1867; Olga, geb. 21. Januar 1869; Max, geb. 13. April 1880)
Regina, geb. 14. Oktober 1835 in Geldern, gest. 19. Januar 1856 in Geldern
Moses alias Moritz, Textilhändler, geb. 23. Mai 1838 in Geldern, gest. 8. Januar 1913 in Aachen, Umzug nach Aachen; 3. August 1868 in Aachen Heirat mit Jenne Leffmann, geb. 13. August 1849 in Viersen, gest. 2. März 1928 in Aachen. Kinder: Oscar, geb. 2. Juli 1869; Antonie, geb. 13. August 1873, beide in Aachen
Wilhelmina, geb. 14. Oktober 1840 in Geldern (13. Juni 1871 in Aachen Heirat mit Moses alias Moritz Rosenbaum, geb. 20. Mai 1844; Umzug nach Dortmund)
Maximilian, geb. 20. Juli 1843 in Geldern (Umzug nach Aachen), gest. 25. März 1906 in Aachen (1873 Heirat in Rees mit Julia Spier, geb. 12. Oktober 1852 in Rees, gest. 24. Januar 1931 in Aachen. Kinder: Paula, geb. 22. Februar 1874; Alice, geb. 31. Juli 1875; Hermann, geb. 3. September 1876; Anna, geb. 1882)

Moses alias Moritz Francken (1838–1913) wurde Textilkaufmann in Aachen.

(1840 leben im Haushalt der Lehrer *Lion Meyer*, geb. um 1813, und die Magd *Jule Simons*, geb. um 1819. 1831 nachgewiesen als Magd: *Caroline Lehmann*, geb. 19. Juli 1807 in Rheinberg; 1835: *Mina Simons*, geb. 17. Januar 1817 in Linn)

BORGH (Baruch) MOSES, Viehhändler, geb. 1740, gest. März 1793 in Issum (Heirat am 14./15. Februar 1776 in Bonn)

AMALIE FRANCKEN (bis 1808: Mamele Feys alias Amalie Feys Deutz alias Emalie Jonas alias Mariam Deutz alias Martine Deutz), geb. um 1750 in Bonn, gest. 1836 in Geldern

Guillaumette (Mina/Wilhelmina) (bis 1808: Judel Borg), geb. 1780 (16. November 1813 Heirat in Wesel mit Benjamin Meyer, geb. 1781 in Wesel. Töchter: Mina alias Barbara, geb. 28. April 1812 in Wesel; Billa, geb. 26. Oktober 1826, gest. 18. Januar 1894)

Matthias (bis 1808: Moses bzw. Mausche/Moausch Borg) geb. 4. (14.?) April 1784 in Issum, gest. 13. April 1828 in Issum (Heirat in Issum am 8. November 1818 mit Rachel Meyer alias Rica Isaks, geb. 1788 in Wesel, gest. 17. Juni 1869 in Issum. Kinder: Bendina, geb. 25. Oktober 1819 in Issum, verh. mit Herz Jesse; Wilhelmina, geb. 21. März 1823 in Issum; Bernard, geb. 3. August 1826 in Issum)

Sibille (bis 1808: Baille/Bylke/Bela Borg), geb. 1786 (21. August 1788?) (Heirat vor 1822 mit Abraham Levy, geb. um 1773 in Ruhrort, gest. 4. Mai 1851 in Ruhrort. Kinder: Sara, geb. 1822; Baruch, geb. 1824; Sophie, geb. 1829, alle in Ruhrort)

Hermann (bis 1808: Emanuel Borg), Metzger, geb. 13. September 1791 in Issum, gest. 13. September 1870 in Geldern (am 10. März 1824 Heirat mit Carolina Marx)

(1840 leben im Haushalt von Joseph Francken als „Magd" *Sibilla Baumgarten*, geb. um 1820, und als „Knecht" *Mayer Jonas*, geb. 15. Dezember 1803 in Heinsberg. 1831 ist als Magd nachgewiesen: *Sophie Marchand*, geb. 25. August 1815 in Sonsbeck)

2. Ehe:

JOSEPH FRANCKEN (bis 1808: Abraham Nathan), Metzger, Haus 297 (Gelderstraße 43), geb. 15. März 1769 in Neuenhoven (Umzug nach Geldern 1800), gest. 24. Juli 1855 in Geldern

GEORG GERSON, Viehhändler, Bahnhofstraße 36, geb. 17. Februar 1886 in Aldekerk (vergeblicher Versuch der Emigration in die Dominikanische Republik; Anfang 1939 Umzug nach Essen; von dort deportiert), verschollen im KZ Izbica

ROSA PASSMANN, geb. 27. Dezember 1893 in Schalke, verschollen im KZ Izbica (Heirat am 2. Mai 1919 in Geldern)

Herbert, Kaufmannslehrling, geb. 20. Februar 1920 in Geldern, gest. 12. Oktober 1941 im KZ Mauthausen

Carola, geb. 5. Dezember 1921 in Geldern (Emigration in die Niederlande; Juni 1943 KZ Westerbork, 1944 Theresienstadt und Auschwitz), gest. 6. Oktober 1944 in Auschwitz

HERMANN GOLDSCHMIDT, Pferdehändler, geb. 3. Februar 1811 in St. Tönis, gest. 1875

LEA COHEN, geb. um 1815 in Geseke (Heirat am 18. Januar 1837 in Geldern), gest. 27. April 1875 in St. Tönis

(Die Familie – mit sechs Kindern – lebte überwiegend in St. Tönis.)

*Schüler(innen) der Evangelischen Volksschule Geldern 1929/30 mit ihrem Lehrer
Hans Kotten. In der vorderen Reihe sitzen Klaus Kaufmann (2. v. l.) und
Karola Gerson (3. v. r.). In der dritten Reihe: Werner Isaacson (im Türrahmen links außen)
und Herbert Gerson (3. v. l.). Als zweiter vorne links stehend ist Otto Jacob abgebildet*

EMANUEL GOLDSTEIN, Metzger und Handelsmann, Nordwall (?), geb. 6. März
1813 in Hoerstgen, gest. 24. März 1869 in Düsseldorf (Wohnort zunächst Sevelen,
später Geldern)
ELISABETH DAVID(S), geb. 1811 in Ratingen, gest. 9. März 1865 in Geldern (Heirat
1839 in Sevelen)
Helena, geb. 5. September 1840 in Sevelen (9. Dezember 1862 in Geldern Heirat mit
Salomon Friedländer, Kleinhändler aus St. Tönis, geb. 21. Juni 1825 in St. Tönis)
Adolph, geb. um 1841
David, geb. 13. Februar 1842 in Sevelen, gest. 14. Februar 1842 in Sevelen
Johanna, geb. 27. November 1843 in Sevelen
Eva (Esra), geb. 16. Juli 1847 in Sevelen
David, geb. 8. Oktober 1850 in Sevelen

ABRAHAM GOMPERTZ, Handelsmann, Haus 171 (Issumer Straße, etwa Nr. 42),
geb. 6. Juni 1811 in Geldern, gest. 21. September 1881 in Geldern
JOHANNA WEYL, geb. 10. August 1823 in Haltern (Heirat am 31. August 1847 in Geldern)
Emma, geb. 19. Juni 1848 in Geldern (Heirat am 7. Mai 1872 in Geldern mit Hertz Leib
aus Kettwig)
Leopold Albert, geb. 12. Mai 1850 in Geldern
Henriette, Dienstmagd (in Rheydt), geb. 2. April 1853 in Geldern, gest. 30. Oktober
1875 in Geldern (unverheiratet)

Friederike, geb. 4. Mai 1855 in Geldern, gest. 13. September 1941 in Wuppertal-Elberfeld (Heirat am 26. April 1877 in Geldern mit Isaac Cappel aus Dahlen. Sohn: Maximilian, geb. 25. März 1878 in Dahlen)

Nathan, geb. 25. März 1857 in Geldern, gest. 27. März 1858

Gustav, geb. 12. März 1859 in Geldern

Albert, geb. 2. April 1861 in Geldern, gest. 3. August 1863 in Geldern

Moritz, geb. 19. August 1865 in Geldern (Umzug nach Leipzig), gest. 1. Januar 1943 im KZ Theresienstadt

ALEXANDER GOMPERTZ (bis 1808: Levi Abraham), Krämer/Metzger, Haus 425 (heute etwa Markt 40), geb. um 1765–1771 in Issum, gest. 17. Januar 1828 in Geldern

FRIDERICA GOMPERTZ (bis 1808: Rachel Gompels), geb. 26. Februar 1777 in Ahaus, gest. 28. Mai 1851 in Geldern (Heirat in Issum: 19. Floreal 11 = 9. Mai 1803)

Marie Anne (bis 1808: Marriam Levi), geb. 25. Floreal 12 (= 15. Mai 1804) in Geldern, gest. 26. Oktober 1844 in Goch (am 11. August 1828 Heirat mit Isaac Abraham Sternefeld, geb. 6. März 1781 in Goch, gest. 13. Juni 1867 in Goch. Kinder: Jetta, geb. 29. Juli 1829; Elisabeth, geb. 7. September 1831; Rosalie, geb. 28. Dezember 1833; Levi, geb. 28. Mai 1836; Abraham, geb. 28. Januar 1839; Johanna, geb. 29. Juli 1841; Joseph, geb. 20. Februar 1844, alle in Goch)

Sibille (bis 1808: Beille Levi), geb. 7. Oktober 1806 in Geldern, gest. 11. April 1810 in Geldern

Lisette, geb. 19. Februar 1809 in Geldern (Heirat mit dem Handelsmann Simon [Moses] Cappel. Sohn: Alexander, geb. 4. Februar 1850 in Rheindahlen)

Abraham, geb. 6. Juni 1811 in Geldern, gest. 21. September 1881 in Geldern (am 31. August 1847 in Geldern Heirat mit Johanna Weyl)

Gottfried, geb. 5. Juli 1815 in Geldern, gest. 25. April 1870 in Geldern (Heirat in Rheinberg mit Esther Süß-Spiro)

Henriette, geb. 16. Februar 1818 in Geldern, gest. 9. Juli 1908 in Köln (Heirat mit Abraham Weyl, geb. 1815 in Haltern, gest. 15. September 1885 in Stolberg)

Antonetta, geb. 29. März 1820 in Geldern, gest. 1. Juli 1870 in Kalkar (am 10. Dezember 1850 Heirat mit Jacob Spier, geb. 15. September 1812 in Kalkar, gest. 12. Mai 1896 in Kalkar. Kinder: Sophie, geb. 22. April 1852; Abraham, geb. 27. Juli 1853; Leopold, geb. 12. November 1854; Joseph, geb. 24. Juni 1858; Rosalie, geb. 17. März 1860; Siegmund, geb. 16. November 1862, alle in Kalkar)

David, geb. 15. August 1824 in Geldern, gest. 9. Februar 1826 in Geldern

GOTTFRIED GOMPERTZ, Lotterie-Unter-Einnehmer/Kaufmann, Haus 425 (heute etwa Markt 40), geb. 5. Juli 1815 in Geldern, gest. 25. April 1870 in Geldern (1868–1870 Mitglied des Stadtrates. Heirat am 22. Juli 1850 in Rheinberg)

ESTHER SÜSS-SPIRO, geb. 15. April 1825 in Rheinberg, gest. 7. Januar 1907 in Emmerich

Alexander Leopold, geb. 7. Juni 1851 in Geldern, gest. 19. Januar 1910 in Wesel (Umzug nach Emmerich; Heirat mit Emma Kempenich aus Geldern am 19. Oktober 1881. Kinder: Paula, geb. 3. Dezember 1884; Ernst, geb. 7. September 1886; Hete, geb. 2. September 1890; Richard, geb. 21. August 1892; Martha, geb. 1. August 1896; Walter, geb. 21. Dezember 1901, alle in Emmerich)

Siegmund, geb. 8. August 1852 in Geldern, gest. 15. Juli 1928 in Düren (Heirat mit Amalia Ajakobi, geb. 1862 in Jüchen, gest. 30. Januar 1921 in Düren)

Rosalie, geb. 16. Mai 1854 in Geldern (Heirat am 10. August 1877 in Geldern mit Jacob Nathan, geb. 25. Februar 1852 in Emmerich, gest. 8. Februar 1907 in Emmerich. Kinder: Josephine, geb. 3. September 1878; Ida, geb. 17. Oktober 1879; Emmy, geb. 13. Juni 1886, alle in Emmerich)

Gustav, geb. 31. Mai 1856 in Geldern (Umzug nach Bocholt), gest. 14. Juli 1942 in Essen (Heirat mit Emmy Blumenfeld, geb. 14. März 1863 in Essen, gest. 14. August 1942 im KZ Theresienstadt. Sohn: Fritz, geb. 1892, gest. 21. Dezember 1920)

Helena, geb. 20. Oktober 1857 in Geldern, gest. 21. Februar 1943 im KZ Theresienstadt (Heirat mit Moritz Albersheim, geb. 24. Oktober 1861, gest. 30. November 1915. Kinder: Gottfried, geb. 19. Mai 1887; Toni, geb. 28. November 1892, beide in Bocholt)

Adolph, geb. 30. Dezember 1859 in Geldern, gest. 21. Februar 1884 in Bocholt

SALOMON HEILBRUNN, Lehrer (ab 1887 in Geldern)

CLARA HERTZ, Issumer Straße 76, geb. 25. April 1873 in Bochum, verschollen in Minsk (Heirat mit Leo Plaut, geb. 20. August 1869 in Frankenhausen, gest. 19. Oktober 1924 in Essen; vom 1. Februar 1939 bis zum 3. September 1940 in Geldern bei Willy Heymann; danach Umzug nach Essen; 1942 Deportation in das KZ Theresienstadt)

GUSTAV HERTZ, Viehhändler, Nordwall/Issumer Straße 64, geb. 26. April 1861 in Issum, gest. 3. August 1931 in Geldern
1. CÄCILIE (ZIWIE) NADEL, geb. 21. Oktober 1864, gest. 3. Oktober 1912 in Berlin
Julius, Schneidermeister, geb. um 1886 in Issum, gest. 10. Februar 1923 in Geldern (verheiratet mit Berta Strauß in Dierdorf)

Simon, Viehhändler, geb. 6. Juli 1887 in Issum, gest. 17. Juni 1942 in Weeze (Heirat mit Käthe Peters. Kinder: Julius, geb. 22. Februar 1924 in Düsseldorf, gest. 30. Mai 1999 in den USA; Hans, geb. 8. Oktober 1925 in Wetten)

Theodora, geb. 1889 in Issum, gest. 30. März 1890 in Issum

Hermann, geb. 18. März 1891 in Issum, gest. April 1967 in New York (um 1921/22 Auswanderung in die USA)

Martha, geb. 15. Mai 1892 in Issum (1935 Auswanderung nach Nordamerika)

Rudolph, geb. 22. August 1893 in Issum

Alfred, geb. 24. November 1897 in Geldern, gest. Oktober 1978 in Vermont/USA

Ernst Fritz, Kaufmann, geb. 23. März 1899 in Geldern, gest. 13. Juni 1918 (gefallen)
2. MARIA PFINGST, geb. 6. Dezember 1872 in Bischofsburg/Ostpreußen, am 25. Juli 1942 von Mönchengladbach über Düsseldorf nach Theresienstadt deportiert; verschollen in Minsk

EMANUEL HERTZBERGER (bis 1808: Mendel Joseph), Metzger, Gelderstraße, geb. um 1785 in Hoerstgen, gest. 1. November 1829 in Geldern
JOHANNA WEINBERG, geb. 22. November 1798 in Haltern
Frederica, geb. 25. Februar 1821 in Geldern, gest. 1878 in Krefeld
Helena, geb. 12. November 1825 in Geldern
Jacob, geb. 21. September 1827 in Geldern
Mina, geb. 26. April 1830 in Geldern

(Im Haushalt 1831: *Leonard Janssen*, geb. 10. Mai 1804 in Geldern; *Rebecca Goldstein*, geb. 1808 in Anrath)

ELIAS HEYMANN, Handelsmann, Haus 188/8 (Sandsteg), geb. 22. April 1828 in Hoerstgen, gest. 22. Februar 1883 in Geldern (Heirat am 24. April 1866 in Geldern)
REGINA SOMMER, geb. um 1825 in Muffendorf, gest. 6. Februar 1906 in Geldern (Bruder: *Simon Heymann*, Handelsmann, geb. 9. August 1822 in Hoerstgen, gest. 21. August 1888 in Geldern; unverheiratet)

JAKOB HEYMANN, Hauderer und Pferdehändler, Ostwall 18, geb. 4. August 1864 in Geldern, gest. 18. April 1940 in Geldern
JOHANNA BACHMANN, geb. 2. Oktober 1870 in Körbecke, gest. 28. Juli 1937 in Geldern (Heirat am 27. Februar 1894 in Geldern)
Ludwig, geb. um 1895 in Veert, gest. 1. September 1918 (gefallen als Unteroffizier)
Joseph, geb. 30. Dezember 1897 in Geldern, gest. 29. August 1898 in Geldern

LEVI HEYMANN, Pferdehändler, Haus 88/1 (Nordwall/im Bereich der Synagoge), geb. 5. Juli 1825 in Hoerstgen, gest. 2. Mai 1892 in Geldern
JOHANNA ROSENBERG, geb. um 1826 in Amelunxen, gest. 15. Oktober 1869 in Geldern
Amalie, geb. 29. August 1855 in Geldern
Willy, geb. 4. Februar 1857 in Geldern, gest. 15. Januar 1939 in Geldern
Isaac, geb. 1. Dezember 1858 in Geldern (Auswanderung in die Niederlande 1884)
Joseph, geb. 13. März 1861 in Geldern, gest. 1936 in Düsseldorf
Siegmund, geb. 20. November 1862 in Geldern, gest. 17. September 1870 in Geldern
Jakob, geb. 4. August 1864 in Geldern (1894 Heirat mit Johanna Bachmann), gest. 18. April 1940 in Geldern
Jenny, geb. 14. Mai 1868 in Geldern, gest. 27. Juli 1869 in Geldern

WILLY HEYMANN, Pferdehändler, Issumer Straße 76, später Nordwall 49, geb. 4. Februar 1857 in Geldern, gest. 15. Januar 1939 in Geldern
ROSALIE SCHÖNTHAL, geb. 2. September 1861 in Sielen (Emigration nach Amerika, Rückkehr wegen Verlobung mit Willy Heymann; Heirat am 8. Dezember 1884 in Geldern), gest. 7. August 1937 in Geldern
Lionel, Oberkellner im Hotel Blackstone in Chicago, später Fotograf, geb. 3. Februar 1887 in Geldern, gest. Chicago/USA
Johanna, Verkäuferin, geb. 27. Februar 1889 in Geldern (am 8. April 1915 in Geldern Heirat mit Hermann Mosbach, Kaufmann, Ratingen), gest. Sao Paulo/Brasilien
Helene, geb. 9. November 1890 in Geldern (Heirat mit Julius Mosbach, Iserlohn), gest. im KZ Maidanek
Max, Kaufmann, geb. 6. September 1893 in Geldern (Umzug nach Köln und Essen; 1938 Auswanderung nach Chicago/USA. Heirat mit der Nichtjüdin Frieda Rücke, geb. 19. Oktober 1895 in Köln. Sohn: Klaus, geb. 30. November 1927 in Essen), gest. 31. Mai 1943 in Chicago
Walther, Koch, geb. 23. Mai 1896 in Geldern (Umzug nach Köln; Emigration in die USA), gest. in Chicago
Hilde, geb. 24. Januar 1898 in Geldern, gest. im KZ Maidanek (unverheiratet)

EDUARD ISAACSON, Kaufmann, Hartstraße 2/Gelderstraße 12, geb. 17. August 1875 in Dinslaken, gest. 22. Juni 1943 in Krefeld (Umzug nach Krefeld 1934; Tod nach Bombenangriff)
MARIA LINKE (katholisch), geb. 21. Mai 1888 in Halbach, gest. 22. Juni 1943 in Krefeld
Edith, Lagermädchen, geb. 27. Januar 1917 in Geldern (Umzug nach Kassel im Januar 1944; Emigration nach Buenos Aires/Argentinien)
Ruth, geb. 22. Februar 1918 in Geldern (Umzüge nach Krefeld und Frankfurt; Emigration nach England; verheiratete Keenlyside)
Werner, geb. 21. April 1920 in Geldern (Emigration nach Buenos Aires/Argentinien)

LOUIS JACOBY, Lehrer (ab 1895 in Geldern), Westwall 20, geb. um 1876 (Umzug nach Köln)
BELLA COHN
Friedrich, geb. 20. Januar 1900 in Geldern

JACOB JAKOB, Viehhändler, Gelderstraße 5, geb. 21. Januar 1871 in Boxmeer/NL, gest. 26. Januar 1943 in Auschwitz (Heirat 1907 in Geldern)
PAULA RATH, geb. 19. Juni 1880 in Geldern, gest. im KZ Auschwitz (1939 Emigration der Familie in die Niederlande)
Herbert, geb. 17. Februar 1909 in Geldern, gest. 30. September 1942 im KZ Auschwitz
Richard, geb. 5. September 1910 in Geldern, gest. 16. Juli 1943 im KZ Sobibor
Fedor, 20. September 1911 in Geldern
Otto, geb. 20. Januar 1919 in Geldern, gest. 30. September 1942 im KZ Auschwitz

Aus der Geldernschen Zeitung vom 11. Februar 1898

LEONHARD JANSSEN (bis 1808: Leyser Liefmann), Pferdehändler und Fleischer, Haus 87 (Nordwall/zwischen Harttor und Schützenweg), geb. 20. Oktober 1770 (?) in Alpen, gest. 27. Januar 1850 in Geldern (seit 1800 in Geldern)
EVA JANSSEN (bis 1808: Iva Nathan), geb. um 1762 in Neersen, gest. 25. August 1846 in Geldern
Allegonde (bis 1808: Gudel Leyser), geb. 20. Oktober 1799 in Alpen
Leo (bis 1808: Levi Leyser bzw. Liefmann Hertz Leyser), Metzger, geb. 4. Juni 1804 (Register 1808) oder 10. Mai 1804 (Geburtsurkunde) in Geldern (Heirat mit Henriette Onderich; Vater von Aron Zadicks Ehefrau Caroline Janssen)
Susanne (bis 1808: Sara Leyser), geb. 18. Fructidor 13 (= 5. September 1805) in Geldern
Caroline (bis 1808: Gela Leyser bzw. Helene Leyser), geb. 26. April (Register 1808) bzw. 4. Mai (Geburtsurkunde) 1807 in Geldern, gest. 25. September 1870 in Geldern (verheiratet mit Levi Zadick in Marienbaum)

371

Samuel, geb. 8. November 1809 in Geldern
(Sibille Zadick, Enkelin, geb. in Marienbaum, gest. 30. August 1852 in Geldern)

SAMUEL JANSSEN, Handelsmann, Nordwall 18, geb. 8. November 1809 in Geldern, gest. in Gravenberg
HENRIETTE KRAMER, geb. 22. Mai 1820 in Uedem, gest. 22. September 1899 in Geldern (Heirat am 30. April 1850 in Geldern)
Eva, geb. 4. Oktober 1851 in Geldern (Heirat am 9. März 1900 in Geldern mit Marx David aus Mülheim/Rhein), gest. 1926 in Boppard
Julia, geb. 28. Februar 1853 in Geldern, gest. 4. Mai 1853 in Geldern
Karoline, geb. 14. April 1854 in Geldern, gest. 27. März 1933 in Issum (Heirat mit dem Kaufmann Jacob Aron. Tochter: Sophia Aron, geb. 2. März 1873 in Geldern)
Leonhard Adolph, geb. 30. Mai 1856 in Geldern (gest. 1912 in Boppard)
Sibilla, geb. 11. April 1858 in Geldern, gest. 16. April 1943 im KZ Sobibor (Ehefrau van der Giessen)
Julie, geb. 27. Mai 1863 in Geldern (Heirat am 18. Juli 1887 in Geldern mit Bernard van Dijk), für tot erklärt/KZ Auschwitz

HERZ JESSE, Handelsmann, Gelderstraße 45, geb. 12. April 1822 in Hoerstgen, gest. 16. März 1902 in Geldern
BERNHARDINE (DINA/BENDINA) FRANCKEN, geb. 28. Oktober 1819 in Issum, gest. 28. Oktober 1893 in Geldern (Heirat am 15. Oktober 1855 in Hoerstgen)
Michael, geb. 5. August 1856 in Hoerstgen
Henriette, geb. 29. April 1858 in Nieukerk (3. September 1878 in Geldern Heirat mit Siegmund Rath), für tot erklärt 1945
Emilie, geb. 10. Juni 1860 in Nieukerk (Heirat mit dem Handlungsreisenden Julius Müller aus Köln am 21. Dezember 1886 in Geldern), gest. 23. November 1940 in Gurs/F/Pyrenäen
Fleur, geb. 27. September 1862 in Nieukerk

MEYER JONAS, Metzger und Knecht (bei Francken), Haus 297 (Gelderstraße 43), geb. 15. Dezember 1803 in Heinsberg, gest. 2. Oktober 1874 in Geldern
SIBILLA BAUMGARTEN, Magd und Haushälterin, geb. um 1820 in Wanlo (Heirat am 27. Januar 1841 in Geldern)
Jacob, geb. 6. April 1841 in Geldern
Nathan, geb. 15. April 1843 in Geldern
Carolina, geb. 26. Juni 1845 in Geldern, gest. 1926 in Krefeld

SALOMON KATZ, Kaufmann, Issumer Straße 23/Brühl 1/nach 1945: Nordwall 6, geb. 16. Dezember 1872 in Hainchen (1938 Emigration nach Rotterdam/NL, 1943 KZ Westerbork und Theresienstadt), gest. 11. November 1958 in Geldern
BERTHA WIESENFELDER, geb. 13. Mai 1871 in Eiterfeld, gest. 5. Januar 1930 in Geldern (Heirat in Eiterfeld/Rhön am 21. Dezember 1900)
Selma, geb. 9. Februar 1902 in Hainchen (7. April 1923 in Viersen Heirat mit Willi Kleinbielen), gest. 15. November 1983 in Geldern
Meta, geb. 13. Dezember 1903 in Hainchen, gest. 1977 in Melbourne/Australien (1926 Heirat mit Arthur Moses, Kaufmann, geb. 14. November 1902, gest. 1945, erschossen auf einem Todesmarsch) (Umzug nach Essen; Emigration in die Nieder-

Hochzeit von Meta Katz und Arthur Moses. Links vom Brautpaar Salomon und Bertha Katz, dahinter Willi und Selma Kleinbielen mit ihrer Tochter Ruth. Im Vordergrund links Ludolf Katz, rechts Manfred Katz

lande; KZ Theresienstadt; 1947 Auswanderung nach Australien mit zwei Kindern: Doris, geb. 27. April 1927 in Viersen; Günther, geb. 1929)

Ludolf, Kaufmann, geb. 12. September 1906 in Geldern, gest. 1981 in Melbourne/Australien (1936 Emigration nach Amsterdam/NL; Heirat mit Herta Neufeld, geb. 10. April 1910; 1939 Flucht über England nach Australien)

Manfred, Kaufmann, geb. 11. Dezember 1912 in Geldern (1936 in Essen Heirat mit Erika Bachenheimer), beide aus Essen deportiert und verschollen in Izbica (Polen)

(Zeitweise in Geldern lebend: *Liebmann Katz,* Viehhändler, geb. 8. Oktober 1839 in Hainchen, gest. 13. Februar 1919 in Geldern, und seine Frau *Dina Weingarten,* geb. 1840 in Felsberg bei Kassel, gest. 1937)

ALFRED (gen. Fritz) KAUFMANN, Kaufmann, Hartstraße 2, geb. 14. Januar 1883

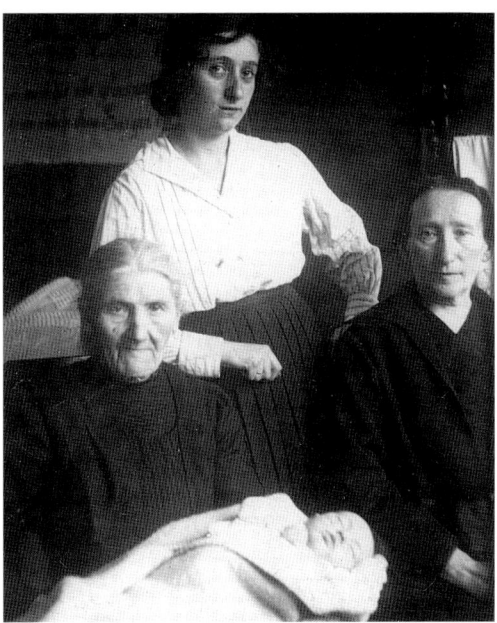

Vier Generationen Katz 1924:
Urgroßmutter Dina Katz (geb. Weingarten),
Großmutter Bertha Katz (geb. Wiesenfelder),
Mutter Selma Kleinbielen (geb. Katz) und
Urenkelkind Ruth Kleinbielen

in Geldern, gest. 10. September 1943 in Auschwitz (Heirat im August 1920; ca. 1936 Umzug nach Essen, danach Emigration in die Niederlande)

(BRUN)ELLA MAYER, geb. 22. Juni 1893 in Düren, gest. 10. September 1943 im KZ Auschwitz

Claus, geb. 7. April 1922 in Geldern (1934 Emigration in die Niederlande; Deportation in das KZ Westerbork), gest. 31. März 1944 in Auschwitz

CARL KAUFMANN, Kaufmann, Hartstraße 2, geb. 1874 (Heirat im Juni 1919; Emigration in die Niederlande ca. 1937)

HENRIETTE MAYER, geb. 9. Mai 1890 in Düren (Deportation aus den Niederlanden), gest. KZ Auschwitz

HELENA (HEBBE) KAUFMANN, geb. 19. Juni 1816 in Hoerstgen, gest. 12. Juni 1864 in Geldern (unverheiratet; lebte mit ihrer Mutter *Katchen bzw. Keilgen Moses*, gest. in Geldern, zusammen)

ISIDOR KAUFMANN, Kaufmann, Hartstraße 2, geb. 7. August 1847 in Geldern, gest. 16. Februar 1903 in Geldern

EMILIE KAHN, geb. 12. März 1853 in Dinslaken, gest. 22. Mai 1920 in Geldern

Max, geb. 27. September 1881 in Geldern

Alfred, Kaufmann, geb. 14. Januar 1883 in Geldern, gest. 10. September 1943 in Auschwitz

Betty, geb. 13. Februar 1884 in Geldern (Heirat mit Richard Bloch am 2. Juli 1909 in Geldern), gest. 14. Mai 1910 in Geldern

Hedwig, geb. 26. Februar 1885 in Geldern, gest. 16. April 1943 im KZ Sobibor

Otto, geb. 7. April 1887 in Geldern (Heirat am 6. April 1920 in Locarno mit Marta Frieda Knop)

Clara Katharina, geb. 7. August 1888 in Geldern (1913 in Geldern Heirat mit Paul Kaufmann aus Amsterdam = Sohn der in Geldern geborenen Ida Kempenich)

Mathilde, geb. 24. Juni 1890 in Geldern

(Im Haushalt 1902: *Ludwig Gans*, Handlungsgehilfe)

JAKOB KAUFMANN, Handlungsreisender/Kommissionair, Haus 60 (Nordwall 8), geb. 13. April 1810 in Geldern

HELENA COHEN, geb. 1809 (Umzug der Familie nach Hamm 1852)

Heinrich, geb. 17. Dezember 1832 in Geldern

Emma, geb. 11. Oktober 1835, gest. in Geldern 1835

Henriette, geb. 31. Juli 1837 in Geldern

Leopold, geb. 18. Januar 1840 in Geldern

Julius, geb. 4. Juli 1842 in Geldern

Pauline, geb. 21. Juli 1844 in Geldern

Felix, Justizrat, geb. 28. November 1846 in Geldern, gest. 17. Mai 1908 in Meran (Heirat mit Julie Heimann, geb. 26. September 1857, gest. 15. Januar 1940 in Berlin)

Gustav, geb. 2. September 1848 in Geldern

Alexius, geb. 17. Juli 1850 in Geldern

(Als „Magd" gehört 1840 *Rosa Frank*, geb. 22. September 1820, gest. 30. Dezember 1893 zum Haushalt.)

MOSES KAUFMANN, Metzger, Haus 306 (Gelderstraße/im Kino-Bereich; Umzug nach Geldern: 1845), geb. 7. September 1814 in Hoerstgen, gest. 1. Oktober 1860 in Geldern

MAGDALENA BROMET, geb. 18. Juli 1819 in Süchteln (Heirat am 17. April 1845 in Süchteln)

Isidor, Kaufmann, geb. 7. August 1847 in Geldern, gest. 16. Februar 1903 in Geldern

Gottfried, geb. 23. Februar 1849 in Geldern

Alexius (Alex), Kaufmann, geb. 18. August 1851 in Geldern, gest. 18. August 1927 in Münster (Umzug nach Gelsenkirchen und Münster; Heirat [2. Ehe?] mit Friederike Hoek, geb. 28. April 1877 in Wattenscheid, gest. 12. Mai 1930 in Münster. Tochter [aus 1. Ehe?]: Henny, verh. Carsch)

Bertha, geb. 25. September 1853, gest. 27. November 1925 (unverheiratet)

Julia, geb. 19. September 1855 in Geldern (Heirat 1881 in Geldern mit Samuel Löwenstein, geb. 24. Januar 1851 in Rhede)

Joseph, Kaufmann, geb. 23. August 1857 in Geldern, gest. 9. November 1919 in Amsterdam (Heirat mit Ida Kempenich aus Geldern am 6. Juni 1886. Umzug nach Amsterdam. Kinder: Paul, geb. 15. März 1887; Margareta, geb. 11. Juni 1888; Fritz, geb. 23. April 1889, alle in Rotterdam; George, geb. 1892; Tonie Friederike; geb. 8. Dezember 1895; Henri Gottfried, geb. 27. März 1897; Leni, geb. 27. Mai 1907, alle in Amsterdam)

Eva, geb. 24. August 1859 in Geldern (Heirat am 11. Januar 1887 in Geldern mit dem Kaufmann Joseph Spiro aus Geldern)

(Im Haushalt lebend: *Eva Kaufmann geb. Meyer*, Mutter von Moses K.)

PHILIPP KAUFMANN (bis 1808: Levi Philipps), Krämer, Metzger und Wirt, Haus 460 (Hartstraße 16), geb. 25. Dezember 1778 in Rheinbach, gest. 12. November 1839 in Geldern

RACHEL POLITZ, geb. um 1785 in Goch, gest. 6. Oktober 1857 in Geldern (Heirat am 23. Januar 1809 in Geldern)

Jacob, geb. 13. April 1810 in Geldern

Jonas, Viehhändlergehilfe, geb. 10. Januar 1812 in Geldern, gest. 29. August 1865 in Geldern (unverheiratet)

Sibille, geb. 18. August 1813 in Geldern

Samuel, geb. 9. Juni 1815 in Geldern, gest. 7. November 1884 in Geldern

Sophie, geb. 3. Februar 1817 in Geldern, gest. 11. Oktober 1878 in Geldern (Heirat mit Emanuel Marcks, Geldern)

Zeitweise gehörten außerdem zum Haushalt:

Meyer Jacobs, Knecht, geb. 1815 in Kleve

Christine Menken, Magd, geb. um 1819

L. Phillips, Schülerin, geb. um 1827

Helena Politz, Schülerin, geb. um 1826

Netta Samuel, Schülerin, geb. um 1826

Leopold Politz, Handlungslehrling, geb. um 1822

Servatius Kaufmann (bis 1808: Jonas bzw. Philipp Voos), Handelsmann, geb. um 1751 in Rheinbach, gest. 10. April 1828 in Geldern (Vater von Philipp K., verh. mit Sibille Levi)

SAMUEL KAUFMANN, Kleinhändler und Gastwirt, Haus 113 (Issumer Straße), geb. 9. Juni 1815 in Geldern, gest. 7. November 1884 in Geldern

1. MINNA RUBINO, geb. um 1822 in Fritzlar (Heirat am 30. Juni 1846 in Geldern), gest. in Fritzlar

Ludwig, Commis, geb. 19. März 1847 in Geldern, gest. 3. August 1870 in Geldern (unverheiratet)

2. BERTA JONAS, geb. 13. August 1829 in Kamen, gest. 27. März 1866 in Geldern (Heirat am 31. Mai 1855 in Kamen)

Felix Samuel, Kolonialwarenreisender, geb. 3. Juli 1858 in Geldern, gest. 4. August 1942 in Bendorf (Heirat mit Luise Kastier, geb. 8. August 1888)

Friederike, geb. 27. März 1860 in Geldern, gest. 20. Mai 1937 in Lübeck (nach dem Tod der Mutter Umzug nach Kamen; Dezember 1886 Heirat mit Nathan Lambertz, geb. 30. September 1857 in St. Hubert, gest. 4. August 1942 im KZ Theresienstadt)

Leo, Rechtsanwalt, geb. 5. April 1864 in Geldern (1882 Auswanderung nach Mexiko; später: San Francisco/USA; Heirat mit Lillie Levy)

1840 lebt mit Samuel Kaufmann in einem Haus:

Israel Davids, Reisender, geb. um 1819.)

SAMUEL KAUFMANN, Seidenweber, geb. 19. April 1836 in St. Tönis, gest. 13. August 1852 in Geldern (als Lehrling in Geldern)

MAX KEMPENICH, Kaufmann, geb. 23. März 1860 in Geldern, gest. 15. August 1922 in Borghees/Emmerich (um 1900 Umzug nach Emmerich)

MARGARETE STEINBERG, geb. 12. Juli 1880 in Elberfeld, gest. 1. Dezember 1916 in Borghees/Emmerich

Erna, geb. 13. Februar 1902 in Emmerich, gest. 1990 in Anniston/Alabama/USA (Heirat in Frankfurt/M. am 24. Dezember 1925 mit Alfred Einstein, geb. 16. April 1903 in Buchau, gest. 1. November 1968 in Cleveland/Ohio)

Erich, geb. 21. September 1903 in Emmerich, gest. 14. August 1944 in Palästina (Heirat mit Henia Breindel, geb. 3. Januar 1901 in Gwozolziec, gest. 3. Juni 1975 Jerusalem)

Heinz Walter, geb. 17. Februar 1909 in Emmerich, gest. 3. Oktober 1953 in Sao Paulo (1933 Auswanderung nach Brasilien; Heirat am 25. August 1934 mit Ellen Rubens, geb. 15. April 1908 in Aachen, gest. 31. Dezember 1946 in Sao Paulo; 2. Heirat 1949 mit Lotte Heilbrunn, geb. 19. Oktober 1921 in Erfurt)

Rudolf/Rudy, geb. 4. Mai 1911 in Emmerich, gest. 16. Juli 1999 in Anniston/USA (Heirat am 10. Oktober 1935 in Emmerich mit Greta Nathan, geb. 1. Juni 1912 in Emmerich; Emigration im Oktober 1937 nach Anniston/Alabama/USA)

SELIG KEMPENICH, Kaufmann, Großer Markt 6 (nach 1945 nicht wieder aufgebaut), geb. 19. März 1827 in Neheim/Ruhr, gest. 8. Juli 1868 in Bonn

HALA WINDMÜLLER, geb. 23. Januar 1834 in Rheda, gest. 25. April 1909 in Emmerich (Heirat am 9. Januar 1858 in Geldern)

Emma Mathilde, geb. 1. Oktober 1858 in Geldern, gest. 12. April 1914 in Emmerich (Heirat am 19. Oktober 1881 in Geldern mit Alexander Leopold Gompertz, geb. 7. Juni 1851 in Geldern, gest. 19. Januar 1910 in Wesel; Umzug nach Emmerich. Kinder: siehe unter A. L. Gompertz)

*Der in Neheim/Ruhr geborene Selig
Kempenich wurde in Geldern zum
erfolgreichen Kaufhausbesitzer. Sein Sohn
Max führte das Geschäft nach dem frühen
Tod des Vaters zunächst am Großen Markt
in Geldern, ab ca. 1900 in Emmerich weiter.*

*Ida Kaufmann geb. Kempenich
(1862–1938) mit ihrem Bruder
Heinrich Kempenich (1866–1932)
in Wiessee 1927*

Max, Kaufmann, geb. 23. März 1860 in Geldern, gest. 15. August 1922 in Borghees/ Emmerich (Heirat mit Margarete Steinberg, geb. 12. Juli 1880 in Elberfeld, gest. 1. Dezember 1916 in Borghees/Emmerich)

Ida, geb. 3. Juni 1862 in Geldern , gest. 2. August 1938 in Amsterdam (Heirat am 6. Juni 1886 in Geldern mit Josef Kaufmann, Kaufmann aus Geldern; Umzug nach Amsterdam. Kinder: siehe unter Josef Kaufmann)

Elise/Lieschen, geb. 18. Januar 1864 in Geldern, gest. 5. März 1943 im KZ Sobibor (Heirat am 30. April 1889 in Geldern mit Philip de Sterke, Kaufmann aus Rotterdam. geb. 8. Januar 1835 in Maassluis/NL, gest. 6. April 1935 in Rotterdam; Kinder: Louise Friederika, geb. 15. Mai 1890; Erna Flora, geb. 15. März 1892; Jeane Hortense, geb. 9. Januar 1898; Henri Leonard, geb. 26. September 1900, alle in Rotterdam)

Heinrich, Rechtsanwalt und Notar, geb. 27. August 1866 in Geldern, gest. 5. März 1932 in Dortmund

Selma, geb. 25. September 1868 in Geldern, gest. 7. September 1930 in Emmerich (Heirat mit Hugo Weinberg, Kaufmann, aus Peckelsheim am 28. Juni 1900; später Umzug nach Emmerich)

WILLI KLEINBIELEN (katholisch), Kaufmann, Brühl 1, geb. 19. November 1898 in Köln-Deutz, gest. 24. Mai 1947 in Aldekerk (Heirat am 7. April 1923 in Viersen)

Die mit dem katholischen Kaufmann Willi Kleinbielen verheiratete Selma Katz (links neben ihrer Schwester Meta) überlebte das Ende der NS-Diktatur in einem Versteck auf dem Lande. Sie blieb in Geldern und fand ihre letzte Ruhestätte 1983 auf dem jüdischen Friedhof.

SELMA KATZ, geb. 9. Februar 1902 in Hainchen (überlebte die NS-Zeit in einem Versteck bei Geldern), gest. 15. November 1983 in Geldern
Ruth, geb. 13. August 1924 in Viersen (verh. Mitrowsky/in Dormagen)
Lore, geb. 20. August 1927 in Krefeld (verh. Hofacker/in Krefeld)

SIMON (GEN. SIEGMUND) KÖRBCHEN, Kaufmann, Bahnhofstraße 9, geb. 21. August 1853 in Vreden
ANNA STERN, Erzieherin, geb. 7. Juni 1861 in Königsberg, gest. November 1943 im KZ Theresienstadt (Heirat am 29. November 1886 in Geldern)
Ruth Gustava, geb. 20. Oktober 1887 in Geldern, 25. Oktober 1941 Deportation von Hamburg nach Litzmannstadt (Lodz), dort verschollen
Hans Otto Siegfried, geb. 20. April 1893 in Geldern
Friedrich Paul Jacob, geb. 11. Juni 1894 in Geldern, Deportation aus Berlin, verschollen in Auschwitz

GOTTFRIED GERSON LIPPERS, Elementarlehrer, geb. 9. November 1843 in Nottuln
EMMA MEYER, geb. um 1847
Hedwig, geb. 9. Oktober 1876 in Geldern, gest. 1937 in Essen
Hugo, geb. 30. März 1878 in Geldern (Umzug nach Elberfeld und Schwerin)

EMANUEL MARCKS, Handelsmann, Kapuzinerstraße, geb. 24. September 1814 in Moers, gest. 22. Juli 1892 in Geldern
SOPHIE KAUFMANN, geb. 3. Februar 1817 in Geldern, gest. 11. Oktober 1878 in Geldern (Heirat am 13. Mai 1846 in Geldern)
Julie, geb. 6. Januar 1848 in Moers, gest. 6. Mai 1918 in Dortmund-Hörde (Heirat am 3. Juni 1878 in Geldern mit Moritz Rath)
Fanny, geb. 21. April 1851 in Geldern (Heirat am 29. Oktober 1883 mit Isidor Rath; Umzug nach Kempen/Ndrrh.)
Julius, Kaufmann, geb. 23. September 1853 in Geldern (Umzug nach Stuttgart), gest. 25. Januar 1879 in Geldern

Gustav (Justus), geb. 28. Juni 1856 in Geldern
Rosalie, geb. 29. August 1860 in Geldern (Heirat am 14. Oktober 1887 in Geldern mit Robert Rubens, Kaufmann aus Burg)

BERNHARD MENDEL, Kaufmann, Issumer Straße 4 (1897)/Nordwall 41 bzw. 43. geb. 4. Januar 1861 in Linnich, gest. 25. November 1933 in Geldern (unverheiratet)

MATTHIAS METZGER (bis 1808: Moyse Mendel), Kaufmann, geb. um 1754
JOHANNA METZGER (bis 1808: Jeanette Phillips), Krämerin, geb. 13. September 1769 in Deutz (oder: Kerdorf, Hessen-Darmstadt), gest. 2. August 1811 in Geldern
Margarete (bis 1808: Gidel Moyser), geb. 10. Mai 1790 in 's-Heerenberg, gest. 3. April 1856 in Geldern (seit 1851 verheiratet mit dem Metzger Johann Adam Brouwers in Geldern. Kinder: Johanna, geb. 26. März 1816 in Geldern; Jacobus, geb. 1. Februar 1832 in Geldern)
Henriette (bis 1808: Zara Moyses), geb. 7. August 1792 in 's-Heerenberg
Lisette (bis 1808: Jerres Moyser), geb. 4. Juni 1797 in 's-Heerenberg
Matthias (bis 1808: Mendel Moyses), geb. 25. Juni 1801 in 's-Heerenberg
Eva (bis 1808: Ettel Moyses), geb. 9. Floreal 12 (= 29. April 1804) in Geldern, gest. 26. April 1809 in Geldern
Katharina (bis 1808: Fratgen Moyses oder Cath Moyses), geb. 20. April 1807 in Geldern

SALOMON MEYER, Metzger, geb. in Westheim/Bayern (am 24. Februar 1814 in Geldern niedergelassen; im April 1818 Ausweisung aus Geldern aufgrund des „décret infâme")

HUBERT NEUMAN, Metzger (bis 1808: Hertz David), geb. um 1753
ROSINE NEUMAN (bis 1808: Rose/Reisgen Meyers), geb. um 1763
Matthias (bis 1808: Mayer Hertz), geb. 2. Juni 1787 in Hoerstgen
Margarete (bis 1808: Gudel Hertz), geb. 28. Mai 1788 in Hoerstgen
Marie (bis 1808: Marriam Hertz), Dienstmagd, geb. 1. Mai 1792 in Hoerstgen (Mutter von Charlotte Neuman, geb. 6. November 1812 in Geldern)
Elisabethke (bis 1808: Ester Hertz), geb. 3. August 1793 in Hoerstgen
Bernardine (bis 1808: Brentge Hertz), geb. 26. Juli 1800 in Hoerstgen
Henry (bis 1808: David Hertz), geb. 4. Pluviose 11 (= 24. Januar 1803) in Geldern
Juliane (bis 1808: Judith bzw. Gietge Hertz), geb. 29. Germinal 13 (= 19. April 1805) in Geldern

LEON NEUMAN (bis 1808: Levi Joseph), Metzger und Kaufmann, geb. um 1780
LOUISE NEUMAN (bis 1808: Hendel Meyer/auch: Hendle Salomon genannt)
Joseph (bis 1808: Joseph Levi), geb. 22. Ventose 10 (= 13. März 1802) in Geldern
Elisabeth (bis 1808: Bess Levi), geb. 4. Frimaire 13 (= 25. November 1804) in Geldern
Eva (bis 1808: Heve Levi), geb. 11. August 1807 in Geldern

ALBERT NORDHEIM, Kaufmann, Großer Markt 46 (heute: Markt 22), geb. 11. April 1872 (1929 2. Heirat in Hamburg)
HELENE OPPENHEIMER
Edith, geb. 16. August 1907 in Geldern, gest. 23. August 1907 in Geldern
Werner David, geb. 25. Januar 1909 in Geldern

DAVID NORDHEIM, Schuhfabrikant, Westwall 6, geb. 18. August 1825 in Werl, gest. 20. Juli 1895 in Geldern

HENRIETTE CAIN, geb. 15. Oktober 1829 in Geldern, gest. 18. Juli 1909 in Geldern

Julie, geb. 16. März 1857 in Werl (Heirat am 29. Januar 1884 in Geldern mit Alexander Simon, Kaufmann aus Bleibuir)

Margaretha, geb. 22. Oktober 1858 in Werl (Heirat am 21. August 1888 in Geldern mit Gumpert Heimann aus Vreden)

Emilie, geb. 12. Juli 1861 in Werl (Umzug nach Bielefeld), gest. 3. Februar (17. März?) 1943 in Theresienstadt (Heirat 1891 in Geldern mit Simon Goldstein, Metallwaren-fabrikbesitzer aus Werther, geb. 26. November 1853 in Werther, gest. 29. Dezember 1942 im KZ Theresienstadt)

Helene, geb. 13. März 1863 in Werl (Heirat am 29. Januar 1889 in Geldern mit Julius Feidelberg aus Altena), Deportation aus Köln, gest. 27. Februar 1944 im KZ There-sienstadt

Dina, geb. 22. September 1864 in Werl (Heirat am 23. August 1893 in Geldern mit Gustav Harff, Kaufmann aus Wesel)

Moritz, geb. um 1867 in Werl, gest. 22. September 1871 in Geldern

Regina, geb. 22. März 1870 in Werl (1938 Auswanderung nach Kolumbien), gest. 1946 in Kolumbien (Heirat am 14. September 1894 in Geldern mit Meyer Goldstein, Kaufmann aus Werther. Kinder: Georg, geb. 6. Juli 1895 in Werther; Dorothea, geb. 22. Mai 1898 in Werther; Irene, geb. 1899; Selma, geb. 19. April 1907 in Bielefeld, und drei weitere Kinder)

Albert, geb. 11. April 1872 (verheiratet mit Helene Oppenheimer; 1929 2. Heirat in Hamburg)

Ferdinand, geb. 17. April 1873 in Geldern, gest. 27. August 1874 in Geldern

Ludwig (Louis), geb. 4. Juni 1874 in Geldern, gest. 11. Februar 1896 in Geldern

(Im Haushalt: *Dina Nordheim*, geb. um 1839 in Werl, gest. 25. April 1860 in Geldern, unverheiratet)

SALOMON NORDHEIM, Schuhfabrikant, Westwall 6, geb. 3. Februar 1860 in Werl, gest. 4. Januar 1928 in Geldern

HENRIETTE NEUKAMP, geb. 6. April 1875, gest. 13. November 1910

Detmar David, geb. 3. Januar 1900 in Geldern, gest. 5. Januar 1900 in Geldern

Gerda, geb. 13. September 1901 in Geldern, gest. 25. Oktober 1919 in Geldern (unverheiratet)

Luise, geb. 7. März 1903 in Geldern (1939 Emigration in die Niederlande), gest. 20. August 1942 in Auschwitz (unverheiratet)

Adele, geb. 13. Mai 1906 in Geldern, für tot erklärt/Auschwitz

Günther, Jurist, geb. 7. Dezember 1908 in Geldern, gest. ca. 1938/39 im Spanischen Bürgerkrieg (unverheiratet)

JOSEF OSSER, Viehhändler, Gelderstraße/Kapuzinerstraße 32, geb. 22. April 1864 in Alpen, gest. 4. Dezember 1932 in Geldern

VEILCHEN (VERONI) KAHN

Dagobert, geb. 28. November 1894 in Geldern (Heirat 1937 in Elberfeld)

Herta, geb. 27. Oktober 1896 in Geldern, gest. in Minsk (Heirat am 22. August 1922 in Geldern mit dem Kaufmann Max Kahn, Köln, geb. 22. August 1894 in Mülheim-Mosel, gest. in Minsk)

ADOLF PASSMANN, Viehhändler, Nordwall 17/Bahnhofstraße 36, geb. 10. Juli 1862 in Issum, gest. 8. Januar 1941 in Straelen

FRIEDERIKE WINDMÜLLER, geb. 29. April 1854 in Hüls, gest. 19. August 1931 in Geldern

Georg, geb. 17. Februar 1886 in Schalke

Rosa, geb. 27. Dezember 1893 in Schalke (2. Mai 1919 Heirat mit Georg Gerson), gest. im KZ Izbica

Ernestina, geb. um 1897 in Schalke, gest. 4. Februar 1917 in Geldern (unverheiratet)

HERMANN PASSMANN, Kaufmann, Harttor 24, geb. 10. Juni 1869 in Issum, gest. 26. Januar 1935 in Roermond/NL (Umzug nach Krefeld; Emigration nach Roermond/NL am 9. Juli 1934)

JEANETTE VOGELSANG, geb. 28. Januar 1878 in Gelsenkirchen (1943 aus dem Sammellager Mechelen/B in das KZ Auschwitz deportiert; gest. im KZ Natzweiler im Elsass)

Kurt, geb. 20. November 1909 in Geldern

Ilse Henriette, geb. 9. Februar 1911 in Geldern (Heirat 1934 in Köln mit Erich Salm; vermutlich Emigration in die USA)

ISAAK PASSMANN, Handelsmann, Karmeliterstraße 21, geb. 7. September 1830 in Xanten, gest. 10. Januar 1909 in Geldern

ROSA OSSER, geb. 6. Dezember 1831 in Alpen, gest. 5. Juni 1883 in Geldern

Joseph, geb. 9. März 1859 in Issum

Regina, geb. 20. November 1860 in Issum, gest. 6. April 1904 in Geldern (unverheiratet)

Adolph, Viehhändler, geb. 10. Juli 1862 in Issum, gest. 8. Januar 1941 in Straelen (Heirat mit Friederike Windmüller)

Leopold, geb. 30. Oktober 1863 in Issum

Oscar, Viehhändler, geb. 6. März 1865 in Issum, gest. 1929 in Düsseldorf (Heirat mit Selma Examers bzw. Examus)

Bertha, geb. 12. August 1866 in Issum, gest. 27. November 1942 im KZ Auschwitz (Heirat mit David Kuijk, Versicherungsinspektor, aus Sneek/NL am 19. Mai 1897 in Geldern)

Emil, geb. 28. April 1868 in Issum

Hermann, Kaufmann, geb. 10. Juni 1869 in Issum, gest. 26. Januar 1935 in Roermond/NL (Heirat mit Jeanette Vogelsang)

Friederike, geb. 17. April 1871 in Issum (Heirat am 24. Februar 1900 in Geldern mit Moses Heilbrunn, Kaufmann aus Steele)

Wilhelm, geb. 23. August 1872 in Issum

OSCAR PASSMANN, Viehhändler, Karmeliterstraße 21/Westwall 67, geb. 6. März 1865 in Issum, gest. 1929 in Düsseldorf

SELMA EXAMUS

Hedwig, geb. 1. April 1898 in Veert, am 22. April 1942 deportiert nach Izbica, 23. Mai 1949 für tot erklärt (Amtsgericht Essen) (Heirat am 26. Mai 1920 in Geldern mit Albert Cohen, Kaufmann aus Essen, geb. 20. Dezember 1883 in Wittmund, 1942 deportiert nach Izbica. Kinder: Loren Ellen, geb. 5. April 1925; Werner Viktor, geb. 8. Dezember 1921 in Essen)

Hans, Kaufmann, geb. 30. Mai 1902 in Geldern (Umzug nach Essen), gest. 13. Februar 1942 in Lodz

BERNHARD RATH, Gerber, Großer Markt 31 (heute: Markt 17)/Ostwall 29/Kapuzinerstraße 30, geb. 22. Dezember 1849 in Straelen (Umzug nach St. Tönis ca. 1936), gest. 18. Januar 1943 in Theresienstadt

JETTCHEN FALK, geb. 29. März 1856 in Essen, gest. 4. Mai 1937 in Geldern

JAKOB RATH, Handelsmann und Metzger, geb. 3. Dezember 1814 in Geldern, gest. 18. September 1872 in Geldern

1. JULIANE ANDREAS (= ANDRESSEN), Dienstmädchen, geb. um 1816 in Linn, gest. 30. November 1858 in Straelen (Heirat am 17. November 1845 in Geldern)

Moritz, geb. 22. Februar 1847 in Straelen, gest. 7. März 1919 in Dortmund-Hörde (Heirat mit Julie Marcks)

Siegmund, Viehhändler und Metzger, geb. 14. Juli 1848 in Straelen, gest. 26. Februar 1908 in Geldern (Heirat mit Henriette Jesse)

Bernhard, Gerber, geb. 22. Dezember 1849 in Straelen, gest. 18. Januar 1943 in Theresienstadt

Henriette, geb. 3. November 1851 in Straelen (Heirat am 1. Februar 1886 in Geldern mit Abraham Borg, Metzger aus Neuenahr)

Isidor, Viehhändler, geb. 24. Februar 1854 in Straelen (Heirat mit Fanny Marcks aus Geldern am 29. Oktober 1883; Umzug nach Kempen/Ndrrh.), gest. 1936 in Kempen

Adolf, geb. 11. April 1856 in Straelen

Samuel, geb. 13. November 1858 in Straelen

2. SARAH HERZ, geb. um 1820

Jakob, geb. 3. März 1862 in Geldern

Abraham Albert, geb. 30. August 1864

Johanna, geb. 6. April 1866 in Geldern (Heirat am 29. Oktober 1891 in Geldern mit Louis Wolff, Kaufmann aus Sillevolde)

MATTHIAS RATH (bis 1808: Marcus Nathan), Metzger und Gastwirt, Haus 53 (Harttor), geb. um 1775 in Schelsen, gest. 2. März 1831 in Geldern

JOHANNA RATH (bis 1808: Schönge Josever Levi), geb. 4. August 1775 in Weisweiler, gest. 30. August 1854 in Geldern

Marianne, geb. 1807, gest. 6. Dezember 1891 in Geldern (unverheiratet)

Marie (bis 1808: Merle Marcus bzw. Marguerite Marcus), geb. 23. Juni 1808 in Geldern

Caroline, geb. 29. April 1810 in Geldern, gest. 29. Juli 1874 in Geldern (unverheiratet)

Isaac, Metzger, Großer Markt 31 (heute: Markt 17), geb. 26. Juli 1812 in Geldern, gest. 30. August 1902 in Geldern (unverheiratet)

Jakob, Handelsmann und Metzger, geb. 3. Dezember 1814 in Geldern, gest. 18. September 1872 in Geldern

Samuel, geb. 10. April 1817 in Geldern, gest. 25. Februar 1899 in Geldern (unverheiratet)

(1840 lebt im Haushalt die Schülerin *Rosetta Cohen*, 1835: *Dina Francken*, geb. 28. Oktober 1819 in Issum, gest. 28. Oktober 1893 in Geldern)

MORITZ RATH, Viehhändler, Gelderstraße 5 (Haus 315), geb. 22. Februar 1847 in Straelen, gest. 7. März 1919 in Dortmund-Hörde

JULIE MARCKS, geb. 6. Januar 1848 in Moers, gest. 6. Mai 1918 in Dortmund-Hörde (Heirat am 3. Juni 1878 in Geldern)

Julius, Textilkaufmann, geb. 25. März 1879 in Geldern, für tot erklärt 1945 (1907 Umzug nach Iserlohn; Heirat mit Erna Schöneberg, geb. 28. Juni 1886; Deportation des Ehepaars nach Polen am 28. April 1942)

Paula, geb. 19. Juni 1880 in Geldern (1907 Heirat mit Jacob Jakob aus Geldern; 1939 Emigration in die Niederlande; Deportation ins KZ Westerbork), gest. im KZ Auschwitz

Else, Verkäuferin und Geschäftsinhaberin, geb. 1. Mai 1884 in Geldern (Heirat 1916 in Geldern mit Gustav Stein, Hörde) für tot erklärt 1945 (Amtsgericht Köln)

Ernst, Kaufmann, geb. 10. Februar 1886 in Geldern, gest. 24. Juli 1942 in Köln

SIEGMUND RATH, Viehhändler und Metzger, Gelderstraße 38/Bahnhofstraße 9, geb. 14. Juli 1848 in Straelen, gest. 26. Februar 1908 in Geldern

HENRIETTE JESSE, geb. 29. April 1858 in Nieukerk (Heirat am 3. September 1878 in Geldern), für tot erklärt 1945

Julia, geb. 7. Juli 1879 in Geldern (Heirat am 16. Mai 1904 in Geldern mit Max Cohen, Kaufmann aus Heiligenstadt)

Friedrich, geb. 19. September 1880 in Geldern, gest. 19. Januar 1881 in Geldern

Josephine, geb. 30. März 1882 in Geldern, gest. 1926 in Trier

Max, geb. 20. März 1884 in Geldern, für tot erklärt 1945 (Amtsgericht Mannheim)

Paul, Metzger, geb. 8. Juli 1886 in Geldern (1940 Aberkennung der deutschen Staatsangehörigkeit)

LUDWIG ROTHSCHILD, Kaufmann, Brühlscher Weg 27, geb. 15. März 1886 in Seesbach (ca. 1937 Umzug nach Krefeld), verschollen in Riga (Deportation am 11. Dezember 1941)

EMMA ZANDER, geb. 9. November 1886 in Wanlo, für tot erklärt/Riga

Kurt, geb. 29. August 1914 in Geldern

Else, Kontoristin, geb. 12. Mai 1916 in Geldern (1935 Umzug nach Krefeld; 1938 Heirat mit dem Kaufmann Julius Grünberg; Emigration; Wiedereinbürgerung 1958)

Helmut, Handlungsgehilfe, geb. 16. Juli 1918 in Geldern (1938 Umzug nach Krefeld; November 1938 Emigration nach Südamerika, Wiedereinbürgerung 1954)

SALLY SALOMON, Viehhändler, geb. 1. Februar 1880 in Lank

PAULA DAVIDS, geb. 8. September 1887 in Geldern (Heirat am 1. Februar 1909 in Geldern)

HERMANN SCHIFF, Kaufmann, Großer Markt 13 (heute: Markt 10/Karstadt), geb. 19. August 1863 in Volkmarsen, gest. 19. Januar 1903 in Geldern

PAULINE LÖB, geb. 1867 in Bonn, gest. nach dem 5. Januar 1939 (Heirat 1895 in Bonn)

Ernst, geb. 12. November 1897, gest. 8. Januar 1900 in Geldern

Rudolf, geb. 27. Juni 1900 in Geldern

GUSTAV SCHÖNHOLTZ, Kaufmann, Haus 496 (Hartstraße), geb. um 1824 (1863 Umzug nach Köln)

MATHILDE WITTGENSTEIN

Max, Kaufmann, geb. 26. Dezember 1859 in Geldern (1886 Auswanderung nach New York)

Geldern 1934: (von links nach rechts) Margret Cain (geb. 1907) neben ihrer Mutter Carola (geb. Mendel/1881–1941), Alex Cain (1868–1949), Jutta Hammer (verheiratete Mittler; nicht aus Geldern), Johanna Cain (geb. Hirsch/1865–1938), Rica Sternefeld (geb. Cain/1861–1936), Rosa Cain (1874–1943). Im Vordergrund : Rolf Bauer (Cain) (nicht aus Geldern)

SELIG SIMON, Kunstdrechsler, Hartstraße, geb. 23. November 1793 in Wesel (in Geldern ca. 1829–1839)
HELENA KAUFMANN
Isaac, geb. 20. August 1832 in Geldern
Rosina, geb. 19. August 1833 in Geldern
Regina, geb. 2. Dezember 1838 in Geldern
(*Jacob Marcus*, geb. ca. 1822, aus Kaiserswerth, war um 1838 Lehrling bei Selig Simon
Abraham Rosenthal, geb. 14. Juni 1796 in Kempen/Posen, arbeitete 1831 im Hause Simon als Knecht)

JACOB SPIRO, Handelsmann und Metzger, Haus 249 (Kapuzinerstraße), geb. 1823 (Umzug nach Amsterdam)
WILHELMINE BROMET, geb. 12. Februar 1817, gest. 15. September 1879 in Geldern
Elisa(beth), geb. 17. September 1853 in Süchteln (Heirat am 13. September 1878 in Geldern mit Moses Philips van Buren aus Oosterbeek/NL)
Sigmund, geb. 1859
Joseph, Kaufmann, geb. 19. April 1860 in Süchteln (Heirat am 11. Januar 1887 in Geldern mit Eva Kaufmann aus Geldern)
Caroline, geb. 2. Dezember 1861 in Geldern, gest. 23. Januar 1862 in Geldern
Philipp, geb. 21. Februar 1863 in Geldern, gest. 12. August 1863 in Geldern

ADOLPH STERNEFELD, Bankier, Issumer Straße 61/Westwall 61, geb. 28. November 1855 in Goch, gest. 21. März 1930 in Geldern
(FRIEDE)RICA CAIN, geb. 24. Dezember 1861 in Geldern, gest. 7. Juni 1936 in Geldern (Heirat am 10. März 1885 in Geldern)

SELIG STERNEFELD, Viehhändler, Haus 326 (Großer Markt 13/heute: Markt 10), geb. 25. Oktober 1814 in Goch, gest. 6. Februar 1885 in Geldern
ROSINE JACOBSOHN, geb. um 1826, gest. 26. September 1883 in Kleve
Josefine, geb. 17. September 1851 in Goch, gest. 23. Februar 1871 in Goch
Isidor, geb. 10. September 1852 in Goch
Adolph, Bankier, geb. 28. November 1855 in Goch, gest. 21. März 1930 in Geldern

HUGO NATHAN WEINBERG, Kaufmann, geb. 15. Juli 1867 in Ramsbeck, gest. 6. November 1927 in Emmerich
SELMA KEMPENICH, geb. 25. September 1868 in Geldern, gest. 7. September 1930 in Emmerich (Heirat in Geldern am 28. Juni 1900; Umzug nach Emmerich um 1907)
Julius, geb. 27. Mai 1902 in Geldern, gest. 2. Februar 1973 in Tel Aviv (Heirat am 5. September 1933 mit Maria Günzburger, geb. 12. Juni 1895 in Freiburg, gest. 18. Dezember 1980 in Jerusalem; Emigration über Freiburg und Zürich 1936 nach Palästina)

Hugo Weinberg (1867–1927) und seine Frau Selma geb. Kempenich (1868–1930)

Helene (Leni), geb. 19. Dezember 1903 in Geldern, gest. 22. Oktober 1993 in Jerusalem (Heirat am 31. Januar 1926 mit Fritz Heymann, geb. 13. März 1899 in Krefeld, gest. 31. März 1964 in Nahariya/Israel; Emigration nach Palästina 1937. Sohn: Michael, geb. 5. April 1928 in Freiburg, Leiter der „Central Zionist Archives" in Jerusalem)

SIMON WIESENFELDER, Kaufmann (Inhaber des „Riesen-Bazars" auf der Issumer Straße)

ARON ZADICK, Pferde- und Hornviehhändler, Issumer Tor 16, geb. 5. November 1842 in Marienbaum, gest. 27. Dezember 1905 in Geldern
CAROLINE JANSEN, Putzmacherin, geb. 24. März 1843 in Krefeld, gest. 8. April 1898 in Geldern (Heirat am 27. Dezember 1871 in Geldern)
Clara, geb. 21. April 1872 in Geldern (Heirat am 16. März 1891 mit Jacob Bruch, Viehhändler; Scheidung 1904)
Ludwig, geb. 5. Mai 1874 in Geldern, gest. 26. September 1874 in Geldern
Henriette, geb. 12. Mai 1884 in Geldern, gest. 22. Februar 1962 in Bochum
(Im gleichen Haushalt: *Caroline Zadick geb. Janssen*, bis 1808: Gela Leyser, geb. 26. April 1807 in Geldern, gest. 24. September 1870 in Geldern, und deren Töchter: *Sara Zadick*, geb. um 1841 in Marienbaum, gest. 17. September 1848 in Geldern, und *Sibilla Zadick*, geb. um 1836 in Marienbaum, gest. 30. August 1852 in Geldern, unverheiratet)

Verzeichnis der jüdischen Einwohner in Issum

BERND INGENPASS

FRATGEN ABRAHAM, gest. 18. 2. 1823 in Issum, Eltern Abraham (Vatername unbekannt) und Helena (Vatername unbekannt)

ABRAM ABRAM, Heirat mit Mariam Isaac, gest. vor 1794 in Issum, Eltern Abram Mosis und Elchen Meyer

MOSIS ABRAM, geb. ca. 1748 in Issum, Heirat mit Rebecca (Vatername unbekannt), Eltern Abram Mosis und Elchen Meyer

ERICH SALOMO ADLER, Viehhändler, geb. 16. 1. 1900 in Münder, Heirat mit Ilse Friederike Lebenstein am 15. 6. 1934 in Issum

PHILIPP gen. FELIX ADLER, Schneidermeister, geb. 16. 12. 1871 in Witten (Ruhr), Heirat mit Julia Bouscher am 15. 8. 1902 in Issum, am 30. 4. 1944 nach Theresienstadt deportiert, Eltern Emanuel Adler und Emma Eisenstein

SOPHIA ARON, geb. 2. 3. 1873 in Geldern, Heirat mit Alex Kramer, 1939 in die Niederlande verzogen, gest. 20. 3. 1943 in Sobibor

SALOMON ASSUR, Bettler, geb. 1727 in Aldekerk, Heirat mit Judith (Vatername unbekannt), gest. 1808 in Issum

SALOMON BAUM, Metzger, geb. 23. 9. 1857 in Süchteln, Heirat mit Flora Hertz am 14. 10. 1885 in Issum, Eltern Metzger Isaac Baum und Sara Marx

REGINA BAUMGARTEN, geb. in Dorsten, Heirat mit Jacob Bouscher am 11. 9. 1867 in Issum, Eltern Handelsmann David Baumgarten und Nina Meyer

DAVID BÖNINGER, geb. 18. 2. 1858, Vater Meyer Böninger

JOHANNA BÖNINGER, geb. 16. 11. 1860, Vater Meyer Böninger

SARA BÖNINGER, geb. 2. 1. 1856, Vater Meyer Böninger

ABRAHAM BOUSCHER alias BÄR, Metzger bzw. Kleinhändler, geb. 22. 3. 1799 in Issum, Heirat mit Veronick Marckens alias Frona Moses, gest. 10. 1. 1889 in Issum, Eltern Bernhard Bouscher und Judith Gompers

ALEX BOUSCHER, geb. 5. 1. 1880, Eltern Handelsmann Bernhard Bouscher und Catharina Vaesen

BERNARDINA BOUSCHER, geb. 12. 2. 1852, Eltern Metzger Daniel Bouscher und Henriette Gonzenheimer

BERNHARD BOUSCHER (vor 1808: ABRAHAM BÄR), Metzger, geb. 1765 in Issum, Heirat mit Judith Gompers alias Gudle Joseph, gest. 22. 1. 1816 in Issum, Eltern Abram Abram und Mariam Isaac

BERNHARD BOUSCHER, Handelsmann, geb. 31. 10. 1832 in Issum, Heirat mit Hanna Feldheim am 5. 5. 1856 in Issum, gest. 18. 12. 1924 in Issum, Eltern Metzger Abraham Bouscher und Veronika Markens

BERTHA BOUSCHER, geb. 7. 1. 1847 in Issum, gest. 13. 5. 1923 in Issum, Eltern Metzger Matthias Bouscher und Judith Homberg

CAROLINA BOUSCHER, geb. 25. 5. 1861, gest. 6. 2. 1942 in Issum, Eltern Händler Bernhard Bouscher und Catharina Vaesen

CORNELIA BOUSCHER, geb. 13. 12. 1863 in Issum, gest. 2. 3. 1890 in Issum, Eltern Händler Bernhard Bouscher und Catharina Vaesen

DANIEL BOUSCHER, Metzger und Kleinhändler, geb. 20. 4. 1804 in Issum, Heirat mit Johanna Gonsenheimer, gest. 14. 4. 1874 in Issum, Eltern Jacob Bouscher und Sibilla Gonsenheimer

DANIEL BOUSCHER, Metzger, geb. in Issum, Heirat mit Helena Wolf am 29. 3. 1833 in Issum, Eltern Jacob Bouscher und Sibilla Gompers

DAVID BOUSCHER, geb. 6. 8. 1869 in Issum, Eltern Jacob Bouscher und Regina Baumgarten

FRIDA BOUSCHER, geb. 19. 10. 1900 in Issum, Eltern Viehhändler Markus Bouscher und Luise Süsskind

HELENA BOUSCHER, geb. 28. 4. 1839 in Issum, gest. 22. 5. 1839 in Issum, Eltern Metzger Matthias Bouscher und Judith Homberg

HELENA BOUSCHER, geb. 12. 4. 1840 in Issum, gest. 6. 8. 1846 in Issum, Eltern Abraham Bouscher und Fronika Markens

HELENA BOUSCHER, geb. 28. 8. 1858 in Issum, Eltern Daniel Bouscher und Henriette Gonsenheimer

HENRIETTE BOUSCHER, geb. 21. 4. 1851, gest. 4. 10. 1858, Eltern Matthias Bouscher und Judith Homberg

HENRIETTE BOUSCHER, geb. 12. 4. 1871 in Issum, Eltern Handelsmann Jacob Bouscher und Regina Baumgarten

HERMANN BOUSCHER (vor 1808: HERMANN ABRAHAM), Metzgergehilfe, geb. um 1815 in Issum, Heirat mit Ester Lebenstein am 8. 6. 1847 in Issum, gest. 17. 9. 1891 in Issum, Eltern Isaac Bouscher und Handelsfrau Clara Wolf

ISAAC BOUSCHER, gest. 16. 12. 1818 in Issum, Eltern Isaac Moses und Marianna Moses

ISAAC BOUSCHER, Metzger, geb. in Mesenheim, Heirat mit Claire Wolf am 23. 1. 1812 in Issum, gest. 9. 7. 1848 in Issum, Eltern Matthias Bouscher und Jetta Homberg

ISAAC Bouscher, geb. 7. 1. 1845 in Issum, Eltern Matthias Bouscher und Judith Homberg

ISAAC ABRAHAM BOUSCHER (vor 1808: ISAAC ABRAHAM), geb. 1748 in Issum, hat vor 1769 Clara (Claire?) Wolf geheiratet, nach 1778 verheiratet mit Mariam Izaak und am 3. 10. 1802 mit Breyntje Leiser verheiratet, gest. 29. 8. 1819 in Issum, Eltern Abraham Mosis und Elchen Meyer

ISIDOR BOUSCHER, geb. 14. 9. 1856 in Issum, Eltern Daniel Bouscher und Henriette Gonzenheimer

JACQUES BOUSCHER, geb. 26. 4. 1814 in Issum, Eltern Matthieu Bouscher und Louise Cosmanns

JACOB BOUSCHER (vor 1808: ISAAC ABRAHAM), Wiederverkäufer, geb. 1764 in Issum, Heirat mit Brein Joseph am 3. 11 .1795, Eltern Abram Abram und Mariam Isaac

JACOB BOUSCHER, Kleinhändler, geb. 8. 9. 1837 in Issum, Heirat mit Regina Baumgarten am 11. 9. 1867 in Issum, Eltern Metzger Abraham Bouscher und Fronicka Markens

JACOB BOUSCHER, geb. 22. 11 .1876 in Issum, Eltern Metzger Bernhard Bouscher und Catharina Vaesen

JOHANNA BOUSCHER, Näherin, geb. 27. 3. 1843 in Issum, Heirat mit Adolf Fraenkel am 23. 5. 1894, gest. 1. 4. 1926 in Issum, Eltern Metzger Matthias Bouscher und Judith Homberg

JOSEPH BOUSCHER, Kleinhändler, gest. 23. 12. 1820 in Issum, Eltern Isaac Bouscher und Brein Joseph

JOSEPHINE BOUSCHER, geb. 16. 1. 1871 in Issum, Heirat mit Adolf Rosenberg am 27 .4. 1900 in Issum, Eltern Bernhard Bouscher und Catharina Vaesen

JULIA BOUSCHER, Näherin, geb. 8. 8. 1868 in Issum, Heirat mit Philipp genannt Felix Adler, am 24. 6. 1943 nach Theresienstadt deportiert, Eltern Bernhard Bouscher und Catharina Vaesen

JULIANA BOUSCHER, geb. 27. 8. 1840 in Issum, gest. 15. 12. 1859 in Issum, Eltern Metzger Matthias Bouscher und Judith Homberg

KATHARINA BOUSCHER geb. VAESEN, geb. in Linn, verheiratet mit Bernhard Bouscher, gest. 19. 12. 1916 in Issum, Eltern Andreas Vaesen und Täubchen Caesemeier

MARCUS BOUSCHER, geb. 5. 4. 1835 in Issum, Eltern Metzger Abraham Bouscher und Frona Markens

MARCUS BOUSCHER, geb. 27. 9. 1873 in Issum, verheiratet mit Luise Süßkind, gefallen 1917, Eltern Handelsmann Bernhard Bouscher und Catharina Vaesen

MARIANNE BOUSCHER, geb. 29. 9. 1827 in Issum, gest. 1. 10. 1827 in Issum, Eltern Abraham Bouscher und Veronika Markens

MATHIEU BOUSCHER (vor 1808: MOSES ABRAHAM), Kaufmann, geb. 1765 in Issum, Heirat mit Sara Jacob am 12. Fructidor Jahr 11 (= 30. August 1803), gest. 10. 1. 1820 in Issum, Eltern Abram Abram und Mariam Isaac

MATTHIAS (früher MOSES) BOUSCHER, Metzgergehilfe, geb. 1. 11. 1801 in Issum, Heirat mit Judith Abraham Humborg am 5. 9. 1832 in Issum, gest. 17. 4. 1889 in Issum, Eltern Jacob Bouscher und Sibilla Gompers

MORITZ BOUSCHER, geb. 21. 2. 1859 in Issum, Eltern Handelsmann Bernhard Bouscher und Catharina Vaesen

MORITZ BOUSCHER, geb. 22. 2.1 875 in Issum, Eltern Jacob Bouscher und Regina Baumgarten

MOSES BOUSCHER, geb. 23. 4. 1843 in Issum, Eltern Abraham Bouscher und Veronika Markens

RACHEL BOUSCHER, geb. in Issum, Heirat mit Georg Falkenstein am 15. 6. 1835, Eltern Metzger Jacob Bouscher und Clara Wolf

ROSA BOUSCHER, geb. 27. 5. 1836 in Issum, Eltern Metzger Matthias Bouscher und Judith Homberg

ROSETTE BOUSCHER, geb. 10. 11. 1873 in Issum, Eltern Jacob Bouscher und Regina Baumgarten

SIMON BOUSCHER, geb. 5. 12. 1861 in Issum, gest. 30. 6. 1946 in Issum, Eltern Daniel Bouscher und Henriette Gonzenheimer

THERESIA BOUSCHER, geb. 20. 12. 1854 in Issum, Eltern Metzger Daniel Bouscher und Henriette Gonzenheimer

THERESIA BOUSCHER, geb. 20. 4. 1866 in Issum, Heirat mit Joseph Freund am 20.05.1898, Eltern Bernhard Bouscher und Catharina Vaesen

VERONIKA BOUSCHER, geb. 13. 8. 1867 in Issum, Eltern Handelsmann Jacob Bouscher und Regina Baumgarten

WILHELMINA BOUSCHER, geb. 2. 7. 1834 in Issum, gest. 28. 3. 1865 in Issum, Eltern Fleischer Matthias Bouscher und Judith Homberg

WILHELMINE BOUSCHER, geb. 26. 7. 1830 in Issum, Heirat mit Tobias David am 30.9.1863 in Issum, gest. 5. 11. 1905 in Coesfeld, Eltern Metzger Abraham Bouscher und Veronika Markens

BRAUN KERSCHEN CAHEN, gest. 20. 9. 1824 in Issum, Eltern Kerschen Cahen, Mutter unbekannt

ESTHER CAHEN, geb. 18. 12. 1821 in Issum, Eltern Metzger Meyer Philipp Kahen und Clara Wolf

MEYER PHILIPP CAHEN, Metzger, geb. 15 .2. 1790 in Roesberg, Heirat mit Clara Wolf am 30. 10. 1820 in Issum, gest. 11. 11. 1847 in Issum, Eltern Metzger Philipp Cahen und Margarethe Meyer

ROSETTA CAHEN, geb. 21. 9. 1825, Eltern Meyer Cahen und Jette Heymanns

SCHILO CAHEN, geb. 20. 2. 1823 in Issum, Eltern Metzger Albert Cahen und Jetta Heymann

MEYER ALBERT CAHEN, Kleinhändler, geb. 16. 11. 1772 in Mülheim, Heirat mit Sophie Mellers am 16. 9. 1809, gest. 6. 1. 1837 in Ratingen, Eltern Samuel Hertz und Rose Meier (?)

AMALIA CAHN, geb. 17. 2. 1829 in Issum, Eltern Albert Cahn und Rosette Heymanns

LEVY CAHN, gest. 14. 3. 1830 in Issum, Eltern Wolf Cahn und Rosa Jacob

SAMUEL CAHN, Seidenweber, geb. 27. 11. 1820 in Issum, Eltern Meyer Cahn und Jette Heymanns

SIMON CAHN, Seidenweber, geb. um 1824 in Issum

ERNST COHEN, Viehhändler, geb. 23. 7. 1896 in Kalkar, Heirat mit Frieda Lebenstein am 24. 12. 1929 in Issum, 1939 nach Buenos Aires/Argentinien verzogen

MARGRIT COHEN, geb. 31. 12. 1930 in Kalkar, 1939 nach Bolivien ausgewandert, Eltern Ernst Cohen und Frieda Cohen

DAVID COHN, Schneidermeister, geb. 26. 2. 1876 in Anrath, Heirat mit Rosalie Kaufmann am 14. 7. 1905, Eltern Jakob Cohn und Rosa Katz

ERICH COHN, geb. 12. 4. 1906 in Issum, gest. 25. 5. 1906 in Issum, Eltern Viehhändler David Cohn und Rosalie Kaufmann

SELMA COHN, geb. 13. 7. 1907 in Issum, gest. 22. 7. 1907, Viehhändler David Cohn und Rosalie Kaufmann

JUDITH COSSMANS, geb. in Amsterdam/Niederlande, Heirat mit David Abraham Lovenstein am 30. 10. 1810 in Issum, Eltern Jacques Samuel und Sophia Meller

Ernst Cohen, geboren 1896 in Kalkar, verheiratet in Issum, in Buenos Aires verstorben

ALEX DAVID, geb. 19. 7. 1870 in Issum, gest. 12. 8. 1870 in Issum, Eltern Metzger Tobias David und Wilhelmine Bouscher

BERTHA DAVID, geb. 13. 8. 1867 in Issum, Eltern Metzger Tobias David und Wilhelmine Bouscher

CARL DAVID, Viehhändler, geb. 31. 12. 1871 in Issum, gest. 12. 11. 1963 in München

CAROLINA DAVID, geb. 18.9.1864 in Issum, gest. 12. 9.1871 in Issum, Eltern Metzger Tobias David und Wilhelmine Bouscher

ELLA DAVID, geb. 28. 2. 1897 in Issum, 1942 nach Riga deportiert, Eltern Viehhändler Siegmund David und Flora Oppenheimer

GOLDINE DAVID, geb. 23. 5. 1900 in Issum, gest. 1929 in Düsseldorf, Eltern Viehhändler Carl David und Ernestine Sinai

KAROLINE DAVID geb. LEHMANN, geb. 23. 4. 1844 in Wenkheim (Bayern), Heirat mit Liebmann David am 4. 5. 1874 in Hoerstgen, gest. 20. 6. 1916 in Issum, Eltern Händler Samson Lehmann und Amalie Lehmann

LEO DAVID, geb. 18. 5. 1903, hat 1932 in Esslingen (Württemberg) geheiratet, Eltern Viehhändler Carl David und Ernestine Sinai

MORITZ DAVID, geb. 26. 11. 1872 in Issum, gest. 26. 9. 1972 in Hillside/USA, Eltern Metzger Tobias David und Wilhelmine Bouscher

REGINA DAVID, geb. 20. 5. 1880 in Hoerstgen, Heirat mit Siegmund Moses am 6. 9. 1917, gest. 6. 9. 1944 in Auschwitz, Eltern Handelsmann Liebmann David und Karoline Lehmann

SIGMUND DAVID, geb. 11. 5. 1869, Heirat mit Flora Oppenheimer, gest. 4. 9. 1942 in Naarden/Niederlande, Eltern Metzger Tobias David und Wilhelmina Bouscher

Martha Falkenstein geb. Lebenstein, 1941 nach Riga deportiert und dort umgekommen

SOPHIE DAVID, geb. in Rheurdt, gest. 8. 6. 1919 in Issum

TOBIAS DAVID, Metzger, geb. 18. 8. 1831 in Hoerstgen, Heirat mit Wilhelmine Bouscher am 30. 9. 1863 in Issum, gest. 28. 4. 1915 in Aufsess (Oberfranken), Eltern Metzger Calman David und Caroline Boeninger

GEORG FALKENSTEIN, Metzger, geb. in Linn, Heirat mit Rachel Bouscher am 15. 6. 1835 in Issum, Eltern Metzger Jacob Falkenstein und Sophia Simon

MARTHA FALKENSTEIN, geb. 28. 3. 1882 in Fischeln, 1941 nach Riga deportiert

HANNA FELDHEIM, geb. in Hoerde, Heirat mit Bernhard Bouscher am 5. 5. 1856 in Issum, Eltern Handelsmann Joseph Levy Feldheim und Bele Levy

ADOLF FRAENKEL, Seidenweber, geb. 11. 4. 1854 in Eisenschmitt, Heirat mit Johanna Bouscher am 23. 5. 1894 in Issum, gest. 9. 12. 1923

ALFRED FRAENKEL, geb. 25. 4. 1898 in Hamm, vermutlich 1936 nach Polen deportiert

HERMANN FRANCKEN (vor 1808: EMANUEL BORG), Metzger und Krämer, geb. 6. 9. 1792 in Issum, gest. 14. 9. 1870 in Geldern

AMALIA FRANKEN, geb. 26. 11. 1859 in Issum, Eltern Seidenweber Bernhard Franken und Elise Weil

BERNHARDINE FRANKEN, geb. 28. 10. 1819 in Issum, Heirat mit Hertz Jesse am 15.10.1855 in Hoerstgen, gest. 28. 10. 1893 in Geldern

BERNHARD FRANKEN, Seidenweber, um 1825 in Issum geboren, Heirat mit Elise Weil am 18. 6. 1856 in Issum, Eltern Kaufmann Matthias Franken und Regina Isaak

MATTHIAS FRANKEN, Wiederverkäufer, geb. 4. 4. 1784 in Issum, gest. 13. 4. 1828, Eltern Borick Franken und Amalia Voos

JOSEPH FREUND, Commis, geb. 22. 4. 1869 in Neersen, Heirat mit Theresia Bouscher am 20. 5. 1898, Eltern Seidenweber Julius Freund und Sara Cappel

ALEXANDER GOMPERTZ (bis 1808: LEVI ABRAHAM), geb. um 1770 in Issum, Heirat mit Rachel Gompels am 19. Floréal Jahr 11 (= 9. Mai 1803), gest. 17. 1. 1828 in Geldern, Eltern Abraham Abraham und Miriam Isaac

FRIEDERICA GOMPERTZ (bis 1808: RACHEL GOMPELS), geb. 26. 2. 1777 in Ahaus, Heirat mit Levi Abraham am 19. Floréal Jahr 11 (= 19. 3. 1803), gest. 28. 5. 1851 in Geldern, Eltern David Gompels und Sara Gompels

JUDITH GOMPERTZ, gest. 20. 4. 1851 in Issum, Eltern Joseph Gompertz und Helena Moses

JOSEPH GOTTSCHALK, Viehhändler, geb. 18. 3. 1852 in Ahaus, Heirat mit Sibilla Lebenstein am 6. 11. 1894, Eltern Viehhändler Abraham Gottschalk und Rosa Landau

HERMANN HARTMANN, Schneidermeister, geb. 9. 7. 1871 in Sinzig, Heirat mit Helena Kaufmann am 27. 8. 1920 in Issum

CALLMANN SIMON HERTZ, Metzger und Handelsmann, geb. in Alpen, Heirat mit Hannchen Reinhaus am 20. 2. 1849 und mit Henriette Passmann am 15. 12. 1856, Eltern Simon Hertz und Sophia Horn

FLORA HERTZ, geb. 19. 9. 1857 in Issum, Heirat mit Salomon Baum am 14. 10. 1885 in Issum, Eltern Calman Hertz und Henriette Passmann

GUSTAV HERTZ, Viehhändler, geb. 26. 4. 1861 in Issum, Heirat mit Cäcilie (Ziwie) Nadel, gest. 3. 8. 1931 in Geldern, Eltern Calman Hertz und Henriette Passmann

HERMANN HERTZ, geb. 18. 3. 1891 in Issum

JULIUS HERTZ, Schneidermeister, geb. 1886 in Issum, Heirat mit Berta Strauß, gest. 10. 2. 1923 in Geldern

LEOPOLD HERTZ, geb. 21 .8. 1858, Eltern Calman Hertz und Henriette Passmann

MARTHA HERTZ, geb. 15. 5. 1892 in Issum, 1935 nach Amerika ausgewandert, Eltern Viehhändler Gustav Hertz und Ziwie Nadel

RUDOLPH HERTZ, geb. 22. 8. 1893 in Issum

SIMON HERTZ, Viehhändler, geb. 6. 7. 1887 in Issum, gest. 17. 6. 1942 in Weeze

THEODORA HERTZ, geb. 1889 in Issum, gest. 30. 3. 1890 in Issum

HEIMANN HERTZ, Kaufmann, geb. in Wesel, Heirat mit Rachel Jacobs am 19. Floréal Jahr 11 (= 9. Mai 1803) in Issum, Eltern Salomon Heimann und Brenella Falk

LAZARUS HERZFELD

JUDITH ABRAHAM HOMBERG (auch HUMBERG), Dienstmagd, geb. in Issum, Heirat mit Matthias Bouscher am 5. 9. 1832 in Issum, Eltern Handelsmann Moses Abraham Humborg und Hanna Samson

BÄR ISAAK, geb. um 1770 in Issum, Eltern Isack Abram und Clara Wolf

EVA ISAAK, geb. um 1776 in Issum, Eltern Isack Abram und Clara Wolf

RICA ISACK, Handelsfrau, geb. in Wesel, Heirat mit Levy Isaac Spier am 11. 3. 1829, Eltern Meyer Isack und Barbara Israel

MARIAM IZAAK, geb. 1736 in Rheinbrühl, gest. 6. 1. 1802

MARIE IZAAK, gest. 17. Nivose Jahr 10 (= 7. Januar 1802), Eltern Joseph Izaak und Mariam Izaak

ZARA IZAAK, gest. 17. Messidor Jahr 9 (= 6. Juli 1801), Eltern Isaac Abraham und Breyn Joseph

SARA JACOB, geb. in Grefrath, Heirat mit Moses Abraham am 12. Fructidor Jahr 11 (= 30. August 1803), Eltern Jacob Isaac und Schielo Joseph

RACHEL JACOBS, geb. in Amsterdam/Niederlande, Heirat mit Herz Heimann am 19. Floréal Jahr 11 (= 9. Mai 1803) in Issum, Eltern Jacob Moses und Clara Simon

KAROLINE JANSSEN, geb. am 14. 4. 1854 in Hoerstgen, Heirat mit Kaufmann Jacob Aron, gest. am 27. 3. 1933 in Issum, Eltern Samuel Janssen und Henriette Kramer

BENDINE JOSEPH, Heirat mit Isaac Bouscher

FRIEDERICA KAHEN, geb. 24. 6. 1824, Heirat mit Cosmann Lebenstein am 17. 6. 1851 in Issum, Eltern Metzger Meyer Philipp Kahen und Clara Wolf

ARON KAUFMANN, Handelsmann, geb. 25. 5. 1849 in Rheurdt, Heirat mit Emma Lebenstein am 23. 10. 1876 in Issum, gest. 23. 6. 1912 in Issum, Eltern Handelsmann Joseph Kaufmann und Nina Simon

CLEMENS KAUFMANN, Handelsmann, geb. 23. 11. 1854 in Rheurdt, Heirat mit Wilhelmina Lebenstein am 6. 8. 1888 in Issum, gest. 7. 4. 1942 in Rheurdt, Eltern Handelsmann Joseph Kaufmann und Friederica Cahn

EDITH KAUFMANN, geb. 22. 10. 1904 in Issum, Heirat 1927 in Krefeld, gest. 30. 9. 1975 in Krefeld, Eltern Viehhändler Aron Kaufmann und Rosalie Kaufmann

ERICH KAUFMANN, geb. 12. 4. 1906 in Issum, gest. 25. 5. 1906 in Issum, Eltern Viehhändler Aron Kaufmann und Rosalie Kaufmann

HELENA KAUFMANN, geb. 4. 3. 1879 in Issum, Heirat mit Hermann Hartmann am 27. 8. 1920 in Issum

ROSALIE KAUFMANN, geb. 14. 2. 1884 in Issum, Heirat mit David Cohn am 14. 7. 1905, Eltern Viehhändler Aron Kaufmann und Emma Lebenstein

SELMA KAUFMANN, geb. 13. 7. 1907 in Issum

ALEX KRAMER, Viehhändler, geb. 17 .9. 1864 in Hoerstgen, Heirat mit Sophie Aron am 25. 11. 1893 in Geldern, gest. am 23. 1. 1937 in Issum

ANTONIE KRAMER, geb. 15. 6. 1901 in Hoerstgen, Selbstmord in Hopsten/Niederlande 1936, Eltern Alex Kramer und Sophia Kramer

ELISABETH KRAMER geb. HEYMANN, Heirat mit Jakob Kramer, gest. 11. 5. 1912 in Issum, Eltern Isaac Heymann und Henriette Heymann

HANS KRAMER, geb. 20. 7. 1939 in Issum, Heirat mit Monika Bode am 24. 5. 1974 in Iserlohn, Eltern Julius Kramer und Ludowika Henriette Wolff

JACOB KRAMER, geb. 8. 6. 1941 in Issum, gest. 21. 11. 1941 in Issum, Eltern Julius Kramer und Ludowika Henriette Wolff

JACOB KRAMER, geb. 17. 7. 1942 in Issum, Heirat mit Hannelore van Ede am 27. 10. 1972 in Opladen, Eltern Julius Kramer und Ludowika Henriette Wolff

JULIUS KRAMER, Viehhändler, geb. 1. 7. 1904 in Hoerstgen, Heirat mit Ludowika Henriette Wolff 1932 in Alpen und mit Hildegard Erna Golle am 22. 8. 1959 in Issum, gest. 14. 4. 1973 in Issum, Eltern Alex Kramer und Sophia Kramer

MARGRET KRAMER, geb. 25. 7. 1938 in Issum, Heirat 29. 3. 1958 in Issum, Eltern Julius Kramer und Ludowika Henriette Wolff

PAULA KRAMER, geb. 29. 3. 1896 in Hoerstgen, gest. am 18. 5. 1945 in Riga, Eltern Alex Kramer und Sophia Kramer

BERTA LEBENSTEIN geb. GONSENHEIMER, geb. 8. 4. 1869 in Kleve, gest. 7. 4. 1928 in Issum

BERTHOLD LEBENSTEIN, geb. 24. 8. 1892 in Issum, für tot erklärt zum 8. 5. 1945, Eltern Viehhändler Moritz Lebenstein und Ida Pagener

COSMANN LEBENSTEIN, Handelsmann, geb. in Groß-Reken, Heirat mit Friederica Kahen am 17. 6. 1851 in Issum, gest. am 18. 4. 1884 in Issum, Eltern Handelsmann Simon Lebenstein und Ricka/Regina Schwarzenberg

ELSE LEBENSTEIN, geb. 5. 2. 1899 in Issum, verschollen in Riga, Eltern Kaufmann Leopold Lebenstein und Recha Falkenstein

EMMA LEBENSTEIN, geb. 6. 9. 1852 in Issum, Heirat mit Aron Kaufmann am 23. 10. 1876 in Issum, gest. am 30. 1. 1906 in Issum, Eltern Handelsmann Cosmann Lebenstein und Friedricka Cahn

ERICH LEBENSTEIN, geb. 30. 9. 1906 in Issum, gest. 22. 10. 1907 in Issum, Eltern Viehhändler Moritz Lebenstein und Berta Gonsenheimer

ESTHER LEBENSTEIN, geb. in Groß-Reken, Heirat mit Hermann Bouscher am 8. 6. 1847 in Issum, gest. am 20. 9. 1890 in Issum, Eltern Krämer Simon Lebenstein und Ricka Schwarzenberg

FRIEDA LEBENSTEIN, Kindergärtnerin, geb. 19. 9. 1908 in Issum, Heirat mit Ernst Cohen am 24. 12. 1929 in in Issum, gest. 23. 9. 1978 in Köln, Eltern Leopold Lebenstein und Recha Falkenstein

GOTTFRIED LEBENSTEIN, Viehhändler, geb. 27. 5. 1898 in Issum, 1941 nach Riga deportiert, Eltern Viehhändler Moritz Lebenstein und Bertha Gonsenheimer

ILSE FRIEDERIKE LEBENSTEIN, geb. 30. 9. 1906 in Issum, Heirat mit Erich Salomo Adler am 15. 6. 1934 in Issum, 1937 Auswanderung nach Ecuador, gest. 28. 1 .1980 in Hannover, Eltern Viehhändler Moritz Lebenstein und Bertha Gonsenheimer

IRMA LEBENSTEIN, geb. 13. 2. 1903 in Issum, Heirat mit Wilhelm Rosenfeld am 6. 6. 1930 in Issum, Eltern Kaufmann Leopold Lebenstein und Recha Falkenstein

LEOPOLD LEBENSTEIN, Kaufmann, geb. 6. 5. 1863 in Issum, Heirat mit Recha Falkenstein, gest. 17. 3. 1915 in Issum, Eltern Cosmann Lebenstein und Friederike Cahn

MORITZ LEBENSTEIN, Viehhändler,

Moritz Lebenstein und
Bertha Lebenstein geb. Gonsenheimer

geb. 9. 9. 1858 in Issum, gest. 23. 4. 1931 in Issum, Eltern Cosmann Lebenstein und Friederike Cahn

RECHA LEBENSTEIN, geb. 17. 11. 1877 in Fischeln, Heirat mit Leopold Lebenstein, 1941 nach Riga deportiert

RICKA RILA LEBENSTEIN, geb. 18. 6. 1890 in Issum, gest. 5. 12. 1894 in Issum, Eltern Handelsmann Moritz Lebenstein und Ida Pagener

SIBILLA LEBENSTEIN, geb. 10. 11. 1856 in Issum, Heirat mit Joseph Gottschalk am 6. 11. 1894 in Issum, Eltern Metzger Cosmann Lebenstein und Friederica Cahn

SIMON LEBENSTEIN, Viehhändler, geb. 9. 3. 1861 in Issum, gest. 3. 11. 1934 in Issum, Eltern Cosmann Lebenstein und Friederica Cahn

WALTHER LEBENSTEIN, Gerichtsreferendar, geb. 19. 2. 1900 in Issum, am 18. 8. 1933 nach Davos/Schweiz abgemeldet, Eltern Viehhändler Moritz Lebenstein und Bertha Gonsenheimer

WILHELMINA LEBENSTEIN, geb. 26. 8. 1854 in Issum, Heirat mit Clemens Kaufmann am 6.8.1888 in Issum, gest. 17. 3. 1932 in Rheurdt, Eltern Viehhändler Cosman Lebenstein und Friedrica Cahn

BREYNTJE(N) LEISER, geb. 25. 4. 1775 in Moers, Eltern Leiser Kappel und Rachel Feis

ARON LEVY, gest. 31. 12. 1833 in Issum

DAVID LOVENSTEIN, geb. 6. 7. 1811 in Issum, Eltern Händler David Lovenstein und Jetta Cosmanns

DAVID ABRAHAM LOVENSTEIN, geb. in Ahaus, Heirat mit Judith Cossmans am 30. 10. 1810, gest. am 6.4.1811 in Issum, Eltern Abram David Lovenstein und Esther Meyer

DAVID LÖWENSTEIN, gest. 6. 4. 1820 in Issum, Eltern David Lovenstein und Jetta Koschmann

VERONICK MARCKENS (auch FRONICKA MARKENS), geb. in Moers, Heirat mit Abraham Bouscher alias Abraham Bär, Eltern Metzger Moses Marckens und Caroline Coppel alias Keile Benjamin

SOPHIE MELLERS, geb. in Deutz, Heirat mit Albert Cahn am 16. 9. 1809 in Issum, Eltern Simon Joseph Mellers und Sophie Simon

LIEFMANN MENDEL

ELCHEN MEYER, Heirat mit Abraham Moses

ABRAHAM MOSES, geb. um 1748 in Issum, Heirat mit Rebecca (Vatername unbekannt), Eltern Elchen Meyer und Abram Moses

ABRAHAM MOSES, gest. 8. 4. 1817 in Issum, Eltern Abraham Moses und Sara Jacob

JACOB MOSES, geb. 8. 5. 1806 in Issum, gest. 26. 5. 1806 in Issum, Eltern Händler Abraham Moses und Sara Jacob

RUTH MOSES, geb. in Issum, gest. 31. 5. 1922 in Issum

SCHÖNTGEN MOSES, geb. 1. 6. 1807 in Issum, Eltern Händler Abraham Moses und Sara Jacob

SIEGMUND MOSES, Schneider, geb. 18. 7. 1887 in Linnich, Heirat mit Regina David am 6. 9. 1917 in Issum, gest. 6. 9. 1944 in Auschwitz, Eltern Michael Moses und Julie Bach

ADOLPH PASSMANN, geb. 10. 7. 1862 in Issum, Heirat mit Friederike Windmüller, gest. 8. 1. 1941 in Straelen

1 פ׳נ

2 מנחם מענדלי בן יוסף

3 מגעלדרן נפטר בשם

4 טוב יום א׳ ה׳ מרחשון

5 בן ארבעה וארבעים

6 שנה ונקבר ביום

7 ב׳ ו׳ מרחשון תקצ׳

8 לפק

9 תנצבה בגן עדן

10 אמן

1 Hier ist begraben
2 Menachem Mendli, Sohn des Joseph
3 aus Geldern, er starb mit gutem
4 Namen am Tag 1, 5. Marcheschwan
5 im Alter von vierundzwanzig
6 Jahren und wurde begraben am Tag
7 2, 6. Marcheschwan 590
8 nach kleiner Zählung.
9 Seine Seele sei eingebunden in das
   Bündel des Lebens im Garten Eden.
10 Amen

*Der älteste Issumer Grabstein hat
das Sterbedatum 2. November 1829.*

BERTHA PASSMANN, geb. 12. 8. 1866 in Issum, Heirat mit David Kujit, Eltern Handelsmann Isaak Passmann und Rosa Osser

EMIL PASSMANN, geb. 28. 4. 1868 in Issum, Eltern Handelsmann Isaak Passmann und Rosa Osser

FRIEDERIKE PASSMANN, geb. 17. 4. 1871 in Issum, Heirat mit Moses Heilbrunn am 24. 2. 1900 in Geldern, Eltern Handelsmann Isaak Passmann und Rosa Osser

HENRIETTE PASSMANN, Dienstmagd, geb. in Xanten, Heirat mit Calman Simon Hertz am 15. 12. 1856 in Issum, Eltern Metzger Jacob Passmann und Gura Herz

HERMANN PASSMANN, geb. 10. 6. 1869 in Issum, gest. 26. 1. 1935 in Roermond/ Niederlande

ISAAC PASSMANN, Handelsmann

JOSEPH PASSMANN, geb. 9. 3. 1859 in Issum, Eltern Handelsmann Isaak Passmann und Rosa Osser

LEOPOLD PASSMANN, geb. 30. 10. 1863 in Issum, Eltern Handelsmann Isaak Passmann und Rosa Osser

MARCUS PASSMANN, Handelsmann, geb. in Xanten, Heirat mit Henriette Levi Servers am 28. 10. 1867 in Issum, Eltern Metzger Jacob Passmann und Bernhardine Herz

MICHAEL PASSMANN

OSCAR PASSMANN, geb. 6. 3. 1865 in Issum, Heirat mit Selma Examus, gest. 1929 in Düsseldorf, Eltern Handelsmann Isaak Passmann und Rosa Osser

REGINA PASSMANN, geb. 20. 11. 1860 in Issum, gest. 6. 4. 1904 in Geldern, Eltern Handelsmann Isaak Passmann und Rosa Osser

WILHELM PASSMANN, geb. 23. 8. 1872 in Issum, Eltern Handelsmann Isaak Passmann und Rosa Osser

HANNCHEN REINHAUS, geb. in Sendenhorst, Heirat mit Calman Simon Hertz am 20. 2. 1849 in Issum, Eltern Melchior Peter Reinhaus und Lisa Melchior

ADOLF ROSENBERG, Schneidermeister, geb. 25. 10. 1873 in Elberfeld, Heirat mit Josephine Bouscher am 27. 4. 1900 in Issum, Eltern Jacob Rosenberg und Elisabetha Schwarz

WILHELM ROSENFELD, Viehhändler, geb. 24. 12. 1896 in Stadthagen, Heirat mit Irma Lebenstein am 6. 6. 1930

HELGA ROTSTEIN, geb. 17. 8. 1935 in Issum, Eltern Schuhmacher Max Rotstein und Frieda Abrath

MAX ROTSTEIN, geb. 16. 7. 1898 in Poremba/Kr. Bendzin, Heirat mit Elfriede Abrath, deportiert am 29. 11. 1938 nach Czenstochau

HENRIETTE LEVI SERVERS, geb. in Bedburgdyck, Heirat mit Marcus Passmann am 28. 10. 1867 in Issum, Eltern Handelsmann Levi Servers und Amalia Cohnen

EDMUND SPIER, geb. 18. 3. 1876 in Issum, gest. 28. 3. 1876 in Issum, Eltern Seidenweber Isaac Spier und Rebecca Fraenkel

ISAAC LEVY SPIER, geb. 27. 5. 1830 in Issum, gest. 6. 12. 1901 in Issum, Eltern Metzger Levy Spier und Rachel Isacks

LEONHARD SPIER, geb. 11. 11. 1873 in Issum, Eltern Seidenweber Isaac Spier und Rebecca Fraenkel

LEVI ISAAC SPIER, Metzgergehilfe, geb. 10. 7. 1793 in Bocholt, Heirat mit Rica Isacks am 11. 3. 1829 in Issum, gest. 23. 12. 1870 in Issum, Eltern Isaac Jacob Spier und Metzgerin Jette Abraham

REBEKKA SPIER, geb. in Eisenschmitt, gest. 26. 12. 1908 in Issum, Eltern Movel Fraenkel und Henriette Ermann

JEANETTE VOGELSANG, geb. 28. 1. 1878 in Gelsenkirchen, Heirat mit Hermann Passmann, 1943 nach Auschwitz deportiert, gestorben im KZ Natzweiler/Frankreich

ELISE WEIL, geb. in Nordstetten (Württemberg), Heirat mit Bernhard Franken am 18. 6. 1856, Eltern Kaufmann Hirsch Weil und Lea Lövenstein

HEINZ OTTO WEISSENSTEIN, geb. 3. 1. 1944 in Issum, Eltern Landwirtschaftshelfer Martin Otto Weißenstein und Maud Sibylla Sorokin

MAUD SIBYLLA WEISSENSTEIN, Heirat in Köln-Ehrenfeld mit Otto Weißenstein

OTTO WEISSENSTEIN, Maschinenführer sowie Polsterer und Dekorateur, Heirat mit Maud Sibylla Weißenstein in Köln-Ehrenfeld

WOLFGANG WEISSENSTEIN, geb. 3. 9. 1947 in Issum, Eltern Maschinenführer Martin Otto Weißenstein und Maud Sibylla Sorokin

ABRAHAM LEVY WIENER, Aufkäufer, geb. 1753 in Hoerstgen, gest. 13. 11. 1831 in Issum, Eltern Jacob Levy und Helena Salomon

CLARA (auch CLAIRE) WOLF, geb. in Xanten, Heirat mit Isaac Abraham Bouscher am 23. 1. 1812 in Issum sowie mit Meyer Philipp Cahn am 30. 10. 1820 in Issum, gest. 2. 1. 1872 in Issum, Eltern Levy Wolf und Esther Lehmann

HELENA WOLF, geb. 18. 10. 1785 in Xanten, Heirat mit Daniel Bouscher am 29. 3. 1833, Eltern Matthias Wolf und Pesch Hann … (unleserlich)

Primärquellen

Zivilstandsregister von 1798 bis 1948, Standesamt der Gemeinde Issum
Gemeindearchiv Issum, Bestand A, Nr. 1089, 1216, 1217, 2259

Literatur

Ruth EYKMANN (= R. BENGER): Zur Geschichte der Juden in Geldern und Issum, Examensarbeit im Fach Katholische Theologie/Judaistik, Universität Duisburg 1984.
Thekla KEUCK: Die Juden im Raum Geldern zwischen Tradition und Emanzipation (1794–1869), Magisterarbeit am Historischen Seminar, Universität Köln 1995.
Dokumentationsmaterial von Ruth Benger und Bernhard Keuck.
John A. FRANCKEN: The Early History of the Francken Family 1775 to 1875, London o. J.

Die Issumer Synagoge: ein Denkmal des niederrheinischen Landjudentums

HUBERT FISCHER

1. Das Haus und seine Geschichte bis 1935

Die Geschichte der ehemaligen Issumer Synagoge spiegelt zugleich Geschichte und Schicksal der jüdischen Gemeinde dieses niederrheinischen Ortes seit der Mitte des 19. Jahrhunderts wider. Erbaut bzw. ausgebaut zum Zeitpunkt ihrer zahlenmäßig größten Bedeutung in den 60er Jahren des 19. Jahrhunderts, verlor sie vermutlich bald nach der Jahrhundertwende ihre religiöse Funktion im

Leben der kleiner werdenden Gemeinde und wurde schließlich aufgegeben und an einen Nachbarn verkauft. Das erzwungene endgültige Ende jeden jüdischen Gemeindelebens in Issum überstanden die Baulichkeiten wohl allein deshalb, weil sie längst nicht mehr ihrer eigentlichen Bestimmung dienten.

Ob die bereits in einer Quelle von 1791 erwähnte Synagoge der Issumer Juden in einem räumlichen Zusammenhang mit dem späteren Gebäude stand, kann nicht mehr geklärt werden. Beobachtungen bei der jüngsten Sanierung des Gebäudes sprechen allerdings dafür, dass das Bethaus einen Vorgängerbau aus dem Ende des 18. Jahrhunderts hatte.[1] Mit Sicherheit wurde das heutige Gebäude bereits vor 1855 als Bethaus benutzt, denn in diesem Jahr erwirbt Abraham Bouscher, spätestens ab 1859 der vertragsmäßig aus Issum stammende Repräsentant des Gelderner Synagogenbezirks, laut Kaufvertrag für die „Israelitische Kirchengemeinde zu Issum" vom Schmied Johann Aenstoots ein „Wohnhaus nebst Synagoge" mit dem dazu gehörigen Gartenland. Nutzungsrechte des Zugangs – zu den Nachbarn des Grundstücks gehören ein Gerber und ein Blaufärber – werden im Detail geregelt. Das Wohnhaus ist zu diesem Zeitpunkt noch vermietet. Aus einem Brief des Jacob Bouscher aus Issum an die Königliche Regierung in Düsseldorf vom 17. April 1891 geht ferner hervor, dass dieses Wohnhaus 1869 abgerissen und zur

Unterbringung von Lehrerwohnung und Schulraum für die neu zu errichtende Jüdische Elementarschule wieder aufgebaut wurde.[2] Was das benachbarte Bethaus angeht, so erlauben die spärlich überlieferten Daten eine ungefähre Rekonstruktion seiner weiteren Baugeschichte: Am 16. Dezember 1865 wird das Bethaus, möglicherweise nach einem Umbau, zugleich mit einer neuen Torarolle „eingeweiht"[3]; im Jahre 1875 könnte die feierliche Einweihung einer neuen Torarolle mit einem weiteren Umbau in Zusammenhang gestanden haben.

Was die Gemeinde aus dem vormaligen Hofgebäude oder Anbau schließlich erstellte, zeigt sich uns heute als ein „in Anlehnung an niederrheinische Dorfkapellen" errichteter bescheidener „einschiffiger Saalbau mit Satteldach"[4], dessen auffälligste Besonderheit in den beiden Rundbogenfenstern der Giebelseite liegen dürfte, die in Rahmung und Sprossengliederung einen zu jener Zeit beliebten „maurischen" Stil vortäuschten und damit ein orientalisches Stilelement in den ansonsten eher unauffälligen, bis in die 30er Jahre des 20. Jahrhunderts wohl auch unverputzten und ungeschlämmten Backsteinbau einfügten.

Im Inneren des Bethauses tragen zwei Säulen eine hölzerne Empore; die flachtonnenartige Decke erhielt (vielleicht zeitgleich mit dem vermuteten Umbau 1865) einen hellblauen Anstrich, der noch in Spuren gesichert werden konnte. Ein umlaufender, ca. 130 cm hoher Sockel wurde von einer – damals in bürgerlichen Häusern sehr beliebten – Prägetapete aus Linoleum, einer so genannten Linkrustaverkleidung, bedeckt.

Präzise nicht mehr datierbar, vielleicht im zeitlichen Zusammenhang mit dem Bau bzw. Umbau des angrenzenden Schulgebäudes, entstand eine schlichte Mikwe im Kellergeschoss dieses Hauses als ein in den Lehmboden eingelassenes „rechteckige[s], mit Naturstein eingefaßte[s] Tauchbecken"[5]. Auch in diesem Fall kann allerdings nicht ausgeschlossen werden, dass die Mikwe schon Bestandteil des vormaligen Gebäudes war und daher erheblich älteren Datums ist.[6] Aus welcher Quelle die Mikwe mit dem vorgeschriebenen „lebendigen", d.h. fließenden Wasser gespeist wurde, ist nicht mehr mit Sicherheit auszumachen. Naheliegend ist die Annahme, dass man das benötigte Wasser einer Regenwasserzisterne auf dem Dach entnahm, wie es aus dem benachbarten niederländischen Grenzraum bekannt ist.

Professor Meier Schwarz (Jerusalem) auf Besuch am 19. November 1996 in der Issumer Synagoge. Sein Interesse gilt auch der Mikwe im Keller des Schulhauses.

Es ist schwierig, aus dem Vorhandensein der einfachen Mikwe einen Rückschluss auf den Grad der Orthodoxie der Issumer Gemeinde zu ziehen. Zwar gilt im Allgemeinen das Vorhandensein einer Mikwe gerade in Landgemeinden dieser Zeit als ein Kriterium für die besondere Beachtung der halachischen Gesetze[7], doch entziehen sich andererseits die Landgemeinden häufig einer Einordnung in die üblichen Kategorien religiöser Observanz.[8] Zudem ist nicht sicher zu bestimmen, wie lange die Mikwe in dieser Gemeinde in regelmäßigem Gebrauch war.

Die Tatsache, dass die jüdische Gemeinde ein Gebäude mit Grundstück erwarb, das sie vermutlich bereits vorher zu gottesdienstlichen Zwecken gemietet hatte, macht Spekulationen über die Motive zur Wahl dieses Standortes weitgehend belanglos. Es scheint, als habe man sich in Anbetracht der insgesamt bescheidenen Größe der Gemeinde und der begrenzten finanziellen Mittel eher den gegebenen Verhältnissen angepasst, als dass man sich aus mangelndem Selbstbewusstsein oder aus Vorsicht gegenüber eventuellen Vorbehalten der christlichen Mehrheit des Ortes bewusst in einem Gebäude etwas abseits der Dorfstraßen eingerichtet hätte, wenn dergleichen Überlegungen auch nicht ganz von der Hand gewiesen werden können.[9]

2. Die israelitische Elementarschule

Die Jahre von 1869 bis 1879 stellen insofern einen besonderen Abschnitt in der Geschichte des Gebäudes dar, als die Gemeinde nur in dieser Zeit eine „israelitische Elementarschule" in vollem Umfang betrieb. Angestellt wurde zu diesem Zweck der Lehrer Jakob Meyersohn aus Wesseling, dessen Lebenslauf in vielem typisch für einen jüdischen Dorflehrer seiner Zeit war. Selbst aus ländlichen Verhältnissen stammend, wurde er am jüdischen Lehrerseminar in Münster ausgebildet und fand nach mehreren, z.T. nur kurzfristigen Anstellungen unter

sehr bescheidenen Verhältnissen in Westfalen und im Rheinland schließlich in Issum seine letzte Anstellung als Lehrer und gleichzeitiger Kantor der Gemeinde.[10] Die Schule war vergleichsweise kärglich eingerichtet, wie der Bericht einer Schulinspektion vom Dezember 1876 verrät. Es handelte sich um eine typische Arme-Leute-Schule, deren finanzielle Situation nur so lange erträglich war, als die ansässigen jüdischen Familien ihre Kinder auch dort unterrichten ließen und nicht, wie es oft Brauch jüdischer Familien war, in christlichen Schulen oder durch Privatlehrer. Damit zeigt sich auch in der kurzen Lebenszeit der Jüdischen Elementarschule „die schwierige Lage einer jüdischen Landgemeinde ..., die in den Sog der Urbanisierung geriet"[11]. Der Rückgang der Schülerzahlen auf neun Schüler schließlich – die anfängliche Zahl von 19 Schulkindern im Jahr 1869 war vermutlich auch durch den Besuch auswärtiger Schüler zustande gekommen – führte neben den finanziellen Belastungen dazu, dass die Schule 1879 wieder geschlossen wurde. Meyersohn erhielt die Erlaubnis, weiterhin eine private jüdische Elementarschule zu führen, die er aber 1883 endgültig aufgab.

Die Schließung der Elementarschule bedeutete jedoch nicht gleichzeitig einen Funktionsverlust des Bethauses, hatte doch Meyersohn als Kantor weiterhin seine Vertragspflichten zu erfüllen. Allerdings wirkte sich der stetige Rückgang der Gemeindemitglieder schließlich auch auf die Funktion des Bethauses im Leben der Issumer Juden aus: Die zunehmenden Schwierigkeiten, die vorgeschriebene Zahl von zehn männlichen Gottesdienstteilnehmern (Minjan) zusammenzubekommen, führte schließlich dazu, dass die Issumer Synagoge 1900 vermögensrechtlich an die Geldener

Synagogengemeinde übertragen wurde und damit auch de facto von dieser verwaltet wurde.[12] Das synagogale Leben scheint in Issum bald nach 1900 erloschen zu sein, ohne dass hierüber definitive Aussagen möglich wären.[13] Damit teilt auch die Issumer Synagoge ein Schicksal vieler der im 19. Jahrhundert entstandenen Synagogen.[14]

3. Verkauf und Nutzung des Gebäudes bis 1945

Bereits im Laufe des Jahres 1934 kam es zu Überlegungen und ersten mündlichen Verhandlungen bezüglich eines Verkaufs des Grund- und Hausbesitzes der Issumer Juden durch Vertreter der Gelderner Synagogengemeinde. Es ist schwierig, die Gründe für diesen Entschluss zu gewichten. Einerseits legte die allgemeine politische Lage mit den einsetzenden Repressalien gegen die jüdische Bevölkerung, andererseits der starke Mitgliederrückgang der Issumer Gemeinde[15] einen Verkauf nahe. Zumindest mitentscheidend war, dass sich mit dem Verkauf für die Gelderner Synagogengemeinde die Möglichkeit bot, eine bei der Gelderner Kreissparkasse bestehende Schuld abzulösen.[16] Jedenfalls kommt es nach einem entsprechenden Beschluss der Repräsentantenversammlung der Gelderner Synagogengemeinde vom November 1934 am 25. Januar 1935 zu dem bereits erwähnten Verkauf aller Baulichkeiten an die Eheleute Bernhard und Sibille Kliewe als Nachbarn, die in ihrem – dem Schulhaus vorgelagerten – Wohn- und Geschäftshaus ein Uhrmachergeschäft betreiben. Verhandlungsführer auf jüdischer Seite sind die beiden Vorstandsmitglieder Adolf Paßmann und Jakob Heymann aus Geldern. Die Verkäufer verpflichten sich, das Inventar

des Bethauses (das Schulhaus ist zu dieser Zeit vermietet) innerhalb von vierzehn Tagen nach In-Kraft-Setzung des Kaufvertrages zu entfernen. Bei den späteren Restaurierungsarbeiten wurden sakrale Gegenstände irgendwelcher Art nicht entdeckt. Nach Kriegsende wurde auch in diesem Fall, im Zuge weitgreifender Verfahren, in denen den Umständen jeder nach 1933 stattgefundenen Veräußerung jüdischen Besitzes nachgegangen wurde, durch die Jewish Trust Corporation for Germany als Treuhandgesellschaft ein Antrag auf Rückerstattung des Vermögens gemäß einem entsprechenden Gesetz vom 12. Mai 1949 gestellt, gegen den der damalige Besitzer ohne Erfolg Widerspruch einlegte. Vor dem Wiedergutmachungsamt beim Landgericht Kleve in Moers kam es schließlich am 19. Juni 1952 zu einem Vergleich, nach dem der Besitzer mit einer nachträglichen Leistung von 650 DM alle weiteren Ansprüche abgelten konnte.

Die langjährige profane Nutzung des Bethauses als Abstellraum ließ das Gebäude nach und nach verfallen. Wie die Issumer Juden den zweckentfremdenden Gebrauch ihres früheren Bethauses erlebten, ist nicht überliefert. Offensichtlich ist aber der Verkauf an einen nichtjüdischen Mitbürger der Grund dafür, dass die ehemalige Issumer Synagoge der Pogromnacht vom 9. auf den 10. November 1938 nicht zum Opfer fiel. Überlegungen über andere denkbare Motive, die zu diesem Umstand führten, bleiben Spekulation.[17] Möglicherweise war auch für das Bewusstsein der Issumer Juden ihr ehemaliges Bethaus schon lange nicht mehr das „Gemeindezentrum". Jedenfalls findet es in den traumatischen Erinnerungen der einzigen heute noch lebenden Angehörigen der ehemaligen Issumer

Einmachgläser im Fenster der Synagoge. Die langjährige profane Nutzung hat das Gebäude seit 1935 vor Zerstörung geschützt.

Jüdischen Gemeinde an die Nacht des Pogroms keine gesonderte Erwähnung mehr.[18]

4. „Wiederentdeckung" und Restaurierung

Synagoge und Schulhaus hatten zwar die Reichspogromnacht vom 9. November 1938 und die Kriegswirren überstanden, doch war das Leben der ehemaligen Gemeinde der Issumer Juden erloschen. Zwar geriet die jüdische Vergangenheit ihres früheren Gemeindezentrums nicht völlig in Vergessenheit, doch war man sich über Einzelheiten der Geschichte der Baulichkeiten nur in Umrissen bewusst.[19] Im März 1984

schließlich besann sich der Verein der Natur- und Heimatfreunde für Sevelen und Issum auf die besondere historische Bedeutung des Gebäudes und beantragte dessen Restaurierung und Herrichtung als Gedenkstätte für die ermordeten Issumer Juden. Die darauf einsetzende ausführliche Debatte im kommunalpolitischen Raum verlief nicht ohne Irritationen und wurde z.T. von einer heftigen Auseinandersetzung in der regionalen Presse begleitet.[20] So führten u. a. die damaligen Besitzverhältnisse, die Unklarheit über die eventuellen Kosten und wohl auch eine gewisse Verlegenheit hinsichtlich des Umgangs mit dem baulichen Relikt einer beschämenden Vergangenheit dazu, dass der Rat der Gemeinde es zunächst mehrheitlich ablehnte, das Gebäude unter Denkmalschutz zu stellen und zu restaurieren. Im Dezember 1985 schließlich wurde das ehemalige jüdische Gemeindezentrum als die im Ensemble von Schul- und Bethaus einzige erhaltene Dorfsynagoge am Niederrhein unter Denkmalschutz gestellt. Mit dem Besitzer wurde ein entsprechender Kauf- bzw. Nutzungsvertrag geschlossen, der es der kommunalen Gemeinde erlaubte, in den folgenden Jahren (Dezember 1987 bis April 1990) mit Unterstützung des Landes Nordrhein-Westfalen und des Kreises Kleve die Gebäude zu restaurieren. Der bauliche Zustand gebot dabei höchste Eile: Die Decke des ehemaligen Betraumes war z.T. abgefallen, der Dachstuhl wies schwere konstruktive Mängel auf, Feuchtigkeit drohte das Gemäuer zu zerstören, der Putz bröckelte von den Wänden. Leitidee der Restaurierung war dabei, den vorhandenen Baubestand möglichst authentisch zu belassen, keine Um- oder Einbauten vorzunehmen und auch die innere Ausgestaltung möglichst an historischen Befunden zu orientie-

Die Synagoge im Jahr ihrer „Wiederentdeckung" 1984

*Der ehemalige Eigentümer Kliewe
im Betraum während
der Restaurierungsphase 1989*

ren. Neue Ausgestaltungselemente sollten somit erkennbar sein (z.B. die jetzige Beleuchtung, der Einbau der umlaufenden Heizung im Bethaus oder die aus Sanierungsgründen unerlässliche Aufputzung von Decke und Wänden in der Mikwe, deren Boden in der aufgefundenen Verfassung als Backsteinlage auf gestampftem Lehmboden belassen wurde). Die Fenster des Bethauses wurden restauriert, haben aber ihre ursprüngliche eigentümliche Rahmung und Gliederung in schlichter baulicher Ausführung bewahrt. Nicht vollständig, sondern in einem repräsentativen Detail restauriert wurde die früher ganz umlaufende Prägetapete; die farbliche Gestaltung erscheint heute als Kompromiss zwischen der überlieferten und weithin nachempfindbaren Farbgebung und der raum-kompositorischen Gestaltung durch den beauftragten Architekten, der in Zusammenarbeit mit dem Landesamt

Innenaufnahme der Synagoge mit Blick nach Osten

für Denkmalschutz und den Vorstellungen eines Arbeitskreises interessierter und engagierter Bürger das Raumkonzept umsetzte.

5. Die Ehemalige Synagoge Issum als Mahn- und Gedenkstätte

Bereits am 29. Januar 1988 hatte sich ein „Arbeitskreis Jüdisches Bethaus Issum" konstituiert, der in der Folge die Restaurierung und die Konzeption eines Nutzungsprogramms der ehemaligen Synagoge ehrenamtlich begleitete und bis heute weitgehend für ihre Betreuung verantwortlich ist.

Das Bethaus wurde bewusst als Gedenkstätte und, im vorgegebenen Rahmen, als Veranstaltungsort für Vorträge, Lesungen und kleinere Ausstellungen konzipiert.

An seiner Stirnwand markiert eine auf Glas gezeichnete Linie den vor der Restaurierung noch feststellbaren oberen Umriss des ehemaligen Toraschreines als einzige überlieferte Spur des einstigen Fixpunktes dieses Raumes. Eine seitlich versetzte Menora des Bildhauers Claus-Ulrich Meyring verweist stellvertretend auf seinen ursprünglich religiösen Charakter. An das Schicksal der deportierten und ermordeten Issumer Opfer des Holocausts erinnern Fotos und biographische Daten unter der schmalen Frauenempore. Im ehemaligen Klassenzimmer der Schule findet sich heute eine Sammlung von Dokumenten zur Geschichte der Juden in Issum und der näheren Region. Die Lehrerwohnung im Obergeschoss beherbergt eine ständige Ausstellung jüdischer Kult- und Gebrauchsgegenstände neben einer kleinen Bibliothek, die Schriften zum Juden-

Die Synagoge ist heute eine Gedenkstätte. In ihr finden Vorträge, Führungen und Ausstellungen statt. 1998 wurden Kinderzeichnungen aus dem KZ Theresienstadt gezeigt.

jüdischen Geschichte anschaulich zu ergänzen. Auf Anschaulichkeit und nicht etwa auf materielle oder ästhetische Originalität ist daher auch die Sammlung von Exponaten im ehemaligen Schulhaus ausgerichtet.

Am nachhaltigsten jedoch beeindruckt die Besucher unterschiedlichen Alters immer wieder die trotz der Restaurierung authentische Atmosphäre von Bet- und Schulhaus, die bis heute ihren Charakter als religiöser und sozialer Mittelpunkt einer bescheidenen jüdischen Dorfgemeinde bewahrt haben.

tum, zum jüdisch-christlichen Gespräch und zur Geschichte regionaler jüdischer Gemeinden bereithält.

Seitdem die restaurierten Räume am 6. Mai 1990 jedermann zugänglich gemacht wurden, besuchen etwa 800 bis 1000 Personen jährlich die Gedenkstätte, die damit nach Jahrzehnten der Nichtbeachtung ein reges Interesse in der Öffentlichkeit gefunden hat. Unter den Besuchergruppen unterschiedlichster Herkunft fallen vor allem die vielen Gruppen aus Schulen der Umgebung auf, die mit einer gewissen Regelmäßigkeit die Möglichkeit wahrnehmen, bei einem Besuch der Gedenkstätte Informationen über das Judentum und die Auseinandersetzung mit der deutsch-

Die schlichte Eingangstür

Anmerkungen

[1] So Ralph Quadflieg als Vertreter des Rheinischen Amtes für Denkmalpflege bei der Übergabe des restaurierten Gebäudes am 6. Mai 1990. Zur Erwähnung einer Synagoge in Issum bereits 1791 vgl. Ruth EYKMANN: Zur Geschichte der Juden in Geldern und Issum. Unveröffentlichtes Manuskript als Examensarbeit im Fach Katholische Theologie/Judaistik an der Universität Duisburg 1984, S. 97; im Weiteren auch: Ruth BENGER (= R. EYKMANN): Die ehemalige Synagoge in Issum, in: GHK 1990, S. 35–39.

[2] Möglicherweise ist der Vertrag über ein Darlehen, das drei Mitglieder der Issumer Jüdischen Gemeinde (Hermann Bouscher, Cosman Lebenstein und Isaac Paßmann) in diesem Jahr aufnahmen und der sich in den den Hauserwerb betreffenden Privatunterlagen des späteren Besitzers befand, in diesem Zusammenhang zu sehen.

[3] So jedenfalls lautet eine entsprechende Anzeige im Geldernschen Wochenblatt vom 13. Dezember 1865.

[4] Vgl. hierzu und überhaupt zur Architektur des Gebäudes: Ralph QUADFLIEG: Eine jüdische Religionsstätte, in: Denkmalpflege im Rheinland 1987, Nr. 2, S. 8–11, hier S. 10 f. Vgl. auch BENGER (Anm. 1), S. 38 f.

[5] QUADFLIEG (Anm. 4), S. 11.

[6] Frau Prof. E. Friedlander, London, die sich eingehend mit Geschichte und Architektur deutscher Synagogen befasst hat, datierte die Mikwe bei einem Besuch in Issum am 13. Januar 1999 auf das 18. Jahrhundert. Mitteilung von Bernhard Keuck, Geldern.

[7] Vgl. Jakob BORUT: Religiöses Leben der Landjuden im westlichen Deutschland während der Weimarer Republik, in: Jüdisches Leben auf dem Lande, hrsg. von Monika RICHARZ/Reinhard RÜRUP, Tübingen 1997, S. 231–248, hier S. 235 f.

[8] „Liberal" und „orthodox" haben, auf die Landgemeinden bezogen, oft keine präzise Bedeutung; faktisch gibt es viele unterschiedliche Möglichkeiten des „religiösen Standortes" einer Gemeinde. Vgl. dazu: Steven M. LOWENSTEIN: Jüdisches religiöses Leben in deutschen Dörfern. Regionale Unterschiede im 19. und frühen 20. Jahrhundert, in: Jüdisches Leben auf dem Lande (Anm. 7), S. 219–229.

[9] Anders dazu QUADFLIEG (Anm. 4), S. 8, der auf die bedachte Wahl eines „Hinterhofareals" schließt.

[10] Meyersohn, geb. am 2. Dezember 1823 in Halle/Westf., gest. am 12. Februar 1905 in Issum, wurde beim „Verein für Westfalen und Rheinprovinz zur Bildung von Elementarlehrern und zur Beförderung von Handwerken und Künsten unter den Juden" in Münster, der so genannten Marks-Haindorf-Stiftung, ausgebildet und legte 1844 seine Prüfung am Lehrerseminar in Soest ab. Bei seiner Einstellung in Rheine, wo er bis 1855 unterrichtete, nachdem er zuvor in Haaren/Kr. Büren eine Anstellung hatte, liegen dem Magistrat der Stadt bereits Zeugnisse der Jüdischen Gemeinden Walbeen, Medebach und Westernkotten vor. Akten beim Staatsarchiv Detmold.
Zur Situation der jüdischen Dorflehrer, ihrer sprichwörtlichen Armut und zu ihren häufigen Konflikten mit ihren Gemeinden vgl. auch: LOWENSTEIN (Anm. 8), S. 222 f. und BORUT (Anm. 7), S. 237.

[11] Bernhard KEUCK: Issum, Geldern und das Landjudentum am Niederrhein, in: Wegweiser durch das jüdische Rheinland, hrsg. von Ludger HEID/Julius H. SCHOEPS/Marina SASSENBERG, Berlin 1992, S. 120–141, hier S. 130. Zur Geschichte der Schule und ihres einzigen Lehrers vgl. auch: EYKMANN (Anm. 1), S. 104–114; KEUCK, a. a. O., S. 130–132; Günter VOELZ: Issum. Zweihundert Jahre deutsche Geschichte, Geldern 1988, S. 83–86.

[12] Unterlagen im Grundbuch der Gemeinde Issum. De jure lag die Verwaltung der Issumer Gemeinde nach der Bildung von Synagogenbezirken im Jahr 1854 beim Vorstand der Bezirksgemeinde Geldern. Allerdings hatte vertragsmäßig einer der Repräsentanten aus Issum zu kommen, wie z.B. der erwähnte Abraham Bouscher oder 1881 der Vorstands-Commissarius Lebenstein. Vgl. dazu auch: EYKMANN (Anm. 1), S. 19–22.

[13] Gelegentliche Aussagen von Zeitzeugen, die auf eine spätere Nutzung des Gebäudes hinweisen, sind leider nicht präzise deutbar. Möglicherweise handelt es sich hier um Zusammenkünfte anlässlich von Beerdigungen, denn diese fanden weiterhin auf dem Issumer Jüdischen Friedhof statt. Der Friedhof war 1838 angelegt worden und wurde mit dem Begräbnis des Moritz Lebenstein aus Geldern im Jahre 1931 zum letzten Mal belegt, vgl. EYKMANN (Anm. 1), S. 117. Den Hinweis auf Aussagen von Zeitzeugen verdanke ich Johannes van Leuck, Issum.

14 „In den meisten Dörfern entstanden noch in der ersten Hälfte des 19. Jahrhunderts Synagogen, die am Ende dieses Jahrhunderts dann keine Funktion mehr hatten", so Arno HERZIG: Landjuden – Stadtjuden. Die Entwicklung in den preußischen Provinzen Westfalen und Schlesien im 18. und 19. Jahrhundert, in: Jüdisches Leben auf dem Lande (Anm. 7), S. 91–107, hier S. 107.

15 So leben am 1. Januar 1933 in Issum nur noch 20 jüdische Mitbürger, vgl. VOELZ (Anm. 9), S. 222.

16 So einem Schreiben der Kreissparkasse zu Geldern vom 6. November 1934, schon vor dem notariellen Abschluss des Kaufs, an den späteren Besitzer zu entnehmen. Hintergrund ist wohl die Ablösung einer Hypothek von 600 Reichsmark auf die Gebäude und das Grundstück der Issumer Synagoge zu Lasten der jüdischen Gemeinde Geldern und die Auszahlung des noch ausstehenden Gehaltes für den letzten Lehrer der jüdischen Schule in Geldern, Fritz Wolf. Wolf, der 1920 als Lehrer angestellt worden war, war ein Neffe der Ehefrau des J. Meyersohn, Clara Wolf, und im Besitz genannter Hypothek. Diese Auskunft verdanke ich, ebenso wie viele andere Hinweise, den Nachforschungen von Paul Uehlenbruck, Till-Moyland.

17 Allerdings ist es offensichtlich, dass in vielen Fällen Synagogen ihr „Überleben" einer engen dörflichen Bebauungsweise verdankten, wie z. B. die meisten der 223 erhaltenen Synagogen in Hessen. Vgl. dazu: Monika RICHARZ: Ländliches Judentum als Problem der Forschung, in: Jüdisches Leben auf dem Lande (Anm. 7), S. 1–8, hier S. 3.

18 So schreibt die damals achtjährige Margrit Stern, geb Cohen, in einem Brief vom 5. Juli 1984 an R. Eykmann: „Gegen morgen, es war noch dunkel und es muss so vier Uhr gewesen sein, wurde ich aus dem Schlaf durch das Klirren von Glas gerissen. Es war grauenvoll und ich werde es nie vergessen …"

19 So wird in einem offiziellen Schreiben der kommunalen Gemeinde auf eine diesbezügliche Anfrage im Dezember 1976 das Ende der Nutzung der Synagoge 1938 angesetzt und vermutet, die Einrichtung sei nach dem 10. November 1938 zur Synagogengemeinde Düsseldorf verbracht worden.

20 Vgl. dazu z.B. die verschiedenen Leserbriefe der in der Region führenden „Rheinischen Post" zwischen dem 9. April und 16. November 1984.

Anhang

Abkürzungsverzeichnis

Abb.	Abbildung(en)
Anm.	Anmerkung
Bd./Bde.	Band/Bände
Bl.	Blatt
Bll.	Blätter
ders.	derselbe
ebd.	ebenda
f./ff.	folgende Seite(n)
fol.	folio
GA	Gemeindearchiv
geb.	geboren(e/r)
gest.	gestorben
GHK	Geldrischer Heimatkalender
GW	Geldernsches Wochenblatt
GZ	Geldernsche Zeitung
Hrsg.	Herausgeber(in)
HKW	Heimatkalender Kreis Wesel
HStAD	Nordrhein-Westfälisches Hauptstaatsarchiv Düsseldorf
Jg.	Jahrgang
KA	Kreisarchiv
KV	Kevelaerer Volksblatt
LA Geldern	Landratsamt Geldern
LA Moers	Landratsamt Moers
NW	Nordrhein-Westfalen
PfA	Pfarrarchiv
Red.	Redaktion
Rtlr.	Reichstaler
S.	Seite
s.	siehe
Sgr.	Silbergroschen
sog.	sogenannte(r)
StA	Stadtarchiv
vgl.	vergleiche
VHVG	Veröffentlichungen des Historischen Vereins für Geldern und Umgegend

Bildnachweis

Arbeitskreis Jüdisches Bethaus Issum: 9, 49 (oben), 102, 106, 157, 313, 327 (2), 344, 389, 390, 393, 395

Ruth Benger, Kevelaer: 48, 124, 333, 352, 360 (links/2), 403 (oben)

Heinz Bosch, Geldern: 119, 272, 335, 363, 377 (links)

Harel Cain, Zichron Yaakov (Israel): 354, 384

Belinda Cloy, Charlotte/North Carolina: 292 (oben), 293 (2), 301 (oben links)

Edith Devries, Weeze: 297 (links)

Dienst der Oorlogsslachtoffers, Brüssel: 295, 296 (oben/2)

John Francken, London: 30, 112, 121, 365

Gemeindearchiv Issum: 317, 336

Gemeindearchiv Kerken: 249, 251, 256, 257, 258

Gemeindearchiv Rheurdt: 225, 227, 228, 229, 231, 232 (2), 233, 235 (2), 236 (2), 240, 242, 243 (2)

Gerd Halmanns, Geldern: 288, 292 (unten), 351

Anna Hirschfeld, Geldern: 255 (2)

Lore Hofacker, Krefeld: 88, 342, 373 (2), 378

Clemens Janssen, Kleve-Kellen: 296 (unten)

Heinz Kempkens, Geldern: 126, 367

Bernhard Keuck, Geldern: 17, 151, 165, 183 (2), 187 (3), 188 (2), 297 (rechts), 398, 399, 402, 403 (unten), 404, 405 (2), Umschlag hinten (Issum)

Thekla Keuck, Köln: 40, 49 (unten)

Willi Körner, Kamp-Lintfort: 143

Kreisarchiv Kleve in Geldern: 321

Theo Laakmann, Sonsbeck: Umschlag vorn, 69, 70

Landesbildstelle Rheinland, Düsseldorf: 284

Männergesangverein Weeze: 290

Gertrud Mayer, Geldern: 360 (rechts)

Niederrheinische Landeszeitung: 93

Nordrhein-Westfälisches Hauptstaats-archiv Düsseldorf: 134, 139

Privat: 73, 75, 86, 225, 227, 228, 233, 273, 315, 323

Henk Raijer, Berlin: 304, 305, 310, 311

Klaus REINECKE (Hrsg.): Jacob Wiener. Europa in Münzen, Medaillen, Brief-marken, Kamp-Lintfort 1989, S. 9: 156

Rheinisches Bildarchiv, Köln: 144, 145 (2), 148, 226, Umschlag hinten (Hoerstgen)

Rijksarchief Gelderland, Arnheim: 14

Schlossarchiv Diersfordt (bei Wesel): 138

Emile SCHRIJVER, Falk WIESEMANN (Hrsg.): Die Von Geldern Haggadah und Heinrich Heines „Der Rabbi von Bacharach", Wien und München 1997, 22 r (Faksimile): 2

Herbert Schüürman, Emmerich: 301 (rechts und links unten), 377 (rechts), 385

Julius Schnapp, Hoerstgen: 168

Stadtarchiv Geldern: 70 (links), 326, 341

Stadtarchiv Kamp-Lintfort: 136

Stadtarchiv Straelen: 20, 269, 271, 331, 338

Hans Terlinden, Geldern-Kapellen: 411 (2)

Danksagung

Die vorliegende Arbeit wäre nicht entstanden, wenn den Verfassern nicht sehr viele Menschen mit Hilfen und Hinweisen aller Art zur Seite gestanden hätten. Ihnen allen sei an dieser Stelle aufrichtig gedankt. Alle die, die wir in der folgenden alpha-betischen Liste vielleicht vergessen haben, bitten wir um Nachsicht.

Ruth Benger (Kevelaer)
Bibl. Germania Judaica (Köln)
Hermann Bornheim (Kamperbrück)
Heinz Bosch (Geldern)
Peter Brimmers (Köln)
Prof. Dr. Michael Brocke (Duisburg)
Harel Cain (Zichron Yaakov/Israel)
Belinda Cloy
    (Charlotte/North Carolina/USA)
Matthieu Daamen (Straelen)
Erwin David (Whitstable/GB)
Edith Devries (Weeze)
Daniel Dratwa (Brüssel/B)
Edeltraut Eckner (StA Straelen)
Rodney Eisfelder
    (Melbourne/Australien)
Hiltrud Fischer (Kamp-Lintfort)
Dorothee Fleming-Lühr (StA Kevelaer)

John A. Francken (London/GB)
Dr. Stefan Frankewitz (StA Geldern)
Ruth Hagel (Jettenbach-Grafengars)
Fritz und Margret Halmanns (Weeze)
Heinrich Hansen (Nieukerk)
Franz-Josef Hetjens (GA Weeze)
Peter Hendricks (Weeze)
John Hertz
    (Pompano Beach/Florida/USA)
Julius Hertz (gest.)
    (Greenville/South Carolina/USA)
Anna Hirschfeld (Geldern)
Lore Hofacker (Krefeld)
Josef Jennen (Wachtendonk)
Heinz Kempkens (Geldern)
Eugen Keuck (gest.) (Straelen)
Bernd Kibilka (Kervenheim)
Manfred Klaes (Meerbusch)

Käthe Klein (Rheydt)
Hans-Joachim Koepp (StA Goch)
Willi Körner (Kamp-Lintfort)
Jürgen Kwiatkowski (Sevelen)
Theo Laakmann (Sonsbeck)
Dr. Hans-Joachim Lang (Tübingen)
Jo van Leeuwen (Noordwijk/NL)
Werner Leinweber (Nieukerk)
Familie Liebke (Hoerstgen)
Raphael von Loë (Weeze)
Gisela Lorenzen (Ronneburg)
Werner Lücker (Alsdorf)
Hans-Richard Maeghs (Wetten)
Gertrud Mayer (Geldern)
Guido Mirbach (Geldern)
Hans-Gottfried Mirbach (Nieukerk)
Gottfried Olie (Nieukerk)
Johannes Patyk (StA Geldern)
Karl Peinelt (Duisburg)
Hanna Reuschenbach (Geldern)
Elly Rütgens (Weeze)
Alan R. Samuels (Gedling/GB)

Dr. Jona Schellekens (Jerusalem/Israel)
Julius Schnapp (Hoerstgen)
Laurence Schram (Mechelen/B)
Heinz Schöpkens (Aldekerk)
Herbert Schüürmann (Emmerich)
Margrit Stern (London/GB)
Johannes Stinner (Geldern/Kleve)
Ilse Stone (gest.) (Stockton/USA)
Frau Stüning (Kamp-Lintfort)
Karl-Heinz Tekath
    (KA Kleve in Geldern)
Paul van Treeck (gest.) (Geldern)
Paul Uehlenbruck (Moyland)
Kurt Welter (Geldern)
Martin Willing (Kevelaer)
Siegbert Wittek (Kamp-Lintfort)

Außerdem danken wir den Mitgliedern des Arbeitskreises Jüdisches Bethaus Issum und des Vorstandes des Historischen Vereins für Geldern und Umgegend.

Schräg gegenüber dem Standort der 1938 zerstörten Gelderner Synagoge am Nordwall liegt seit 1990 ein Findling mit einer Bronzetafel.

Zum Gedenken an die jüdischen Kinder, Frauen und Männer aus Geldern, die in den Jahren 1933 bis 1945 verfolgt, vertrieben und ermordet wurden.

Worte des Herrn:
"Er richtet den Erdkreis gerecht, und die Völker nach seiner Treue." Psalm 96

Gedenktafel an der Anne-Frank-Hauptschule in Geldern